# 苏东坡传

## 哈哈哈哈哈哈哈人生就是

肖仁福 —— 著

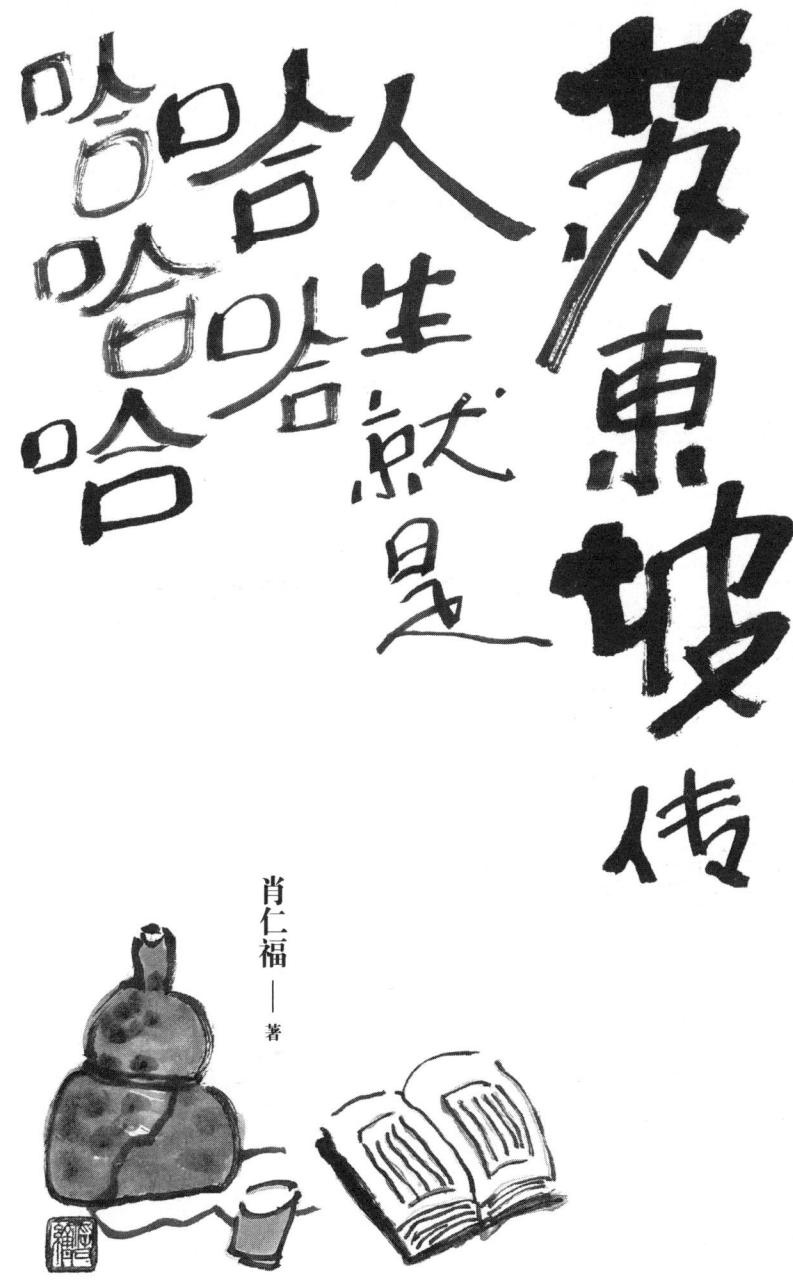

岳麓書社·长沙

图书在版编目（CIP）数据

苏东坡传：人生就是哈哈哈哈哈 / 肖仁福著 .
长沙：岳麓书社 , 2025.3. --ISBN 978-7-5538-2237-2

Ⅰ.K825.72

中国国家版本馆 CIP 数据核字第 2024SV1087 号

## SUDONGPO ZHUAN:RENSHENG JIUSHI HAHAHAHAHA

## 苏东坡传：人生就是哈哈哈哈哈

著　　者：肖仁福
出 版 人：崔　灿
出 品 人：一　航
选题策划：航一文化
出版统筹：康天毅
责任编辑：周家琛　王　彦
特约编辑：康天毅
责任校对：舒　舍
封面设计：门乃婷工作室
封面插图、书名题字：浮　石

岳麓书社出版发行
地　　址：湖南省长沙市爱民路 47 号
直销电话：0731-88804152　0731-88885616
邮　　编：410006
版　　次：2025 年 3 月第 1 版
印　　次：2025 年 3 月第 1 次印刷
开　　本：710mm×1000mm　1/16
印　　张：31.25
字　　数：527 千字
ISBN 978-7-5538-2237-2
定　　价：88.00 元
承　　印：长沙超峰印刷有限公司

如有印装质量问题，请与本社印务部联系
电话：0731-88884129

# 序：人生就是哈哈哈哈哈

苏东坡三起三落，高光时刻少，几乎不在贬地，就在去往贬地的路上，饥寒困顿属人生常态。但观其处世为人和诗词文赋，竟不见嗔怨哀愁，更多的是一个"乐"字，乐山乐水，乐人乐己，仿佛笑口常开的弥勒佛。

东坡生逢君王与宰相共主，皇家与文臣同治的大宋，文人地位空前崇隆，赵普、寇準、吕夷简、范仲淹、晏殊、富弼、韩琦、欧阳修、司马光、王安石等文臣，仿佛璀璨的群星，闪耀在历史的星空。正是这些响亮的名字，激励苏家兄弟熟读经史，勤作诗文，从而殿试高中，昂然步入仕途，以期致君尧舜上，再使风俗淳。谁知理想很丰满，现实很骨感。新旧党争翻云覆雨，东坡屡受牵连，竟被新党小人抓住把柄，逮入乌台大牢，幸逃出生天，出贬黄州，不惜劳筋累骨，开荒耕耘，养活全家大小。

朝廷生变，东坡重返汴京，成为重臣和帝师。因对旧党全盘否定新法不满，自请外放，离开汴京，辗转各地。待新党卷土重来，东坡又一贬再贬，却不怨天，不尤人，谨遵孔圣儒教，用之则行，舍之则藏，用舍皆宜。人以丢官为悲，东坡则觉得有子万事足，无官一身轻，以外贬为荣，正好苦志修行。修出心中桃花源，落英可餐，贫贱足适，此心安处是吾乡。

西哲说，世间只有一种真正的英雄，那就是认清了生活的真相，依然执着地热爱着生活。东坡便是这样的真英雄，生活虐我千百遍，我待生活如初恋。不向命运低头，苦中亦可作乐。这不只是豁达，更是才高识远，智大慧深，才借笔墨挣脱精神束缚，收获苦难而丰盈的圆满人生。将苦难转换为圆满，需要智慧，亦需仁心。智者无惑，仁者无忧，勇者无惧。具备不惑之智和不忧之仁，便有足够勇气，直面命运不公。东坡不以贬谪蛮荒为辱，不以浪迹天涯为苦，相反万物皆备于我，口以味为食，目以色为食，耳以声为食，鼻以香为食，身以触为食，意以法为食，从而跳出本能之境，超越功利之境，趋于道德之境，竟至天地之境，远非以权利名为食，蝇营狗苟，驱去复返，老在方寸间打转。

正是东坡境界高远，才战胜贫病孤苦，拂去心头创伤，活得超脱，清词丽句必为邻，创作出《赤壁赋》《后赤壁赋》等众多不朽诗文，成为千古男神。更重要的是让自己获得新生，眼前豁然开阔，无惊无险，无怨无悔，唯余悲悯和慈爱。那是真正的大爱，爱天地山水，爱草木生灵，爱君国臣民，爱亲朋邻友。甚至连政敌都爱，如王安石和章惇，不记其仇，只念其好。待谪居惠州，再渡海赴海南，已波澜不惊，权当奉旨修行：九死南荒吾不恨，兹游奇绝冠平生。

自海外北归来到镇江，东坡在金山寺墙上看到李公麟所绘自己的画像，于画旁自题一诗："心似已灰之木，身如不系之舟。问汝平生功业，黄州惠州儋州。"东坡是借庄子《齐物论》和《列御寇》，自喻已摒弃狭隘自我，不再为物欲所动，诚如道家"吾丧我"，寂寂然超乎物外，独与天地精神往来，物我两忘，物我同一。不为心索和外绳所羁绊，仿佛脱系之舟楫，随水浮泛，逍遥无拘，身心俱获自由。

从致君尧舜的儒家入世理想，至物我两忘的道家自由意志，渐臻四大皆空的佛家色空觉境，东坡人生越来越圆满。这份圆满才是人生至伟至大功业。东坡虽贬黄、惠、儋三州，但砺行致远，苦心志，劳筋骨，饿体肤，空乏身，忍心性，成全此生，死而无憾。

人生只有享不了的福，没有受不了的苦。这世界本无真相，只有视角；本无对错，只有立场；本无福苦，只有觉知。若如东坡，认知广了，智慧大了，觉悟高了，不被苦难打倒，反而孤勇而满心欢喜地打倒苦难，人生就是哈哈哈哈哈。

# 目 录

开　篇 | 一路向西，首次别离 　　　　　　　　　　　001

第一章 | 巴蜀少年
　　　　以父为师，兄弟相互竞学　　　　　　　　　004
　　　　书中自有颜如玉，迎娶王弗　　　　　　　　010
　　　　走出眉山，不寻常的赶考路　　　　　　　　016
　　　　殿试杜撰典故　　　　　　　　　　　　　　030
　　　　"朕为子孙选得两位好宰相矣"　　　　　　　035

第二章 | 初入仕途
　　　　缅怀诗仙诗圣　　　　　　　　　　　　　　039
　　　　任凤翔判官，开始宦游人生　　　　　　　　044
　　　　苏轼朋友圈之章惇　　　　　　　　　　　　048
　　　　上司用心良苦　　　　　　　　　　　　　　056
　　　　回京双重打击　　　　　　　　　　　　　　058

第三章 | 变法与党争
　　　　王安石变法　　　　　　　　　　　　　　　063
　　　　变法三派：司马光不变，苏轼渐变，王安石激变　067
　　　　诗赠外贬众友　　　　　　　　　　　　　　071
　　　　改变苏轼一生——《上神宗皇帝书》　　　　075

## 第四章 | 贬谪杭州

得罪王安石，外谪为杭州通判　　　　　　081
升堂视事　　　　　　　　　　　　　　　085
西湖初识王朝云　　　　　　　　　　　　089
借竹自喻：群居不倚，独立不惧　　　　　095
为新政伤民而愤懑　　　　　　　　　　　100
王安石罢相　　　　　　　　　　　　　　105

## 第五章 | 主政：密州、徐州、湖州

天下第一悼亡词　　　　　　　　　　　　109
密州普施善政　　　　　　　　　　　　　113
但愿人长久，千里共婵娟　　　　　　　　116
梁园虽好，不是久恋之家　　　　　　　　121
四十五昼夜，徐州抗洪抢险　　　　　　　125
黄楼诗会兴无穷　　　　　　　　　　　　128
憾事不憾　　　　　　　　　　　　　　　132
入主湖州，山雨欲来　　　　　　　　　　136

## 第六章 | 乌台诗案

被打入乌台大牢　　　　　　　　　　　　141
古今第一文字狱　　　　　　　　　　　　146
章、王出面营救　　　　　　　　　　　　151
死里逃生出大狱　　　　　　　　　　　　155
凄惶南谪路　　　　　　　　　　　　　　160

## 第七章 | 黄州蛰居

做个半隐半显、半明半暗的幽人　　165
僧汤洗身又洗心　　170
家人团聚南蛮地　　174
千好万好，不如相知相守好　　179

## 第八章 | 成为苏东坡

从苏学士到苏东坡　　184
天下第三行书《寒食帖》　　193
《定风波》：一蓑烟雨任平生　　199
东坡三味：东坡菜、东坡肉和东坡鱼　　204
赤壁辞赋天下闻　　210
此心安处是吾乡　　219
惟愿孩儿愚且鲁，无灾无难到公卿　　228
鼓角不辞远，泪别黄州　　234

## 第九章 | 辗转江淮

同是天涯沦落人　　240
不识庐山真面目　　246
记恩不记仇，与王安石和解　　250
朝中惊现大变　　255
五日登州太守　　264

## 第十章 | 京城风雨

高太后垂青     267
一肚子不合时宜     272
调和新旧两党矛盾失败     280
车盖亭诗案（上）     287
车盖亭诗案（下）     297
寂寞独行，专心做好帝师     302

## 第十一章 | 二任杭州

人生如逆旅，重返杭州     308
治西湖，修苏堤     313
人生就要哈哈哈     317

## 第十二章 | 庙堂之高，江湖之远

北归入朝遭妒     323
在颍州：不负此刻，才是至理     327
移守扬州     333
以陶渊明为隔代知音     342
诗谏太后还政     346
夫人遗嘱：见人少说话，遇事别作诗     355
哲宗亲政     360
守边关，外放定州     368
终为弃臣，奉旨远游     373
朝廷如戏台，你方唱罢我登场     382

第十三章 | 流放岭南

追贬苏家兄弟 397
一路贬逐一路歌，由江南下岭南 402
谪居惠州，苦中作乐 416
与表哥重修旧好 429
日啖荔枝三百颗，不妨长作岭南人 433
倡建惠州一堤两桥 438
朝云病逝 442

第十四章 | 天涯海角

贬无可贬，流放海南 447
移风易俗，造福儋州 453
无官一身轻，有子万事足 460
所谓贵人高人，不在他处，只在心里 464
一朝天子一朝臣 470

第十五章 | 获赦北还

离岛北归，恩仇一笑间 476
圆满入寂：坦然面对死亡 485

增订版后记 489

# 开篇　一路向西，首次别离

　　大雪一直在下，似柳絮，若芦花，如白蝶，漫天飞舞，给旷原披上厚厚银装。一车一骑，车在前，骑在后。车辙碾过，马蹄踏过，转瞬便有飞雪填充上去，若隐若现。

　　车与骑皆来自京都开封。

　　坐在车里的是西去赴任的兄长及其妻儿，骑在马上的是专门出城送行的弟弟。兄长叫苏轼，字子瞻。弟弟叫苏辙，字子由。轼者，车前横木也，扶木可远瞻识路。辙者，车轮痕迹也，循迹可走向远方。

　　兄弟的名字其实更是隐喻，暗示其宦游生涯永远在路上，难有片刻止歇。

　　暂且倒溯至上年，亦即仁宗嘉祐五年（1060）二月，远离老家四川眉山的苏家父子三人，抵达京城开封。父亲苏洵拿钱出来，在宜秋门外选购一处不错的房产，一家老小一起迁入。庭院远离繁华街市，足有半亩大，垂柳环绕，古槐耸立，倒也宜居宜读。

　　欧阳修闻得三苏归来，赶紧向皇上举荐，苏洵免试任为校书郎，不久授新职，为当朝皇帝撰写传记。苏洵本属文章大师，树碑立传自是拿手好戏，领命后便进入龙图阁，翻阅皇家档案和相关资料，埋头苦干起来。

　　苏轼与苏辙兄弟也没闲着，夜以继日，勤修精进，于来年即嘉祐六年（1061），参加新仕学子必考的京都部务得中，继遵圣意，呈递制策，批评朝政，受到欧阳修等大臣激赏和推崇。兄弟才华横溢，然为官需要历练和经验积累，得从基层步步干起。朝廷命苏轼为大理评事签书凤翔府判官，苏辙为商州军事通官。然父亲年老，居京著史，须有儿子在侧，兄弟俩几经商量，决定兄去赴任，弟辞职留京，照顾父亲。

是年仲冬，苏轼带着妻儿，辞父登车，碾雪西行，苏辙策马相送。

兄弟俩从小一起长大，一起读书，一起赴京赶考，一起高中授官，二十多年来还是头回离别，甚是难分难舍。途中苏轼数度下车，要苏辙回去，苏辙不愿，一直送出四十里外，才下马与兄惜别。

飞雪已停，万籁俱静。夕阳悄然西下，晚霞映照着来路深深浅浅的车辙和马蹄印。兄弟俩站在古道旁雪地里，执手相看泪眼，弟请兄先登车西行，兄催弟快上马东归。

相让许久，苏辙拗不过兄长，才爬上瘦马，迎着初升冷月，踯躅东返，回首频频。苏轼伫立原地，目送瘦马上的弟弟，晃悠着瘦长身子，在雪地里起伏隐现，一时心酸不已。

马踪和人影渐行渐远，渐远渐小，苏轼又弓腰爬到高处，踮起脚尖，远望弟弟头上乌帽，在月影下一晃一晃，终至消失无迹，再没浮现。唯有鸿雁低翔，降落皑皑雪原，敛翅挺胸，张目四顾；继而缩回脖子，举起劲爪，尝试前行，似在寻觅旧迹；旋又惊啼一声，离地射向半空，留下爪痕数枚。随闻呼啸声厉，一阵大风骤然而至，卷起漫天雪尘。

风止声歇，雪地鸿爪已被覆平，仿佛什么也没发生过。苏轼这才抹去泪水，回到车里。一路西上，兄弟惜别情形仍历历在目。联想兄弟二十多年不离不弃，雨夜对床，手足相抵，当即吟成一诗：

> 不饮胡为醉兀兀，此心已逐归鞍发。
> 归人犹自念庭闱，今我何以慰寂寞。
> 登高回首坡垅隔，惟见乌帽出复没。
> 苦寒念尔衣裘薄，独骑瘦马踏残月。
> 路人行歌居人乐，童仆怪我苦凄恻。
> 亦知人生要有别，但恐岁月去飘忽。
> 寒灯相对记畴昔，夜雨何时听萧瑟。
> 君知此意不可忘，慎勿苦爱高官职。

十年寒窗，一举成名，如愿步入官途，前程一片光明，却不得不抛弃兄弟情，忍受手足分离，苏轼忽生疑惑：舍亲情以换官位，是不是得不偿失？这便是苏轼不同于其他官迷之处。从小在父母、兄弟和亲友厚爱里长大，情深义重，不会置名利于情义之上。

日夜兼程，不觉来到渑池，一家人下车休整。苏轼挥毫录下新诗，交给驿卒，东发京师。又思及六年前，父子三人入京赶考，途经崤山，道路崎岖，人乏驴死，只好借宿渑池寺院，受到老僧热情接待，兄弟兴致勃发，一起题诗寺墙。

一晃六年过去，重回旧地，苏轼专门入寺，寻访伊人踪迹。谁知老僧已逝，唯余新塔藏骨，悄立寒风之中。寺墙也倾圮毁坏，再也找不到兄弟的题诗。苏轼顿感人生无常，满心都是惆怅，悻悻然出寺离去。

苏轼到得凤翔，风尘未洗，便接到苏辙家书，说已收到兄长的诗作，同时敬赠《怀渑池寄子瞻兄》：

> 相携话别郑原上，共道长途怕雪泥。
> 归骑还寻大梁陌，行人已渡古崤西。
> 曾为县吏民知否？旧宿僧房壁共题。
> 遥想独游佳味少，无言骓马但鸣嘶。

诗里的郑原系郑州一带，即兄弟挥别之雪野。原来苏辙不仅进京赶考时，与父兄在渑池做过短暂逗留，后还被任命为渑池县主簿，因进士高中未到任，现兄长西行途经渑池，不免令其感慨系之，特作诗寄赠。苏轼读罢，兄弟别情又浮上心头，即作《和子由渑池怀旧》：

> 人生到处知何似，应似飞鸿踏雪泥。
> 泥上偶然留指爪，鸿飞那复计东西。
> 老僧已死成新塔，坏壁无由见旧题。
> 往日崎岖还记否，路长人困蹇驴嘶。

此系苏轼早期著名诗篇，所记乃西行眼见心感，还诞生出成语"鸿爪雪泥"，寓意人生充满不知，仿佛鸿爪偶落于雪泥，印下痕迹，转眼鸿飞东西，雪化泥融，什么都没留下。

看上去，此诗仿佛苏轼命运之自喻，其实又恰是众生宿命。

# 第一章　巴蜀少年

## 以父为师，兄弟相互竞学

　　让时间回溯至二十四年前，即宋仁宗景祐四年（1037）的四川眉山。

　　那年苏轼出生，额高颐阔，目光如炬。奇的是背有黑痣，状若北斗七星，令人惊异。六十四岁的爷爷苏序喜添孙子，眉毛胡子都是笑。

　　苏爷爷是个老帅哥，高大英武，能吃能喝，慷慨大方，还很善于持家。苏家广置田地，苦心经营，成为眉山屈指可数的富户。都说为富不仁，苏爷爷却乐善好施，为儿孙积德聚福。农人信奉晴带雨伞，饱备饥粮，家家储存去壳大米，以防荒岁，苏爷爷却以米换谷，在仓里存下四万石谷子。谷子不易受潮霉坏，外人以为苏家囤积居奇，等着哪天发大财。不想荒年来到，苏爷爷开仓散谷，接济宗族亲戚、佃户贫民，被大家视为活菩萨。

　　仁者无忧，苏爷爷心善又富足，也就快乐无比，常备酒置肉，请亲友邻居畅饮高歌。这天喝得正开心，喜报送达，二儿苏涣赴京赶考进士及第。苏爷爷乐不可支，忍不住放声大笑起来。笑声甫落，又闻三儿苏洵给自己添得孙子，这便是苏轼。

　　说起苏洵，也挺有意思。少时不好读，由于父亲健在，无养家之累，终日嬉游。亲友为之惋惜，苏爷爷却笑曰："这我不急。"竟纵而不问。十八岁娶官宦人家女儿程氏为妻，苏洵仍不思进取，不知有生死之悲。直至二十多岁始知读书，但时间实已太晚，态度又不怎么认真，仗着聪明学点皮毛，去应乡试，惨然落第。

此时苏洵已二十七岁，二哥苏涣科举高中，儿子苏轼降生，才猛醒回头，痛自检讨，搬出几百篇旧作，发现实在不忍卒读，干脆一把火烧掉，取出《论语》《孟子》和韩愈的文章重读，发誓读书未熟，不著一文。故《三字经》有言："苏老泉，二十七，始发愤，读书籍。"

老泉即苏家祖茔，苏洵以为字号，故又叫苏老泉。自此前后长达六七年时间，苏洵苦读钻研不休，未敢稍有懈怠。其间两度外出，参加进士考试失败，举茂才异等不中。苏洵没有泄气，返乡闭门书斋，埋头用功，竟至废寝忘食程度。

这年端午，程夫人见丈夫待在书房口读笔记，连早饭都忘了吃，便剥了几个粽子，连同一碟切碎的红糖，端进书房，置于书桌旁。近午时分再去收拾盘碟，发现粽子已吃光，糖碟原封不动，砚台四周则残留不少糯米饭粒。再去瞧丈夫，他嘴边黑白斑斑，黑者为墨，白者为米饭。原来苏洵太专心，竟以砚台为糖碟，拿粽子蘸墨汁吃进了肚里。

苏轼三岁那年，弟弟苏辙出生。兄弟俩慢慢长大，苏洵吸取自己读书太晚的教训，早早把俩儿送入天庆观张道士门下读书。苏轼记忆好，过目不忘，又颇有悟性，一点就通，很受张道士喜爱。张道士朋友遍天下，有同道自京师来，以《庆历圣德诗》相赠。庆历乃宋仁宗年号，宋仁宗是位明君，进用韩琦、富弼、范仲淹、欧阳修等十一位贤臣，受到朝臣好评，国子监直讲石守道喜而作《庆历圣德诗》，歌颂朝廷退佞进贤。

苏轼偷窥《庆历圣德诗》，半懂不懂，问张道士道："诗中所云十一贤臣，是些什么人物？"张道士道："你小小孩童，知之何用？"苏轼道："此天人也耶，则不敢知；若亦人耳，何为其不可？"张道士奇之，尽以相告，且曰："韩、范、富、欧阳，此四人者，人杰也。"

自此四位贤臣的名字，牢牢刻入苏轼的记忆里。苏轼头脑聪明，学得很轻松，下学后不用摸书本，只顾带着弟弟和小伙伴上树掏鸟，下河摸鱼，或与堂妹捉迷藏，唱乡曲，其乐无穷；甚至扔掉书本，逃离课堂，四处疯玩撒野。心思一散，更无坐性，对书本兴趣越来越淡。

苏洵不免发愁，想棍棒底下出孝子，又担心适得其反，于是挖空心思，想出一招：每逢兄弟俩在屋外疯玩，他便坐在不远处那含苞欲放的海棠树下，低头专注于手中之物。他的行为渐渐引起兄弟俩的注意，撒腿跑过去探究底细，倒看父亲手中是何宝贝，竟如此心无旁骛。听到俩儿的脚步声，苏洵把手中物藏进怀内，侧身背向另一面，不肯暴露秘密。俩儿不甘，非弄清那到底是什么宝物不可，多次自后悄悄靠近偷窥，皆被苏洵察觉，成功避过。

兄弟俩心里越发痒痒。这日海棠花发如焰，又见父亲坐在树下低头玩赏手中物，兄弟俩不再贸然上前，而是屏息静气躲在屋后，耐心等待时机。等上半个时辰，见父亲脑袋老往前啄，似已发困。果然再过一会儿，父亲抱着怀里的东西，歪靠海棠树打起盹来。苏轼觉得机不可失，与弟弟耳语几句，两人分头从屋两侧，蹑手蹑脚朝海棠树包抄过去。海棠树已近在咫尺，连落在父亲肩头的花瓣都看得清清楚楚。父亲还没醒来，兄弟俩相视一笑，突然一纵身，同时扑向父亲，抓过其怀里的宝贝，原来是一册已被翻得卷角的无头无尾的书。

苏洵猛地醒过来，伸手要夺已到苏轼手上的书。苏轼不给，问什么好书，父亲为何这么感兴趣。苏洵说是大人读的书，小孩不宜。趁苏轼不注意，一把抢回去，塞进襟袍里。兄弟俩从此惦记上这无头无尾的书。后发现父亲读过此书后，都会小心带回书房，锁进书柜里，再东张西望，确定不会被人看到，才把钥匙藏到枕头下面。其实窗外就有两双眼睛，正通过夜风吹开的窗纸缝隙，将书房里的动静窥个清楚，只待父亲外出探亲访友，再溜进书房，拿出枕下钥匙，打开书柜，取出书来翻阅。

苏轼已在张道士那里认识了不少字，能将书读个半懂。苏辙认字少些，但不甘落后，凑上前贴住哥哥的脑袋，囫囵吞枣往下读。书里所记都是一个叫韩信的古人的故事：什么胯下之辱、一饭之恩、月下追韩信、多多益善、明修栈道、十面埋伏、四面楚歌、成败萧何之类，虽说不能完全理解，但觉得挺有意思，欲罢不能。苏辙有疑问，苏轼不管明不明白，都会依自己的理解，摇头晃脑，给他解释一通。毕竟识字有限，书中有太多生字，便大字认一边，长字认一截，猜也要猜个大半。实在认不出，猜不透，苏轼就拿过书桌上父亲的毛笔，写到苏辙手心，手心写满，又写到手臂上，过后再去请教母亲程氏。

程氏觉得好笑，却知丈夫计谋得逞，也不追究，乐得教读音，解字义。正是用这种特殊方式，大约两个月，兄弟俩磕磕巴巴，勉强把父亲的这册无头无尾的书读完，从此爱上文字和阅读，终生不渝。后来书读得多了，才知那册书是《史记·淮阴侯列传》，当是苏洵故意扯去封面，以引起兄弟俩的好奇心和求知欲，竟意外产生奇效。

有父亲吸引和鞭策，还有伯父苏涣率先垂范，兄弟俩深受激励，越发用功，一时苏家书声琅琅，羡煞左邻右舍。与此同时，苏洵本人也竭力苦读，考究古今治乱得失，终于学有所成，再次离家进京，参加制策考试。当时流行华美绮靡文风，苏洵因文章质朴醇厚，诏策告罢，榜上无名，悲愤道："今往不捷，后何以归？"

滞留京师年余，未能得官，苏洵无颜回蜀见父老乡亲，出京后干脆一路漫游，上中岳嵩山，登西岳华山，翻豫陕之间的终南山，又南渡来到江州，寻访陶渊明、李白、白居易旧踪，借以排解心中郁闷。继攀庐山，寄居大林寺。大林寺前身为庐山草堂，乃白居易谪江州司马时所辟。白居易常住草堂内，白天种菜采野果，夜晚读书作诗文，留下不少名篇，如《大林寺桃花》和《琵琶行》等。

论及白氏的诗文，有位禅师说见过白居易亲笔所书诗巾。其时，白居易已逝去两百多年，其诗巾哪能保存得下来？苏洵摇头表示怀疑，禅师说了说白氏诗巾的来历。

白居易任杭州刺史时，常上天竺山，入天竺寺与住持韬光禅师说禅论道。天竺山分南、北两脉，北脉逶迤而下，经上、中、下三座天竺寺，止于灵隐寺旁的飞来峰。下天竺寺原为灵隐寺翻经院，后独立成寺。北山与南山隔涧而立，涧水依山势自西南流向东北。天竺三寺虽分布于高低不同三处，然晨钟相闻，暮鼓共听，妙不可言。感于天竺山寺和谐共存，白居易作《寄韬光禅师》诗，书于巾帛：

一山门作两山门，两寺原从一寺分。
东涧水流西涧水，南山云起北山云。
前台花发后台见，上界钟清下界闻。
遥想吾师行道处，天香桂子落纷纷。

从"遥想吾师"四字可见，此诗也许作于韬光禅师离开杭州之后。韬光禅师离杭后远赴赣南虔州，驻锡修吉寺，因怀念故旧，改修吉寺为天竺寺。又得白居易所寄诗巾，爱不释手，镌于壁上。且以白氏诗巾为镇寺之宝，遗嘱累代宝藏珍存。大林寺禅师就是游方赣南，在虔州天竺寺见过白居易诗巾，顺口说给苏洵的。还说苏洵若不相信，可亲自前往虔州天竺寺，一睹白居易真迹。

苏洵崇拜白居易，被禅师勾起好奇心，暂时放弃西归，踏上赣江舟楫，南行至虔州，得到当地名士钟氏兄弟盛情款待。见苏洵不善饮，钟氏兄弟还特意酿制出甜糯米酒，让他既有酒喝，又不至于为烈酒所醉。虔州佛教兴盛，钟氏兄弟又陪苏洵游览光孝寺、慈云寺、显庆寺和崇庆禅院等宝地。重点自然是天竺寺，苏洵果然在寺里见到白居易亲笔诗巾《寄韬光禅师》，笔势奇逸，墨迹如新。见字如晤，眼见白居易真迹，仿佛见到他本人，苏洵欣慰不已，默默背下诗句，时常回味，其乐无穷。

白氏真迹、虔州山水和人情，让苏洵流连忘返，乐不思蜀。直至父亲苏序仙逝的消息送达虔州，他才匆匆别友离赣，赶回眉山。

父亲苏洵外出应试和游历江南期间，苏轼兄弟的教育便由母亲程氏负责。程氏从小饱读诗书，常亲自教兄弟俩读经学史，涉及古今成败，辄能语其要。

这天读到《后汉书·范滂传》，程母有感传主壮举，太息不已。事见东汉后期，朝政不修，阉宦专权，贪贿勒索公行，乱捕滥杀成风。忠廉之士和太学生忍无可忍，冒着生命危险，站出来与恶势力抗争，汝南征羌人范滂正是其中代表。

范滂年轻时以正直有节闻名，被举为孝廉，荐任冀州清诏使和光禄勋主事。汝南太守宗资闻范滂名声，奏代功曹职务，委以郡中政事。在职期间，范滂大力整顿吏治，撤办奸佞，擢拔操行卓异人才。奸臣怀恨在心，诬范滂同道为"范党"，将其枷拿下狱。毒打不招，才不得不放范滂出狱回乡。

过后阉宦再拿党人开刀，诏令逮捕范滂等人。督邮吴导奉诏来到征羌，却不忍拘捕范滂，在驿馆中闭门痛哭。范滂闻讯，主动赴县衙投案。县令郭揖道："天下大得很，何处不可藏身，先生为何自投罗网？"解下官印绶带，要与范滂一同逃跑。范滂不允，道："唯吾赴死，祸患才会终结，吾哪敢以己过连累您，且让老母跟着遭罪，流离失所？"

郭揖深受感动，派人恭请范母，前来与儿诀别。范滂对母亲道："母子连心，然生死存亡，各得其所，恳请母亲大人多多保重，不要过于悲伤。"范母道："儿能与李膺和杜密（范滂同期名臣，亦因党锢之祸而死）齐名，死有何憾？有好名声，还想长寿，哪有此等好事？"

范滂跪聆母亲教诲毕，毅然上路赴死。学史至此，苏轼抬起头来对母亲道："儿子长大后也要学范滂，誓死与邪恶抗争，不惜以生命维护道义，不知母亲大人愿不愿意？"程母毫不犹豫道："尔能做范滂，难道我不能做范滂母亲吗？"

这年苏轼十二岁，幼小心灵播下的正义种子，最易生根发芽，长成绚烂花树，成就挺拔而魅力无穷的人生。

不久爷爷病故，父亲苏洵自江南匆匆而归。办完老人丧事，程氏把苏轼兄弟还给丈夫，让他重新担负起育儿任务。得知自己外出期间，俩儿在程氏督促下学有长进，苏洵深感安慰，决定放弃自己科考夙愿，专心把俩儿培育成才，完成自己未竟事业。

虽说苏洵科考未逮，但多年苦读和数度外出游学，已然学问深厚，见识广博，丝毫不逊于科考入仕者，甚至有过之而无不及。深知少小不努力，成年再进学，加倍发奋也不见得能补回来，唯趁俩儿年少聪颖记性好，加紧鞭策督促，以收事半功倍之效。苏洵亲自动手，编校典籍数千卷，用作俩儿的教材，又将后园南轩书斋改名为来凤轩，于此课子苦读。读书作文以日程渐进，不容半点懈怠和马虎。

俩儿天性，苏轼心野好动，贪玩爱乐；苏辙敦厚好静，唯兄长马首是瞻，像跟屁虫一样。鉴于此，苏洵以管束大儿为重，只要把他按在书桌前，小儿自会有样学样。父亲在一旁板着老脸，紧盯不放，苏轼不得不收住贪玩心，埋头苦读，用他自己的话说："著书不暇窥园葵。"

然父亲总有离家办事时，苏轼抵不住窗外草木虫鱼的诱惑，忍不住翻窗出户，外逃撒野疯玩。他忘乎所以，疯到日落西山，猛想起父亲将返家归屋，赶紧跑回书斋，才发现桌上《春秋》只读到一半，顿时如鱼吞了钩子，惶恐不安，连夜梦都会吓醒：

夜梦嬉游童子如，父师检责惊走书。
计功当毕春秋余，今乃始及桓庄初。
怛然悸寤心不舒，起坐有如挂钩鱼。

好在兄弟俩悟性好，只要收住不羁之心，专注于课业，自是学有所获。苏洵感到欣慰，老脸放晴，聊些课外趣闻，让俩儿放松放松。这天讲完《论语》，涉及本朝赵普"半部《论语》治天下"的逸闻，再延伸至白居易治杭旧事，苏洵忍不住滔滔不绝，说起自己江南之行幸遇白氏诗巾的故事来。他说得两眼放光，神往无比，还当场背诵白诗，声情并茂，极富感染力。

《寄韬光禅师》属少见的连珠叠璧句式，以数字和方位串缀实景，又合辙押韵，若笔力不够，根本写不来。也许此诗独特而有趣，与少年心性契合，引起了十三岁的苏轼极大兴致，当即默记于心，再也没法忘记。自此，苏轼喜欢上了白居易，他从父亲的书架上找出其诗文，认真研读记诵，心下期望日后能有机会，赴虔州目睹白氏真迹，去杭州寻觅白诗情境。

在父亲的教育下，兄弟俩肚里知识渐丰，身体也一天天长高。皆为同父同母所生，苏轼壮实魁伟，豪爽任性，才气逼人；苏辙身材修长，性情恬淡，冷静又不乏机敏。也许正是这种差异，兄弟俩彼此兼容，相处融洽，又相互竞学，大量记诵经典，都腹有诗书，写字著文更是拿手好戏。

以父为师，两人是兄弟，也是师徒；是同学，也是玩伴。苏轼曾深情款款道："我少知子由，天资和而清。""岂独为吾弟，要是贤友生。"苏辙也满怀温情道："我初从公，赖以有知。抚我则兄，诲我则师。"

其时文坛绮靡之风盛行，但欧阳修和梅尧臣等朝臣质朴清醇的诗文开始流行，苏洵敏锐地意识到文风终会扭转过来，坚持用纯粹雅正的文体训练两个儿子，引导他俩观物察景，借古喻今，写作言之有物的朴实文章。

待兄弟俩打下一定学问底子后，又被苏洵送到十余里外的青神中岩书院就读。位于岷江滨岸的青神有上、中、下三岩，中岩树青竹绿，溪涧纵横，景色无比秀美。曲径通幽处，一黛瓦白墙院落若隐若现，这便是中岩书院。书院主人兼教席名曰王方，系远近闻名的乡贡进士。

乡贡进士可非等闲之辈，须经乡试和府试选拔合格，再参加礼部贡院考试，及第者为进士，未能及第者叫乡贡进士。也就是说，乡贡进士与正式进士仅隔一步之遥，亦属读书人中佼佼者，学问了得。且王方系苏洵好友，苏洵把俩儿交其手上，正可谓适得其所。

## 书中自有颜如玉，迎娶王弗

苏轼记性好，感悟能力强，完成课业容易，花不了太多时间，有空闲跑出课堂，随处转悠。一转一转，转到书院侧门外，但闻清香馥郁，扑鼻而至。苏轼张目四处搜寻，原来山前摇曳着一丛丛乳白色的奇花，也不知何名，唯见花形别致，旁逸两瓣如翼平举，尾瓣悬浮似弦月当空，前瓣亢奋若洁玉引颈探头，寻寻觅觅。

苏轼看得两眼发痴，愣愣地站在那里，犹如梦境。忽闻如燕声近，有个少女转过院角，款款来到花前。她十四五岁，唇红齿白，修眉下那双水灵灵的凤眼透着晶莹，显得自信、聪颖而又智慧。苏轼想起老师家属居住于书院后堂，家中有女初长成，名曰王弗，既漂亮，又聪明，定是眼前这位风情万种的少女无疑。

苏轼果真没猜错，少女正是王弗。王弗后面还跟着位十二三岁的丫鬟，两人嘴上嘀嘀咕咕说着话，脚下不停，朝苏轼这边走来。苏轼往近旁古槐后一缩，倒看两人要干些什么。

丫鬟瞧见那别致的白花，对王弗道："小姐快来看，这是啥子花？"王弗道："上年都告诉过你，此花叫飞来凤。"丫鬟道："对对对，我记起来啦，就叫飞来凤。有花堪折直须折，莫待无花空折枝。小姐若喜欢，我给你摘几朵，带回闺中养起来，日夜相伴。"

王弗笑道："算了吧，哪有女娃给女娃摘花的？若有学问有品貌的才人摘花相送，本小姐定然笑纳不拒。"丫鬟道："学堂里有的是才人，小姐看中哪位，我负责把人喊来摘花，跪献于小姐手上。"王弗扬手骂道："你莫不是身上皮痒，想讨打不成？"

丫鬟往旁一闪，咯咯咯笑着跑开。也是言者无意，听者有心，槐树后的苏轼闻言，暗里寻思，本公子算不算小姐嘴里的才人？或者自己这样并不多见的才人能否入小姐法眼？疑问在脑海里萦绕着，直到他夜里躺到床上，仍挥之不去。苏轼辗转反侧，好不容易睡着，那美妙的飞来凤又来入梦，在眼前翩翩起舞，恍若仙子。

梦多易醒，天才蒙蒙亮，苏轼便醒过来，不敢再睡，怕耽误早课。反正躺着也是躺着，他干脆翻身下地，轻手轻脚来到书院外，摘下一束带露的飞来凤，跑到后堂房檐下，悄悄置于朝阳的窗台上。那是王弗的闺房，苏轼早已留意过。其时窗户紧闭，也许王弗还在梦中。

估摸早课时间快到，苏轼不敢久留，一步一回头，去了前院学堂。他哪里知道，王弗有早起梳洗读书习惯，已下床准备推窗梳妆，见窗外人影晃动，收回伸向窗页的手，从窗隙里往外一望，认出苏轼来。

王弗的父亲常把苏轼挂在嘴上，说这小子天资聪颖，又好读书，下笔如有神，将来考取进士，位极人臣，绝不在话下。王弗耳熟能详，曾偷偷跑到学堂外，贴着门缝往里观察，认出前排那个俊朗男孩，正是父亲赞不绝口的得意高足。

这会儿瞧见苏轼走远，王弗才打开窗户，见窗前放着束飞来凤，一阵惊喜，赶紧拿过来，美美地搁到鼻底，闻了又闻，陶醉不已。心下忍不住道，世间既然不乏有姿有韵又芳香馥郁的飞来凤，又何愁吸引不了飞来龙？

有飞来凤为媒，自此两颗年轻的心悄悄联系在了一起。王弗有意无意关注着苏轼，几乎有苏轼的地方，便有一双水灵聪慧的眼睛，在附近隐蔽处闪烁着。

距离飞来凤花树不远的书院后山竹木茂密，兽随风走，禽逐云飞。山下青岩嶙峋，青岩前有一小池塘，苏轼常去那里坐阅行吟。他阅一会儿，吟一阵子，忍不住展眉舒目，去瞧那清幽的池水，这才意识到池塘里竟然没鱼。他并非首次来此，为何以往没察觉水中无物？也许以往专注于嘴边的经史和眼里的文章，才没将池水与鱼联系到一起。

有道是"水至清而无鱼，人至察而无徒"，好水反而不养鱼。苏轼遗憾着，离开小池塘，准备回学堂去。走了几步，又心有不甘，暗暗思忖，莫不是水边有人，鱼躲了起来？苏轼突发奇想，鱼怕他人，也许不惧咱苏轼，呼几声，喊几句，说不定能把它们请出来。

此念一生，苏轼又踱回池塘边，弯下腰，低了头，对着一池清水，一边展开双臂，击掌三声，一边嘴里呼唤道："鱼儿鱼儿，快快出来，让子瞻瞧一瞧！"

说来也怪，苏轼掌声甫落，喊声才停，便见十数条鲜活鱼儿，有鲤有鲑，有大有小，自岩底游出，自石罅钻出，摇晃脑袋，摆动尾翼，悠闲地游过来，荡过去，似在向苏轼讨好卖乖。甚或往上一蹿，跃离水面，激起阵阵水花，泛起圈圈涟漪。

此情此景，逗得苏轼乐不可支，对着池里鱼群咧嘴傻笑，都忘了回学堂。直至天色向晚，墙内响起开饭的竹板声，他才恋恋不舍挪步走开，赶往饭堂。饭后师生各自散去，苏轼仍念着池塘里的鱼，追上已出饭堂的王老师，问书院后墙外池塘何名。

王老师停住脚步，回头道："一方小池塘，稀松平常，随处可见，有名或没名，皆无伤大雅。"苏轼道："人有人名，狗有狗号，那么清澈漂亮的池塘，没名多可惜。"

虽然苏轼说得没错，但王老师仍不当回事，没往心里去。几天后给学生讲完经，王老师觉得口渴，赶紧布置好课业，出得学堂，去后舍家中喝茶。忽闻墙外鸟语啁啾，抬眼望向窗外，正值春光明媚，枝头叶肥花艳。王老师禁不住绕出侧门，欣赏起美妙春色来。

在春色吸引下，王老师无意间来到池塘边，面对一泓清水，耳边响起苏轼的话，这才觉得该给池塘取个合适的名。取什么名好呢？他摸着脑袋思索良久，不得要领。学堂里有一群聪明的学子，何不叫来，临池命名，说不定有意外收获。

他当即返回学堂,把学子们召到池塘边,命其开动脑筋,并说谁取的名字好,就选用谁的,且重重有赏。众学子得令,或坐而凝神,或行而沉吟,或锁眉深思,或注目冥想,有名玉泉者,有叫甘露者,有命天水者,有号清源者,还有取神浆和圣液者,如此种种,不一而足。

这些名字既不雅致,又无特色,难免落于俗套,没一个合王老师意,得到认可。学子们黔驴技穷,注视王老师,倒看他有何好名拿出来。其实王老师也没想出合适的名字,要学子们继续开动脑筋,说不定灵光显现,得来不费功夫。

又见苏轼只顾盯着池塘出神,一副事不关己的样子,王老师暗想这小子反应最灵敏,平时课堂上提问,就他回答得最快最准,今天怎么成了哑巴?况且还是他提出要给池塘取名,事到临头,竟不哼不哈,简直岂有此理。王老师走近苏轼,盯住他眼睛,问道:"子瞻怎么无动于衷?有无好名,贡献出来,让众人品评品评。"

闻得师问,苏轼也不答话,只对着池塘击掌三声,呼唤道:"鱼出鱼出。"

但见平静的池塘里,众鱼应声而出,如镜水面风过绸缎般漾起阵阵微澜。学子们一个个眼睛圆睁,惊呼道:"池塘里竟然藏着这么多鱼?"

王老师也甚感诧异。自其主持书院以来,无数次走近池塘,似未曾见过水里有鱼。或许是他从未留意过,即使鱼游池中,也视而不见。王老师肚里寻思着,嘴上却道:"子瞻啊,你曾为池塘名询问为师,为师召众学子临池命名,众皆踊跃参与,唯你不冷不热,袖手旁观,问有无好名可奉献,你却又击掌,又呼唤,意欲何为?"

苏轼不慌不忙道:"敬禀老师,轼已想好池塘名。"王老师道:"那还不快快道来?"

"池塘名在此。"苏轼摊摊左掌,几分得意道。原来这小子走出学堂前,已将想好的池塘名写在手心里。学子们感到好奇,纷纷向苏轼围拢过来,倒看他所取池名有何独特之处。谁知苏轼五指一收,握住拳头,道:"先生先阅,学生后瞧。"

学子们有些泄气,掉头去瞧王老师。正好院墙门洞里冒出一个女孩,噔噔噔向池塘边跑过来。那是王弗身边的丫鬟。丫鬟走近王老师,道:"听说先生召学子们为池塘命名,小姐也不甘落后,获得一名,让本姑娘前来传递献丑。"王老师笑道:"小姐肯凑趣,也行也行。就看取的名好不好,若能得到认可,同样重重有赏。"又问:"是何名字?不妨道来。"

"名字已写在里面。"丫鬟手掌朝上，伸向王老师。掌上有叠成蝴蝶状的小字条，王老师伸指拿过来，正要展示，忽又停住，召过苏轼道："张开你的拳头，让众人瞧瞧。"苏轼听话地松动五个指头，慢慢张开拳头。师生目光齐刷刷地投过来，但见那掌心里写着三个灵动的毛笔字："唤鱼池"。

真是难得的妙名！王老师暗叹道，微微点了点头，同时打开王弗那张字条，上面也写着三个字，正是"唤鱼池"。

众学子看在眼里，不禁大声叫起好来。还有人鼓掌道："怪不得子瞻击掌唤鱼，原来是在演示池塘名。"又有人道："小姐也独具慧眼，取出这么好的名字。"另有人疑问道："小姐又不在场，没见子瞻击掌唤鱼，怎么如此之巧，与子瞻不谋而合？"

确实有些巧合。王老师嘴上无言，心里寻思，还得问问女儿，此名是如何得来的。入夜王方走进女儿闺房，问她怎么想起给池塘取名唤鱼池。王弗欲言又止，脸上先一红，低下头去。王方越发好奇，拿眼去望丫鬟："到底怎么回事？你片刻不离小姐左右，定知底细。"

丫鬟掩嘴笑了笑，和盘托出："几天前陪小姐在墙外观赏飞来凤，闻附近有读书声，转过墙角一瞧，原来苏轼在池塘边行吟。我俩不好惊动他，便躲到岩石后面，倒看那小子是吟诗还是诵赋。谁知苏轼偏偏闭住嘴巴，不再出声，竟靠近池塘，观起池水来。观上一阵，忽举臂击掌，嘴唤鱼儿，实在有趣得很。"

王方已见识过苏轼此举，不觉稀奇，道："我看那不是有趣，是苏轼无聊透顶，跑到池塘边去解闷。"丫鬟道："老爷这么说，也不无道理。"又道："苏轼走后，我与小姐也跑到池塘边，学样击掌呼唤，竟引出大鲤小鲑十数条，才知水里还藏着鱼儿。"

说得王方直乐，道："看把你们闲得，家里待不住，跑去逗鱼儿玩。"丫鬟道："咱不逗鱼儿玩，又哪取得出唤鱼池好名？"

见父亲没责怪自己的意思，王弗才道："平时父亲都在学堂里教课，今天竟把学子们叫出院外，我俩也悄悄跟过去，才知要给池塘命名。这让我想起苏轼的举动，还有非呼唤而不出的池鱼，便写了'唤鱼池'三字，交给父亲，凑个热闹。"

丫鬟又接过话头道："可不是！小姐还与我打赌，苏轼也会写这么三个字。巧的是两人果然不约而同，韵成双璧。"

好个韵成双璧！王方心里直叹有意思，不再多言，背了手准备出门。丫鬟上前拦住主人，道："老爷亲口许诺过，谁给池塘取了好名，重重有赏。请问准备赏给小姐么子？"王方敷衍道："小姐又非学堂里的学子，也要讨赏？"丫鬟不依不饶道："一言既出，驷马难追。老爷可得说话算话，小姐取的名好，不赏怎么行？"

王弗上前扒开丫鬟，道："咱不过给父亲捧场，闹着玩儿，索啥子赏啰？"

丫鬟一撇嘴，甩开王弗，再问王方道："老爷不赏小姐，总不能不赏苏轼吧？"王方道："苏轼遵师嘱给池塘取了好名，自然得好好奖赏。"王弗道："父亲准备赏给苏轼什么？"王方道："暂时没想妥，不知赏他什么好。"丫鬟转动着眼珠道："老爷没啥子可赏苏轼，小女子倒有个好建议。"王方道："有好建议不妨提出来。"

丫鬟瞟一眼王弗，坏笑道："这挺好办，把小姐赏给苏轼得了。"

王弗伸手去打丫鬟，丫鬟咯咯笑着，躲到王方身后，道："老爷该知苏轼心高气傲，轻赏定然不会放在眼里，唯有赏小姐，才算得上重赏，令那小子心满意足。"

一语道破王方心机，寻思苏轼可是世间不可多得的才人，把女儿赏给他，也未尝不可。然不知那小子意下如何，还得先试试，若他并无此意，岂不委屈了自己女儿？

隔日下学后，王方把苏轼召到书房里，道："为师已正式决定，叫墙外池塘为'唤鱼池'，同时践诺重赏你。"苏轼道："小姐也取了'唤鱼池'，老师同时会赏她吧？"王方道："小姐不是学堂里的学子，不在奖赏之列。"苏轼道："老师不赏小姐，学生也不领赏。"

王方又好气又好笑，道："你是你，小姐是小姐，岂可同日而语？"苏轼道："小姐才不逊学生，学生内心敬仰三分，老师厚此薄彼，学生无法接受。"

苏轼如此看重王弗，王方心里受用，道："好好好，为师赏小姐就是。先说你需要什么赏吧。"苏轼道："学生需要的赏，恐怕老师不肯给。"王方道："你没说什么赏，哪知为师不肯给？"苏轼道："老师先答应学生，学生再说什么赏不迟。"王方道："为师答应你，但说无妨。"

苏轼停顿片刻，壮着胆子道："老师就把小姐赏给学生吧。"

这不正是王方需要的答案吗？他心下不免窃喜，嘴里却骂道："无理！你这臭小子，吃了豹子胆，竟打起小姐的主意来啦。"

也是苏轼鬼精灵，早琢磨透老师心思，又笑嘻嘻地道："老师若把小姐赏给学生，也就不用再费心给小姐的重赏。"

王方故意板着面孔，脑袋往窗外一别，一副不理不睬的样子。苏轼说出一番理由来："'唤鱼池'三字既出自学生，同时小姐也以此命名池塘，老师赏小姐给学生，正好就汤下面，把学生赏给小姐，岂不两全其美？"

"不像话，太不像话！"王方往门外一指，"还不快给我滚，滚得越远越好！"苏轼吐了下舌，低首往门外走去。快出门时，他又回头偷瞥一眼，但见老师紧抿双唇，似在用力关住那要溢出的笑意。

唤鱼池的故事很快传开。一传传到眉山，苏洵难免又忧又乐。所忧者，送两个儿子至中岩书院就读，本指望他俩学有所成，谁知苏轼竟与老师的女儿暗通款曲，心思哪还会放在课业上面？所乐者，王家闺女出身书香门第，容貌姣好，温柔贤淑，且知书达理，若能与苏轼喜结良缘，确是他小子的莫大福气。

苏洵不敢怠慢，当即赶往中岩书院，去探虚实。见着老友王方，问及俩儿学业，王方赞不绝口，还出示兄弟俩的文章，让苏洵过目。苏洵细细阅过，觉得很满意，才放下一颗心来。又论及唤鱼池，王方也不隐瞒，一五一十告知实情，还直接询问苏洵，可否拿出苏轼和王弗，互赏两位年轻人。

苏洵大乐，满口应承。随即转回眉山，备了厚重聘礼，呈至王家，定下姻缘。王弗十五芳龄，苏轼也年近十八，又学有所成，正是鸳鸯成双良时。依父母之命，媒妁之言，苏轼如愿迎娶心仪的王弗为妻。这自然符合儒家以天下为己任之传统，先修身齐家，后治国平天下。说得通俗点，叫作先成家，再立业。

第二年苏辙十六岁，苏洵又看中本地史家十四岁女子，聘给小儿子为妻。俩儿相继成婚，苏家开始做出行的准备，而后选择吉日良辰，让家丁牵出驮了行李的驴子，前头引路，苏洵父子竹杖芒鞋，离开苏家，踏上进京赶考之路。

## 走出眉山，不寻常的赶考路

走出眉山，苏洵父子沿岷江北上，向益州即川蜀首府成都行进。蜀语"成都"二字读音便是蜀都，蜀者蚕也，蜀人善养蚕，蜀都蚕业发达，又有岷江潺潺，漂洗出举世闻名的蜀锦。据传蜀地最早的统治者为蜀山氏，蚕丛氏、柏灌氏、鱼凫氏继之，至杜宇氏率军助武王伐纣，因功受封，始称帝于蜀，号曰望帝。

蜀地四周高，中间低，岷、泸、雒、巴四江涌至，无处宣泄，蜀民沉浸水潦，不得安处。后荆人鳖灵溯江西上，先至南安，继赴蜀都郫邑见望帝，望帝知其善治水，任以为相。鳖灵察地形，测水势，开凿巫山峡道，疏导排放，水患遂平。望帝感鳖灵治水之功，让出帝位，隐居西山，死后魂魄不忍离蜀，化身鹃鸟，"布谷布谷"地不停鸣叫，似在催促蜀民应时播种。故鹃鸟又有杜鹃、蜀魂、催归、子规之名。鳖灵即位后，建立开明王朝。传至九世，徙治成都，复称蜀王。

蜀国富庶，秦国觊觎已久，至秦惠王，伐蜀之心越发强烈。无奈山高水险，道路险阻，难以得逞。于是秦王心生一计，造出五头石牛，以金置尾下，谎称石牛日粪千金，欲赠蜀王，以结万年之好。蜀王贪金，令五力士率民夫修路，以迎石牛。路修成，迎来的并非什么日粪千金的石牛，而是数万铁骑。蜀国顷刻灭亡，成为秦国粮仓，顺石牛道源源不断运粮运物至秦都。又因石牛屙金骗局，石牛道又叫金牛道，极具讽刺意味。

坏事往往又会变成好事。蜀郡既为秦国属地，自然得由秦廷委派官员治理。秦昭襄王末年，李冰为蜀郡太守，偕同儿子在岷江出山口兴建灌溉工程都江堰，于江心修筑形如鱼嘴的分水堤坝，将汹涌的岷江分隔成内江和外江，收航运、灌溉、分洪三大奇功，蜀郡千里平原自此水患永绝，旱涝保收，物阜民丰，"天府之国"美誉传天下。

历史演进至蜀汉时期，面对虎视眈眈的强大魏国，诸葛亮别无他计，只能以攻为守，借金牛道数度北伐，以致呕心沥血，病殁于秦岭北麓的岐山五丈原。此后二十年，魏军兵临城下，蜀主刘禅献国，沿金牛道北赴魏都，最后客死洛阳。

延及唐代，历代英主以人为本，休养生息，天下大治。至唐玄宗开疆拓土，励精图治，开创大唐盛世，晚年却沉湎于声色，远贤臣，近奸佞，让早有反骨的安禄山拥兵坐镇渔阳（今北京市密云区西南），终致"渔阳鼙鼓动地来，惊破霓裳羽衣曲"（白居易《长恨歌》），唐玄宗仓皇西出长安逃命。途经马嵬驿，士兵哗变，击杀奸相杨国忠，又逼唐玄宗赐死杨贵妃，后重新上路，过汉中，登剑阁，入蜀川，经金牛坝至成都。

安史之乱平定，唐朝迎来短暂和平，然元气大伤，各地藩镇割据为雄，天下汹汹。唐末黄巢起义，攻陷潼关，占领长安，唐僖宗仿玄宗，入蜀避难。在蜀四年，唐僖宗集蜀中财富为军需，击败义军，才出蜀回銮长安。随僖宗入蜀的王建因护驾有功，留任西蜀，不断扩充势力，兼并弱小，待大唐灭亡，建立唐宋之间五代十国之一的前蜀。前蜀历二主共二十三年，为中原后唐所灭，西川节度使孟知祥窃取兵权，宣布独立，建立后蜀，亦历二主，存续三十三年。

前后蜀近六十年，王、孟两家尚能善待蜀人，蜀产不用外输中央，蜀宫再豪奢，以千万蜀人血汗奉养一家一姓，总归还能应付，较之川外的黑暗社会，已算无比幸运。时谚有"扬一益二"之说，意即天下繁荣富贵，扬州第一，益州（成都）第二。故蜀人满足于这世外桃源般的偏安世界，鲜有背井离乡出蜀去闯天下或跋山涉水异地为官者。

好日子总难长久。宋太祖黄袍加身，统治中原，为矫正唐中后期藩镇危害，采取绝对的中央集权，包括军权和财权，统统收归中央，故一经征服西蜀，便将蜀宫金帛珍宝全部没收，大车小车载离蜀地，输往汴京。平蜀将领则征歌选色，纵酒狂歌，甚至抢掠百姓，欺男霸女。朝廷担心前后蜀政权旧事重演，诏遣蜀兵赴京。蜀兵不情不愿，发生兵变。朝廷调大军平叛，官民混战，血流成河。

叛乱平定，蜀地已是百孔千疮，蜀民家破人亡，自然怨恨大宋政权。且朝廷赋税沉重，外加苛捐、徭役和摊派，蜀民活命困难，苦不堪言，格外怀念王孟时代的安宁温饱日子。仇恨加上饥饿，至太宗和真宗两朝，西蜀接连发生王小波、李顺、王均起义。

这些动乱，前后长达三十六年之久，致使西蜀人口骤减，百业凋敝，好端端的天府之国元气大伤，再不复往日之平安富足。战争平息，大宋将蜀地范围的川峡路分为益州、梓州、利州和夔州四路，合称"川峡四路"或"四川路"，简称"四川"，名由此得。

王小波和李顺正是眉州人，战争就发生在苏家爷爷苏序眼皮底下，延及苏洵长大，直至苏轼兄弟出生，战争留下的累累创伤仍未抚平，自会在苏家爷孙心里留下浓重阴影，以至他们格外体恤苦难的民众，反感朝廷横征暴敛，警惕战争行为。好在苏爷爷头脑好使，战争一结束，便购进廉价土地，苦心经营颇有些规模的家业，供养几个儿子读书进业，二儿苏涣还顺利考中进士，离乡出蜀为官。

蜀自五代之乱，学风式微，读书人寥寥。苏爷爷独教子苏涣受学，以进士得官，轰动蜀地，一改蜀人安其乡里不愿外出经商为官之旧习。这与苏爷爷眼光独到不无关系，也是改朝换代世风大变的结果。宋太祖"陈桥兵变"，成就帝业，意识到马上得天下，没法马上治天下，军人可助你夺取政权，然治国巩固皇权绝对会坏事。唐朝藩镇割据，尾大不掉，五代十国杀戮不止，祸及生民，便殷鉴不远。为矫正前朝武人专政弊害，太祖"杯酒释兵权"，厚金打发军人回家，另建立与士大夫共治制度，立下家法：优待文士，不杀士大夫，不欲以言罪人。然唐末五代长期战乱，杀戮声远盖过读书声，学人稀少，仓促间哪儿来那么多士大夫？朝廷于是广开书生登仕途径，大力倡导读书风气。真宗甚至御作《励学篇》颁行天下：

> 富家不用买良田，书中自有千钟粟。
> 安居不用架高堂，书中自有黄金屋。
> 出门莫恨无人随，书中车马多如簇。
> 娶妻莫恨无良媒，书中自有颜如玉。
> 男儿欲遂平生志，五经勤向窗前读。

大宋皇帝不仅说到，也能做到。读书人只要中进士，就能释褐脱布，换上官袍，被委以重任。宋朝官俸甚厚，正格俸禄外，还有额外恩赏，且荫及子孙，做到学士以上高官，历资二十年，兄弟子孙可任官二十人，接替登朝。举措得力，奖赏丰厚，读书求仕风气逐渐披靡各地，连遥远之岭南，偏安之西蜀，亦闻风大振。皇家与士大夫共治天下格局由此形成，朝廷内外、州府衙署、边地要塞，放目皆文士。所谓大臣，文士也；近侍，文士也；钱谷之司，文士也；边防大帅，文士也；天下转运使，文士也；知州，文士也。

学风吹过剑门关进入西蜀时，得风气之先者为何是眉山苏家，而非他族？这除了得益于苏爷爷创下丰润家业，为儿孙们提供了优厚的读书条件，恐怕也与苏家身上留有中原士人血脉，不同于普通土著蜀民有关。眉山苏氏祖籍远在赵郡栾城，上溯唐朝前期，栾城出了个苏味道，进士及第，仕途顺利，三度拜相，官至同凤阁鸾台平章事。苏味道为后人所知，并非其官高权大，而是善于攀附，处事模棱两可，庸庸保位，人称"苏模棱"。然苏味道不仅会做官，诗文也很了得，其咏洛阳元宵花灯盛况诗句"火树银花合，星桥铁锁开"，历来为人所传诵。

模棱两可的确不失为做官处事秘诀，苏味道官运才如此畅通无阻。然人在官场，名利与风险同在，不管官做得再圆熟，也有马失前蹄之时。苏味道为坐稳屁股下的相位，趋炎附势，巴结皇帝红人。待红人失宠倒台，炎息势去，苏味道也跟着倒霉，贬迁眉州刺史。最后死于任所，留下一子，成为眉州苏氏始祖，传承三百年，下延至苏涣、苏洵兄弟。

有意思的是苏味道官迷一个，模棱两可，油滑圆通，到了苏洵父子，虽为仕进甘愿苦读应试，然品性殊异，变得有棱有角，终生不肯屈服于威势。正应了那句旧话："橘生淮南则为橘，生于淮北则为枳。"中原之枳移栽蜀地，已然成橘，叶徒相似，其味已然不同。况过去三百年，没哪个家族经得住时间的潜移默化和水土风情浸染，仍保留原枳不变。

不过苏味道的文人天赋和聪慧，竟草蛇灰线，潜行十数代，至苏涣、苏洵和苏轼、苏辙两辈身上，得到延续发扬，惊艳千年。这也是时势使然，唐代开拓蜀道，大宋统一全国，西蜀再不能回到王孟前后蜀独立王国时代，蜀人出川欲望不断增强，加之苏涣考学成功，苏洵几度游历中原和江南，见识过蜀外精彩，眼界大开，自觉无须固守本土，做井底之蛙。

这正是读书的最大意义，书本知识的增加，历世阅人经事的丰富，使视野开阔，观念更新，才有足够底气、勇气和愿望，走出原有洞穴。反之深居洞穴内，不读书，不愿意望向洞外，眼里全是洞中梦幻泡影，自无意愿和胆识，离开洞穴，出乡闯天下。不是智者不出洞，不是好汉不出乡。要想成为智者出洞，成为好汉出乡，读书自是最便捷的途径。

苏轼兄弟就这样在父亲引导下，带着对洞穴外阳光的渴望，离开眉州，来到成都，即将走向更为广阔的天地。

进入成都城里，苏家先找客栈住下，歇息一晚，隔日再往知州府，拜访知州张方平。张方平诗酒豪迈，比苏洵大两岁，时年四十九。苏洵曾游学四方，以文会友，多次拜访张方平，坐而论道，颇为欢洽。

此番三苏来访，张方平喜不自胜，摆下盛宴，热情款待。苏轼兄弟执礼甚恭，知州很是喜爱，视为己出。苏洵又拿出新著《六国论》，请主人指疵。张方平读罢，赞叹不已，欲任苏洵为成都书院教习。苏洵才大志高，意在京都，张方平也不勉强，修书给欧阳修和梅尧臣，嘱推荐给皇上，为苏洵谋个一官半职。

辞别知州，苏洵拜访其他文友，苏轼兄弟结伴出城，参观武侯祠。诸葛亮治蜀二十余年，理政有方，慎用权力，安抚百姓，赏罚分明；挥师南征，七擒孟获，北沿蜀道，六出祁山；著《出师表》，成千古绝唱。可谓德、功、言三立齐全，百姓深为爱戴，建祠纪念。

苏轼兄弟熟读《出师表》，无不崇敬圣人为君国鞠躬尽瘁，死而后已，今特意前来瞻仰，引以为楷模，还在祠内墙上读到杜甫名诗《蜀相》：

> 丞相祠堂何处寻？锦官城外柏森森。
> 映阶碧草自春色，隔叶黄鹂空好音。
> 三顾频烦天下计，两朝开济老臣心。
> 出师未捷身先死，长使英雄泪满襟。

杜甫以区区八句诗，精要概括出诸葛亮一生，让人惊异作者笔力奇绝之余，不免为祠主深深感叹。美人迟暮，英雄末路，确属人生大憾。然美人也好，英雄也罢，高光时刻总那么短暂，终难逃迟暮与末路之宿命。

出得武侯祠，兄弟俩赶往杜甫草堂。当年安禄山与史思明作乱，史称"安史之乱"，潼关失守，唐玄宗西出长安，沿蜀道南逃入川，太子李亨则北上灵武，临危自立为帝，是为肃宗。亡命途中的杜甫闻知，信心大振，投奔肃宗而去，竟落入叛军之手，被押回已沦陷的长安城。幸脱逃捡回小命，饥饿冻馁与生离死别交织一起，遂作《春望》：

> 国破山河在，城春草木深。
> 感时花溅泪，恨别鸟惊心。
> 烽火连三月，家书抵万金。
> 白头搔更短，浑欲不胜簪。

此时肃宗已移陛凤翔，杜甫仍不死心，西奔至圣驾前，受命为左拾遗，却在残酷的政治斗争中受排挤，遭贬出走。东奔西突之际，亲眼见证战争带给百姓的重重灾难，尤其自己成年儿子从军战死沙场，幼子活活饿毙于逃难途中，杜甫痛心疾首，愤而作《三吏》《三别》。几经辗转，最后杜甫携家带口，顺蜀道南越秦岭，翻过巴山，来到成都，于浣花溪畔筑茅屋栖身，自谓"万里桥西一草堂，百花潭水即沧浪"。

杜甫在草堂一住四年多，创作诗歌两百多首，不少名作皆出自此处。四年后安史之乱结束，杜家离开蜀地，顺长江东下入湘，草堂倾毁不存。幸五代诗人韦庄至蜀任判官，寻得草堂遗址，复结茅屋。宋代重建，绘杜甫像于壁间，始成祠宇。

仰望杜甫像，想起诗圣一生贫病交加不得志，却依然不忘"致君尧舜上，再使风俗淳"，苏轼兄弟肃然起敬，久久盘桓不去。苏辙心中疑惑，不觉发问道："诗圣本系豫人，不过入蜀待过几年，却受到一代代仕蜀官员和川人爱戴，修葺草堂，绘像供奉，顶礼膜拜。反观诗仙李白，生长于绵州昌隆青莲乡，二十四五岁才离蜀远游，为何蜀人不修祠建寺予以怀念，川蜀大地觅不见诗仙一丝痕迹？"

这倒是苏轼从没想到过的疑问，一时哑在那里，不知如何作答。不过苏轼喜欢动脑筋，敲着光亮的脑门道："许是诗仙二十四五岁前寂寂无闻，虽写过一些诗作，但并无太大影响，其传奇经历和大量惊天地泣鬼神之作，皆系出蜀流落东南和京都时写成，蜀人欲纪念也不知纪念啥好。反观杜甫滞留川蜀期间，受到官民优待，心中创伤得到修复，有感而发，写出不少传世之作，深受仕蜀官员和当地百姓推崇，才纪之念之。"

苏辙很认同，道："与诗仙李白不同，杜甫是诗家圣人。圣人圣人，首先是人，杜甫与蜀地官民同呼吸，共命运，才用诗圣之奇笔，抒常人之情怀，为当世和历代官民所爱戴。常人非帝王将相，居陋室，吃粗食，杜甫更是穷困潦倒，不得不建草堂栖身，著《茅屋为秋风所破歌》，自嘲自慰，进而联想天下寒士，能有广厦避风躲雨，自己屋破受冻亦不足惜。"

苏轼点头道："这正是诗圣襟怀，身处茅屋，心忧天下。忧天下往往从忧己开始，若非杜甫本人备受饥寒，家败人亡，也不可能如此同情天下寒士和饥民处境，写出《春望》《三吏》《三别》，以及作于草堂的《茅屋为秋风所破歌》。"

兄弟俩议论着，又想起诗圣心里其实不只怜悯和忧患，只要薄衣能蔽体，粗食可果腹，便心满意足，快活如小孩。诗作也清新活泼，色泽缤纷，比如《绝句》：

    两个黄鹂鸣翠柳，一行白鹭上青天。
    窗含西岭千秋雪，门泊东吴万里船。

诗如彩绘，描出成都好山好水，好鸟好禽，大可养眼娱心。草堂边有溪水流过，傍溪小径蜿蜒曲折，待春花夏落，小径铺满灿烂，溪面缤纷漂浮，杜甫忍不住走出草堂，沿花溪花径，独自信步行吟，作《江畔独步寻花七绝句》。其五曰：

    黄师塔前江水东，春光懒困倚微风。
    桃花一簇开无主，可爱深红爱浅红？

穿花度柳，曲径通幽，忽见前头有户人家，杜甫上前歇脚。主妇很热情，又是搬几请坐，又是递茶敬客。喝茶闲聊之际，才知主妇叫黄四娘，杜甫有感于成都人情好，足慰自己遭受过太多苦难的心，不禁触景生喜，续作《江畔独步寻花七绝句》之六：

> 黄四娘家花满蹊，千朵万朵压枝低。
> 留连戏蝶时时舞，自在娇莺恰恰啼。

苏氏兄弟喜欢诗圣忧己忧民忧国的沉郁大诗，同样喜欢这种轻松自如的活泼小品，沿着草堂前的小径，去寻诗圣旧踪和黄四娘家，可惜已杳然无迹，只能悻然回到住处。

隔日，苏洵父子三人，外加赶驴家丁，一行离开成都，东上金牛道，即当年秦王以石牛粪金骗过蜀王成功取蜀之道，也是唐宋皇帝和军阀进出蜀地时途经的道路，道旁所遗行宫古迹和军事设施，仍忽隐忽现于丛生的野棘荒草间。朝代兴衰，无不是时势所然及君臣合谋之结果。君英明，臣贤能，国家必兴，国运必隆。反之，君无道，臣奸邪，国家必衰，国运必败。

金牛道属古蜀道南段多条线路之一。蜀道指沟通川陕两地古栈道，以汉中盆地为界，分南、北两段，两段皆有数条线路，南段行金牛道翻巴山，北段走陈仓道越秦岭，较为宽敞安全。且蜀道系当年杜甫离陕入蜀经过路径，苏洵计划逆循诗圣行踪，北上入陕，再东望京都而行。兄弟俩心有所悟，似觉父亲选择蜀道出川，其深意存焉，并非随兴之举。

金牛道经由一个特殊地段，那便是绵州昌隆青莲所在位置。此乃李白故乡，故诗仙又有"青莲居士"之称。其《静夜诗》曰："床前明月光，疑是地上霜。举头望明月，低头思故乡。"思的正是金牛道旁的青莲乡。李白身世说法不一，有说祖居碎叶，有说籍在陇西，但不能否定其成长于青莲乡，至二十四五岁才白衣黑靴，腰间一壶酒，手中一柄剑，飘然出蜀远游。

李白一斗诗百篇，诗出万口竞相传。其中《蜀道难》传诵古今，天下无人不晓。今三苏攀越蜀道，身临悬崖，面贴峭壁，免不了脱口吟诵："蜀道之难，难于上青天。"吟诵毕，苏轼突然心生好奇，道："杜甫经蜀道入川已成定论，无可置疑，李白蜀道诗冠绝古今，无人能及，然他到底跋涉过蜀道没有，似乎有些难说。"

人人能诵《蜀道难》，然有此问者恐怕别无二人。苏辙道："李白定然行过蜀道，不然哪写得出如此奇妙的蜀道诗来？"苏轼道："李白行过蜀道自不必说，他毕竟在蜀道旁的青莲乡生活过二十多年，轼要说的是李白曾否沿蜀道翻越过巴山和秦岭。"

苏辙觉得颇有意味，却无从释疑，侧首去瞧身旁的父亲。苏洵显然对此早有钻研，笑道："李白好游，在家门口的蜀道兜兜转转，不值得奇怪，但不见得顺道翻越过巴山，更别说秦岭。原因是其二十四五岁前从没离开过蜀地，而出蜀则走的水路，自此一去不复返，再没回过故园。出蜀路径也很明确，有其诗为证：'峨眉山月半轮秋，影入平羌江水流。夜发清溪向三峡，思君不见下渝州。'"

说得苏辙频频点头，道："看来李白确未沿蜀道登过巴山和秦岭，那他又怎么写得出如此逼真神奇的《蜀道难》呢？"苏洵道："李白顺江而下东南，积累一定名气后，北上长安寻求仕进，一时摸不清门道，四处碰壁，不免郁郁寡欢。恰遇友人离京入川，李白正好依蜀籍作《蜀道难》以赠。"苏辙道："李白把蜀道写得如此奇崛险峻，不故意吓唬友人吗？"

"子由只知其一，不明其二。"苏轼接话道，"李白夸大其词，以惊人语状写蜀道，也许并非吓唬友人，而是言在此，意在彼。"苏辙道："兄长说说，李白是何用意？"苏轼道："无非借蜀道难，隐喻官道之不易。"苏洵笑道："岂止官道，世间之道哪条不难？"

兄弟俩幡然醒悟，原来父亲导行蜀道，是在暗示，无论官道，还是科考，或是漫漫人生路，皆不容易，须吃得苦，受得罪，接受意想不到的磨难，可谓"天将降大任于是人也，必先苦其心志，劳其筋骨，饿其体肤，空乏其身，行拂乱其所为，所以动心忍性，曾益其所不能"。

口言蜀道，脚登蜀道，父子一路过罗江，经梓潼，望剑阁，沿水成路，岭横越垭，陡峭盘旋，险绝而栈，蜀道越走越奇，越走越危峻。尤其剑阁峥嵘崔嵬，连峰接天，悬崖万仞，飞瀑万壑惊，空山子规啼，无不令人毛骨悚然。至于天下第一隘口剑门关，绝崖断离，峰高似剑，直逼苍穹，仿佛鬼斧劈成，惊得苏轼兄弟目瞪口呆，恍惚如在梦中。

过剑门关，眼前便是葭萌。苏洵借机给俩儿讲课："葭萌系古苴侯国，蜀王曾封其弟葭萌为苴侯，至秦吞蜀，置县而以为名。"苏轼对此典故也不陌生，道："秦军南下伐蜀，必经葭萌而夺剑阁，故葭萌一直战事不断。"

葭萌东傍嘉陵江，三苏渡江北行，低头谷深千尺，仰首石崖壁立，峡壁栈道为秦时凿造，近水还有供纤夫拉纤用的走道。苏洵手指滔滔江水，道："汉相萧何曾在此弄舟垂钓，谋划汉军北征方略。"苏轼叹道："刘邦何德何能，竟有萧何、张良、韩信一众文武辅佐，成就千秋大业。"苏辙道："得人心者得天下，失人心者失天下，这不就是刘、项两人之区别吗？"

走出嘉陵峡，眼前豁然开朗，便是汉中平原。苏洵道："汉中曾属楚地，秦灭六国，置汉中郡，为三十六郡之一，郡治设于南郑。所惜秦无道，建国十余年，二世而亡。"

秦汉旧事不绝于史，苏家兄弟早已烂熟于心。苏轼道："暴秦逼民反抗，山东六国联合攻秦，盟主楚怀王约定，先入咸阳者为王，沛公刘邦捷足先登，项羽踵至，设鸿门宴，项庄舞剑，意在沛公。项羽犹豫间下不了杀手，刘邦捡回老命，不得不接受楚霸王分封，走子午道至汉中，做了汉王，都城就在南郑。"

苏辙本来话不多，闻得兄语，也忍不住道："照天干地支记方位之法，北方为子，南方为午，子午道乃南北走向道路，系咸阳至汉中最直路线。子午道上有子午谷，谷壁如削，前人凿壁修筑栈道，始可越谷。刘邦南下时依张良计，一路走，一路把栈道烧掉，意绝北归之愿，以迷惑项羽，让其放松戒备。半年后，山东诸王不满项羽分封不均，纷纷起事，刘邦见机，派樊哙和周勃明修栈道，装作欲走子午北进的样子，命韩信领军暗度陈仓，突然出现于关中，击败猝不及防的项羽所封章邯诸王，建立牢固基地，继图东进，与项羽一争高下。"

苏轼道："其实韩信初投刘邦时，并没受到重用，弃刘而去。萧何得知，来不及禀报刘邦，连夜把韩信追回，留下'萧何月下追韩信'的美谈。因萧何力荐，刘邦筑坛拜韩信为大将，把军权交给他，让他统领三军，北攻咸阳，东进中原，击败项羽，助刘邦建立汉朝。"

苏辙叹道："可惜共患难易，处富贵难，天下初定，有人知刘邦忌惮韩信功高震主，诬陷其谋反，告到吕后那里。吕后欲召韩信除之，又怕他不肯就范，求助于萧何。萧何计骗韩信入宫，吕后以谋反罪逮捕之，当场击杀。韩信因萧何得以建功立业，后中萧何计身死，故有'成也萧何，败也萧何'之说。关于此还有一副联语：'生死一知己，存亡两妇人。''知己'不用说为萧何，'两妇人'自然是指吕后，还有于韩信有一饭之恩的漂母。"

闻兄弟俩讨论热烈，苏洵笑而不语，并不插言。读经也好，阅史也罢，拿过来装进肚里是一回事，经咀嚼消化，再用自己的话表达出来，则是另外一回事。有道是"青出于蓝而胜于蓝"，看来俩儿已超越乃父，要苏洵不乐也难。

逗留南郑期间，三苏遍寻汉王踪迹，然年深月久，旧迹难觅。唯刘邦拜将台依稀还在，也满是蒿草和苔痕，不复当时壮观。又闻刘邦曾在留坝筑汉王城，苏洵借褒斜道，经留坝转陈仓道入陕。

褒斜道南起褒谷口，北至斜峪关，故名。路上苏洵又抛砖引玉："褒斜之道，夏禹发之，系周伐蜀所建。"苏轼道："汉中至留坝一带属古褒国，周幽王派兵走褒斜道攻打褒国，褒国兵败，献褒姒乞降。褒姒是冷美人，自入周宫，一直板着面孔，不开笑颜。周曾置烽火台和大鼓，一旦遇敌情，燃烽火告知各诸侯勤王。周幽王突发奇想，派人点燃烽火，各路诸侯率兵赶至，一个个惊慌失措。褒姒见状，不禁哈哈大笑。"

苏辙接话道："周幽王自以为得计，此后数次点燃烽火，逗引诸侯，换取褒姒笑颜。待到申侯犯周，周幽王命燃烽火示警，各诸侯无动于衷，周幽王寡不敌众，死于敌手，褒姒亦被俘，西周灭亡。"

南郑至留坝的褒斜段并不冷清，五里一亭，十里一阁，三十里一驿，车马来往不绝。褒河谷岸青峰如削，栈道凌空飞架，直逼云霄。苏轼感慨道："此乃南郑入关最便捷的通道，当初韩信出走时别无选择，只能走褒斜道。"

苏辙道："韩信马不停蹄，星夜兼程，到得褒谷口，已是下半夜。留坝在望，仅一水之隔，名曰寒溪。韩信打马欲渡，大水訇然而至，马不能前。原来秦岭夜下大雨，寒溪突涨，韩信不得不退到高处，跳下马背，以月色当被，躺下歇息，待水退再上路。正好萧何披星戴月，匆匆追至，叫醒韩信，苦口婆心，把他劝回南郑。寒溪因此留名青史，人说'若非寒溪一夜涨，焉得炎汉四百年'！"

所喜三苏走出褒谷口时，寒溪平静，涉水可渡。来到留坝，先觅汉王城。苏洵道："留坝原名刘坝，因张良受封留侯后退隐于此，故有'留坝'之称。留坝民众感念良相功德，特建张良庙，以供瞻仰祭拜。"

苏轼议论道："张良真是大智慧，不恋权，不贪名，功成身退，不像韩信、英布和彭越诸位，为刘邦出生入死，立下盖世之功，最后为那份爵位和食禄，死于主子屠刀之下。"苏辙道："同甘共苦难兼得，往往飞鸟尽，良弓藏；狡兔死，走狗烹。"

走进庙中，上过香，烧过纸，拜过庙主，三苏离开留坝，重新上路。不过他们没再走褒斜道，而是西上进入韩信、杜甫和唐玄宗走过的陈仓道，艰难跋涉，翻越秦岭，来到大散关前。

大散关为周朝散国之关隘。关中四关，北有萧关，南有武关，东有函谷关，西便是三苏眼前的大散关。苏洵指点关山道："韩信正是经此关，暗度陈仓，出其不意，击败章邯等军，成功夺取关中。"

苏轼道："大散关有记载的最早关令该为尹喜。尹喜系周康王重臣，驻守大散关时结草为楼，仰观乾象，见紫气东来，天文显瑞，知有圣人度关而西，嘱咐关卒，有形貌脱俗之人，不得任其过关。果然老子居周日久，见周之衰，驾青牛薄板车，经大散关西去。尹喜迎入关内，北面师事之。居百日，尹喜斋戒问道，恳求老子著书，以惠后世。老子乃著《道德经》五千言以授之，遂出关西往，莫知其所终。尹喜乃弃绝人事，每日诵《道德经》不止，三年后悉臻其妙，奉行成道，乃著《关尹子》九篇，阐释道德二经。"

"也有说法，称老子自函谷西出留下《道德经》。"苏洵感受着大散关的雄奇峭拔，率俩儿下关，见识陈仓一带的伯阳山、伯阳水、伯阳县，确信老子著《道德经》之处为大散关无疑，"伯阳是老子字号。《道德经》字字珠玑，成书不易，老子在陈仓逗留绝非一日两日，官民印象深刻，以其字号命名山水和地方，再自然不过。"

出陈仓，过凤翔，绕经周礼之乡岐地。苏洵仰望岐山，发思古之幽情："两千多年前，周公旦就是在此辅佐成王，制作典章和礼乐，奠定周王朝八百年基业。作为儒学元圣，周公备受孔子推崇，儒学因而发扬光大，代代沿袭传承，君臣官民行为得到规范。读书人更是在儒学滋养下，丰润学养，强健精神品格，维护中华文明屹立不倒。"

就这样，三苏一路走来，登剑阁，过汉中，出散关，走岐地，不仅亲历险恶山水，感受遗落于山水间的旧人旧事，更追寻圣贤之道，探索道儒之源，领会古圣之伟大。

在圣贤激励下，三苏步子迈得越发坚定。紧走慢走，行经兴平境内马嵬驿，父子脚步不觉慢了下来，白居易《长恨歌》诗句又在耳边响起："六军不发无奈何，宛转蛾眉马前死。"

唐玄宗老来昏聩，为奸佞所惑，祸及家国天下，生灵涂炭，却委过于红颜祸水，让杨贵妃做了替死鬼，实在令人扼腕。

生命太脆弱，当年杨贵妃死得那么凄惨，而今"马嵬坡下泥土中，不见玉颜空死处"（白居易《长恨歌》），唯有芳草葳蕤，无语摇曳。三苏没有久留，拽拽被道旁树枝撩起的衣襟，理理西风吹乱的鬓发，缓缓走过马嵬驿，东望咸阳方向，蹒跚而去。

咸阳位于八百里秦川腹地，山水俱阳。俱者咸也，故名咸阳。夏商时代，咸阳便已有建置，春秋隶属秦地，至秦孝公建都于此。秦始皇统一六国，书同文，车同轨，度同制，行同伦，设立郡县，统领天下，可谓"六王毕，四海一，蜀山兀，阿房出"（杜牧《阿房宫赋》）。秦始皇梦想从自己一世起始，大秦江山万世姓嬴，永不更迭，同时欲望膨胀，不顾民众死活，横征暴敛，终致官逼民反："戍卒叫，函谷举，楚人一炬，可怜焦土！"（杜牧《阿房宫赋》）秦朝短短二世而亡，任由楚汉相争，刘邦战败项羽，建立汉朝，定都咸阳。

　　至隋开皇年间，咸阳往东南扩建，及唐稍事加建，改称长安，一时百业欣欣向荣，人口繁衍迅速，成为当时规模最大的国际都市，四夷宾服，八方来朝。一代英主唐玄宗志得意满，由骄而奢，由奢而昏，导致安史之乱，虽经肃宗平叛复国，但大唐元气大伤，再也回不到从前。至天祐元年（904），朱温挟唐昭宗迁洛阳，长安宫室民居尽毁，遂为废墟。

　　三苏西来，走过摇摇欲坠的咸阳桥，面对野草肆虐的废墟，想象盛唐景象，心情难免怅然。所幸豪迈的唐诗不腐，苏轼脱口而出：

　　　　长安大道连狭斜，青牛白马七香车。
　　　　玉辇纵横过主第，金鞭络绎向侯家。
　　　　龙衔宝盖承朝日，凤吐流苏带晚霞。
　　　　百丈游丝争绕树，一群娇鸟共啼花。
　　　　游蜂戏蝶千门侧，碧树银台万种色。
　　　　复道交窗作合欢，双阙连甍垂凤翼。
　　　　梁家画阁中天起，汉帝金茎云外直。
　　　　楼前相望不相知，陌上相逢讵相识？

　　此乃"初唐四杰"之一卢照邻《长安古意》首段诗句。苏辙受兄长感染，也背诵起其中段句子来：

　　　　娼家日暮紫罗裙，清歌一啭口氛氲。
　　　　北堂夜夜人如月，南陌朝朝骑似云。
　　　　南陌北堂连北里，五剧三条控三市。
　　　　弱柳青槐拂地垂，佳气红尘暗天起。
　　　　汉代金吾千骑来，翡翠屠苏鹦鹉杯。
　　　　罗襦宝带为君解，燕歌赵舞为君开。

　　绚丽的卢诗在空中回荡着，苏轼道："大唐能成就开元盛世，已非常了不起。至少喝酒不愁，否则贺知章也不可能用御赐金龟换酒款待李白，还把他推荐给唐玄宗，说是天上贬谪下凡的诗仙，引得唐玄宗好奇心起，诏命李白进宫。李白正愁求官无门，闻诏狂喜，大呼道：'仰天大笑出门去，我辈岂是蓬蒿人。'"

诗如其人，李白之外，谁写得出如此狂放不羁之作？苏辙笑道："韩信成也萧何，败也萧何；李白则成也酒，败也酒。"苏轼道："此话不假。酒让李白诗兴大发，佳作迭出，可酒又使他醉生梦死，忘乎所以，耽误皇上召对，终被逐出京师，正所谓'李白一斗诗百篇，长安市上酒家眠。天子呼来不上船，自称臣是酒中仙'。"

此系杜甫《饮中八仙歌》里的诗句，酒仙加诗仙的形象活灵活现。苏辙道："《饮中八仙歌》写过八位酒仙，有关李白这四句最著名，几乎妇孺皆知。开篇状写李白的贵人贺知章的那两句也不错：'知章骑马似乘船，眼花落井水底眠。'说贺老酒后骑在马上，仿佛坐船，左摇右晃，掉落井底也醒不来，干脆美美睡一觉再说。"

"在杜甫千多首存诗里，《饮中八仙歌》属少见的嬉笑之作，足见诗圣不乏诙趣天性，偶尔开回玩笑，水平绝对一流。"苏洵也发言道，"然比起《饮中八仙歌》，诗圣最令人难忘的还是其众多忧国忧民的诗篇，诸如《兵车行》一类。"

唐玄宗好大喜功，不断扩张，长期黩武，致使内郡凋敝，民不聊生。天宝年间又诏讨南蛮，士卒死于瘴疠，杨国忠竟掩盖败绩，反以捷闻，奏增征兵规模。民众莫肯应募，朝廷分道捕人，连枷送诣军所，一时行者愁怨，父母妻子哭送咸阳桥，哀号声声。此时安史之乱还未发生，但杜甫已预感大不妙，痛心疾首，写下著名的《兵车行》：

> 车辚辚，马萧萧，行人弓箭各在腰。耶娘妻子走相送，尘埃不见咸阳桥。牵衣顿足拦道哭，哭声直上干云霄。道旁过者问行人，行人但云点行频。或从十五北防河，便至四十西营田。去时里正与裹头，归来头白还戍边。边庭流血成海水，武皇开边意未已……

此后安史之乱爆发，印证了诗圣的预感。玄宗只得仓皇西过咸阳桥，逃往蜀地。待叛乱平定，再摆驾过桥回宫时，皇位已不再属于自己。且国家元气大伤，再也回不到从前，大唐由盛转衰，仿佛过午太阳，光芒难续，一路黯淡下去，终至寂灭。

三苏回头望望咸阳桥，掉过头，绕开废墟，继续东行。经由骊山华清宫，白居易《长恨歌》里的句子又从脑海里冒出来：

> 春寒赐浴华清池，温泉水滑洗凝脂。
> 侍儿扶起娇无力，始是新承恩泽时。

诗圣《自京赴奉先县咏怀五百字》也写过骊山和华清温泉，留下那震耳欲聋的十个字："朱门酒肉臭，路有冻死骨。"

别华清池，往东过华阴，面南恣观华山。继越潼关，北顾黄河奔流，一路山崎道岖，人困驴乏。待好不容易到达渑池，众人已累得骨头快散架，再也迈不动脚步。乏驴更是四肢一歪，轰然倒地，一命呜呼。

迫于无奈，父子三人只得入渑池寺院暂歇。老僧倒也热情，素食款待，竹席供宿。一觉醒来，兄弟俩精神大增，兴致勃发，挥毫在寺墙上题起诗来。

走出渑池地界，道路变得平阔起来，速度也快了不少。读万卷书，行万里路。此番苏洵带着两个儿子，越蜀道，走三秦，渡河洛，向汴梁，追溯儒道文化源头，体察汉唐文明兴衰，丈量李杜白诗路崎岖，给寻常的进京赶考赋予了非同寻常的意义。

## 殿试杜撰典故

前后费时百日，仁宗嘉祐元年（1056）仲夏，三苏终于带着满身疲惫和向往，来到京都开封高大的城门下。这是七朝古都，夏、战国时期的魏国，五代的后梁、后晋、后汉、后周，直至皇皇大宋，皆定都于此。不同于以往朝代文士无足轻重，赵匡胤陈桥兵变，建立大宋后，忌惮武将，杯酒释兵权，倚恃士大夫辅国，君王与宰相共主，皇家与文人同治，短短数十年，大宋迅速崛起，政治稳定，经济发展，文化兴盛，一派欣欣向荣气象。

士大夫地位得到空前尊崇，使京都汴梁（开封）成为读书人最为神往的圣地。就在那高大城墙内的朝堂之上，一代代贤相与君王平起平坐，共同创造出大宋辉煌，也给青史留下一个个响亮的大名。这些大名早在苏轼心目中千百遍浮现，诸如"半部《论语》治天下"的赵普、澶渊退辽的寇準、人主病后姗姗来迟的吕夷简、"先天下之忧而忧，后天下之乐而乐"的范仲淹、"无可奈何花落去，似曾相识燕归来"的晏殊，还有当世在朝的富弼、韩琦、欧阳修、司马光等人，每个神圣的名字都是苏轼心中闪耀的星星，激励这位天才学子十年寒窗苦读，学有所成，然后经千山，历万水，追慕而至，期登天子堂，一展平生志。

望着沉实厚重的城墙，苏轼几分兴奋，又几分不安。只要进入墙内，便与大宋君臣同城而居，自己能否借满腹才情，一举高中，建功立业，成为赵、寇、吕、范、晏和富、韩、欧阳、司马那般人物，致君尧舜，济世安民，流芳百世？

苏轼情不自禁浮想联翩，痴然立在地上，一时忘记挪步。走到城洞下的苏辙发现兄长没跟上来，反身回去，附在他耳边道："天色不早啦，入城吧。"

苏轼这才收回目光和联想，迈开步子，与弟并肩走向城洞。入得城来，寄居父亲提前以书信联系好的僧庙，以备秋季礼部初试。埋首经史，夏天不觉悄然过去，苏家兄弟步出僧门，踏着灿烂的阳光道，信心满满，进入秋闱。

仁宗笃于求士，一举选取一千三百余人，苏家兄弟毫无悬念，双双入选，进入殿试范围。殿试时间为来年即嘉祐二年（1057）春季，苏洵嘱俩儿在住处好好温习功课，自携所著《六国论》，出门遍访当朝名臣。

论及名气最响亮的朝臣，当属文坛领袖欧阳修，其诗文广为流传，说妇孺皆知，一点也不夸张。比如，人皆成诵的趣文《醉翁亭记》，以山水喻野趣，以山水间之人喻情趣，以人与酒喻谐趣，可谓妙趣横生，令人心生欢喜。

哪怕你没读过欧阳修的文章，也知道这么一句话："醉翁之意不在酒，在乎山水之间也。"此语便出自《醉翁亭记》。欧阳修另一名篇《秋声赋》，尽写有声之秋与无声之秋，惊秋悲秋惜秋叹秋，又认可秋之存在，不以人之意志为转移，人在物中，物在人心，人与物相互交融，合而为一，极富理趣。

能写趣文者，自是有趣人，趣人难免有趣事流传。传说有个乡下秀才，自以为文如锦绣，诗如莲花，谁都不放在眼里，唯欧阳修的诗文勉强能入其法眼。这日秀才肩背诗囊，离家北上，欲入京去会欧阳修，用自己的大作羞羞这位文坛大佬。

渐近京都，登船过渡，见近岸有棵枇杷树，秀才诗瘾发作，大声吟道："水边一枇杷，两朵大丫杈。"仅此两句，再续不下去。正巧欧阳修微服出行，来到船上，顺口接道："未结黄金果，先开白玉花。"秀才望一眼欧阳修道："看不出老哥也会作诗，本诗人正是此意。"

船至江心，发现对岸有人用竹竿赶鹅下河，秀才又吟道："远看一群鹅，一棒打下河。"又只两句，别无他哉。欧阳修又随口接道："毛浮绿波动，颈曲作清歌。"秀才说："老哥嘴舌真快，又被你抢了先。"

过完渡，秀才邀欧阳修入京："诗人同弃舟，去访欧阳修。"欧阳修忍不住也打油道："修已知道你，你还不知修（羞）。"秀才没反应过来，追问道："莫非欧阳修知道本诗人？"

传闻真假难辨，却足以说明欧阳修知名度之高。苏洵要访名臣，自然先访仅比自己大两岁的欧阳修。不过苏洵不是酸秀才，手里有《六国论》及张方平的举荐信。

欧阳修与张方平政见有异，关系疏远，瞧两眼张函，随手搁置一旁，却对《六国论》倍加赞赏，让家仆把大诗人梅尧臣叫过来，奇文共欣赏。欧阳修还推荐苏洵给韩琦。韩琦时年四十八，与欧阳修和苏洵年龄相仿，却已高居枢密使大位，权重如宰相。

因看重苏洵大才，韩琦宴请朝臣时，特意把他请到府上，介绍给在场各位。宰相门前，谈笑皆鸿儒，往来无白丁，座中自然皆为高官大吏，仅苏洵无职无权无功名，独自躲在角落里，寂寞自知，郁郁寡欢。

欧阳修怕冷落苏洵，把他隆重介绍给司马光等人，特别提出《六国论》等苏著如何识见卓绝，如何非同凡响。欧阳修可是堂堂文坛领袖，连他都亲口推崇的文章，谁敢有半点质疑？众人顿时对苏洵刮目相看起来，纷纷上前与他攀谈言欢。

唯有一个三十多岁的中年人，衣衫不整，面垢不去，只顾端坐桌前，旁若无人，大口喝酒吃肉。韩宰相怎么会请这种形同叫花子的人赴宴？苏洵甚是不解，悄声问欧阳修那是何方神圣，欧阳修说是度支判官王安石。

王安石系江西临川人，生于真宗天禧五年（1021），小梅尧臣、欧阳修、韩琦、苏洵十多岁，司马光也比他大三岁。用如今时髦说法，梅属"00后"，欧、韩、苏属"05后"，司马光属"15后"，王安石属"20后"，至于生于1037年的苏轼，自然属"35后"。

苏洵早闻王安石大名，王安石诗文漂亮，任职地方时也颇有政声，因此引起了仁宗皇帝的注意。有次，仁宗约大臣入宫钓鱼，把王安石也叫去，好近距离观察审视。开钓前君臣临水叙话，王安石竟将面前的整盘鱼饵吃个精光，一点不剩。

仁宗看在眼里，不觉眉头紧皱。回到后宫，便对曹皇后说："王安石此人不可用。"曹皇后问是何故，仁宗道出王吃鱼饵事："鱼饵非点心，误食一颗两颗，说得过去。到三颗四颗，总吃得出来。明知是鱼饵，还要故意吃光，不是不近人情，便是别有用心，有意作伪。"

正是看不惯王安石，当他呈上洋洋万言《上仁宗皇帝言事书》，首次提出变法主张时，仁宗束之高阁，不予采纳。

这天苏洵离开韩府返回住处，谈起王安石，警告两个儿子："若来年殿试中选，与此奸人同朝为官，得多防备他点。"苏轼不太认同父亲的看法，觉得仅凭食鱼饵和不修边幅，就断定其为奸人，显得有些偏激。只是身为儿子，不便当面反驳，不过随便敷衍几句而已。

苏洵知道苏轼眼里没有坏人，担心他日后吃亏，特作《辨奸论》以警示。《辨奸论》暗讽王安石矫饰反常，有悖人情，预言其一旦重权在握，必贻误君臣，祸害天下。

冬去春来，殿试时间如期而至，仁宗任命欧阳修为主考官，员外郎梅尧臣等为判卷官。像其他一千三百名考生一样，苏轼和苏辙兄弟带着些许兴奋和紧张，昂首进入宫中闱场，倾十年寒窗苦心所读，全力投入诗赋和策论考试。

策论题目为欧阳修亲自拟定。其时士人崇尚奇险生涩、荒诞怪僻的太学体，欧阳修为扭转这种不切实际的空泛无用文风，根据《大禹谟》句"罪疑惟轻，功疑惟重"，拟题《刑赏忠厚之至论》，以测试考生学以致用能力。

考试结束，一一誊写毕，封住考生名字，进入判卷程序。梅尧臣发现有篇策论与众不同，内里说赏忠宁失之宽厚，罚罪则当恻然有哀怜之心，以免无辜者受戮，继而举例道："当尧之时，皋陶为士（司法官），将杀人，皋陶曰'杀之'三，尧曰'宥之'三。"

梅尧臣非常认同，也喜欢文章风格，只是觉得自己博览群书，从未见过尧帝与皋陶这段对白，于是呈试卷于欧阳修，看他怎么说。欧阳修酷爱读书，恨不得读尽天下书，曾感慨："书有未曾经我读，事无不可对人言。"还总结读书"五之"经验：博学之，审问之，慎思之，明辨之，笃行之。亦即说梅尧臣没读过的书，没见过的典故，说不定欧阳修读过见过。

欧阳修阅毕梅尧臣所呈试卷，也从未见过文中所举典故，可他实在太喜欢此卷，也顾不得文中典出何处，提笔准备判为首卷，转而又想，自己有个叫曾巩的关门弟子，文风类似，若为他所作，老师判弟子策论为首卷，岂不授人以柄？于是忍痛割爱，改判为第二。

试卷评定完毕，优选出三百八十八名新科进士。拆封录名，才发现改判第二的试卷考生并非欧阳修弟子江西南丰人曾巩，而是四川眉山考生苏轼。欧阳修很后悔，真想改判苏卷为首卷，无奈有违程序，只得作罢。

苏轼不知此中情由，放榜时见自己名字高居榜眼，自是高兴，加之弟弟苏辙也在榜单上，苏家可谓双喜临门。除苏氏兄弟和曾巩之外，还有史上不少大名鼎鼎的人物也赫然在列，如吕惠卿、曾布、林希、程颢、张载、章惇等。这些人在之后的大宋政治、文学、经学各领域大放异彩，影响深远。据史家统计，这榜进士有九人官至宰执，二十四人《宋史》有传，说是千年进士龙虎榜或进士第一榜，一点都不夸张。

依照惯例，考生高中，全靠考官慧眼识珠，得修书感谢师恩。苏家兄弟连夜写好谢师函，派家仆快马送到欧阳修和梅尧臣府上，俟后登门拜师。

见苏轼致函，欧阳修赶紧拆封，兴致勃勃阅读起来。新科进士放榜后，欧阳修因太喜欢苏轼应试策论及诗赋，特命大儿欧阳发上苏家索要苏轼其他著作，一睹为快。苏著文辞之雄隽，议论之瑰奇，才情之卓绝，学问之广博，见识之深远，令文章大家欧阳修惊为天上麒麟，内心折服不已，当着儿子面，抚卷慨叹道："读子瞻文字，老夫不觉喜极汗下，看来老夫也该知趣退出文坛，让位于此人矣！"

欧阳发觉得父亲言过其实，道："父亲乃文坛头号领袖，诗文天下传，唐不输韩（愈）柳（宗元），宋不让范（仲淹）晏（殊），何出此言？"欧阳修道："文坛领袖算什么？你且记住为父言，三十年后无人再论老夫，只论苏轼。"

凭欧阳修在文坛上的崇高名望和无上权威，一言之褒，一字之贬，便关乎一学人之荣辱成败。此非虚言，时人已有论："读书人不知刑罚之可畏，晋升之可喜，甚至生不足欢，死不足惧，唯惴惴于欧阳修一言之褒贬。"

由此可想见，欧阳修如此推崇苏轼，士大夫们肯定会刮目相看，视为卓异。苏轼更是不敢相信自己的耳朵，带上弟弟苏辙，登门拜访恩师。适逢欧阳修与梅尧臣正在书房谈论苏轼，得到通报，相视一笑，双双起身出门，降阶而迎。

哥俩虔诚地行过弟子礼，随两位恩师入书房叙话。宾主落座，品着香茶，欢谈数语，梅尧臣想起苏轼殿试策论，犹豫片刻，才试探道："子瞻策论里说，皋陶判人死罪，被尧驳回，前后皋陶曰'杀之'三，尧曰'宥之'三。老夫阅卷时，想不起典出何处，可否明示？"

苏轼瞧瞧梅尧臣，又瞧瞧欧阳修，一时语塞。欧阳修满肚子学问，也未知此典故出自何处，见苏轼有些不自在，心里已明白几分，却还是鼓励道："在老夫书房里，没什么不可说。"苏轼这才鼓起勇气道："此系学生不知天高地厚，临时杜撰。"

闻言，梅尧臣眼睛大睁，道："典故也可杜撰？"苏轼心里害怕，正要认错，欧阳修笑道："杜撰理由何在？"苏轼怯怯道："学生无知，只是胡乱揣测，凭帝尧之圣德，三宥罪犯，亦意料中事耳。"欧阳修击节道："好好好，杜撰得好！杜撰得好！师古不泥古，能设身处地替古圣着想，言古圣之未言，才算真正读懂古人。"

欧阳修此等襟怀，连梅尧臣也无话可说，唯暗暗表示赞许。

## "朕为子孙选得两位好宰相矣"

事传出去，擅长太学体未被录取之众考生抓到把柄，联合起来，跑到宫门外告御状：欧阳修和梅尧臣偏袒苏轼，苏卷无中生有，捏造典故，欺君侮世，还被录为第二名，实在天理难容，请皇上主持正义。

仁宗皇帝闻知，惊异之余，调取御览苏卷，顿时被其文采之斐然和议论之精妙所深深吸引，反复诵读，久久不愿释手，对卷中杜撰典故亦倍加赞赏："苏轼如此揣摩古圣，自有美意在焉，即欲启发朕效法尧帝，施行仁政，德被天下。"

欧阳修悬着的心这才落回到肚里，禀报仁宗，苏家弟弟试卷也写得非常不错，才被一同录取。仁宗又调阅苏辙试卷，亦觉高妙，赞不绝口。回到后宫，他仍难抑满心欣喜，慨然对曹皇后道："朕为子孙选得两位好宰相矣。"

说起曹皇后，貌不惊人，却出身高门世家，性情慈爱，处事谨慎，颇有懿德，尤其熟读经史，善书蔡邕所创飞白书，深受君臣敬重和爱戴。闻皇上选获难得人才，她不禁由衷高兴，要来苏氏兄弟策论，仔细阅览，觉得见识卓绝，文采飞扬，视为难得珍稀。

苏轼杜撰典故，非但没影响功名，相反更受欧阳修抬举和仁宗皇帝宠爱，一时传为佳话，足见其时人文环境之宽松。苏轼从此文名大振，天下皆知。

然名高遭妒，不知不觉中，埋下无形祸根，苏轼注定一生为小人所不容，命运坎坷。只不过小人躲在暗处，或潜伏于未来，时候不到，不会现身，苏轼一时看不见，摸不着，唯觉倾羡和爱慕的目光成束向自己投来，恍如唐代诗人孟郊登科诗里所言："春风得意马蹄疾，一日看尽长安花。"

要说苏轼能在合适的时间，遭逢合适的名臣和皇帝，全拜宋太祖所赐。太祖陈桥兵变夺天下，担心姐姐做鞋，妹妹学样，又杯酒释兵权，抑武扬文，武将受压制，文臣恩宠有加。此后朝内权相，朝外重臣，边关守将，几乎无一不出自文人，不学无术之徒根本不可能进入皇上视线范围。哪怕史上臭名昭著的奸臣滑吏，诸如舒亶和蔡京之流，也属辞赋高手、书法大家，且皆来自科考正途，舒亶甚至是状元郎。

扬文抑武并非重文轻武。宋代重文不假，却没轻过武。赵宋朝廷了解武将，也颇懂文人。别看文人笔似枪，舌如刀，使刀弄枪，笔伐口诛，足可自相残杀，对大宋江山却构不成任何威胁，扬得再高，也无伤大雅。相反哄得文人开心，笔走龙蛇，舌灿莲花，歌之颂之，鼓之吹之，可留下千秋芳名，让后代瞻仰倾慕。

故千百年来，北宋口碑一直不错，尤其备受历代文人推崇，除当时政通人和、国泰民安外，更与文人卖力颂扬，不无关系。换言之，我书故我在，后人印象里的北宋实属文人笔下之北宋，若赵宋皇帝效秦始皇焚书坑儒，得罪文人，被文人笔咒，自然只能留下千古骂名。毕竟江山还需文人捧，朝廷可调动国家机器撰修国史，自我歌颂，但文人遍天下，还可通过野史笔记和地方史志，书写自己眼里的历史，永传后世。

此理并不深奥，因此明君英主，才不会与文人过不去，更不会防文人之口如防川。可知再高的堤坝，最终都没法堵住文人唾潮和墨浪，还不如任其发挥，尽情满足表达欲，口服心服，自觉跟朝廷合作。

较之文人，武将手里的刀枪则可怕得多，毕竟利器在手，杀心即起。宋太祖以己度人，卧榻之侧不容他人酣睡，解除武将兵权，对稳固赵宋江山，作用显而易见。史家对此颇有微词，认为赵宋重文轻武，才导致外敌入侵时少兵缺将，国破君亡，受尽凌辱。其实事情远非如此简单。万物有生即有灭，世无万代家天下，赵宋三百余年而亡，再正常不过。

况历史发展有个规律，野蛮取代文明，再被文明同化，待新的文明成型，又被其他野蛮取代。直至蒸汽机面世，近现代文明兴起，此规律才被打破。近现代文明成就民主政治、自由贸易和科学技术，近现代战争演进为政治、经济和科技合力竞争，仅靠拳头和弓弩取胜的时代才一去不复返。

回到赵宋王朝，因扬文抑武，文人扎堆官场，文名高者自易受人关注，臣民眼里往往只有诗文大家，大权在握的权臣反而不太被人看重。如富弼和韩琦，亦属一代重臣，又身居宰执高位，其名望反而不如位低而才高的大文豪欧阳修。

也是苏轼生逢其时，又才大学富，想不扬名立万都难。上有所好，下必甚焉，仁宗放出话来，说苏家兄弟了得，是未来宰相，朝廷上下自然都以结交三苏为荣，三苏一时成为王公大臣座上宾，倍享礼遇。有人还向苏洵示意，欲结秦晋之好，只是苏家兄弟早已婚配，不可能弃旧迎新，才不得不作罢。

不过这丝毫不影响人们对三苏的热情。既然皇家认定苏家兄弟为赵宋子孙宰相之才，先与未来宰相走近，日后朝廷有人好做官。三苏也乐得进出豪门，拜识心中的名相贤臣，亲睹其风采。尤其苏轼，十年前就从师父张道士《庆历圣德诗》里，识得韩琦等人大名，今当面承教，乐蒙青睐，实乃三生有幸。

唯一的遗憾是范仲淹已于数年前去世，苏轼错失受训机会。他早就记诵过范相千古名作《岳阳楼记》，最敬其言行合一，不仅口诵"先天下之忧而忧，后天下之乐而乐"，还身体力行，用实际行动做出万世表率。

三苏盘桓京都，出入豪门之际，仁宗召富弼、韩琦、欧阳修诸大臣，商量新科进士任职方案。人才难得，务必人尽其才，发挥应有作用。谁知没等朝廷委以重任，眉山苏家噩耗传到开封，苏洵妻子程氏病逝，苏轼兄弟大恸，只得奏请皇上，随父返乡，葬母守孝。

百善孝为先，仁宗自然循例恩准。三苏沿来时路线复返，先往西至秦地，再走陈仓道和金牛道归蜀。与来时不同，三苏此番心中含悲，无意游览山川形胜，凭吊古圣先贤，一路行色匆匆，急如星火，以最快速度回到眉山。

灵堂早已布置就绪，兄弟拜伏母亲灵前，大放悲声。苏轼想起母亲教读《后汉书·范滂传》时情形，儿子皇榜高中，已有做范滂的资格，母亲却溘然长逝，再无机会做范滂母亲，叫儿子情何以堪？苏轼越发伤心，几度哭晕过去，恨不得随母而去，黄泉路上好尽孝心。

葬毕母亲，又照地方风俗，于坟前筑庐，守孝七七四十九天，兄弟俩才渐渐从悲伤中走出来，恢复正常生活。毕竟死者不能复生，生者还得继续存活于世。况兄弟俩已是名满天下的天子门生，父老乡亲自然高看一眼，纷纷邀约至家，敬为上客。兄弟俩倒也乐于应酬，反正不用再为科考苦读，正好走亲访友，享受真诚友好的款待和恭维。

苏轼性喜山水人情，能穿行于林泉与亲友之间，自是人生最大快事，还有大量时间陪妻子王弗回娘家久住，跟岳家兄弟姐妹剥瓜子，吃蚕豆。王弗有个堂妹，人唤二十七娘，羡慕堂姐嫁豁达开朗的大文豪为妻，天天追着姐夫，问皇上长啥模样，京都有何好玩的地方。

苏轼善良的心地、豪爽的性情、幽默的谈吐、超拔的才华，自然让他易受异性崇拜，注定女人缘不浅。离开岳丈家，回到眉山，苏门堂妹又缠着不放，像跟屁虫似的。

惜乎堂妹没留下名字，苏轼记叙兄妹的诗文，也论事不论名。倒是"苏小妹"三字广为流传，说是苏轼妹妹，兄妹才学相当，常一起作对吟诗。其实苏轼并无亲妹，也许后人以讹传讹，给其堂妹取名苏小妹，久而久之，又变成亲妹，与哥哥打趣取闹，不用顾忌男女之大防。

将苏小妹当作苏轼堂妹，符合两人身份，与情理也不相悖，再来看两人的故事，也更值得玩味。有说苏小妹长得凸额凹眼，苏轼写诗取笑她："未出堂前三五步，额头先至画堂前。几回拭泪深难到，留得汪汪两道泉。"

苏小妹不甘示弱，拿苏轼连鬓胡须打趣："一丛衰草出唇间，须发连鬓耳杳然。口角几回无觅处，忽闻毛里有声传。"还不过瘾，又用苏轼阔额长脸说事："天平地阔路三千，遥望双眉云汉间。去年一滴相思泪，至今未到耳腮边。"

苏小妹如此多才可爱，自然得配个有才郎君。后人于是拉来苏轼门生秦观，配给苏小妹。才郎才女成对，自然有好戏看。洞房花烛夜，苏小妹拒秦观于门外，先出对子测试："东厢房，西厢房，旧房新人入洞房，终生伴郎。"

这自然难不住秦观，他脱口道："南求学，北求学，小学大试授太学，方娶新娘。"苏小妹心下还算满意，轻轻推开窗户，眼望东天明月道："闭门推出窗前月。"

秦观心想区区七言对，又有何难？谁知要对下联时，才发觉才思闭塞，无以为对，只得口念出联，左右徘徊不止。直至月上中天，映入庭前大水缸，他依然不得要领。

正好苏轼自窗前经过，见秦观绕圈而行，眼望缸里月，嘴里念念有词，明白怎么回事，忍不住拾起一块小石子，啵的一声投进水缸里。秦观一惊，见缸里月影被击破，纷淆不成形状，突然灵机一动，张嘴吟道："投石冲开水底天。"

苏小妹闻声，笑称妙对，打开门，迎郎君入内。

# 第二章　初入仕途

## 缅怀诗仙诗圣

　　两年多后，居丧守礼期满，苏洵率俩儿及其各自妻小，包括苏轼新生儿苏迈，一起离开老家眉山，重新踏上赴京路程。

　　此次迁徙没再攀蜀道过巴山和秦岭，而是南行嘉州，先乘船东下，再登陆北上。船行至川东夔州，三峡历历于前。三峡以汹涌惊险闻名天下，苏洵让船家泊岸歇息，以养足精力，再从容过峡，亦不为迟。

　　苏轼兄弟正好乘隙游白帝城。白帝城原名子阳城，西汉末年公孙述据险筑城，自封白帝，改为现名。三国争战期间，关羽大意失荆州，身首异处，刘备复仇心切，尽起全蜀兵力，东下伐吴。楫出三峡，兵抵夷陵，连营七百里，结果被陆逊一把火烧掉，刘备败退白帝城，羞愤之下，一病不起，召诸葛亮于帐前，嘱辅太子刘禅，史称"白帝城托孤"。

　　至唐代安史之乱爆发，据守东南的永王李璘见朝廷忙于平叛，心起妄念，图谋不轨。此时李白正盘桓江淮，以为到了自己大显身手之时，以颂诗为投名状，进入永王幕府。肃宗分兵出击东南，李璘兵败身死，李白受缚于九江，被判流放夜郎。

　　夜郎位于川南，须乘船上行，经由蜀地南下。被誉为"七绝圣手"的大诗人王昌龄，曾贬任夜郎五溪流域之龙标尉，李白因赠诗曰：

　　　　杨花落尽子规啼，闻道龙标过五溪。

我寄愁心与明月，随君直到夜郎西。

此刻王昌龄已作古一年多，李白却步友旧时后尘，向其贬谪故地行进。风高浪急，溯流行舟，速度很缓慢，至翌年春才逆出三峡，抵达白帝城。停船入城登高，正回望三峡险滩，忽收到赦免消息，李白惊喜交加，赶紧返舟，掉头东下江陵，一路高吟：

　　朝辞白帝彩云间，千里江陵一日还。
　　两岸猿声啼不住，轻舟已过万重山。

此即著名的《早发白帝城》，乃李白第一快诗，所谓快意悲欢，祸来得快，去得也快，轻舟速度更快。快诗一出绣口，天下盛传，一传传到杜甫耳里，他已离开秦地，经蜀道翻越秦岭和巴山，赶往成都。杜甫入川动因多，比如避战乱，又如投奔为官成都的好友严武和高适，自然也不排除李白须过蜀南下，正好见上一面。

诗仙与诗圣一生见过三次面。当年由贺知章和玉真公主举荐，李白受玄宗召唤，入朝做过两年左右的待诏翰林。待诏翰林不是草诏参政的正式翰林，无非皇上有闲时，叫到身边吟风弄月，聊以助兴。有李白《清平调》为证：

　　云想衣裳花想容，春风拂槛露华浓。
　　若非群玉山头见，会向瑶台月下逢。

这是当玄宗的面吹捧杨贵妃美貌的《清平调三首》之一，吹术之高明，恐怕也只诗仙做得到。皇上的爱妃受到高水平吹捧，爱妃乐，皇上也乐，往往比吹捧皇上本人效果更佳。然李白志不在此，在治国安邦。无奈他时刻泡在酒桶里，"天子呼来不上船"（杜甫语），玄宗哪敢把邦国交到他手上？干脆赐金放还，任其自做酒仙去。李白于是出都来到洛阳，正好与杜甫不期而遇，两人诗酒唱和，甚为欢洽，依依惜别之际，相约秋天梁宋再会。

梁宋系商丘古称，隋唐叫作宋州，位于洛阳东七百里处。宋祖赵匡胤发迹于此，故定国号为宋，又作为陪都，升为应天府。杜甫崇拜名满天下的诗仙，刚入秋便兴致勃勃赶往梁宋，迎接翩翩而至的李白，一起造访居于城南的高适。三人大口吃肉，大口喝酒，大声唱诗，畅谈人生，憧憬美好未来，酒醒后又由高适向导，相偕同游，四出访古，入梁园，登吹台，射猎于孟诸野泽，其乐融融。

送走李杜，高适仍留居城南家中，苦读备考。大约两年后的冬天，高适迎来极负盛名的琴师董庭兰，作《别董大二首》以赠，其一曰：

    千里黄云白日曛，北风吹雁雪纷纷。
    莫愁前路无知己，天下谁人不识君。

  此诗一出，高适诗名大振。且说李杜离开梁宋后，李白继续东游，杜甫西归，临别两人再约东鲁相见。杜甫说话算话，两年后赶到泰山脚下，与李白第三次秋会，白天同行，夜晚同眠，把酒临风，互相唱和。泰山就在眼前，免不了相扶共登。十年前杜甫漫游赵鲁，途经泰山，留下《望岳》诗，其末联"会当凌绝顶，一览众山小"，人皆成诵。

  从泰山下来，眼见冬日在即，李白南下游历江东，杜甫西行长安，广结文朋诗友，又满怀信心，走进科场，惜乎未能及第，一直郁郁不得志。倒是此后高适考中进士后，先入朝为官，继西出戍边，继参与平定永王叛乱和安史叛军，立下战功，加官晋阶。

  诗仙诗圣兴会，乐山乐水乐酒之际，互赠诗作，必不可少。李白写给杜甫的诗，共留存下来四首，或许不止此数，亦未可知。李白豪放不拘，醉里作完诗，随手一搁，醒后诗在何处，不记得写过诗，也不足为奇。四首赠诗里，最有名者当属《戏赠杜甫》：

    饭颗山头逢杜甫，顶戴笠子日卓午。
    借问别来太瘦生，总为从前作诗苦。

  诗中杜甫苦吟形象跃然纸上，颇有意趣。早于苏轼的宋初词人柳永有句曰："衣带渐宽终不悔，为伊消得人憔悴。"若拿来形容杜甫写诗苦，与李白戏诗有异曲同工之妙。戏谑调侃属冒犯之术，情谊不到一定分上，随便拿对方打趣，定有得罪，不可轻易为之。诗仙、诗圣两约三会，从相识相知，到相互欣赏，结下深厚友情，是以李白才会开杜甫的玩笑。

  杜甫小李白十一岁，两人见面时，李白已名满天下，杜甫才崭露头角，仰视心中偶像，当面以诗相赠，过后追忆彼此相处的难得时光，自在情理之中。杜甫写给李白的诗多达十五六首，有赠李白、呈李白、怀李白、忆李白、寄李白、梦李白。最有名者，除《饮中八仙歌》里"李白一斗诗百篇"，还有一首《寄李十二白二十韵》，其中形容李白的诗文："笔落惊风雨，诗成泣鬼神。"这可是对李白的最高评价，古往今来，无出其右。

  东鲁会面过后，国家动荡，战争频仍，一晃十五年过去，李杜天各一方，再也没能走到一起。至李白被判流放夜郎，杜甫惊闻，积思成梦："三夜频梦君，情亲见君意。"又知远赴夜郎须途经川蜀，杜甫先赶往成都，坐等故人来。毕竟李白是蜀人，高适也在成都为官，三人若能再次聚首，确属不幸中之万幸。

岂料李白已遇赦东返，留下第一快诗《早发白帝城》，万古流传。当时音闻不通，等到此诗随风传至成都，李白已由江陵返还东南多时。不难想象，杜甫听到此诗，心情一定非常复杂，既为诗仙遇赦恢复自由欣慰不已，又为失去两人最后见面机会深感遗憾。

两年后李白逝于东南。杜甫仍滞留成都，艰难度日，只盼战乱尽快结束，一盼盼了三四年，直至叛军发生内乱，安禄山与史思明先后死于亲生儿子之手，余孽逐渐被剿灭，失地被收复。大好消息传至成都，杜甫喜极而泣，作《闻官军收河南河北》：

　　　　剑外忽传收蓟北，初闻涕泪满衣裳。
　　　　却看妻子愁何在，漫卷诗书喜欲狂。
　　　　白日放歌须纵酒，青春作伴好还乡。
　　　　即从巴峡穿巫峡，便下襄阳向洛阳。

此系杜甫平生第一快诗，也是唐代乃至中华民族古今第一快诗。与李白第一快诗不同，李白所抒主要为个人快意，毕竟诗仙高处云端，独往独来，其恩怨祸福，与地上民众难得沾边。反观诗圣杜甫，贴近地面，活在人间，慈悲为怀，自忧忧民，与民同呼吸，共命运，诗中苦难既属于自己，也属于人民和时代；偶作快诗，所抒亦不只是个人胸中快意，更是天下大众共同欢快的心情。故"诗圣"美誉，杜甫当之无愧矣。

杜甫诗言好还乡，却并没立即离蜀出峡，而是入成都尹严武幕府，谋得饭碗，以勉强度日。然没过多久，严武不幸病逝，杜家失去倚靠，不得不离开待过几年的成都草堂，乘舟东行，来到夔门，寻觅李白旧踪。所惜已找不到诗仙任何痕迹，唯其第一快诗音犹在耳。

杜甫独上白帝城外高台，居险眺望，希望能看到李白远去的背影，却满眼都是萧瑟的秋江景色，顿时引发身世飘零慨怅，倍感老病孤愁悲忧，作七律《登高》抒怀：

　　　　风急天高猿啸哀，渚清沙白鸟飞回。
　　　　无边落木萧萧下，不尽长江滚滚来。

> 万里悲秋常作客，百年多病独登台。
> 艰难苦恨繁霜鬓，潦倒新停浊酒杯。

三百年后，苏轼兄弟来到白帝城，祭拜白帝，登临杜甫站立过的高台，东望夔门，三峡奇境兀然呈现于眼前。三峡者，瞿塘峡、巫峡、西陵峡之合称也，滩陡流急，波巨浪高，险象环生。杜甫《登高》仿佛在耳边响起，兄弟俩体味诗中况味，感慨良多。

虽说苏家兄弟年轻，然置身诗圣当时旧景，还是能感受其老病孤愁心绪。苏轼道："诗圣惯以宇宙之大，写小我寸心之悲。《登高》纵以时间，横以空间，形声色态俱全，气象高浑如巫峡千寻，走云连风，实乃七律之绝唱，旷代之奇篇。且笔势雄骏奔放，若千军万马，冲坚毁锐，又如飘风骤雨，折旆翻盆，何等壮观也。造语富丽，章法句法字法高妙，似有蛇神牛鬼佐其笔战，力量万钧，如海底珊瑚，瘦劲难名，深沉莫测，可谓前无昔人，后无来学。"

苏辙非常认同兄长高见，道："诗圣笔墨奇崛，开篇便成千古流传佳句，以风急带动全联，那猎猎长风自峡口飙至，似夹带高猿长啸之声，哀转久绝；继移动视线，自高处转向江水洲渚，水清沙白背景上，点缀迎风回旋之鸟群，诗中有画，精美绝伦！而后由远而近，借耳边落木窸窣之声，目底长江汹涌之态，以状恢廓苍凉之处境。"

苏轼侃侃道："景语已然铺足，情语正好顺势切入沦落他乡年老多病之境遇、无限悲秋之愁绪、思乡万里人在暮年之感叹。至结篇，直抒艰苦穷困，白发繁多，忧国伤时，以至狼狈潦倒，浊酒无以消愁解恨，唯有停杯投箸，四顾茫然。其万里，地之远也；悲秋，时之惨凄也；作客，羁旅也；常作客，久旅也；百年，暮齿也；多病，衰疾也；台，高迥处也；独登台，无亲朋也。字字句句，无不深意存焉。"

苏辙深以为然，道："久客易悲秋，多病独登高，触景更添愁，此乃人之常情。诗圣之不同凡俗，乃将愁绪糅入雄阔高浑声宏义深的对句中，用句用法用意，皆古今之人不敢道，亦不能道也。"苏轼道："巧用对句乃诗圣之长处。粗看《登高》，首尾仿佛未尝有对，胸腹似乎无意于对，然仔细玩味，则一篇之中，句句皆律，一句之中，字字皆律。"

"甚是，甚是。"苏辙附和道，"风天渚沙，猿啸鸟飞，可谓天造地设，自然成对。不仅上下句对，且句中自对。如首联上句'天'对'风'，'高'

对'急',下句'沙'对'渚','白'对'清',字字精当,无一虚设,用字遣词,尽谢斧凿,以臻奇妙难名境界。"苏轼道:"《登高》正是通过沉郁悲凉之对句,显示出神入化之笔力,确有建瓴走坂百流东注的磅礴气势,才被人誉为'古今独步,句中化境'。"

兄弟聊得兴起,几乎忘记时间流逝,直至天色向晚,才走下高台,出城回到江舟中。翌日天气晴好,舟楫离岸驶入江心,行于惊涛骇浪之上。苏轼兄弟临舷而立,一边感受脚底惊涛骇浪,一边观赏两岸雄奇壮美风光。

去夔出峡,不觉到达江陵。江陵便是荆州,当年吴、蜀两国必争之地,关羽因傲慢而大意,因大意而将荆州丢失,败走麦城,蜀国自此由盛转衰,走向没落。李白流放遇赦,一日千里,到达江陵,却片刻不肯停留,继续顺流东行,一去不复返。杜甫的诗中设想出峡登岸,北上襄阳,回归久违的中原,然客船绕经江陵城外,他亦未上岸,北上襄洛,而是继续顺流下岳阳,过洞庭,辗转潭衡,最后殁于屈原行吟过的平江舟中。

倒是三苏为杜诗导引,至江陵后弃舟登岸,乘车望北而行,走荆门,过襄阳,经南阳,直抵李杜初会的洛阳,再东达开封。水一程,陆一程,风一程,雨一程,一路触景生情,吟诗作赋,行程完毕,兄弟已作诗百首,后整理刊刻,名为《南行集》,存续于世。

入京安顿下来,父亲继续为皇上作传,兄弟参加新仕学子测试,成绩优异,安排京外官职。因父亲年老,苏辙弃官留京,侍奉老父。苏轼带领妻小,登车冒雪,沿着首次入京和回家奔丧走过的路线,西出郑原,远赴凤翔任职。

## 任凤翔判官,开始宦游人生

此系苏轼首次真正的宦游,即宦职在身,远赴任所,与以平民身份两度进出京都,已非一回事。官员每每赴任,或任期届满,转任他处,山阻水隔,一走少则三五月,多则大半年,朝廷命官因而也叫游宦和宦游人。苏轼成为宦游人后,再没停止脚下步履,一走就是一辈子,几乎把大半个中国丈量了一遍。

因苏家兄弟头回别离,苏辙恋恋不舍,骑着瘦马,踏着白雪,一直送出四十里,才挥泪惜别。苏轼登上路边高坎,望着瘦马上的弟弟渐行渐远,顿生幻灭感。恰遇鸿雁落雪地，旋又飞走，留下鸿爪如凿。忽一阵风起，白雪弥漫，覆住鸿爪，仿佛一切都没发生过。

此景深深印在苏轼脑海里，再也没法拂去。待西至渑池，忆及六年前经此入京，人乏驴死，借宿寺院，得到老僧热情接待，兄弟题诗寺墙，苏轼专门入寺寻访旧踪。岂料老僧已逝，寺墙倾圮，兄弟诗题荡然无存。苏轼悻然离去，融旧寺颓废和雪原鸿爪于《和子由渑池怀旧》，创造出"雪泥鸿爪"成语，以喻人生无常，至世间匆匆走一遭，到头来万事皆空，任何痕迹都不会留下。

许是这幻灭感，让苏轼格外珍惜当下，以睿智目光，极力去发现人生中转瞬即逝的美好，一一形诸笔端。亦幸赖此非凡的诗笔文墨，苏轼走到哪里，都会留下痕迹，时间的飞雪再大再疯狂，鸿爪也无法被掩盖，相反熠熠生辉，永不磨灭。

渑池向西，越潼关，历咸阳，绕经岐山，再往前便是位于秦岭谷口的凤翔。凤翔既是周秦王朝龙兴之地，又系道儒文化源头，自古名之以雍，至隋为扶风郡治所，唐改为凤翔郡。安史之乱期间，肃宗驻跸凤翔，指挥平叛，包括杜甫在内的各地官员纷纷来朝。待长安与洛阳相继被收复，肃宗取"凤鸣于岐翔于雍"之祥瑞，升凤翔郡为凤翔府，号称西京。宋袭唐制，仍设凤翔府，领岐山、宝鸡、扶风、盩厔（周至）等九县。

风尘仆仆赶到凤翔府，苏轼拜见太守宋选，开始判官生涯。宋太守也是川人，与苏家有旧，特别欣赏苏轼才情，彼此相处融洽。衙役早遵太守嘱托，腾出府衙东北官舍，供苏家居住。舍前留有开阔园圃，高乔森荫，透过繁枝可窥城北终南山。苏轼在廨北辟一小园，建筑一亭，造轩窗曲槛，以临瞰亭前横池碧波。池连堂屋南廊，种莲养鱼于池内，莲动唤鱼，鱼醒穿叶。池端造板桥，踏桥过到池北，地平土厚，苏轼广种牡丹，与池莲呼应，又手植桃杏松桧三十余本，杂于原有枣柚槐榆之间，风啸枝摇，可娱耳目。

筑亭穿池，种树栽花，无非便于凭槛欢饮，其实三年任满辄去，也就与己无关。即使居舍诗酒，也难得有那么几回，凤翔政事繁忙，容不得苏轼偷闲。判官职责，主要副署公文，审问案件，然凤翔不比别处，除正常职责外，还有两大朝廷下派任务，判官也得参与：一是终南山出产良木，每年均需砍伐出山，编成木筏，顺渭水放入黄河，运往开封，供皇家土木建筑之用；二是朝廷在凤翔建有兵站基地，府衙得负责筹运粮米刍秣，以供军需。

原来凤翔北五百里的萧关之外便是西夏，朝廷防边御敌，军需负担沉重，最终自会转嫁到百姓头上。早在唐初，青藏高原的党项羌和吐谷浑联合对抗吐蕃，吐谷浑为吐蕃所灭，党项羌失去倚恃，转投唐朝，以求内附，被安置于蜀北松潘，逐步繁衍成数支大部落。其中盟主部落拓跋氏向外扩充，占据青海东南和甘肃南部。至唐开元年间，吐蕃军队进攻党项拓跋部落，党项向唐求救，唐同意其迁往庆州。安史之乱过后，郭子仪迁拓跋朝光部落至银川和夏州，即北朝匈奴"大夏"旧地，其时称为平夏，党项羌拓跋部落成为平夏部，即日后西夏皇族先人，其首领被唐赐李姓。至唐僖宗，首领李思恭受封为夏州节度使，因平黄巢有功，一度收复长安，再次被赐姓李，封夏国公，党项羌武装称为定难军，正式领有银州、夏州、绥州、宥州与静州五地。

时至五代十国，不管中原何人当政，李氏党项拓跋皆俯首称臣，以换取政治地位和大量赏赐。平夏地区很富饶，草美田肥，经两百年经营，畜牧和农业得到长足发展。宋太祖剥夺藩镇兵权，却厚待西夏，许之世袭。至李继捧上台，家族内部冲突，率族入京朝见宋帝，自愿献出银、夏、绥、宥四州八县。李继捧族弟李继迁不肯入京，北逃集结武装，不时袭扰宋边，竟至诱杀宋将，占据银州和会州，又向辽国请降，被其封为夏国王。

宋太宗烛影斧声，从太祖手中取得帝位后，率军北征太原，灭亡北汉。为收复后晋石敬瑭割让给辽国的燕云十六州，又从太原出发，北上伐辽，一度收复易州和涿州，围攻燕京。太宗亲临高梁河战场坐镇，中箭受伤，仓皇撤离，北伐失败。数年后太宗再派大军，分东、中、西三路并进征辽，主力东路军受挫，未能与中、西二军会合，二军无奈南撤，西路军主将杨业为掩护军民，陷入重围，负伤被俘，绝食三日而亡，二度北伐失败。夏国趁宋辽争战，南下截夺宋军粮草，围攻灵武城。太宗派五路军击夏，皆败北。真宗即位，辽夏虎视，宋无奈割让夏、绥、银、宥、静五州给李继迁，西夏独立。

大宋忙于应付西夏之际，辽朝萧太后亲领大军南下深入宋境。宋廷君臣欲避敌南逃，宰相寇準力阻，说服真宗亲临澶州督战，宋军士气大涨，誓死坚守辽军背后城镇不失，且以八牛弩射杀澶州城下辽将萧挞凛。萧太后进退两难，与宋议和，以白沟河为界，两国约为兄弟之邦，宋每年送辽岁币十万两、绢二十万匹。签约地在澶州，史称"澶渊之盟"。

见辽朝得了宋大便宜，西夏李继迁眼红得很，不断南侵，又与吐蕃会盟，以酝酿更大行动，谋求更大利益。不想会盟时遭暗算，李继迁中箭而亡。李德明继李继迁之位，向宋称臣，南击吐蕃，西攻回鹘，夺取西凉、甘州、瓜州、沙州，势力范围扩展至玉门关及整个河西走廊。李德明死，其子李元昊继位，先弃李姓，自称嵬名氏，使用西夏年号，建王宫，定兵制，立军名，设文武班，创造夏文，规定官民服饰，颁布秃发令。同时南侵宋疆，拥有夏、银、绥、宥、静、灵、会、胜、甘、凉、瓜、沙、肃多地，趁势称帝，建号大夏。

宋仁宗不承认李元昊的帝位，下诏削夺赐姓官爵，停止边贸互市。同时任韩琦安抚陕西，韩琦举荐范仲淹，同负经略招讨之责。李元昊倾西夏全力，南攻大宋，屡屡得逞，扬言要亲临渭水，直捣长安。庆历二年（1042）秋，西夏入寇渭州，焚荡抢掠，幅员六七百里几成赤地。韩琦与范仲淹治军严明，收拾边疆民心，诸羌畏威怀恩，不肯配合西夏，西夏扫荡一气，无力久据，撤兵自去。庆历四年（1044），宋夏达成和议，宋朝册封李元昊为夏国主，岁赐币帛，西疆始安静。李元昊生性暴戾，多猜疑，好杀虐，占得大宋的便宜后，更加骄横跋扈，对内大开杀戒，以致人人自危，众叛亲离。又沉迷酒色，夺人之妻，连次子宁令哥美妻也占为己有。宁令哥气愤不过，持戈进宫刺伤父王，将其鼻连根剜掉，李元昊痛极血尽而亡。

西夏数十年不断南侵，刀兵所至，城毁邑坏，庐舍田地成为废墟。至苏轼官凤翔，宋夏息战已近二十载，然劫后城乡，依然满目萧条，元气未复，处处都是战争留下来的残迹，以及幸存苟活的赤贫百姓。苏轼遥忆儿时眉州故乡，随处可见连年战争残留的破败，所不同者西蜀气候温润，雨水充沛，恢复生机快，不似西北水缺土瘠，人烟稀疏，唐末五代宋初兵燹不止，生民活命何其艰难，又要承担朝廷所摊边防军需和劳役，实在苦不堪言。诸如筏运终南山木材和集输军用粮秣，不仅费时失业，还得赔偿运送途中损失，当事役民不堪重负，以致家破人亡者，比比皆是。

苏轼哀民生之多艰，恨不得废除苛政和劳役，然朝命在上，又不可能违抗，只能尝试于自己职责范围内，尽量减轻百姓负累。苏轼是个实干家，有想法总会去寻找办法。如木筏之害，经调查访问，发现主要出自令不以时，连何时伐木，何时放筏操运，都得依规执行，遭逢雨季水涨，江河汹涌，往往筏毁人亡。苏轼亲自着手修订衙规，让水工自择操运时间，以时进止，不必出工出力，又冒生命危险，还要承担损失赔偿。

此案草成，呈送宋太守核可，依照实施，木筏之害减去多半。苏轼又寻找机会走出府衙，深入民间，体察民情，发现大宋有治平之名，无治平之实，作《思治论》，指出财之不丰，兵之不强，吏之不择，在于朝廷只务虚名，不求实效，大官小吏因循苟且。针对时弊，苏轼提出课百官，安万民，厚财货，强兵旅的革新措施：建议政治上历法禁，效商鞅韩非，用法治于大臣，罢斥冗员，任用贤能；财政上均户口，较赋役，开财源，省奉给，节用廉取，减轻百姓负担；军事上教战守，训后旅，巩固边防，抵抗辽夏侵略。

《思治论》成，苏轼东递朝廷，恳请君臣视实情改革，稍解百姓困苦。时宰韩琦久历军政，方欲持重，哪会照初仕下官倡言，轻举妄动？自然置之不理，束之高阁。苏轼等不到朝廷反馈，有些心灰意冷，唯寄托于诗书，以纾苦闷。又作《稼说》，直抒胸臆。说富人田多且肥，可从容依据时令，轮换耕种，以免过度耗费地力，故庄稼颗粒饱满，秕谷极少，丰收在望。反观穷民，十几口之家需百亩田地养活，无法轮作，年年耕种，地力得不到休养，播种又往往赶不上季节，至青黄不接，等不及庄稼成熟，提前收割充饥，哪能有好收成？

苏轼拿稼穑说事，自是借耕种之规，明喻文章之道，暗示治守之理。人好比土地，土地要有收成，全靠地力肥沃；人欲有所成就，也得先慢慢培养智识，徐徐增加修养。若未及成年，心智不熟，读书少，见识浅，少经世事，便委之以大任，盼其有大作为，不适得其反吗？试看古人，平时加强自我修习，不轻易出去做事，耐心等待日有长进，待三十而立再出仕，五十才加官晋爵，于长期屈身中伸展，准备充足再发挥作用，自然会有大成。

此系苏轼一生为人处世基调。无论个人还是国家，急于求成，甚至揠苗助长，难免适得其反。好事不在忙中取，需有耐心，有定力，从容不迫，待之以时，筑牢坚实基础，也就功到自然成。十年树木，百年树人，人要成大才，国要成大事，都离不开时间的滋养，博观而约取，厚积而薄发，仿佛水充溢后才流淌，箭满弓再发射，不成功都难。

这便是成语"博观约取"和"厚积薄发"的来历。苏轼以此提醒读者，也告诫自己，人生没有快车道，急于求成，投机取巧，将弄巧成拙，一事无成。

## 苏轼朋友圈之章惇

时逢凤翔连旱少雨，稻枯麦萎，农人忧心忡忡，跑到府衙，请父母官代表子民，出面求雨。找谁求雨？自然得找雨神。农人告知，秦岭顶峰名曰太白峰，太白峰上有雨神庙，雨神就住在庙前神池里，入庙求雨，或许管用。

苏轼二话不说，率众直奔秦岭。登上太白峰，进得雨神庙，祈雨文也打好腹稿，口授笔吏，书于黄纸上。又奉牺牲于雨神像前，点蜡烧香，官民齐伏于地，由苏轼念诵祈文：

> 西民之所恃以为生者，麦禾而已。今旬不雨，即为凶岁，民食不继，盗贼且起，岂惟守土之臣所任以为忧，亦非神之所当安坐而熟视也。圣天子在上，凡所以怀柔之礼，莫不备至。下至于愚夫小民，奔走畏事者，亦岂有他哉！凡皆以为今日也。神其盍亦鉴之。上以无负圣天子之意，下以无失愚夫小民之望……

念毕，苏轼将祈文搁蜡烛上点着，投入香炉。纸文成灰，苏轼又双手捧炉，步出神庙，撒入庙前神池里。求雨仪式至此结束，苏轼率民下山，一路敞衣露怀，嘻嘻哈哈，说说唱唱，看不出谁是官谁是民。

五天后下过一场小雨，然无济于事，苏轼准备再登山求雨。有人透露，太白雨神曾被唐皇封为雨公，后被宋皇降为雨侯，心里老大不乐，也就消极怠工，不愿卖力降雨，往往有求不应。这不难办，苏轼代宋太守草拟奏本，请当今皇上恢复太白雨神原职。仁宗见奏，自然恩准。圣旨下达，苏轼奉旨上山，敬告雨神，再用金盆从庙前神池里取走神水，掉头下山。

宋太守已在山前摆好香案，恭迎神水。附近乡民闻讯，奔走相告，赶来凑趣，没多时香案周围便人山人海，热闹空前。上天也不甘寂寞，布云弄雾，闪电鸣雷，只是滴雨不下，似故意开人玩笑。正在官民望眼欲穿之际，神水由苏轼款款送下山来，宋太守赶紧上前，接过金盆，敬呈于香案之上，倒头便拜。

说来奇怪，天空滚过更大的响雷后，暴雨倾盆而下，城乡处处，普沾恩泽。官民喜不自胜，欢呼雀跃，直到被大雨淋个湿透，也不肯离去。

两天后又逢好雨，且连降三日，田润土润，枯槁的禾麦渐渐挺直腰杆，抬起头来。苏轼显得比几年前高中进士还快乐，整天待在刚造成的亭子里，手抚栏杆，欣赏檐外喜雨，又让夫人王弗备办酒菜，搬入亭中，请友人举盏高歌。

乘着酒兴，苏轼命亭为喜雨亭，现场作《喜雨亭记》，说以雨命名亭子，是为记载喜事。喜就喜在连下甘霖，官吏庆于庭，商贾歌于市，农夫忭于野，忧者以乐，病者以愈，而吾亭适成。于是置酒于亭上以属客，道是若天不下雨，无麦无禾，岁且荐饥，狱讼繁兴，盗贼滋炽，咱哪能优哉游哉，在此饮酒吃肉？

幸天不遗斯民，始旱而赐之以雨，使吾二三子游乐于亭者，皆雨之所赐也。既以亭名，又从而歌：

> 使天而雨珠，寒者不得以为襦。使天而雨玉，饥者不得以为粟。一雨三日，繄谁之力？民曰太守，太守不有。归之天子，天子曰不然。归之造物，造物不自以为功。归之太空，太空冥冥。不可得而名，吾以名吾亭。

幽默调皮的《喜雨亭记》刻于亭上后，很快流传出去，人人争诵，天下皆知。正值商洛县令章惇受命雄武军节度推官，赴甘肃上任，读此妙文，专门绕道，来凤翔见识喜雨亭。

章惇系福建浦城人，大苏轼一岁，豪爽直率，文雅洒脱，才貌双全，飘然有仙风道骨。嘉祐二年（1057）苏轼高中，章惇也进士及第，两人算是同年，惺惺相惜，颇谈得来。当年状元正是章惇族侄，章惇耻于其下，竟拒不受敕，两年后重考，列一甲五名，授商洛县令。

闻章惇过境，苏轼喜出望外，把好友迎至官舍，请入喜雨亭，读亭记，喝美酒，其乐无穷，又留客过夜，相谈甚欢。苏轼眼里尽是好人，况章惇相貌堂堂，才智卓绝，想让他不喜欢都难。章惇也慕苏轼才情，引以为知己。

叙话至夜深，送客去上房歇息，苏轼回到内室，仍兴犹未尽，回味两人相叙意趣。王弗还没睡，提醒丈夫道："此人不可深交。"苏轼讶然道："章惇貌俊才大，人见人爱，花见花开，夫人何出此言？"王弗道："夫君只知以貌取人，忘了留意其神态。你俩聊天时，为妻透过屏风缝隙，察言观色，发现章惇看你时眼神飘忽，欣赏中带有妒意，且言语间一味迎合，没几句实诚话，料定此人心术不正。"

苏轼忍不住哈哈大笑道："吾以天下人为友，谁又能与吾为敌？"王弗摇头道："防人之心不可无，以后防着章惇点，尽量少与其往来。"

苏轼依然不以为意，没往心里去。王弗太了解自己丈夫，大是大非面前，心明眼亮，小事却难免糊涂。偏偏人生大事不过两件：一为生，二为死，此外都是小事，诸如吃喝拉撒，坐卧起居，无可或缺，日日都得面对，无足挂齿。王弗深谙此理，知道如何侍候丈夫，让他碗有美食，杯有佳酿，昼有华服，夜有暖被。苏轼也乐得享受夫人照料，夫人说咸是咸，说淡是淡，言听计从，从无二话。

难能可贵的是王弗还能识大体，辨善恶，懂利害，有知人之明，常劝苏轼明哲保身，逢人只说三分话，不可全抛一片心，别被绊倒在地，还不知使绊者是谁。苏轼也知夫人说得对，却天生只会赏人之长，不善看人之短，没法照她说的去做。面对章惇也一样，苏轼左看右看，只觉得他俊朗洒脱，率真豪爽，满腹经纶，能说会道，果敢干练，跟他在一起开心都开心不过来，哪里会把他当坏人防范？

隔日苏轼便置夫人言于脑后，照样与章惇相处甚洽。还借出巡凤翔属县，与章惇同行，饱览山川形胜。绕岐山，经扶风，过郿县，不日来到盩厔境内。既入盩厔，仙游寺非游不可，那里有两个故事等待着二人。

相传秦穆公女儿弄玉擅长吹笙，笙声吸引富贵子弟纷纷前往示好。千里秦川，再富再贵，难道还能富贵过王家？弄玉谁都看不上，设想自己情郎既要英俊，还得有才情，最好会笙箫。日有思，夜有梦，弄玉梦里闻得箫声如缕，循声追去，见吹箫人眉清目秀，甚合心意。欲上前搭讪，一下子梦醒，弄玉怅然若失，自此郁郁寡欢，连笙管也无心上手。

秦穆公久不闻笙声，问女儿怎么回事。弄玉支支吾吾，终禁不住父亲追问，说了梦中的情境。秦穆公爱女心切，派人陪弄玉四处搜寻吹箫人，一搜搜上秦岭，闻得箫声悠然，恰是弄玉梦里闻过的雅曲。弄玉取出笙管，和着箫声吹奏起来。箫笙和鸣，胜过仙乐，两位以曲为引，边吹边靠拢，弄玉放眼瞧去，吹箫人亦与梦中俊郎一模一样。

那人名叫萧史，才高遭妒，干脆隐居山中，与箫为伍。弄玉爱慕萧史人才双美，遂与其结为夫妻，舍弃宫中的奢豪生活，以山中的玉女洞为室，你吹箫，我奏笙，快乐无忧。笙箫丽声引来祥龙瑞凤，夫妻索性骑凤乘龙，升上天界，成为神仙，"乘龙快婿"一词由此而来。

许多年后隋文帝自此经过，有感乘龙快婿典故，在玉女洞旁建筑行宫，取名仙游宫。隋亡唐兴，待白居易进士及第，出京做上盩厔县尉，仙游宫已成仙游寺。有位叫王质夫的名士，羡慕萧史风流，隐居寺内，勾起白居易兴致，偕才子友人陈鸿，跑来看望王质夫。王质夫喜不自胜，好吃好喝款待，又带两位参观玉女洞，畅赏周边佳景。

这日三人登上寺旁山峦，面北望向渭河，以及远处连绵不绝的山影，只觉天高地迥，逸兴遄飞。王质夫遥指山外之山，说那里发生过一件大事，即五十年前皇家西逃，因人疲马乏，兵将一气之下，击杀杨国忠，又逼玄宗赐死杨贵妃。

"那不就是马嵬驿吗？"陈鸿应声道。王质夫点头道："罕见稀有之事，若无出世之才润色传播，定会随时间流逝，湮灭无闻。两位重情重义，文采飞扬，难道不想做点什么？"

王质夫的意思很明显，无非希望白居易拿起诗笔文墨，以玄宗与贵妃旧事，敷衍成篇，以感其事，惩尤物，窒乱阶，垂将来。陈鸿连连附和，叫着白居易的字号道："乐天意下如何？"白居易痴在那里，半晌没吱声。王质夫玩笑道："不留下诗赋，质夫派人把乐天看管起来，别想轻易离寺归衙。"

下山返回寺中，白居易把自己关在干净的精舍内，脑海里乱成一团麻，一会儿冒出萧史与弄玉双登仙界之浪漫，一会儿浮现起玄宗贵妃生离死别之悲情，一会儿又呈现出自己与湘灵二十多年无果的苦恋。

原来白居易十一岁那年，为避战乱，随母离开太原故里，赶往父亲白季庚任地徐州符离，结识小自己四岁的邻女湘灵。两人青梅竹马，两小无猜，朝夕相处十年，彼此心生爱慕。白居易向母亲提出，要娶漂亮、聪明、温柔的湘灵为妻。母亲坚决不同意。原因很简单，湘灵属贫民女，两家门不当，户不对，岂可联姻？

为拆开两人，母亲借口功名要紧，把白居易赶往江南白家叔父处求学。母命难违，白居易不得不离开湘灵，一路哀叹：

　　不得哭，潜别离。不得语，暗相思。两心之外无人知。深笼夜锁独栖鸟，利剑春断连理枝。河水虽浊有清日，乌头虽黑有白时。

　　唯有潜离与暗别，彼此甘心无后期。

还有白居易早年的成名作《赋得古原草送别》，大概率也是写给湘灵的，或借题发挥，表抒两情痛别，喻苦恋如原上草，灭而复生：

　　离离原上草，一岁一枯荣。
　　野火烧不尽，春风吹又生。

到得叔父处，没法与湘灵缠绵，白居易只能潜下心来，埋头苦读。一分耕耘，一分收获，白居易成功中举，继而进京考取进士，成为当届十七位进士之一，循例游慈恩塔，白居易留诗曰："慈恩塔下题名处，十七人中最少年。"

既遵母命考取进士，那迎娶心中恋人也就无可厚非，白居易匆匆赶回符离，再提与湘灵成婚。母亲仍然不允，声言儿子若娶湘灵，自己就死在他面前，又断然决定，举家搬离符离，迁居长安。白居易百般无奈，唯以诗言憾：

>　　人言人有愿，愿至天必成。
>　　愿作远方兽，步步比肩行。
>　　愿作深山木，枝枝连理生。

看看白居易年纪已不小，白母加紧给其操持婚事。白居易新科进士，才高名显，主动上门提亲者络绎不绝，踏破门槛。但他已心灰意冷，避而不见提亲者，母亲苦苦哀求，他也不屈从，怎么也放不下湘灵：

>　　我有所念人，隔在远远乡。
>　　我有所感事，结在深深肠。
>　　乡远去不得，无日不瞻望。
>　　肠深解不得，无夕不思量。

白居易才高，皇上本欲安排朝中要位，予以重用，可为逃避母亲逼婚，白居易三番五次申请外任，职位好赖无所谓，能离开长安就行。堂堂进士出京，怎么也得打发个县令位置，然京外府县实职人满为患，唯盩厔有县尉空缺，白居易愿降格以求，皇上只得满足他。

来到盩厔，没母亲在身边唠叨，也无提亲者打扰，甚至连湘灵似乎也已淡出记忆，白居易一身轻松，公务余暇，这里游游山，那里玩玩水，甚觉惬意。旁人提醒，他都已三十四五岁，也该考虑一下婚配，毕竟不孝有三，无后为大，不婚不育，怎么对得起父母？白居易笑而不语，心里则说儿无负于母，只母有愧于儿，不然子女已然成行，何患无后？

谁料近日仙游行，萧史弄玉典故，玄宗贵妃旧事，一下子勾出心头爱恨，白居易实在无以释怀，久久难以平静。弄玉萧史有情人终成眷属，且双双得道成仙别去，令人羡慕。即使玄宗贵妃以悲剧告终，毕竟曾结成连理，轰轰烈烈爱过一场。相比之下，自己与湘灵相爱却不能相守相依，所余除了恨还是恨，岂不悲哉？

想到此处，白居易悲从中来，早已泪眼婆娑，笔头拿到手上，开始伏案疾书。虽说玄宗与贵妃之事已过去五十年，毕竟唐人写唐皇，不便直言，得借汉言事：

>　　汉皇重色思倾国，御宇多年求不得。
>　　杨家有女初长成，养在深闺人未识。
>　　天生丽质难自弃，一朝选在君王侧。
>　　回眸一笑百媚生，六宫粉黛无颜色。

就这样从贵妃入宫，到万千宠爱集于一身，朝不离，夜不弃，再到安史之乱发生，叛军攻破潼关，君臣西逃至马嵬驿，宰相亦即贵妃堂兄杨国忠死于将士刀下，玄宗为自保老命，不得不赐死贵妃。由生而死，故事至此本该结束，然白居易没法停下来，继续以饱含深情的笔墨，往下写玄宗奔蜀、回銮、过马嵬、归京返宫，一路对贵妃苦苦追念。尤其宫中再无贵妃音容笑貌，玄宗睹物思人，万分惆怅，满心悲凉：

夕殿萤飞思悄然，孤灯挑尽未成眠。
迟迟钟鼓初长夜，耿耿星河欲曙天。

这哪里是写玄宗，明明在写白居易自己对湘灵无以释怀的思恋。或者说没有对湘灵那刻骨铭心的思恋和不舍，又哪里写得出如许缠绵悱恻直击灵魂的惊人诗句？

世间千般苦，莫过于绝望之苦。贵妃已死，旧缘难续，湘灵远在天边，不知死活，重新走到一起，亦绝无可能。白居易实在不忍玄宗空悲切，人间已无贵妃，就让她活在天上，哪怕"昭阳殿里恩爱绝"，毕竟"蓬莱宫中日月长"，只要爱还在，心没死，一切皆有可能："但令心似金钿坚，天上人间会相见。"

对此生能否与湘灵再会，白居易早不抱希望，才借玄宗与贵妃以言志，幻想到天上去重续前缘："在天愿作比翼鸟，在地愿为连理枝。"然万物有生必有灭，天地也没法永恒，唯爱恨可超越生死，不会随有形之物而存亡："天长地久有时尽，此恨绵绵无绝期。"

搁下诗笔，白居易久久未能平静，然心里已好受得多。既然玄宗与贵妃的爱恨比天长，胜地久，自己与湘灵的爱情也将永恒不灭，今生不能结对，来生还可成双，地上没法聚首，日后到天上去相会，总没人能阻拦。

诗成还得命名。白居易心想，既然爱恨能超越时间，长长久久存续下去，干脆借用结联之意，就叫《长恨歌》吧。命名毕，又从头至尾润色一遍。正好身后叩门声响起，不用说是王质夫和陈鸿，来问诗写得如何。

白居易呈上墨迹未干的诗作，两人刚读开篇几句，便眼睛大睁，跷起大拇指，连说"好好好""妙妙妙"。好就好在叙事流畅，如江河奔腾，滔滔不绝，明记玄宗贵妃生爱死恨，暗讽君王由励精图治转荒淫无度，故导致王朝由治而乱，由盛而衰。妙就妙在情、景、理水乳交融，叙事、想象、虚构贯穿于浓烈的语言中，骈散结合，激情摇曳，生动流转，诗中爱与诗外情，生时欢与死时悲，人间怨与天上恋，浑然天成，既至情至性至爱，又甚真甚善甚美。

陈鸿深受感染，当即作《长恨歌传》，记录多达一百二十句之《长恨歌》横空出世的来由和经过。《长恨歌》就这样成为古往今来伟大的长篇叙事诗，且因其事本易传，以易传之事，为绝妙之词，有声有情，可歌可泣，文人学士既叹为不可及，妇人女子亦喜闻而乐诵之，于是不胫而走，传遍天下，流芳古今。

《长恨歌》更感动着隔代文人苏轼，让他成为白居易崇拜者，才带章惇来到仙游寺。白居易、陈鸿和王质夫三人踪迹再无觅处，唯《长恨歌》口口相传，永不磨灭。苏、章口诵《长恨歌》，寺里寺外游历一遍，又学白、陈、王，登附近山峦，向北眺望，追怀玄宗贵妃生离死别旧事。章惇玩笑道："子瞻莫非想效法乐天，也作首《长恨歌》，惊艳千年？"

苏轼脑袋直摇，道："轼无此野心。"章惇道："过谦了吧？愚见子瞻之才，并不在乐天之下。"苏轼道："不说轼无乐天之才，即使才大如乐天，也写不出《长恨歌》。"章惇问："这是何故？"苏轼道："情动于衷而形于言。乐天乃天下少见情种，与湘灵生死相恋，始有《长恨歌》。轼之人生平淡无奇，生命中亦没出现过湘灵，怎么可能写出《长恨歌》来？"

这倒是至理。两人流连忘返，不觉行至一处悬崖峭壁前，崖下訇然作响。原来仙游寺前有仙游潭，仙游潭上游流急崖高，水势汹汹，如擂战鼓。两人不经意间到了水边高崖上，苏轼耳闻惊人水声，眼望崖下深渊万丈，心中胆怯，直往后退缩。章惇却毫无惧色，指着崖边独木桥，邀苏轼去对面绝壁上写几个字，也算不枉来此一游。

"罢罢罢，轼可不敢。"苏轼吓得两手直摆，别过脸去，再不忍下视。章惇也不多话，从容走向崖边，举步踏上独木桥，探身过到对面，再扯根常青藤，一头系在树上，一头扎于腰间，向空中一荡，悬降至光溜的峭壁边，挥毫写下数字：章惇与苏轼到此。

看得苏轼心惊肉跳，背上冷汗直冒。待到章惇脸不红，气不喘，从容返回，苏轼才长吁口气，不解道："为去壁上留几个字，犯得着冒此生命危险吗？"章惇不以为然道："这有何危险？我不啥事也没有，又站到了你面前？"

"没事就好，没事就好。"苏轼抚抚章惇后背，唤着其字号道，"子厚日后杀起人来，只怕眼睛都不会眨一下。"章惇问道："何以见得？"苏轼道："敢拿自己的命冒险者，定然也不会珍惜他人性命，索起人命来，当如杀鸡宰鸭，毫无怜惜。"

章惇闻言，不禁哈哈大笑，笑得苏轼不寒而栗。生怕再遇险境，章惇还会玩命，苏轼赶紧把他送走，回到凤翔府，重归于办文理案庸常日子。

## 上司用心良苦

宋太守好相处，对苏轼关爱有加，让其判官生涯过得有滋有味。然好景不长，朝旨颁下，调走宋太守，另任陈公弼知凤翔。陈公弼属苏轼眉山老乡，行伍出身，为人严肃，处事刻板。曾任职多处，颇有政声，自然也阅人无数，不把苏轼当天子门生和天下名士看待，丁是丁，卯是卯，遇事该讲规矩讲规矩，该守制度守制度，毫无通融余地。

也是在宋太守面前随意散漫惯了，苏轼哪受得了陈太守约束？心下难免怨气暗生。偏偏官场讲秩序，重等级，官大一级压死人，你名声再响，才气再大，也是人家属官，不可能公然与其对抗，甚至翻到人家上面去。

苏轼能做的唯有忍气吞声，得过且过。又向朝廷请调，盼早日转任他处，脱离苦海，却迟迟不见调令，还得将就着继续在陈太守手下混日子。冲突自然在所难免。有时遇事意见相左，两人争执起来，甚至出言不逊，恶语相加，弄得双方都很不愉快。

最让人受不了的，还是苏轼拟定的奏稿送到陈太守手上，他竟敢随意改动，像批私塾学生习作似的。俺苏轼以文成名，文章出手天下传，皇上都拍案叫绝，你一介武夫，不过粗通文墨，竟敢与咱比文，真是自不量力，可笑至极。

无奈奏稿得以陈太守名义往上呈递，他爱怎么修改，属其职权，苏轼不好把他怎么样。又考虑同衙为官，抬头不见低头见，上午不逢下午逢，苏轼不想闹得太僵，不得不放下名士架子，主动跑到陈太守官宅，想联络联络感情，缓解缓解矛盾。

偏偏陈太守不给面子，不肯见人。苏轼自讨没趣，恨不得放把火，把陈宅烧掉。共事变得越发困难，龃龉对抗成为家常便饭。陈太守也很恼火，一气之下，专呈公文，向朝廷控告苏轼不守官德，公然与长官对着干。

不久报复机会摆到苏轼面前。陈太守在府衙后院筑楼台一座，方便公务之余，登台览胜，赏心悦目。楼台建好后，陈太守命名为凌虚台，意思是政务繁忙，天天务实，也该适当务务虚，一张一弛，虚实结合。有台还得有记，以示纪念，于是陈太守把苏轼叫到台上，道："子瞻啊，尔宅前喜雨亭建得好，亭记写得更妙，广为流传，而今老夫筑成凌虚台，台记恐怕非交你这大才子来写不可。"

苏轼闻言，暗道，你来凤翔已非一日两日，难道今天才认出大才子，以往眼睛长到额头上去啦？心下难免窃喜，思忖着借作台记，讽刺讽刺这大老粗，以解心头之恨。也就不怎么客气，应承下来。

苏轼以文为乐，嬉笑怒骂皆成文章，久不动笔则技痒手酸，回家后略做沉思，便挥毫作成《凌虚台记》，其中有曰：

> 物之废兴成毁，不可得而知也。昔者荒草野田，霜露之所蒙翳，狐虺之所窜伏，方是时，岂知有凌虚台耶？废兴成毁相寻于无穷，则台之复为荒草野田，皆不可知也。尝试与公登台而望，其东则秦穆之祈年、橐泉也，其南则汉武之长杨、五柞，而其北则隋之仁寿、唐之九成也。计其一时之盛，宏杰诡丽，坚固而不可动者，岂特百倍于台而已哉？然而数世之后，欲求其仿佛，而破瓦颓垣无复存者，既已化为禾黍荆棘丘墟陇亩矣，而况于此台欤？夫台犹不足恃以长久，而况于人事之得丧，忽往而忽来者欤？而或者欲以夸世而自足，则过矣。盖世有足恃者，而不在乎台之存亡也。

筑台作记，无非对景抒情，借物言志，图个吉祥如意，苏轼却反其道而行之，尽言凌虚台起于荆棘，必将毁于废墟，物与人事俱不能长久，一看便知故意与台主过不去，扫人兴致。陈太守不是文人，却也识文断字，还能看不出苏轼别有用心？这小子明摆着在借题发挥，讽刺其自不量力，筑台夸世以自足。

如此含沙射影，后果只有一种，就是惹怒陈太守，彼此彻底闹翻，你走你的阳关道，我走我的独木桥，至于留记于台，传诸后世，还是莫存此痴心。然令苏轼万万没想到，台记呈上去后，陈太守一字不改，叫人原原本本刻到台前石碑上，再请同僚登台观景，奇文共赏。

站在石碑前，僚属一个个惊异不已，心想台记字字夹枪，句句带棒，你陈大人还刻到石上，公之于众，不丢人现眼吗？胆大者则附到陈太守耳边道："此记无一字之颂，通篇挖苦话、晦气词，大人为何还勒碑立于此处，供人取笑？"

不想陈太守满不在乎，淡然道："你们看到的是挖苦话、晦气词，怎么到老夫眼里，全是至理名言？往来成古今，人事有更迭，此台与你我一样，不过暂时存于世间，总有一天会消失于无形，就如杜甫诗曰：'尔曹身与名俱灭，不废江河万古流。'人生如白驹过隙，谁也不可能与天地江河争长短。"

闻得此言，众僚皆服陈太守大肚能容，眼光独特，唯有躲在僚属堆里的苏轼讶然心惊。本想借台记一泄私愤，哪怕激怒陈太守，撕破脸皮，也在所不惜。万万想不到，他老人家不仅不记恨，还认可自己的胡言乱语，大加褒奖。

苏轼羞愧难当，暗怪自己以小人之心度君子之腹，入夜跑到陈太守官舍，欲向他检讨认错。陈太守明知其来意，却不肯见人，只让儿子陈慥拿出足额润笔，送至苏轼手上。

苏轼更觉汗颜，坚拒不收。陈慥道："凌虚台也好，家君也罢，早晚会消失于天地之间，唯苏学士台记将传之永久，让后人铭记曾有凤翔太守筑凌虚台，以抒旷古之情。由是言之，学士收取微薄润笔，实在是看得起家君。"

说得苏轼转羞为笑，收下润笔，慨然道："过去只知令尊苛刻难伺候，今日始知其虚怀若谷，宽宏大量，怪不得要筑凌虚台以自喻。"陈慥透露道："家君苛待学士，原是有用意的。"苏轼惊异道："莫非一切都是他老人家故意为之？"

陈慥也不隐瞒，笑道："其实家君最爱学士满腹经纶，又担心你才高学富，少年得志，难免目中无人，日后会有大亏吃，故有意挫你锐气，折你锋芒，让你能通世故，懂人事，他日可成大器，报效君国。"

苏轼恍然大悟，原来陈太守用心良苦，一切都是为自己好。自此苏轼真心敬仰陈太守，主属真诚合作，将凤翔治理得有模有样，深得百姓爱戴。苏轼与陈慥也过从甚密，成为终生知己。

## 回京双重打击

主副关系改善后，苏轼正干得有滋有味，仁宗皇帝驾崩，英宗继位，旋得疾，曹太后垂帘听政，召苏轼返京，准备重用。

苏轼告别陈太守父子，举家东迁归朝，等着新皇另授新职。哥哥回到父亲身边，弟弟苏辙外放大名府任职。苏洵很高兴，与大儿喝酒品茶，谈诗论文，点评人事，好不惬意。

能在父亲身边尽孝，自是苏轼最大心愿，居京期间几乎足不出户，要把外任没在父亲身边的时间找补回来。文朋诗友想见苏轼，只能上苏府来，苏家多贴不少茶饭钱。

苏轼也就日夜盼望任命早下，拿份薪水，贴补家用。已病愈亲政的英宗没忘记苏轼，欲擢为翰林制诏，以值守宫中，草拟诏书。有道伴君如伴虎，宰相韩琦担心苏轼年轻，缺乏足够历练，好事易变坏事，对英宗道："苏轼暂不宜担此要职，应俟其才干老练后再重用。"

英宗又拟授苏轼宫廷事务书事，韩琦仍表示反对，道："此职与制诏性质近似，不如让苏轼先通过考试，再任职崇文馆。"英宗慕苏轼才华，道："子瞻之才尽人皆知，何须考试？"韩琦道："先考试，后任职，可堵百官之口，于苏轼有利。"

英宗恩准，苏轼一考而过，进入崇文馆，做上史官。崇文馆系宫廷图书馆，苏轼因而有机会饱览珍本图书及名人字画，收获颇丰。

一晃进入英宗治平二年（1065）五月，二十六岁的王弗突然病重，苏轼心急如焚，守在病床前，喂药端粥，望能感动上苍，挽救爱妻。

屈指算来，夫妻成婚刚好十年。十年夫妻，离合无常，苏轼出求功名，王弗在家侍奉翁姑，全力育子，以尽妇德。迁居凤翔，担心夫君善良少心机，交友不慎，王弗时刻注意察其行迹，温言规劝，晓之以人情事理。夫妻一方谨慎干练，世事洞明；一方粗犷豪迈，不拘小节，彼此正好互补。也是苏轼激情奔放，又虚怀若谷，王弗言之有据，颇能接受，以至视妻为护身符，产生依赖。今爱妻病入膏肓，苏轼怪上苍不长眼，顿时慌了手脚。

眼见王弗病情越发严重，无可救药，苏轼不知如何是好，附在其耳边，凄然道："妻可别弃吾而去，不然吾还怎么活得成？"王弗用力睁开双眼，勉强笑道："别说傻话。吾命如此，由不得人，汝来日方长，岂可如此悲观？汝若不活，咱那不满七岁的迈儿，又依谁靠谁去？"

闻王弗论及苏迈，苏轼知道到了母子道别之时，让婢女牵苏迈入内，导至床前。王弗抚抚苏迈脑袋，道："吾可怜的迈儿，娘已病成这样，再没法服侍和教育你，你要多听父亲教诲，发愤读书，好好为人。"

苏迈毕竟还小，听不出此乃娘之遗嘱，只是乖巧地点点头，道："儿遵母命，多听父言，母亲只管静养病体，不用为儿操心。"

王弗满意地点点头，示意婢女引苏迈出屋，又对苏轼道："迈儿命真苦，小小年纪将失母爱。"苏轼道："吾已托人延请名医，来家给妻诊病，不怕迈儿失恃。"王弗道："迈儿失恃，非吾所愿，然命该如此，吾说了不算。吾死后，汝要善待迈儿，不可续了新人，怠慢旧子。"

　　苏轼忍不住泪湿双眼，道："轼与迈儿相依为命，不续新人，以免他受委屈。"王弗道："这哪儿能行？汝正当盛年，前程远大，家无贤内助，如何安心仕途？吾有堂妹二十七娘，虽读书不多，却善良诚实，聪明能干，汝可续娶为妻，她会视甥为儿，如同己出。"

　　迎娶王弗时，苏轼曾在王家见过二十七娘，是个健康活泼、漂亮可爱的小姑娘。女大十八变，不知多年未谋面，长相和性情有何变化。二十七娘身影正浮现在苏轼脑海里，王弗又道："唯把汝和迈儿托付于二十七娘，吾才放得心，死可瞑目。"

　　苏轼顾不得其他，点头答应："如若续弦，非二十七娘不可。"王弗这才面带笑意，安心咽下最后一口气，闭上难舍的双眼。苏轼悲痛欲绝，抚妻恸哭，几乎晕厥过去。苏洵怜儿媳孝顺贤能，命短早逝，也颇为伤心，对苏轼道："王弗嫁入苏家十年，未及见汝有成，共享富贵，汝当葬之于母坟旁，以慰亡灵。"

　　苏轼表示愿遵父命。殓毕亡妻，苏轼打算日后寻机会移柩归籍，谁知父亲又一病不起，于来年春夏之交逝于京师，享年五十八岁。苏洵临终前遗嘱苏轼兄弟二事：一者所著《易传》尚未完稿，望续写成书；二者大伯苏澹早逝，子孙未立，需兄弟俩照顾。

　　兄弟俩涕泣领命。朝廷闻奏苏洵逝世，诏赐银百两、绢百匹。苏轼请辞银绢，愿为先君求赏官爵，诰赠光禄寺丞，饬有司备具官船，载送灵柩归蜀。作为苏家父子的贵人，欧阳修受兄弟俩拜请，亲撰苏洵墓志铭。苏洵长于散文，尤擅政论，笔势雄健，议论明畅，有《嘉祐集》传世，及《谥法》三卷，均与《宋史·苏洵传》并传于世。父子三人皆以文学著称，被誉为"三苏"，又与韩愈、柳宗元、欧阳修、王安石、曾巩，同列"唐宋古文八大家"。

　　兄弟二人强忍悲痛，辞去官职，扶护先君灵榇和王弗棺椁，一舟两柩，自汴入淮，溯江而上，前后耗时一年，回到眉州故里。先君和亡妻下葬于母亲坟茔旁后，苏轼又在山坡上栽种三千棵松树，以寄托哀思。

　　苏轼年值鼎盛，又身为朝廷命官，天下大名士，妻子不幸早亡，自会为有女儿家瞩目。一时之间，苏家人来人往，门槛快被踏破。然主家正处居丧期间，来人不便明言，不过试深浅，探口风，先埋下伏笔，日后好见机行事。

苏轼心里装着亡妻遗言，自然不为所动。忙过丧葬，苏轼前往青神王家，拜望亡妻亲属，看看二十七娘嫁人没有。十年前王弗嫁入苏家时，二十七娘才八九岁，不谙世情，却也朦朦胧胧意识到，堂姐所嫁并非凡夫俗子。后渐渐晓事，她始知堂姐夫为世间少有之大才子，不免对堂姐越发羡慕。又过去多年，方圆数十里人家见二十七娘貌美贤淑，聪慧能干，纷纷上门提亲。一家养女百家求，王家父母自然高兴，让二十七娘自己挑选。

二十七娘却一个都看不上眼，一心等着嫁堂姐夫一样的如意郎君。王家父母无奈其何，唯暗里着急。眼看二十七娘快奔二十，成为当地少见的老姑娘，众皆担心其已嫁不出去，京师传来王弗逝世消息，二十七娘悲伤之余，心上起了盼头。

盼到苏家兄弟扶柩回乡，王家父母早看出二十七娘心思，欲借亲戚名义邀苏轼来家做客。苏轼先至青神探亲，王家父母热情有加，诚恳款待，趁机让二十七娘出面端茶递果。见二十七娘出落得像水仙花一样，苏轼不觉心动。然知人知面不知心，一时弄不清二十七娘会对迈儿如何，苏轼不动声色，未敢轻易论及"续弦"二字。

二十七娘何等机敏，不用明言，也清楚苏轼心中所思，不久专程赶往眉山，看望堂姐哀子。也许血缘相连，也许二十七娘心善面慈，与王弗姿容气质近似，小苏迈一见眼前这位姨母，仿佛见着久违的亲娘，主动投其怀抱，良久不肯放松。二十七娘既伤堂姐早逝，又疼甥儿失恃，抱紧怀里的甥儿，痛哭一场，感动得苏轼鼻子发酸，在场众亲也唏嘘不已。

征得苏轼同意，二十七娘带苏迈返回青神，拜望娘舅尊亲。这是王弗留下的唯一骨血，娘舅上上下下对外甥又疼又爱，让苏迈倍感温馨。二十七娘更是以甥为儿，天天做了好吃好喝的，让甥儿大饱口福。还量了苏迈身材，亲手剪裁新衣新裤，穿到他身上。仿佛母亲重生，苏迈享受着姨母的至爱亲情，乐不思父，赖在青神，连月不肯回眉山。

儿子有恃，苏轼颇感欣慰，心里已认定二十七娘。先君先慈皆已不在，无须征得他人准许，守丧期满，苏轼便自作主张，带聘礼上青神续娶小自己十一岁的二十七娘为妻。

苏轼小时敬重母亲，初婚后亲爱发妻，觉得女性比男人贤德、智慧和勇毅，男尊女卑观念太没道理，女人连名字都没一个，实在说不过去。二十七娘心地善良，温柔豁达，知足惜福，今入苏家成为女主人，夫妻平起平坐，焉能无名？考虑到二十七娘出生于庆历八年（1048）闰正月，闰者，不期然而然之增也，苏轼为其取名闰之，暗含意外增添贤妻之意。男人有名还有字，古以伯、仲、叔、季分长幼，王闰之系家中幼女，兄妹排行老四，苏轼又给其取字季璋。

苏轼不幸，痛失前妻，犹如山崩地裂，到了末世，不知未来日子怎么往下继续。苏轼有幸，续娶前妻堂妹，其以善良贤惠和精明能干入主苏家内政，随夫东奔西颠，苦也好，乐也罢，不离不弃，任劳任怨，终成就丈夫非凡人生。

残缺的苏家重合复圆，苏轼把父母坟茔交给堂兄弟照看，与苏辙一道，带上各自家眷，踏上当年走过的蜀道，越巴山，翻秦岭，再东行返回京都。

# 第三章　变法与党争

## 王安石变法

朝中又现变数，英宗驾崩，其十九岁的儿子赵顼继位，是为神宗。神宗年少气盛，想有番大作为，于苏氏兄弟返京当年即熙宁二年（1069），任命王安石为参知政事，颁布新法，转过年来，又晋其为同中书门下平章事（位同宰相），在全国范围内推行新政。

政出熙宁年间，史称"熙宁新政"。

先经唐安史之乱和黄巢起义，继历五代十国分裂，及宋建国，征服各地割据政权，国家已百孔千疮，民不聊生。宋又与辽连年争战，签订"澶渊之盟"，每年输大宗币帛，暂且相安。俟羌夏崛起，不时入侵宋，朝廷设置重兵防边，军需消耗甚巨，虽稍平靖，却年输重金与夏。至此，原本疲弱的国力不仅得不到休养生息，还雪上加霜，斫伤日甚，岂能不堪忧？辽、夏仍不消停，又相互结盟，成掎角之势，致宋腹背皆敌，寝食难安。

神宗恰于此时践祚，心怀国恨家仇，有意求变奋发，召见辅臣，语及北辽，慨然道："太宗自燕京城下兵败，为虏穷追不舍，股中两箭，时常复发，至崩于箭创。如此不共戴天之仇，还要年年捐献金帛以事之，为人子孙情何以堪？"言毕，不禁泣下。

欲报仇雪恨，先得富国强军。富国强军得君臣齐心戮力，仅凭年轻皇帝一腔热血自然难成。可神宗放眼望去，满朝多为文章之士，敢作敢为者少，安于现状者多，且国家表面承平日久，文武耽于苟安，但求逸乐，士气民心萎靡不振。神宗觉得天下弊政甚多，大者在于举兵而兵不足，足兵而饷不济，特诏问枢密使文彦博道："政事之先，理财为急。养兵备边，府库不可不丰，大臣宜共留意开源节流。"

文彦博附和几句，并无可行办法。不久汝州太守富弼入见，神宗问以治道，富弼道："人君好恶，不可令人窥测，否则奸臣附会其意，集聚左右。"神宗又问当前大政，富弼对曰："陛下临御未久，当先而德泽，愿二十年不言兵，亦不宜重赏边功，否则干戈一起，所关祸福不细。"

神宗非常失望，良久无语。环顾盈廷朝士，无人可与讨论大计，又去哪里寻求慨然有矫世变俗志向的能臣呢？神宗想起入继前的旧事来。年幼之时，神宗便好学深思，知祖宗意吞幽蓟灵武而数败兵，志雪数世之耻。至封颖王，神宗更是留心国事，知民穷财困，军政废弛。其时韩维为太子记室，每每讲书，涉及富国强军之策，获得神宗称许，韩维便说："此非维之说，维友王安石之识也。"待迁官庶子，韩维又荐王安石自代。"王安石"三字于是深深印在神宗脑海里，挥之难去。今神宗入继大统，已为人主，满朝无大臣愿言大事，唯诏令王安石进京入宫，从容坐语。

诏下，久无王安石回应。王安石二十一岁高中进士，一直在京外江浙一带当差，因诗文了得，且建堤筑堰，创农民贷款法，声震朝野。朝廷视为能吏，多次征调来京任要职，王安石见韩琦、范仲淹、曾公亮、司马光等老臣当政，自己不可能有所作为，拒绝入京。

人往高处走，水向低处流。别人钻天入地，要往权力中心靠拢，王安石却避之唯恐不及，更加令人刮目相看，吁其入京担职呼声越来越高。嘉祐五年（1060），仁宗架不住众臣举荐，诏授其三司度支判官，已四十岁的王安石才应诏至京。就职伊始，王安石便投石问路，上万言书，主张改革钱谷征管办法，说因天下之力以生天下之财，取天下之财以供天下之费。

仁宗心有所动，召大臣钓鱼时叫上王安石，以近距离观察其言行品性。结果王安石把一盘鱼饵当点心全部吃进肚里，仁宗看不惯，认为是故意作伪，因人废言，将其改革方案束之高阁。王安石见京中无用武之地，请求外放，回到江南。英宗继位，再征王安石，他仍辞谢不就。太子赵顼觉得奇怪，询问韩维王安石到底是什么人。韩维大赞王安石，议论时政，偶发高论，韩维皆归于王安石之见。

太子继位，是为神宗。满朝无可用大臣，神宗想起王安石，诏其入京，以便借其大才，做一番惊天伟业。谁知王安石不肯应诏，神宗召见已是翰林学士兼开封知府的韩维问缘由，韩维也不含糊，道："范仲淹逝世后，唯三朝老臣韩琦出为边将，入为左相，位最高，权最重，却已无锐气，不肯思变，王安石担心其挡在前面，难有作为，才不愿入京。"

神宗默然。韩维出宫，去会吏部尚书曾公亮。曾公亮与韩琦有隙，听韩维透露神宗心迹，趁机入宫力荐王安石，好以王代韩。神宗这才痛下决心，特意在韩琦面前提及王安石大名。韩琦知趣，借口年高求去，以司徒兼侍中判相州。

神宗晋王安石为翰林学士，王安石这才入京，越次召对，畅谈富国强军设想，又进《本朝百年无事札子》，论曰："天下无事，过于百年。虽曰人事，亦天助也。陛下知天助之不可常恃，人事之不可怠终，则大有为之时，正在今日。"

这正中年轻的神宗亟欲作为的夙愿，数度召问王安石。王安石侃侃而谈："天下风俗法度，一切颓坏，在于廷臣。庸人安习故常而无所知，奸人恶直丑正而有所忌，所忌者创于前，无所知者和之于后，虽有昭然独见，恐未效功，早为异论所胜。陛下诚欲用臣，恐不宜遽，谓宜先进讲学，使臣所学本末不疑，然后用之，庶几粗有所成。"

神宗早已不满保守政风和老成旧臣之得过且过，听到王安石变风俗、立法度的新论，圣心大悦，仿佛秦孝公之逢商鞅，刘备之获孔明，君臣遇合，如鱼得水，自此专任王安石。

强敌压境，外患积重，年付北辽和西夏需索，大宋已是外强中干，民穷财尽，国用空虚，军、政两皆颓败，再不求变，国运堪忧矣。故王安石所主张，确为时势所迫，朝中重臣司马光、文彦博、富弼、范镇，包括已外放的韩琦等人，皆发自内心钦佩其敢于任事的政治勇气和远大抱负，视其为圣人复出，无不寄予厚望。

连刚从蜀地回京的苏轼，任职史馆，不关政事，也颇为振奋，进呈策论，声援明君有志改变朝中萎靡之风，重用能臣，以振朝纲，尽快富国强军。只不过凡事需循序渐进，润物无声，所谓法相因则事易成，事有渐而民不惊。苏辙也上疏呼吁，削减冗官、冗兵、冗费，以节财用，以实国库。

见时机成熟，神宗一晋王安石为参知政事，再晋同中书门下平章事，放手让其推进新法。王安石奏设制置三司条例司，掌经画邦计，议变旧法，制定新政。

这可是前无古人，至少大宋以来从未有过的大举措，光凭君相两人唱对口词，肯定唱不下去，王安石于是游说朝中能臣良吏，出来任事，助自己一臂之力。可朝臣觉得新政难度大，担心急于求成，事与愿违，大多袖手旁观，轻易不愿掺和。

王安石本来性情急躁偏执，朝中臣士在他眼中，不是庸人，便是奸佞，目无余子。这下他一腔热血，得不到响应，不免气急败坏，大骂朝臣不多读书，皆为流俗。王安石奏请神宗，非以先王正道去流俗不可，意思是换掉保守旧臣，以年轻下僚取而代之，支使起来乖顺好用。

王安石入朝没几天，便想着赶走老臣，独专朝政，顿时触怒众臣，指责其不通时务，狷狭少容，无宰相肚量，难当大任。王安石一一顶回去，大胆征召新人。新人自然不少，早就两眼盯住朝中变化，想方设法向时相靠拢，吕惠卿、曾布、章惇、蔡确很快进入其视线，被安置于制置三司条例司，草拟新政条例。

王安石又知苏轼认可新法，支持兴国强军，特意送新编著作《三经新义》和《字说》，请其指疵。所谓指疵是假，给苏轼借口去相府走动是真，但凡这小子懂点人情世故，定会赶紧借此往上攀援，谋个好位置好前程。

所谓《三经新义》，即对《诗》《书》《周官》经义给予重新训释，以为新政张本。至于《字说》，亦不过拿汉字说事，附会新法。苏轼也知王安石赏给"指疵"机会之用意，但想起先父所著《辨奸论》，心生警惕，没投王所好，顺着竿子往上攀。又见朝中重臣不满王安石独断专横，对新政不置可否，苏轼更不敢贸然趋附，转而找来部分新政草案，认真钻研，权衡利弊，觉得大为不妥，若贸然而行，狂飙急进，不仅伤民，还会误国，动摇国基。

得不到苏轼反馈，王安石又盯住苏辙，觉得其人老成干练，谨言慎行，又来自乡间，曾外放地方，了解民情民意，以神宗名义诏任其为制置三司条例司检详官。神宗有命，苏辙不敢推辞，遵诏上任。

君相雷厉风行，制置三司条例司六七年轻官员日夜操持，各项新政草案陆续成稿，经御览准奏，以最快速度颁行下去。新政主要体现在财政与军事两方面：财政方面有均输法、青苗法、免役法、方田均税法、农田水利法，军事方面有置将法、保甲法、保马法等。为使各法不至于落空，王安石又派出使臣四十多人出京，督促各州一项项落实到位。

诸法令人眼花缭乱，说到底无非一个"钱"字，即朝廷通过资本垄断直接进入生产经营、商贸流通，甚至百姓生活领域，只要能搜刮到钱，充实府库，皆不能放过。各地官吏于是变本加厉，无所不用其极。青苗法变成强摊必借之债，连市民无田可种，也逼迫其春天借贷，秋后连本带息偿还。免役法可减轻国家军费，但使军户失去军籍，又无田产可活命，成为流寇。正式军人减少，用保甲法弥补，逼百姓半耕半操，哪怕正值稼时，也得离土上田。市易法几乎成为官员牟利工具，甚至不惜严刑以求利，斫丧国本，为害甚烈。

新政实施过程中的危害渐渐显现，反馈到京师，本来对王安石寄予厚望的老臣，如富弼、司马光、欧阳修、韩琦、范镇及英宗朝入京的张方平等，一个个转变态度：或保持沉默，没再声援；或质疑，呼吁刹车暂停。

王安石不由得再次想起苏轼来，思谋着争取这小子，招入麾下，为其所用。

## 变法三派：司马光不变，苏轼渐变，王安石激变

王安石与苏轼年龄相差十五岁，政治地位更别于云泥。然满朝士大夫，真正能入王安石法眼者，也就苏轼和司马光两位。

司马光自不必说，其人品学识尤其史学造诣，无人可比。苏轼离蜀入京之初，便以其政论、策问和史评，名动天下。尤其人尽能诵的《留侯论》《贾谊论》《晁错论》《霍光论》等，其见解之独特，思辨之精妙，论说之奇崛，无不令人倾倒。连正话反说"书有未曾经我读"的文章大师欧阳修、"无意为文而文自工"的史学大家司马光，皆奉为圭臬。其他专注事功的韩琦、富弼、文彦博、张方平等老臣，无不推崇备至，引为知己。即使心高气傲如王安石，也自叹弗如，每每读到苏文，连饭可不吃，觉可不睡，必一口气读毕才能作罢。

虽说对苏轼的政治思想，王安石不敢完全苟同，但其立论之人伦基础，却无以否定。苏轼其学，基于儒家传统，从人伦本体出发，认为道德乃人性之根本，政治不过用以矫治人类后天之浇薄，唯道德与政治相辅而行，才能成治道之大备。岂止苏轼，唐宋士大夫治道思想皆本源于儒家。王安石亦不例外，学识底子同样出自儒家道统，只不过为尽快实现治世理想，临时借法家手段为其所用而已。故其目空一切，却不得不折服于苏轼对儒家仁政思想之追溯：

仁义之道，起于夫妇、父子、兄弟相爱之间；而礼法刑政之原，

> 出于君臣上下相忌之际。相爱则有所不忍，相忌则有所不敢。夫不
> 敢与不忍之心合，而后圣人之道得存乎其中。

儒家推崇人际五伦，苏轼巧用其中父子、君臣、夫妇、兄弟四伦，阐明圣君治道核心在于人伦，需以"相爱"冲淡"相忌"，而非以礼法、刑政加深君臣上下"相忌"，扰乱社会良序。君臣吏民没谁愿"相忌"，唯有施行"相爱"之仁政，以人治为本，法治为辅，实施教化，以致上之所向也，下之所趋也。即君民一体，相得益彰，并非彼此对立，互为仇敌。故此必须警惕见利忘义，理由也简单：

> 夫兴利以聚财者，人臣之利也，非社稷之福。省费以养财者，
> 社稷之福也，非人臣之利。何以言之？民者国之本，而刑者民之贼。
> 兴利以聚财，必先烦刑以贼民，国本摇矣，而言利之臣，先受其赏。

苏轼的政论思想频频出现在其书信、辞赋及呈给朝廷的策论里，言出风传，众口皆碑，影响非常广泛。时人便认为，士大夫众说兴国强军大举，归纳起来其实就是三派：司马光之不变派，苏轼之渐变派，王安石之激变派。足见苏轼的思想言论影响多么深远。偏偏仁宗朝庆历新政失败阴影未散，现国家面临进退两难地步，变亦忧，不变亦忧，唯小心驶得万年船，行中庸之道，否则弄不好又会船翻人亡，陷国家于危境。

苏轼渐变主张一时占据上风，所受关注远超司马派之不变和王派之激变。包括神宗内心皆默认渐变派，只不过王安石当政，不便挫伤其积极性，让他屈从年轻位低的苏轼。王安石也没法否认苏轼，但他清楚要想求变，就会带来难以预估的变数，与其不温不火渐变，夜长梦多，还不如咬紧牙根，快刀斩乱麻，待一切既成事实，有人爱放马后炮，任其放去。

马后炮不可怕，怕就怕苏轼的马前炮坏事。王安石便想着纳苏轼入麾下，让他登高一呼，张扬张扬新政，还愁士大夫们不追随于后？即使不为新政张扬，让他归于自己阵营，不放马前炮，不拿他那套渐变言论蛊惑人心，对新政指手画脚，说三道四，亦非坏事。

也不知苏轼读过《三经新义》和《字说》，会有何感想？王安石本欲以此为饵，诱此小子来相府走动走动，没想到其自恃才大，毫不理会，只好咱堂堂相国俯就人家，去苏府跑一趟。刘备为得孔明，不惜三顾茅庐，若能获苏轼，跑趟苏府，又何妨呢？

万人之上、一人之下的王安石亲自登门，苏轼难免受宠若惊，拿出好茶佳果款待，又以近作讨教。王安石本属诗文大家，论诗议文，自有惊人之语，苏轼佩服得五体投地。诗文评论得差不多，王安石不再置评，静待苏轼开口品评《三经新义》和《字说》二著。

苏轼明知王安石来意，之所以不愿触及二著，是因为怕自己管不住嘴，不小心冒犯对方。原来二著系王安石授意独生儿子王雱和亲信仓促编成，引经据典，考证字源，意在为新法张本，难免牵强附会。苏轼颇不以为然，又不好说啥，才迟迟没上相府"指疵"。偏偏王安石不耻下问，以相国之尊来访下僚，实在让苏轼不知如何启齿。

宾主相对无言，气氛略显尴尬。最后王安石耐不住了，道出《三经新义》和《字说》二著名字。看来不给个说法，今天相国不会走出苏家门，苏轼还得补贴晚餐和消夜。苏轼拿出王著，翻到关于"鸠"字条目，所释为九只鸟，表示鸟多。汉字有象形、表意和形声三种基本构造法，"鸠"字明显属于形声字，"九"旁表音，并无实际意义，《字说》解释成九鸟，定然说不过去。苏轼于是笑对王安石道："相国说'鸠'为九鸟，源出于《诗经》吧？"

王安石没反应过来，愣愣地望着苏轼，听他分解。苏轼道："诗曰：'鸣鸠在桑，其子七兮。'七只小鸟加上鸟父鸟母，不正好九鸟吗？"

弄得王安石面红耳赤，不知如何回驳这小子。《三经新义》和《字说》自出版以来，好评如潮，赞声不断。尤其急于仕进的新人，还写了专评，牛皮吹得响破天，说若非圣人出，哪能有如此大著面世？岂料到苏轼嘴里，竟成了笑柄，让王安石一时下不来台。

嘴巴一旦张开，想重新闭上，又谈何容易？苏轼已不管不顾，又指着王著里释"波"为水之皮的条目，讥道："'波'是水之皮，那'滑'是什么？水之骨吗？"

王安石霍地站起来，大袖一甩，愤然出门，钻进停在坪里的大轿。望着大轿摇摇晃晃行远，苏轼痴立于门前，嘴里直嘀咕："汉字怎么解释，毕竟是士大夫的事，若行政也如治学一样想当然，随意而为，岂不置百姓于倒悬，坏朝廷大事？"苏轼再没法事不关己，高高挂起，捂住两只耳朵，对新政的危害置若罔闻。

各地有关新政的声音不断汇向京师。原来风头正劲的吕惠卿、曾布、邓绾、舒亶等人，为彰显政绩，借市易法垄断市场，致使民间贸易萎缩，私人业主破产失业。推行青苗法时，则强人所难，逼民借贷，农人为还贷款本息，鬻儿卖妻，逃离故乡，连担保富户也典当家业，破产返贫。一时监狱人满为患，形同集市。衙门没收的财产和抵押物，则堆积如山。

王安石的爪牙自然得隐瞒事实，报喜不报忧，君相皆被蒙在鼓里。却瞒不过朝臣，司马光等人再没法袖手旁观，一个个站出来，表示反对。司马光时为翰林学士兼御史中丞，鉴于新政弊端，上朝时陈请神宗暂停新政，至少限定范围，放慢速度，试行一段时间后，再好好修订，去粗存精，去弊存利，视情缓行。

王安石害怕夜长梦多，恨不得马到成功，哪有耐心试行和缓行？当即反驳道："这可非研究历史，随便拖延到哪一天，皆无关紧要，国家积贫积弱日久，时不我待，耽误不起。"

见王安石口气里有蔑视史学意味，身为史学家的司马光很气愤，道："以史为镜，才能看得清现实利弊，不至于胡来。"王安石反唇相讥："纸上谈兵何难？朝臣不善理财，以致国库空虚。"司马光讥讽道："你那套把戏，无非增加捐税，搜刮民财，填充国库，没什么可稀奇的。"王安石辩解道："非也，只要善于理财，不加捐税，也能使国库充裕。"

司马光长叹一声，道："一国财富总额有定量，不在朝廷掌握中，就在百姓口袋里，不增加百姓负担，天上掉钱下来，充裕国库？"

王安石语塞，半响才问司马光道："国家贫弱，四邻欺侮，你说怎么办？"司马光道："节约开支，用于军费。"王安石道："能节约开支，历朝早采取措施，哪用得着你我来操心？"

双方你不服我，我不服你，只好由神宗来裁决。神宗别无富国强军良法，唯有继续支持王安石。司马光料定新法会惹出大乱，又无以阻止王安石，奏请离职或外任。神宗不准，任命司马光为枢密院副使，希望他留在朝中，带头支持新法。

司马光明确表示，新法不废，再大的官也不稀罕，坚辞不就。且连上九道奏折，力陈新法危害，警告神宗，早废新法，国家早获安宁，否则将误国害民。

欧阳修、富弼、范镇、范纯仁等重臣也心灰意冷，上书请辞。神宗心知老臣们的忠诚，甚是不舍，极力挽留，终没法留住，只好准奏。

## 诗赠外贬众友

为证明新法可行，堵住朝臣嘴巴，王安石派出八位专使，分赴八路，视察农田、水利和赋役，看新法效果若何。苏辙深知八使皆系王安石心腹，到了各地，必将力求民间余利，设法聚敛，以迎合上意，如此民不堪命矣，而臣民莫敢言。

果然专使们下到各路后，督促地方府衙依新法条规，逐一照搬落实，也不管百姓需不需要，承不承受得起。返回朝廷后，专使们又一致说人心思变，新政甚合民意，尤其放贷青苗钱，年可获息甚巨。其实这些话语出京之日，专使们已在肚子里构思好，下到各路也就不可能体谅民间疾苦，据实禀报，以免惹君相不乐，自毁前程。

经此一去一回，专使们一个个得到擢拔重用，负责制定、颁行新政的吕惠卿、曾布、章惇、蔡确等人功不可没，连连晋级，志得意满。

动动嘴皮，说说假话，便有官位可获，谁不心动？连不得志的低级官吏也看到希望，借新法谋取仕进。如秀州判官李定，正遇母亡，本欲回籍奔丧，觉得上升机会就在眼前，不伸手抓住，将来没后悔药吃，于是咬咬牙，撇下母亲的尸骨不顾，入京拜见王安石。

李定乃扬州人，王安石官扬州时，其人还是平头百姓，多次以求学为名，往拜投靠。王安石觉得此人多少读了几句书，然人品不正，见识平平，本不愿接纳，却经不起其反复纠缠，勉强收为学生。尽管李定很发愤，后来还考取了进士，但是王安石依然对其不冷不热，不怎么看好他，连此次推行新政，急需人手，亦无意起用之。

李定非常郁闷，不知如何接近老师。甫见新政陆续颁下，朝臣一片反对声，百姓更是苦不堪言，李定本欲据实敬告，笔都拿到了手上，转而思之：老师也不容易，遵圣意强推新政，没几个支持者，最需要听到肯定的声音，何不投其所好，哄君相高兴高兴？君相一高兴，自己还需在地方辗转绕圈，做一辈子下僚吗？

李定于是联络朝中同年，争取入京机会。谁知母丧消息传到秀州，李定顿时傻了眼。唐宋重视孝道，父母亡故，不管官职再大，皆须回籍守孝三年，否则以不孝论取，轻则免官去职，重则判刑入狱。李定心下寻思，待守孝三年过去，老师还在不在朝中都难说，如此良机一旦失去，恐怕一辈子都不会再遇到。况母亲远在扬州乡下，又非国母皇妃，是死是活，谁会在乎？只要自己不主动说出去，莫非朝廷还派人远道下去调查不可？大宋从朝廷到各地，官员成千上万，一个个都去调查，哪调查得过来？

主意已定，李定借口自己病重卧床，暂时没法返乡，花钱托乡下本家代为简葬母亲，说他日病稍好转，他再回乡去母亲坟前请罪。本家照办，李定从容入京，拜会王安石。李定来自底层，王安石自会过问新政尤其青苗法推行实情，李定随意编造故事，说得天花乱坠，最后归纳成八个字："人民称便，皆大欢喜。"王安石大喜，反问道："此言是真是假？"李定道："学生据实以言，不敢说假。"

王安石赶紧带李定参见神宗。神宗正需来自民间的声音，听李定一通胡说八道，圣颜大展，当即诏命其为知谏院，拜太子中允和监察御史。

君相以李定等小人的谎言给新政撑腰，朝中群臣多来自民间，自然也有渠道听到真实声音，地方实情与李定群小所言正好相反。说起青苗法，无非用地方府衙粜常平米的本钱，春散秋敛，即春夏青黄不接时以息二分出借，济民困乏。此确系惠民良法，官员却将其变成放贷牟利手段，不管农户有无借贷需求，皆当成指标强摊到户，秋后追缴本息，充盈府库。宋民租税负担本来就不轻，田税沉重，更有农具、牛皮、盐钱、曲钱、鞋钱之杂钱，夏秋起纳，细绢斛斗，低估价例，悉数折纳入库。诸如此类，不可枚举，取利已厚，伤农已深。所谓法非不良，而吏非其人。

被王安石纳入门下的苏辙实在看不下去，不得不据实陈述：民不与官斗，朝廷实行国家资本垄断，民间生产和贸易定会受挫甚至瘫痪，以致税源枯竭，朝廷无利可图，国库更加空虚。王安石很恼火，安排苏辙进三司条例司，本是要他为新政效力，他却唱起反调来，那怎么行？非把他搬开不可。其实苏辙已写好辞呈，当即递给王安石，恳求放过自己。

其时欧阳修、司马光、范镇、范纯仁等朝臣皆已离朝去了地方，入京不久的张方平以年事已高乞退，神宗采取折中办法，诏其出知陈州。苏辙奏放陈州，好与张方平同城，照应恩公，神宗准允，让其做了陈州教授。

三司条例司需要得力干将，苏辙留下检详官位置，神宗有意让苏轼接替。王安石对苏轼已死心，说苏氏兄弟学问类似，不可替代。神宗爱苏轼人品和道德文章，不愿老让其身处史馆，埋首故纸堆，有心擢为谏官，发挥应有作用。

谏官风闻言事，直达天听，谁都可参奏，让苏轼身居如此要职，莫非想借其制衡新政人物？王安石揣测神宗用意，心想苏轼做上谏官，天天对新政指手画脚，新政还推行得下去？当即出面阻止道："苏轼才高学富，最擅妖言惑众，司马光等老臣正是受其不良影响，才不愿辅助皇上，竟求去，再让此小子身居要职，朝臣恐怕一夜间全跑掉。"

神宗也觉奇怪，欧阳修和司马光等一众老臣，像约好似的弃君而去，难道真是苏轼捣鬼不成？又道："苏轼才大，让他在馆阁里赋闲，实属莫大浪费。"王安石道："苏轼哪里闲得住？正跟同党诗酒唱和，勾肩搭背呢。"

此言倒也不假，其时苏轼确实正忙为贬黜出京的同人饯行，除前辈老臣之外，已先后送走级别与己不相上下的文同、曾巩、刘攽、刘敞、刘恕及弟弟苏辙等人。无论前辈，还是同龄好友，无一不是反对新法，不容于王安石，才被发往京外。

文同也属蜀人，字与可，籍在梓潼，还是苏家表亲。时任集贤校理，与苏轼同处馆阁，两人谈诗论画，十分相投。苏轼喜欢看文同画竹，赞曰："落笔如风，初不经意。"文同沉静厚重，不撄世故，对新政不置一词，但还是得罪宗室，被新党揪住，官降一级。文同请还乡都，出守西蜀陵州。临行苏轼赠诗曰："夺官遣去不自觉，晓梳脱发谁能收。"将夺官当作晨起梳掉的脱发一般，不必计较。

曾巩系欧阳修大弟子，文章了得，与恩师、王安石、三苏及唐韩愈、柳宗元并称"唐宋古文八大家"。曾巩本属王安石挚友，王安石久在京外为官，正是通过曾巩结识欧阳修，在欧阳修鼓吹下，名满京城，引起几代君臣关注。岂止王安石，今大红大紫的吕惠卿，也是经曾巩引入欧阳修门下，又由欧阳修推荐给王安石，始有今日之飞黄腾达。

跟苏轼和文同一样，曾巩也任职馆阁，整理古籍。老师欧阳修不看好新政，学生曾巩也不说新政好话，王安石撕破脸皮，把好友贬为越州通判。苏轼有感而发，赠诗给曾巩："醉翁门下士，杂遝难为贤。"意思是欧阳修门下什么人都有。这自然不是欧阳修之错，政治斗争不讲情面，兄弟亲友反目为仇，实属寻常。

至于苏辙离开三司条例司，出为陈州学官，苏轼觉得不是坏事。君子夹在一帮小人之间，却不愿同流合污，必定受憋屈，遭打击，不可能有清净日子可过。况罔顾实情，逆势而行，以新政伤民误国，必遗臭万年。然子由离去，自己一人留在京城，多情苏轼不免黯然神伤，送别宴上作诗曰：

> 闭户时寻梦，无人可说愁。
> 还来送别处，双泪寄南州。

刘攽与刘敞都是学问一流的史学家，丢官离京，正好去洛阳给司马光修史当助手，比在浑浊官场与群小缠斗，实在有意思得多。苏轼不以为悲，反以为喜，饯行宴上，举酒祝两位功到史成，流芳千古。

还有一个很特别的人物，非新党，亦非旧党，且与苏轼初识，谈不上朋友，苏轼敬佩其高风大德，也坐到此人之饯别宴上。此人名叫朱寿昌，扬州天长人，其父系仁宗朝工部侍郎，母刘氏为父侍妾。朱寿昌七岁时，刘氏遭嫡母（父亲正妻）嫉妒，出走他乡，自此母子天各一方，五十年未谋面。朱寿昌成年后，受父荫出而为官，做过多地通判和知州。虽说仕途顺利，一旦念及慈亲，朱寿昌便伤心不已，多方打听母亲下落，皆无音信。直到进入天命年，闻母流落陕西一带，嫁为民妻，朱寿昌血书《金刚经》，辞官西上寻母，临行誓曰："不见母，吾不归矣。"一路翻山越岭，风餐露宿，苦苦访寻，每经一处村镇，凡打听到七旬刘姓老妪，皆登门拜访，看是不是自己母亲。

日复一日，年复一年，数不清过了多少府县和村寨，吃过多少常人没吃过的苦楚，朱寿昌终以孝心感动天地，在同州寻见白发苍苍的老母。母子抱头痛哭，诉说别后苦情。原来当年母亲离开朱家后，饱经沧桑，辗转来到同州，嫁给党姓农民，生儿育女，孙辈皆已半大。朱寿昌当即表态，合朱、党为一家，终生孝敬母亲与继父，且助同母异父弟妹立业兴家。党家随迁至扬州天长朱家，朱寿昌精心侍奉二老，全家老小和和睦睦，共享天伦。后母亲病重，朱寿昌日夜守护床前，亲手喂药，洗涤溺器，无微不至。尽孝数载，母亲病逝，朱寿昌悲痛哀泣，在墓前结草为庐，守孝三年，朝夕祭奠。

正值神宗即位不久，得知朱寿昌弃官寻母事迹，诏令其官复原职，入京过阙。神宗有意任朱寿昌为礼部官员，弘扬孝道，朱寿昌知道京都官圈复杂，不如出任地方，人际简单，还可直接为民造福，说服皇上，使授河中府通判。苏轼前往送行，诗曰：

> 嗟君七岁知念母，怜君壮大心愈苦。
> 羡君临老得相逢，喜极无言泪如雨。
> 不羡白衣作三公，不爱白日升青天。

爱君五十著彩服，儿啼却得偿当年。

此为赠诗前半部分，赞扬朱寿昌大孝，年过天命还可身着彩衣，扮小作怪，逗老娘开心，福气远大于白日升官梦成真，一步登天做三公。诗后半部分，苏轼又借题发挥，说朱寿昌孝行"此事今无古或闻"，古之所闻，即"西河郡守谁复讥"。西河郡守者，战国名将吴起也。《史记》云，吴起出卫国郭门，与母诀，啮臂而盟曰："起不为卿相，不复入卫。"顷之，其母死，起终不归，后仕卫为西河守。

苏诗一出，满城风传，皆言此事岂止古闻，今不也有官迷恰似吴起？今日吴起又是谁呢？不言而喻，便是那个风头正盛的李定。试看朱寿昌是扬州人，李定也是扬州人，一个为寻母，弃官西上入秦，迎母东归，养老送终，结庐守孝；一个为谋官，母逝不归，入京投靠权贵，白日梦得偿，不正是吴起再世？

## 改变苏轼一生——《上神宗皇帝书》

风言风语传到李定耳里，气得此君直吐血，拿着苏诗，去相府向王安石哭诉。王安石瞄了一眼苏诗，道："苏轼吃饱撑的，以朱寿昌事入诗，不过闹着玩儿，又何必当真？"

李定抹去脸上眼泪鼻涕，道："为助老师推行新政，学生甘冒不孝风险，来京投奔，受到重用，得以一展平生宏愿。苏轼借朱寿昌孝行说事，并非仅仅嘲讽学生，也是讥刺老师用人不察，指责推行新政之新人皆为官迷，白天都梦想做三公。"

王安石将苏诗从头至尾再读一遍，觉得李定所说有理。留着苏轼在京，闲得技痒，今天赠诗张三，明天献句李四，冷嘲热讽，嬉笑怒骂，拿新政人事寻开心，搅得人人惶恐，个个不安，看来非把这小子也赶出京城不可。

王安石随即入宫，求见神宗，呈上苏诗，将苏轼大骂一通。神宗持苏诗于手，反复诵读，越读越喜欢，曰："朕表彰朱寿昌孝行，苏轼深入浅出，以诗赞之，关李定何事？李定弃孝道入京，谋求官位，朕思新政急需用人，未予追究，他竟违孝心虚，见苏诗而杯弓蛇影，丞相还要为其说话，又何必呢？"

想不到神宗会袒护苏轼，王安石感到更加不安。由此可见，苏轼蛊惑力实在太强，一诗一文便可迷倒君臣，为其叫好辩驳。这更坚定了王安石逐苏轼出京的决心，他苦口婆心地道："苏轼才华卓著，臣亦为之倾倒。陛下惜才，阅苏轼的诗文而生爱意，臣颇能理解。也正因苏轼才足以惑众，他随便作首诗，赞朱寿昌孝道，便传得满城皆知，皆以为借诗指责李定不孝。其实李定孝不孝，臣民并不在乎，在乎者无非李定追随咱君臣，力推新政。换言之，臣民聚众热议苏轼的诗文，看似在嘲讽李定，真正所指实乃咱君臣所行新政也。"

神宗还是觉得王安石牵强附会，然满朝唯王安石热衷新政，离开他新政就会泡汤，自然还得迁就之，故道："爱卿觉得该如何处置苏轼？"王安石道："驱轼出京。"神宗摇头道："苏轼诗赞朱寿昌，貌似讥讽李定，便把他贬出京师，不显得朕既无肚量，且不公允吗？"

神宗话都说到如此份上，王安石也不好固执己见，折中道："苏轼动不动小题大做，吟诗作赋，指桑骂槐，无非闲得发慌，没事找事。陛下不愿放他出京，可让其继续待在京中，但不能太闲，老是无事生非，得给个有事可忙的位置才行。"神宗道："何位有事可忙呢？"王安石道："加苏轼开封府推官，天天有忙，看他还怎么胡言乱语。"

推官乃府尹属官，主理诉讼刑案。新政首先在开封府施行，吏民争利，官商纠缠，闹得不可开交，天天有打不完的官司，理不完的诉讼，案积如山，没人愿意去做推官，正好陷苏轼于那麻纱桶里，叫他脱身不得，自无闲心作诗讥讽新政。此乃王安石的如意算盘。神宗则觉得开封府在自己眼皮底下，只要苏轼不出京，招之即来，委以京兆推官也行。当然苏轼的朝中馆阁职位仍保留在此，日后需要，回任方便。

苏轼就这样到了开封府推官任上。果如王安石所料，上任伊始，苏轼便陷入新政造成的层出不穷的诉讼中。苏轼勇于任事，且精力充沛，思路清晰，哪怕案卷再厚，诉讼再烦，也难不住他。让他痛心疾首者，乃新政严苛，官为刀俎，民为鱼肉，任由宰割。小民小商不堪盘剥，或弃债外逃，背井离乡；或奋起反抗，不惜以身犯禁。长此以往，国家不仅没能通过新政富国强军，相反官逼民反，不得不反，导致天下大乱，到时后悔都来不及。

就在苏轼没法沉默，准备发声之际，王安石为选拔新政人才，主张改科举，兴学校，即更易贡举，罢废明经，免试诗赋，专考经义。一句话，凡新政用不上的科目统统取消，省事省心省时。如此急功近利，连神宗都觉得欠妥，诏下两制、两省、御史、三司、三馆杂议，又想起苏轼遇事每有独到见解，专嘱近侍传话，看看他有何高见。

苏轼忙里偷闲，上《议学校贡举状》，认为得人之道，在于知人；知人之法，在于责实。若君相无知人之明，朝廷无责实之政，则变更贡举，徒滋纷乱而已。接着论述科举由来和现状，阐明事无万全之策，再怎么更改，有得必有失，别想一改而万事大吉。

读过苏状，神宗释然，亲自召问苏轼。苏轼对曰："陛下生知之性，天纵文武，不患不明，不患不勤，不患不断，但患求治太急，听言太广，进人太锐，所用非人。唯愿圣君镇以安静，待物之来，然后从容应之。换言之，变革没错，势在必行，然时有可否，物有兴废。方其所安，虽暴君不能废；及其既厌，虽圣人不能复。故风俗之变，法制随之。譬如江河之徙移，强而复之，则难为力。"

苏轼所议，已从贡举科目变换，延伸至新政改革，神宗悚然，表示当熟思之。王安石惊闻，火急火燎，赶往宫中面圣，斥苏轼所议，于新政有百害而无一益。一扯上新政，神宗便没了脾气，只得放弃苏轼的建言，任由王安石罢诗赋和明经诸科，专以经义策论取士，且明确自熙宁四年（1071）始，分置学官，以此教育州县子弟。

神宗拗不过王安石，苏轼空欢喜一场，只得继续埋首推官职责。偏偏宫中遣侍来开封府传谕，欲贱价购买浙江所制元宵花灯四千盏，衙役赶紧上街，强收浙灯，禁止私售私买。

苏轼看不过去，上《谏买浙灯状》，为民请命：卖灯之民，例非豪户，举债出息，畜之弥年。衣食之计，望此旬日。陛下为民父母，唯可添价贵买，岂可减价贱酬，以耳目不急之玩，夺百姓口体必用之资？新政推行以来，不停折腾，士忧科改，商忧榷酒，吏忧减薪，兵忧减廪，朝廷无事而谣诼繁兴，足见陛下勤恤之德，未信于下，有司聚敛之意，或形于民。拜求皇上凡游观、苑囿、宴好、赐予之类开支，应饬务从俭约。

神宗见状，心中略感不快，却还是体谅民生不易，从善如流，诏罢购买浙灯前命。苏轼感念神宗恩德，心里依然隐隐作痛，惶然于当前时局。新政推行两年，政局扰攘，人事剧变，百姓不堪峻苛剥削，生存越发艰难，不知日久会引发什么后果。老家眉山王小波、李顺起义留下的满目疮痍，不时浮现于脑中，让苏轼忧心忡忡，情难自已。

苏轼又想起儿时母亲教授《后汉书·范滂传》，自己承诺日后出仕为官，定效法范滂，该直言得直言，该为民效命得为民效命。于是苏轼甘冒丢官失职风险，呈《上神宗皇帝书》，奉劝人主：结人心，厚风俗，存纪纲。

先敬告君之为君，非由神赐，实为民授，人主之所恃者，人心而已。于人主而言，人心如木之有根，灯之有膏，鱼之有水，农夫之有田，商贾之有财。木无根则槁，灯无膏则灭，鱼无水则死，农夫无田则饥，商贾无财则贫，人主失人心则亡。

结人心难，失人心却在反掌之间。商鞅变法，不顾人言，虽能骤致富强，亦以召怨天下，使其民知利而不知义，见刑而不见德，虽得江山，旋踵而失也。以致商鞅其身，亦卒不免，负罪出走，而诸侯不纳；车裂以徇，而秦人不哀。今者无故创制置三司条例司，使六七少年日夜讲求于内，使者四十余辈分行营于外。造端宏大，民实惊疑，创法新奇，吏皆惶惑。如此贤者忧，小人谤，商贾不行，物价腾踊，甚至传闻吏民不服从者，以肉刑侍候。臣忆汉武用桑弘羊，创行均输，买贱卖贵，致使商贾不行，盗贼滋炽，几至于乱。俟孝昭既立，学者争排其说，霍光顺民所欲，从而予之，天下归心，遂以无事。

次劝神宗厚风俗，莫急求有功而贪富强，仁君不因国家弱小忽视道德，不因贫穷伤害好风良俗。国家存亡在于道德深浅，不在于实力强弱，存亡长短在于风俗好坏，不在于富裕贫穷。仿佛人之寿夭在于元气，需慎起居，节饮食，导引关节，吐故纳新。不得已用药，则择其品之上、性之良，可久服而无害者，则五脏和平而寿长。不善养生者，薄节慎之功，迟吐纳之效，厌上药而用下品，伐真气而助强阳，根本已空，僵仆无日。

天下之势，与此无殊，务必爱惜风俗，如护元气。仁宗持法至宽，用人有叙，专务掩覆过失，未尝轻改旧章，徒以德泽在人，风俗知义。社稷长远，终必赖之。今多开骤进之门，使有意外之得，公卿侍从，跬步可图，其得者既不肯以侥幸自名，则其不得者必皆以沉沦为恨。唯陛下以简易为法，以清净为心，使奸无所缘，而民德归厚。

论及存纪纲，关键在台谏敢于发声。历观秦汉五代，谏诤而死，盖数百人。而自太祖建隆以来，未尝罪一言者，纵有薄责，旋即超升。许以风闻，而无官长；风采所系，不同尊卑。言及乘舆，则天子改容；事关廊庙，则宰相待罪。

台谏未必皆贤人，所言未必皆正确，目的在于以折奸臣之萌，救内重之弊。有如养猫所以去鼠，不可无鼠而养不捕之猫。畜狗所以防奸，不可无奸而畜不吠之狗。臣幼小所记，及闻长老之谈，皆谓台谏所言，常随天下人议。愿陛下上念祖宗设此官之意，下为子孙立万一之防，朝廷纪纲，无大于如此者。

最后苏轼表明，臣并非诋毁新法，不过以蝼蚁之命，试雷霆之威，积其狂愚，老生常谈，妄言人心、风俗、纪纲。无他，唯道德诚深，风俗诚厚，虽贫且弱，不害于长而存。道德诚浅，风俗诚薄，虽强且富，不救于短而亡。

话都说到此份上，苏轼仍觉意犹未尽，竟直指神宗：人皆谓陛下圣明神武，必使徙义修慝，以致太平。而近日之事，乃有文过遂非之风，此臣所以愤懑太息而不能已也。

苏轼只顾自己愤懑太息，丝毫不考虑话说得如此耿直危重，也会令神宗恼怒愤懑，引来斩首铡刀。所幸神宗宽容，虽老大不乐，却又服其忠，高其辩，抚卷良久，不忍释手。反观满朝文武，于新政无不心气难平，满腹牢骚，却一个个隐忍不发，以求自保，唯苏轼一人，敢以巨大的政治勇气，提着项上人头，冒死直谏，触怒天颜。

神宗叹苏轼勇气可嘉，又欣赏其忠勇、见识和奇异文采。此奏洋洋万言，以人君角度，从结人心、厚风俗、存纪纲三方面，畅言治国理政，墨若河汉，笔摇山岳，议论纵横，雄辩滔滔。无论引经还是据典，无论言事还是摆理，无论说人还是议事，无不信手拈来，又恰到好处，令人不得不信服。不拿腔，不作调，说的家常话，道的家常言，却能由浅入深，由表及里，引出儒家治道深刻至理。师古而不泥古，知今而不囿今，贴近现实，与时俱进，还能依古今推断他日后果。

神宗反复御览苏章，几乎已被说服，生出改弦更张之意。翌日朝会，神宗出示给众臣，以奇文共欣赏。众臣相互传阅，颇感畅快，苏章所言，正是自己意中所有，口里所无；更佩服苏轼敢批逆鳞的胆识和鞭辟入里的文笔，可谓往世少见，今朝绝无。

连王安石读过苏文，亦抚膺慨叹，嫉妒其才大，若自己有如此才华，经营诗文之业，便可文传千古，名垂万世，何须当什么丞相，冒天下之大不韪，推行新政，弄不好就会像当年范仲淹和富弼庆历改革，费力不讨好，不得不草草收场。甚或如商鞅变法，死无葬身之地。又憾自己属下无苏轼之才，否则执笔为新政张本，何忧舆情汹汹，不能折服臣民？

众臣被《上神宗皇帝书》所倾倒，认定此为苏轼代表作之一，也是唐宋古文不可多得的黄钟大吕。此著也意味着大宋文坛领袖地位，已由欧阳修递棒至苏轼手上。当年三苏入都，欧阳修读过苏轼的诗文，曾欣喜预言，三十年后无人再论老夫，只论苏轼。才过十几年，苏轼文名已直追恩师，足以说明欧阳修眼光之独到。不过颇令欧阳修欣慰的是，人们论及苏轼，都会提到他这位老师，毕竟千里马常有，伯乐不常有，没有欧阳老师慧眼识珠，大力擢拔，苏轼能否有大成，实难预测。

神宗出示苏轼万言书，自然不是想从文学史角度给其定位。这是文学史家的事，神宗不想越俎代庖，目的无非看看众臣态度，认不认可苏轼对新政的批评。众臣把握不准神宗的真实意图，自然有说好，也有说坏，更多的是语焉不详，不置可否。

朝毕，众臣散去，神宗留下王安石，问他意下如何。王安石也不知天意若何，试探道："皇上若觉苏轼有理，干脆诏停新政，罢黜罪臣。"神宗叹道："开弓别无回头箭，岂有苏轼上道奏章，便诏废新政之理？"

王安石悬着的心回到肚里，转而思之，神宗既不认可苏章，为何还拿到朝堂上，让众臣讨论呢？王安石不傻，很快觉出神宗的心机，是要你领他的情，纵使苏章危言耸听，足以否定新政，蛊惑天下，众臣也无不声援，然朕仍会支持你，你只管一心推行新政不动摇。

王安石信心更加坚定，新政不推行到底，誓不罢休。

# 第四章　贬谪杭州

## 得罪王安石，外谪为杭州通判

要想大刀阔斧推行新政，必须排除种种干扰，尤其像苏轼这种与新政过不去的角色，艺高胆又大，舌灿莲花，一呼百应，绝不能留在朝中，给君相添堵。王安石想说服神宗，贬苏轼出京，又怕他爱苏轼之才，不愿松手，得留身边随时召对，于是安排手下爪牙，搜集苏轼言论和过错，尽快写成劾章，以便迫使神宗下定决心，忍痛割爱。

谁知王安石手下还没来得及采取行动，少数朝臣和御史误以为神宗公苏章于朝，意在暗示臣民，有收回新政的想法，一时不觉兴起，开始弹劾王安石固执己见，不通物情，置之宰辅，天下受祸。其他大臣跟着响应，纷纷撰写弹章，呈入朝中。

王安石不安起来，又不甘坐以待毙，赶紧利用手中权柄，大打出手，排挤异己，同时整肃御史台，以钳众口，消除不同声音。而后，他又跑到宫中，说此次风波全由苏轼背后使坏，皇上若继续推行新政，非贬苏轼出都不可，以免此小子惹是生非，否则唯有停止新政，自己回金陵养老去。一句话，留苏不留王，留王不留苏，您皇上看着办。

神宗还在犹豫，王安石的爪牙已连篇累牍，写出揭批苏轼的劾章，雪片般飞入宫中。苏轼忠直无污，弹劾理由难寻，无非诗讥大宋，文讽君相，还有在凤翔为官时不安心政务，借巡察各地游山玩水，惊扰吏民。连其几年前丁父忧扶丧归蜀，也被拿出来说事，诬苏氏兄弟沿途妄差兵卒，且于舟中藏运私盐、苏木和瓷器，谋求不当之利。

下诏严查，绝无依据，纯属捕风捉影。然苏轼已感受到冷箭自背后射来的飕飕杀气，知道有自己便没王安石，有王安石便没自己，主动请求外放，以远离朝廷是非之地。见苏轼去意已定，神宗不得不准奏，外谪其为杭州通判。

时值熙宁四年（1071）七月，苏轼携妻王闰之、大儿苏迈及出生不久的二儿苏迨，离开京城开封，赴杭州上任。苏轼遵父遗嘱，大伯父苏澹长孙即苏轼侄子病故后，侄儿遗孀及两个侄孙也要抚养，随同南迁。临行苏轼收到文同信函，曰："北客若来休问事，西湖虽好莫吟诗。"

文同已移任汉中兴元府太守，得知苏轼因言获贬，特寄语警示。此前苏辙已贬徙陈州教授，苏轼南下，正好经由陈州，与弟相聚。陈州又叫宛丘，苏轼笑称弟弟宛丘先生。身为学官，苏辙穷困潦倒，只能租借又矮又小的屋子，当作学舍。偏偏主人长身玉立，一不小心，脑袋就会碰着屋顶。苏轼颇觉滑稽，不但不安慰弟弟，相反作《戏子由》曰：

> 宛丘先生长如丘，宛丘学舍小如舟。
> 常时低头诵经史，忽然欠伸屋打头。

苏辙哈哈一乐，万千愁绪，顿时烟消云散。老臣张方平也已退隐，避居陈州，兄弟俩往拜老人，开怀畅饮。老人酒量惊人，喝酒不说多少杯，言喝多少坛。苏轼酒量小，没法拼酒，找理由道："老爷子喝一坛不醉，晚辈喝一杯就能享受酒醉妙趣，不更合算吗？"

教授有职无权，却清闲自在，苏辙有大量时间陪兄长游山玩水，饱览风情。城外有柳湖，秋柳叶半新，浮沉似烟，笼着幽绿湖水，如梦如幻。兄弟俩划着小船，在湖里悠悠荡漾，你一言，我一语，谈诗论文，开心无比。

船至湖中，岸柳渐远，岸声渐去，兄弟俩说着说着，说到新法颁行以来，民不聊生，天怒人怨，不免唏嘘不已。苏轼慷慨陈词，越说越气愤，嗓门不由得高昂起来。苏辙不得不打断他道："人有'两头'最难忍，一是舌头，二是笔头。忍住'两头'，才不至于惹是生非。"

苏轼伸手自掌两下嘴巴，说："都怪这张臭嘴，有话非吐出来不可。"苏辙叹道："木心隔树皮，人心隔肚皮，才不得不看菜吃饭，看人说话。"苏轼点头道："王弗在世时，也这么说过我，可我就是藏不住话，仿佛话堵在嘴里，会把自己憋死似的。"苏辙道："得知兄长冒冒失失，给皇上呈递万言书，弟就替您捏把汗，生怕您因言获罪。幸亏皇上宽仁，仅贬您出京，没下您大狱。"

苏轼也不掩饰，坦承道："上万言书时，兄也诚惶诚恐，害怕王安石揪住不放，唆使皇上要了兄小命。然想起君恩如山，身为臣子，明知新法有害于国家和苍生，却三缄其口，不声不响，也对不起皇上，对不起自己良心。"

真是"江山易改，本性难移"。本性如此，又有谁能让其做出些许改变？苏辙暗自感叹，兄长满腹才情，笔能写，舌善言，日后肯定还有大亏吃，又无法责之，唯转移话题，道："祸兮福所倚，福兮祸所伏。兄长此番外贬，远离京都是非圈，倒也坏事变好事。反正判官非主官，政务不多，还可安享清闲，何乐而不为？一日空闲胜两日，若人生七十，皆能在闲适中度过，岂不等于活够一百四十年？"

说得苏轼大乐，道："甚是甚是，难得浮生半日闲，何况闲度七十春？杭州乃人间天堂，此去正好投闲置散，与佳山丽水为伴，享受人生至乐。"

说到天堂杭州，苏轼恨不得马上启程，赶往西湖旁边。苏辙提醒道："中秋将至，两家一起赏过中秋月再走吧。"苏轼觉得也是，继续逗留陈州学舍，静候天上月亮圆满。苏辙虽穷，不可能日日大鱼大肉，粗茶淡饭却还供得起，两家不饥不饿，有说有笑，足慰平生。

不觉中秋到来，夜清如水，月明如镜，两家人坐在学舍前小院里，赏圆月，吃月饼，道家常，看孩子们追着影子嬉乐打闹，可谓其乐融融，妙不可言。直到月上中天，孩子们累了困了，被两位母亲哄进屋里睡下，留兄弟俩倚桂而坐，沐浴月光，品味佳茗，闻吸沁人心脾的桂花香，叙不完的兄弟情。

苏轼觉得陈州中秋月最大最圆也最亮，好像平生从没见过这么美的月亮。苏辙笑曰："大才子到了陈州，陈州人没啥招待，只好献上大月亮。"

苏轼开怀大笑，笑得像毫无城府的天真孩子。从此陈州月就定格在苏轼沉静的心中，再也没褪过色，一直照耀着他足下的坎坷人生路，向未可预知的远方伸展而去。

中秋过后，苏轼一家踏上旅途，苏辙执意远送。苏轼不让，苏辙说恩师欧阳修辞职后，隐居颍水下游的颍州，正好一起去拜望老人家。这个理由倒也充分，苏轼拉着弟弟的手，来到颍水岸边，登上客船，顺流东下。

眼观岸影，耳闻秋声，不日到得颍州城外，欧阳修已闻讯候在水边，翘首以待。老先生年满六十五，背已弯，眼已花，病痛缠身，说话中气已明显不足。

所喜苏家兄弟到来，让他仿佛一下子年轻好几岁，病体也硬朗了许多，脸上皱纹洋溢着快乐的笑意。

兄弟俩执过弟子大礼，三人有说有笑，一起走进欧阳修家。这一待又是半个月，师徒三人天天形影不离，如同父子。事实也是，欧阳修于苏家兄弟恩同再造，不是父子，胜似父子。苏家兄弟天赋异禀，然无欧阳修赏识提携，不一定少年得志，脱颖而出。

欧阳修当然也是幸运的，正好担任主考时，遇见兄弟俩，慧眼识珠，发现两位治世和文学天才，自己也成就千古贤名。也是三人有缘，先后贬谪出京，竟然还能聚首颍州。人老多情，欧阳修越发器重两位弟子，珍惜这难得的相逢机会。

说到苏轼出贬缘由，话题难免会涉及朝廷新政，还有苏轼那篇早已传遍朝野的《上神宗皇帝书》。值此时局纷乱，国运堪忧，苏轼甘冒丢官去职甚至掉脑袋的风险，挺身而出，慷慨执言，以万言书直拂逆鳞，令天下士大夫无不大呼痛快，钦佩作者无与伦比的政治勇气和惊天才华。

万言书自然也早到了欧阳修手上，他反复读过多遍，读一遍便增一分对弟子的喜爱。心中喜爱实在没法遮掩，他忍不住道："老夫为官处世，乏善可陈，却能与二位结缘，三生有幸啊。令老夫自愧弗如者，在朝辅政数十载，为何不敢也作不出子瞻如此绝世华章？当年老夫曾放言，三十年后世人只知有子瞻，不再知有老夫。哪需三十年，才十五六年光景，子瞻已抛下老夫，远远超到前面去了。这也是老夫最大心愿，心愿已满足，死不足惜矣。"

听到"死不足惜"一词，苏轼暗觉不祥，莫非老师人老，口不择言？忙道："老师过誉。学生有感于老师高风亮节，誓为楷模，见新政乱象，误国误民，不得不鼓起勇气，站出来发言。实不过尽臣子应尽职责，别无他哉。"

半个月眨眼过去，苏轼不可能长留颍州，还得继续东下。相见时难别亦难，临别前夜，师生依依不舍，话至深夜才散。苏轼预感没错，此系欧阳修最后一次见苏家兄弟，次年他便病逝于颍州家中，永远告别人世。

师生分手时，欧阳修告知，有两位僧友惠思和惠勤在西湖孤山修行，苏轼到了杭州，可代往问候请安。苏轼满口应承，揖别恩师。兄弟俩意犹未尽，干脆出城，泛舟颍水。关于诗文，关于时局，关于家国天下和人臣职责，简直有说不完的话题。

君恩天高地厚，兄弟俩却报国无门，只能浪迹天涯，虚掷光阴，不知何时才可尽情发挥才干，效力君国。心里这么寻思着，兄弟俩难免颓废，不由得吟诵起先贤范仲淹的名言来："居庙堂之高则忧其民，处江湖之远则忧其君，是进亦忧，退亦忧。"

吟罢，东方既白，苏轼妻儿已赶到码头，苏辙移舟近岸，将兄长和嫂侄送入客船。客船缓缓启动，苏轼望着修长的弟弟站在岸上，衣角被晨风高高撩起，一时失控，不禁泪湿襟袖，挥手要弟弟快回。苏辙高扬双手，追赶着已到中流的客船，直至船帆成为一个小黑影，最后完全消失，才止住步子，一任泪水如雨，迷糊双眼。

水路迢迢，苏轼脑海里全是与弟弟相聚陈、颖二州的点点滴滴，万分不舍，又别无他法，只能自我安慰："人生无离别，谁知恩爱重？"又想起兄弟泛舟颖水，感叹无力报国的情形，不觉吟道："眼看时事力难任，贪恋君恩退未能。"

这就是人生的无奈，尤其身为人臣，没法主动选择进退浮沉，只能被进退浮沉所选择，像飞蓬一样任凭西东。

十一月中旬，苏家途经镇江，苏轼参观著名的金山寺，凭寺俯瞰长江，那浩渺江水不正源自眉山脚下涓涓细流吗？思乡之情油然而生，苏轼忍不住吟道："我家江水初发源，宦游直送江入海。"

这又是一道谶语，苏轼从此宦游一生，直至天涯海隅。

## 升堂视事

月底，苏轼抵达杭州。官舍设于凤凰山上，苏轼凭栏远眺，杭州城尽收眼底，钱塘江、西湖，以及环湖山影亦历历在目。苏轼忽生似曾相识之感，觉得一切那么熟悉，仿佛自己前世生于斯，长于斯，后来走失，延及今生，才又回到梦里故乡。

苏轼见过太守沈立，又与前任通判做完交接，不觉几天过去，进入十二月八日，俗称腊日。这是朝廷规定的公休日，苏轼待在书房中，一时不知做啥好，站也不是，坐也不是。见王闰之从窗前经过，他赶紧探头出去，向她讨事做，或劈柴烧火，或挑水洗衣，能打发时光就行。

知夫莫如妻，闰之清楚苏轼因言获贬，一路南来，逢师见友，看上去嘻嘻哈哈，其实肚里难免委屈和失落，又不肯宣泄于人，唯存积于心。害怕苏轼憋坏，闰之道："家事有拙妻和女仆，哪用先生操持？若觉得闷在家里难受，出去看看山水，找人说说话，解解烦。"

一语提醒苏轼，他想起欧阳修恩师嘱托，西湖孤山有僧友惠思和惠勤，何不趁今日清闲，前去会会面？当即叫过书童，离衙往孤山方向而行。

行不多久，苏轼抬头望去，见一峰独立湖中，碧波环绕，那便是孤山。来到湖边，苏轼呼船下湖。在不紧不慢的桨声里，船移近山。山间林木幽深，杳无人迹，唯鸟儿喧呼，似在问候这陌生客人。溪水石上流，鱼出石罅，历历可数。时值腊日，不同于往时，天色晦暗，似有雪意。该谢妻儿放一马，自己借口来寻诗僧，其实只要有好山好水，足可自娱自乐。

有道是名山僧占多，好话佛说尽。既然入山，山有诗僧，自然不能错过。那诗僧又在何处呢？定在那林深处，水尽头，世上唯僧人道行深厚，肯在山水间结庐。苏轼继续往前，果然发现竹屋隐现，走到纸窗前，往里窥探，有二僧身裹僧衣，正在蒲团上打坐。那定是欧阳修所说惠思和惠勤无疑。

二僧早知苏轼大名，其又是欧阳修弟子，今亲临寺门，自然执掌喜迎，请入禅房。主宾坐定，香茶上来，一边透过窗竹，欣赏西湖冬景，一边谈论欧阳修道德文章，无不欣然。又有斋饭充饥，饭后游观后圃，赏冬花，闻香草。这才是神仙过的日子，苏轼真想在山中永远待下去，无奈俗职于身，且天色已晚，书童在一旁催促，也到了别僧返城之时。

下得山来，苏轼登船出湖，回望身后景色，烟云笼罩，影影绰绰，但见野鹘盘旋佛塔，久久未去。沿来路归家，苏轼不觉神思恍惚，山中人事总也拂之不去，仿佛刚从梦中醒来，得赶紧以诗记之。诗曰：

> 天欲雪，云满楼，楼台明灭山有无。水清石出鱼可数，林深无人鸟相呼。腊日不归对妻孥，名寻道人实自娱。道人之居有何许，宝云山前路盘纡。孤山孤绝谁肯庐，道人有道山不孤。纸窗竹屋深自暖，拥褐坐睡依团蒲……

真该感谢闰之夫人，本该一家人相聚的腊日里，肯放他一马，让他偷得一日闲，去会诗僧，见美景，做似真似幻的白日梦，暂弃因贬出京的烦恼。既然有夫人善解人意，又有好山好水可娱目娱心，即使今生今世长贬杭州，又有何妨呢？这当然无此可能，官服在身，就须听从朝廷调遣，待三年任期届满，还得拍屁股走人。

腊日过去，苏轼正式升堂视事。通判的职责主要是审理案件，判断是非。无奈犯案者大都属良人和顺民，只因触犯王安石新法，被拘捕在案，等着法办。这是苏轼最不愿意看到的，却偏偏还得亲自出面审案。

杭州湾分布有不少产盐区，从前产销皆属私营，新法收为国有，私营主不甘退出，偷产偷销，被衙役抓获，扭送公堂，听候审判。案积如山，苏轼天天升堂，都审理不过来，直至除夕，仍不得消停。耳听远远近近迎春纳福的鞭炮声，苏轼借着昏暗的灯光，望着阶下囚，觉得自己与他们并无区别，不禁悲从中来，泪在肚里流。当即题诗于壁：

> 除日当早归，官事乃见留。
> 执笔对之泣，哀此系中囚。
> 小人营糇粮，堕网不知羞。
> 我亦恋薄禄，因循失归休。
> 不须论贤愚，均是为食谋。
> 谁能暂纵遣，闵默愧前修。

中国自古等级森严，地分东西南北，人分三六九等。读书人十年寒窗，不过想着朝为田舍郎，暮登天子堂，一旦皇榜高中，便脱离低等小民，成为人上之人，足以小视天下。苏轼才高盖世，人人景仰，却把自己混同于普通囚犯，认为做官和经营私盐，皆为稻粱谋。如此平等待人视己，官场中实属罕见，只怕古今无两。常见情形则是一朝权在手，便把令来行，谁都得听我的，看我眼色行事。甚至利器在手，杀心即起，顺我者昌，逆我者亡。

可贵的是苏轼不仅平等待人，还会在自己权力范围内，力所能及地替囚犯减罪。新法为朝廷颁行，苏轼没法更改，也不敢违抗，只有钻其空子，审办囚犯案子时酌情轻判。也是不幸的杭州百姓有幸，碰上苏轼这样的通判，重罪变成轻罪，大罪变成小罪。

此乃苏轼唯一减轻心里愧疚的办法，非如此，良心不安。这天摸黑回到官舍，苏轼将题壁诗稿又形诸纸上，年后拜访太守沈立时，请他指教。言外之意，无非狱满为患，修狱舍得花大钱，能少抓尽量少抓，也为皇上减些怨，积点德。

沈立倒也理解苏轼的良苦用心，暗示衙役，执法时别太狠，逼得百姓走投无路，于官于民都无好处。衙役果然睁只眼，闭只眼，囚犯从此略有所减，苏轼才稍稍松了口气。

世间刑案千千万万，根源无非两种：一是饥寒起盗心，二是饱暖思淫欲。原来人是如此容易被境遇左右，饥不得，也饱不得；寒不得，也暖不得。除新法造成百姓活命困难，铤而走险犯案需纠，苏轼还办过不少男女情案。

也许俗世的儿女情长太过常见，佛家禁欲之地倒显得有些神秘，坊间便拿和尚说事，以满足好奇心。说杭州城外灵隐寺香火旺盛，寺里和尚不缺钱花，有个叫了然的和尚，鼓囊囊的钱袋捂久了，心里不安分起来，趁夜摸出山门，进城上了青楼。

一来二去，了然喜欢上一个艺名为秀奴的姑娘。秀奴见了然袋里有钱，极尽谄媚之能事，逗得这冤大头神魂颠倒，阿弥陀佛也不念了，满嘴只有"秀奴"二字。直至了然钱袋空空，再掏不出半个铜板，秀奴一脚把他踢开，再也不肯理睬。了然又伤心，又气愤，却欲罢不能，一次次上门，低声下气求见秀奴，想以真情打动对方。

世上只有傻子，才跟妓女讲感情，跟赌徒讲义气，跟权贵讲公平，跟有钱人讲均贫富，秀奴哪里会动真情，施恩与了然？了然绝望至极，典当掉身上的袈裟，购酒把自己灌醉，再买把刻刀，在臂间刻上两行字："但愿同生极乐国，免教今世苦相思。"然后他摇摇晃晃来到青楼，强行闯入秀奴房间，借酒劲壮胆，抽出刻刀，把她杀死。

了然很快被抓捕归案，扭送至苏轼面前。铁证如山，一命得偿一命。了然也已在臂上刻字表明心愿，要与秀奴一起往生极乐国。眼见一段孽缘，要去人命两条，苏轼难免唏嘘，审完案情后写下数十字判词：

> 这个秃奴，修行忒煞，云山顶上空持戒。一从迷恋玉楼人，鹑衣百结浑无奈。　毒手伤人，花容粉碎，空空色色今何在。臂间刺道苦相思，这回还了相思债。

判词写毕，苏轼当堂读给案犯，还有诉讼人及观众听。大家听去，这哪是什么判词，明明是有韵有辙的小调，不禁偷偷乐起来，还说也只有苏轼这么好玩，竟把生死攸关的严肃判词写成词调，自娱娱人。

世间有无了然和尚，或有叫了然的和尚，是否下山犯禁甚至持刀杀人，已无可考，十有八九是民众太喜爱苏轼，无中生有，编出这种故事寻开心。用当今的话说，苏轼是有故事的人，就像娱乐时代的娱乐明星，往往会被人编派不存在的故事，传来传去，传得面目全非。

辛苦数月，处理完积案，苏轼稍稍有闲，换上常服，离开官舍，四出游赏起来。

## 西湖初识王朝云

杭州街巷密布，店铺林立，小贩满街，游人如织，到处都是看的听的，玩的乐的，吃的喝的。苏轼东走走，西瞧瞧，该吃吃，该喝喝，开心如三岁小孩，没人知道他是通判老爷。他也只想做常人，享受常人乐趣，不愿别人认出自己，被关注，受拘束。

游够城里的街街巷巷和角角落落，苏轼又出城观赏西湖及四周山水。作为文人，到了西湖边，白堤自然是其首选游览胜地。白堤原名白沙堤，呈东西向位于湖面上，长约公里许。因通往孤山，又叫孤山路。白居易当年出任杭州刺史，大力兴修水利，治理西湖，造福一方，受到民众爱戴。且题西湖诗：

孤山寺北贾亭西，水面初平云脚低。
几处早莺争暖树，谁家新燕啄春泥。
乱花渐欲迷人眼，浅草才能没马蹄。
最爱湖东行不足，绿杨阴里白沙堤。

杭州民众感念白居易恩德，又因其诗赞白沙堤，干脆改为白堤，叫起来更顺口。苏轼口吟白诗，信步向白堤走去，但见桃柳成行，芳草如茵。来到堤上，回望群山含翠，湖水涂碧，仿佛置身图画中，身心俱悦。

苏轼又由白居易想起本朝范仲淹做过杭州知府，留下一个与苏家人有关的故事。那人名叫苏麟，时任杭州属县巡检，至于其来自何方，生卒何年，史无可考。范仲淹知杭之日，厚待随员，多有举荐得官。唯苏麟位卑职低，身处府外，不在知府大人视线内，好处轮不到他，颇感失落，作诗发牢骚。也是人微言轻，没谁知道苏麟会诗，诗名叫甚，几联几句，皆是未知数，然中间两句传出去，竟至妇孺皆知："近水楼台先得月，向阳花木易为春。"

世间诗作万万千，多少人作诗千百首，难有几行被人记住，苏麟随便张嘴发两句牢骚，竟成万舌相传口头禅，实属奇迹。苏轼为有此前辈本家，倍觉骄傲，转而思之，自己本属天子门生，可谓近水楼台、向阳花木，依然不得月，难为春，外贬出京，与苏麟殊途同归。

不过外贬也不亏，远离朝堂山水好，足娱身心。尤其西湖，无异于杭州眼睛，明亮清澈，充满灵气，无论官民商贾，人见人爱。沿湖摊贩挨摊贩，为络绎不绝的游人提供小吃、茶点和果品，苏轼乐得一享口福。水里游船如鲫，租条小游船，花上半天，可赏遍西湖景致。苏轼下到水边，坐进船里，一边观景，一边品味船娘置备的小酒小肉。

真是上天眷顾，让自己有幸遭贬杭州，融入西湖。苏轼诗兴大发，正要开腔吟咏几句，忽想起文同"西湖虽好莫吟诗"寄语，又赶紧咬住舌头，把快出口的句子吞回肚里。可又实在太爱西湖景，没多久他便置文同警示于脑后，还是吟道：

> 未成小隐聊中隐，可得长闲胜暂闲。
> 我本无家更安往，故乡无此好湖山。

士大夫常言：大隐隐于朝，中隐隐于市，小隐隐于野。白居易觉得大隐靠不住，小隐又不甘愿，故曰：

> 大隐住朝市，小隐入丘樊。
> 丘樊太冷落，朝市太嚣喧。
> 不如作中隐，隐在留司官。
> 似出复似处，非忙亦非闲。
> 不劳心与力，又免饥与寒。

无独有偶，苏轼没法隐于朝堂，隐于荒野又做不到，唯中隐于州府，有好吃好玩的，有胜过西蜀老家的佳山丽湖可娱目，不失为人生乐事。西湖一游往往就是一整天，直到夜色降临，苏轼仍流连忘返，又随口吟道：

> 菰蒲无边水茫茫，荷花夜开风露香。
> 渐见灯明出远寺，更待月黑看湖光。

"菰蒲"指菰和香蒲，均为水生可食用植物。苏轼好吃，凡能入口者，都会引起其莫大兴趣。荷花无以口食，然其香可用鼻来食。远寺灯影，月黑湖光，则属眼食，苏轼自然笑纳。饱过眼鼻之福，苏轼仍恋恋不舍，非俟夜深人静，才尽兴而归，一路赋诗道：

> 我饮不尽器，半酣味尤长。
> 篮舆湖上归，春风吹面凉。
> 行到孤山西，夜色已苍苍。
> 清吟杂梦寐，得句旋已忘。
> 尚记梨花村，依依闻暗香。

看够西湖景，苏轼还会于公务之余，至湖周边走动，看农人耕作。苏轼深知盘中餐得来不易，对农人心存感激，觉得人生在世，饥须食，渴须饮，否则没法活下去，至于建不建功，立不立业，扬不扬名，都无所谓，反正要不了小命。于是作诗曰：

> 田间决水鸣幽幽，插秧未遍麦已秋。
> 相携烧笋苦竹寺，却下踏藕荷花洲。
> 船头斫鲜细缕缕，船尾炊玉香浮浮。
> 临风饱食得甘寝，肯使细故胸中留。
> 君不见壮士憔悴时，饥谋食，渴谋饮，
> 功名有时无罢休。

跟气质相投的好友同游，更是莫大享受。苏轼与人为善，交友广泛，官民老少都可成为朋友。八十老翁张先，做过朝廷命官，致仕后归籍浙江湖州，常来杭州看望三十多岁的苏轼，两人突破年龄界限，诗酒酬唱，嘻嘻哈哈，很是开心。张先代表作为《天仙子》：

> 水调数声持酒听，午醉醒来愁未醒。送春春去几时回？临晚镜，伤流景，往事后期空记省。　　沙上并禽池上暝，云破月来花弄影。重重帘幕密遮灯，风不定，人初静，明日落红应满径。

其中"云破月来花弄影"非常有名，"破""弄"二字用得实在巧妙，令人叫绝。张先有两大爱好：一是作诗玩词，二是吃嫩草。年高八十，色心不死，娶回十几岁小妾，还专门带到杭州来，让苏轼开眼界。苏轼置酒款待，问及其妾年龄，张先打油道：

> 我年八十卿十八，卿是红颜我白发。
> 与卿颠倒本同庚，只隔中间一花甲。

苏轼觉得有趣，和道：

> 十八新娘八十郎，苍苍白发对红妆。
> 鸳鸯被里成双夜，一树梨花压海棠。

"梨花海棠"一语，从此成为老夫少妻代名词。朋友聚会，有酒有肉有诗已不够，还得有歌。官民士商聚集之地，自然不会缺少歌伎，携伎游湖也就成为时尚。唐宋歌伎文化很流行，就像唐诗宋词一样。事实是唐诗宋词之盛行，一半靠文人创作，一半靠歌伎传唱，否则文人所作诗词仿佛没有翅膀的鸟，不可能飞行久远。唐朝诗家如白居易、杜枚与歌伎来往密切，尽人皆知。宋代文人与歌伎更是打得火热，张先就是例证，所娶小妾多为歌伎。还有鼎鼎大名的柳永，没有歌伎，简直没法填词。

柳永是福建人，初名柳三变，在家排行第七，又叫柳七。其代表作有《雨霖铃·寒蝉凄切》，一句"今宵酒醒何处？杨柳岸，晓风残月"，堪称送别绝词。另便是咏唱钱塘的《望海潮·东南形胜》：

> 东南形胜，三吴都会，钱塘自古繁华。烟柳画桥，风帘翠幕，参差十万人家。云树绕堤沙，怒涛卷霜雪，天堑无涯。市列珠玑，户盈罗绮，竞豪奢。　重湖叠巘清嘉，有三秋桂子，十里荷花。羌管弄晴，菱歌泛夜，嬉嬉钓叟莲娃。千骑拥高牙，乘醉听箫鼓，吟赏烟霞。异日图将好景，归去凤池夸。

苏轼未出道时，柳永已词名远扬，远到西夏人来访中原，说他们国家凡有井水处，都歌柳词。也就是说只要有人住的地方，皆歌唱柳永填的词。传说金主完颜亮让歌伎献唱柳永《望海潮》，听到"三秋桂子，十里荷花"，心里羡慕钱塘繁华，顿生侵吞南宋之念，挥师南下。

柳永自称白衣卿相，曾作词曰：

> 且恁偎红倚翠，风流事，平生畅。青春都一饷。忍把浮名，换了浅斟低唱。

后参加科考，仁宗见他名字，不乐道："不是填词的柳三变吗？何用浮名，还是填词去吧。"弃之不录。自此柳永自嘲奉旨填词，后潦倒至死，棺材板都没一块，还是群伎合钱把他埋葬，每年春月再给他上坟，叫作吊柳七。

纵观宋词，柳词以婉约为主，属词史第一大高峰。苏轼创作过不少清新词调，又另辟蹊径，以豪放入词，为第二大高峰。至南宋辛弃疾，融满腔激情和国家兴亡于词中，既沉雄豪迈，又细腻柔媚，且善于化用典故，佳作迭出，成为词史第三大高峰。

苏轼自然挺喜欢柳永词，跟友人赏湖欢饮时，也请歌伎侑酒，借着酒兴，写作轻松小词，赞美歌伎的轻歌曼舞：

> 绀绾双蟠髻，云欹小偃巾。轻盈红脸小腰身。叠鼓忽催花拍，斗精神。　空阔轻红歇，风和约柳春。蓬山才调最清新。胜似缠头千锦，共藏珍。

只是苏轼科考得志，又夫唱妇随，两任妻子都是意中人，不像柳永一样，把感情完全寄托在歌伎身上，等着死后群伎合钱下葬。两人性情也完全不同，柳永多愁善感，苏轼则豪放旷达，不过喜爱酒筵征逐，席上有女孩，近而不狎，乐而不淫，不会沉迷女色，难以自拔。

也是苏轼天性乐观，与谁都合得来，跟歌伎也一样。在他眼里，众生皆平等，他不会歧视任何人，包括地位低下的歌伎。歌伎乃人间精灵，一个个色艺双全。或来自富贵人家，因家道破落，不得不卖艺为生。或出身贫苦，从小寄身歌坊，学成歌艺，售艺糊口。苏轼认为学成文武艺，货与帝王家，跟学成歌舞艺，售与有权有钱人，完全是一回事，没有谁高谁低，谁贵谁贱之别，也就发自内心尊重歌伎，绝不会居高临下，歧视甚至欺侮她们。

苏轼视歌伎为友，歌伎也把他当作大哥哥，缠着索字要词。苏轼自然不会拒绝，常在歌伎扇面或手绢上留墨宝，没有扇子或手绢，就让歌伎蹲到面前，把字词题到人家香肩或光背上。有些歌伎觉得逢场作戏没意思，心生厌倦，意欲离开圈子，苏轼也有求必应，伸出援手，帮她们赎身脱籍。有个叫周韶的营伎，不仅人美貌，且诗如其人，写得非常漂亮，苏轼甚是喜欢，引为知己，还为她作诗曰：

> 草长江南莺乱飞，年来事事与心违。
> 花开后院还空落，燕入华堂怪未归。
> 世上功名何日是，樽前点检几人非。
> 去年柳絮飞时节，记得金笼放雪衣。

周韶也视苏轼为兄长，向他吐露心迹：青春短暂，青春饭吃一时只一时，待年老色衰，人见人弃，定然没好结果。苏轼二话不说，想方设法，让她离营从良，恢复自由身。

也许在苏轼心目中，才色双全的歌伎有如美丽的西湖，不可多得，弥足珍贵，不是用来欺凌和摧残的，才如此怜香惜玉，爱之疼之。这天风和日丽，湖光潋滟，鸟翔花飞，苏轼又与友人游湖，船娘请来歌伎侑酒唱歌助兴。

歌伎很小，看上去不过十来岁，虽着淡妆，却花容月貌，不输西施。歌伎上前倒酒时，苏轼问她哪里人，为何小小年纪，出来陪客挣钱，不在父母膝前承欢撒娇。问得小歌伎哽咽无声，良久才含泪道："小女命苦，幼失怙恃，不得不卖身为奴，习得歌舞，售艺为生。"

苏轼心里像被什么刺了一下，又问对方姓甚名谁。小歌伎道："小女以歌舞娱客谋生，姓甚名谁，并不重要。"

听得出，小歌伎并无名字。时俗使然，女孩无名，一点不稀奇。苏轼道："乃父姓什么，总知道吧？"小歌伎道："先父姓王。"苏轼道："我给你取个名字，意下如何？"

堂堂判官大人愿给自己取名，小歌伎又惊又喜，带着几分羞涩地道："客官垂爱，小女承受不起。"苏轼见小歌伎脸上羞赧，仿佛早霞倒映于湖面，道："就叫王朝云吧，顺口好记。"

在场人皆叫好，从此小歌伎有了王朝云的名字。朝云为表感谢，主动献歌一曲。歌是流行一时的江南小调，听上去欢乐，细闻则暗含哀伤，让人几欲泪下。

朝云歌罢，苏轼照规矩拿把散钱，往她手里塞去。朝云不肯接，道："先生为小女命名，小女以歌抵命名费，怎能再收钱？"苏轼觉得有理，道："行行行，命名费以歌来抵，两不相欠。那你再唱一首，此为歌费。"

朝云这才接了钱，清清嗓子，又唱起来。歌声婉转，令人陶醉。收嗓揖退，朝云离开后，苏轼几人继续喝酒。喝得差不多时，一阵微风拂至，天空下起雨来，千丝万缕，缠缠绵绵。抬眼四望，远山近峦，云动霞移，若隐若现，似有似无，别具一番意趣。收住眉头，再瞧西湖，雨织雾笼，水荡波漾，幻若人间仙境。

客人正痴于雨后妙境，朝云为报苏轼知遇之恩，浓妆出舱，借方寸船板，扭腰甩袖，献舞一曲。也许人小身轻，朝云腰细臂柔，舞姿格外好看，让在座诸位大开眼界，不禁高声叫好，还和着舞曲，一齐击节，尽兴得很。苏轼脸上乐开了花，觉得能巧遇西湖晴雨，还有堪比西施的朝云歌舞，真是人生至乐。当即咏道：

水光潋滟晴方好，山色空蒙雨亦奇。

　　欲把西湖比西子，淡妆浓抹总相宜。

　　此诗一出，立即传遍大江南北，成为描写西湖最好最著名的诗作，千百年来人皆成诵，自然还会永远被人传咏下去。

## 借竹自喻：群居不倚，独立不惧

　　山水相连，苏轼玩够西湖，又游赏湖边山景。好山僧道多，进山必入寺院或道观，访佛寻仙。近湖山上有寿星院，苏轼首次进寺门，仿佛故地重游，觉得一草一木、一砖一瓦，皆为旧时样，认定自己前世便是此处常客。

　　同行半信半疑，苏轼掰着指头，陈述寺后建有何楼台，筑有何亭榭，植有何树木，辟有何井石，如数家珍，毫不含糊。众人绕过偏殿，举目观之，果不其然，一个个惊讶不已，确信苏轼前身乃杭州人，来过此处。

　　既然前世有因，今生有缘，苏轼也就不把自己当外人，有空没空，最爱往寿星院跑。夏季天太热，无人肯出门，找不到陪伴，苏轼就一个人上山。他嫌鞋子烧脚，干脆扯下来，提到两只手里，光着脚板，以鞋为桨，左划右拉，蜿蜒而上。

　　不觉上到山顶，一览众山小。此山名曰天竺山。西湖三面环山，以天竺山为顶。早在十二岁那年，苏轼就听先君说过白居易天竺山诗中的故事，一直记在心头，今至杭州为官，自得上山瞧瞧，亲眼印证白诗所述。

　　苏轼默诵白诗，放眼望去，但见天竺山分南、北两脉，北脉逶迤而下，经上、中、下三座天竺寺，止于飞来峰。下天竺寺原为飞来峰旁灵隐寺翻经院，后独立成寺，即白诗所云："一山门作两山门，两寺原从一寺分。"北山与南山隔涧而立，涧水依山势自西南向东北流淌，便是白诗所谓："东涧水流西涧水，南山云起北山云。"天竺三寺虽由上至下分布三处，却高低栉比，前后相望；晨钟相闻，暮鼓共听，正印证白诗："前台花发后台见，上界钟清下界闻。"

　　白诗所绘景致已在苏轼脑中浮现过无数次，今亲临实地验证，诗与景竟分毫不差，实在令人击节。这便是白诗高明之处，看去如文字游戏，信手拈来，毫不费力，实则字字有依据，句句有来历。要说板着面孔，正经拿事取物入诗，实不难做到，反而以戏语记真物真事真景真情，更需笔力，更见功夫，非大诗人无法做到。

苏轼领会着白诗的意境，难免又会感念先君教养大恩，让自己十二岁便领会到大诗人的妙品，又在心里许愿，他日能追寻先君足迹，前往虔州天竺寺，目观白氏亲笔诗巾，那才是人生之幸事。

观够白诗里的风景，苏轼喝口山泉，向寺僧讨张躺椅，搬到竹林中摆好，再脱去袍子和小褂，赤身躺倒，而后眼睛一合，做起美美的白日梦来。山风轻拂，翠鸟幽鸣，懒懒的午阳穿透疏密有间的竹叶，无声喷洒在苏轼的赤肩裸背上，还有他酣畅淋漓的鼾声，看上去仿佛美妙的睡佛图。

寺僧皆苏轼好友，知其性情，也不惊动他，只远远地往竹林里望上一眼，瞧见他背上七颗形似北斗的黑痣，认定其为天上文星下凡，不过偶尔路过人间而已。

西湖周边三百六十寺，不可能每座寺庙里的僧人都认识苏轼，可没关系，苏轼照样想进便进，想出便出。来到一座不太知名的小寺，住持不识苏轼，指着门厅小凳，道声坐，又朝小和尚说个"茶"字。

苏轼落座，端杯喝茶，与住持寒暄起来。住持觉得来者出语不凡，态度立变，把苏轼引进客厅，指指宽凳，道声请坐，再嘱小和尚敬茶。

聊上一阵，弄明白坐在面前的原来是天下大才子苏轼，住持赶紧打躬作揖，把他迎入禅房，扶椅请上坐，命小和尚敬香茶。

香茶入唇，自比原先的粗茶美妙得多。主客相谈甚欢，不觉天色向晚，苏轼准备告辞，住持让小和尚拿出纸笔，恭请苏轼留墨宝。苏轼不假思索，挥笔写下两行字："坐请坐请上坐，茶敬茶敬香茶。"

有个叫作佛印的游方僧人，几年前游历京都时，曾与苏轼相识相知。苏轼眼里，世间唯有好人，别无坏蛋，面对与世无争或假装与世无争的僧道，更感亲切，易成好友。与佛印成为好友后，苏轼还把他推荐给皇上，佛印受到专门接见，获赐度牒一枚，一时名动朝野。

苏轼南贬杭州，佛印也在江南，两人自然走到一起，同游湖山。苏轼乃天下大名士，佛印为佛界高僧大德，两人又如此友好，世人便以他俩为主角，编些有趣故事，广为传播。

说有次两人走进一座古寺，迎面碰上两尊高大的怒目金刚，苏轼问："哪尊厉害？"佛印道："两尊都厉害。"苏轼道："肯定拳头大的厉害。"佛印说："佛家讲愿力，不讲武力，不以拳头大小论英雄。"苏轼道："拳头大，拳头空心便大，愿力也大。"佛印问："何以见得？"苏轼道："色即空，空即色。空大色大，愿力自然大。"

佛印哈哈大笑，连说有理。进得内殿，见观音手持念珠，唇间似念念有词，苏轼问："观音在干吗？"佛印道："在念佛。"苏轼又问："观音自己是佛菩萨，干吗还念佛？"佛印道："求菩萨保佑。"苏轼再问："求什么菩萨？"佛印道："求观音菩萨自己。"苏轼顿悟："原来佛界如人间，求人不如求己。"

两人不仅拿金刚和菩萨打趣，也彼此开玩笑，聊以取乐。寺观藏深山，山深林泉美，两人游够寺庙和道观，又徜徉林泉，累了对坐溪边石上，听鸟鸣啾啾。苏轼偏偏耳朵，再望望佛印，坏笑道："唐人写得最好的诗句，都跟山僧和林鸟有关，比如'时闻啄木鸟，疑是叩门僧'，又如'鸟宿池边树，僧敲月下门'，还有'野鸟啼幽树，名僧笑此情'之类。"

佛印不知苏轼的用意，问："好在哪里？"苏轼道："好在鸟不离僧，僧不离鸟，鸟僧配对，妙不可言。"佛印伸指点点自己鼻子，又指向苏轼："你我坐在此处，恰如唐诗僧鸟对。"

还有更离谱的故事，说苏轼也有公务繁忙时，没法陪佛印同游，佛印就住进钱塘江对岸的山寺，坐在禅房里，手敲铜磬，嘴念佛号，做样子给自己看。念得累了，他就走出寺门，下到江边，透透气，观观江景。江中有好鱼，佛印一时口馋难耐，从渔民手里购得鲜鲤，捎带回寺，放禅房里偷偷烹煮，独自享用。

刚好苏轼忙完公事，想起多日未见佛印，过江探望。正值佛印把鱼烧熟，未及入口，闻得窗外响动，知是苏轼，赶紧把鱼藏到铜磬下面，以免露出破绽。苏轼走进禅房，闻到鱼香，也不挑明，笑道："山寺地处南坡，树茂林深，可谓向阳花木早逢春。"

此系苏麟句化用。慌乱中佛印不知苏轼话里何意，只嘿嘿傻笑。苏轼拍拍自己脑袋，又道："后面好像还有一句，本官一时想不起来，不知和尚记不记得？"佛印顺口道："这有啥记不得的？不就是积善人家庆有余吗？"苏轼乐不可支道："既然磬有鱼，还不赶紧端出来，招待客人？"

佛印只好移开铜磬，把鱼端到苏轼面前，两人同吃。这显然属坊间传说，佛印作为德高望重的和尚，竟与俗人一样，陪苏轼吃鱼，成何体统？且故事没完，说两人吃完鱼后，苏轼由佛印陪同游寺，参拜莲座上的菩萨，至晚才渡江回衙。夜里想起白天鲜鱼滋味和礼佛经过，苏轼不免兴致盎然，作偈曰：

稽首天中天，毫光照大千。
八风吹不动，端坐紫金莲。

八风者，称讥毁誉，利衰苦乐也，唐朝诗僧寒山子有八风不动句，苏轼借来一用，意思是遭贬以来，见怪不怪，面对八风袭扰，亦可泰然处之，就如莲座上菩萨，坐怀不乱。苏轼当即书到纸上，天亮交给书童，渡江送给佛印一阅。

佛印持诗瞧两眼，无声而笑，也不多话，只在背面写个"屁"字，还给书童带回。苏轼见字，暗想好个佛印，昨日磬下鱼被我分吃，竟记恨于心，今天正好借故，以屁骂人，简直岂有此理。当即放下公务，过江讨说法。

佛印不在，苏轼在院里转悠起来，转到侧院，见墙上有一打油诗：

酒色财气四堵墙，人人都在里面藏。
谁能跳出墙外去，不活百岁寿也长。

苏轼觉得有意思，在旁附题四句：

饮酒不醉是英豪，恋色不迷最为高。
不义之财不可取，有气不生气自消。

至晚佛印回寺，苏轼拿八风诗是问。佛印微微一笑，另题十字："八风吹不动，一屁打过江。"苏轼哈哈一乐，连声道："说得是，说得是。"

苏轼与佛印的故事，多源自野史趣闻，属无稽之谈，当不得真。但也可从中窥见，苏轼心胸开阔，官场受挫，不以为意，与朋友交往，口舌上吃点亏，更不会当回事。

有山水可游玩，有伎僧可来往，苏轼全然忘记自己的谪臣身份，日子过得倒也开心。他又想既然僧在山间伎在湖，山僧不离左，湖伎不离右，何不把二者撺掇到一起，打打趣，取取乐？想得到，自然就得做到，苏轼专门带着歌伎，去游近湖寺庙。佛家清规戒律多，佛门容不得不干不净的歌伎，然寺里大通禅师系苏轼好友，尽管心中不悦，也不好阻拦。

苏轼还觉不够，又得寸进尺，授歌伎以刚填的词，再拿过禅师手上经槌，转递歌伎，命其击木鱼为节，现场歌唱。禅师无奈苏轼何，只能听之任之。歌伎也觉好玩，自然配合，一边学禅师手敲木鱼，一边嘴里唱道：

师唱谁家曲，宗风嗣阿谁。借君拍板与门槌，我也逢场作戏莫相疑。　　溪女方偷眼，山僧莫眨眉。却愁弥勒下生迟，不见老婆三五少年时。

随着驻杭时间日久，苏轼因公巡游范围渐渐扩大，近如富阳、临安、嘉兴，远如靖江、常州，只要有山水和朋友，他都会趁视政之便，游访个遍。这日取道富阳，入临安於潜，办完公事后，游历寂照寺，见寺内有绿筠轩，绿竹成荫，风过叶摇，苏轼甚是欢愉。原来他近期正跟文同学习画竹，一见绿竹，倍觉亲切。

与晋人王徽之一样，文同一生酷爱竹子，竟至不可一日无竹之地步，屋前屋后种满竹子，官余不是观竹赏竹，就是咏竹画竹。文同常常感叹，世无知己者，唯子瞻识吾妙处，每有得意竹画竹诗，皆会函寄苏轼，交流心得。苏轼仰慕文同竹画，作文盛赞曰：

故画竹，必先得成竹于胸中，执笔熟视，乃见其所欲画者，急起从之，振笔直遂，以追其所见，如兔起鹘落，少纵则逝矣。

"胸有成竹"一词正由此而来。受文同影响，苏轼对竹子亦情有独钟，有空也挥毫泼墨，画几笔竹子，今见绿筠竹可爱，想起文同竹诗和竹画，即赋诗曰：

可使食无肉，不可使居无竹。
无肉令人瘦，无竹令人俗。
人瘦尚可肥，俗士不可医。
旁人笑此言，似高还似痴。
若对此君仍大嚼，世间那有扬州鹤。

诗写得随意，近乎口语，其崇尚高洁鄙视流俗的志趣却跃然纸上。苏、文两人爱竹，无非借竹自喻，笔底画竹，口中咏竹，以得其情，尽其性。论及其情其性，苏轼用八个字做了形象而精确概括："群居不倚，独立不惧。"

此乃竹子傲然姿态，更是苏轼非同凡俗的铮铮风骨：置身于同党，不倚不靠，不攀不附，更不同流，不合污，迷失自我；出局离群，独来独往，亦不惑不忧不惧，反正自有明月清风，与我同坐。

## 为新政伤民而愤懑

通判杭州期间,苏轼还曾远赴靖江,在能诗善书的老友柳瑾家一待三个月。相见易得好,久住难为人,三个月累达百日,谁好意思如此长时间赖在朋友家不动?

原来柳瑾有儿叫柳仲远,妻子正是苏轼眉山老家堂妹。前文说过,坊间盛传一时的苏小妹,极有可能与苏轼堂妹为一人。苏轼与堂妹青梅竹马,感情笃深,久滞柳家不去,与主人和堂妹多待些时日,实属人之常情。

其时堂妹已生儿育女,苏轼既为堂妹嫁入良家,儿女成行,感到无比欣慰,又略觉惆怅和失落,赋诗曰:

> 羞归应为负花期,已是成阴结子时。
> 与物寡情怜我老,遣春无恨赖君诗。
> 玉台不见朝酣酒,金缕犹歌空折枝。
> 从此年年定相见,欲师老圃问樊迟。

他乡遇故知,何况还是青梅竹马的堂妹,苏轼甚是不舍,心里想着能就近结庐,日后见面岂不方便得多?然宦迹如萍,归宿在何处,谁也说不准,苏轼才不得不暂时放下此念,告别柳家主人和堂妹,悻然回到杭州。

外出奔波,毕竟辛苦,又值秋凉日重,旁无夫人添衣暖被,不小心秋寒侵体,归家后苏轼便病倒在床,身上骨酸肌疼,难受至极。幸王闰之延医问药,精心侍候,苏轼病情得到控制,渐渐好转过来,又可下地写字作文。

看着闰之任劳任怨,为一家衣食忙前忙后,还要服侍自己,苏轼难免愧疚,又心生感激。不是室有孟光,自己这个司马哪有如此潇洒,把家当作驿馆,说来就来,说走就走,一会儿东,一会儿西,一会儿南,一会儿北,长年像飞鸟一样不着枝,不入窝?

恰重九在即,友人邀约欢会。苏轼爱热闹,心里痒痒,跃跃欲试,忽想起那句俗语:"有酒有肉多兄弟,急难何曾见一人?"虽说苏轼最重友情,毕竟酒肉朋友相聚,不过图一时欢快,妻儿则是一生一世的亲人,把时间浪费在酒肉朋友身上,何如多陪陪妻儿,心里更为踏实。于是苏轼提笔赋《明日重九亦以病不赴述古会再用前韵》曰:

> 月入秋帷病枕凉，霜飞夜簟故衾香。
> 可怜吹帽狂司马，空对亲春老孟光。
> 不作雍容倾坐上，翻成肮脏倚门旁。
> 人间此会论今古，细看茱萸感叹长。

诗中"司马"，系州府副官，诸如白居易江州司马，与苏轼通判官阶类似。"孟光"为汉人梁鸿妻，夫妻抛弃富足生活，隐居山中，吟诗弹琴，男耕女织，乐于清贫而和谐的生活。梁鸿下地劳作时，孟光在家舂粮，做好饭食，再送到地头，把端饭的盘子举得与眉毛一样高，呈给丈夫，以示敬重。这便是"举案齐眉"一词的来历，以形容夫妻互敬互爱。苏轼以老孟光为喻，赞扬闰之勤劳能干，夫妻相濡以沫，情深义厚，倒也恰如其分。

朋友邀约可拒绝，然公事还得打理，不可能天天躲在家中陪"老孟光"。病愈后苏轼便升堂视事，处置积案。杭州本是天堂，因朝廷滥行新政，导致贫穷和饥饿层出不穷，刑案累积如山。身为判官，苏轼不得不面对新政造成的冤案，却没法为受害人申冤洗刷，其愤懑可想而知。还有蝗害与旱涝天灾，灾民无力自救，官府办法不多，只能徒叹奈何。可朝臣却无视民瘼，报喜不报忧，一味放开喉咙，为新政大唱赞歌。苏轼悲天悯人，始而忧虑，继而恐惧，又苦于别无良策，唯有自己生闷气。

气堵在胸口，吞不下去，吐不出来，实在让人难受。苏轼干脆躺到床上，扯过被头，蒙上眼睛、耳朵，眼不见，耳不闻，心不烦。最好睡死过去，大梦不醒，免得再做这窝囊官。却辗转反侧，难以成眠，不是前胸痒，就是后背麻，不是臂似虫爬，就是腿若蛭咬，反正不自在，没法安身。甚至连胡子都变得多余，放在被子外头不对，塞入被子里面不妥，里里外外，捣鼓来，拨弄去，总不得要领。

睡在另一头的闰之，被丈夫折腾得实在受不了了，在他腿股上狠狠掐了一把，再把他两腿死死抱在怀里，强行不让其乱动乱弹。苏轼这才被迫控制住自己，渐渐收住意念，沉沉睡去，打起鼾声来。

闰之还有一个办法，就是每逢夫君感于时事，烦于公务，心不平，气不顺，便事先炒几盘好菜，温一壶美酒，待丈夫退堂归屋，让他喝个半酣，可换一夜安眠。苏轼自然受用，感激夫人懂得心疼丈夫，想起刘伶妻，闰之真是要强多少有多少。刘伶欲借酒浇愁，刘妻不仅不理解，还老阻止他喝酒，实在可怜。

刘伶系魏晋"竹林七贤"之一，因不满朝政，又没法与权贵对抗，只好纵情杜康，麻醉自己。出门坐在鹿车上，他也手不离壶，还让仆人扛把锄头跟在后面，说若他醉死，就地挖个坑，拖下车，扔进坑里埋掉，图个爽快。他几乎没醒过，常脱得精光，在屋里撒野发酒疯。客人来访，看不下去，说他无视礼法，刘伶振振有词道："我将天地当房屋，将房屋当裤子，你未经允许，贸然钻进我裤裆，还说我无礼，简直岂有此理。"

刘妻担心刘伶醉死，自己守寡不易，力劝他戒酒。刘伶说这酒没法戒，除非请神灵相助。刘妻信以为真，准备好祭祀用的酒肉果品，摆到神位前，要刘伶向神灵发誓，日后别再沾酒。刘伶扑通一声跪到灵前，举手念叨道："天生刘伶，以酒为名。一饮一斛，五斗解酲。妇人之言，慎不可听！"

念毕，他一只手抓住祭肉祭果，另一只手举过祭酒，大吃大喝起来，然后醉倒于神前。听苏轼将自己与刘伶妻打比，闻之笑道："我比刘妻强，你也比刘伶可爱。刘伶酒醉撒酒疯，你酒醉躺倒便睡，可放下烦恼，置于脑后。"

苏轼苦笑，心想抽刀断水水更流，借酒浇愁愁更愁，酒再浓再烈，也没法浇灭心中块垒。有其诗为证："三杯忘万虑，醒后还皎皎。""忧来自不寐，起视天汉渺。"

许是诗比酒更管用，苏轼又作《山村五绝》，如其三：

> 老翁七十自腰镰，惭愧春山笋蕨甜。
> 岂是闻韶解忘味，迩来三月食无盐。

活着实属不易，七十老翁还要为生存忙碌。然土地有情，总会给予回馈，哪怕劳作再艰辛，也值得。唯人为新政可恨，百姓居住海湖产盐区，竟三个月无盐，食之无味。另如其四：

> 杖藜裹饭去匆匆，过眼青钱转手空。
> 赢得儿童语音好，一年强半在城中。

此处"青钱"二字，似有暗讽青苗贷钱之嫌，难免授人以柄。苏轼外出巡游，既是察访民情，也为排解愁绪，然看到官吏强行新政，民众苦不堪言，心里就老大不乐。这天来到杭州下边属县，适逢朋友为老父祝寿，苏轼受邀入席，与县令杨贵和主簿王笔坐在一起。杨、王不认识便服在身的苏轼，苏轼却因杨、王执行新政手段最狠，早知他俩大名。本想当面教训这两个几句，考虑朋友为父办寿，扫人兴致不妥，苏轼隐忍不声，只顾低头喝酒吃菜。

偏偏杨贵自作聪明，说满座看去，不是达官贵人，便是文人雅士，何不赋几行诗，作几句词，助助兴致？王笔知道自己上司有附庸风雅爱好，大声附和，提议杨贵来打头。杨贵早有准备，出口道："一个朋字两个月，一样颜色霜如雪，不知哪个月下霜，哪个月下雪。"

王笔带头鼓掌，不惜把手掌拍肿，继而道："一个出字两重山，一样颜色煤和炭，不知哪座山出煤，哪座山出炭。"

杨贵表扬王笔不愧县里第一笔，才华卓绝，催促下首县吏跟进。县吏不敢不从，望望桌上茶和酒，发挥道："一个吕字两个口，一样颜色茶和酒，不知哪张口喝茶，哪张口喝酒。"

轮到苏轼，他本不愿参与这种低俗游戏，岂料杨贵视其衣不高雅，裳不华贵，以为是普通乡巴佬，混到首席冒充贵宾骗吃骗喝，硬逼他出句。苏轼瞥了一眼杨贵，又瞟瞟王笔，不慌不忙道："一个二字两个一，一样颜色龟和鳖，不知哪一个是龟，哪一个是鳖。"

在座的都叫好，说万年乌龟千年鳖，友人为父祝寿，以龟鳖作句，倒也合情合理。看朋友面子，杨贵不得不肯定两句，唯遗憾没能难倒乡巴佬，心里不大得劲。只有王笔脑袋好使，意识到"龟""贵"声似，"鳖""笔"音近，乡巴佬明明在拐了弯子骂人，于是贴着杨贵耳朵，悄悄说出自己的想法。

杨贵顿时大怒，指着苏轼鼻子正要发作，恰好主人出面敬酒，赶紧制止，说出苏轼身份。杨贵先是讶然，继而满脸羞愧，酒也不喝了，拉着王笔，狼狈窜去。

杨、王滚蛋，苏轼心情大好，胃口大开，不觉多喝了几杯。然散席回杭州途中，面对淫雨霏霏，眼见田土受灾严重，民情堪忧，苏轼心头又沉重起来，吟道：

今年粳稻熟苦迟，庶见霜风来几时。
霜风来时雨如泻，杷头出菌镰生衣。
眼枯泪尽雨不尽，忍见黄穗卧青泥。
茅苫一月垅上宿，天晴获稻随车归。
汗流肩赪载入市，价贱乞与如糠粞。
卖牛纳税拆屋炊，虑浅不及明年饥。
官今要钱不要米，西北万里招羌儿。

> 龚黄满朝人更苦，不如却作河伯妇。

此作化用杜甫《新安吏》诗意，又不乏白居易《卖炭翁》遗风，揭示出在自然天灾和新政人祸的双重伤害下，农人活命之艰难。苏轼还对比今昔作诗曰：

> 君不见，钱塘湖，钱王壮观今已无。
> 屋堆黄金斗量珠，运尽不劳折简呼。
> 四方宦游散其孥，宫阙留与闲人娱。
> 盛衰哀乐两须臾，何用多忧心郁纡。
> 溪山处处皆可庐，最爱灵隐飞来孤。
> 乔松百丈苍鬓须，扰扰下笑柳与蒲。
> 高堂会食罗千夫，撞钟击鼓喧朝晡。
> 凝香方丈眠毾𣯶，绝胜絮被缝海图。
> 清风徐来惊睡余，遂超羲皇傲几蘧。
> 归时栖鸦正比递，孤烟落日不可摹。

除借酒麻醉自己，写诗表达忧患，苏轼实在想不出其他良法，为民稍解苦难，却还得继续坐在堂上，审理本可避免的人为积案。

这天胥吏诉张二拖欠绫捐两万，迟迟不肯缴纳，苏轼宣张二上堂，询问怎么回事。张二说："我家以制扇为业，不幸家父去世，花钱葬父后，已家无余财，偏又连逢阴雨，天寒地冷，扇子卖不出去，没法缴纳两万捐款，并非有意拖欠。"

苏轼明知绫捐属新政苛捐，却不可能为张二免罪，不出声地自骂不中用。寻思片刻，苏轼心生一计，命张二拿二十把扇子来，帮他售卖纳捐。

张二望望苏轼，又望望堂外阴雨，心想我家几代经营扇业，从来没在寒冷天卖出过一把扇子，你一个判官，有何能耐把扇子卖出去？莫非调动衙役，执扇上街，强逼路人购买不成？又不便多问，他疑惑着回家取来二十把扇子，呈于苏轼案前。苏轼随手取过办案用的毛笔，在扇面上勾画竹石草木，再题句落款。

半个时辰没到，二十把扇子画写完毕，苏轼还给张二，要他拿去卖钱纳捐。张二抱扇出衙，路人纷纷围上来，以千钱一把为价抢购一空。二十把扇子售卖所得不多不少，正好两万钱，足够偿还欠捐。

苏轼帮张二卖扇的故事很快传开，杭城人无不交口称赞，同僚也赞判官体恤民情。苏轼却一点开心不起来。他可帮制扇户卖扇，难道还能帮成千上万新政受害者卖儿鬻女不成?

## 王安石罢相

新政伤民,天公也不作美,熙宁六年(1073)夏秋,连月无雨,两浙淮南东路严重歉收,饥民盈路,饿殍遍野。官府禀奏朝廷,乞行贷恤,诏赐常平米十万石,付转运使赈饥。

转运使奉诏檄调杭州通判苏轼赴常、润二州放粮。时值十一月中旬,天气阴沉,北风呼啸。苏轼率从离衙,迎风奔向城外。天空开始飘雪,杨花般纷纷扬扬,落在苏轼衣帽上,洒向枯树寒枝和漠漠旷野。

许是脚步沉重,惊起路旁树枝上的孤鸟,弹下数抹雪絮,扑进苏轼领口。雪絮如刺,苏轼打了一个寒战,伸手入脖,要把里面的雪抓出来。正好有人追出城门,竟是王闰之,来给丈夫送寒衣。苏轼揽衣加身,顿觉暖意盈盈。闰之又递上一袋饮饼,嘱其路上充饥。

苏轼也伸手接住,要闰之赶紧打转,别冻伤身子,一家大小离不开她招呼。闰之一动不动,目送夫君走近运河,登船入舱。苏轼放下行李,推开舱窗,抬首上望,闰之还站在原地,站在迷蒙的雪雾里。

苏轼本以为此次出行,不过费时月余,岁末可归家与妻儿吃团圆饭,谁知赈务繁重,道阻且长,除夕雪夜他仍在途次,野宿舟中,冻被无温,耳闻远村人家鞭炮声,辗转难眠。至春风回暖,运河解冻,船家收缆行船,苏轼才往丹阳公办,事毕北上润州即镇江。

待苏轼忙完润州赈务,倏忽进入四月,春光已老,杨花飘满城乡,犹如雪花纷纷。这场景顿时触及苏轼心思,让他忆及上年离杭出城,闰之冒雪追送寒衣的情景。雪似杨花,杨花似雪,此刻杨花弥漫,不知闰之会不会思念离家半年的夫君。

答案自然是肯定的。苏轼又由杨花与雪花,联想起《诗经·小雅·采薇》:"昔我往矣,杨柳依依。今我来思,雨雪霏霏。"不觉心头一动,假托家妻念夫,题《少年游·润州作》:

去年相送，余杭门外，飞雪似杨花。今年春尽，杨花似雪，犹不见还家。　对酒卷帘邀明月，风露透窗纱。恰似姮娥怜双燕，分明照，画梁斜。

　　这是一首意趣盎然的小词。上阕开头道出送别地点、时间和场景，闰之眼望雪花，以为夫君行役时间不长，快去快还，岁末即可归来。谁知冬去春至，春尽夏来，已是杨花飘絮时节，仍不见差人归，怎不叫人牵肠挂肚？

　　下阕转至夜晚，闰之对月思夫，夫君不在，干脆仿李白，卷帘举杯，邀月做伴，然风露不解风情，透过纱窗，乘隙而入，扰乱离人心绪。原来人间恩爱，恰似月宫嫦娥思夫后羿，嫦娥见夫不得，借月辉照画梁上双燕，以纾思夫之苦。

　　此词以雪花与杨花作比起兴，延及天上嫦娥和双宿燕，遣词既工，造句亦巧，意境格外优美，苏轼夫妻深情跃然纸上，实属难得的绝妙佳作，令人过目难忘。

　　盛夏苏轼回到杭州，刑案又已积压成山，等着通判处理。苏轼无从推托，埋首理案。忙碌得差不多时，有位岭南太守自京都南返，途经杭城，约见苏轼。太守北上时，便找苏轼看过其奏请朝廷简化免役税征收手续的呈文，苏轼一直惦记着此事，听到太守名字，赶紧放下手头繁务，急赴馆驿，拜会太守。

　　甫见面，太守便满脸怒容，大声道："吾被夜枭逐回矣。"苏轼不知何意，问道："哪有夜枭？"太守道："燕子早出晚归，觉得一天始于日出；蝙蝠昼伏夜出，认定一天始于日落。两鸟争执不下，前去请教凤凰。时值亥夜，凤凰窝前的小鸟拦住两鸟不让，说凤凰正在安睡，由夜枭代职。两鸟来到夜枭窝前，夜枭判蝙蝠正确。燕子不服，张开嘴巴，刚辩论说天亮为一日之始，夜枭大发雷霆，咆哮着把燕子赶走，以便耳根清净。"

　　苏轼明白过来，知道太守大人的呈文与当权者政见不合，不受待见，只好带着一肚子火气，狼狈南逃。不过太守也捎来一个好消息，说出京时与郑侠见过一面，时局或许会有变。

　　郑侠乃福州人氏。郑父任江宁酒税监时，因子女多，家里太穷，郑侠只能就读于城外清凉寺，日夜用功不辍，赋诗曰："漏随书卷尽，春逐酒瓶开。"

　　正逢王安石知江宁，闻郑侠诗，爱其才，邀至府衙见面，嘉勉慰藉，还派学生去寺里陪读。功夫不负有心人，郑侠二十七岁那年考中进士，授秘书省校书郎。王安石入阁拜相，擢郑侠为光州司法参军，主管民刑案件，所有疑案经由郑侠审理呈报，皆一一照准。

为感激王安石知遇之恩，郑侠立志竭智尽忠，报效君国。三年任期届满，郑侠入京述职，多次拜访恩公王安石。王安石刚颁行考选新人办法，考中者可越级升任京官，力举郑侠参考俟选，以图进用。谁知郑侠目睹新法弊端，不愿为其所用，以不熟悉新法为由，拒绝参考。

不仅如此，郑侠还向王安石力陈青苗法、免役法、保甲法、市易法及用兵边境等举措造成严重危害，望朝廷及时刹车，改弦更张。王安石怒不可遏，贬郑侠为京城监门小吏，后又觉得郑侠忠心可鉴，托人劝说，只要回心转意，可另升要职。郑侠不为所动，婉辞拒绝。

由于朝廷强行市易法，小民商户无所适从，叫苦不迭。过税如过篦，连挑水、理发、售粥、卖茶的小贩小摊都得上缴重税，缴不足不能营业。新政苛如虎，税收层层加码，货物税钱超过本金，商贩无以为生，只得以死抗争。又偏遇干旱，赤地千里，风起沙飞，天昏地暗，疲夫羸老食不果腹，身无完衣，大批大批流落街头。

偏偏地方官图政绩，不肯罢休，继续催逼灾民交还青苗贷款本息。灾民无力偿还，只有卖田卖土，卖房卖屋，甚至卖儿卖女，勉强应付官差。灾民仍还不起，别无他路，不得不背井离乡，逃往他处，一时间饥户流民不绝于道。

身为京城门吏，郑侠眼见饥民自四面八方向城门拥来，阻拦也不是，放入也不是，干脆拿出纸笔，趴到城门上，画成《流民图》，另作《论新法进流民图疏》，假称边境急报，越过王相所控阁门，直接呈入后宫。神宗展图御览，长吁数四，又阅郑疏："但经眼目，已可涕泣，况有甚于此者乎？陛下如行臣之言，十日不雨，即乞斩臣于宣德门外，以正欺君之罪。"

神宗内疚不已，诏废新法，发放常平仓粮食，救民于既倒，又下《责躬诏》，以求直言。巧的是三日后，天降大雨，远近沾洽。事已至此，王安石只好上表求去，返回金陵，离京前荐吕惠卿接任相位，继续推行新政。郑侠又劾吕惠卿结党为奸，堵塞言路，铲除务速。吕惠卿盛怒，命邓润甫和邓绾捏造事实，反参郑侠，欲置其于死地。两邓要靠吕惠卿往上爬，最肯为其卖力，郑侠落到他俩手里，不死也得脱几层皮。

神宗需吕惠卿办事，不得不迁就他，在邓润甫和邓绾呈上的案卷上签批，将郑侠贬出京都。吕惠卿刚舒口气，察觉神宗有重新起用王安石之意，担心屁股下位置难保，密使两邓嫁祸于恩师。两邓本是王安石起用的人，恩公失势时倒向吕惠卿，现恩公可能卷土重来，继续给吕惠卿当打手，怕难有好报，也就留了一手。

吕惠卿只得另委他人攻击王安石。神宗左右为难，一时拿不定主意。时任天章阁待制的王安石独子王雱实在气不过，暗中搜集吕惠卿罪状，反被吕惠卿抓住把柄，倒打一耙。王雱身体本来就虚弱，事情败露，愤恨和愧疚交集，一病不起。残酷的权争将独生子都搭了进去，王安石痛不欲生，无意还朝，恨只恨自己瞎了两眼，提携小人吕惠卿，遭其反咬，纯属活该。

且说苏轼得知朝中有变，不禁百感交集。自己手里也有支笔，却只能给制扇户画画扇面，卖两万钱，偿还官债，人家郑侠一幅《流民图》，便中止遗患无穷的新政，何等高明？苏轼从没敬佩过任何人，唯郑侠此举，让他不得不刮目相看。

# 第五章　主政：密州、徐州、湖州

## 天下第一悼亡词

　　就在朝中权争闹得沸沸扬扬之际，苏轼三年任期届满，须离开杭州，转任他处。其时苏辙已自陈州调往山东济州任职，苏轼忙呈文朝廷，请调鲁境当差，可挨近弟弟，来往起来方便。朝廷一地鸡毛，没人顾及外官，苏轼侥幸升任密州太守。

　　熙宁七年（1074）秋冬之交，苏轼打理行装，准备离杭北上密州，临行前夜，竟然心神不安，甩着双手，在庭前来回踱步，以排遣烦闷。直至夜深，他进到屋里，仍无睡意，拿出笔来想作几句词，或写几行诗，一时不得要领，后在纸上留下四句旧作：

　　　　水光潋滟晴方好，山色空蒙雨亦奇。
　　　　欲把西湖比西子，淡妆浓抹总相宜。

　　夫人闻之看在眼里，也不打扰丈夫，出屋给家仆吩咐几句，独自去偏房睡下，任苏轼自个瞎折腾。天亮起来，吃过早饭，一家人离开官衙，出城来到运河码头，登船启程。苏轼仍惶惶不安，左顾右盼，不肯放下舱帘，仿佛魂魄掉在哪里，没能跟上来似的。

　　恰在此时，一个十三岁的女孩出现于河岸，苏轼顿时两眼放亮，口喊停船，抬脚欲出舱下船，侧首望望座旁闰之，又不觉犹豫起来，仿佛怕做错事的小孩，没征得大人同意，不敢随便动弹。闰之瞪苏轼一眼，没好气道："你不就盼着西子出现吗？"

苏轼嘿嘿一笑，面露羞涩，脚尖悄悄探出舱外，却迟迟不敢起身。闰之在丈夫背上拍一掌，轻声喝道："还不赶快上岸，把人家请上船来？"

苏轼这才欢天喜地出舱下船，拉过岸上女孩的手，往船里直牵。女孩不是别人，正是西湖小歌伎王朝云，闰之已花钱为其赎身，以便带在身边做侍女。也是闰之知夫生性浪漫，与其让他去外面任性，不如买个绝色女孩放在家里，拴住其不安之心。且苏家伯父苏澹孙辈由苏轼养育，一大家子要吃要喝，家务繁重，需人手打理，收纳朝云，可给女主人当助手。

朝云自此成为苏家一员，再没离开过苏轼半步。妻子善解人意，加之朝云陪侍左右，苏轼心情大好，不管旅途如何颠簸难行，也不觉得辛苦，一路山水含情，风月有意。

苏轼离杭北上，经湖州，走苏州，过京口，不日来到海州，准备绕道济南，与颖州别后三年未见的子由相会。怎奈连通海（州）济（南）的青河冰冻停航，苏轼只得弃舟上马，护卫车上妻小，引颈北望，径趋密州。

水陆迢遥，越往北行，山越贫瘠，水越干瘦，苏轼的情绪随着苦寒的气温，慢慢低落下来，初晋太守时的兴奋荡然无存。

这天夜晚一家入驻驿馆，面对青灯，苏轼辗转难眠，好不容易入梦，忽被鸡鸣惊醒，但见窗外月华已逝，白霜染晨。离馆登程，云山在人眼，朝露湿马蹄，苏轼觉前路艰难，心生感慨，吟成《沁园春·赴密州早行马上寄子由》一词：

> 孤馆灯青，野店鸡号，旅枕梦残。渐月华收练，晨霜耿耿，云山摛锦，朝露泔泔。世路无穷，劳生有限，似此区区长鲜欢。微吟罢，凭征鞍无语，往事千端。　　当时共客长安，似二陆初来俱少年。有笔头千字，胸中万卷，致君尧舜，此事何难？用舍由时，行藏在我，袖手何妨闲处看。身长健，但优游卒岁，且斗尊前。

此词开篇绘声绘色，描绘出一幅早行图，图中有月，有山，有霜，有露，由景入情，由今入昔，引出兄弟俩当年学成科考，有如西晋陆机、陆云兄弟，以文章名动京师。名非虚名，兄弟俩读书破万卷，下笔如有神，以为效仿伊尹和杜甫，致君尧舜，实现结人心、厚风俗、存纪纲（《上神宗皇帝书》）的政治理想，易如反掌，唾手可成。谁知现实残酷，因对王安石变法持不同政见，兄弟双双遭贬出都，流落各地。然事已至此，兄弟俩也只能遵孔圣人教导，用之则行，舍之则藏，"莫思身外无穷事，且尽生前有限杯"（杜甫句），优游卒岁，自我保全，以待日后兄弟俩还能对床夜话，畅叙离情。

全词集写景、抒情、议论于一体，融诗、文、经、史于一炉，遣词命意无拘无束，化用典故信手拈来，汪洋恣肆，作者横放卓绝才华尽在眼前。更为重要者，还是此作于词史的非同凡响的意义。词从唐代配合燕乐的唱词，发展至晚唐五代的曲词，直到宋初相对独立的文学意义上的词，表现内容局限于男情女爱和离愁别恨，属于婉约风格，被视为"艳科"，难登大雅之堂，直至苏轼以诗入词，以词言志，首开豪放词之先声。

迎寒风，冒飞雪，赶到密州，已是年底。入住残破府衙，啃着硬如石头的黑馒头，嚼着牛草般的老干菜，苏轼想起江南湖光山色和歌舞美味，才明白何谓天堂，何谓地狱。本以为自己升任密州太守，捡了个大便宜，原来不过徒有虚名，何如杭州通判任，日子总过得下去。

凄凄惶惶度过年关，进入熙宁八年（1075）正月。天寒地冻，官民都在猫冬，鬼都不上门，苏轼无所事事，昼夜缩在简陋的书房兼卧室里，读闲书，作闲文，打发无聊时光。无聊容易让人颓废，况苏轼喜欢热闹，走到哪里，都离不开朋友和茶酒，初至天高皇帝远的密州，人生地不熟，年节期间又无公事，难免心神不宁，度日如年。联想起江南和家乡蜀地，好山好水好人情，居家有美酒佳肴，出门有良朋益友，日日书剑诗酒，何等惬意？

又由蜀地想起自己栽于祖茔旁的三千松树，及长眠松下的发妻王弗，掐指算来，生离死别已整整十年。十年三千六百日，人生苦短，能有几个十年？十年弹指间，也不知死者在那边可好？反正生者已自风华正茂的黑发青年，变为霜欺两鬓的不惑之人，也从心比天高的初进士子，熬成暮气沉沉的无为太守。

心猿意马着，苏轼不觉悲从中来，暗想若水能倒流，重回十年前，不为吏，不做官，跟发妻王弗守住家乡那片山水，与世无争，只问稼穑，日出而作，日入而息，多生儿，多育女，岂不美哉？

心有所思，必然梦有所托，夜里苏轼恍恍惚惚，回到十年前的眉山故居，正逢王弗临窗而坐，对镜梳妆。王弗仍那么年轻漂亮，那么沉静贤淑，苏轼欢喜不已，奔赴窗前，频频招手。王弗看到苏轼，欲说还休，只眉目间饱含千般情、万般爱。苏轼懂得王弗眼里内涵，抬腕欲执其手，但觉臂如绑石，直往下沉，没法抬起来。王弗也似有探身向外之意，却僵着身子，没有动作。两人愣怔着，启开嘴唇，然未及出声，已泪流满面。

泪流得正欢之际，苏轼兀地醒过来，才意识到身处鲁地，与故乡远隔千里，不免伤心欲绝，湿枕边再添泪痕。一遍遍回思梦里的情境，苏轼直想飞身归蜀，到王弗坟前，陪她说上几句话，稍解寂寞，可作为朝廷命官，又哪儿来自由身？苏轼能做的，唯有借纸笔代言，向亡妻一吐衷肠，也不用打腹稿，随手而成《江城子》一词：

十年生死两茫茫。不思量，自难忘。千里孤坟，无处话凄凉。纵使相逢应不识，尘满面，鬓如霜。　夜来幽梦忽还乡。小轩窗，正梳妆。相顾无言，惟有泪千行。料得年年肠断处，明月夜，短松冈。

这是正月三十日深夜，词写成后，苏轼心头才略觉平静些，重新回到床上，迷迷糊糊睡去。直至天色大亮，书房门依然紧闭，王闰之有些奇怪，推门而入。苏轼还在床上蒙头大睡，闰之想过去叫醒他，一眼瞥见桌上字纸，忍不住多瞟了两眼。

这一瞟不打紧，气得闰之柳眉倒竖，杏眼圆睁，恨不得抓过字纸，几下撕碎，再拎起床上人，讨要说法。自己嫁鸡随鸡，嫁狗随狗，跟你颠沛流离，东奔西跑，服侍你穿，招呼你吃，且搁一边不说，还没少遭罪，没少担惊受怕，到头来你心里只有埋在土里的旧人，全无活生生站在面前的现妻，你良心到底被狗吃掉了，还是被狼叼走了？

不过盛怒之下，闰之并没失去理性，强忍住火气，掉头出了门。碰着朝云，她也不理不睬，甩甩袖子，回了内室。朝云到苏家后，负责服侍女主人，兼打理苏轼书房。早餐时间已过，她没见苏轼现身，才过来探究原委。碰上女主人怒气冲冲，摔门而出，朝云也不知出了何事，又不好多问，待闰之消失在回廊后，才抬手推开书房。

苏轼已被闰之的动静惊醒，只是还赖在床上没下地。朝云正要打招呼，一眼瞧见桌上新词，忍不住笑了，出门来到女主人内室，轻言细语道："先生真乃有情有义之人，夫人嫁得如此夫君，真是前世积的德，今世修的福。"

闰之冰雪聪明，经朝云一点，似有所悟，脸上怒气顿消。人说一日夫妻百日恩，苏轼可谓十载夫妻一生情，发妻亡故已十年，还心心念念，无以释怀。他对亡妻尚且如此难忘，于眼前活人岂不更加珍爱？比起喜新厌旧之徒，苏轼绝对属真君子、伟丈夫，值得珍惜。

两个女人取得共识，对苏轼又敬爱三分。要说早逝的王弗也不亏，虽命不永年，却与苏轼夫妻一场，又随此天下第一悼亡词，流传千古。

## 密州普施善政

苏轼毕竟是苏轼，很快置儿女情长于一旁，将失意苦恼抛到脑后，打起精神，升堂视事，履行其太守职责。正好碰上密州灾患频仍，先是大雨如注，洪水滔天；继蝗虫四起，过境如火；接下来连月干旱，田皲土裂。

天灾往往与人祸相连，密州吏治混乱无序，官不作为，民不堪命。加之吕惠卿拜相后，推行手实法，规定家家户户自报田土财产，照官定物价，课以重税。官府重赏告发者，谁少报瞒报，只要有人举报，立令其倾家荡产。灾害与恶政叠加，以致比岁不登，公私匮乏，百姓居无屋，口无粮，唯剥啮草木，啖食泥土。饥馑又导致疾疫盛行，一时民命如草，流殍横陈。

面对此情此景，苏轼痛心疾首，赶紧上书朝廷，详报灾情，力陈新法弊端，请求救济和免税。奏折发走后，苏轼步出衙门，组织抗洪抢险，兴修水利，疏浚河道。待蝗虫成灾，又来到田间地头，指挥灭蝗。

偏偏庸官腐吏，说蝗不为灾，还可为民除草。苏轼气愤不过，大声质问："蝗不为灾，将谁欺乎，坐观不救亦何居心！"他二话不说，挽起衣袖，与百姓携起手来，秉畀炎火，荷锄散掘，力使蝗虫不再复生。苏轼还亲自制作疾疫中草药单方，命衙役连夜誊抄，张贴于街头巷尾，让看不起病的百姓用得起药，疫情得到有效缓解。

饥寒起盗心。大灾之年，民不聊生，必然匪患泛滥，一时间盗贼盈野，狱讼充斥。苏轼做过通判，缉盗办案经验丰富，常亲自查阅案卷，问案审案，往往朝衙达午，夕坐过酉，以至废寝忘食地步。为缉拿匪盗，他更是用尽心机，想尽办法。苏轼知道匪与匪不同，盗与盗有别：确属活命需要，偶尔为之，从轻发落；趁火打劫，屡犯不改，则严惩不贷，绝不轻饶。匪焰因此渐渐熄灭，民众终于可睡安稳觉，不用再担惊受怕。

百姓受苦受难，苏轼忧心忡忡，自然不可能搜刮民脂民膏以自肥，府衙缺吃少用，也就不足为奇。断粮亦不可避免，苏轼干脆脱下官袍，与百姓一起，去城根墙脚和远郊荒地挖野菜，摘野花，拿回家熬粥充饥。

这天苏轼带着大儿苏迈和二儿苏迨，一清早出门，在外挖了大半天野菜。提着野菜回到府衙后堂，苏轼已精疲力竭，加之又冻又饿，身子一歪，瘫倒在椅上，连说话都没了力气。偏偏饥饿难耐的小儿苏过跑过来，又牵襟，又扯袖，问父亲有啥子好吃的。

苏过出生于杭州，杭州物产再怎么也比密州丰富，苏轼每每外出归衙，总会带些糖果逗儿子们开心。此时苏过才三岁，少不更事，哪知密州非杭州？他正饿得肚子咕咕叫，见父亲回家，上前撒娇，讨要东西解饥。

"吃吃吃，就你知吃。"苏轼身心交瘁，颇不耐烦，一甩手，拨开小儿，"老父在外累了几个时辰，又饥又渴，腹内空空，也想吃想喝呢。"此刻闰之刚接过大儿和二儿手上的野菜，要去后厨洗净熬粥，闻得训斥声，转身回来，搂住泪眼汪汪的小苏过，对苏轼道："儿子才三岁，懵懂无知，哪晓得你在外劳累，身心俱疲？大半天没见，他好不容易盼到你回来，觉得亲切，上前缠着讨吃，你竟把肚里气发到小孩子身上，还像个做父亲的吗？生气管用，我把全家都叫到一起，陪你大吼大叫，岂不又省事，又能解困？"

说得苏轼张着嘴巴，无言以对。怪只怪自己不中用，堂堂知府大人，没法满足肚皮，那是自作自受，连带妻儿家人跟着挨饿受罪，还要乱发脾气，实在太不应该。苏轼正惭愧不已，闰之重又出现在堂前，手上端只茶盘，盛有沏了新茶的茶壶，还有半碟小片面饼，也不知她怎么变戏法变出来的。

将茶盘搁到丈夫身旁的茶几上后，闰之温言道："你先解解渴，充充饥，压压火气。后厨米粥已熬得差不多，只等朝云切好野菜，掺到里面，再搁些盐粒，搅和搅和，就可出锅食用。你还是放开心量，找些有趣事儿，纾纾郁闷和烦忧，再设法慢慢解决困境。世无迈不过去的坎，日落西山，沉入地底，待你一觉醒来，它又会升起在东天。"

苏轼大受感动，提过茶盘里的茶壶，注茶入杯，美美地抿一口，又嚼两小片面饼，满心的苦楚早已随堂外吹进的凉风，消散得无踪无影。他又想起刘伶，闰之德行大胜于刘妻，对儿子和丈夫爱而不溺，怨而不肆，多么难得！苏轼当即赋诗，记下这段小事：

小儿不识愁，起坐牵我衣。
我欲嗔小儿，老妻劝儿痴。

> 儿痴君更甚，不乐愁何为？
> 还坐愧此言，洗盏当我前。
> 大胜刘伶妇，区区为酒钱。

有贤妻为后盾，苏轼信心倍增，与衙役及百姓同舟共济，力战饥荒，复垦复耕。只是饥荒总与死亡联系在一起，苏轼率众救荒时，常发现民多弃子，饿婴随处都是。苏轼于心不忍，抱回府衙，宁肯自己和家人挨饿，也要给不幸的孩子留条活命。

不过旬日，苏家先后抱回四十多个弃婴，后衙几乎成为育婴堂。王闰之慈悲为怀，不仅不怨怪丈夫多事，还主动带领朝云等女眷，当起弃婴的临时母亲来。后衙容量有限，苏轼又挖空心思，盘量劝诱米，得出剩数百石，另外储存，专供食城乡弃儿，所活多达数千人。

要想真正改变窘境，还得指望田土能有好收成。无奈老天不长眼，正值庄稼生长季节，连月滴雨不见。苏轼跑到城南卧虎山上，虔心求雨，老天终于开恩，一祈得雨。尝到甜头后，苏轼连续数次上山，求雨皆获成功，可谓常祈常验，卧虎山被百姓改名为常山。

多亏连降及时雨，秋后喜获丰收，辖区出现少有的富庶和稳定局面。百姓信心百倍，秋粮入仓后，又着手冬种，还跑进府衙，请苏轼再帮忙祈雨。

苏轼自然乐意，带领同僚和衙役，直奔常山而去，又是一祈而雨。苏轼兴高采烈，归途中与同僚会猎于山沟。又闻西夏侵扰大宋，熙河路经略安抚使司王韶多次上书称"欲取西夏，当先复河湟"，得到时宰王安石和神宗支持，放手训练军队，经营河湟地区，终击退夏军，占领河、宕、岷、叠、洮等州，复设州郡和城寨。苏轼欣喜不已，恨不得打马西北，挽大弓，射贼骑，保我北疆，当天写下豪迈的《江城子·密州出猎》：

> 老夫聊发少年狂，左牵黄，右擎苍，锦帽貂裘，千骑卷平冈。为报倾城随太守，亲射虎，看孙郎。　酒酣胸胆尚开张。鬓微霜，又何妨！持节云中，何日遣冯唐？会挽雕弓如满月，西北望，射天狼。

上阕状出猎盛况，气势飞动，场面壮阔。下阕抒驰骋疆场以身许国之豪情壮志，慷慨激昂，意气风发。不同于视野狭窄的"艳词"，内容局限于男情女爱和离愁别恨，此词别开生面，以诗为词，词为诗裔，扩大视野，拓宽词境，让词走出艳科小胡同，大大方方站到前台。此词不宜交纤纤歌伎，伴丝弦浅吟低唱，得交粗喉大嗓壮汉引吭高歌。苏轼亦曾道："近却颇作小词，虽无柳七郎（柳永）风味，亦自是一家。呵呵。数日前猎于郊外，所获颇多，作得一阕，令东州壮士抵掌顿足而歌之，吹笛击鼓以为节，颇壮观也。"

若说来密州途中所作《沁园春·赴密州早行马上寄子由》，乃苏轼豪放词登场前的序曲和先声，此词则一扫风花雪月儿女情长的柔媚词风，宣告豪放词正式登场，让人眼前一亮，原来词可突破音律束缚，从音乐附属品转变为独立抒情诗体，大胆追求壮美风格和阔大意境，自由抒发自我的真性真情和独特的人生感受。

正是此词一改诗尊词卑格局，让词的文学地位勃然抬升，与诗比肩，也从根本上拨正了词史发展方向。

## 但愿人长久，千里共婵娟

苏词很快传入京中，神宗读罢，甚是喜爱。又得知苏轼知密州后，普施善政和德政，泽被生民，联想起当年苏家兄弟同中皇榜，爷爷仁宗为子孙选得两位宰相的话，神宗遂起召唤苏轼回朝重用之念。

然取王安石而代之的吕惠卿不愿他人跟自己争宠，故意从中作梗，神宗只好退而求其次，准备调苏轼为紧邻汴梁的汝州太守，至少苏轼有新作，能及时送入宫中，先睹为快。神宗的意图透露出去，传到密州，苏轼甚慰，眼巴巴等着任命下达，好奉旨西迁。

可左等右等，苏轼也没等来圣旨，却等来京东提刑官李清臣。李清臣系河南安阳人，个头矮小，貌不惊人，然才华出众，七岁知读书，日诵数千言，同乡前辈贤相韩琦闻其名，不嫌他个矮人丑，将侄女嫁与他为妻。欧阳修亦壮其文，以比苏轼。

两人都是欧阳修门生，也就一向走得近。其实彼此政见不同，李清臣系王安石变法的支持者，苏轼则对变法不以为然，上万言书公然反对。可这并不影响两人交情，李清臣借巡察地方刑狱，自京东提刑衙门所在地徐州，远来密州看望苏轼，彼此诗酒唱和，相叙甚畅。有苏轼诗为记："放怀语不择，抚掌笑脱颐。"敞开胸怀，掏心掏肺，什么话都可说，抚掌高声欢笑，不惜把下巴笑脱，足见当时两人相聚何等欢洽。

相比密州，徐州离京师近得多，李清臣又属新党人物，对朝中人事知晓多，透露给苏轼：神宗觉得王安石虽然激进，毕竟比吕惠卿人品正，资历深，容易服众，下旨贬吕出京，迎王归朝。王安石两度推辞，还是没法拒绝神宗严旨，只得勉强动身，自金陵北上，途中作《泊船瓜洲》：

京口瓜洲一水间，钟山只隔数重山。
春风又绿江南岸，明月何时照我还。

诗写得实在太漂亮，尤其第三句，以"绿"字描写江南春，简直神乎其神。其实得来不易，王安石颇费了一番心思。初为"春风又过江南岸"，王安石觉得有些平淡，改"过"为"入"。看看还是太普通，再改为"掠"。仍觉不出新，又改为"暖"和"满"。王安石依然不满意，沉吟之际，忽灵机一动，想起"绿"字来，成为"春风又绿江南岸"，顿时境界全出。

好诗无腿走千里，王安石人没进京，朝野都在盛传此诗。然推行新政毕竟不是作诗，牵一发而动全身，说有多艰难就有多艰难。甫入朝堂，王安石便发现，不仅以司马光为首的旧党人物与自己势不两立，连新党也多系小人做派，相互撕咬，以致四分五裂，不成体统。没待多久，眼见大势已去，王安石再次挂冠而去。

从李清臣口中得知朝中乱局和王安石进退的故事，苏轼庆幸自己远离京都，耳根清净，可以超然是非之外。酒后苏轼安置李清臣住下，之后数天，两友相偕畅游密州山水，你诗我歌，彼此答赠，欢喜异常。

直至李清臣尽兴西返，苏轼送出城外，看着友人车驾远去，才怅然回城。他也不急于归衙，行行止止，观起街景来。经大力整治，密州总算百废俱兴，政通人和，城乡百姓安居乐业，苏轼一年多来的太守算没白做。

不觉到得城西北的潍水旁，有废台兀立于前，阻住前路，苏轼好奇心起，手分萋萋野草，脚踏断砖残砾，往高处攀缘。登上废台，苏轼举目四望，但见夕阳西下，山远水长，令人惊喜。荀子曰："跂而望矣，不如登高之博见也。"苏轼寻思，人长不过七尺，两脚踮得再高，又何如站到危处，望得远，见识多？

逡巡良久，直到夜色降临，苏轼才恋恋离台，返回府衙，嘱咐僚属，借废台旧基，略做修复增葺，以旧貌换新颜。不久新台筑成，苏轼喜不自胜，率领僚众，欣然登台，览其山川而乐之。苏轼一时不知取何名为妥，写信给苏辙，请他命名。

苏辙见信,想起兄长本可赴任汝州太守,靠近朝廷和皇上,因小人作祟,愿望落空,修复废台,不时登临,正可涤荡心中不平,于是取老子"虽有荣观燕处超然"之意,命名超然台,并作《超然台赋》,一并函寄兄长。

苏轼见函,正合己意,登台览胜,高吟《超然台记》,以明心迹:只要超然物外,忠实于内心,自然祸忧自去,福乐自来。看来苏轼没白活到四十,因经多人事,已大悟大彻,兴犹未了,继作《望江南》:

> 春未老,风细柳斜斜。试上超然台上看,半壕春水一城花。烟雨暗千家。　寒食后,酒醒却咨嗟。休对故人思故国,且将新火试新茶。诗酒趁年华。

词义不难理解,密州远离京都,然有超然台,有诗酒茶,有不老年华,此生足矣。苏轼心情正好,闻文同的书信送达。文同已从兴元调任洋州太守。洋州跟密州一样穷困,文同却不以为意,相反非常欢愉,原因是洋州竹子漂亮。尤其境内筼筜谷翠竹,枝叶婆娑,色如泼墨,置身其间,恍若仙境。文同甚喜,建亭于竹林中,常临亭赏竹吟竹画竹,忘记今夕何夕。

这天文同所寄正是筼筜谷竹画,苏轼非常喜欢,当即作成《筼筜谷》一诗以和:

> 汉川修竹贱如蓬,斤斧何曾赦箨龙。
> 料得清贫馋太守,渭滨千亩在胸中。

巧的是诗到洋州,文同与夫人就在筼筜谷煮笋佐饭,读罢苏诗,一时大乐,失笑喷饭满桌。饭毕文同回信,实叙此情,苏轼记入文中,"令人喷饭"一词就这么流行开来。也是洋、密二州皆属偏地,只要没天灾人祸,公务并不繁忙,俩太守有大量时间写诗画竹,抒发情怀。

除筼筜谷,文同几乎游遍境内湖光山色和亭台楼阁,皆画成画,写成诗,寄赠苏轼。苏轼欣然命笔,依题唱和,存有《和文与可(文同字)洋川园池三十首》,诸如《望云楼》:

> 阴晴朝暮几回新,已向虚空付此身。
> 出本无心归亦好,白云还似望云人。

已届不惑的苏轼对佛家即色即空概念,已有独特感悟,什么都已看淡,况帝都遥远，引颈难望，何如置身局外，没心没肺，做个望云人，望云卷云舒，更惬意，更自在。最有意思的还是《吏隐亭》：

> 纵横忧患满人间，颇怪先生日日闲。
> 昨夜清风眠北牖，朝来爽气在西山。

出仕为吏，与归隐林泉，本来不可兼得，文同和苏轼皆为朝廷命官，吏职在身，何隐之有？然苏轼不这么看，觉得隐不在于身隐，更在于心隐，就如陶渊明诗里所言："心远地自偏。"心隐心远，自然清风在耳，爽气于胸。

有超然台，有诗文画，苏轼不再在意宠辱和得失，活得颇有滋味。天公也赏脸，要风给风，要雨给雨，一年来五谷丰登，官民康乐。

八月中旬，新谷入仓，新米饭出锅，苏轼尝过鲜，心情大好。这天退堂早，别无烦忧事，苏轼信步出得府衙，东看看，西瞧瞧，不经意间，已穿过祥和安宁的密州城，来到超然台前。苏轼拾级登台，夕阳已然西去，极目环顾，远方山影迷蒙，近处水光如银，仿佛置身梦幻之中。秋月格外明亮，似乎近在头顶，触手可及。

苏轼一时情不自禁，吟诵起李白的诗篇来：

> 青天有月来几时，我今停杯一问之。
> 人攀明月不可得，月行却与人相随。

吟毕，苏轼才想起已至中秋，反身走下超然台，回到府衙。闰之已备好月饼和美酒，一家人围坐一处，正等苏轼上桌，一起举酒赏月。苏轼坐到桌前，顾不得赏月，也顾不得家长和太守之尊严，大吃大喝起来。女人与孩子们也无所顾忌，该吃吃，该喝喝，该笑笑，该闹闹，府衙后堂几乎成为集市，热闹无比。

有女人孩子，有月亮月饼，有佳肴美酒，苏轼豪兴大发，哪里还舍得放杯？一直喝到子时，把自己灌得大醉，倒伏桌前，被家人搀进屋里，搬到床上。刚盖好被子，苏轼便鼾声大作，像打雷一样。

直到漏尽更残，"雷声"才止住，屋里静得针掉地上都听得见。苏轼兀地醒过来，喝口朝云搁在床头的温水，往窗外一望，但见月光如水，洗得秋夜纤尘不染。他顿时睡意全消，翻身下地，披衣来到窗前，推开窗户，正值万里无云，皓月当空。

不知何故，苏轼忽然鼻头一酸，心道：朗月光耀东隅密州，定然也辉映西阙帝京，不知此时皇上在梦中，还是像自己一样正临窗抬头望月？臣子望月如望君，君上见月能想得起远在密州的臣子吗？

苏轼又自帝京联想到济州，弄不好苏辙也夜不能寐，正对月思兄。自己主动奏调鲁地，本想着兄弟同境供职，见面方便，谁知一个在西一个东，依然未能谋面。掐指算来，自己还是赴任杭州途经陈州时与苏辙共度中秋夜，至今已过去整整五年，未知何时兄弟才能再团聚。

由帝京与济州，由君恩与兄弟情，苏轼浮想联翩，心潮澎湃，千言万语一齐涌上心头，最后凝聚于笔端，成就一首《水调歌头》：

> 明月几时有？把酒问青天。不知天上宫阙，今夕是何年。我欲乘风归去，又恐琼楼玉宇，高处不胜寒。起舞弄清影，何似在人间。　转朱阁，低绮户，照无眠。不应有恨，何事长向别时圆？人有悲欢离合，月有阴晴圆缺，此事古难全。但愿人长久，千里共婵娟。

此词通过时空的巧妙转换，毫无保留地抒发了出世与入世的复杂心情，既含理趣，更具情趣。上阕望月，凌空起笔，入处似虚。天上无险恶人心，无你争我夺，无升降浮沉，却有朗朗明月，有琼楼玉宇，若能出世上天，该有多么畅意！可高天可问不可登，身为臣子和百姓父母官，还得放弃幻想，回归人间，面对现实。

下阕怀人，怀君父，怀臣民，怀子由，怀亲人。只是天地茫茫，离合无常，离愁长，合欢短，无法圆满。好在明月当空，照见我，也照见你，望见明月，就如望见日思夜想的你，空间的阻隔也不再难以忍受。况月亮阴晴圆缺本属常理，人生离合悲欢也属常情，只要好好地长久地活下去，天上有月，人间有情，也没啥可遗憾的。

一首伟大的作品就这么横空出世，成为天下第一中秋词，也标志着苏词第一座高峰勃然形成。此词传播之广泛，更是古今无双，无出其右。尤其中秋佳节，几乎无嘴不诵苏词，无笔不书苏句。

岂止中秋，只要天上月不落，人间酒不干，只要泪在眼，笑在脸，伤在身，爱在心，只要有思有念，有恩有德，有悲有欢，有忧有乐，有愁有喜，有甜有苦，有疑有惑，有郁有结，而你又不是木脑袋、冷血人，还能敏锐地感知世上事物，体会人间冷暖，无不仰天咏叹苏子词，以抒心头情怀，以释胸中块垒。

## 梁园虽好，不是久恋之家

苏轼仿佛是专程来密州写作《水调歌头》的，此作完成，也到了他离开密州之时。两个多月后，也就是熙宁九年（1076）十一月，苏轼接到诏令，改知山西河中府。

月前苏轼才在距离超然台不远的潍水边建了座亭子，取名快哉亭，想不到没来过几回便要西去，真可谓快亦哉，虽说此快非彼快。密州官民感念苏轼恩德，在快哉亭摆上酒水，为其饯行。苏轼走进亭内，栏杆拍遍，而后一口喝下杯中酒，挥手从兹去。

冒着风雪，一家人来到济南，已是翌年正月。苏辙官舍就在城内，两家正好借浓浓年味，团聚一起。所惜苏辙不在济南，年前西行去了京都。李清臣赴密看望苏轼时已透露过，吕惠卿、曾布、邓绾等人失势后，王安石复职，见难有作为，旋又请辞返回金陵。京中时局有变，苏辙改任商丘通判，觉得机不可失，留下家眷，先一步进京，向朝廷呈交治国方略。

在几个侄子陪同下，苏轼欢欢喜喜，游遍济南城，才率两家启程西行，二月中旬来到黄河岸边，开封已历历在望。苏辙站在城外雪地里，迎住兄长，把两家人领进范镇府上。

范镇系四川华阳人，与苏洵年龄差不多，范、苏两家还有姻亲关系。因公然批评新法为残民之术，范镇跟王安石闹翻，以户部侍郎致仕退休，暂居开封城外。苏轼兄弟的到来，令主人欣喜不已，日日陪着品茶喝酒，说不完的四川话。

然兄弟俩重职在身，在范家小住数天后，暂留家眷，向城门方向走去，欲入城觐见皇上。城门崇隆，那是著名的陈桥门。一百一十多年前，太祖赵匡胤在此起兵称帝，取代后周，建立大宋王朝，史称"陈桥兵变"。

兄弟俩到得陈桥门外，竟为门吏所阻，说皇上已改变主意，任苏轼为徐州太守，无须入城觐见。不用说，定是朝中势利小人从中作梗，害怕皇上见到苏轼本人，心下喜爱，不再外放，苏轼成为他们的眼中钉、肉中刺。

苏氏兄弟转身返回范家。在范家滞留多日，遵照旨意，兄弟俩带上家眷，结伴东行至商丘，入住通判官邸。商丘系大宋南都，号称应天府，朝廷派重臣张方平前来主政，张方平于是奏调苏辙为通判，掌管刑案。

安顿下来，苏氏兄弟前往府衙，拜访恩公张方平，举酒欢饮，畅叙师生情。

兄弟俩尽兴而出，又游历商丘山水，觅梁园，寻吹台，追踪诗仙诗圣当年旧迹。

梁园为梁孝王刘武所建。刘武系汉景帝刘启同母（窦太后）弟，初为代王，继徙淮阳王，后汉文帝接受太中大夫贾谊建议，改封其为梁王，旨在扦齐赵，禁吴楚，以保汉室无恙。俟八王作乱，梁王雄踞天下要冲，阻止叛军西进，建平叛首功，足证贾谊先见之明。功高受宠，梁王以睢阳为中心，广造园林，方三百余里，重楼起雾，飞阁生烟，堪比京城上林苑，享东苑之誉。睢水逶迤，岸竹蔽天，野兔出没，又别称睢园、菟园和竹园。故王勃《滕王阁序》有言："睢园绿竹，气凌彭泽之樽。"

梁王怜才好士，召枚乘、庄忌、邹阳等名士于园内忘忧馆，饮酒欢歌，各使为赋。枚乘著名的《七发》《菟园赋》《忘忧馆柳赋》，便是客居梁园时所作。梁王奉诏西行入朝，也把枚乘诸士带在身边，随时欢饮高歌。正在朝中为官的大文人司马相如，因景帝不好辞赋受冷遇，见枚乘诸君受梁王待见，羡慕不已，干脆辞官随赴商丘，成为梁园嘉宾，创作出《子虚赋》。因梁王恃宠而骄，功高震主，难免遭忌，敏感的文士察觉不对，渐生去意。司马相如拍屁股离园时，感叹道："梁园虽好，不是久恋之家。"

宇宙无穷，盈虚有数。梁王风光一时，不久失宠失势，乃至失去生命，最后连大汉也被时光湮没，不复存在，梁园自然由盛而衰，朱华不再。然枚乘和司马相如留下的辞赋未曾消失，吸引历代文人学子前来寻寻觅觅，追思永存于文字里的胜景深义。唐时李白、杜甫、高适三友，就这样高吟华丽的汉赋，踏入破败的梁园旧址。

放眼望去，桂殿兰宫和舞榭歌台早不知去向，倒是佛寺檐角绰约于林木间，注释着远离尘世的清寂。清寂中竟有琴声穿越时空，潺然而出。三友惊喜不已，往琴声出处寻去。眼见佛寺近在眼前，一堵白色墙壁挡住去路，唯琴声依然，飘逸于空中，越发清丽婉转。三友驻足，洗耳倾听。李白咽咽喉头道："如此胜境，琴声似缕，岂可无酒？"

高适早有准备，从囊橐里掏出酒壶，置于墙下石板上，又取酒盅倒满，与李、杜执盅啜饮。酒至半酣，杜甫道："有酒岂可无诗？"李白大乐："身处梁园，琴音绝妙，美酒醉人，诗必豪迈。"

高适应声上前，对酒高歌。杜甫略做沉吟，吐诗出唇。唯李白低首喝酒，似无意于诗。须知李白乃天下闻名的诗仙，诗兴来得最快，今日怎么反而落在后面，绣口迟迟未开？二友正在疑虑，醉眼惺忪的李白忽然扔掉酒盅，自囊中取出笔墨，跟跟跄跄，向白壁晃过去。白壁那边的琴声越发激越，李白胸起狂澜，长臂一抬，笔走龙蛇，在壁上挥洒起来：

> 我浮黄河去京阙，挂席欲进波连山。
> 天长水阔厌远涉，访古始及平台间……

这便是著名的《梁园吟》，诗人融天地神韵于笔底，聚山川奇秀于字间，借梁园古迹，追怀商丘名人盛事，以抒发欲济苍生之豪情，其气势磅礴，令人叹为观止。三十多行的《梁园吟》一气呵成，白壁那边的琴声也戛然而止，时间顿时凝住，万籁俱静。

不知何时，一个瘦和尚出现于壁角，见白壁涂满黑墨，颇有些不满，气哼哼冲上前，挥舞广袖，欲将墨香四溢的字迹擦去。未待其动手，不远处传来一声呵斥："休得放肆！"

瘦和尚停下手中动作，掉过头去，见有个姑娘抱琴趋近，忙哈腰道："原来是宗小姐。洁白无瑕的粉壁遭狂徒涂鸦，实在造孽。您别生气，我赶紧擦干净便是。"宗小姐道："什么涂鸦！此乃天下最美诗篇。"瘦和尚道："还最美诗篇，不就一团黑墨，污我白壁，多么可惜！"宗小姐道："你管啥黑墨不黑墨，此壁本小姐买下了。"

瘦和尚觉得不可理喻，道："墙壁又搬不动，你买它何用？"宗小姐拿出重金，交给和尚："此壁及上面诗歌，已属于本小姐，未经本小姐允许，谁也不能破坏壁上题诗。"

这便是千金买壁的故事。其时李白首任妻子已逝多年，宗小姐倾慕诗人天才，以身相许，成为李夫人。见证过李、宗良缘，杜甫与高适离开梁园，留下李白夫妇，诗琴和鸣。美酒于手，佳人在怀，李白诗兴大发，在梁园写下二十多首诗。据说名篇《将进酒》，也是李白邀友人欢会梁园时即兴之作。

所惜数百年后，待苏氏兄弟结伴而至，已寺庙无存，白壁不见，壁上李白墨迹杳无遗迹。梁园自然也面目全非，当初的碧瓦飞甍，雕梁画栋，舞榭歌台，统统消失殆尽，唯余荒丘老树，连天衰草，萦绕着寒鸦点点，哀鸿声声。有苏辙诗为证：

> 梁园久芜没，何以奉君游。
> 故城已耕稼，台观皆荒丘。
> 池塘尘漠漠，雁鹜空迟留。

　　　　俗衰宾客尽，不见枚与邹。

　　面对眼前的败景，苏轼忽然笑起来，玩世不恭地道："子由说说，这士人酸不酸，明知时过境迁，梁园早已惨不忍睹，还要前来游观，到底为的哪般？"苏辙道："梁园不足观，然作于梁园的枚乘辞、司马赋、李白诗、杜甫歌，仍在人间流传，且将永远流传下去。故士人看似冲着梁园而来，实则来体察盛衰存亡，追慕古圣先贤，以发抒悲天悯人之情怀。"

　　苏轼收住脸上的笑，正色道："子由所言不无道理，文人学士确是怀着悲天悯人心情，前来凭吊旧时人事。也是士人饱读圣贤书，易生悲悯忧乐心。用范文正公的话说，叫'居庙堂之高则忧其民，处江湖之远则忧其君，是进亦忧，退亦忧'。"

　　听得出，苏轼似有话要说，以释心中块垒。也怪不得，苏轼外任多年，辗转数地，好不容易等来诏令，一心想着入朝觐见皇上，一吐新政给商民造成的灾难，谁知到得城门下，竟被门吏拦住，无法亲近近在咫尺的皇上，叫他怎不失落悲忧？

　　也是苏辙最懂兄长，知他有话要说，做洗耳恭听状，任其借题发挥道："士人似乎都忙着悲天悯人，忧民忧君，独独无暇悲己悯己忧己。然依拙见，该先悲己，再悲天；先悯己，再悯人；先忧己，再忧君和民。若倒过来，本人没能走出困窘，泥菩萨过河，自身难保，又哪有余力解决他人困苦？再悲再悯再忧，也属假悲假悯假忧，不过做给人瞧而已。"

　　苏辙似有所悟，道："但凡来梁园者，不管悲天悯人，还是忧君忧民，不过借口而已，其实所悲所悯所忧还是自己，总以为生不逢时，怀才不遇，期望像枚乘和司马相如样，能受到贵人青睐和赏识，一展平生抱负。即便李白在长安混不下去，出都东来商丘，步入梁园，无缘遭遇梁王，毕竟还有宗小姐守株待兔，让其撞上大运，得到临时归属。"

　　苏轼痛心疾首道："眼巴巴期盼贵人出现，也许才是文士最大的悲哀。韩愈早说过，千里马常有，而伯乐不常有，千里马欲入伯乐法眼，何其难哉！要说儒家传统，向来主张以己及人，并非坐等贵人或伯乐出现，所谓'己欲立而立人，己欲达而达人'，先解决自身悲悯忧苦，自立自达，再立人达人，亦不为晚。可见处庙堂之高，忧民忧君，属其本分，然处江湖之远，忧民无力，忧君纯属狗拿耗子，多管闲事，恐怕还是悠着点为妥。"

没待苏轼把话说完，苏辙已惊得目瞪口呆，左右瞧瞧，见无旁人，才道："兄长言之在理，乃人人心里所有，个个嘴上所无，没谁会出言说破，敢公然承认不忧君。在弟面前兄长怎么说都行，千万不可与外人道也，否则会招来横祸，吃大亏，受大累。"

苏轼苦笑一声，闭住嘴巴。苏辙看看西山落日，嘀咕道："梁园虽好，不是久恋之家，咱们还是回吧。"苏轼一叹，抬步朝来时路走去。

## 四十五昼夜，徐州抗洪抢险

接下来数日，兄弟俩又游览过几处风景，苏辙恋恋不舍，送兄长一家上路，一直送到徐州，京东提刑官李清臣迎出城外，为兄弟俩接风洗尘，也洗去苏轼满心惆怅。

正因徐州有老友李清臣，苏轼对这方山水一下子亲热起来。先入为主，后到为客，待苏家安顿下来，苏轼接管府衙，理顺手头急务后，李清臣便尽地主之谊，请苏氏兄弟遍游徐州胜迹，饱览大好河山。

巧的是白居易与徐州也颇有缘分。白居易九岁那年，其父白季庚授徐州别驾彭城县令。翌年安史之乱余孽反叛，四面围攻徐州，战争十分惨烈。眼看城破在即，刺史意欲投降，白季庚苦口婆心，言明大义，然后挺身而出，聚众坚守，亲当矢石，攻拒达四十二个昼夜，终迎来援军，内外夹击，打败叛贼，保住徐州。两年后白居易随母投奔父亲，举家移居徐州辖地符离，自此多次往返徐州，在这方水土留下不少诗文。

李清臣知道苏轼崇拜白居易，陪苏家兄弟寻觅白氏旧踪，搜索白家故居遗址。提刑官衙位于城东南，与府衙相去不远，李清臣又请两位前往做客，在衙前阳春亭里摆设好酒好肉，盛情款待。酒醉肉饱，撤去碗盏碟筷，换上茶杯，喝茶叙话。多年老友，也不拘泥礼节，或扶栏而蹲，或倚柱而立，甚或跌坐地上，箕踞狂歌，好不畅快。

衙内养有不少艺伎，李清臣又叫到亭前坪里唱曲献舞。良夜清爽，歌舞曼妙，主客皆乐。歌舞告一段落，李清臣瞧了一眼亭楣上自书的"阳春亭"三字，略嫌立意浅陋，道："此亭建于阳春三月，顺便取了'阳春亭'三个字，二位不吝赐教，是否太过寻常？"

苏辙早觉此名俗气，但他涵养好，闷在肚子里，不肯明言，即使主人亲口提请，也笑而不语。苏轼心直口快，怎么想怎么说："轼有同感，此名确实平庸，似可改成更有意思的字眼。"李清臣道："那劳驾子瞻兄重新命个好名如何？"

苏轼想起密州快哉亭建成不久，没待过几回，便移任徐州，至今耿耿于怀，顺口说了"快哉亭"三字。李清臣大声叫好："妙哉妙哉，宋玉《风赋》有'快哉此风'句，白居易也有诗'何处披襟风快哉'，子瞻以快哉命亭，再好不过。"

说罢，李清臣命衙役取来纸笔，恳请苏轼写下"快哉亭"三字，以替亭楣上旧名，又得寸进尺，请苏轼以赋记之。苏轼也不客气，挥毫而成《快哉此风赋》，又诗赠李清臣，欢言畅叙之情。苏辙自然也要作诗，记录兴会，答谢提刑官。

李清臣以苏氏兄弟原韵，分别作答，其中赠苏辙诗曰：

> 东来尝恨少朋游，得遇高人苏子由。
> 已誓不言天下事，相看俱遣世间忧。
> 新诗定及三千首，曩别几成二十秋。
> 南省都台风雪夜，问君还记剧谈不？

许是眉山苏家几代富庶，有吃有喝，苏氏兄弟长得高大，苏轼身材魁伟，苏辙更是身长个高，玉树临风。苏轼曾作诗戏苏辙身长如丘，一不小心，便被屋门打头。李清臣诗里说高人苏子由，自是一语双关：苏辙个头高大，人品高尚。

偏偏李清臣个头短小，人称短龙小凤，估计仅及苏辙肩膀，勉强能至苏轼耳垂。在高个面前，矮子相形见绌，难免自卑。李清臣身短个矮，仍敢与高大的苏氏兄弟走到一起，要么心理素质不错，要么自恃才高，可以不在乎身矮。

读到李诗"得遇高人苏子由"句，苏轼忍不住望望眼前矮矬的李清臣，又瞧瞧其旁边高大的苏辙，觉得几分滑稽，不经意间嘴角浮出浅浅笑意。笑意很快消失，苏轼提笔作《次韵答邦直》，以记兴会：

> 城南短李好交游，箕踞狂歌总自由。
> 尊主庇民君有道，乐天知命我无忧。
> 醉呼妙舞留连夜，闲作清诗断送秋。
> 潇洒使君殊不俗，樽前容我揽须不？

题中"邦直"即李清臣字，诗开篇"城南短李"四字亦指李清臣。李清臣见到这四字，脸上掠过一丝不易察觉的尴尬。苏轼正得意于自己诗作，毫不在意，倒是苏辙捕捉到了李清臣面部微妙表情，暗怪兄长不该如此孟浪，以诗揭人之短。人有短处，自嘲自讽没事，别人拿来挂到嘴边，甚至形诸笔端，则多少有些犯忌。

时值八月，黄河中上游连雨不断。李清臣接旨回朝高就，苏辙也告别兄长，西返商丘上任。苏轼送弟出城，分手时苏辙想起什么，道："兄长《次韵答邦直》诗最好别外传。"

苏轼一时不明就里，道："此乃何意？诗已誊抄给李清臣，外不外传，愚兄哪管得了那么多？"苏辙道："李清臣身短个小，人前难免底气不足，尤其咱兄弟身长个高，最应避免触及其个头，兄长偏偏以'短李'入诗，似有不妥。"

苏轼大笑三声，道："子由又不是不知，'短李'出自白居易之诗'笑劝迂辛酒，闲吟短李诗'，其'短李'代指李绅，因其人短小精悍，于诗最有名，时号'短李'，后因之用以戏称李姓有才之士，并非指个短人矮。李清臣饱读诗书，定知'短李'之义，拙诗以'短李'入诗，并非喻其个头短小，实乃赞其才高。"

苏辙摇摇头，道："李清臣肯定知道'短李'之义。若其人高个大，喻以'短李'，什么事都没有。偏偏人家身短个小，自然于'短李'二字格外敏感，易触及其痛处。且白诗也是拿李绅个短说事，兄以喻李清臣，换了谁心里都不可能舒服。"

应该说苏辙所言，多少有些道理，但苏轼天性豪爽，送走苏辙，便置之于脑后，不再在意。也容不得他在意这些即兴戏诗，黄河中上游雨势越来越猛，滔滔洪水汹涌西来，在澶州曹村冲决堤坝，淹没四十五县，毁坏田土无数，一路涣漫，眼见徐州城在劫难逃。

王安石主持朝政期间，曾拨款五百万缗疏浚黄河水道，谁知工程失效，负责人畏罪自尽。朝中小人唆使神宗，改派苏轼知徐州，用心也许正在此处，哪怕他运气好不葬身黄河，也会为治水不力担责获罪。

徐州又名彭城，北低南高。洪水迫境时为城南山势所阻，环城不去，城下水深二丈八，随时有可能突破城墙，淹入城内。苏轼心情沉重，赋诗曰：

    黄河西来初不觉，但讶清泗奔流浑。
    夜闻沙岸鸣瓮盎，晓看雪浪浮鹏鲲。

全城陷入混乱中，不少百姓，尤其富户纷纷外逃。苏轼正带着苏迈和苏迨俩儿，布衣草屦，持锸荷畚，亲临现场抢险，见百姓各自逃亡，赶紧站到高处，大声喊道："吾在此，洪水无以败城！"然后苦口婆心，劝阻众人别走，以免引起更大恐慌。他又号召只要官民团结，众志成城，一定能战胜洪水。

　　众人这才掉头退回城里，拆掉自家门板，或用布袋装上沙子，扛到城边，汇入抗洪队伍。苏轼又走进武卫营驻地，对卒长道："水将害城，事急矣，且为我尽力。"

　　武卫营属皇家禁军，归皇上直管，没有皇谕，谁也不能动用。也是苏轼精诚所至，卒长顾不得那么多规矩，动情道："太守犹不避涂潦，吾岂可袖手旁观？"当即率军队走出营房，投身抢险，成为抗洪主力。

　　连续四十五个日日夜夜，苏轼庐于城上，过家不入，与全城军民携手，夯堤护坝，硬是把汹涌的洪水挡在城外。洪水只能服输，悄然退回旧水道，危险解除，徐州得救。

　　消息传达京师，神宗闻彭城生齿及仓库庐舍免遭漂没之害，颁旨表彰苏轼救护城壁有功。苏轼修书谢恩，趁机奏请豁免徐州赋税，继而拨出款项，征调劳力，夯筑高一丈、长九百八十四丈的护城堤，且在堤上加建十尺高楼，依五行土克水之意，涂上土黄色，称作黄楼。

## 黄楼诗会兴无穷

　　黄楼落成已是来年九月。苏辙应约作《黄楼赋》，寄达徐州。苏轼亲笔誊写，刻到石碑上，竖立于楼前，又主持黄楼落成庆典，与彭城官民同乐。

　　苏轼还邀请三十多名贵宾，登楼览胜，作记赋诗。苏轼率先以《九日黄楼作》为题述之：

　　　　　　去年重阳不可说，南城夜半千沤发。
　　　　　　水穿城下作雷鸣，泥满城头飞雨滑。
　　　　　　黄花白酒无人问，日暮归来洗靴袜。
　　　　　　岂知还复有今年，把盏对花容一呷。

> 莫嫌酒薄红粉陋，终胜泥中千柄锸。
> 黄楼新成壁未干，清河已落霜初杀。

苏轼所邀三十多名贵宾里，自然少不了"苏门六君子"——秦观、黄庭坚、晁补之、张耒、陈师道及李廌。秦观是江苏高邮人，风流倜傥，很有女人缘，年轻时景仰柳永，词作不乏柳词风格，犹如时女游春，略伤婉弱。代表作如《满庭芳》：

> 山抹微云，天连衰草，画角声断谯门。暂停征棹，聊共引离尊。多少蓬莱旧事，空回首，烟霭纷纷。斜阳外，寒鸦万点，流水绕孤村。　销魂，当此际，香囊暗解，罗带轻分。谩赢得青楼，薄幸名存。此去何时见也，襟袖上，空惹啼痕。伤情处，高城望断，灯火已黄昏。

真是绝妙好词，要苏轼不喜欢也难，将秦观与柳永相提并论："山抹微云秦学士，露花倒影柳屯田。"

"柳屯田"即柳永，"露花倒影"乃其名作《破阵子》首句，与秦观《满庭芳》首句"山抹微云"正好相对，可谓妙趣横生。

也是惺惺相惜，苏轼欣赏秦观，秦观自然也崇拜苏轼。受到偶像邀请，秦观激动不已，赶紧启程，说是："生不愿封万户侯，但愿一识苏徐州。"

"苏徐州"即时任徐州太守苏轼。见着苏轼，秦观惊为北斗，倒头便拜，又作诗曰："不将俗物碍天真，北斗以南能几人？"苏轼从此与小自己十三岁的秦观结缘，师生情谊终生不渝。民间就有苏轼嫁妹给秦词人的传说，可见苏、秦两家关系多么密切。

受苏轼影响，秦观词风发生不小变化，婉约而不失豪放。尤其一首《鹊桥仙》，一经面世，天下盛传，几乎无人不晓：

> 纤云弄巧，飞星传恨，银汉迢迢暗渡。金风玉露一相逢，便胜却人间无数。　柔情似水，佳期如梦，忍顾鹊桥归路。两情若是久长时，又岂在朝朝暮暮。

在"苏门六君子"里，与秦观名气一样大的当数江西九江人黄庭坚。黄庭坚词逊秦观，但诗好，为江西诗派开山之祖，诗评家每以"苏黄"并称，尽管其诗名和成就不比苏轼。黄庭坚书法也了得，与苏轼、米芾、蔡襄同称为"宋四家"。

晁补之等其他"四君子"文名都很响亮，此处不一一赘述。倒是另有三位，不在"六君子"之列，却颇有特点，也被苏轼请到黄楼观光，值得一提。

一是诗僧参寥子。参寥子系於潜人，人称道潜或潜僧。可能其长年在外云游，苏轼任职杭州时未能谋面，直到主政徐州，参寥子才随秦观来登黄楼。苏轼与参寥子一见如故，赞其身寒而道富，辩于文而讷于口。参寥子敬仰苏轼才德，把他当作良师益友，从此追随一生。也就在黄楼上，参寥子诗赠苏轼，苏轼大乐，和以《次韵僧潜见赠》，其中有言：

　　多生绮语磨不尽，尚有宛转诗人情。
　　猿吟鹤唳本无意，不知下有行人行。

苏轼坦言，因天性使然，自己就好作诗，仿佛猿吟鹤唳，不过顺乎天性，发乎本心，纯属本能，哪里顾得上会被别人听去？意思是写诗难免引火烧身，不写诗活着没劲，更要老命。这就是苏轼，为图痛快，冒再大风险，也不会轻易闭上嘴巴，搁下笔头。

二是贺铸。贺铸字方回，出生于河南卫州，祖籍则是浙江山阴。前文说过杜甫曾作《饮中八仙歌》，把贺知章列入八仙之首，贺知章便是贺铸的先祖。贺知章留存下来的诗不多，但有两首非常著名，几乎说中国话的人都会。一首是《咏柳》：

　　碧玉妆成一树高，万条垂下绿丝绦。
　　不知细叶谁裁出，二月春风似剪刀。

另一首为《回乡偶书》：

　　少小离家老大回，乡音无改鬓毛衰。
　　儿童相见不相识，笑问客从何处来。

贺知章诗如此好，岂可后继无人？幸贺铸横空出世，才不至于有辱先祖。贺铸还有个高贵身份，即宋太祖贺皇后族孙，所娶亦宗室之女。祖上名显，又系皇亲国戚，这还不算啥，关键是贺铸才大，不仅豪爽精悍，任侠喜武，笔头也非常厉害，所作诗词雍容妙丽，超凡脱俗。有次访钟山定林寺僧不遇，他信手题诗于壁："蜡屐旧痕寻不见，东风先为我开门。"

其如虹气势，连王安石都深受震撼，逢人便跷大拇指。就是这位心高气傲的贺铸，对苏轼敬服有加，与秦观结伴来徐州拜访偶像，可见苏轼在士人心里多有威信。苏轼自然高看贺铸，视同门生。

原来贺铸背景深厚，却不屑功名，一直从事武职。他不以铸为名吗？朝廷便让其管些铸钱、收税之类杂务，让他很感憋屈。加之宋代扬文抑武，武职不受待见，贺铸心里郁闷得很，还是苏轼等人出面举荐，才改为文职。贺铸心存感激，后苏轼倒大霉，越贬越远，官场小人避犹不及，他却毫不避讳，公然作诗怀念恩师。

当然苏轼最满意的还是贺铸不负众望，诗词越写越好，比如追忆亡妻的《鹧鸪天》：

> 重过阊门万事非，同来何事不同归？梧桐半死清霜后，头白鸳鸯失伴飞。　原上草，露初晞，旧栖新垅两依依。空床卧听南窗雨，谁复挑灯夜补衣！

贺氏《鹧鸪天》毫不逊于苏轼怀念前妻的《江城子》，两词堪称天下悼亡词双璧。更为人津津乐道的还是贺铸的《青玉案》：

> 凌波不过横塘路，但目送芳尘去。锦瑟华年谁与度？月桥花院，琐窗朱户，只有春知处。　飞云冉冉蘅皋暮，彩笔新题断肠句。若问闲情都几许？一川烟草，满城风絮，梅子黄时雨。

因丽人自眼前晃过，转瞬又消失在视野里，便愁绪难抑，如一川烟草般宽广，满城风絮般绵密，没完没了的梅雨般悠长，写尽愁绪的宽度、广度、密度和长度，实在妙不可言，简直是宋词里的奇葩。宋、金词人步其韵唱和仿效者多达二十五人，共二十八首，词史上能享受此殊荣的仅此一人。贺铸因而获"贺梅子"美誉，一跃进入北宋词家前五之列。

黄庭坚对其更是大加赞赏，认为贺铸是秦观之后词坛第一人，作诗赞曰：

> 少游醉卧古藤下，谁与愁眉唱一杯？
> 解作江南断肠句，只今惟有贺方回。

南宋也有人评价说：

> 宋景文为工学问，贺方回亦擅诗歌。
> 半山人去东坡没，妙墨空嗟楮上磨。

"宋景文"即宋祁，"半山"即王安石，南宋人认为贺铸作品可与宋、王、苏比肩。纵观北宋词界，确实无人能超越柳永、苏轼、秦观和贺铸四大家。

三是河南莘县人王巩。王巩字定国，能诗善画，仕途畅达，加之出身高贵，爷爷做过太尉，父亲当过尚书，他也就跌宕傲世，其口可畏，不容于人，常上书言事，臧否人物。王巩唯仰慕苏轼才华，两人诗画往来，甚为快慰。黄楼建成，苏轼遍邀名流雅集，自然少不了王巩。

王巩收到邀请函，先寄诗请教，苏轼以为他来不成，差人送去《次韵答王定国》，嘱曰："愿君不废重九约。"王巩见诗，及时赶到徐州，欣然参加黄楼庆典。典毕，各路才俊陆续踏上归途，唯王巩依依不舍，仍滞留不辞，与苏轼饮酒赋诗于黄楼。苏轼很享受这份友情，喜曰："李太白死，世无此乐三百年矣。"

苏轼又带王巩游泗水，登魋山，吹笛吟啸，乘月而归。客不走，主不安，王巩不好老占用苏轼时间，几次提出走人。苏轼联想起唐人郑谷咏菊名句"节去蜂愁蝶不知"，化入自己的诗中，以挽留王巩："相逢不用忙归去，明日黄花蝶也愁。"

诗意倒也好懂，胜地不常，欢聚难再，好兄弟好不容易见上一面，别忙分别，否则明日重阳一过，菊花逐渐萎谢，蝶无栖处，也会发愁，况人生短暂，迟暮不遇，错过良辰美景，只能徒留愁悲。


## 憾事不憾

行有余力而为文，苏轼向以行为先，最看重自己的太守职责，不会因交朋结友，饮酒赋诗，耽误正事。治黄大功初成，又遇大旱，苏轼急民众之所急，亲自赶往石潭，向龙王祈雨。如愿得雨后，他又专程返回石潭答谢龙王。

谢雨途中，苏轼访村入户，再以诗入词，将所见所感形诸笔墨，收获清丽新颖的《浣溪沙》五首，可谓洗尽华靡见真淳，与时兴的艳词形成强烈对照，开创一代词风。比如其四：

簌簌衣巾落枣花，村南村北响缫车，牛衣古柳卖黄瓜。　　酒困路长惟欲睡，日高人渴漫思茶，敲门试问野人家。

苏轼出身于农家，热爱农村，熟悉农耕，乐意把自己当成农人，尽情享受田园风光。又如《浣溪沙》其五：

软草平莎过雨新，轻沙走马路无尘，何时收拾耦耕身？　日暖桑麻光似泼，风来蒿艾气如薰，使君元是此中人。

"使君"即太守苏轼自指。田园风光好，更是农家生存根本。田园由人与庄稼组成，人与庄稼离不开水，苏轼非常重视水利建设，足迹踏遍徐州的山山岭岭，查找水源，然后征集民夫，修筑池塘水库，以解决饮用和耕种用水难题。

在南部山上走动时，见成片成片栗树林被砍伐殆尽，露出秃坡，苏轼问怎么回事。随僚说，徐州冬天寒冷，民众全靠烧栗柴取暖，加之北山发现铁矿，长期烧柴炼铁，栗林也就不可幸免。苏轼心想，有好山才有好水，山上树木砍光，又怎么涵养水源？

几番进村入户，打听到徐州地下藏有煤炭，苏轼亲自出面勘查，终于在白土镇发现煤层，赶紧组织民众挖取，用以取暖和炼铁，才让南山重新变绿，恢复生机。

经不懈努力和励精图治，徐州迎来好年景，苏轼才有了闲情逸致，与远处的老友诗书往来，跟徐州的新朋寻芳览胜。这天他收到文同来信，说绘画墨竹，本为好玩，谁料天天有人拿着鹅溪细绢，上门求画，门槛都被踩破，好不苦恼。

鹅溪系文同四川老家小地名，因盛产细绢，被其拿来画墨竹，一时名声在外，自然亦受求画人青睐。文同很不耐烦，把细绢扔到地上，叹道："画画画，老夫哪画得这么多？还不如拿去做袜子，裹裹臭脚。"

求画人也不见怪，弯腰拾起细绢，轻轻放到案上，继续厚着老脸坐等。文同无奈道："如今墨竹画得最好的人不是老夫，是苏子瞻，你们赶快扛着鹅溪绢，到彭城找他去。"

信写到此处，文同对苏轼玩笑道："你就等着用鹅溪细绢做袜子吧。"而后附诗曰："拟将一段鹅溪绢，扫取寒梢万尺长。"意即苏轼答应给人画墨竹，减轻自己负担，他就用鹅溪细绢给苏轼画一根万尺长的竹子为谢。

读完书信，苏轼哈哈一乐，回复道："画一万尺长的竹子，至少要用二百五十匹鹅溪细绢，您老快别费此大劲，直接赠送二百五十匹鹅溪细绢给我，我自己抽空慢慢画就是。"文同回信道："我有二百五十匹鹅溪细绢，早拿去买田购地，回乡做富家翁去了，哪用得着惊动你的如椽画笔？再说世间也没万尺竹，即使勉强画出来，也令人难以置信。"

苏轼以诗为复："世间亦有千寻竹，月落庭空影许长。"文同辩不过苏轼，只得打发新画的墨竹画，说："画中竹虽只数尺，却有万尺气势，还请笑纳。"苏轼这才饶过文同，说："万尺之势也不赖，还可节省二百五十匹鹅溪绢，倒非坏事。"

与文同远隔千里不一样，徐州的朋友想跟苏轼来往，不用借助书信，直接邀约就是。城南有李清臣留下的快哉亭，亭美景妙，是苏轼与友人见面佳处。"苏门六君子"之一的陈师道是徐州本地人，常来快哉亭会老师，曾赋诗《登快哉亭》以凑趣。贺铸滞留徐州期间，得过一场病，病后由苏轼作陪，来快哉亭散心，也有《病后登快哉亭》诗，锦上添花。

亭内有好友，亭外有妙景，当然还不能缺少佳酿。偏偏徐州人酿酒技艺不高，酒水寡薄，众人皆以酒薄为憾。苏轼却不以为意，觉得喝酒喝酒，全在一个"喝"字，心情好，跟谈得来的人喝酒，酒再薄也能喝出厚味，还戏作《薄薄酒》：

薄薄酒，胜茶汤；粗粗布，胜无裳；丑妻恶妾胜空房。五更待漏靴满霜，不如三伏日高睡足北窗凉。珠襦玉柙万人相送归北邙，不如悬鹑百结独坐负朝阳。生前富贵，死后文章，百年瞬息万世忙，夷齐盗跖俱亡羊。不如眼前一醉，是非忧乐两都忘。

世间许多美事，称心如意，往往会变成坏事。倒是不少憾事，似乎不尽如人意，实属大好事，让人受用无穷。苏轼还觉不过瘾，又续作曰：

薄薄酒，饮两钟；粗粗布，著两重。美恶虽异醉暖同，丑妻恶妾寿乃公。隐居求志义之从，本不计较东华尘土北窗风。百年虽长要有终，富死未必输生穷。但恐珠玉留君容，千载不朽遭樊崇。文章自足欺盲聋，谁使一朝富贵面发红？达人自达酒何功，世间是非忧乐本来空。

知道苏轼醉翁之意不在酒，只在乎佳山丽水，云龙山隐士张山人大着胆子，把他请到山上，以酒款待。有美景佐酒，苏轼忘乎所以，很快醉倒于山前石床上，似醒未醒之际，赋《登云龙山》诗曰：

醉中走上黄茅冈，满冈乱石如群羊。
冈头醉倒石作床，仰看白云天茫茫，

歌声落谷秋风长。路人举首东南望，
　拍手大笑使君狂。

　　此诗已具李白遗风。张山人如愿得诗，赶紧抄到纸上，逢人便赠送，云龙山因而声名大振。苏轼醉后躺过的石床也被保护起来，供人观赏，此后历代诗人至此，皆有吟咏。

　　张山人喜欢养鹤，筑放鹤亭于云龙山顶，特意把苏轼请入亭内，一边饮酒，一边观赏飞鹤流云。苏轼甚喜，更加不愿放杯，酒后作《放鹤亭记》，以酒对鹤，意谓清闲者莫如鹤，乱德者莫如酒，然卫懿公好鹤亡其国，刘伶、阮籍以酒全真而名后世，看来君主南面之尊，不足以易隐者林泉之乐。

　　看得出苏轼所记并非只是鹤，明明是羡慕鹤和放鹤人清闲自得，恨不得脱去官袍，做只山鹤，遨游天地之间，追逐闲云和日月。

　　徐州城里有座老宅院，叫作燕子楼，楼主闻知，只要备下薄酒，便可从苏轼手里讨得妙诗奇文，心里痒痒，入衙恭约苏轼前去做客。燕子楼与黄楼隔水相望，苏轼早有此意，今有楼主相邀，二话不说，拔腿直奔而去。楼主叨陪于侧，一路介绍园子之前世今生。

　　原来唐时有位张尚书，曾在徐州做官，特造官宅寄居。徐州名妓关盼盼，懂风情，善歌舞，雅多风态，深得张尚书喜爱，专在园内建燕子楼，重金赎得盼盼身，蓄于楼中。后来张尚书病殁，归葬东洛，盼盼念旧爱，再不外嫁，居燕子楼十余年，幽独决然。不久白居易调任徐州，闻盼盼名，参观燕子楼，作诗曰：

　　黄金不惜买蛾眉，拣得如花三四枝。
　歌舞教成心力尽，一朝身去不相随。

　　盼盼见诗，怏怏旬日，不食而卒。这是白诗杀妓的典故，苏轼崇拜白居易，自然早有耳闻。然诗不是刀，哪能杀人？定是盼盼感念张尚书知遇之恩，故人去后无知音，被白诗触着痛处，觉得继续活下去没啥意思，才绝食而亡。

　　也是置身燕子楼，有感于盼盼之痴情，苏轼心里难免几分沉重，到得席上，望着杯中酒，迟迟难以下咽。害得楼主暗自着急，担心苏轼酒喝得少，要他留下诗文，怕没那么容易，又不好逼客喝酒，毕竟苏轼乃徐州最高长官，岂可胡来？

　　无奈之下，楼主心生一计，宴罢又拿出好茶，留苏轼品茶赏月。直到月过中天，一阵倦意袭来，苏轼哈欠连连，楼主正好扶他至盼盼住过的房间睡下。

楼主的意思是，改日再置酒，非叫苏轼喝醉不可，好留千古诗文。

也是日有所思，夜有所梦，苏轼躺下不久，恍惚觉得夜风透窗，窗外有人影晃动。他一时心生好奇，起身下床，迈出门外，窗外的人影竟然是风情万种的盼盼。苏轼正要问深夜来访，莫非有话要说，有事相托。盼盼广袖一甩，往楼外飘然逸去。苏轼紧追不舍，非要问个究竟不可，眼看就要够着盼盼，忽然脚下踩空，身子往前一栽，猛然醒来，原来是个奇梦。

脑海里萦绕着梦中情境，苏轼再没法入睡，干脆披衣下地，临窗观赏起楼外的夜景来，仿佛盼盼还徘徊园中，迟迟未去。月光照着园子，夜风悠悠拂过楼前水面，不动声色地摇动着田田荷叶，一切显得那么幽清而凄美，说醒似梦，说梦似醒。一种无可名状的幻灭感悄然溢上心头，苏轼情不自禁吟咏道：

> 明月如霜，好风如水，清景无限。曲港跳鱼，圆荷泻露，寂寞无人见。紞如三鼓，铿然一叶，黯黯梦云惊断。夜茫茫，重寻无处，觉来小园行遍。　　天涯倦客，山中归路，望断故园心眼。燕子楼空，佳人何在，空锁楼中燕。古今如梦，何曾梦觉，但有旧欢新怨。异时对，黄楼夜景，为余浩叹。

这便是苏轼著名的《永遇乐》，借助梦中的燕子楼和盼盼的故事，由景入情，由情入理，将深沉的人生感慨，将古与今，倦客与佳人，虚幻梦境与眼前实景，悄悄嵌入幽幽禅意里，隐藏着词家出离尘世彻底解脱的意愿。

## 入主湖州，山雨欲来

然出世解脱又谈何容易？就在苏轼担任徐州太守刚两年，已熟悉这片山水，热爱上这方人情时，新的任命又从朝中发出，寄达府衙。新职为浙江湖州太守。

湖州位于苏杭之间，苏轼任杭州通判时，进进出出，皆在该处有过逗留。比之徐州，湖州富庶得多，却与弟弟任职的商丘相距更远，苏轼不知该喜还是该忧。然喜也好，忧也罢，他只能听命朝廷，卸任旧职，整理行装，南下履新。

同僚和友朋都来饯行。苏轼重情，实在舍不得徐州的山山水水，不愿作别

这方土地上的纯朴百姓和新朋老友,临行作《江城子·别徐州》:

　　　　天涯流落思无穷。既相逢,却匆匆。携手佳人,和泪折残红。为问东风余如许,春纵在,与谁同? 　隋堤三月水溶溶。背归鸿,去吴中。回首彭城,清泗与淮通。欲寄相思千点泪,流不到,楚江东。

泪别徐州,苏轼顺运河南下,不日来到扬州。苏轼思念恩师欧阳修,离岸登平山堂。

仁宗庆历年间,欧阳修出任扬州太守,于城西北蜀冈中峰大明寺内筑平山堂。蜀冈者,地脉通蜀也,地势高耸,周围诸山仿佛拱列檐下,与堂平列,故以平山命名。

这已是苏轼第三次登临平山堂。此前熙宁四年(1071)赴任杭州通判,熙宁七年(1074)离杭北移密州知府,他两次路过扬州,曾两次上平山堂。欧阳修是苏家兄弟恩师,苏轼一生心怀尊崇,高山仰止,景行行止,才一而再,再而三地上平山堂,缅怀师恩。

站在堂前远眺,不仅周边诸山养眼,数百里外的金陵、润州、真州亦遥遥在望,令人向往。收回目光,环堂左右,老木参天,堂前青柳迎风而动,乃恩师亲手栽种,名曰欧公柳。堂后恩师所植楠竹,已发至千竿,粗大如椽,绿荫匝地,不复见有日色。步入堂内,仍是恩师留下的桌椅,曾见证过其与友人诗酒唱和、谈笑风生的盛景。

抬头上望,堂壁上恩师笔迹犹在,飘逸洒脱,似龙飞,如蛇动。是那首著名的《朝中措·平山堂》:

　　　　平山栏槛倚晴空,山色有无中。手种堂前垂柳,别来几度春风。 　文章太守,挥毫万字,一饮千钟。行乐直须年少,尊前看取衰翁。

欧阳修在扬州和平山堂作过不少诗词,然此词却是其离开扬州多年后,为受任扬州知府的刘敞饯行时即兴所作。刘敞系欧阳修江西老乡,学问深广,才思敏捷,每每挥毫作文,倚马可待,与其弟刘攽同中进士,助司马光编修《资治通鉴》。欧阳修撰《新五代史》,遇疑难断,便书到纸上,命家仆拿去向刘敞请教。刘敞无须查对,当来仆面立即执笔回复,无一差爽,边复边对来仆道:"好个文章太守,可惜读书太少。"

说欧阳修读书太少,也许出自其自况:"书有未曾经我读,事无不可与人言。"与苏轼一样,刘敞也爱说笑话,连同是老乡的王安石变法也拿来嘲讽,借亲密乡友自况,打趣一番,不足为奇。有人于是作打油诗笑谈刘敞:"每嘲介甫行新法,常恨欧公不读书。"嘲王安石新法自然不假,然欧阳修学问文章一流,恨其不读书,不过正话反说而已,所谓笑假不笑真,若人家确实读书太少,也就不会拿来挂到嘴上。

欧阳修饱读经史,诗文了得,尤其词作更是一反五代以来红香翠软绮靡习气,创一代新风。壁上《朝中措·平山堂》,便是豪放词派先声之作,词气豪迈,境界清旷,风流儒雅达观倜傥的太守形象呼之欲出。正是欧阳修开拓先河,苏轼紧随其后,才共创诗词新气象。

立于壁前,凝视欧词,苏轼感念恩师的道德文章,联想当年师生颍州欢聚,别后一年恩师辞世,算来已近十年。十年来朝廷风云变幻,君上近小人,远君子,自己则为时势所驱使,东奔西突,蹭蹬蹉跎,岁月倏忽而过,白发徒增不少,却无所作为,实在让人扼腕叹息。苏轼心起波澜,作《西江月·平山堂》以为纪念:

  三过平山堂下,半生弹指声中。十年不见老仙翁,壁上龙蛇飞动。  欲吊文章太守,仍歌杨柳春风。休言万事转头空,未转头时皆梦。

词义平实,借过平山堂,由己及恩师,再由恩师回到自身,以情写景,以景抒情,情境、意境、心境融为一体。末句化用白居易"百年随手过,万事转头空",感叹师生隔世,逝者一切皆空,存世人游荡于天地间,又何尝不是一场虚幻失真的浮梦?

世事纷繁,人生似梦,毕竟属于常态,没啥值得奇怪的。而等待苏轼的,岂止浮梦?更是令人唏嘘的千古噩梦。这噩梦正是始于其即将赴任的湖州。

离开扬州不过旬日,苏家便到了湖州境内。湖州紧挨杭州,山水人情相近,一切那么熟悉,苏轼心生欢喜,暂时撂下流落天涯的愁思,升堂视事,行使太守职责,又循例撰呈《湖州谢上表》,先叙微弱政绩,再颂皇恩浩荡,收笔时忍不住加几句牢骚:"陛下知其愚不适时,难以追陪新进;察其老不生事,或能牧养小民。"

句中以"其"自称,一看就知讥讽朝中新进小人当道,自己老大不小,不愿陪人家玩儿,正好管理地方,为民造福。

这也属实话。虽说王安石两度罢相，吕惠卿也贬官出京，可王、吕得势时提拔任用的新进党人，仍充斥三司条例司和御史台等要位，苏轼惹不起还躲得起，心甘情愿留在地方，做些力所能及的实事。想想密州荒僻穷困，徐州水旱频仍，他尚且能有所作为，受到朝廷表彰，湖州系江南鱼米之乡，水丰田肥，苏轼不信干不出政绩。

　　也是湖州有幸，此前苏轼的老友孙觉和李常皆在此担任过太守，尽量绕开新政干扰，百姓遭罪较轻，地方还算安宁。孙觉系江苏高邮人，本为朝廷大员，也因反对新政，外贬出京，做了地方官。此君还是黄庭坚岳父和秦观老师，门生故吏遍布杭湖。

　　李常乃江西永修人，为王安石老乡，两人关系一向密切。后王安石主政，拉李常主持三司条例司，李常觉得新政弊大于利，坚拒不就，还上疏批评青苗法，遭贬外放，辗转调任湖州，勤政之余，广结善缘。

　　苏轼踏着孙觉与李常足迹入主湖州，自然朋友多多，如鱼得水。还有位老秀才贾收，字耘老，大苏轼三岁，诗写得不错，苏轼通判杭州时，经孙觉介绍，两人相识相知，颇为投缘。贾收家穷，苏轼笑他，新政大行青苗法，官府白银黄铜真收，到了贾家门上，反正你拿不出钱，自然只能贾（假）收。苏轼不时接济贾家财物，贾收偶尔笑纳，大都不受。欲给现钱，更会伤他自尊，苏轼只好画了枯木怪石相赠，再透露给字画商，商家上门收购，贾收偏偏不肯出手，说不能出卖朋友。

　　得知苏轼到任，老友们纷纷来访，只贾收没露面。苏轼知其人穷骨头硬，不肯趋炎附势，官事稍理出些头绪，他便走出府衙，跑到南门横塘贾家造访故人。别看贾家穷，却临水而居，苏轼以前去过不止一两次，每每诗酒过后，醉意沉沉，就躺倒在阁楼上，枕波酣睡。还说他日罢官，自己没地方可去，就到贾家旁购地建房，彼此为邻。

　　贾收没想到苏轼会撇下公事，突然登门，有些不知所措。不过他还是满心欢喜，毕竟四五年未见，怪想念的，忙吩咐大儿购鱼，小儿沽酒。俩儿站在地上，无动于衷，贾收瞪着老眼，质问道："怎么还不动步？"俩儿也不吱声，只抬抬头，朝天花板瞥去。

　　天花板下横有房梁，梁上悬只小篾篓，恰逢微风穿户，正轻轻晃悠着。贾收顺着俩儿目光朝梁上篾篓望两眼，尴尬地对苏轼笑了笑，起身去了屋后。很快他就回来，手上多了把长柄画叉，即用来挂取字画的叉子。

这是堂屋，不是书房，四壁空空如也，无一字一画，苏轼不知此老拿画叉干吗。他正在疑惑，只见贾收手臂一抬，将画叉举过头顶，支向房梁，熟练地叉下箧篓，从里面掏出数枚铜钱，先放手上掂了掂，然后一分为二，交给两个儿子。

俩儿走后，贾收再将箧篓挂回原处，收藏好画叉，才回来陪苏轼。苏轼道："钱搁那么高，莫非怕老鼠啃咬？"贾收自指唇齿道："这张嘴比老鼠厉害得多。"

苏轼已明白主人的意思，故意笑道："你又非铁嘴铜牙，还咬得破铜钱不成？"贾收自嘲道："都怪咱家穷，别无赚钱法，只好节省点，月初把钱分成三十份，放进箧篓，高挂房梁，每天用画叉取用一份，再把画叉藏起来，以免任意多取。今日饭钱已用掉，照规矩不能再取，太守大人光临寒舍，只好破例一回。"

苏轼闻言大笑道："高明高明，他日老夫丢官去职，山穷水尽，也学耘老妙招，把钱悬到高处，不让自己心痒手贱，任意支取。"

酒醉饭饱，又在贾家水阁美美睡上一觉，苏轼才晃晃悠悠回到府衙。正好王巩由歌女宇文柔奴和秦观陪同，专程来湖州看望故人，苏轼大悦，又摆酒款待，欢饮一场。王巩还带来一样东西，即王诜印制的苏轼诗集。

王诜与苏轼同年，山西太原人，因娶英宗女为妻，所以官拜驸马都尉和左卫将军。他诗书俱佳，擅画山水，兼写墨竹，与苏轼同师文同。王诜富有，苏轼兄弟及黄庭坚、李公麟等友人居京时，曾多次受其邀请，去驸马府西园赴宴，诗酒唱和。

有诗有酒有友人，苏轼在湖州的日子也就再惬意不过。且风调雨顺，无灾无害，他有大量时间和好心情，携友游赏湖光山色。大儿苏迈已经成婚，刚生下儿子，苏轼有空便抱孙于膝，尽享天伦之乐。苏辙女婿也在湖州，代岳父入府祝贺，拜望岳伯，又与苏迈一起，陪苏轼去林间水上漫游。游到兴浓时，苏轼作诗曰："莫作使君看，外似中已非。"

苏轼不再自视为太守，觉得自己骨子里早已成为山民水翁。也许过于顺心遂意，苏轼反倒隐隐不安，总觉得会有什么事会发生似的。莫非自己出任密州和徐州太守时太忙太辛苦，习惯成自然，湖州任上和顺安逸，风平浪静，觉得没太大意思？

此念只在脑海里一闪而过，苏轼也没当回事，依然故我，该理政理政，该交友交友，该漫游漫游，该诗酒诗酒，一样都不落。

# 第六章 乌台诗案

## 被打入乌台大牢

苏轼哪里知道，就在他悠游自适、乐山乐水之际，一股浊流已暗暗涌过来，渐渐形成强大漩涡，非把他吞没掉不可。

早在苏轼出任杭州通判那会儿，沈括作为水业官僚，奉旨赴江南调查农田水利，苏轼因两人同在崇文馆共过事，盛情款待不说，还题字以赠。沈括酒杯一端，笑口大开，叙旧论今，亲热得不得了，肚里则已暗暗生出毒计，欲给苏轼颜色瞧瞧。

沈括系史上著名科学家，其科普著作《梦溪笔谈》，尽人皆知。然宋代重文，科学家地位不高，沈括见苏轼文名卓著，自己望尘莫及，心怀嫉妒，趁出行江南，偷偷搜集苏轼诗作，一一抄录于册，回京后将自以为诽谤朝廷和新政的句子加以注解，趁给皇上呈递水利调查报告，附笺于后，递入宫中，强烈请求整治苏轼。

幸神宗不以为意，没理睬沈括，苏轼当年才免去一难。可沈括开了因言整人恶例，待苏轼离开杭州，到密州和徐州转上一圈，折回江南，政绩越发突出，文名越发响亮，朝中小人再也坐不住，开始张牙舞爪，像恶狗一样向苏轼扑过来。

原来王安石与吕惠卿内讧，两败俱伤，相继离朝，并没完全动摇神宗的决心，神宗对新政加以适当调整，再度推向全国。有人于是揣摩圣意，既然皇上初衷不改，肯定不容许不同声音存在，若趁机压制非议新政的言论，足可讨其欢心。

也怪苏轼才高识大，当年《上神宗皇帝书》，差点说动皇上放弃新政，新党至今耿耿于怀。偏偏在密州和徐州任上，苏轼又干得风生水起，颇受神宗推崇，哪天神宗心血来潮，调他回京主政，还有旁人好事？苏轼不喜欢写诗作文吗？沈括已揪过他辫子，这些人正好借沈括伎俩，把苏轼打压下去。

首先跳出来的是名叫何正臣的新进御史。何正臣系江西人，小时有"神童"之誉，二十几岁高中进士，平时也吟诗作赋，只是格调低下，味同嚼蜡，却自视比苏轼高明，心里老大不服气。今又在朝廷公报上见到苏轼《湖州谢上表》，他如蝇入喉，更不自在，连夜摘引其中"新进"与"生事"等语上奏，说苏轼愚弄朝廷，妄自尊大。

早在新政推行之初，旧党领袖司马光心生反感，写长信批评王安石生事，从此"生事"成为反对新党的惯用语。继苏轼在《上神宗皇帝书》里说王安石招来新进勇锐之人，以图一切速成之效，以致朴拙之人愈少，巧进之士益多。偏偏巧进之士吕惠卿出卖王安石，"新进"一词也就格外让人敏感。

单凭《湖州谢上表》里一两句牢骚话，想置苏轼于死地，自然做不到。另一名状元出身的御史舒亶跃跃欲试，找来王诜印制的苏轼诗集，废寝忘食，苦心钻研，终于发现惊天罪证，兴奋之余，上折弹劾苏轼包藏祸心，怨望其上，讪渎谩骂，无复人臣之节者，未有如轼也。盖陛下发钱（青苗贷款）以本业贫民，其曰"赢得儿童语音好，一年强半在城中"；陛下明法以课试郡吏，其曰"读书万卷不读律，致君尧舜知无术"；陛下兴水利，其曰"东海若知明主意，应教斥卤（盐碱地）变桑田"；陛下谨盐禁，其曰"岂是闻韶解忘味，迩来三月食无盐"。除此之外，其他触物即事，应口所言，无一不以讥谤为主。

御史中丞李定无法忘记苏轼诗赞朱寿昌孝母事迹，觉得是暗讽自己为谋官置母亲的尸骨于不顾，于是赤膊上阵，咬牙切齿，历数苏轼罪行，声称非斩其首不足以谢天下。理由至少有四该杀：初无学术，滥得时名，偶中异科，遂叨儒馆，一该杀；急登高位，欲速不达，心怀不满，讥讪权要，二该杀；君恩浩荡，宽容已久，冀其改过，拒不从命，三该杀；信口雌黄，借诗泄愤，荒谬浅薄，流毒深远，四该杀。

觉得还不解恨，李定又补充道："臣叨预执法，职在纠察，罪有不容，岂敢苟止？伏望陛下断自天衷，特行典宪，非特沮乖戾之气，抑亦奋忠良之心，好恶既明，风俗自革。"

本来神宗爱苏轼之才，无意治其罪，可三人成虎，当一封又一封劾折摆到面前，他也就有些抵挡不住，开始怀疑苏轼对自己的忠诚，点头同意传其回京，问个究竟。一个名叫皇甫遵的御差就这样带上捕快，离开京城，打马往江南方向急驰而来。

这天阳光正好，苏轼没出游。想起湖州湿气重，纸张易受潮，他抱出所藏字画，摊到廊外坪里晾晒。其中有文同的墨竹，苏轼的目光久久停在上面，不肯挪开。

数月前文同蒙恩擢拔，不料履新途经宛丘时病逝，享年六十一岁。念及两人书信传递，诗画往来，而今字存画在，人已亡故，苏轼不觉黯然神伤，禁不住两眼模糊起来，又怕泪水打湿画作，只得缓缓仰起脑袋，去瞧屋檐上的燕子钻进钻出，衔泥做窝。

苏轼正在出神，忽闻衙外马蹄嗒嗒，由远而近，苏辙所派家仆飞驰而至。原来王诜得知御差出京收捕苏轼，大吃一惊，赶紧差人急赴商丘通知苏辙。苏辙闻讯，吓得瘫软在地，却还是强打精神，指派家仆，快马加鞭，南奔湖州。

其时皇甫遵一行已过境商丘，沿途经由各处驿站，不断更换饱马，风驰电掣，直指目的地浙北。苏辙家仆无权入驿换乘，只能不停地鞭策老马，艰难前行。也是苍天长眼，皇甫遵一行经过金陵时，有差人突然中暑，不得不入城问医用药，耽误半天时间，结果被苏辙家仆后来居上，抢先一步抵达湖州。

苏辙家仆跳下快趴倒在地的老马，跟跄着跌进府衙大院时，已口吐白沫，嘴不能言，只呆呆地看着正在为文同伤感的苏轼。苏轼认识家仆，赶紧收住眼泪，走上前来。家仆指指自己胸前，苏轼伸手进去，掏出苏辙的短信，低头一瞧，顿时吓傻在那里，半天动弹不得。

还是通判祖无颜听到动静，来到廊外坪里，拿过苏轼手上的信笺，匆匆看几眼，搀他回到公房，要他照苏辙的意思，把手头的诗文和亲友信函通通烧掉，以免落入皇差手上。苏轼慢慢回过神来，开始翻箱倒柜，搜寻自作及亲友所赠诗文。祖无颜又派人去后衙通知王闰之，快将家里有字纸张统统处理掉。

文章千古事，得失寸心知。读书人视文字如生命，苏轼虽搜出一大摞字纸，却怎么也舍不得毁掉。还是王闰之果断，一把推开苏轼，搂过他面前的纸堆，来到院子里，丢到地上，点火焚烧起来。嫌火势不够大，她又抓起苏轼晾在廊下的字画，投进火中。

仍呆立屋中的苏轼透过窗叶，看着院里升起腾腾火焰，心里一阵阵疼痛。

真想跑出去，从火下抢出自己心爱的诗文和字画，然两脚动弹不得，像被钉死在地板上似的。

其时皇甫遵已率捕快赶往湖州，直奔府衙而来。到得衙门外，皇甫遵把令牌一亮，衙役只得诺诺而退，入衙禀报苏轼。苏轼闻报，不知如何是好，问祖无颜："要不要负荆出迎皇差？"倒是祖无颜冷静，说道："还没收到旨意，应以太守身份见差。"

苏轼想想也是，努力镇住自己，拿过官帽、官袍和官靴，穿戴整齐，手执笏板，再由祖无颜和衙役护拥，来到庭前，面对皇甫遵和捕快站好，开言道："臣知开罪皇上和朝廷，此番入京，必死无疑，请容许回趟后衙，与妻儿别过，再受缚上路。"

"还没到如此严重地步。"皇甫遵冷冷道。苏轼正待再言，祖无颜上前一步道："吾乃湖州通判祖无颜，请问皇差，可有公函否？"皇甫遵朝旁边捕快抬抬下巴，捕快从包裹里取出刑部的公函，送到苏轼手上。

苏轼打开一看，见里面说：遵旨罢去苏轼湖州太守职务，传唤进京问讯。苏轼也干脆，脱下官帽、官袍、官靴，连同笏板一起，递到祖无颜手上，请他代理太守职责，又回头再次对皇甫遵道："上路前请容轼与家人道别。"

皇甫遵点点头，苏轼转过身，定定神，抬步向后衙走去。

得知皇差前来捕人，苏家妻儿及塾师、家仆正乱作一团，哭的哭，泣的泣，叹的叹，如丧考妣。苏轼鼻头一酸，觉得愧对家人，让他们多年来随自己东奔西走受累不说，到头来还要跟着担惊受怕。他还是故作轻松，亮着嗓门道："皇上想念臣子，召唤进京觐见，你们该高兴才是，有啥好哭的？"

家人止住哭，怔怔地望着苏轼，像在说：别自欺欺人，哪有皇上召见，先摘官帽官袍，再缉拿入京的？苏轼咧嘴笑了笑，竟然说起故事来。

当年真宗求贤若渴，听大臣说起新郑有个杨朴，满腹经纶，诗写得好，下旨征召入京。偏偏杨朴不肯应召，皇上特派皇差下去，强行把人带走。杨朴到得宫中，皇上问："在做什么学问？"杨朴答曰："不会学问，唯知种田刨地。"再问："写过何诗？"又答："没喝几滴墨水，不敢亵渎诗神。"

皇上拿杨朴没法，又问："你肚里墨水少，身边朋友定有饱读诗书善吟咏者，免不了以诗相赠，可否拿来一阅？"杨朴道："走得匆忙，没人赠诗，倒是拙荆献打油诗一首，还没忘记。"皇上曰："打油诗也是诗，不妨念来听听。"杨朴念道：

且休落魄贪酒杯，更莫猖狂爱咏诗。
　　今日捉将官里去，这回断送老头皮。

　　听得真宗直摇头，放杨朴出宫，回了乡下。苏轼讲完故事，家人破涕而笑。闰之则数落苏轼道："你无聊时，打打牌，钓钓鱼，下下棋，听听戏，多么快活，何等自在！胡思乱想作啥诗？现在可好，引来皇差，捉去京师，手起刀落，割下脑袋，看你还怎么作诗！"

　　说罢，闰之叫过大儿苏迈，叮嘱曰："你陪父亲随皇差先走一步，日后老头皮落地，赶紧捡起来，别让野狗叼走，以便对接到一处，留个全尸下葬。咱们家眷收拾收拾，随后上路，尽快抵达京师，好购些黄纸，到坟上去烧化。"

　　苏迈挎上肩包，跟父回到前衙。皇甫遵使个眼色，两名捕快拿出绳子，将苏轼结结实实绑了，牵出衙门，直奔城外。湖州百姓听说太守被捕，前来送行，一个个洒下伤心泪。一直送到城外码头，苏轼已上船入舱，渐渐远去，众人还站在岸边，久久不肯离去。

　　船过太湖，桨叶损坏，皇甫遵下令停船修桨。暮气沉沉，夜雾如纱，湖水在浓雾里悄然荡漾，无声无息。苏轼呆坐船舱中，侧首望着茫茫湖面，脑海里一片空白，仿佛还没从惊惧中回过神来。从朝廷命官到令人不齿的囚犯，之间仅差一根绳子，绳子加身前他还是堂堂一州太守，加身后便成了捕快手中绑翅缚腿的可怜小鸡。

　　在苏迈恳求下，皇甫遵同意给苏轼松绑。苏轼活动活动僵硬的四肢，出舱来到舷边，呼吸着拧得出水汁的湖风。湖风悄然拂过，浓雾慢慢散去，弦月浸于水中，似幻似真。

　　入仕二十年，忽东忽西，忽南忽北，来去无踪，无异于捉摸不定的噩梦，苏轼心乱如麻，顿生幻灭感，绝望至极。也不知此番解京，自己到底是死是活。死倒也干净，就怕欲死不能，欲活不得，还要连累亲朋好友。尤其王诜和弟弟苏辙，私下给自己通风报信，肯定会受追究，轻则罢官去职，重则下狱定谳，定难有好下场。

　　苏轼愧疚难当，真想翻出舷外，投身湖中，一了百了，说不定皇上怜悯心起，放过无辜亲友，转而又忖，自己如此不明不白地死去，岂不辜负弟弟他们一片苦心，也正中朝中小人下怀，不费吹灰之力就如愿拔去你这眼中钉、肉中刺？

　　打消死念，回到舱中，苏轼干脆一歪身子，倒头便睡。横竖是一死，何如先睡个饱，养足精神，黄泉路上动作利索些，也好早超生，十数年后又是一条好汉。

皇甫遵不愿耽搁时间，待船桨修好，立即下令开船，继续上路。自七月二十八日苏轼湖州遭捕，至八月十八日到京，投入御史台监狱，仅二十天时间，速度够快。

御史台署院深深，遍植柏树，树上常有乌鸦筑巢栖息，又名乌台。苏轼因诗被押入御史台受审，史称"乌台诗案"。

## 古今第一文字狱

中国有四大发明，乌台诗案首开文字狱恶例，怎么也算第五大发明。此前文人作文赋诗，纯系自娱自乐，从没享受过如此"隆恩"。诸如屈原作《离骚》，怨天尤人，指桑骂槐，君臣却充耳不闻。

比如孟子不满齐宣王寡情少义，当面指责道："君视臣如手足，则臣视君如腹心；君视臣如犬马，则臣视君如路人；君视臣如草芥，则臣视君如寇仇。"齐宣王羞愧难当，连正眼都不敢看孟子，更没想要捂其嘴，烧其书，消除影响。

又如狂士祢衡，痛恨曹操，口诛笔伐不过瘾，干脆搬张大鼓，击鼓骂曹，什么话最难听、最毒辣，拣什么话骂，把曹操前世今生里里外外都骂了个透，曹操心里颇为不乐，却还得装大度，说祢衡有才。

还有诗圣杜甫，愤而著《三吏》《三别》，无情批评时政，揭露当朝黑暗，还嫌不够，又作《自京至奉先县咏怀五百字》，公然叫嚷"朱门酒肉臭，路有冻死骨"，振聋发聩，君臣却装聋作哑，不闻不问，更没想起追究杜甫文责。

更有白居易于仙游寺作《长恨歌》，公然讽刺唐明皇误国误民误己，一时传遍天下，人人成诵；又在九江创《琵琶行》，与琵琶女同病相怜，闻琵琶而悲叹，说"座中泣下谁最多？江州司马青衫湿"，以发泄不满。如此放肆，白居易不仅没闯祸，相反受恩深重，该升官升官，该加薪加薪，以至禄寿双全，有滋有味地活到七十四岁，终老洛阳。

没承想，轮到苏轼，手痒写几行歪诗，忍气吞声发几句牢骚，竟被小人揪住，告到神宗面前，逮捕下狱，叫他如何想得通？可想不通也没法，既然身陷囹圄，只能任人宰割。

那天苏迈送父亲进得乌台狱舍，留下衣被，转身准备外出寻水觅食，苏轼凄然道："为父将不久于人世，喝得再好，吃得再美，也属白喝白吃，弄点粗茶淡饭即可。"苏迈强忍泪水道："吉人自有天相，父亲别太悲观，儿自会准备可口茶饭，尽量让父亲喝好吃饱。"

苏轼瞧瞧左右无人，放低声音道："就送些豆腐蔬菜，容易入喉，利于消化，千万别送鱼呀、鳝呀的，除非君要臣死，吃过断头餐就上路。"

这是父子间的秘密约定，苏迈自然照办，餐餐萝卜白菜、豆腐海带，偶尔炒些有权有势之人不屑上桌的猪肉，给父亲打打牙祭，哄哄肠胃。

两天后的二十日，由李定和舒亶提讯苏轼。两人都是文人，自觉才高，不输苏轼，却名头没其响，威望没其高，心里老不自在。尤其李定，怀疑苏轼诗讽自己为入京谋官置母亲的尸骨于不顾，恨得咬牙切齿，才串通舒亶等人，向苏轼发难，终于如愿得手。

此刻苏轼就蜷缩于堂下，成为足下罪犯，李、舒两人感觉自是再美不过，仿佛六月天喝着清凉山泉。只见李定一拍惊堂木，大声喝道："堂下何人，报上名来。"

苏轼斜了一眼李、舒，心想天下何人不识轼？你俩睁眼瞎，认不清本尊是谁？可人在矮檐下，不得不低头，苏轼还是老老实实答道："本人姓苏，名轼，字子瞻。"同时报上籍贯、年龄、中举年月以及历任官职。

继而苏轼又交代为官以来，受过两次记过处分：一次是在凤翔通判任上，与陈太守不和，拒出席秋季庆典，受罚红铜八斤；另一次是出任杭州通判时，下属挪用公款，未及时呈报，同样被罚红铜八斤。除此之外，别无不良记录。

李、舒二人也知苏轼不贪不腐，不懒不惰，要他乱纪怠政，几乎没有可能，只能揪住其所作的诗文不放，才问得出名堂。李定拿出苏轼任杭州通判时所作《山村五绝》，问道："还记不记得其三有句'岂是闻韶解忘味，迩来三月食无盐'？"

"还记得。"苏轼点头道。舒亶问："是何用意？"苏轼也不含糊，坦白道："讽刺新政和盐法。"李定又问："还记不记得其四有句'杖藜裹饭去匆匆，过眼青钱转手空'？"苏轼照样道："还记得，同样是讽刺青苗法。"

二十二日再审，李舒揪住苏轼作于杭州的《八月十五日看潮》的句子"东海若知明主意，应教斥卤变桑田"，责问是何用心。

也许诗里有"明主"二字，苏轼心里惴惴，没那么干脆，拖到二十四日才说是讥讽朝廷水利之难成。李定又拿《戏子由》说事，指责苏轼违抗朝廷所倡新律，居心叵测。因诗涉弟弟，苏轼顾虑重重，不肯轻易点头。

李定便大声呵斥，肆意辱骂，自己累了，再要舒亶等人轮番审讯，不让苏轼睡觉歇息。拖到二十八日，苏轼实在受不了了，不得不照李、舒的意思，他们说是啥便是啥。

李定如获至宝，带着审讯笔录，跑去觐见神宗，兴高采烈地说苏轼照御史弹劾内容，一一供认不讳，还说以为苏轼是大忠臣，想不到一向不满新政，痛恨朝廷，那还了得？

神宗望了一眼李定，道："苏轼招供得这么快，恐怕只有两种可能：要么确属反新政反朝廷反朕，心中有愧，无可否认；要么用刑过重，受不了皮肉之苦，屈打成招。"李定忙道："苏轼名高当时，辞能惑众，为避人言，不敢用刑。"

龙颜终于被激怒，神宗大发雷霆道："朕待苏轼不薄，他竟如此离心离德，那还了得！继续给朕审，把其他朋党通通给审出来，非审出结果不可。"

李定要的就是神宗这个态度，大喜而退，派出多路御史，分赴各地，搜寻与苏轼有关的信函和诗文，又广发布告，谁能举报苏轼嘲讽新政和朝廷的诗文言论，予以重奖，该给职位给职位，该给钱帛给钱帛。

此招一出，效果立现，检举信函雪片般飞往京师。其中安徽灵璧县教谕李宜之，正恨自己官比芝麻小，又无直达天听机会，探知苏轼离豫赴任湖州途经该县时，曾寄寓张氏的私家园子，觉得里面应该有文章可做。想那张园，山雅水秀，楼佳阁美，曲径通幽，苏轼置身其间，能不手心痒痒，留字纪念？

李宜之跑去一问，果然苏轼写过一篇园记。张家哪知李宜之意图，主动拿出来园记，以示炫耀。园记中有言："古之君子，不必仕，不必不仕。必仕则忘其身，必不仕则忘其君。"语出孟子对孔子的评价，意即有美妙张园可栖身，自会忘功名利禄甚至君恩于脑后。

"必不仕则忘其君"云云，当初苏家兄弟游览商丘梁园时，苏轼就曾发过类似感慨，谁知竟将弟弟警告当耳旁风，白纸黑字写进张家园记中，岂不授人以柄吗？读得李宜之心里怦怦直跳，暗道：该轮到咱姓李的出息了。于是连夜上书曰：天下之人，仕与不仕，不敢忘其君，独苏轼有不仕忘君之险恶用心，是废为臣之道尔，云云。

李定和舒亶见书，正中下怀，奏调李宜之入京做上御史，为虎作伥，帮着修理苏轼。李宜之乃边地九品小吏，动动笔头，递封举报信，便一步登天，做上京官，能不令人垂涎？自有不少阴险小人跟着效仿，卖力搜寻苏轼言辞，献给新党，谋求仕进。

世间从来不缺小人，苏轼所题大量诗词，也就经由不同渠道，源源不断汇集京师。李、舒一伙废寝忘食，挑灯夜战，从中挑出一百多首，加以重点索引和阅评，一下子牵出三十九人。旧党领袖司马光名字赫然于首，令人瞩目。

原来王安石罢相后，苏轼曾赠诗司马光："先生独何事，四海望陶冶。儿童诵君实，走卒知司马。"意思是普天之下皆知当政者无道，推行新政，误国误民，连儿童都口呼司马大名，切盼其出来执政，陶冶天下。

又如写给黄庭坚、王诜、孙觉、曾巩、张方平、范镇、周邠、王巩等人的诗文里，要么批评新政伤民，要么讥讽新进小人得志猖狂，白纸黑字，谁也别想抹掉。

其中有些诗作直白，一看就知咒骂奸佞小人，可被轻松认定为罪证。有些则比较隐晦，用典深奥，李、舒一时看不明白，就拐弯抹角套苏轼的话。苏轼心生蔑视，肚里哼哼道："你们都是读书人，舒亶还是堂堂状元郎，自觉比我苏轼高明，不想藏几个典故于诗中，便不知所云，诗书都读到牛屁眼里去了！"

也是一时得意，苏轼竟滔滔不绝，畅论起作诗奥妙来。当初刘恕被罢出京，苏轼赠诗两首，其一曰：

敢向清时怨不容，直嗟吾道与君东。
坐谈足使淮南惧，归去方知冀北空。
独鹤不须惊夜旦，群乌未可辨雌雄。
庐山自古不到处，得与幽人子细穷。

李舒不甚明白，苏轼一脸轻蔑道："首句取自孔子不怨不容，次句典出东汉经学派弟子东行，三句藏萧何智平淮南王，四五六句言冀北无骏马，朝中独鹤不容于鸡群和乌鸦。"

不是苏轼不打自招，李、舒之徒哪知苏诗骂人不留痕迹？又要他解释其二：

仁义大捷径，诗书一旅亭。
相夸绶若若，犹诵麦青青。
腐鼠何劳吓，高鸿本自冥。

颠狂不用唤，酒尽渐须醒。

苏轼乐得免费讲诗，笑道："前四句指责你们这些虚伪书生侈谈仁义，不过背几句旧诗，作几篇酸文，便谋取功名富贵，谁知官瘾没过足，便口含珍珠，葬身地下，不多时尸烂骨散，棺朽坟平，唯余麦苗青青。后四句更直白，楚王派专使请庄子入朝做官，庄子冷冷一笑，说乌鸦觅得腐鼠一只，正趴枝上忘情享用，有鹤自空中经过，乌鸦大惊失色，以为来抢自己爪下美味，抬首大声尖叫，威胁鹤敢来夺食，跟其拼老命！鹤毫不理会，倏然飞入云中。"

说完故事，苏轼还觉不够，指指李定和舒亶，悠悠道："你们手里的那点权力，不过乌鸦爪中腐鼠，以为自己一日无腐肉可食会死人，别人也好这一口，非夺走不可，殊不知鹤志并不在此，你们实在多虑啦。"

气得李、舒嘴斜鼻歪，恨不得冲过去，掐死苏轼，又怕神宗那里不好交代，只能先忍住，大声叫道："好你个苏轼，死到临头，还要耍嘴皮子，你等着瞧吧。"

看看罪证搜集得差不多了，李定正要呈送神宗，拿掉苏轼项上脑袋，舒亶担心道："万一皇上临时改变主意，不杀姓苏的，又如何是好？"李定拍拍手里的案卷道："苏轼罪状在此，一桩桩，一件件，白纸黑字，谁否定得掉，还怕皇上不定苏轼死罪？"

舒亶心里还是有些不踏实，道："照卷上所载，苏轼死一百次都不够。怕就怕圣意难测，万一皇上心生怜悯，放过苏轼，咱们岂不白忙数月？要么多奏几人死罪，到时皇上杀不了那么多，总得拿首犯苏轼开刀结案。"

李定觉得有道理，让舒亶拟折，奏斩苏轼，另让司马光、张方平、黄庭坚、范镇、苏辙、李常、王诜、王巩、曾巩等人陪斩，黄泉路上也好诗酒唱和，免得寂寞。

折子拟就，舒亶又有担心，对李定道："说来说去，苏轼不过口咒新政和朝臣，好像没涉及皇上本人，恐怕不足以置其于死地。"李定沉吟道："若能拿到关涉皇上本人的诗文，触怒龙颜，苏轼则死定了。可又到哪里去找这种诗文呢？"

舒亶想想说："有个叫作王复的秀才，因仰慕苏轼，曾邀其赏庭前古桧，据说苏轼观桧有感，作过《王复秀才所居双桧》诗，里面有'九泉'与'蛰龙'字样。皇上乃真龙天子，苏轼不颂天龙，却吟什么泉下蛰龙，岂不犯大忌？"

李定闻言窃喜，随舒亶赶到王家，一番威逼利诱，迫使王复交出苏轼亲笔诗：

凛然相对敢相欺，直干凌空未要奇。

根到九泉无曲处，世间惟有蛰龙知。

《桧诗》也许是斩苏最佳利器，两人觉得不能轻易出手，该找有分量的人代呈神宗，想起副相王珪，他自觉文章天下一流，却被晚辈苏轼盖过名头，一直衔恨在心，若由他呈递苏诗，挑拨皇上，定见奇效。又值王珪久居副相位置，倍觉委屈，李、舒送上苏诗，他自然乐得配合，说不定整苏有功，皇上一高兴，一句话提拔自己晋级正相，也不是没有可能。

几天后，李定把精心挑选出来的苏诗卷宗送入宫中，神宗仔细翻阅，觉得苏轼实在混账，灭苏之心渐起。王珪又及时出现在神宗面前，呈上苏轼《桧诗》，火上浇油道："陛下飞龙在天，轼以为不知己，转求之地下蛰龙，非不臣而何？"

怂恿得神宗怒从心头起，更加坚定了杀苏的想法。王珪看在眼里，乐在心头，觉得晋升正相希望就在眼前，出宫召见李定和舒亶，说杀苏已有九成把握，暗示事成后，别忘吁请皇上，促成自己去副转正。

## 章、王出面营救

得知苏轼搬起石头砸自己的脚，栽倒在自己的诗文里，脑袋难保，朝臣有幸灾乐祸者，也有心惊肉跳不无忧患者。试想朝内朝外，几个不是文人出身？文人都有个毛病，动不动触景生情，感物伤怀，然后形诸笔端，留在纸上，自鸣得意。亦即说，一旦苏轼死于诗文，首开恶例，日后小人看你不顺眼，逮住你只言片语，小题大做，你岂不成为苏轼第二第三？

正是兔未死，狐先悲，众臣自觉不自觉间，纷纷开始行动，出面为苏轼说话，希望能保住他项上脑袋。

有意思的是挺身而出者，偏偏并非苏轼旧日文朋诗友，而另有其人。

也许诗文本系玩物，以诗交友，以文结朋，不过好玩而已，无关利害，认真不得。欧阳修故去，苏轼成为文坛领袖，舞文弄墨者谁不想往他身边蹭，附骥尾般顺便沾沾光？只要能与苏轼同桌喝过酒，同几饮过茶，同室说过话，便添油加醋，到处张扬，生怕别人不知自己与苏轼有缘。若有幸获其所赠诗画，更是沾沾自喜，逢人便拿出来炫耀一番，证明能入苏轼的慧眼，绝非凡夫俗子。或手执所写歪诗，所涂劣画，拿去请苏轼斧正，苏轼碍于情面，应付式说两声"不错不错""可以可以"，这些人则到处吹嘘，非把稻草说成金条不可。

诸如此类，看上去似属务虚玩玄，其实另有图谋。说不准上司正好喜欢苏诗、苏文，听说你跟苏轼有些瓜葛，一高兴给你晋个级，升个官，自不在话下。哪怕你非官场中人，借苏轼大名，到权贵门下混顿嗟来之食，甚至于蒙骗衙门长官，谋份抄抄写写的差事，狐假虎威，唬唬贱民，也不是没有可能。

正应了文人无行的老话，平时三句不离苏轼，直接或间接得过其好处的文朋诗友，此刻像约好了似的，一个个闭紧嘴巴，做失语状，仿佛从没听闻过"苏轼"二字。此时苏轼身上已无任何光芒，有的只是癞癣疥疮，谁沾边谁受传染，遭毒害，起疱生疹流黄脓。

不过也不能全怪这些人。苏轼本属皇上宠臣，名重当时，浑身都是光环，李定、舒亶、何正臣之流略施伎俩，他就被逮入狱中，问成死罪，小命难保，连王诜贵为驸马，司马光、张方平几朝元老，皆因跟苏轼交换过诗文，便被告到御前，在劫难逃，其他些小文人，不小心被牵扯到苏案里，哪还有生还可能？也就恨不得遁入地底，消失于无形。

就在苏轼的文朋诗友躲得不知去向时，有个人物出现在神宗面前。此人不是别人，正是苏轼的好友章惇。与苏轼正好相反，章惇热衷新政，深受王安石器重，屡任要职，成为变法得力干将。王安石罢相，章惇也因母逝回籍服丧，今丧期届满，回朝觐见神宗，领受新职。王安石和吕惠卿两败俱伤，一时朝中无人，神宗欣赏章惇才干，授其参知政事，以继续施行新政。君臣说完正事，论及苏轼，章惇恳求神宗，别开因言杀臣先例，留下千古骂名。神宗不乐，拿出王珪所供苏轼《桧诗》，要章惇自己看。

章惇自视才高，一向瞧不起王珪尸位素餐，对其落井下石伎俩，颇不以为然，质疑道："皇上圣明，可知王珪呈献苏诗意图？"神宗道："苏轼不臣，王珪呈诗，无非维护君威。"章惇道："王珪维护君威恐怕是假，借苏轼诗案讨好皇上，早日转正才是真。就王珪那点能耐，担任副相已名不副实，真让他做上首相，岂不坏皇上大事？"

神宗默然，没有吱声。章惇进一步道："再说苏案朝野震惊，官民一个个都睁大眼睛盯着，若见王珪之流耍点小聪明，做点小动作，就被提拔重用，以后谁还肯给皇上干正事？"神宗这才道："就算王珪有私心，可苏轼以蛰龙反讽朕，也太可恶了点。"

章惇干脆挑明道："以龙喻天子，已然俗成，但龙可喻君，亦可喻臣喻民。苏轼以蛰龙入诗，并无反讽皇上之意。"神宗惊讶道："莫非龙还可喻臣喻民不成？"

章惇可非信口胡诌，自有其依据，当即道："孔子访周问礼于老子，眼界大开，东归见着弟子们，不免大发感慨曰：'吾今日见老子，其犹龙邪！'"

二圣会晤的典故，史有载录，神宗自然知道。章惇又道："先贤论及汉初张良、萧何和韩信三杰，说汉祖骖三龙而乘云路，振长策而驱天下，三龙者，人杰也。至于三国诸葛亮'卧龙'之誉，更是家喻户晓，又因诸葛亮及其弟诸葛瑾、从弟诸葛诞并有盛名，各在一国，人言'蜀得其龙，吴得其虎，魏得其狗'。"

章惇言之凿凿，神宗也就无话可说。传到王珪耳里，他闻章惇诋毁自己，极力为苏轼辩驳，不禁大为不满，上门指责章惇，彼此无冤无仇，为何去皇上面前说自己坏话。章惇斜眼望了望王珪，把给神宗普及过的文史知识，又给此君传授一遍，然后嘲讽道："珪相到底读没读书，妄言龙只可喻君，不可喻臣？"王珪红着脸道："状元郎舒亶说的，难道还有错？"章惇冷笑道："舒亶的口水，你也吃得这么津津有味？"

王珪说不过章惇，跑进宫中，咒苏骂章。神宗已隐隐意识到，自己首开文字狱恶例，定会受后人诟病，对苏轼诗案渐生厌倦，瞥了一眼王珪，面无表情道："苏轼咏桧，与朕何干？"

王珪不好强词夺理，灰溜溜地告退而出。正好王安石有折呈入，明言奉劝神宗："太祖赵匡胤立有家法，除非谋逆大罪，大臣有失误和过错，只能降职贬谪，不可乱开杀戒，当今皇上英明无比，安有圣世而杀才士乎？"

神宗寻思，苏轼反对新法，与王安石对着干，王安石尚且愿意饶恕政敌，反过来为其说情，自己身为一国之君，揪住苏轼讽刺新政一事不放，斤斤计较，岂不显得太没肚量？难道宰相肚里能撑船，皇帝肚里则容不得几行苏诗、几句苏文？

神宗放下奏折，宰相吴充来问事，话题又触及苏轼身上。吴充系福建人，虽是王安石的儿女亲家，却并不完全认同新政，王安石与吕惠卿去国后，神宗为平衡新党和旧党之间关系，拜吴充为相。吴充也认为杀苏轼容易，为神宗洗刷杀才士恶名难，劝阻道："陛下以尧舜为法，薄魏武固宜，然魏武猜忌如此，犹能容祢衡，陛下不能放过一苏轼何也？"

魏武就是曹操。曹操疑心重，宁肯天下人负我，我不负天下人，然祢衡击鼓骂曹，字字如枪，句句似刀，曹操一笑了之，大度饶过人家，苏轼不过不满新政，借助诗文，含沙射影，站在百姓立场，说几句实话，发几声牢骚，且不容于当朝，要后人如何评判？难道自己还不如曹操吗？神宗心里开始松动，已起不杀苏轼之念。

神宗还收到苏辙的折子，他情愿纳还朝廷所给官位和俸禄，为兄长赎罪，若皇上开恩，放过兄长，他自当卷上铺盖，陪兄长南归眉山，耕地种田，自食其力，也好减轻国家负担。苏辙为人谨慎低调，为官清正廉明，神宗暗想，苏氏兄弟同母所生，弟弟官声颇佳，哥哥还能坏到哪里去？只不过苏轼直爽率真，口无遮拦，笔不留情，容易得罪人，才为笔舌付出沉重代价。

当然促使神宗最后下决心放过苏轼的，还是祖母曹太后。曹太后乃仁宗皇后，受仁宗影响，一向欣赏苏氏兄弟，每每得到兄弟俩的诗文，总是反复吟诵，赞叹不已。有宋以来，文风鼎盛，历代皇帝皆能善待文人，各自皇后耳濡目染，也对才士津津乐道。曹太后最爱苏轼的才情，久不读苏诗苏文，便食不甘味，怅然若失。仲秋以来，再无苏轼诗文进呈，曹太后甚觉不适，问身边人，都支支吾吾，语焉不详。

原来神宗知道祖母喜欢苏氏兄弟，苏轼下狱后，他便叮嘱宫人闭紧嘴巴，千万别在老人家面前胡言乱语。可纸包不住火，终被曹太后探知实情，大骂李定、舒亶等人无耻，坏我大宋祖规，敢对才士下黑手。曹太后正拄杖要去责问孙子怎么回事，忽然发病，卧榻不起，唯有静待神宗来看望自己时，再好好教训教训他。

仁宗无后，传位于养子赵曙，是为英宗，英宗再传位给儿子赵顼，即神宗。父子非仁宗一脉，之所以能继位，全凭一个"孝"字，"孝"字功夫不够，其皇位的合法性便大打折扣。因而得知祖母病倒，神宗便赶紧扔下朝政，飞步来到后宫，探视病情，亲手侍奉汤药。

曹太后病得不轻，已无力气教训孙子，勉强喝一口其双手呈上的良药，气若游丝道："祖母多次讲过尔祖父策选贤良的故事，尔可否还记得？"神宗意识到祖母要说什么，点头道："孙儿一直铭记于心。"曹太后盯住神宗道："那尔复述一遍给祖母听听。"

神宗躲避着曹太后的目光，道："昔爷爷策获良才，心情大好，回到后宫，脸上还满是喜气，日今为子孙选获俩太平宰相也。"曹太后又问："哪俩太平宰相？"神宗低下头道："盖轼、辙兄弟俩。"曹太后使出生命最后一点气力道："尔祖父明言，策选苏氏兄弟，是留给尔等做宰相，辅治大宋江山，尔却听信小人谗言，借口苏诗讽喻新政，将其打入御史台大狱，意欲办成铁案，杀之而后快，不有些欠妥吗？"

神宗羞愧不已，当即道："祖母教诲得对，孙儿一定善待忠良才士，决不轻开杀戒。"

神宗别过曹太后，出得后宫，盘算着诏令御史台，放苏轼出狱，无奈苏轼讽刺新政的诗文，仍字字句句在他的脑海里晃悠着，挥之不去。国家贫弱，外族觊觎，朕用心良苦，推行新政，以富国强军，苏轼身为臣子，不体谅朕之苦衷，相反自恃才高，舞文弄墨，对新政冷嘲热讽，公然与朕叫板，朕岂可因祖母说情，一时心软，就这么轻易放过这小子？

寻思良久，神宗召来皇甫遵，问道："苏轼系你缉拿归案，他在狱中情形，你可否知晓？"皇甫遵实话道："把苏轼移送御史台后，臣不好再插手苏案，皆因苏轼名头太响，传言满天飞，听说其受不了御史追逼拷问，对以诗文讽喻新政的事实供认不讳。"神宗道："朕知轼毫不隐瞒对新政的不满。然新政由朕倡行，其因新政入狱，不知恨不恨朕？"

皇甫遵琢磨着神宗的意图，道："要不臣去狱中会会苏轼，探探其口风？"神宗道："苏轼认识你，就是对朕怀恨在心，也不会当你面说出口。"皇甫遵道："那臣安排一个信得过的太监，入狱潜伏在苏轼身边，苏轼心直口快，有啥说啥，真衔恨皇上，自会口吐实言。"

神宗就让皇甫遵物色机灵可靠的太监，装作犯人，入狱近观苏轼有何表现。皇甫遵起身欲出，神宗又道："叮嘱太监，见着苏轼，千万别出声，只管睡到其旁，察言观色即可。苏轼聪明过人，被他识破，就没法试出实情。"

皇甫遵应诺而去。

## 死里逃生出大狱

就在神宗召见皇甫遵当儿，御史台大狱里出了个有趣的小插曲。苏轼入狱后不久，一家大小也自湖州辗转来到京城，住进苏洵当年购置的老屋，一个个苦大仇深，等候诗案进展，思谋着万一苏轼死罪难免，也多几个人手，届时好置齐香蜡，抬了棺材，到刑场上去收尸，免得苏轼的人头落地，被野狗抢先叼走。

自苏轼犯案始，便已停发薪俸，一家大小近二十口，要吃要喝，亲朋好友一个个躲得不知去向，苏迈只能与母亲王闰之协商自救办法，以粗粮糙米果腹。粮米再粗糙，也得花钱，家中积蓄微薄，案子一拖三个月，眼见坐吃山空，苏迈兄弟别无良策，唯有分头行动，外出借贷。想起父亲在狱中张口待食，苏迈行前特嘱远房亲戚代为送饭。

亲戚想起苏家窘迫，苏轼吃不起大鱼大肉，正好家有熏鱼，赶紧取出来，照川菜制法，佐以花椒、生姜和葱段，烹熟盛好，连同米饭一起送入狱中，由狱卒梁成转给苏轼。

揭开饭盒，一见熏鱼，苏轼不禁大吃一惊，哪里还下得了筷子？入狱之初，他便与儿子暗中约定，平时只送豆腐蔬菜，最多炒些便宜猪肉，以塞饥肠，除非得到不好消息，才送鱼暗示，意思是余时已不多。也是一家大小空腹待哺，苏迈借钱心切，走得匆忙，忘提醒亲戚，以至苏轼见着熏鱼，以为死罪已定，只待押赴刑场问斩，等候家人收尸入殓，顿时心如死灰，任凭泪水盈出眼眶，流到腮边，滴到熏鱼上。

苏轼一生善良正直，光明磊落，心底无私天地宽，在朝公忠体国，恪尽职守，外任爱民如子，勤政廉洁，属公认的好官。他无非体恤民情，见新法伤农害商，于心不忍，才吁除弊政，给百姓留条活路。君相固执己见，朝中小人当道，苏轼无力回天，唯有借诗文冷嘲热讽，无非图笔墨之快，不想却引火烧身，遭此大劫。

祸从口出，冤由笔招，实在怪不得他人，要怪只能怪自己。苏轼所憾的是，自己才活到四十四岁，正值盛年，治国平天下理想远未实现，竟身陷囹圄，脑袋难保，实在太不值得。人总有一死，早死几年与多活几岁，区别只那么大。何况早死早超生，来世吸取教训，但做愚夫，不当文士，再享寿禄也一样。苏轼舍不下者，唯儿孙尚小，成年的也未及成器，一家之主倒下，他们怎么过活？还有闰之贤惠，朝云温柔，自己撒手而去，留下她俩独守空房，情何以堪？

苏轼又联想到苏辙，四十年兄弟，一朝分离，阴阳两隔，岂不悲哉！人生在世，前半生属于父母，后半生属于妻儿，算来都只半世缘，兄弟则不同，一起长大，一起成年，一起变老，是一生一世的情义。苏轼格外亲爱苏辙，觉得四十年兄弟远没做够，但愿人长久，同生共死，携手走完此生。然君要臣死，臣不得不死；父要子亡，子不得不亡。君父既听信李定、舒亶等人诬告，拿他项上人头以祭新政，他也只能抛下苏辙，独自一人踏上黄泉路。

极度悲伤之际，苏轼面对窗外的寒霜和天上的冷月，朝狱卒梁成要来纸笔，满含悲泪，给苏辙写下绝命诗：

圣主如天万物春，小臣愚暗自亡身。
百年未满先偿债，十口无归更累人。
是处青山可埋骨，他年夜雨独伤神。
与君今世为兄弟，又结来生未了因。

自己愚暗，惹祸上身，死不足惜，所惜兄弟情未了，难舍难弃，只好寄托给轮回，生生世世都做兄弟。觉得意犹未尽，苏轼又题曰：

柏台霜气夜凄凄，风动琅珰月向低。
梦绕云山心似鹿，魂惊汤火命如鸡。
眼中犀角真吾子，身后牛衣愧老妻。
百岁神游定何处，桐乡知葬浙江西。

读书人腹存几句诗书，便觉心高气傲，自以为多了不起，其实只要一根绳索绑了，便命如受缚小鸡，只有引颈待宰的份儿。自己罪有应得，宰也好，烹也罢，随他去吧，唯愧对担惊受怕的儿孙，及吃尽苦头没享过两天好福的贤妻。

诗刚写完，梁成提着半桶热水进来，轻轻放到苏轼面前，小声嘱道："先生洗把脸，泡会儿脚，睡个好觉吧。"

其实两人非亲非故，只不过梁成粗识文墨，喜读苏轼的诗文，大诗人蒙冤来到自己所值狱舍，就想着尽己所能，为他做点什么。身为小小狱卒，大事做不来，便每晚烧半桶热水，提到狱舍，让苏轼洗脸泡脚。

苏轼不幸，白天接受审讯，被御史无情拷问咒骂，唾面自干。苏轼有幸，夜里回到狱舍，可用梁成送来的热水洗去脸上唾痕和屈辱，再泡泡因久坐而肿胀的腿脚，让热流传遍全身，抚慰受创的灵魂。

正是梁成这半桶温度足够的热水，暖和着苏轼一个个寒夜，让他睡得沉实，梦得香甜，隔日一觉醒来，又有足够的力气和智慧，对抗小人的诬蔑与诅咒。

看着木桶里冒着白气的热水，苏轼心头一阵温暖，满腔悲愤也随腾腾热气，消弭于无形。跟往常一样，梁成放下热水，准备走开，苏轼叫住他，拿出刚写的诗，嘱道："还请好兄弟，转交迈儿。亲戚送饭时说过，迈儿出城借钱，当天便会回城。"

梁成应承着收好诗作，转身离开狱舍。苏轼听着梁成的脚步声远去，转向木桶，洗把脸，再坐到吱嘎作响的窄榻前，抬起双脚，伸进热水里，美美地泡起来。在苏轼四十余年的岁月里，他觉得人生最大享受不过三件事：一是有感而发，赋诗写字；二是与知己对坐，喝酒品茶；三便是睡前无事，热水泡脚。

水温略高，微微有些烫。腿脚血脉受热后，加快流速，往上传送暖意，让人通体舒畅。苏轼微合双眼，尽情享受着这份温暖，似入物我两忘之境，熏鱼带来的悲凉悄然退去。

半炷香的时间，水温渐渐由烫至温，苏轼双脚还在水里赖了一会儿，才起出水桶，用布巾抹干，然后脱去外袍，钻入被子里。暖流在体内循环，苏轼刚刚合上眼皮，思维便被睡意慢慢笼罩，天地不觉混沌起来。

就在苏轼意识模糊似眠未眠之际，有人蹑手蹑脚地进了狱舍，站在窄榻边，瞧了一眼仰卧榻上的苏轼，弯腰整理整理地上稻草，以包裹为枕，倒头便睡。苏轼隐约感觉出身旁的动静，以为新来了犯人，也不去理会，依然合着沉重的眼皮，很快睡死过去，鼾声大作。

这是受皇甫遵所托，以犯人身份前来监视苏轼的宫中太监。苏轼鼾声太响，太监两耳有些受不了，心里骂道：真有你小子的，死到临头，还没事人似的，睡得这么沉。莫非真是文曲星降临人世，并非吾等凡夫俗子？太监辗转反侧，实在难以成眠，只得两手捂耳，尽量不受苏轼的鼾声干扰，才好不容易进入梦乡。

太监一觉醒来，天光已透入狱舍。见苏轼还在窄榻上呼呼大睡，太监过去推他一把，吼道："你鼾声真响，屋顶都快被轰塌啦。"

苏轼迷糊中吸了一口气，收住鼾声，似醒非醒道："你是谁呀，管天管地，还管人打鼾放屁！"他身子扭扭，往里一侧，又沉睡过去，鼾声再起。太监在苏轼的背上拍了拍，说了句："好好好，算你能睡，能睡就没事。"然后他就提起包裹，出得狱舍，禀报皇甫遵去了。

皇甫遵得报，赶紧觐见神宗，如实转奏太监夜探狱舍所获实情。神宗慨叹一声，不无歉疚道："苏轼于心无愧，才睡得那么踏实。倒是朕偏听李定、舒亶和王珪一伙怂恿，错怪忠良怀有不臣之心，实在不该。"

皇甫遵面奏苏轼在狱中的表现时，苏迈正提着饭盒来到狱舍门口，由梁成转交父亲。梁成顺便拿出苏轼写给苏辙的绝命诗，塞到苏迈怀里。苏迈见诗，伤心欲绝，却还是忍着悲痛，返回家中，派家仆快马送往商丘，呈于苏辙手上。

苏辙读毕两诗，顿时昏倒在地，不省人事。家人一阵手忙脚乱，才把人救醒过来。苏辙又捧诗反复吟诵，久久不能释怀。直至夜深人静，他想起兄长因诗获罪，何不供出绝命诗，说不定皇上心生怜悯，饶过兄长也难说。

心里这么思忖着，苏辙连夜动身，急奔京师，走进御史台，大声嚷嚷，声称要检举罪臣苏轼。李定和舒亶闻声，你望望我，我望望你，甚觉奇怪：上月苏辙还呈折宫中，情愿纳还朝廷所给官位和俸禄，为兄长赎罪，此时又跑来检举罪臣，到底要干什么？

接过苏轼的绝命诗，李定瞥上几眼，转给舒亶，问苏辙："两诗来自何处？"苏辙理直气壮道："罪臣苏轼不关在御史大狱吗？诗系其亲笔所写，墨迹未干，还能来自他处不成？"

苏轼为大宋头牌书法家，其笔迹尽人皆知，没法伪造。两诗字字血，句句泪，也只狱中罪臣写得出来，不可能出自他人。既是苏轼的文字无疑，又系御史台和监狱管理疏漏，不慎流传出外，李定和舒亶岂敢隐瞒不报？当即送入宫中，呈交神宗，虽说两人担心神宗见诗写得可怜，一时妇人之仁，忽生恻隐，轻易饶恕苏轼。

果然，神宗见诗，大受感动，差点流下同情的眼泪。试想苏轼天纵英才，当年爷爷慧眼识珠，专为子孙策选出来的宰相人物，自己不知好好珍惜，为我所用，竟一时糊涂，听信谗言，把他打入大狱，任由御史蹂躏摧残，实在太不像话。别说传诸后世，背千古骂名，就是哪天跪到爷爷灵前，也没法向他老人家交代啊。

神宗心里已赦免苏轼，唯虑诗案由自己点头，恩准李定、舒亶一伙审理，这会儿要赦免苏轼，还得有个说得过去的理由，否则出尔反尔，也不像君王所为。

恰在此时，曹太后病情越发恶化，渐至弥留。神宗搁下诗案，赶往后宫，跪到太后的榻前，含泪道："孙儿不孝，没能请得神医，治愈祖母。祖母可别抛下孙儿，孙儿这就下达圣旨，大赦天下，为祖母祈寿。"

许是回光返照，曹太后忽然睁开双眼，道："孙皇别大赦天下，只赦苏轼一人即可，老妇到得九泉之下，面对尔爷爷时，也好有个交代。"

"祖母尽管放心，孙儿一定遵照懿命，赦免苏轼便是。"神宗满口应承。曹太后这才面带微笑，满意地合上双眼，咽下最后一口气。

## 凄惶南谪路

得知曹太后留下赦免苏轼的遗训，李定、舒亶一伙心急火燎，暗暗诅咒老太婆坏自己的好事，实在太可恶，又不敢公然斥责曹太后，更不甘心就此作罢，于是加紧行动，继续网罗苏轼罪证，非逼神宗砍下其脑袋不可。

神宗早已厌倦御史台的无耻伎俩，不再理会李定和舒亶一伙，曹太后的大丧刚结束，他便果断下达圣谕，免去苏轼死罪，责授检校水部员外郎黄州团练副使，本州安置，不得签署公事，由御史台差人押解前往，交由州官严密监督，不可擅离谪区。

其他涉案官员自然也得受罚。受罚最重者为驸马王诜，身为皇亲国戚，屈尊与朝臣勾勾搭搭，诗酒唱和，爱苏轼胜过爱千金公主，且紧要关头泄露机密给苏辙，责加一等，削除一切官爵，贬为庶民。

其他诸如王巩，虽没收藏苏轼的谤诗，因平时不肯搭理御史，却与苏家兄弟过从甚密，判发配天高皇帝远的岭南，令其够不着苏家兄弟。苏辙得到王诜所泄御史台消息，派人赴湖州通风报信，后又奏纳官位替兄长赎罪，不成体统，降职为江西筠州酒监。

还有张方平罚红铜三十斤，司马光、范镇、李清臣等涉案官员二十人各罚红铜二十斤。

轰动朝野的乌台诗案至此结束。苏轼结束一百四十天的牢狱之灾，于除夕当天告别在劫难中给过自己无限温暖和生之希望的梁成，由御史台两名解差押解，走出监狱的大门。

狱外雪光明亮，已习惯黑暗的苏轼无法适应，犹如芒刺在眼。他正要闭上眼睛，寒风裹挟着雪絮，呼啸而至，打在脸上，苏轼一阵头晕目眩，感觉天旋地转起来。幸苏迈候在门外，箭步上前，扶住父亲，才没让他倒下。

寒风过去，苏轼揉揉双眼，尝试着慢慢睁开眼皮，同时深深吸了一口气。与监狱里混浊污秽的气味不同，这是久违的自由的空气，虽寒彻骨髓，毕竟清新甜润得多，吐纳之间，五脏六腑仿佛清洗过一遍，苏轼顿时通体清爽起来。

也许这些来得太突然，苏轼简直不敢相信是真的，重重咳两声，同时偏耳谛听，倒看是不是自己的声音，又摸摸头皮，拍拍后颈，确认脑袋还在项上，才无声笑了笑，征得解差同意，往自家老屋方向，蹒跚而去。

见苏轼死里逃生，没少胳膊少腿回到家里，全家人不禁喜极而泣。苏轼呵呵一笑说："别哭别哭，先留点泪水养眼，待下次老夫还被捉去，断送老头皮，再哭再泣也不迟。"

五个月前苏轼在湖州府衙后堂告别家人时，说过捉去断头的笑话，今日全家重逢，想起当时戏谑，又拿来自嘲，倒也别有意味。王闰之忍不住笑骂道："你是全身而归，心有不甘，非断送老头皮不可是吧？"然后向朝云挥挥手，摆上酒肉。苏迈赶紧把父亲扶到上席，一家人围桌而坐，欢欢喜喜吃年饭。

死到临头，还能留着脑袋回家与家人团聚，苏轼已非常满足，有说有笑，大口喝酒，大口吃肉，像什么也没发生过似的。其实他心有余悸，不时下意识支棱起耳朵，捕捉屋外的动静，生怕皇上临时改变主意，派来皇差，又把自己逮回大牢里去。

闰之哪知丈夫心中后怕，一个劲地往他的碗里夹肉，催促多吃点，补补羸弱的身子。朝云则递上茶水，请苏轼多喝茶，少饮酒，意思是别酒后失控，又作诗招祸。要苏轼不喝酒，不写诗，又哪里做得到？数杯下肚，苏轼便借酒壮胆，命苏迈呈上笔墨，落字于纸道：

> 百日归期恰及春，余年乐事最关身。
> 出门便旋风吹面，走马联翩鹊啅人。
> 却对酒杯浑似梦，试拈诗笔已如神。
> 此灾何必深追咎，窃禄从来岂有因。

诗中"窃禄"一词，颇含意味深长。苏轼不就为窃得那微不足道的俸禄，才苦读十多年，好不容易考上进士，做上官家人？谁知祸随福至，差点送掉老命，真应了那句"人为财死，鸟为食亡"的老话。苏轼还觉不够，又写道：

> 平生文字为吾累，此去声名不厌低。
> 塞上纵归他日马，城东不斗少年鸡。
> 休官彭泽贫无酒，隐几维摩病有妻。
> 堪笑睢阳老从事，为余投檄向江西。

文字让自己浪得虚名，又让自己受连累，差点丢命，倒也不冤。想那陶渊明弃官受穷，连酒都喝不起，自己毕竟有妻儿添酒夹菜，日后还可追随去往南方贬地作陪。苏轼诗毕，扔掉笔头，开怀大笑，一副得意忘形的样子。

隔日亦即元丰三年（1080）大年初一早上醒来，苏轼记起夜里写过诗，让朝云取来一瞧，不觉冷汗直冒，心下自责道：皇上开恩，留下你脑袋，放黄州团练副使，你不颂圣感恩，又嬉笑怒骂，借诗说怪话，发牢骚，被御史侦知，岂不又要蹲回大牢里去？

苏轼觉得京师片刻不可逗留，让苏迈叫上一直守候在门口的两名解差，立即动身启程，留下家眷，择日从容上路。

出得开封城，回望高高的城墙，苏轼忆及初进京面对城门油然而生的雄心壮志，不禁唏嘘不已。自己本系眉山乡民，熟读经史，喝过几砚墨水，随先君和弟弟北上，昂首入京，殿试高中，成为天子门生、朝中大臣。他本欲凭平生所学，致君尧舜，经邦济世，造福生民，成为赵普、寇準、范仲淹、欧阳修、司马光那样的贤相名臣，谁知生性耿直，疾恶如仇，不容于官场窝斗，不得不奏请外任，出京辗转各地。他以为远离朝廷，可置身是非之外，却因见不得民间疾苦，以诗文讽喻几句新政，竟被小人抓住把柄，逮入京城大牢，问成死罪，幸章惇、吴充、王安石等人争取，曹太后搭救，才让自己捡回小命一条，得以放生出京。

苏轼下意识地抬起手来，朝城门挥了挥，然后慢慢低下头去，不出声道：别了我圣明的皇上，别了我威严的皇城，别了我大喜大悲大惊大恐的四十五年惨痛人生，哪怕自此流落天涯海角，甚至抛尸荒郊野岭，但愿不要再回到这万众瞩目又让人望而生畏的险恶朝廷。

嘴里咕哝着，苏轼转过身，凄然就道，望南而行。他忽念起文同半年前卒于陈州宛丘驿，停灵城外，此行需经陈州，正好前往吊唁。文家有子，娶苏辙之女为妻，还是苏轼保的大媒，苏轼又寄信南都商丘，望暂未及南任的弟弟来陈州一晤。

苏辙见信上路，昼夜兼程，步行两百里，赶往陈州。苏轼早到数天，已吊唁过文同，迎出北门，接住苏辙，兄弟俩悲喜交加，执手相看，半日无语。两人互携进城，入住文家，以酒压惊。席上兄弟俩约定，苏辙赴任江西筠州酒监时，顺路将兄长的家眷护送至黄州。

兄弟俩对床夜话，同居三日，又到分手之时，苏辙翁婿为兄侄置酒饯行，苏轼含泪写下《子由自南都来陈三日而别》：

夫子自逐客，尚能哀楚囚。
奔驰二百里，径来宽我忧。

苏辙捧诗读上没几字，已哽咽无声，再没法继续。苏轼拍拍他后背，慢慢转过身，踏上谪途。数日后过蔡州，道遇春雪。冒雪往前，便是淮河。渡河南行，进入黄州地界，绕经麻城城东关山，东风裂石，春雨霏霏，溪涧潺潺，已属南国气象。

举目四望，苏轼见草丛间寒梅未凋，随风摇曳，似在哀怜行色匆匆的逐客，不觉悲从中来，口占《梅花二首》，其一曰：

　　春来幽谷水潺潺，的皪梅花草棘间。
　　一夜东风吹石裂，半随飞雪度关山。

人世无情，让良臣遭灾外贬，幸寒梅有意，苦等道旁，献上未凋的笑意，令人欣慰。又见溪水不离不弃，蜿蜒相送，苏轼继续吟道：

　　何人把酒慰深幽，开自无聊落更愁。
　　幸有清溪三百曲，不辞相送到黄州。

走出关山，苏轼夜宿故县镇驿馆。镇址原属麻城县治，因此得名。镇上有个怪人，外号张憨子，无论寒暑，仅一布褐缠身，三十年不换，近身不觉有秽臭气。他白天独行闹市，夜晚不知所终，逢人大骂放火贼，见纸辄书唐人郑谷《雪》诗：

　　乱飘僧舍茶烟湿，密洒歌楼酒力微。
　　江上晚来堪画处，渔人披得一蓑归。

苏轼心生好奇，请张憨子来驿馆会晤。张憨子立于中堂，俯仰熟视，要他坐不坐，问他话不答。默默相对片刻，张憨子不辞而别。苏轼莫名其妙，以诗记之，寄给苏辙。苏辙复诗为答：

　　得罪南来正坐言，道人闭口意深全。
　　天游本自有真乐，羿彀谁知定不贤。
　　构火暾暾初吐日，飞流滚滚旋成川。
　　此心此去如灰冷，肯更逢人问复然。

苏轼幡然醒悟，原来张憨子在告诫他慎言远祸。自麻城往黄州，需途经歧亭镇，苏轼竟巧遇眉山故人陈慥。原来父亲陈公弼逝世后，陈慥隐居麻城歧亭，建宅名静庵，自命静庵居士，喜戴高帽，歧亭人称其为方山子。

禁不住陈慥盛情挽留，苏轼在陈家一住三天，谈诗赏画，说禅论佛，颇为投缘。只因解差催促，苏轼不得不暂别故人，继续南行。

天黑进入黄州境内，苏轼落宿禅寂寺。寺名倒也不虚，僧人两三，菩萨四五，寂静如止水。临近夜半，山雨欲来，风拂修竹，其声呜呜。僧人不知去向，苏迈和解差也已进入梦乡，唯燃灯暗淡，无语摇曳，饥鼠跳上佛案，先是挤眉弄眼，左顾右盼，继而大胆啃咬起供果来。

毫无睡意的苏轼，面对昏沉灯影和大饱口福的饥鼠，心中无比凄凉，脑海里忽冒出两行诗句："夜凉疑有雨，院静似无僧。"此系苏轼少年时在村庙墙上见过的无头诗，当初懵懂不解，谁知四十年后诗中情境历历于眼前。苏轼惊疑不已，从行囊里取出笔墨，题诗于壁：

　　　　佛灯渐暗饥鼠出，山雨忽来修竹鸣。
　　　　知是何人旧诗句，已应知我此时情。

题毕，雨住风停，曙色渐明，苏轼又打起精神，离寺上路，经前后一个月跋涉，二月初一来到长江边，在波声浪语催促下，进入黄州城。

# 第七章　黄州蛰居

## 做个半隐半显、半明半暗的幽人

黄州太守系临川人，正好与苏轼同名，叫作陈轼，字君式。也许缘于这份难得的巧合，陈君式没当素昧平生的苏轼为罪臣逐客，打发走御史台解差后，便摆上好酒好肉，为苏轼接风洗尘，颇为客气，还腾出后衙上房，安置苏轼父子。

苏轼清楚谪臣无资格寄居官舍，轻易接受太守美意，后果将不堪设想，请求另外安排住处。陈太守也知朝廷规矩，不便勉强，送苏轼父子至城东南定惠院，嘱住持颙师多加关照。颙师打扫精舍，安顿妥苏家父子，又在院内竹丛旁特辟啸轩，让苏轼读经礼佛之余，临轩观竹，吐纳呼啸，以排解心中郁闷。

苏轼父子就此栖身于定惠院。陈太守又送上折支，交苏轼度用。宋廷循例，贬官一律停供薪俸，然苏轼的水部员外郎即水曹郎前有检校名衔，可享受折支待遇。宋朝酒为国家专供品，官府售出酒水后，可将回收的酒囊折价成银，充抵检校官薪俸，名为折支。苏轼自嘲："贬官反正无所事事，正好当酒囊饭袋。"

酒囊不值钱，折支微薄，毕竟聊胜于无。苏轼又可随僧蔬食，每日一餐，留着小命诵读佛经，只是不复近笔砚矣（此系苏轼寄给章惇的信里的说法）。话虽如此，要苏轼不近笔砚，又怎么做得到？他实在忍耐不住，提笔记下心头落寞：

自笑平生为口忙，老来事业转荒唐。
长江绕郭知鱼美，好竹连山觉笋香。

> 逐客不妨员外置，诗人例作水曹郎。
> 只惭无补丝毫事，尚费官家压酒囊。

题诗毕，苏轼又作谢上表，比之一年前到任湖州作谢表的心态，已完全不同。当时他还有密州与徐州两任太守政绩可恃，又想在湖州有所作为，难免意气风发，慷慨陈词，末尾忍不住夹枪带棒，批评几句新政，以致引火烧身，招来百日牢狱之灾。如今他戴罪外贬，死里逃生，难免心有余悸，再撰谢表，自然已无锋芒，只剩愧疚和感恩。

苏轼手执笔头，心下不免反思，落到今天地步，责任还在自己，不能全怪他人。尤其自己自恃才高名重，又有三代皇帝皇后厚爱，也就目空一切，谁人敢挖苦，诸事敢讽刺，触犯众怒，暗遭忌恨，还沾沾自喜，毫不知情。其实才再高，名再重，皇帝皇后再看得起，又能如何？御史照样像抓鸡一样把他捉入大牢，办成铁案，差点拿掉他的老命，多亏皇上心慈，置御史奏请于不顾，才把他的脑袋从铡刀下搬走，多留项上几日。

正因有此觉悟，苏轼的谢表写得情真意切，字字感恩，既悔而不屈，又哀而不怨，诚心检讨自己为才名所累，用意过当，日趋于迷，赋命衰穷，叛违义理，辜负恩私，茫如醉梦之中，不知言语之出，以致众议不容，案罪责情。所幸皇上德刑并用，善恶兼容，使法行而知恩，用小惩而大戒，让自己猛醒回头，有机会洗心革面，重新做人，唯当蔬食没齿，杜门思愆，深悟积年之非，永为多士之戒。

谢表交邮发走，苏轼一时不知干啥好，心头空落落的，百无聊赖。出门游山玩水吧，初来乍到，不分东南西北，不知哪儿好游，哪儿好玩。访亲问友吧，独在异乡，哪儿来亲友？人生地不熟，举目无亲，环顾无友，苏轼只有研墨执笔，给各地亲友良朋写信，一诉衷肠。

苏轼一连寄出十多封信，而后眼巴巴静候反馈，好抚慰自己心头的创伤。结果他望眼欲穿，竟没一人肯回复只言片语。连好友李清臣，从前往来那么密切，彼此"放怀语不择，抚掌笑脱颐"，今为其所受牵连和委屈，去信表示歉意，人家也不理不睬。苏轼失望至极，以杜甫诗聊表此刻孤苦："亲朋无一字，老病有孤舟。"

苏轼浑身上下凉透，对空质问道：你们都死哪儿去啦？从前哭着喊着接近本尊，拉拢本尊，讨好卖乖，求字索画，本尊再忙再累，也不敢怠慢你们，如今本尊僻居黄州，连个说话的人都没有，给你们去信，希望给片字纸，打发打发本尊的寂寞时光，竟一个个装聋作哑，毫无反应，你们的良心都被狗吃啦！

苏轼肚里无声咒骂着，又摇头苦笑，自哂道：这不是你咎由自取吗？怎能怪罪人家？你胸无城府，心里怎么想，笔下怎么写，被人踩住尾巴，逮进大牢，首开文字狱，牵连亲友随你获罪，罚的罚铜，降的降职，流的流放，甚至差点掉脑袋，幸皇上网开一面，没往深里追究，才留下活口。你不思悔改，还到处寄信，勾引亲友，莫非又想拖人下水，跟你倒霉！

苏轼正在自怨自艾，收到章惇所赠药品和钱物，另有信件，劝苏轼吸取教训，闭紧嘴巴，莫出声，别作诗，以免引火上身。苏轼感激不尽，致函示谢。自此他不再到处写信，换取同情，而是收住心思，随僧众读经诵佛。然苏轼毕竟不是僧人，眼到心不到，念得出经语，却参不透佛意，转而翻阅随身所带典籍，也心猿意马，集中不了意念。

好在佛门清静地，僧人坐禅念经，容易发困，必备上等茶水润嗓提神，最不缺好茶，苏轼干脆放下手中黄卷，倒茶品味起来。茶是世间好东西，用唐人卢仝的话叫：

> 一碗喉吻润；两碗破孤闷；三碗搜枯肠，唯有文字五千卷；四碗发轻汗，平生不平事，尽向毛孔散；五碗肌骨清；六碗通仙灵；七碗吃不得也，唯觉两腋习习清风生，蓬莱山，在何处？玉川子，乘此清风欲归去。

喝上七碗茶，能两腋生风，飞往蓬莱仙山，又何乐而不为？偏偏苏轼初至黄州，水土不服，又受春寒，竟然腹痛不止，只好断了成仙的念头，暂且弃茶而服用汤药，卧床静养。

养上大半日，下得床来，已日落西山。苏轼恍惚间不知何处去，缓缓踱到院门前，痴看外面的世界，嘴里已吟成一诗：

> 病腹难堪七碗茶，晓窗睡起日西斜。
> 贫无隙地栽桃李，日日门前看卖花。

不写信，不念经，不读史，不喝茶，苏轼只得让苏迈出寺，购些薄酒回来，安抚愁肠。苏轼酒量不大，小饮则醉，倒可省掉不少酒钱，无奈醉后清醒过来，又后悔不已，担心醉里胡言乱语，万一隔墙有耳，举报出去，自己重入大狱，恐怕真唯有断送老头皮，再无生还之日。苏轼无声哀叹道："饮中真味老更浓，醉里狂言醒可怕。"

不敢喝酒，苏轼便走进啸轩，面竹发呆，耳听佛堂里传出来的纶音。听着听着，一阵倦意袭来，他头一歪，倚靠栏杆，迷迷糊糊睡去。正要睡熟，忽一阵惊悸，他猛地醒过来，满眼都是恐惧。醉里难免狂言，难道梦中不会胡语？一不小心，自己说了不该说的梦话，传入小人耳里，还能有好果子吃？苏轼呓语道："梦中胡语觉心惊，忧患已空犹梦怕。"

怕怕怕。昼也怕，夜也怕。行也怕，坐也怕。俯也怕，仰也怕。忧也怕，乐也怕。笑也怕，哭也怕。诗也怕，文也怕。语也怕，默也怕。醒也怕，醉也怕。梦也怕，觉也怕。苏轼恨不得削尖脑袋，钻入地底，任由嬉笑怒骂，谁也奈何不了。

然天生方头大耳，钻地不太可能，还得继续留在地面上。若能找件隐身衣，把自己从头到脚蒙严实，你看得见人，人看不见你，你听得到人，人听不到你，那该有多好！可又到哪儿去找隐身衣呢？没有隐身衣，做不了隐身人，你就没法逃避世人耳目的捕捉。

苏轼能做的就是尽量把自己关在禅房里，小门不迈，大门不出。可他生性好奇，喜欢到处游玩，要他与世隔绝，闭门自守，一天两天做得到，多几天又怎么熬得下去？唯一的办法只有趁夜色降临，鸟归窝，人归家，耳目消失，再出去走走。

走进黑暗里，苏轼才发现这个主意真不错。万籁俱静，百虫无语，连不远处长江的波翻浪涌，也成为不动声色的微鼾。沉沉的夜色仿佛巨大的隐身衣，自己正好钻进里面，做个隐身人，自由出没，任意游走。完全隐身当然做不到，夜色毕竟挡不住头上的星月。做不成隐身人，就做个半隐半显、半明半暗的幽人吧，总比大白天完全暴露于人前，要强多少有多少。

苏轼得意起来，对着黑暗笑了笑。这是谪居黄州两个月来，他头次发自内心自得地微笑，虽说笑得有些扭曲，笑得比哭还悲凉。

嘴上挂着笑，苏轼围绕院墙，缓缓踱上半圈，迎面一棵桐树，挡住去路。桐树不小，干粗枝展，阔叶稀疏。不知何时，弦月攀上桐枝，默默地盯着苏轼，像在询问，已夜深人静，你不上床好好睡觉，一个人外出闲逛，莫非来与谁约会？苏轼不无感激地微微一笑，感激弦月及时出现，以解自己无边的寂寞。

人月正在对望，忽有鸟影盘旋而至，于桐枝间寻寻觅觅，似在找合适的栖息处。鸟影腿修翅长，苏轼一眼认出来，是只落单鸿雁。对对对，正是鸿雁，孤傲的鸿雁,若是别的鸟,早躲入温柔窝里,不至于寂寂寒夜,还独往独来,流落荒野古寺。

苏轼想起当年赴任凤翔途中所见的雪泥鸿爪,莫非此鸿即彼鸿,知我贬谪黄州,专门远途前来探望,一解我心中苦寂?

像已领会苏轼的心思,鸿雁落爪于桐枝,脑袋一低,瞅向树下孤影。苏轼心头一动,默然道:一定是当年的孤鸿,且已认出旧时故人。难道它也受到鸿雁们排挤,没法在北国待下去,特意千里迢迢,南飞黄州,来与老友聚首,殷勤安慰,惺惺相惜?

就这样,借着淡淡的月色,鸿雁与苏轼,一幽鸟,一幽人,相看两不厌,不忍收回各自的目光。这么久久对视着,苏轼一时不知鸿雁是己,还是己为鸿雁。也许鸿雁是人留在枝头的幽姿,人是鸿雁投到地上的幽影,幽鸟幽人,本系一体,无分彼此。

又过去许久,岭上飞来一片薄云,遮住枝头的弦月。鸿雁一惊,扭头望望天空,两腿一弹,双翅一展,低吟一声,向不远处的长江方向飞去,隐身于江边沙洲。云过月还在,苏轼依然一动不动地站在桐树下,对月发怔,嘴里喃喃道:

缺月挂疏桐,漏断人初静。谁见幽人独往来,缥缈孤鸿影。惊起却回头,有恨无人省。拣尽寒枝不肯栖,寂寞沙洲冷。

偌大的世界,苏轼无处觅知音,幸有鸿雁千里探看,一慰心头的创伤。这便是做幽人的最大妙处。从此每当夜幕来临,苏轼就踱出定惠院,走向桐树,企望幽鸿再次出现于枝头。

所憾幽鸿一去不返,再没显影。莫非它已找到走失的同伴,把他这人间知己置于脑后?苏轼郁郁寡欢,低头在桐树下兜圈,仿佛一头被蒙上眼睛绕磨转圈的老驴。

好在弦月有情,不离不弃,只是姗姗来迟,刚刚浮升天际,一时未及挂上桐树枝头。苏轼抬步朝院东小山缓缓踱去。山不大,名叫柯山。苏轼准备爬上山头,走向弦月,就近问问它,看没看到那晚的幽鸿。

## 僧汤洗身又洗心

到得山前，这里有块菜地，四周筑着竹篱，篱内种有各种蔬菜。篱外则是一个斜坡，但见草腐木枯，毫无生气。倒是杂花生树，桃李开放，似在卖力向苏轼献媚。苏轼却嫌桃李太平常、太粗俗，没有多少好感，连登山问月的兴致也已消失，打算折返定惠院，闭门枯坐。

就在苏轼正要掉头之际，忽见篱外桃李丛中一树海棠，幽然独立，别具一格。巧的是眉州就属海棠香国，所产海棠色香并胜，深获苏轼欢心。他离开蜀地多年，走南闯北，见识过不少花卉，唯独海棠极少碰面，来黄两月余，正值百花盛开时节，也没遇到海棠。

与俗花粗草不同，海棠风姿绰约，外美内秀，华丽富贵，犹如清淑绝伦的美人。它生在风季，处于雨时，却毫无惧色，不畏雨折风摧，敢跟命运抗争。苏轼最懂海棠，能邂逅于异域，自然欣喜不已，唯惊疑它怎会从遥远蜀地，迁徙黄州异乡，生根开花。难道幽鸿早知他会贬谪黄州，提前绕经蜀地，衔来海棠花籽，植于柯山，绽花吐蕊，静候他的光临，又于数日前的夜晚飞到桐树枝头，暗示海棠已开，千万别错过花期？

苏轼来到海棠树下，捧过枝头的繁花，放鼻底闻闻，再贴到脸上，有如亲近久别重逢的佳人。他认定自己与幽鸿及海棠相遇黄州，绝非偶然，是早就注定的缘分。自己系逐臣，幽鸿为离群鸟，海棠乃异域花，同是天涯沦落客，因相同的命运，才流落黄州陋邦。苏轼百感交集，《海棠诗》油然而生：

江城地瘴蕃草木，只有名花苦幽独。
嫣然一笑竹篱间，桃李漫山总粗俗。
也知造物有深意，故遣佳人在空谷。
自然富贵出天姿，不待金盘荐华屋。
朱唇得酒晕生脸，翠袖卷纱红映肉。
林深雾暗晓光迟，日暖风轻春睡足。
雨中有泪亦凄怆，月下无人更清淑。
先生食饱无一事，散步逍遥自扪腹。
不问人家与僧舍，拄杖敲门看修竹。
忽逢绝艳照衰朽，叹息无言揩病目。

> 陋邦何处得此花？无乃好事移西蜀。
> 寸根千里不易致，衔子飞来定鸿鹄。
> 天涯流落俱可念，为饮一樽歌此曲。
> 明朝酒醒还独来，雪落纷纷那忍触。

此系苏轼平生最得意的诗作，后多次抄送友人，以明心志。友人知道，苏轼是以海棠自况，诗言海棠天生丽质，孤芳自赏，意喻自己高贵清洁和不随流俗的独立品格，哪怕遭遇再多的不公，受到再重的打击，也不后悔，不哀怨，不自暴自弃。

海棠就这样成为苏轼最大的精神寄托，让他苦寒和寂寞的逐客生涯变得绚丽和浪漫起来，以至哪天不见海棠，他便无所适从，站也不是，坐也不是，日食不甘味，夜寝不安眠。

又一个清寂之夜，苏轼辗转反侧，怎么也睡不着，干脆起床下地，出门来到山前，又去与海棠幽会。已属下半夜，长江白雾迷茫，在夜风吹送下，漫向柯山。空蒙的夜雾里，海棠仿佛失却以往的光艳，显得无精打采，一副对苏轼爱搭不理的样子。莫非夜太深，海棠以为他不会再来赴约，所以变得心灰意冷，昏昏欲睡？这不行，老夫还醒着呢，你怎可独自睡去？

苏轼反身回寺，找支高烛点燃，举着回到山前，凑到海棠前，映照其芳容，嘴里吟成一诗：

> 东风袅袅泛崇光，香雾空蒙月转廊。
> 只恐夜深花睡去，故烧高烛照红妆。

有意思的是，在高烛照耀下，海棠似乎一下子醒过来，又变得光彩夺目，美艳无比。苏轼欣喜不已，就这么手举烛火，痴迷地盯着海棠，连眼睛都不肯眨一下。

直至夜尽日出，驱散白雾，蜡烛也已燃尽，苏轼这才恋恋不舍，转身离开。没走几步，他又扭头回顾，生怕人走花悲，又昏昏睡去，却透过花影，瞥见山边有檐角隐约浮现。这倒是平时未留意过的，难道山那面还有人家不成？苏轼好奇心起，也不回定惠院了，浴着初阳，往南而行。

绕过柯山，但见长江横陈于前，浪奔波涌，浩然而至。临江有片密林，树茂竹盛，红墙青瓦隐现其间。走近林子，原来是座寺庙，看上去规模大过定惠院好几倍。寺名也更有气势，叫作安国寺。在偏僻的黄州，寺庙冠之以安国，总会有些来头吧？苏轼肚里悄悄寻思着，迈上台阶，走进寺门。

寺院开阔而敞亮，清静而幽雅，修竹摇曳，池水清澈，亭榭古朴。有个小和尚正在碧池前清扫落叶，见有客人入寺，停扫竖腰，怀抱竹帚，合掌行礼。苏轼也拱拱手，问"安国寺"三字有何来历。

小和尚告知，本寺建于唐时，初名护国寺，本朝仁宗嘉祐年间，韩琦来黄州投奔兄长，在寺里用功读书，学成后入京科考，一举成名天下知，步步荣登宰相高位。仁宗嘉奖韩琦安邦定国有功，赐其读过书的护国寺为安国寺。

小和尚正说得眉飞色舞，有个身披袈裟的老和尚出现在池后拱门前，一见苏轼，边念佛号，边上前问道："来者可是苏大学士？"苏轼诧异，施礼道："长老怎知是谪臣？"小和尚在一旁解释道："此乃本寺住持继连大师父是也，学识渊博，德行高尚，胸怀天下，朝野人事无不知晓。"

继连要客人别听小和尚吹嘘，而后道："苏学士美名远扬，天下何人不识君？未至黄州，州民便奔走相告，等着一睹学士风采。今一大早老衲见瑞云绕寺，喜鹊登枝，便知有贵人光临，适才闻得院中动静，出见客人气宇轩昂，又带外乡口音，便认定是苏学士无疑。"

黄州地窄人稀，都系熟悉面孔，偶有陌生人入寺，又不像普通信众，继连猜也猜得出是苏轼。苏轼哈哈一笑道："谪臣贸然来访，惊扰长老，还请见谅。"继连道："老衲心仪苏学士已久，请都请不来，今日驾临，是看得起本住持。"

说话间，继连把苏轼请入禅房，待以香茶。时间尚早，知苏轼没吃早饭，继连又嘱小和尚端上斋食，让客人果腹充饥。饭后继连又陪着苏轼游览寺院，参观各处宝殿和经堂。

到得后院，见回廊尽头有热气蒸腾，苏轼觉得奇怪，问怎么回事。继连道："本寺虽不宽裕，薪炭还算充足，可烧热水，以供洗用。今正逢洗浴日，刚在浴池内注了腾腾热水，只待僧众早课毕，入池洗浴。"

苏轼不无羡慕地道："入贵寺为僧真幸运，还有浴池涤污洗垢，如吾戴罪之人，有个小盆，几勺热水，以洗身泡脚，已够奢侈了。"继连道："趁着徒弟们在做早课，池里的热水干净，学士入池洗浴洗浴如何？"苏轼求之不得道："如此谪臣正好洗心革面。"

继连于是带苏轼转过回廊，来到浴池旁，要他泡个够，泡好再一起慢慢叙话。

见着满池干净热水，苏轼心生欢愉，没等继连走远，便宽衣解带，脱光衣裤，钻入水里。热水仿佛千万只细腻的纤指，抚摸着苏轼疲沓的肌肤，沉睡的毛孔一下子苏醒过来，喜迎这无形而可感的热抚。泡得通体舒爽，苏轼又把脑袋埋进水里，慢慢搓洗头发，而后拿过小和尚送来的纱巾，擦拭身上的积垢，直擦得浑身发红，看上去仿佛水煮的大虾。

擦够了，也擦累了，苏轼才消停下来，半浮半沉，懒懒地躺在热水里，只留脑袋搁到池沿上，睁眼仰望不高的天花板，还有寺外的青山碧云，心下则想，多么过瘾的热水浴，与其说是擦洗身上的积污沉秽，毋宁说是刷涤潜存于灵魂深处的屈辱啊！濯沐洗涤干净，才好扔下旧我，重新做人，轻松前行。

出得浴池，穿好衣服，小和尚过来奉告，继连师父安排了雅处，约学士过去一坐。苏轼欣然前行，随小和尚拐弯抹角，走进一间小阁。小阁很干净，然不见继连，唯窗台上放着铜制茶壶一把、素瓷茶碗一只。因久泡热水浴，苏轼一时口渴难忍，于是一手执壶，一手端碗，自倒自接，连喝三碗下肚。

解过渴，扭头瞧见壁龛里有座小香炉，炉旁放着檀香，苏轼暗想，刚沐浴洁净，不正好焚香默坐，深自省察吗？于是上前点好香，插入香炉，再坐到几上，鼻闻阁内幽香，面对窗外修竹，尽量放松身心，摒弃杂念，不思不虑，不喜不悲，进入无我境界。

不知何时，继连出现在阁外。苏轼得闻，起身迎其入内。两人无话不说，相谈甚欢。苏轼心存感激道："自己为朝廷谪臣，手无寸权，身无分文，蒙住持不弃，容许浴池洗浴，又安排小阁思过，无以为谢，唯腹有酸墨，愿题诗致意。"

继连合掌致谢，召小和尚呈上纸笔。苏轼题诗毕，继连很受用，也写字回敬。是八个字："知足不辱，知止不殆。"

端详着继连庄严厚重的字体，苏轼心下寻思：知足知止，说来简单，做到又多么难。自己不正因贪恋名利，该足不足，该止不止，才招人嫉恨，惹下大祸，差点命归黄泉吗？

收好字纸，苏轼动身离寺，继连送到大门外，诚恳地嘱咐："寺里浴池经常会放热水，想洗热水浴，只管过来就是。若觉小阁清雅舒适，也可随时惠顾，喝茶赏竹。"

苏轼深表谢意。自此他改变昼伏夜出的习惯，每隔三两天便赴安国寺，入小阁焚香默坐，反省过往人生。洗浴日更是不容错过，每次他都会到场，从头到脚洗个透彻。

## 家人团聚南蛮地

  这日苏轼又至安国寺，宽衣解带，赤裸入池，从容洗过热水浴，再披上衣服，来到临竹小阁，燃香独坐。坐上个把时辰，他自觉一念清净，染污剥落，逐渐将妄心荡尽，进而物我两忘，身心皆空，不免私窃乐之。
  回顾入仕以来，东奔西忙，为名所累，为物所驱，倦了疲了，烦了躁了，也不肯消停消停，冷静冷静，反思一下，只知使性子，发牢骚，逞口舌之胜，争笔墨之强，因而开罪于人，捉拿归案。身陷囹圄，正好悔过，却怨天尤人，归咎于小人作怪，圣上不察。贬谪黄州，仍心怀怨怼，白天不敢出门，夜里心有余悸，怕官怕民，怕神怕鬼，怕醉怕醒，怕梦怕觉，以为只要小心留神，闭目塞听，就可远祸避害，万事大吉。殊不知，道不足以御气，性不足以胜习，不锄其本，而耘其末，后必复作。
  竟至如此不堪，无外乎书生意气作怪。书生多读几句书，便自以为高明，身上充满酸气、腐气和戾气，什么人都不放在眼里，什么事都不以为然。一张口，一动笔，不是指桑骂槐，讥三讽四，便是贬低别人，抬高自己。孤芳自赏，唯我独尊，仿佛世上只自己最聪明，人家都是傻子。聪明人自我感觉太好，哪天不在人前显摆显摆，张扬张扬，就心痒难耐，很不自在。久而久之，习惯成自然，人视之为狗屎，自己还浑然不觉。本性难移，恶习不改，唯一良法，只有归诚佛僧，涵养道德，修正品性，或可一去不良习气，重新为人。
  这便是洗浴默坐的妙处，可静思己过，悟明白许多道理。当然也要苏轼有悟性，不然遭受迫害，坐牢远贬，愤愤不平，恨意难消，哪里还会反躬自问，从自身找起因，究根源？苏轼豁然开朗，当即吟成一诗：

    老来百事懒，身垢犹念浴。
    衰发不到耳，尚烦月一沐。
    山城足薪炭，烟雾蒙汤谷。
    尘垢能几何，翛然脱羁梏。
    披衣坐小阁，散发临修竹。
    心困万缘空，身安一床足。
    岂惟忘净秽，兼以洗荣辱。
    默归毋多谈，此理观要熟。

人之不良习气，全由心根生发，根不去除，自然万缘皆空，剩下的只有"怕"字。除去病根，心底坦荡，无怨无尤，还有何可怕？苏轼终于从心困里解脱出来，不再像以往一样自我封闭，缩头缩脑，怕醉怕醒，怕梦怕觉，而是随缘自适，该睡则睡，该起则起，该吃则吃，该喝则喝，该说则说，该笑则笑，渐臻虚空旷达境界。苏轼心生欢喜，作诗曰：

空堂明月清且新，幽人睡息来初匀。
了然非梦亦非觉，有人夜呼祁孔宾。

《晋书·祁嘉传》载，祁嘉字孔宾，清贫好学，夜读闻窗外有呼："祁孔宾，祁孔宾，隐去来，隐去来。"苏轼以此典入诗，意谓幽人不在于夜幽，隐士不在于形隐，全在于心幽心隐。悟透幽隐奥妙，自可昼夜无惑，醉醒无忧，梦觉无惧，自由自在，幽矣哉，隐去来。

人生就像一面镜子，你朝它愁眉苦脸，它也苦脸愁眉；你朝它欢歌笑语，它也笑语欢歌。自苏轼解除心中困惑，学会达观对待苦难人生后，世界对他的态度也悄悄发生改变，各地亲友开始给他寄诗写信，赠食送衣。甚至素昧平生的僧道或书生，因爱苏轼的诗文和人格，不远千里赶来探望，同游黄州山水。

连官场中人也不再避讳，主动跟他联系，致以问候敬意。陈君式等黄州官吏更不用说，时常给予苏轼资助和关照，黄州对岸的鄂州太守朱寿昌及时伸出援手，又是寄信问安，又是派人送酒肉，送水果，让苏轼倍感温暖。

朱寿昌弃官寻母，受朝廷表彰复官，离京赴职饯别宴上，苏轼作诗赞颂，竟刺痛抛弃亡母入京谋官的李定，串通舒亶和何正臣等人，搜集苏轼的诗文，制造乌台诗案，致使苏轼蒙冤远贬黄州。恰巧朱寿昌移守鄂州，仅隔一江水，算是难得的缘分。朱寿昌敬爱苏轼，又惮于朝廷规制，太守不得擅离职守，也无法让贬官走出谪地，唯寄赠字纸和吃用。

鄂州、黄州及岳州民间有陋习，一对夫妻只养育二男一女，超过此数，婴儿生下后便被按入水中溺死。尤其对于女婴，绝不留情，以致三州男女比例失当，许多男子无妻可娶。起初苏轼僻居寺庙，并不知情，后朋友来访，聊天时说起溺婴事，既震惊，又痛心，恨不得揪住狠心的父母，一顿痛揍。从此他留心打听，闻知黄州神山乡有名石揆者，已接连溺杀两个亲生婴儿，手段之残忍，无可复加。初生儿被按入水盆时，会本能挣扎，乱弹不止，石揆不忍直视，背过脸去，紧闭双眼，仅伸出一手，把婴儿死死压在水底，直至窒息而殁。也许善有善报，恶有恶报，后石妻一胎怀四子，因为难产，母子五人全部丧命。

三州溺婴事件频发，不只风俗使然，还因产婴家庭太穷，养活不起。苏轼闻知此情，心酸不已，以至饮食难进。他意欲消除溺婴陋俗，所惜身为贬官，无权签书本州公事。思前想后，他唯寄希望于好友朱寿昌，专门去信，言明溺婴属违法行为，地方官不能坐视不管，应严加制止，维护朝廷律法的严肃性。

光有想法还不够，还得有可行办法。办法苏轼也已想好，主要有三：一是将律条抄贴于各乡镇街市，广而告之；二是实行奖惩措施，举报溺婴属实，可获奖赏，赏钱由溺婴当事人和当地保正承担；三是鼓励富户行善积德，资助产婴穷家，或收养婴儿，且授以知密州时收养弃儿的经验，资三州府县借鉴，挽救无辜。

信末苏轼又强调道：佛言杀生之罪，以杀卵为最重，只要官府出面号召督促，三州人家肯定乐意为之。信递鄂州府衙，朱寿昌阅毕，赶紧联络黄、岳两州太守，照苏轼所示办法，开始四出行动，严禁溺婴行为再度发生。

苏轼也没闲着，在黄州士子古道耕诸君协助下，组成救婴协会，有钱出钱，有力出力，有智出智，贴的贴布告，做的做讲解，劝谕百姓移风易俗，保护婴儿。由古道耕做向导，苏轼亲自出面，挨家挨户上门劝导，说服城乡大户人家行善举，每年出钱十千，救济养育不起儿女的穷户。苏轼也不顾手中拮据，带头拿出十千钱，交给救婴协会做救济款。

富户深受感动，纷纷慷慨解囊。自愿多出者，救婴协会张榜表彰和鼓励。为妥善管理善款，取信于捐助人，苏轼请继连长老帮忙，对每笔款项的来龙去脉详细登记，入有入账，出有出目。购买米面绢絮事宜，由古道耕负责，入库出仓，皆记录在案，不得有误。

经苏轼和官民共同努力，三州挽救婴孩无数，溺婴陋习得以渐渐消除。救人一命，胜造七级浮屠，苏轼打心眼里欣喜，觉得不枉贬黄州一遭。百姓也发自内心感激苏轼，使贫家婴孩存活下来，也让富户在行善过程中获得心灵安慰和道德洗礼。苏轼因而美名远扬，三州官民说起苏学士，都跷大拇指，啧啧称善。

在苏轼看来，能保全无数婴儿生命，其实也可让自己得到重生，活得更有价值，也更快乐。世道的险恶，命运的不公，已被置之脑后，苏轼正以全新姿态，迎接新的自己、新的生活。尽管身处陋乡，不官不民，举目无亲，居无定所，吃不饱，穿不暖，生存都困难，毕竟比之心困，缺钱少物实在算不得什么。

物质方面苏轼向来需求不高，饥有餐，渴有饮，冻不伤，热不死，足矣哉！况天无绝人之路，黄州谷米和肉菜便宜，总活得下去。即使无钱购买食物，还可寻块无主荒地，开垦种粮，勉强糊住嘴巴。毕竟端人碗，服人管，仅几个微薄折支，不拿正式薪金，又无资格办差，无异于自由身，又何乐而不为？最好永远被朝廷忘记，既可免遭暗算，又可学陶渊明，"采菊东篱下，悠然见南山"，直至老死林泉，埋骨荒丘。

苏轼正乐滋滋地构想日后的自由人生，苏辙有信寄达，说已率两家家眷行至九江，将亲自送嫂侄逆江而上，来黄州与兄团聚。苏轼欣喜若狂，赶紧回信，定妥出迎弟弟和家眷的时间。

原来年初苏轼离京南行后，王闰之就变卖家中细软，带领全家老小，赶赴商丘，与苏辙一家会合，坐上租船，借二月春风，鼓帆南航。经汴水，走泗水，下淮河，抵达广陵，再逆长江，破浪而上。到得九江，已是江南五月天，苏辙留自家妻儿于舟中，亲自护送兄长家眷，乘船溯江，西向黄州。

眨眼已至五月底，望眼欲穿的苏轼远迎四十里，至蕲水巴河口，接住苏辙和妻儿。相别半年，重逢异域，苏轼忍不住喜极而泣，泪湿青衫，苏辙、闰之、朝云和一家老小皆笑着流下热泪。众人重新进舱坐定，继续西行，直至黄州，离船登岸，暂入定惠院安顿下来。

苏辙来一趟黄州不易，苏轼陪同凭吊江边赤壁，有感于魏、吴赤壁之战，吟诗作赋，抒怀古之幽情。继而过江，两人同登武昌西山，诗文唱和，借古喻今，又游赏过周边数处山水，苏辙不敢耽误赴任行程，望东而行。相从恨不多，苏轼送出三十里，眼望客船载着弟弟东去，直至孤帆远逝碧空尽，才含着离泪，转身西归黄州。

踏进定惠院，见一家近二十口的到来，让寺院一下子变得格外窄小和拥挤，苏轼过意不去，夜间写信给朱寿昌，倾诉苦恼。朱寿昌即函商陈君式，说黄州城外有临皋亭，可否安排苏家栖居，以免久扰佛门清静之地。

临皋亭为朝廷命官巡视黄州时的旅居驿馆，属于官舍，谪官无权居住。好在黄州天高皇帝远，巡官难得来一回，陈君式便与苏轼议定，苏家迁居馆内，遇巡官来黄州，暂避一时，巡官走后再住回去就是。苏轼满心欢喜，率全家搬出定惠院，入住临皋亭。

毕竟属官舍，临皋亭房间不少，宽敞明亮，生活设施齐备，适宜居家。且长江如带，绕亭而过，可邀江月入画，酌江水煮诗。逆江远上，正是故乡眉山，换言之，长江流淌着峨眉雪水，能在江里取到家乡水饮用，相当于回到眉山，该多么幸运！

苏轼一时兴起，取笔作《临皋闲题》：

> 临皋亭下不数十步，便是大江。其半是峨眉雪水，吾饮食沐浴皆取焉，何必归乡哉！江山风月，本无常主，闲者便是主人。

可不是，我苏轼一贫如洗，无职无权，无金无银，可有一样更为宝贵的东西，那便是空闲。贵者为权忙，唯恨权小；富者为钱忙，只怕钱少。每天眼睛一睁，忙到熄灯，自然没闲情逸致欣赏江山风月，哪像吾等逐客，寄寓僻地，名利皆置之度外，悠然坐拥浩瀚长江和两岸青山，江上明月，山间清风，尽归我所有，又何乐而不为！

江山风月可娱目养心，却没法饱肚暖身，苏轼想着一大家子张嘴要吃，伸手要穿，作为一家之主，既无俸禄可支取，又无田土出产粮谷，难免愁肠百结。也许老天是公正的，安排临皋亭供你一家居住，免费享用广阔江山和无限风月，同时又让你饱受饥寒，历经磨难，如此苦乐两抵，仿佛算学题目，一乘一除，仍归原数。

苏轼身处临皋亭，暗叹人生无常，感觉自己像只小蚂蚁，寄身时运的大磨盘，只能随磨而动，大磨左旋，跟着左移，大磨右转，跟着右挪，若自不量力，逆磨而行，必死无疑。他感叹着，作《迁居临皋亭》诗曰：

> 我生天地间，一蚁寄大磨。
> 区区欲右行，不救风轮左。
> 虽云走仁义，未免违寒饿。
> 剑米有危炊，针毡无稳坐。
> 岂无佳山水，借眼风雨过。
> 归田不待老，勇决凡几个。
> 幸兹废弃余，疲马解鞍驮。
> 全家占江驿，绝境天为破。
> 饥贫相乘除，未见可吊贺。
> 澹然无忧乐，苦语不成些。

## 千好万好，不如相知相守好

人处困厄，最离不开亲人的理解和安慰。王闰之懂得丈夫心中苦楚，毫无保留地贡献出离京前变卖细软所得，外加历年节省下来的脂粉钱，用以维持家计，说穿不穷，吃不穷，算计不到一世穷，只要精打细算，紧手支取，总能渡过难关。

苏轼惭愧不已，夫人跟随自己多年，不仅四处奔波，担惊受怕，到头来连活命都困难，还要拿出私房钱，充作家用。闰之要苏轼千万别这么想，吉人自有天相，老天不会亏待好人，朝廷不可能忘记忠臣。言外之意，苏轼在职为良吏，在野为善人，挺过这一阵子，哪天老天开眼，朝廷召回，一切又会好起来。

粗衣淡饭有了着落，闰之又使出另一招，安抚受尽磨难的苏轼。原来女大十八变，朝云脱离伎籍进入苏家时才十三岁，眨眼间已年满十八，越发青春靓丽。朝云不仅长得漂亮，且聪明伶俐，手脚勤快，协助主妇把家里打理得井井有条。又有苏轼言传身教，授以诗文，朝云可谓知书达理，秀外慧中。因而她深受一家老小敬重，早被看成二号女主人。朝云尊崇主妇，又仰慕男主人才学与品德，心里暗暗发誓，非苏轼这样的男人不嫁。

闰之看在眼里，自忖女大不中留，这样的好姑娘，继续搁在家里，难免耽误青春，若外嫁出去，又好了别人，实在不舍。回思丈夫历尽劫难，九死一生，何不把他交到朝云手上，凭朝云的聪明贤惠，定能抚平其身心创伤。

夜里夫妻闲话，论起朝云的出路，闰之问苏轼有何想法。苏轼道："莫非夫人想把朝云赶走？"闰之不乐道："谁要赶走朝云？你这说的什么话嘛！"苏轼道："吾意朝云来苏家已整整六年，早成为你的好帮手，你已使唤习惯，让她离开苏家，难道你心甘情愿？"闰之叹道："这不是我情不情愿的事，朝云已快成老姑娘，今天不离开苏家，明天总得离开，莫非就这样一辈子待在苏家不动，直至终老不成？"

这倒也是实情。苏轼道："全家居无定所，食无余粮，老夫焦头烂额，也无心琢磨朝云的事，夫人定有好主意，不妨直接提出来。毕竟朝云是你侍女，你做主就是，老夫不便越俎代庖。"闰之笑道："本妇已年老色衰，先生干脆把本妇休掉，娶朝云为妻若何？朝云不仅年轻漂亮，还能歌善舞，会诗懂文，正好与先生夫唱妇随。"

"照夫人如此说来，老夫不娶朝云，简直天理难容。"苏轼嬉皮笑脸道，"俗语有言：'贵易交，富易妻。'所惜老夫不贵不富，怎好随便易妻？"闰之抬手敲一下苏轼额头，咬牙切齿道："原来你盼着富贵后再休掉老娘，另择年轻佳偶？"苏轼道："夫人随老夫已非三五日，还不知老夫德行？德行如此，不会弯腰献媚，曲意逢迎，只知肚里咋想，嘴上咋说，笔下咋写，遭人忌恨排挤，哪会有富且贵那一天？能苟延残喘，勉强活在世上，已阿弥陀佛，夫人尽管放心，咱俩定然贫贱夫妻到老，再双双去见阎王，黄泉路上不至于孤单寂寞。"

逗得闰之哈哈大笑，道："如此甚好。用你们文人的话说，叫什么富贵如浮云，与其富贵浮云端，一阵风吹来，跌落云头，粉身碎骨，还不如做贫贱夫妻，脚踏实地，长长久久。"苏轼道："夫人能这么想，老夫就死心塌地，不用害怕夫人逼夫成龙，到头来弄巧成拙，龙不龙，虫不虫，虎不虎，犬不犬，更加可悲。"

开了一会儿玩笑，闰之言归正传："夫君不忍抛弃老妻，以朝云取代之，那还得为朝云的未来操操心。夫君弟子多，看哪位学优而士，尚未婚配，赶紧替朝云牵牵线，搭搭桥。"苏轼道："弟子中确有学优而士未婚配者，然朝云孤儿出身，地位卑贱，哪配得上学优士子？"

闰之颇不满，道："朝云要貌有貌，要才有才，要德有德，怎么就配不上学优士子？"苏轼道："不是朝云本人配不上学优士子，是门不当，户不对，没法跨越门第鸿沟，鱼跃龙门。"闰之不满道："这门第观念实在可恶，早该破除！"

苏轼云淡风轻道："也不能完全怪门第观念可恶。一个家族经数代艰苦经营，积攒下一定财富，供聪颖子弟寒窗苦读十数载甚至数十载，才好不容易过五关斩六将，金榜题名，自然指望其早出人头地，振兴家族，光宗耀祖。要想实现此目标，光凭个人发愤图强，显得势单力薄，唯有与富贵人家联姻，借其权势或财势推送，才可能事半功倍，如愿以偿。反之娶贫贱人家女子，不仅无力可借，无势可倚，还会成为累赘，士子家族岂能容忍？"

此乃残酷现实，闰之并非不知，只得摇头叹息。苏轼又说了白居易与湘灵的故事，感慨道："人人皆晓白母棒打鸳鸯，白居易屈服于母威，不得不与湘灵分手，长恨终生，岂知白母代表着整个白家的意愿，白居易所抗争的不仅仅是母亲，更是庞大的家族阻力。"

闰之几分无奈，道："朝云无缘学优士子，难道把她嫁给贫苦农家子弟？"

苏轼道:"农家子弟能娶朝云这样美丽知性的女孩,自然再高兴不过,自会珍之惜之,视作宝贝。然农家生存不易,无论男女,出则锄地耕田,入则掌厨缝补,朝云吃得起这份苦?"

"可不是,本妇也不忍心把朝云随便打发给贫贱农家,去受苦遭罪。"闰之左右为难,"唯一的办法只好请夫君打探打探,看哪些官宦人家需纳妾啥的,给朝云谋个归宿,至少强过嫁穷人家,吃穿不愁,还不用卖苦力。"苏轼道:"这也许是朝云别无选择的出路,能给官宦当妾,活命不愁,再生个一男半女的,母以子贵,后半辈子也有依靠。"

闰之催促道:"夫君官宦朋友多,赶紧发信出去,看谁对朝云有意,好成人之美。"苏轼道:"凭朝云的美丽和智慧,给谁做妾,谁都会当宝贝来疼。然小妾越伶俐可爱,越会遭正妻嫉妒,若不幸遇着母夜叉,朝云定难有好下场。"

没等苏轼说完,闰之就瞪大双眼,盯紧他道:"说来说去,你还是不愿朝云离开苏家,肥水流入外人田。"苏轼躲避着闰之的目光,讷讷道:"夫人冤枉老夫,老夫可没说过不愿朝云离开苏家。"闰之挑明道:"说句兜底话,你是否有意留下朝云,给你做偏房?"

苏轼心知朝云爱慕自己,自己也喜欢朝云,早就有心纳为侍妾,然两人相差二十七岁,太不般配,哪里开得了这个口?现听闰之把话说到这个份上,也就不好再装聋卖傻,怯怯地道:"夫人安排吧,只要你不吃醋就行。"

闰之长叹一声,道:"本妇能不吃醋吗?哪个当妻子的,乐意其他女人分享自己的丈夫?无奈夫君子嗣单薄,堂姐留下迈儿,本妇生有迨儿和过儿,再也怀不上,生不出了,看来还得趁夫君暂未老迈,另择良人,再给你生三两儿女才行。"

一席话感动得苏轼跟什么似的,道:"咱有三儿,已心满意足,夫人不必过虑。迈儿已然成年,开始分担家务;迨儿与过儿也颇懂事,又爱读书,只要悉心培养,成不了大器,成人没问题。不必再添新口,家中清贫,养活不易。"

"怪本妇命苦,要为无米之炊。迨儿和过儿尚小,一个十岁,一个八岁,生活起居需照顾,读书写字也不好全扔给塾师,得多督促点。"闰之不再绕弯,道出肚里的真实想法,"本妇无分身之术,把心思和精力放在家事还有俩儿身上,对夫君也就照料得少,唯有托付朝云,服侍好夫君,让夫君多活几年,否则一家的支柱倒掉,咱指望谁去?"

夫人美意,却之不恭,苏轼深表感谢。闰之又找朝云,征求其意见。朝云当即跪到女主人面前，流着热泪道："朝云本系无父无母的孤儿，卖身为伎，夫人不嫌弃，为我赎身，留在身边，视同己出，教我为人处世，我甘愿一辈子当牛做马，报答夫人大恩大德，别无所求。"闰之笑道："不是你求我，是我求你。你来苏家六年，也看得出先生至亲至爱之人，除几个儿女外，非你莫属。有时对你的疼爱，甚至超过儿女。"

此实乃朝云今生最佳归宿，若非女主人当面明言，她绝对不敢相信是真的。她也就不再虚语推辞，欢欢喜喜应承下来，嘴里则道："先生学富才高，又胸怀坦荡，宽厚仁慈，平时教授经史和诗文，朝云受益匪浅，能一辈子陪伴他，侍候他，是朝云天大福分啊。"

闰之扶朝云起来，拉着她的手道："你能这么想就好。先生太不容易，因才高名重，招嫉惹恨，屡遭冤枉打击，坎坷大半生，唯你善解人意，又懂诗会曲，定能抚平他心中的创伤。"

事情就这么敲定下来。尽管闰之怜爱朝云，毕竟只是给苏轼纳妾，无须定亲和迎娶，也就不事张扬，一家人吃顿稍丰盛的饭菜，让两人圆房了事。

朝云虽为侍妾，苏轼却毫不轻视，当正妻尊重，给其取字子霞，就如给闰之取字季璋一样。朝云也不嫌苏轼老，相反视为父亲和兄长，又敬又爱又疼。朝云本为不幸人，幼失怙恃，无依无靠，可上天让她遇到苏轼夫妇，进入苏家，受到男女主人善待，说恩同再造都不为过。如今她又顺其自然，成为苏轼的女人，有名有分，有依有靠，夫复何求？朝云懂感恩，讲情义，全部身心都奉献给苏轼，可谓千般柔情，万般恩爱。苏轼也感激夫人大度，上苍开恩，把朝云赐给自己，有如此貌美心善的女子在怀，平生所经种种磨难和打击，又算得了什么？

女人是天使，可用妙手改写男人年龄，经朝云一番调弄，苏轼一下子年轻十岁，变得青春勃发，仿佛有行不完的云，播不够的雨。两人享受着灵肉交融的至乐，久久不愿睡去，生怕对方从梦中走失，再也回不到身边。眼见得窗外的夜空星汉灿烂，苏轼想起正是七夕良夜，提议出去走走，以免辜负难得的好时光。

朝云自然乐意，给苏轼穿好衣服，紧紧挽着他臂膀，走出临皋亭，汇入迷蒙的夜色里。

两人信步踱去，不觉到得城南，抬头一望，前面就是朝天门。两人登上门楼，眼见一弯新月悬挂檐角，天空澄明，云薄星密，宛若万千鹊鸟，搭成天桥，为牛郎织女提供相聚的机会。苏轼抚着朝云的柔肩道："织女就要出现，你有何愿望求告于她？"

朝云往苏轼怀里偎偎，道："如此乞巧夜，世间女子都想向织女乞求才智技艺，妾身不求才艺，只祈与先生长相厮守，永不分开，以免担惊受怕，提心吊胆，备受别离之苦。"

一语拨动苏轼心弦，他把朝云搂紧点，肚里寻思，人生一辈子，功名利禄也好，诗酒田园也罢，都是身外之物，唯有至亲和心上人的爱才那么真真切切，让人没白活于世，即借《菩萨蛮》词牌，吟道：

画檐初挂弯弯月，孤光未满先忧缺。遥认玉帘钩，天孙梳洗楼。　佳人言语好，不愿求新巧。此恨固应知，愿人无别离。

朝云鼓掌叫绝，道："千好万好，不如相知相守好。"苏轼道："但愿你我长相厮守，永不分离，别像牛郎织女，聚少离多，备尝相思苦。"朝云道："虽说牛郎织女聚少离多，可每年都有一次，且天长地久，永无绝期。哪似凡人，别说生命短暂，更有受不尽的苦难和困厄，无时不忧，无刻不烦，简直度日如年，实在不值得羡慕。"

说得苏轼低下头去，良久无语。朝云见状，扑哧一声，笑道："先生别太在意，朝云信口开河，说着玩儿。"苏轼道："子霞说得对，仙人无忧无虑，胜过凡人多多，不然凡人也就不盼着脱离凡尘，为神成仙。"

朝云淡淡一哂，道："朝云还是愿做凡人，可嫁先生为妾。"苏轼叹道："嫁轼为妾有啥好？颠沛流离，生活无着，吃不饱，穿不暖，苦海无边，轼若是你，早逃之夭夭。"朝云笑道："先生不是嫌弃朝云，想把我赶走吧？我偏赖着不走，看你能把我怎么样！"

也是说得开心，不觉夜阑月移，两人走下朝天门，返归临皋亭。回到房里，两人相拥而眠，很快进入梦乡。梦醒时分，疏雨刚过，晓色透窗，苏轼望着怀里天仙般的朝云，想起她羡仙不羡凡的话，不免又心生感慨，轻轻吟成《菩萨蛮》之二：

风回仙驭云开扇，更阑月堕星河转。枕上梦魂惊，晓檐疏雨零。　相逢虽草草，长共天难老。终不羡人间，人间日似年。

# 第八章　成为苏东坡

## 从苏学士到苏东坡

　　是王朝云，也只能是王朝云，成就苏轼灿烂的夜晚、温馨的梦幻和浪漫的诗词。然人生于凡尘，活于世间，夜晚过去是白天，梦幻结束得觉醒，诗词后面有衣食。白天是无情的，觉醒是残酷的，衣食是现实的，但都得面对，没法逃避。

　　只要夜晚过去，挣脱朝云怀抱，回到王闰之身边，苏轼就会变得清醒和现实，直面生存的残酷。闰之提供的私房钱毕竟有限，一年半载就会坐吃山空，何以为继，一时还无着落。夫妻俩挖空心思，思量来思量去，别无他法，只能先节流，至于怎么开源，日后再说。

　　也是人穷腹空脑灵光，苏轼记起老友贾收节省支用的办法，与闰之商定，每月初一拿出家里的积蓄四千五百钱，分为三十串，每串一百五十钱，高挂屋梁上，每日早上用画叉挑下一串，作为当日之需，然后藏好画叉，决不多取。另置备一只大竹筒，若当天定额没花完，将余钱存放于竹筒里，以应不时之需。无奈苏家人口多，定额有限，能勉强应付已不错，还能剩多少钱？竹筒所存也就不容乐观。

　　为尽量不超支，夫妻俩规定每日早晚饮食，只能一酒一肉，以半饥半饱为准。偏偏苏轼好客，上门拜访者不少，到了饭点，来客谈兴正浓，总不好赶人出门，只得挽留就餐。有客上桌，一酒一肉太寒碜，得添一道菜。也仅此而已，不能随意增减，寅吃卯粮。

礼尚往来，人之常情，客人上门叨扰过苏家，自会回请，大鱼大肉招待苏轼，让他解馋充腹。苏轼当然受用，但朋友上门，待以两菜一酒，在朋友家吃得太好，一回两回可装痴，多几回面子上哪挂得住？又不可能与朋友断绝往来，苏轼灵机一动，拿出纸笔，把自家用餐和待客规矩写成文字，广而告之，言明朋友请客，也只能如此，否则拒不遵命受邀，还煞有介事将其理由书于案头：

安分以养福，宽胃以养气，省费以养财。口体之欲，何穷之有？每加节俭，亦是惜福延寿之道。

世上也只有苏轼，君子固穷，还穷得这么理直气壮，振振有词，且不顾颜面，形诸文字，与朋友们坦诚相见。朋友们所爱正是苏轼的本真，不假不端不装，肯定不会因吃饭的小事跟他较劲，伤了面子，自然尊重其规矩，乐往乐来。

苏轼很得意，人穷不丧志，不失节，又能与朋友保持友谊，也属大智慧。由此渐渐养成不沾腥不杀生的习惯，连朋友馈赠的蟹蛤鱼虾，也舍弃不食，拿去放生，还形于笔端：

余少不喜杀生，然未能断也。近年始能不杀猪羊，然性嗜蟹蛤，故不免杀。自去年得罪下狱，始意不免，既而得脱，遂自此不复杀一物。有见饷蟹蛤者，皆放之江中。虽知蛤在江水无活理，然犹庶几万一，便使不活，亦愈于煎烹也。非有所求觊，但以亲经患难，不异鸡鸭之在庖厨，不忍复以口腹之故，使有生之类，受无量怖苦尔，犹恨未能忘味食自死物也。

苏轼穷快活着，时光飞速过去，进入元丰四年（1081）。闰之提醒他，家里的积蓄日渐枯竭，再不想办法，就要断炊饿肚皮了。苏轼扬着的眉头当即耷拉下来，满脸苦楚，不知怎么办才好。正值马正卿来访，瞧在眼里，说我去找找太守大人，看有无良策。

马正卿字梦得，河南杞县人；曾做过太学正，清苦有气节；与苏轼同年同月生人，只晚八天。早在嘉祐六年（1061），两人同为京官，苏轼造访马家，一时手痒，在马正卿的书斋墙壁上写下杜甫《秋雨叹》：

雨中百草秋烂死，阶下决明颜色鲜。
著叶满枝翠羽盖，开花无数黄金钱。

> 凉风萧萧吹汝急，恐汝后时难独立。
> 堂上书生空白头，临风三嗅馨香泣。

苏轼书杜诗，不过一时兴起，本无他意，马正卿见诗，顿生厌恶官场之念，当日辞官不做，愿永生追随苏轼，给他磨墨洗笔。苏轼迁任凤翔签判不久，马正卿也带着家小，尾随而去。从此苏轼走到哪里，马正卿不离不弃，影子般跟到哪里。苏轼贬黄半年后，马正卿又追过来，今见苏家困顿，就想着找找太守，替其排忧解难。

原来太守陈君式年前任期届满，已调离黄州，所幸新任太守徐君猷也是正人君子，对苏轼非常友好。马正卿入衙论及苏家穷困，徐太守颇为同情，恨不得打开府库，出钱救济苏轼。怎奈谪臣不能享受官费，徐太守爱莫能助，只能干着急。马正卿提议，若郡中有荒废官田，可拨给苏家，既让苏轼自食其力，又不至于违反朝廷规制。

一语提醒徐太守，黄州城中恰有故营地数十亩，一直闲置在那里，正好无偿划给苏轼，让其耕种糊口。所谓故营地，即过去黄州厢军驻扎练兵的场地，军队撤走后，留下遍地茨棘瓦砾，且地势西高东低，不太平坦，并不适合耕种。然苏家已至山穷水尽，黄州没其他无主熟地，苏轼谢过太守，带领大儿和家里男仆，来到故营地，挥镐扬锄，清理废墟，翻土试种。

劳作是辛苦的，其辛苦程度，没做过农活的白面书生自然没法体会，还以为满目田园风光，诗情画意，好玩得很。唯有弯腰贴近地面，在泥土里刨食的农人才清楚，地里长草长棘，绝不会长粮食，不把土地侍弄得舒服了，不可能有任何回报。要想土地长出庄稼，犒劳饥肠，必须付出高强度的体力劳动，流汗出血，劳筋累骨，才能有所收成。

苏轼虽出身于农家，因爷爷辈积下丰厚田产，有足够租谷饱肚，不用下田躬耕，上山砍伐，从小自顾埋头读书，以考取功名，做官老爷。如今渐至老境，为生活所迫，他不得不放下书本，躬耕田亩，且系生硬的废弃营地，其劳累艰辛，不可言喻，常筋力殆尽，释耒而叹：

> 废垒无人顾，颓垣满蓬蒿。
> 谁能捐筋力，岁晚不偿劳。
> 独有孤旅人，天穷无所逃。
> 端来拾瓦砾，岁旱土不膏。

崎岖草棘中,欲刮一寸毛。

喟然释耒叹,我廪何时高。

好在苏轼虽是孤旅人,却并不孤独,黄州的朋友得知苏家正在开荒,纷纷伸出援手,提供农具、肥料与种子。其中潘彦明、郭兴宗和古道耕三人,还主动赶来,与苏家的男人一道开垦故营地,渴了同瓢而饮,饿了同锅而食,累了同席而眠,不是兄弟,胜似兄弟。

三人都是读书人。潘彦明多次参加科考,名落孙山,只好在江岸樊口酿酒卖钱,维持生计。郭兴宗属武将之后,祖上做过军医,以开店售药为生。古道耕乐善好施,喜欢打抱不平,就像古时侠客古押衙一样。

正是潘彦明、郭兴宗和古道耕这样的朋友日夜陪伴左右,同开荒地,苏轼才战胜肉体的辛劳和精神的苦寂,将故营地开垦出来,播下稻麦种子,也播下人生的希望。

日日面朝黄土背朝天,是对腰身的折磨,也是对意志的考验。何况还是四体不勤的读书人,不为生存续命,谁肯放下笔墨,耕田耘土?不过耕耘也不是没好处,日出而作,日入而息,筋骨劳累,精疲力竭,没时间也没心情胡思乱想,也就闲愁尽释,大脑空空,不易生出烦恼,非得捉笔作诗作文,愤世嫉俗。

苏轼自称识字耕夫,不以为耻,反以为荣,公然向友人吐露心迹,甘愿作陂种稻,觉得劳苦之中,乐莫大焉。原来人体内有种激励机制,从事劳动辛苦,过后会予以奖赏,让你通体舒畅,反之吃喝玩乐,嫖赌逍遥,一时欢快,事毕难免惆怅失落,身心俱不自在。

道理并不深奥,造化让人长出四肢,自然各有其用处。收住腿脚不行动,袖住两手不劳作,四肢不用而废,体内气血流通不畅,精神会为之萎靡不振。倒是迈开双腿,跋山涉水,下地入田;伸出两手,握锄执犁,割稻采桑,反而身勤心舒,乐而忘忧。这是苏轼从前埋头读书未有过的体验,也是远贬黄州,活命困难,不顾人臣名士面子,躬耕田土,以手脚筋骨之劳苦,换取生活来源,收获身心愉悦,无意间圆满了耕读双全的完整人生。

土地有情,一分耕耘,一分希望。眼看田土翻耕完毕,苏轼守在田头,就像守护自己刚出生的儿女,倍感欣慰。儿女出生,总得起个名字,呼唤起来方便,苏轼琢磨着给这方土地起个好名。想起隔代偶像陶渊明,四十一岁弃官归隐,勤耕鏖糟陂里,死后被朋友私谥为"靖节",世称"靖节先生",苏轼准备将眼前土地叫作鏖糟陂里陶靖节。

这日有雨，苏轼没出门，在临皋亭里专心读书。放下书本，天色向晚，雨不知何时已停，苏轼惦记田里庄稼，拄杖出屋，前往耕地察看水情。

正值月出柳梢头，月光洒在面东的坡地上，幽静清新，格外迷人。地处城乡接合部，城里生意人已收摊散尽，城外农人正荷锄而归，好久没作诗的苏轼耳闻自己的拄杖声，心有触动，情不自禁吟道：

> 雨洗东坡月色清，市人行尽野人行。
> 莫嫌荦确坡头路，自爱铿然曳杖声。

这便是著名的《东坡》诗。回家后苏轼将诗书于纸上，隔日出示给马正卿和潘彦明诸友，诸友鼓掌叫好，一致认为叫所耕地为"东坡"，比"鏖糟陂里陶靖节"更贴切，也更上口。苏轼又想起白居易在忠州刺史任上，将栽花种树的地方叫东坡，作《步东坡》以记：

> 朝上东坡步，夕上东坡步。
> 东坡何所爱，爱此新成树。

苏轼一生敬爱陶渊明和白居易，觉得陶渊明是自己的前世，白居易是自己的今生。白居易忠厚好施，刚直尽言，与人有情，与物无著，苏轼觉得其性情与己相近，故言："我甚似乐天，但无素与蛮。"

白居易字乐天，家蓄侍女樊素与小蛮，曾作诗曰："樱桃樊素口，杨柳小蛮腰。"苏轼自认为除无樊素与小蛮两侍女，其他方面与白居易别无二致，白居易命种花栽树之地为东坡，自己仿白氏，叫耕地为东坡，岂不妙哉！

也是一时兴起，苏轼连作《东坡八首》，记述耕作苦乐。其中之七献给潘彦明、郭兴宗、古道耕三友，以感谢他们无私相助。诗曰：

> 潘子久不调，沽酒江南村。
> 郭生本将种，卖药西市垣。
> 古生亦好事，恐是押牙孙。
> 家有一亩竹，无时客叩门。
> 我穷交旧绝，三子独见存。
> 从我于东坡，劳饷同一飧。
> 可怜杜拾遗，事与朱阮论。

> 吾师卜子夏，四海皆弟昆。

之八则以玩笑口吻，说马正卿太傻，弃官不做，跟着俺老苏东奔西颠二十年，以为俺会大贵大富，可揩些油水，买山购地，做个土财主，却事与愿违，想随我发财，无异于龟背上刮毛织毡，做梦去吧：

> 马生本穷士，从我二十年。
> 日夜望我贵，求分买山钱。
> 我今反累君，借耕辍兹田。
> 刮毛龟背上，何时得成毡。
> 可怜马生痴，至今夸我贤。
> 众笑终不悔，施一当获千。

此诗令人捧腹。只有开得起玩笑的朋友才算真朋友，苏轼正是有马、潘、郭、古诸友不离不弃，才穷且快活，走出苦难，活出自我。

既然躬耕于东坡，觅食于东坡，苏轼干脆取东坡为别号，也自有一番意趣。自己又已归诚佛僧，属带发居士，正好仿白居易香山居士雅称，自名东坡居士，不正合适吗？

苏轼就这样成为了苏东坡，自此世间难闻苏学士和苏子瞻，却无人不晓苏东坡。

苏轼成为苏东坡，不仅得了个名号，也实现了身份的华丽转换，从谪官变作地地道道的农人，完全与土地融为一体。

土地给苏东坡以依托感和安全感，耕耘土地虽辛苦，毕竟土地不会欺骗自己，与耕耘仕途截然不同。耕耘仕途，风险多多，弄不好会蹲大狱，掉脑袋。耕耘土地，几分辛劳，几分收获，田地里的稻麦和蔬果沉甸甸的，看得见，摸得着，非常实在。东坡乐做农人，不无得意地道："吏民莫作官长看，我是识字耕田夫。"

除马、潘、郭、古诸友外，无私帮助东坡躬耕田地的，还有一头黑牛。这是王闰之见丈夫翻地辛苦，特意掰着指头，精打细算，从全家人牙缝里省出钱来，到集市上买回来的。

牛比人力气大，属耕田主力，东坡很疼爱来之不易的黑牛，精心饲养，待之如子。天不亮他就起床，牵牛出栏，去野外吃露水草。一苗露水一苗草，露水草软润可口，易消化，好养膘。故有经验的农人，都会大清早放牛出去吃露水草，待太阳出山，露散草干，牛已吃得肚皮圆鼓鼓，再上轭耕田，自然格外有力气。

人勤劳，牛卖力，眼见五十来亩生田就要翻耕完毕，谁知黑牛忽然病倒，躺在栏里，无精打采，恹恹欲睡。东坡心急如焚，赶紧请来黄州有名的牛医，给黑牛诊病。不想牛医徒有虚名，围着黑牛绕上数圈，还掰开牛嘴，偏着脑袋瞧了半天，竟不知是何病因。

东坡无奈，打发走牛医，守在牛栏旁，呆呆地盯着瘫在地上的黑牛，一筹莫展。生田没翻耕完，无法照计划下肥播种，耽误时令，秋天无收成，一家人就得饿肚皮，又如何是好？若能把黑牛的病拿过来，贴到自己身上，东坡会毫不犹豫。毕竟自己病十天半月，无关紧要，黑牛病倒，仿佛天塌下来，世界到了末日。

直至天快断黑，小儿苏过来喊他吃夜饭，东坡仍傻傻地蹲在牛栏前，一动不动，像耳背似的没听见。黑牛命悬一线，自己哪还吃得下饭，咽得进菜？苏过没法，返报母亲，闰之觉得奇怪，赶紧跑过来，问怎么回事。东坡依然一言不发，只摇头叹气。闰之瞧瞧丈夫，又瞧瞧歪在栏里的黑牛，意识到什么，对跟在身后的苏过道："去屋里点个火来。"

苏过很快举着枞槁火把，回到牛栏旁。闰之接火于手，抬腿走进牛栏里，仔细照观黑牛，没察觉有何异常，只是牛眼似开似闭，毫无神采，仿佛丢了魂一样。黑牛在牛草上拉的粪便和尿液，看上去也与平常差不太多。

闰之沉吟片刻，将火把递还苏过，要他举高点，然后一手轻抚黑牛脑袋，一手翻弄它背上的浓密黑毛，才发现毛下皮上起了疹子，有如豆粒大小。苏过也看得明白，问道："这是什么疹子？"闰之答道："豆斑疮。"

东坡闻言，双腿一弹，起身入栏，俯首查看牛身疹子，对闰之道："你既识得豆斑疮，想必知道对症下药。"闰之道："本妇年轻时倒也见人给牛治过豆斑疮。"东坡迫不及待道："怎么个治法？快快道来。"闰之道："治法简单，摘取青蒿，熬粥喂牛，或有奇效。"

青蒿不属啥稀有物，又值春夏之交，随处可见。东坡当即带上苏过，去野地里采得青蒿数把，急返临皋亭，交到闰之手上。闰之正在煮米粥，接过青蒿，洗净切碎，投入粥中，再熬个把时辰，停火倒入木盆。待蒿粥散热至微温，端进牛栏，夫妻齐动手，灌入牛嘴。

隔日黑牛身上的豆斑疮便得到控制。继续如法炮制，喂上三四天蒿粥，黑牛基本痊愈，又出栏吃上数个早晨的露水草，便恢复如常，又可下田翻耕。

田土耕毕，施足肥料，趁着正当季，播下稻麦。不宜播种稻麦的边坡角地，或培瓜菜，或栽果木，或植桑麻，不留方寸闲土。

庄稼桑果自可任其生长，只需偶尔管管水，锄锄草，捉捉虫，东坡有充足时间留在家中，读书写字，吟诗画画。或什么也不做，他只倚于屋前几榻上，俯临断崖，仰观长天，任白云左绕，清江右洄，若有思而无所思，以受万物之备。

这日东坡闲来无事，正坐在临皋亭前，面对烟雨江天发愣，有人捎来好友章质夫的《杨花词》。章质夫系章惇弟弟，也是官场中人，正以转运使身份巡按江陵。时值暮春，杨花乱飞，柳絮狂舞，章质夫不觉诗兴大发，作《水龙吟·燕忙莺懒花残》抒怀。词作既成，章质夫颇为得意，寻思着寄人同赏。与兄长章惇一样，章质夫自视甚高，一般同僚或文人根本不放在眼里，唯敬东坡才识，派人专程送词至黄州。

东坡喜得章词，反复吟诵，觉得绝妙无比，非一般词手写得出，一时不敢唱和，仿佛当年李白登黄鹤楼，"眼前有景道不得，崔颢题诗在上头"。转而思之，章质夫赠词，定是自我感觉良好，讨他和词，东坡不愿让朋友失望，还是提笔作《水龙吟·次韵章质夫杨花词》：

似花还似非花，也无人惜从教坠。抛家傍路，思量却是，无情有思。萦损柔肠，困酣娇眼，欲开还闭。梦随风万里，寻郎去处，又还被莺呼起。　　不恨此花飞尽，恨西园落红难缀。晓来雨过，遗踪何在？一池萍碎。春色三分，二分尘土，一分流水。细看来，不是杨花，点点是离人泪。

白居易有诗曰："花非花，雾非雾，夜半来，天明去，来如春梦几多时，去似朝云无觅处。"苏词借白诗入题，喻杨花为美人，写尽妖娆春色，令人惊艳，已超越章词，成为宋词里难得的名篇。

一不留神便写出满意词作，东坡心里受用，沿江踏春，且行且吟啸，呼唤词里的妙景。春天是希望的季节，黄州有地可供开垦耕耘，春雨催生稻麦蔬果，不用再忍饥挨饿，同时还可吟诗作词，直抒胸臆，东坡已别无所求，非常知足。

这日东坡又步出临皋亭，来到江边，行吟之际，望向对岸鄂州，武昌山和黄鹤楼似乎隐约可见。东坡想起朱寿昌，吟成一词《满江红·寄鄂州朱使君寿昌》：

江汉西来，高楼下，蒲萄深碧。犹自带，岷峨雪浪，锦江春色。君是南山遗爱守，我为剑外思归客。对此间风物，岂无情，殷勤说。　　江表传，君休读。狂处士，真堪惜。空洲对鹦鹉，苇花萧瑟。不独笑书生争底事，曹公黄祖俱飘忽。愿使君还赋谪仙诗，追黄鹤。

仕与隐系士大夫没法回避的人生选择，无论主动选择，还是被动选择。毕竟学成文武艺，总得货与帝王家。货有货的特性，自然一个愿售，一个愿购。既然自愿货与帝王，就得忠君亲民，像朱寿昌一样做个遗爱守。也有艺成后，帝王不收购，或先收购，后退货，诸如李白。或没等买方退货，主动撤货者，比如陶渊明。

可怜东坡返朝廷无望，归剑内不得，既做不了朱寿昌，也成不了李白和陶渊明，只能流落黄州，枉自思归。然无官一身轻，半耕半读，作文写诗，似乎也不比建功立业差到哪里去。须知文章千古事，富贵一时荣，陶渊明、李白、崔颢逝去数百年，可他们留下的绝妙诗篇，却能与日月共辉，光耀华夏。

追思着古圣先贤，东坡豁然开朗，不再认为贬官生涯有多么悲惨，相反觉得很幸运，能做个半隐书生，像陶、李、崔等先贤一样，写出千古诗文，又有何不可？东坡心生欢喜，恬然自在，人生境界又为之一新。

朋友们得知东坡有耕有种，吃穿不愁，心宽体健，发自心底为他高兴，纷纷寄信赠物，表示慰问。其中黄州判官彦正所送祖传古琴，最令东坡喜爱，他耕读之余常拿出来，面对江天弹奏一曲，以怡情养性。

听说东坡收获彦正所赠古琴，友人络绎上门，观琴听曲。东坡来者不拒，欣然出示古琴，细说其妙，然后坐下来，弹给客人听。若客中有善琴者，则请上前献艺，自己站一旁，一边以掌击节，一边轻轻晃动脑袋，体味琴声之妙。

消息传到浙江衢县海印禅师耳里，海印专程带上侍者，不辞辛苦，西来黄州看望东坡。主客寒暄过，东坡笑道："禅师是来看望子瞻，还是另有企图？"海印哂道："东坡先生既知老衲来意，又何必装痴？"

东坡不再多话，带海印及其侍者，来到书房，打开琴匣，取出古琴，让客人鉴赏。海印道："古琴状貌古雅，琴声一定美妙。"东坡道："琴声如何，不可言表，禅师亲手一试便知。"海印道："老衲年高手拙，已弹不动，还是东坡先生自己来一曲吧。"

东坡暗自寻思，海印专门冲着古琴而来，肯定有一手，自己岂敢当面出丑？

忙道:"苏某素不解弹,还是禅师教我一曲吧。"

海印不再多话,侧首瞧了一眼身边侍者。侍者会意,也不客气,上前坐到古琴旁,十指联动,拂弦铿然,令人耳目一新。

一曲终了,东坡鼓掌,请侍者再弹一曲。侍者望了望海印,海印微微点点头。侍者又坐正身子,重新弹奏。弹得实在太好,东坡两眼盯着琴弦,还有侍者游走于琴弦间的柔柔十指,一时间仿佛喝醉酒般,痴痴地定在那里,不笑不嗔,不喜不忧,忘了今夕何夕。

直至琴声已然止住,东坡两眼还停在弦上,没法收回去。侍者十指离弦,缓缓起身,退到海印禅师身旁。东坡上前半步,低下脑袋,将耳朵贴到弦上,做谛听状。自然什么也没听到。然后他直起腰背,转身抓过侍者手指,搁到自己耳边,似要从指尖听出什么。不用说,依然啥也没听到。

海印觉得东坡举止怪异,问道:"你打什么哑谜?担心侍者把琴声带走?"

东坡将古琴收入匣中,这才摇头道:"苏某不是打哑谜,是在琢磨美妙琴声从何而来?"海印不假思索道:"自然来自琴弦上。"东坡问道:"那为何我贴耳于琴弦,啥也没听到?"海印笑道:"当然还得有手指弹奏,琴弦才出得了声。"东坡追问道:"禅师的意思是,声音出自指尖?可我贴耳于侍者手指,怎么啥也没听到?"

被东坡这么一绕,海印也怔在那里,不知说啥才好。东坡狡黠地笑了笑,拿出笔来,在纸上写出一偈:

若言琴上有琴声,放在匣中何不鸣?
若言声在指头上,何不于君指上听?

海印捧诗诵读,不觉点点头,连连称善,说是妙偈。

## 天下第三行书《寒食帖》

转眼到了秋收时节,苏东坡带着家中男丁,打下田里熟稻,请马、潘、郭、古诸友进屋,一齐喜尝新米,共话丰年。

比起不劳而获朝廷俸禄,享用自耕自收的粮食,其喜悦来得更实在,更深刻。俸禄和官位由朝廷施舍，官员只有享受权，无所有权，哪像自给自足的粮食，出于自己双手，自己便是粮食的主人，所有权在自己，食用时更有底气。东坡意识到深层的享受和快乐，全靠自我双手创造，别指望他人给予。世无白给的便宜，他人给你好处时，会拿走你的尊严和自由。

何况朝廷俸禄为民脂民膏，是税官从百姓口边征缴所得，官员多拿多占，百姓便少食少用，若吃民税不办民事，无异于窃贼。故时谚云："一代做官，九代做牛。"官员以民脂民膏为食，不稼不穑，需九代人当牛做马才能偿清宿债。东坡入地下田，自耕自种，既享受劳作快乐，又有耕种所得收成，再无须朝廷俸禄供养，不用后代当牛做马还债，自然功莫大焉。

又有感于太守徐君猷无偿划拨故营地，耕有薄田，小有收获，东坡专门送米至府衙，以示答谢。苏家自食其力，不再忍饥挨饿，还送新米致意，徐君猷欣然接受，又于重阳佳节，邀东坡登涵晖楼，把酒临风，观菊望远。

涵晖楼建于长江边上，属黄州名楼，为赏秋佳处。几杯酒下肚，徐太守望了望东坡，说道："酒杯在握，菊色于前，长江东去，东坡先生有何感慨？"

都怪东坡才名在外，既应邀登楼，不露上一小手，也实在说不过去。无奈面对日渐枯瘦的江水，还有远处草木凋零的沙洲，东坡心生悲凉，自耕自足带来的小欢欣随风而散，取而代之的是满心惆怅。

要说秋水退去，来年春雨一发，又会涨满江面，成浩荡之势，然人无再少，短暂的生命流逝后，绝无复返之时。东坡不忍久视楼外江水，慢慢收回茫然目光，但见近岸秋菊正黄，似有蝶影翻飞其间。

秋菊若有灵感，也该自知不比春花。春花有百花辉映，绿叶陪衬，秋菊独立寒秋，别看盛极一时，可入人眼，待重阳一过，再不会有谁怜惜，连蜂蝶也觉无聊，弃之而去。旧年徐州重阳节后挽留王巩的黄花蝶愁诗浮上心头，不待太守催促，东坡便口占《南乡子》：

霜降水痕收，浅碧鳞鳞露远洲。酒力渐消风力软，飕飕，破帽多情却恋头。　佳节若为酬，但把清尊断送秋。万事到头都是梦，休休，明日黄花蝶也愁。

时光易逝，黄花易老，蝶尚且知道发愁，何况有灵有性之人？原来东坡明言蝶愁，实暗喻己忧。他迁居黄州以来，倏忽间不觉已快两年，官不官，民不民，客不客，主不主，朝廷一直不理不睬，不闻不问，毫无音信，好像他这个谪官根本不存在似的。是好是歹，总得有个说法吧。罪犯尚且有刑期，莫非罪臣还不如罪犯，将无限期贬谪下去？

真无限期贬谪黄州也行，只要朝廷下个文，也好早死心，早做安排。别的不说，单说临皋亭，本属官舍，有太守关照，暂住没事，久居绝对行不通，若寄余生于黄州，还得另谋栖身之所。毕竟岁月不饶人，趁身上仍残存些力气，率家人建几间陋屋，好歹有个归宿，也不至于老到耳聋眼瞎，四肢作废，才被赶出官舍，流落街头，那就更加凄惨。

心生建屋的念头，东坡开始留意起宅地来。他乡之人，家无半亩，只能就近选择耕地旁边的无主荒坡，前有空隙，西有暗泉，只要稍加平整，建屋其上，可谓柴方水便，适合居住。

东坡兴高采烈回到临皋亭，给夫人说出自己的想法，不料王闰之一瓢冷水浇过来："勉强饱肚，便思华堂，真有你的。你拿钱来，本妇给你筑高楼，建大厦。"

说得东坡张口结舌，出声不得。闰之所言不假，耕种故营地，小有收成，糊口还嫌不足，哪有余力造屋？东坡打消此念，只盼另有出头之日，改变目前窘境。

一盼盼到年末，官员该升该降，该留该徙，渐成定局，依然没自己的份，东坡断定此生唯有老死黄州，又跟闰之重提造屋之议。

闰之也意识到，幸亏现任太守恩典，全家得以安居临皋亭，哪天另换太守，或小人借口贬官不可居官舍，小题大做，又如何是好？迫于无奈，只好拿出家中微薄积蓄，另用部分自产粮食入市换钱，一齐交到东坡手上，让他折腾去。

手里有了钱，东坡立即采购木料，在故营耕地旁平土垒石，竖起屋架子。无奈钱太少，待购进装壁的木板，已所剩无几，不得不采割茅草，代替瓦片盖屋。

忙上一个多月，至元丰五年（1082）二月初，五间草屋建成。适逢天降大雪，东坡一时兴起，拿起笔来，在堂屋四壁绘上雪花，坐卧其间，满目皆白。屋外屋里都是雪，他干脆取"东坡雪堂"四字，题于门额上。仍觉不尽兴，他又作诗曰：

    去年东坡拾瓦砾，自种黄桑三百尺。
    今年刈草盖雪堂，日炙风吹面如墨。

比起官舍临皋亭，雪堂自然简陋得多，可毕竟为自己亲手所造，东坡敝帚自珍，格外爱惜。趁着春风化雨，种柳于门前，栽桑于堂侧，再在周边植果蔬十数畦。雪堂西边还有暗泉涌流，正好砌池蓄水，灌溉田土，闲时作画写字，还可洗涤笔砚，名曰洗墨池。

不过苏家住惯临皋亭，不急于迁出来，东坡便以雪堂为农忙时休憩地，遇有客人来访，还可在堂内谈天说地，写字作画。

雪堂离临皋亭大约两里远，中间隔着一小山冈，叫作黄泥坂，冈侧有寺庙，曰承天寺。东坡每天天亮起床，吃两块瓜薯填肚，走出临皋亭，迎着初升太阳，缓缓东行，先绕经承天寺后墙，再沿黄泥坂上蜿蜒小径，穿花度柳，唤鸟逗兽，信步来到雪堂；入堂取出农具，至田间地头，躬身耕耘；午时洗脚归堂，吃两碗米饭，喝几口小酒，倒头午睡；睡醒日已西斜，就在堂内读几册杂书，或推窗看看闲云，观观野鹤。

故营地处于黄州城乡交会处，再往东便属郊外，东坡月前曾与友人离开雪堂，出郊寻春，作诗凑趣。犹记诗中妙句，东坡转身取纸，一挥而就："人似秋鸿来有信，事如春梦了无痕。"

放下笔，东坡步出雪堂，在屋前屋后随便转悠起来，转着转着，觉得眼前一切似曾相识，细思原来颇像陶渊明笔下的斜川，于是口占《江城子》：

梦中了了醉中醒。只渊明，是前生。走遍人间，依旧却躬耕。昨夜东坡春雨足，乌鹊喜，报新晴。　雪堂西畔暗泉鸣。北山倾，小溪横。南望亭丘，孤秀耸曾城。都是斜川当日境，吾老矣，寄余龄。

东坡以陶渊明和白居易为偶像，所处故营地借用白氏旧时居处名称，几番苦心经营，景色情境犹如陶氏斜川，无异于日夜与陶、白二贤相处一起，其乐无穷。

一晃春耕时节又至。春耕离不开雨水，民谚有云："春雨贵如油。"可雨过多，也令人烦闷。这年春季，黄州连续下雨达两月之久，东坡为雨所阻，困于临皋亭内，雪堂也去得少了。

偏偏建造雪堂花费过巨，苏家坐吃山空，日子又变得异常艰难，已揭不开锅盖，忍饥挨饿在所难免。东坡还要强作欢颜，作短文曰：

有二措大相与言志，一云："我平生不足，惟饭与睡耳，他日得志，当饱吃饭，饭了就睡，睡醒又吃。"一云："我则异于是，当吃了又吃，何暇复睡耶！"

作文毕，有人上门，东坡以文示之，说老夫近来睡眠少，别无他因，只等着吃了又吃。

苦雨还在下，直至寒食节，依然不停不歇。长江水势汹汹，日日看涨，已快漫到家门口，随时有可能淹进屋里，将桌凳床椅漂走。加之临皋亭年久失修，墙壁剥落，屋瓦碎烂，四处漏雨，家中瓢盆接不过来，地面都成了水田。

东坡再也快乐不起来，愁断肝肠，一下子病倒在床，后悔不该违背夫人的意思，一时任性，掏空家底，造什么雪堂。

眼见家里米桶空空如也，闰之夫人不得不带着朝云和女仆，披上蓑衣，冒雨外出采摘野菜，拿回来洗干净，扔进锅里，生火烩煮。无奈干柴已烧完，仅几把被雨水浸湿的芦苇搁在墙角，闰之别无他法，让朝云取过来，塞入灶膛里。灶破芦湿，怎么也点不着，朝云别无良法，取过吹火用的竹制火筒，趴到地上，对着灶膛一番猛吹，才好不容易吹出几颗火星。

眼见灶火吞吞吐吐燃上小会儿，一股冷风刮来，火又噗的一声熄掉，浓烟蹿出灶膛，飘出厨房，漫入居室，呛得病床上的东坡缓不过气来，连喘带咳，苦不堪言。

东坡没法再躺下去，强支身子，下地来到窗前，开窗释放灶烟。他抬眼外望，正好乌鸦自雨雾里飞过，口中衔有纸屑，不知是谁家坟前烧剩的冥币，唯可断定寒食节已到。

寒食节亦称冷节和禁烟节，在清明节前一二日。春秋晋文公重耳流亡列国，介子推割下腿股，煮野菜成肉粥，给文公充饥。文公复国，子推不图利禄，与母归隐绵山。文公焚山求之，子推坚决不出，抱柳而死。柳后有洞，残存衣襟，上书血诗曰："割肉奉君尽丹心，但愿主公常清明。"文公厚葬子推，修祠立庙，下令其死日禁火寒食，以寄哀思；又据子推诗，定寒食节后一两天为清明节。自此相沿，千年为俗。

介子推割股啖君，功巨退隐不言禄，反观东坡自己，仅凭策论诗赋，谋取官禄，陷入权争，才罪有应得，落到贫病交加之下场。东坡大恸，挪移被屋漏淋湿的书桌至墙边，取出纸砚，磨墨挥毫。活命都成奢侈，哪还有心情写字？其实东坡不是写字，是一吐心中悲苦，否则不饿死，也会憋死。他先写道：

  自我来黄州，已过三寒食。

  年年欲惜春，春去不容惜。

> 今年又苦雨，两月秋萧瑟。
> 卧闻海棠花，泥污燕支雪。
> 暗中偷负去，夜半真有力。
> 何殊病少年，病起头已白。

自己贪图俸禄，身陷囹圄，出狱远谪黄州，一晃三年过去，衣食艰难，贫病交加。病后黑发变白，岁月无情而逝，功不成名不就，无异于竹篮打水一场空。东坡继续写道：

> 春江欲入户，雨势来不已。
> 小屋如渔舟，濛濛水云里。
> 空庖煮寒菜，破灶烧湿苇。
> 那知是寒食，但见乌衔纸。
> 君门深九重，坟墓在万里。
> 也拟哭途穷，死灰吹不起。

回朝无望，看来自己只能老死谪地。两诗写毕，东坡注上《黄州寒食二首》字样。放下笔头，重瞧纸上字，东坡再抑制不住肚里悲苦，号啕大哭起来。

东坡哭，《寒食帖》也字字皆呈哭态，似乎哭得更伤心。头三行较克制，笔迹尚有章可循，显得忍气吞声。第四行开始放纵，点画粗重，字体变形，已是泪眼婆娑。至第二首，越发失控，点画与点画之间，字与字之间，行与行之间，已毫无规矩可言，时疾时涩，时提时顿，时露时藏，时紧时松，时浓时淡，时重时轻，时翻时绞，时敛时放，字字滴泪，句句淌血，泪与血汇成悲流，奔腾不息，天地为之黯然，鬼神为之呜咽。

《寒食帖》融诗境、意境与作者心境于一体，成为千古绝笔，其品格之高尚，意蕴之深沉，后世再无人可超越。神品往往可遇不可求，无意于佳乃佳，连东坡本人也意想不到，这幅急就帖一面世，便震撼整个书坛，被视为继王羲之《兰亭序》、颜真卿《祭侄稿》之后天下第三行书，令人五体投地，顶礼膜拜。

## 《定风波》：一蓑烟雨任平生

　　许是《寒食帖》感天动地，节后淫雨消停，天空开始放晴。长江水落，涛声远去，莺燕划过晴空，尽情享受着回暖的春天。雪堂周围的瓜菜悄然成熟，故营耕地里的冬麦也已泛黄，苏家终于渡过难关，过上半饥半饱的日子，不用担心饿死在临皋亭。

　　苏东坡病体痊愈，可下床出门走动，感受和煦春阳。春阳暖人暖心，加之郁闷和悲愁已通过《寒食帖》发泄出去，东坡神清气爽，脸上露出久违的笑容，觉得活着实在美好。

　　一家老小能够存活下来，不用说全拜数十亩故营耕地所赐。东坡心存感激，甩手打背，望东而行，仿佛要去造访许久未晤的老友；绕出承天寺，走过黄泥坂，很快来到耕地前；抬眼望去，只见金黄的冬麦收割过半，苏家男仆还在麦田里忙碌着，女眷们则依王闰之安排，隐现于菜垄旁，瓜架下，十指勤采摘，嘴上也不肯闲，说着笑话，哼着小曲。

　　也许久未来故营地，也许身处高处，东坡忽然发觉眼前这数十亩田土那么狭窄，怪不得不足以供养一大家子。若自己回朝无望，长居黄州，还得购些田亩，以确保全家温饱。来到地头，他跟闰之说出肚里的想法，闰之也认同，只愁凑不足购田钱。东坡道："也不是说购就购，哪有肥田，先物色好，再慢慢积钱采购也不迟。"

　　可巧有个叫潘大临的年轻人，苏家夫妻刚离开故营耕地，回到临皋亭，他就手提长江鱼，闯进屋来，嚷嚷着要见识《寒食帖》。

　　潘大临乃潘彦明侄儿，常跟叔父来访东坡。人家半耕半读，潘大临半渔半读，上午在江上打鱼，下午读书写字，一手好诗令东坡赞赏不已。父亲潘鲠三年前考中进士，在紧邻黄州的蕲水做县尉，因薪水微薄，供养不了家人，潘大临不得不自食其力，以打鱼为生。他不时带几条鲜鱼到苏家来，跟东坡开怀畅饮，谈诗论文。

　　既是无话不说的忘年交，又带来鲜美的长江鱼，潘大临要看《寒食帖》，东坡自然不会拒绝，出示给他。捧帖于手，潘大临惊为神品，眼睛鼓得老大，问东坡价值几何。东坡笑道："能出多少价？"潘大临道："能获《寒食帖》，愿每天打一网鱼送给苏家，直至下不了江，打不动鱼那天为止。"东坡哈哈大笑道:"贤侄才二十出头,待你打不动鱼,老夫早已尸身无存,骨头可击鼓矣。"

玩笑归玩笑,东坡知道潘大临喜欢《寒食帖》,答应另写一幅送他,要求不高,要他帮着物色几亩肥田即可。潘大临大乐,赶紧磨墨铺纸,取笔呈于东坡手中。笔走纸上,却怎么也达不到原帖的意境,东坡直摇头,不得不作罢。

潘大临也不强求,却记住东坡物色肥田的话,从父亲那儿打听到,蕲水沙湖肥田不少,又比邻黄州,不过三十里路程,愿陪东坡前往看田。东坡求之不得,由潘大临等数位黄州朋友相伴,手执竹杖,足蹬芒鞋,踏着暮春暖阳,往黄州东南方向款款而行。

到得半道,众人在路边店歇歇脚,喝几口小酒,继续上路。翻过不高的山头,正穿越一片茂林,晴空忽起风云,大雨骤至,打得树叶噼啪作响,浇灌而下。众人猝不及防,狼狈逃窜,寻找避雨处,唯东坡一如既往,从容前行,嘴上还哼着野调,打着唿哨,像没事人一样。

有过山居经验的人都知道,这是春夏之交常能遇到的过山雨,来得快,去得也快,一阵清风吹过,云开雾散,太阳重又朗然挂上山头。回首望望身后林子,风无影,雨无踪,说阴不阴,说晴不晴,又是一番景象。

云卷云舒,雨来雨去,雨至人躲,雨住人行,实在没啥稀奇的,可东坡却从这再平常不过的途中遇雨小事里,心生感悟,即兴吟诵道:

莫听穿林打叶声,何妨吟啸且徐行。竹杖芒鞋轻胜马,谁怕?一蓑烟雨任平生。　料峭春风吹酒醒,微冷,山头斜照却相迎。回首向来萧瑟处,归去,也无风雨也无晴。

就是这首《定风波》小词,深受东坡的朋友喜爱,你口传,我笔扬,广为流播,至今不绝于口,成为课本必选篇目。尤其"一蓑烟雨任平生"和"也无风雨也无晴"两句,几乎无人不晓,常被挂在嘴边,引入文中,以阐释人生历练和感悟。

众人赶到沙湖,蕲水县尉潘鲠早摆好酒宴,恭候已久。自是儿子潘大临通报的消息,潘鲠崇拜东坡,偶像到了辖区,定然不愿错失欢饮良机。

觥筹交错间,细心的潘鲠发现东坡左手动作僵硬,问有何不适。东坡答曰:"已疼痛有时,一直不知原因。"潘鲠捞过东坡手腕,见红肿得厉害,忙道:"县内麻桥有位叫庞安时的医生,医术高明,不妨前去问诊,说不定有治。"

东坡自然应承,隔日往沙湖看过两处田产,便由潘鲠父子陪同,奔麻桥去会庞安时。

庞家世代为医，庞父素有高医美誉，见庞安时从小聪颖过人，以祖传脉诀授之。庞安时深得家传，却不满足，又取黄帝、扁鹊脉书，独自研究，通晓其旨。不久大病一场，致耳聋毋听，自叹曰："天使我隐于医欤！"乃益读《灵枢》《太素》《甲乙》等古传医书，所涉其道，靡不贯通，为人治病有奇功，率十愈八九，远近踵门求治者，络绎不绝。

也是庞安时久闻东坡大名，有缘得见，自然欢喜。无奈耳聋，听不见人言，只能笔谈。见过东坡手肿，断定为药石之毒，非风气所致。原来东坡的朋友中不乏道人，教其炼丹服食，正好被庞安时言中，他自然点头认可。

庞安时二话不说，取出银针，一针而愈。东坡无以为谢，作书相赠，又笔曰："吾与君皆异人也，吾以手为口，君以眼为耳，非异人而何？"

苏氏字纸，胜过无价之宝，庞安时甚喜，邀东坡同游清泉寺。寺在蕲水县城郭门外，穿过松林，走两里沙路便到。寺旁有泉，甘甜可口，传说王羲之曾在泉中洗过笔砚。青山耸立于寺后，名曰凤栖山；绿水环绕于寺前，叫作兰溪。都说水向东流，兰溪竟与众不同，由东向西流去，令人讶异。

时光如水，不可逆转，白居易因作诗感叹黄鸡催晓，白发催年，东坡受其影响，亦常叹朱颜易失，人生易老。既然兰溪可以逆流，人生自然也可倒转，重活一回。东坡心头一震，入寺向住持要过纸墨，挥笔写下《浣溪沙》：

　　山下兰芽短浸溪，松间沙路净无泥。萧萧暮雨子规啼。　　谁道人生无再少？门前流水尚能西！休将白发唱黄鸡。

几人见词，大加赞赏。东坡另抄数份，交寺僧和同行朋友做纪念，动身走出寺门。庞家有病人等着诊治，庞安时揖别东坡，赶回麻桥，东坡随潘家父子往蕲水县城而行。

路上潘鲫说起蕲州人吴德仁，曾出知郴州，四十六岁致仕归里，寓于物不拘泥于物，居家饮酒吃肉，修得忘家禅，至今六十多岁，身宽体健，看来活到八九十没问题。说得东坡心里发痒，提出去蕲州拜访吴德仁。

众人转道蕲州。进入城门，东坡忽觉兴致索然，掉头出城，踏上返黄州路途。朋友们不解，专程赴蕲会吴，快到吴家门口，人未见着，便转身离去，岂不白费脚力？东坡笑道："听说过王羲之第五子王子猷雪夜访戴安道的故事吗？"

此故事很著名，读书人都知道。说夜里王子猷想起朋友戴安道，走出家门，冒雪乘船，天明赶到戴家，正待入门，忽又转身上船，原路返回。人问何故，王子猷答曰："我本乘兴而行，兴尽而返，又何必见戴！"

有意思的是，正因没见着吴德仁，"吴德仁"三字从此萦绕东坡脑际，久久挥之不去。追名逐利，人之天性。吴德仁肯主动放弃看得见的名利，回归故里，寄情山水，活得真实，快乐，健康，长寿，实在令人敬佩。哪像自己，为虚名所累，虚衔所绊，无法超脱，平时效仿道人，炼服丹石，以求长生不老，不仅毫无效果，霜鬓白发无以变黑，还反受其害，以致手肿疼痛，幸亏庞安时针灸而愈。

东坡满心感慨，准备写首诗，寄赠吴德仁，一释心中块垒。正要动笔，闻陈慥来访，东坡放下笔头，迎出门去。一见陈慥，东坡就抬手指着他，嘻嘻哈哈笑起来，笑得对方莫名其妙，还以为自己扣错了衣扣。

原来东坡贬居黄州期间，陈慥差不多每半年都会自麻城歧亭专程来看望一次，东坡也常抽空回访。陈慥信佛，自称龙丘居士，喜欢缠着东坡讨论佛学。有一回在歧亭陈家，陈慥侃侃而谈，至得意处，竟起身拄杖，摇头晃脑，走动起来，一副情不自禁的样子。可巧东坡喝多茶水，一时内急，起座去上厕所，陈慥兴头正盛，客人出了门也未察觉，仍一边来回挪步，一边翕动嘴皮，念念有词。

陈慥夫人系山西河东柳氏，平时还算温顺，唯不满丈夫沉迷佛禅，对家事不管不顾。这阵子陈慥越发走火入魔，可以不吃饭，不睡觉，白天打坐，夜里念经，不是和尚，胜过和尚，柳氏蓄了一肚子火气，因客人在场，不好发作。此刻见东坡离屋出门，柳氏忍无可忍，从屏风后转出来，指手顿足，粗声吼道："佛佛佛，禅禅禅，佛当得饭，禅当得衣！"

陈慥只顾低头沉吟，没想到柳氏突然出现，一时猝不及防，全身一惊，手上一抖，拄杖脱手掉落地上。也不敢回嘴，唯两眼茫然，望向窗外幽幽夜空。东坡刚好上完厕所，回到窗前，将屋内情景瞧在眼里，觉得有趣至极，赶紧伸手把嘴边的笑捂了回去。今日陈慥到访，东坡猛然想起当初情形，竟忍俊不禁起来。

笑过后让座，寒暄几句，论及吴德仁，东坡指指陈慥，又指指自己，道："你我念佛修道，只不过触及皮毛，比起蕲州吴氏，其境界可低得多啊。"陈慥道："慥亦早闻吴氏大名，日后愿随居士同往造访。"东坡道："世间贤者万万千，见贤思齐可矣，不必闻名必访。"

陈慥也不强求，由东坡陪同，遍游黄州名胜，数日后返回歧亭。东坡正好拿自己和陈慥开涮，以玩笑口吻写下《寄吴德仁兼简陈季常》：

> 东坡先生无一钱，十年家火烧凡铅。
> 黄金可成河可塞，只有霜鬓无由玄。
> 龙丘居士亦可怜，谈空说有夜不眠。
> 忽闻河东狮子吼，拄杖落手心茫然。
> 谁似濮阳公子贤，饮酒食肉自得仙。
> 平生寓物不留物，在家学得忘家禅。
> 门前罢亚十顷田，清溪绕屋花连天。
> 溪堂醉卧呼不醒，落花如雪春风颠。
> 我游兰溪访清泉，已办布袜青行缠。
> 稽山不是无贺老，我自兴尽回酒船。
> 恨君不识颜平原，恨我不识元鲁山。
> 铜驼陌上会相见，握手一笑三千年。

濮阳为吴姓郡望，此处濮阳公子即吴德仁。东坡以自己修道不得道，陈慥学禅不得禅，反衬吴德仁率性而为，成效显著，得仙得禅，可谓有意栽花花不发，无心插柳柳成荫。

其实最有意味的，还是挖苦陈慥那四句。相传佛祖释迦牟尼降生时，手指天，脚抖地，大吼三声，响彻四方，喻示佛音震动十方世界，外道慑服，有如狮子大吼，百兽臣服，故东坡以河东狮吼，譬柳氏怒斥沉湎佛学的丈夫，可谓妙不可言。

想必吴德仁见诗，定会暗暗得意，毕竟不是谁都能得到诗赋大家东坡夸赞的。然陈慥更应高兴，东坡不把他当真朋友，也不会轻易开他玩笑。比如吴德仁不是朋友，东坡才有意抬高他，不惜贬低自己和陈慥。

被人抬高不见得管用，后世谁还记得吴德仁？倒是"河东狮吼"一词传开后，陈慥作为当事人，变得家喻户晓。怕老婆听去挺没面子，其实正是男人的最大美德。有修为、有作为的男人受人尊重，大气大度，自然也善待家人，老婆说啥是啥，不会斤斤计较。只有没本事的男人，在外受蔑视和欺侮，才带着窝囊气回家，往老婆身上发泄。

东坡最明此理，能心平气和地对待家人，从没在妻妾面前逞能。诗谑陈慥，也是转着弯夸奖他，让他借"河东狮吼"一词，成为怕老婆的好男人典范，名扬千古。

## 东坡三味：东坡菜、东坡肉和东坡鱼

借口看田，去蕲水跑个来回，完成一趟漂亮的文学之旅，一下子收获《定风波》和《浣溪沙》两首名词，外加后世使用频率超高的"河东狮吼"成语，苏东坡颇为得意，不久又骑着白马，独往蕲水，也不知是去看田呢，还是去捡拾文字彩贝。

黄州与蕲水交界处有条小河，一桥横跨河上，也不知叫啥名字。时值春夏，万木竞发，河两岸杨树郁郁葱葱，几乎快将河桥笼住。东坡信马由缰，晃晃悠悠来到桥头，伸手撩开头顶杨枝，心想，就叫此桥绿杨桥吧，好听不说，还可直接入诗。

透过杨枝，见不远处有家酒店，东坡忽觉肚内空虚，饥肠辘辘，扯转马首，顺河堤来到酒店门口。他跳下马背，拴好马，举步走进酒店，要壶小酒，就着小菜，开始自斟自酌。

东坡喜欢热闹，也乐于独饮，然酒量不大，几杯下肚，便耳热面红，飘飘然起来。他也就不敢再喝，停杯起身，付过酒账，走出店子，摸索着爬上马背，往绿杨桥方向骑去。夕阳早已西沉，月亮不知何时升上东天，月辉洒在河里，像无数碎银，闪闪发光。

回到桥上，被河风一吹，东坡体内酒力开始发作。白马也变得懒散，驻足不前，仿佛留恋桥上清风似的。东坡四肢发软，也不逞强，翻身下得马来，解下马鞍，扔到地上，打算以鞍为枕，小憩一会儿，待酒劲过去再上路。谁知身子往草地里一挨，脑袋往马鞍上一靠，他立即沉睡过去，进入甜蜜梦乡。

这一觉睡得好沉，待被杜鹃唤醒时，已月落星坠，曙光初露。东坡缓缓坐起身子，伸手揉揉惺忪睡眼，近瞧有流水潺潺，绿杨如烟，远望乃丛山环侍，乱石攒拥，仿佛已出离尘世，进入仙境。一时诗兴来袭，他赶忙从行囊里取出笔墨，将新得《西江月》词题于桥柱上：

照野弥弥浅浪，横空暧暧微霄。障泥未解玉骢骄，我欲醉眠芳草。　可惜一溪风月，莫教踏碎琼瑶。解鞍欹枕绿杨桥，杜宇一声春晓。

返归黄州，人问蕲水之行收获如何，东坡以词答之，众皆叫绝。还有人感慨，不就一溪一桥，外加几棵杨树嘛，乡间司空见惯，没谁当回事，怎么苏学士醉卧桥上，醒来就写出如此绝佳的《西江月》？东坡笑道："只要心闲人缓，所见所闻，皆是诗情画意。"

这应是东坡的秘传心法。他早说过："江山风月无常主，闲者便是主人。"心不能闲，汲汲于名利，行色匆匆，自然容易忽略眼前好风景、耳边好声音。唯有闲下来，慢下步子，心才能空灵，感应万物。哪怕你窗前常见的风花雪月，门口久经的山川河流，也会一天一个样，为你那颗未被名利填塞的闲心，呈现出绝色妙音。

正是带着悠闲的心情，东坡缓步于黄州周边山水间，有感而发，写下大量诗文。现代人受不了眼前苟且，向往诗和远方。东坡不能违背朝廷旨意，只好在谪地方寸间转圈，却一点不苟且，眼前一景一物，都流入笔端，成为千古名作。

就连临皋亭与雪堂间的黄泥坂，近在咫尺，天天往返，也不会熟视无睹，总是常走常新，觉得美不胜收。早上起来，出得临皋亭，东达承天寺，北转黄泥坂，长江左绕，云舒涛卷，草木右随，郁郁葱葱。走走停停，流连不前，虽不可据风物为己有，却足以养眼娱心。官服早已脱去，官帽不知扔往何处，所穿不过粗衣布裤，所戴不过汗巾小帽，杂在来往行人中间，互不相识，自在得很。

躬耕故营地，辛苦是辛苦一点，然雪堂在侧，藏有好酒，随时可释耒入堂，取酌享用。酒能解乏，亦可醉人。趁着酒意，以杖支身，歪歪扭扭走出雪堂，嘴里一声高一声低，随性唱几句地方小曲，也不管跑不跑调，走不走音。还没唱完，杖落人倒，醉卧路旁草地上，不省人事，不知春秋。正值夜露初上，晚归的牛羊喜食露草，边吃边行，不一会儿便到得醉汉身旁。惊得远处父老大呼小叫，生怕醉汉被牛羊踩着。东坡觉而起身，笑歌归来兮。

东坡几乎无日不醉。这不能怪他，要怪只怪友人和邻居，有事没事爱往雪堂跑，且手不放空，提着刚酿成的美酒。东坡哪里喝得过来？于是合置一器，谓之雪堂义樽。既是义樽，自然不用付酒资，送酒人也不图回报，唯期东坡酒后兴起，吟诗作赋，主客同欢。东坡担心义樽酒干，自然有求必应。吟过远山吟近水，诵过春夏诵秋冬，反正不会让来人失望。

实在没啥可吟可诵，东坡就用醉眼望着雪堂门外，歌起自己在黄泥坂发生的趣事来：

  朝嬉黄泥之白云兮，暮宿雪堂之青烟。喜鱼鸟之莫余惊兮，幸樵苏之我嫚。初被酒以行歌兮，忽放杖而醉偃。草为茵而块为枕兮，穆华堂之清宴。纷坠露之湿衣兮，升素月之团团。感父老之呼觉兮，恐牛羊之予践。于是蹶然而起，起而歌曰：月明兮星稀，迎余往兮饯余归。岁既宴兮草木腓，归来归来兮，黄泥不可以久嬉。

这就是人尽能诵的《黄泥坂词》后半部分。词是生活的升华，不是生活本身。毕竟黄泥坂为诗人躬耕故营地必经之路，路上不只有春花夏木、鸟语花香，还有当事人耕耘的艰辛和生存的困境。恰逢夏天气候反常，先是久旱无雨，田干土裂，人畜饮水困难，不得不四处乞水。继而大雨倾盆，连月不断，房倒屋塌，城乡汪洋一片。

天灾过去，饥馑袭来，活命成为奢侈。故营耕地连遭旱涝，损失惨重，又值青黄不接之际，苏家日子再次变得困窘起来，有一顿没一顿的，饿得家人两眼发昏。东坡却不肯皱眉，笑道："饿肚子怕啥？躺倒在床，就不会饿啦。"

惹得王闰之气不打一处来，大骂道："躺倒在床上，天花板上掉馅饼？"东坡道："天花板不掉馅饼，可闭上眼睛做梦，梦里肯定有饱饭吃。要不白居易也不会说：渴人多梦饮，饥人多梦飧。梦里饮也是饮，梦中飧也飧嘛。"又顺白诗意，作诗曰：

饥人忽梦饭甑溢，梦中一饱百忧失。
只知梦饱本来空，未悟真饥定何物。
我生无田食破砚，尔来砚枯磨不出。

还觉不够，东坡又书四戒帖数幅，贴于临皋亭和雪堂壁上：

出舆入辇，蹶痿之机。
洞房清宫，寒热之媒。
皓齿蛾眉，伐性之斧。
甘脆肥浓，腐肠之药。

意思是坏事往往也是好事，锦衣玉食于身体不利，肚无腐肠之物，百病不侵，何乐而不为？

然梦饱肚不饱，字纸也当不得饭，聊以自慰可以，真要想活命，还得找东西哄肚皮。东坡带着家人，来到水毁故营耕地，从泥沙里挖出没沤烂的萝卜、青菜、油菜根，又上附近山间采些芥菜、野蒿之类，一起拿回家，洗洗干净，拌以米粒和姜丝，放入大锅里，再加足量的水，用文火蒸煮。火候一到，起开锅盖，米香菜香扑鼻而至，家人各盛一碗，狼吞虎咽，津津有味，肚皮受用人开心，乐得东坡像孩子一样大笑起来。

此吃法传开后，黄州百姓无不效仿，名曰"东坡菜"。东坡菜让苏家和无数家庭勉强渡过生死关，可谓天无绝人之路。只要人还在，一切都有希望。与普通百姓人家一样，灾后苏家全体出动，积极投入生产自救，尽量减少损失。

最恼火的还是灾害造成物资短缺，引起物价飞涨，官民束手无策。唯一不涨的是猪肉价格。古时羊大为美，羊肉珍贵，牛肉和禽肉也为人青睐，唯猪肉不受待见。也许猪名声不好，猪肉价格才上不去。猪太蠢，国人向来崇尚吃啥补啥理念，生怕吃多猪肉，会像猪一样蠢，有时宁肯饿肚皮，也不愿多吃猪肉，变成傻子。

不过东坡另有发现，猪肉如此遭遇，主因在于富者不肯吃，贫者不解煮。于是他一头扎进厨房，发明出炖猪肉的好方法：先大火烧水，潦去猪肉里的血腥异味，再在清水中投入八角、桂皮、花椒，以文火慢炖两个时辰，直至皮软肉烂，佐以适量的盐和酱油，吃起来又香又爽，美味非凡。黄州百姓照此法去做，大享口福，猪肉因此大受欢迎。

这便是东坡肉的来历。再者黄州面临长江，江鱼取之不尽，东坡又发明煮鱼妙法。选一条鲤鱼，开膛破肚，清水洗净，抹上盐，待盐味入肉，才放进锅里，用小火慢煎。不能乱翻，说是烹小鲜如治大国，随便翻动，会把鱼肉翻烂。煎得鱼皮发黄，鱼肉半熟，搁上姜丝和花椒，冲少许酒，加水煮。煮熟开锅，扔些葱段和橘皮，即可上桌，趁热入口。此烹鱼法简易，很快被黄州人掌握，美其名曰"东坡鱼"，不久便传遍长江两岸。

凭着东坡菜、东坡肉和东坡鱼，苏家及黄州百姓战胜饥馑，逐渐恢复元气，步入正常生活轨迹。加之节气不再反常，东坡又可优哉游哉，往返临皋亭和雪堂之间，半耕半读，喝喝小酒，哼哼小曲，享受闲适人生。

这日东坡洗脚上田，荷锄回到雪堂，又打开义樽，取酒喝至半醉，倒头便睡，做起白日梦来。梦正香甜，堂外忽起陌生声音，东坡幡然而醒，出屋一瞧，是个三十出头的壮汉，气质不凡，只未曾谋过面。东坡拍拍对方肩膀，道："壮士非黄州人吧，敢问尊姓大名？"

"米芾。"对方不卑不亢说出两个字。东坡哈哈大笑，拉过米芾手腕，说道："走走走，先入雪堂，再慢慢饮酒畅叙。"

米芾可是有名的狂人。狂人自有狂之资本，米芾也不例外。此君祖籍太原，出生于襄阳，母亲曾侍奉过英宗皇后高氏，他算跟皇家有旧，自然不把常人放在眼里。米芾善画山水，自成一家，世称"米南宫"，且工书法，深谙唐楷体式，模仿起唐楷来，几可乱真。

曾有字画商谋得唐楷一幅，知米芾喜集古字，欲高价卖给他。米芾见字，心里喜欢，苦于出不起价，借口真假难辨，提出留下字幅，慢慢甄别，若系真迹，一定照价收购，否则原字奉还。字画商二话不说，留字走人，说好五日后再来听信。

送走字画商，米芾立即掏出纸笔，开始摹写唐楷。看看日期已至，字画商回到米家，唐楷已然摹成，米芾说字是真迹，若能稍稍让价，可现钱购买。字画商自然不会松口。他早知米芾手头拮据，上门兜售唐楷是假，讨其美言是真，以便举其牌子，找有钱人换大钱。

米芾拿出唐楷，交给字画商，要他看清楚，是不是原字。字画商展字细瞧，没瞧出破绽，点头说假不了，卷了字轴，夹到腋下，抬腿走人。看着字画商走远，米芾脸露狡黠，回到书房，打开唐楷真迹，从容欣赏起来。

几天后，字画商回来退摹本，米芾得意于自己以假乱真的本事，也不见怪，笑着归还真本，感谢字画商看得起，让自己跟真迹多相处数日。

米芾自视才高，没人值得他崇拜，只有俯身拜石。任安徽无为监军时，见衙署内有一立石生得奇特，脱口叫道："此足以当吾拜。"当即正正官衣官帽，手握笏板，跪倒于石前。不久出城游玩，遇河滩有石又奇又丑，大为惊讶，口称"吾欲见石兄二十年矣"，五体投地，拜倒在滩上，而后命人移入府衙内，日日观赏。迁任长沙掾（属官）后，仍不改石癖，有事没事就往湘江边跑，寻觅奇石，玩赏膜拜。

无奈石头冷硬，拜多了只有那么点意思，米芾就想找个真人拜拜，或于提高字画水平有些益处。然纵观天下，又有何人可入法眼，值得崇拜呢？唯久闻苏东坡其名，有意结交，又难免心下嘀咕：此翁文章诗词一流，万众争诵，无人能出其右，可要说字画，尤其是字，欲与咱米芾比高低，恐怕还欠点火候。

恰在此时，听人说起东坡创《寒食帖》，可谓惊天地，泣鬼神，世所罕见。米芾半信半疑，下决心非找时机，眼见为实不可。所幸长沙掾任期届满，正好借北归之便，绕道黄州，会会东坡，倒看《寒食帖》是否如所传那么神奇。

步入雪堂后，米芾心里有些犹豫，不知要不要向东坡执弟子礼。论声望两人不可同日而语，论年龄彼此相隔十五岁，做东坡弟子，米芾一点不亏。别说东坡，就是"苏门四学士"，其时名望皆在米芾之上。几人年龄也相仿，米芾小黄庭坚五岁，大秦观一岁、晁补之三岁、张耒四岁。可未见识过《寒食帖》，米芾怕拜错对象，委屈自己，仅以晚辈相称。

东坡倒也无所谓，愿做自己弟子的人多了去了，多个米芾不多，少个米芾不少，却久闻其名，早见其字，心存爱意，他今天不请自来，肯定得喝几杯，好好切磋切磋。但米芾专门冲着《寒食帖》而来，心思不在酒上，喝得吞吞吐吐。

东坡知其来意，却不动声色，酒过三巡，停杯起身，取出观音纸，贴到壁上，执笔饱蘸墨水，自下端开始，一笔画到顶上，呈竹竿状。米芾惊讶地道："为何不逐节往上画？"东坡笑道："竹初生时，何曾逐节往上长？"

说话间，东坡于竹节旁作一枝，时以浓墨为竹面，时以淡墨为竹背，其法大异于常。又描虬枝皴石于旁，独具一格的墨竹枯木怪石图就这样呈现于壁上，令米芾叹为观止。

观赏过画作，两人坐到几旁，喝茶论画，颇为投机。米芾拐弯抹角，论及《寒食帖》，东坡道："临时急就帖，不足挂齿。"米芾道："先生谦虚，见识过大作的人，无不说《寒食帖》乃天下神品。"东坡道："神不到哪里去，不过一时悲愤，发乎心，出于手而已。"米芾道："发乎心，出于手，才是好东西，还请先生拿出大作，让晚辈一饱眼福。"

东坡笑了笑，取出珍藏多年的吴道子佛画，小心地摆到几上。画已破碎，幸画上佛祖及侍者依然精彩动人，让米芾大开眼界。

没见到《寒食帖》，米芾自然不肯走人，纠缠数天，东坡才道："《寒食帖》为激愤之作，轻易示人，传扬出去，被别有用心者揪住，老夫只怕想做贱民都做不成。"米芾信誓旦旦道："晚辈长了见识，绝不外扬，剥夺先生贱民资格。"

东坡这才入内，拿出《寒食帖》，递给米芾。米芾展帖一瞧，顿时傻在那里，像被电击着一般。电来自天上，唯上天才能赋予《寒食帖》神性，用"好"或"妙"字形容，都是对其神性的玷污。神就神在字字哭泣，笔笔泪流，却又听不到哭声，看不见泪影，哀哭和悲泪藏于字里行间，源自书者灵魂深处，非用心不可感知。

人说米芾为天才书法家，可他自知天分平平，全凭多年苦练，才写出一手好字。正因如此，米芾属于技法派，技巧了得，摹写起唐楷来，可以假乱真。东坡也抄碑临帖，功底深厚，可他在意不在技，属于写意派。原来技可仿，意难摹，米芾能摹唐楷，要他摹写苏字尤其《寒食帖》，绝对做不到。

米芾肚里的想法，也颇合后人对苏、黄、米、蔡四大家的排名标准，东坡与黄庭坚重意，米芾与蔡襄重技，技在意后。毕竟技为术，可以练成；意为道，可遇不可求。

面对《寒食帖》，米芾垂下高傲的头，暗想以后就以东坡为师，好好写字，省得再拜石头。然自己才情、学识、胸怀、阅历都没法望其项背，步其后尘可，实现超越难，还不能放弃原来路数。米芾拱拱双手，虚心请教学字窍门。东坡认为取法其上，得乎其中；取法其中，得乎其下。还需志存高远，精研晋人尤其王羲之和王献之父子书法，心领神会，方有大成。

米芾深以为然，后遵东坡教诲，专学二王和晋人，其书大进，还命书房为宝晋斋，用以收藏晋人法帖。两人就这样成为有实无名的师徒，虽不经常见面，却一生书信往来不断。

## 赤壁辞赋天下闻

流连黄州数日，米芾须归京复命，不得不告别东坡，一步一回头，踯躅北去。也是苏家从无寂寞时，米芾前脚走，有位重要人物后脚就到了黄州。此人没啥名气，然其于东坡的重要性，则远在米芾之上。可说没有此人，东坡不一定写得出《赤壁赋》和《念奴娇·赤壁怀古》等巅峰之作，大宋乃至中国文学史会失色不少。

此人是位游方道士，名叫杨世昌，字子京，四川绵竹人。多才多艺，精星相卜卦，晓黄白之术，善画山水，能鼓琴瑟，尤擅箫管。杨世昌长期挂单（寄住）于庐山道观，因久仰东坡，趁西返巴蜀之机，特意逗留黄州，拜会乡友。

杨世昌来会东坡的理由很特别，就是送酿酒秘方。朝廷为掌控酒税，实行专卖制度。专卖说穿了就是垄断。这也能理解，宋时粮食短缺，国家不垄断，粮食都酿了酒，百姓无粮饿肚，岂不天下大乱？然任何货物，一旦垄断，价位必定居高不下，官酒也一样。杨世昌知道东坡穷，买不起昂贵的官酒，自酿又无良方，只能靠亲友馈赠，集于义樽，以解馋过瘾。亲友也不富裕，送一回算一回，苏家客来客往，不停不歇，义樽一空，没有酒喝，岂不难受？杨世昌奉献酒方，东坡正求之不得，当即撸起袖子，如法炮制。

杨世昌所献可非普通酒方，乃难得的蜜酒秘方。照方酿出的蜜酒，格外醇厚香浓，东坡不禁大喜过望，还放信出去，约各路朋友来品酒，一时间雪堂门槛都快被踏破。

初酿蜜酒很快喝光，东坡干脆公开秘方，教朋友们自酿，共享蜜酒佳味。各路朋友学会酿制蜜酒后，自然不会忘记公开秘方之人，频频到雪堂来给东坡送蜜酒，此后义樽几乎没再干过。蜜酒酿法就这样一传十，十传百，传遍黄州城乡，人称"东坡蜜"，承袭至今。

秘方已不秘，东坡觉得有愧于献方人，跑到杨世昌寄身的天庆观，向他赔礼道歉。杨世昌也不计较，说早知学士性情，出示秘方时，就没有让他保密的想法。杨世昌不仅不计较，还常随东坡访朋问友，同醉蜜酒，其乐融融。

杨世昌给东坡送来蜜酒秘方，也送来诚挚友情和莫大欢乐。两人都是蜀人，乡音难改，乡情难却，容易尿到一只壶子里。这是东坡脱口而出的粗话。他觉得话粗理不粗。酒喝得多，尿必然多，尿多就要尿尿，能往一只壶里尿，多么畅快，多么享受！

两人的关系当然不只喝酒交游，还有更深层次的灵魂触碰，否则东坡也白贬黄州数年。也许上苍安排东坡来黄州，就是要他等待一个人的到来，这个人便是道士杨世昌。因为只有在黄州，才遇得到杨世昌，也只有在黄州遇到杨世昌，奇迹才会出现。

奇迹发生在七月十六日，说准确点便是元丰五年（1082）七月十六日。这是个非常值得记住的年份，非常值得留恋的日子。正是这日傍晚，杨世昌抬头望望晴朗的天空，心头隐隐一动，携短箫于袖管，离开天庆观，走向临皋亭，来见东坡。

杨世昌清楚，如此良辰美景，东坡肯定不甘闷坐家中，自会有所作为。

也是心有灵犀，待杨世昌走近临皋亭，苏东坡已备足蜜酒、肉菜还有杯盏，用篮子装好，一见客至，便提篮起身，说月亮将出，动身吧。杨世昌也不多话，尾随东坡，来到江边，登上小舟，你执棹，我使桨，不紧不慢划着，溯江而上，奔赤壁方向而去。

小舟轻巧，水势平稳，距离又不远，不一会儿便来到赤壁之下。夜幕无声降临，月亮未曾出来，江面幽暗而平静，清风徐徐，水波微漾。两人松开手中棹桨，从篮子里取出酒菜，摆上杯盏，借酒助兴，你一词，我一调，呼邀明月，共度良夜。

月亮似有感应，没过多久，便自东山冉冉升起，悄悄徘徊于吴越上空。江面起了水雾，白茫茫一片。小船无声浮荡着，水光与月色交织，空蒙迷离，如梦如幻，让人感觉已出离尘世，似要羽化成仙。酒喝得越发畅快，东坡忍不住手拍船舷，纵情歌唱，杨世昌也掏出短箫，和着歌声吹奏起来。

起初杨世昌那修长的指头，只在箫管上不紧不慢按抚着，任箫声滑出箫孔，仿佛缕缕烟岚，缭绕着，氤氲着，变化无穷。又似无声微雨，从半空飘落，悄然洒在树叶间，落在草地里。接着指尖动作快速起来，箫声跌宕起伏，错落有致。时而如惊鹿过涧，溅出白晃晃的水花。时而如倦鸟归林，一声长，一声短，一声高，一声低。最后长指缓下节奏，轻搓慢揉，搓出冬末黄叶，自枝头哀哀坠落，揉出寂寂夜露，泼湿梦幻边缘的幽怨……

听得东坡满心悲凉，坐正身子，扯扯衣襟，面色凝重道："听道士箫声，为何悲凉忧伤至此？"杨世昌拿开嘴里的箫管，叹息一声，道："'月明星稀，乌鹊南飞'，这可是曹操留下的诗句，学士应该知道吧。咱俩泛舟江面，向西可望见夏口，向东可瞧见武昌，不正好置身周瑜施计打败曹操的古战场吗？遥想当初曹军破荆州，占江陵，顺江东下，战舰前后衔接，千里绵延不绝，七色军旗随风猎猎，遮天蔽日，多有气势，多么威武！曹操壮怀激烈，豪情满腔，举酒高歌，横槊赋诗，其英雄气概何等豪迈！弹指间，千年不觉过去，江山依旧，然斯人何在？比之曹操，你我实在微不足道，只配在江中小洲捕捕鱼，打打柴，跟小鱼小虾做做伴侣，与山麋野鹿交交朋友。碰上天气晴朗，心情也好，结伴驶船游江，倒出壶里浊酒，举杯邀月，嘴上哀叹生命之渺小，心里羡慕浩瀚长江之无穷无尽，奢望能巧遇仙人，相偕游玩，甚至妄想同明月一起万古长存。但我心里明白，这是完全不可能的，才吹箫抒怀，把自己的胡思乱想寄托给悲凉秋风和清冷江月。"

东坡闻言，沉默良久，才面向茫然江天，幽幽地道："天道无常，譬如舷边江水，看似奔流不歇，其实不增不减，并无变化；又如天上月亮，时圆时缺，事实上不盈不亏，千年依旧。不只水月，万物皆然，变与不变，全在你怎么看待。以变化视角观之，随时有变，转瞬不同。以不变视角观之，万事万物又是恒定的、不变的。说变吧，万物都变；说不变吧，万物都不变。至于人类，渺小如大海之一粟，却属天地精灵，可谓三光日月星，三才天地人。生而有涯，一天天老去，直至死亡，可人生代代无穷已，江月年年望相似。如此说来，世上又有什么值得羡慕的呢？想想天地之间，万物各有归属，不属于自己的，丝毫不要索取，取之也会失去，唯有江上清风和山间明月，用耳聆听便成声，拿眼阅视便成色，不会有谁塞住你耳朵，捂住你眼睛，你只管尽情享受，反正这是大自然的宝贵财富，永远不会穷尽。"

说得杨世昌眉开眼笑，连声说妙。两人一乐，又借着月色，取过江水，洗净酒盏，重新斟满，继续对饮。待酒喝光，肉啃完，舟中已一片杯盘狼藉，两人醉得一塌糊涂，歪在舷边，沉沉睡去，直至东方破晓，还不知不觉。

天亮日出，王闰之起床，临窗梳妆，见小舟搁浅于临皋亭下，有两人醉卧舟中，知是东坡和杨世昌，忙呼苏迈兄弟，下到江边，叫醒两人，扶回屋中。

杨世昌稍稍逗留，拿着短箫回了天庆观。东坡脑中浮现起月夜泛舟情形，忍不住取笔于手，始作《赤壁赋》：

壬戌之秋，七月既望，苏子与客泛舟游于赤壁之下。清风徐来，水波不兴。举酒属客，诵明月之诗，歌窈窕之章。少焉，月出于东山之上，徘徊于斗牛之间。白露横江，水光接天。纵一苇之所如，凌万顷之茫然。浩浩乎如冯虚御风，而不知其所止；飘飘乎如遗世独立，羽化而登仙。

于是饮酒乐甚，扣舷而歌之。歌曰："桂棹兮兰桨，击空明兮溯流光。渺渺兮予怀，望美人兮天一方。"客有吹洞箫者，倚歌而和之，其声呜呜然，如怨如慕，如泣如诉，余音袅袅，不绝如缕。舞幽壑之潜蛟，泣孤舟之嫠妇。

苏子愀然，正襟危坐而问客曰："何为其然也？"客曰："'月明星稀，乌鹊南飞'，此非曹孟德之诗乎？西望夏口，东望武昌，山川相缪，郁乎苍苍，此非孟德之困于周郎者乎？方其破荆州，下江陵，顺流而东也，舳舻千里，旌旗蔽空，酾酒临江，横槊赋诗，固一世之雄也，而今安在哉？况吾与子渔樵于江渚之上，侣鱼虾而友麋鹿，驾一叶之扁舟，举匏樽以相属，寄蜉蝣于天地，渺沧海之一粟。哀吾生之须臾，羡长江之无穷。挟飞仙以遨游，抱明月而长终。知不可乎骤得，托遗响于悲风。"

苏子曰："客亦知夫水与月乎？逝者如斯，而未尝往也；盈虚者如彼，而卒莫消长也。盖将自其变者而观之，则天地曾不能以一瞬；自其不变者而观之，则物与我皆无尽也，而又何羡乎！且夫天地之间，物各有主，苟非吾之所有，虽一毫而莫取。惟江上之清风，与山间之明月，耳得之而为声，目遇之而成色，取之无禁，用之不竭，是造物者之无尽藏也，而吾与子之所共适。"

客喜而笑，洗盏更酌。肴核既尽，杯盘狼藉。相与枕藉乎舟中，不知东方之既白。

赋中"客"便是杨世昌，"苏子"乃东坡自指。赋文起伏跌宕，以景抒情，融情于景，情景俱妙，充满飘逸空灵的诗情画意。画意里呈现着无穷浩瀚之时空，诗情中书写着须臾渺小之人生。渺小于浩瀚，几近于无；须臾于无尽，似可忽略不计。然浩瀚与渺小，无尽与须臾，又是相对的，甚至可流转互换，只要赋予渺小和须臾以别样意义。

无论诗画，抑或情景，皆赖文境绮丽多姿，邈不可攀，良夜有色，江山无穷，风月长存，天地无私。人生四境：一曰本能之境，所谓饥餐渴饮也；二曰功利之境，所谓功名利禄也；三曰道德之境，所谓舍己利人也；四曰天地之境，所谓齐于天地也。东坡始于本能，吃喝活命；继而科考，求取功名；再则为民请命，不惜丢官；今归于江山风月，至天地之境，万物皆备于我矣，口以味为食，目以色为食，耳以声为食，鼻以香为食，身以触为食，意以法为食，远非以权利名为食，蝇营狗苟，驱去复返，老在方寸间打转，无法跳出去。

天地之境发乎江月，归之义理，幽暗与光明，静止与流动，瞬息与永恒，有限与无限，空与色，有与无，盈与虚，消与长，得与失，宠与辱，恩与怨，成与败，存与亡，爱与恨，忧与喜，悲与欣，情与理，所谓触处流露，斟酌饱满，不知其所以然而然矣。《赤壁赋》因此成为苏文代表作，造就宋代乃至中华文学巅峰。

赤壁月夜泛舟不久，东坡又与杨世昌等友人登上赤壁矶头，把酒临风，怀古伤今。与置身小舟醉卧江月不同，自高处下望长江，又是另一番境界。顺波涛来势西望，赤壁大战的营垒似乎还在，遥想周瑜年少得志，创建惊天伟业，东坡年近半百，却因乌台诗案流落黄州，报国无门，虚度光阴，难免暗自伤感。借着酒意，东坡吟道：

大江东去，浪淘尽，千古风流人物。故垒西边，人道是，三国周郎赤壁。乱石穿空，惊涛拍岸，卷起千堆雪。江山如画，一时多少豪杰。　遥想公瑾当年，小乔初嫁了，雄姿英发。羽扇纶巾，谈笑间,樯橹灰飞烟灭。故国神游,多情应笑我,早生华发。人生如梦,一尊还酹江月。

这首《念奴娇·赤壁怀古》为苏词代表作,开创一代词风,令人耳目一新,其在词坛尤其豪放词派的崇高地位无人可以撼动。有人认为,此作词气豪迈,意蕴幽远,具有时间的纵深感和空间的辽阔感,被归类为豪放派顶级代表作,当之无愧,美中不足的是结尾感叹人生如梦,酒酹江月,过于消极,不无遗憾。

以积极与消极评价和划分诗文,实在过于简单和粗暴。臣僚的颂诗谀词,或帝王以诗文自我标榜,字字优美,句句动听,积极亢奋,但除当事人外,谁会当回事?相反历经磨难,情动于衷有感而发的真实声音,最易获得共鸣,传之久远。东坡出生入死,看多世相,又深受即色即空佛理影响,明白人来世间走一遭,无异于大梦一场,才借助手里笔墨,道破人生真相,这又哪是"消极"二字所能定论之?

真该感谢神奇的文字,让东坡走出眉山,一举成名天下知,也让他自食其果,因文下狱,从阎王殿里来到黄州,写出关于赤壁的千古诗文。

世间功成名就者无非两类:一类是别人给予现成戏台,你依其指令,登台打斗说唱,表演事先规定好的角色;另一类是自己搭台,自编自导,自演精彩人生。东坡也曾在朝廷搭建的戏台上风光过,后被人推到台下,落荒而逃,远离热闹戏台。可他没有沉沦,用文字搭建起属于自己的宽阔戏台,表演出非同凡响的剧情,其台词便是《赤壁赋》和《念奴娇·赤壁怀古》等众多传世之作。

这就是东坡与众不同之处。世人多在别人给予的戏台上唱念不歇,人家要你上你便上,人家要你下你便下,你方唱罢我登场,来也匆匆,去也匆匆。只有睿智如东坡下台后,华丽转身,搭台于人生低谷,笑对古今,谁也没法赶你下台。

一个多月后,眉山人巢谷来黄州看望东坡。巢谷是东坡发小,曾考进士不第,转学骑射,文武兼修,闻东坡谪居黄州,前往相从。

东坡非常高兴,安排巢谷在雪堂住下,将十三岁的苏迨和十一岁的苏过交他教授。同是蜀人的杨世昌闻知,往雪堂跑得更勤,与东坡、巢谷诗酒唱和,甚是欢愉。可惜客来客往,义樽已罄,雪堂无酒可饮,唯有以茶代酒,却丝毫不影响主客雅兴,常常一聊大半天。

听说苏、杨、巢常在雪堂雅聚,潘大临心里痒痒,这天下江打完鱼,收好网,也赶来凑热闹。只是东坡已放下茶杯，步出雪堂，要回临皋亭。潘大临毫不介意，准备送东坡一程，路上同样可说话聊天。杨世昌本要回天庆观，也改变主意，尾随而至，三人一路说说笑笑，哼哼唱唱，煞是开心。

途经黄泥坂，露水已悄然沾上草叶，映照着晶莹的银光。抬头一望，但见月上枝头，皎如明镜，才意识到已至十五月满之日。三位越发兴奋，脚踏身前影子，笑得更开心，唱得更响亮。

东坡跟着欢闹一阵，忽然语带遗憾道："有客没有酒，有酒没有肴，真辜负了如此良辰美夜。"潘大临道："傍晚我网到一条好鱼，大嘴细鳞，仿佛松江鲈鱼，正好做下酒菜。只是时间已晚，不知去哪里弄酒。"东坡道："先别管酒，你还是快去取鱼吧。"

潘大临年轻，腿脚快，待东坡与杨世昌赶到临皋亭，他也回家提了鱼追至。王闰之接过鱼，转交给家厨，望着东坡道："幸亏我有一斗好酒，储存已久，以备不时之需。"

鱼很快烹好。三人一个端鱼，一个捧酒，一个提碗盏，来到江边，划船溯江而上，不一会儿来到赤壁之下。已属初冬十月，江水回落，原先潜藏于水里的石头一个个冒出来，江岸突出，山高月小，已非三个月前夜游赤壁时的样子。

三人干脆离船攀岸，踩着山崖，拨开乱草，去寻幽境。东坡已不年轻，却身手矫健，很快爬到高处，把杨、潘两位甩在身后。山石间长着虬龙般的杂树，东坡攀上枝头，仰天长啸，似乎连草木也受到震动，山石发出共鸣，河谷应声而和，江上风起，撩动层层波涛。

东坡一时心生悲凉和恐惧，觉得此处不可久留，招呼杨世昌和潘大临，返岸登船，划至江心，停桨任其漂流，只顾喝酒吃鱼，开心不已。

夜色渐深，酒至半酣，东坡仰首四顾，周围一片清寂。忽有孤鹤自江南方向飞来，但见它黑腿白衣，翅膀张扬如两只车轮，尖厉地鸣啼着擦过小舟，往西边飞去。

三人不知是何征兆，再无兴致逗留，返船回到临皋亭。杨世昌和潘大临揖别而去，东坡入室，倒头便睡。恍惚间有个道士，身着用白色羽毛做的素服，来到床前，拱手行礼道："赤壁之游可乐不可乐？"东坡答非所问道："贵客尊姓大名？"道士俯首不语。东坡恍然大悟道："不用说，夜里鸣叫着从咱小舟旁飞过的白鹤，一定是尊道无疑。"

道士无声而笑，不置可否。东坡还要说啥，兀地惊醒过来，哪里还有道士影子？推窗张望，唯见夜色茫茫，什么也没有。东坡沉吟半晌，取过砚台，磨起墨来。墨磨好，天开始放亮，东坡铺纸，挥毫记道：

> 是岁十月之望，步自雪堂，将归于临皋。二客从予，过黄泥之坂。霜露既降，木叶尽脱。人影在地，仰见明月。顾而乐之，行歌相答。
> 
> 已而叹曰："有客无酒，有酒无肴，月白风清，如此良夜何？"客曰："今者薄暮，举网得鱼，巨口细鳞，状如松江之鲈，顾安所得酒乎？"归而谋诸妇。妇曰："我有斗酒，藏之久矣，以待子不时之需。"
> 
> 于是携酒与鱼，复游于赤壁之下。江流有声，断岸千尺。山高月小，水落石出。曾日月之几何，而江山不可复识矣。予乃摄衣而上，履巉岩，披蒙茸，踞虎豹，登虬龙，攀栖鹘之危巢，俯冯夷之幽宫，盖二客不能从焉。划然长啸，草木震动，山鸣谷应，风起水涌。予亦悄然而悲，肃然而恐，凛乎其不可久留也。反而登舟，放乎中流，听其所止而休焉。时夜将半，四顾寂寥，适有孤鹤，横江东来，翅如车轮，玄裳缟衣，戛然长鸣，掠予舟而西也。
> 
> 须臾客去，予亦就睡。梦一道士，羽衣翩跹，过临皋之下，揖予而言曰："赤壁之游乐乎？"问其姓名，俯而不答。"呜呼噫嘻！我知之矣，畴昔之夜，飞鸣而过我者，非子也耶？"道士顾笑，予亦惊寤。开户视之，不见其处。

这便是脍炙人口的《后赤壁赋》。赋中东坡借再次夜游赤壁所见所感，创造了一个美妙神奇的仙境。仙境离俗世不远，就在身边，关键看你挣不挣得脱世俗的羁绊，走不走得出名利场。换言之，仙境属于美酒，属于夜晚和梦，只要肯放弃功名利禄，出离尘世，酒杯一端，白鹤就有可能华丽现身，甚至变成道士，走进你梦里。庄生梦蝴蝶，借问我是蝴蝶，抑或蝴蝶是我，断定我即蝴蝶，蝴蝶即我，物我合二为一。东坡梦道士，明确道士乃白鹤，白鹤乃道士，道士与白鹤属于一回事，自己醒能见白鹤，梦能遇道士，自然已超凡脱俗，什么名位呀，宠辱呀，早与自己毫不相干。

就这样，东坡在最困顿、最悲惨、几乎走投无路的人生低谷，一跃而起，登顶人生的至高峰，完成此生最重要的作品，实现个人价值的最大化。这才是伟大的灵魂，总能在至黑至暗之时，释放出万丈光芒，穿越时空限制，照彻古今。

随着赤壁词和前后赤壁赋的诞生，上苍赋予东坡的使命已超额兑现，剩下的岁月皆为余生。仿佛一路奔腾，抵达出海口的汹涌江河，一下子变得舒缓起来，不用再掀巨浪。东坡的余生宽阔平和，博大包容，少了激进愤慨，多了仁慈温厚。

　　这天做完农活，已属夕阳西下时分，东坡走进雪堂，由杨世昌和巢谷作陪，就着野蔬，喝起小酒来。酒至半酣，已属初更，东坡停杯起身，乘着月色，拄杖西归临皋亭。杨世昌与巢谷兴犹未尽，紧随其后，护送回家。

　　走走停停，到得家门口，已近三更。举手敲门，家童无任何反应，只顾呼噜呼噜打他的鼾。东坡垂下手臂，但闻涛声拍岸，笑对杨、巢两位道："咱们干脆到江边看江景去。"

　　三人来到临皋亭下，面江倚杖而立，只见风住浪息，正是泛舟好时机。可杨、巢两人已困，不愿登舟，东坡也不勉强，随口作《临江仙·夜归临皋》曰：

　　　　夜饮东坡醒复醉，归来仿佛三更。家童鼻息已雷鸣。敲门都不应，倚杖听江声。　　长恨此身非我有，何时忘却营营。夜阑风静縠纹平。小舟从此逝，江海寄余生。

　　末句化用《论语》"道不行，乘桴浮于海"，意即修齐治平克己复礼愿望无以实现，干脆乘小筏出海，与世隔绝，独善其身。东坡苦读入仕，目的无非辅助君王，救世济民，却碰得头破血流，死里逃生至黄州，碌碌无为，得过且过，何如顺江奔海寄余生。且不用效孔子再扎小筏，临皋亭下有现成小舟，登舟执棹，便可通江达海，又何乐而不为？

　　杨世昌与巢谷大声叫好，睡意全消，附和东坡，大声吟唱起来。连唱数遍，杨、巢两人才告别东坡归去，嘴里仍在哼唱苏词。

　　其时天色渐晓，碰上早行人，听到两人吟唱，驻足问道："莫非苏学士所作新词？"两人回道："不是苏学士，谁作得出如此绝妙词调？"对方又问："你俩与苏学士形影不离，怎么没见他老人家？难道真如其词所言，已泛舟东逝，寄托余生于江海？"

　　两人忍俊不禁道："就临皋亭下那小舟，又破又旧，苏学士泛泛近处赤壁，自然没太大问题，真东逝江海，哪经得起大风巨浪拍打？"

　　路人对杨、巢两人的话半信半疑，一传十，十传百，传得黄州尽人都以为东坡已泛舟逃亡海上，说不定就像秦时徐福，带着农具和种子，远渡东洋，开荒种地去了呢，一直传入正在衙门里视事的徐君猷耳里。东坡属本州谪臣，竟逃得不知去向，朝廷追究下来，该当何罪？徐太守大惊失色，赶紧退堂，直奔临皋亭，倒看怎么回事。

远远瞧见太守来访，苏迈赶紧出门相迎。徐太守也不拐弯抹角，急切道："苏学士何在？"苏迈道："家父正在屋里睡觉呢。"

徐太守狐疑地望望苏迈，推开窗户，探头往里瞧去，东坡果然躺在床上，鼾声如雷，睡得正香。他这才放下一颗心来，摇头离去。

此事传入京中，神宗甚觉好奇，要过苏词，反复吟诵数遍，心道：言为心声，谁敢肯定东坡没有逃避现实的动机？当即传旨徐君猷，看好东坡，别让他夜里到处乱跑，他真寄余生于江海，谁还写得出他那样妙词好文，给朕解闷？

神宗又想起东坡外贬已三年，如此大才，远搁黄州，确实浪费了，也该召回京中，好好为朝廷服务才是。他把想法透露给朝臣，竟反对声一片。理由是东坡心怀怨愤，让他回京招惹是非，实在无此必要。神宗问道："东坡怨谁愤谁？"朝臣道："自然是怨愤皇上。"

神宗觉得不可理喻，质疑道："据徐君猷所奏，东坡贬黄以来，心平气和，开开心心，哪儿来怨愤？"朝臣道："东坡身为臣子，既然无怨无愤，就该反思过错，报答君恩，哪会老念叨泛舟江海，寄托余生？"

东坡才高名大，远在黄州，皇上尚且念念不忘，若现身京师，君臣打得火热，其他人还近得了君侧？神宗明知朝臣心思，也只好作罢。眼下正推行新政，反对声从未断过，朝堂再多个东坡，朕岂有安宁之日？

## 此心安处是吾乡

徐君猷接到圣旨，亲赴临皋亭，出示给苏东坡，嘱道："苏学士以后还是低调点，别动不动江海寄余生，你天马行空，寄余生于江海，皇上追究下来，本太守余生往哪儿寄？岂不只有自挂东南枝，了此余生？"

东坡哈哈大笑，道："只要食有肉，饮有酒，老夫绝不离开黄州半步。"

徐君猷道："好好好，待本太守忙过这阵子，一定请你吃肉喝酒。"

徐君猷不敢忘记说过的话，不久便忙里偷闲，专门在府衙后堂摆酒，请东坡过去，开怀畅饮，还把四位年少美貌的侍姬叫出来，跳舞唱歌助兴。

侍姬们并非头次露面，已跟东坡很熟，歌舞毕，便缠着他索要题词。东坡秉持佛家众生平等理念，从不歧视舞姬歌女，近而不狎，乐而不淫，相处随意欢喜，也就有求必应，借着酒意，落笔于纸，一人题一首《减字木兰花》。

其中有个叫胜之的舞姬，格外乖巧伶俐，已得过一词，过会儿又走近东坡，求他再题一首。东坡笑了笑，题道：

双鬟绿坠，娇眼横波眉黛翠。妙舞蹁跹，掌上身轻意态妍。　曲穷力困，笑倚人旁香喘喷。老大逢欢，昏眼犹能仔细看。

胜之接过去一瞧，不是已题过一次的现词吗？自然不干，跑到徐君猷身边，撒娇道："苏学士糊弄小女子，太守可要给俺做主。"徐君猷大笑，举酒敬过东坡，道："劳烦学士给胜之再题一首吧。"东坡只好又题道：

天然宅院，赛了千千并万万。说与贤知，表德元来是胜之。　今来十四，海里猴儿奴子是。要赌休痴，六只骰儿六点儿。

前词尽言胜之眉眼俏丽和舞姿妙曼，此词说她年轻聪明，仿佛六颗骰子全为六点，无人可及。秀外慧中都已占全，胜之笑逐颜开，给东坡献过酒，欢喜而去。

爱姬得到赞扬，徐太守自然受用，代胜之敬过东坡，主客大醉而罢。

虽说不贵不富，然有太守照顾，有朋友关爱，还有故营耕地出产的稻麦蔬果充饥，东坡已心满意足，觉得上天真眷顾自己。

唯临皋亭朝西，热天骄阳直射，堂内仿佛火炉，热得不行，加之年久失修，屋瓦脱落，大雨大漏，小雨小漏，非得移床避雨不可，实在令人烦恼。且临皋亭属朝廷三司（转运司、提举司、提刑司）行衙，一旦三司巡按莅临，苏家须避让他处，寄人篱下，也颇尴尬。

东坡也曾琢磨过举家迁往雪堂，可雪堂仅五间小草屋，又哪容得下一家大小近二十口？况常有各地朋友来黄探访，只能以雪堂为家，或小住数旬，或长居年余，一旦苏家入住雪堂，朋友来了怎么办？难道要他们露宿街头不成？

好在吉人自有天相，这年冬天东坡好友淮南使蔡景繁巡视黄州，见证苏家困境，嘱徐君猷于临皋亭南边另建三间宽敞瓦房，供苏家居住。徐君猷自然应承，送走蔡景繁，立即拨出专款，筹建南房。

至来年即元丰六年（1083）初夏，南房建成，苏家迁入。南房朝向西南，东坡命名南堂，且作《南堂五首》志庆。其一曰：

> 江上西山半隐堤，此邦台馆一时西。
> 南堂独有西南向，卧看千帆落浅溪。

其间诗僧参寥自杭州来黄州看望老友，东坡将其安置于雪堂，与巢谷同住，三人常一起谈诗论佛，甚是欢洽。这日在故营耕地做完农活，东坡走进雪堂，陪巢谷和参寥喝茶聊天。聊及黄州有聚宝山，东坡曾在山上拾得奇石三百枚，设坛以供养庐山佛印大和尚，且作《怪石供》寄赠。佛印大乐，刻《怪石供》，以飨同好。

参寥默然不语。东坡又透露，前不久见街头小孩也喜欢收集怪石，便以可食易无用，拿炊饼从小孩手里换得怪石二百五十枚。饼即石，石即饼，若用饼供养佛印，估计佛印没兴趣刻《怪石供》。

"供者，幻也。受者，幻也。刻其石者，亦幻也。"参寥嘴里道，伸出手指，在东坡面前晃了晃，"拱此执礼，没谁不欢喜。戟此詈人，没谁不愤怒。为何同出于手上动作，喜怒截然不同，却无人怪罪于手？"停停又道："佛家有言，眼为视根，耳为听根，鼻为嗅根，舌为味根，身为触根，意为念根。故此，手可谓喜怒之根啊。明白世间事物，包括拱戟皆为虚幻，喜怒存而根亡，则再不会生疑受惑。"

说得东坡大笑，拿出以饼换得的二百五十枚怪石，放入盘里，供养参寥，并作《后怪石供》以乐。

有参寥和巢谷等友人陪伴，东坡日子过得格外开心。开心容易忘记时间流逝，神聊起来往往通宵达旦，身上着凉都不自知，又值春夏季节交替，乍寒乍热，身体适应不过来，病魔乘虚而入，东坡先是咳嗽不止，水米难进，继而赤眼病犯，痈疮上身。王闰之只好把丈夫关在屋里静养，不让他出门半步。

这一关就是一个多月。黄州百姓心里起疑：苏学士爱热闹，朋友又多，久不露面，难道真划着小舟逃离黄州，寄余生于江海去了？跑到临皋亭下一瞧，小舟仍静静停在江边，猜想主人应该还没逃走。

其时徐君猷调离黄州，已与继任杨寀办完移交，莫非东坡送徐君猷去了任地湖南？黄州百姓不免担心，湖南位于洞庭湖以南，洞庭风大浪高，险象环生，过湖时万一出点什么差错，又如何是好？

东坡生死未卜，传来传去，传入京师，正值中书舍人曾巩病逝，于是朝野纷传苏、曾两个文曲星已同日化去。试想苏、曾都是欧阳修得意门徒，老师泉下寂寞，需人谈诗论文，召走曾弟子，又岂肯放过苏学生？

此刻神宗端碗正要吃饭，闻信叹息道："才难，才难！"食欲全无，悻悻放下碗筷，命人赶快查明真相。唯有范镇不信，派家仆至黄州打探。东坡大笑三声，顿时病好七分，翻身下床，铺纸执笔，以实情回复范老前辈，末尾道："晚辈平生所得毁誉，殆皆此类也。"

送走范家人，神宗专使也到，东坡又执笔给神宗上谢表，感激皇恩浩荡，自己身为罪臣，远避黄州，皇上还如此牵挂，末了又忍不住自嘲道："疾病连年，人皆相传为已死；饥寒并日，臣亦自厌其余生。"

神宗见表，哭也不是，笑也不是，直摇脑袋，心下暗想：看来这个苏轼，真活得不耐烦，还老想着江海寄余生。

自己一介谪臣，远离朝廷，无足轻重，生一场病痛，竟惊动朝野，连皇上都派人前来探询，东坡觉得实在有趣。怪只怪自己喉痛不能食，目赤不能视，不方便出门，才惹出这么大动静，于是作文戏曰："子瞻喉疾与目病并发，医嘱体火太大，不可食肉，以免上火。我欲听从，口不同意，说吾与你为口，彼与你为眼，怎么厚彼薄此，因彼眼病而废吾口食？吾抗议抗议再抗议。子瞻不知如何是好，吱声不得。口又道：'只要今日不因眼病废吾口食，他日吾口得病，无以进食，彼眼欲视物，只管视之，吾决不阻拦。'"

作文毕，东坡又忍不住自乐一回。还没乐够，杨世昌忽至，说外出游方经年，也到了回绵竹武都山之时，特来辞行。许是滞留黄州一载，启发东坡写出关于赤壁的千古辞赋，杨世昌使命已然完成，自该离黄西返，回归蜀地。

东坡甚是不舍，又留不住客人，只好送杨世昌出城。看着好友消失在远处，东坡仍站在原地不动，不肯转身。心下羡慕，还是方外之人好，来去自由，在外漂泊日久，心念故土，拔腿即可踏上归途。反观自己，身陷宦海，离蜀多年，一直萍踪不定，四处漂泊，不知归途在何方，归日是何年。

郁郁寡欢多日，直至王巩来到黄州，东坡紧锁的眉头才舒展开来。王巩受乌台诗案牵连，亲友散去，故旧远避，唯歌姬宇文柔奴不离不弃，伴随贬谪荒地岭南宾州。

掰着指头细数乌台诗案受累众人，王巩受罚最重，被贬最远。东坡为此自责不已，不时寄信宾州，表示歉意，安慰王巩。幸天恩浩荡，王巩遇赦，归京途中，偕柔奴绕道黄州，专程看望东坡。东坡惊喜不已，设宴于南堂，款待王巩。

王巩谈笑风生，毫无谪臣的落寞和憔悴，东坡甚慰，叫着其字号道："定国坐坡累贬宾州，瘴烟窟里多年，面色如玉，且著述不绝，究竟是何原因，让你免于沉沦？"

王巩笑而不语，只拿眼去瞧柔奴。柔奴会意，离席取出琵琶，伸出玉指，拢捻调挑，同时轻启朱唇，巧送妙音。琴声婉转，歌声悠扬，让人心生欢悦，实在听不出半丝悲情。东坡笑对王巩道："老夫这才明白，定国谪居宾州三年，柔奴给你弹了三年琵琶，唱了三年芳曲，怪不得你快活如神仙，越活越年轻。"

王巩坦承，正是柔奴姑娘陪伴，自己才度过一个个蛮荒日子，没有客死岭南。东坡又对柔奴道："你真是个点酥娘，点化得定国面目一新。然岭南毕竟属化外之地，蛮烟瘴雨，民风粗野，你们生长于北方，远离故土，举目无亲，水土不服，又是怎么度过的？"柔奴淡淡一笑道："此心安处，便是吾乡。"

东坡心里一动，想起白居易忠州任上所作诗句："无论海角与天涯，大抵心安即是家。"白居易官途坎坷，常遭贬谪，自称"天涯沦落人"，无法跟命运抗争，只能随遇而安。柔奴虽非官场中人，却陪王巩远走岭南，才有此心得。

至于东坡，自艺成效命于帝王家，不是待在谪地，就是走在赴谪地的途中，身无所寄，心无所安，常叹命运捉弄人。前不久送杨世昌离黄回蜀，他还暗悲家山迢遥，故乡难归。今闻柔奴此语，东坡豁然开朗，尽释前惑。当即吟成《定风波》一阕：

>常羡人间琢玉郎，天应乞与点酥娘。尽道清歌传皓齿，风起，雪飞炎海变清凉。　　万里归来颜愈少，微笑，笑时犹带岭梅香。试问岭南应不好，却道，此心安处是吾乡。

王巩逗留黄州时日，苏东坡陪同游历山水，诗酒唱和，甚是欢愉。见有好友好酒好山水，夫君便心情畅快，百忧俱忘，王闰之也跟着高兴，尽量拿出佳酿和山珍海味，款待客人。

王巩感于女主人的热情，为东坡家有贤妻，倍觉欣慰。东坡深知，男人面子全靠家中女主人支撑，若好友上门，女主人冷淡，爱搭不理，友人待不下去，男人也抬不起头，做不起人。所幸上天垂怜，发妻王弗过世后，又赏赐闰之给自己。

比之王弗，闰之的读书不多，却通情达理，宽容温和，颇能吃苦耐劳，以一己之力维持这个穷家困户。都言巧妇难为无米之炊，闰之巧慧贤能，哪怕米缸空空，也要设法弄些充饥之物，填饱一家二十口的饿肚，度过饿时荒岁。

听东坡说起闰之种种好处，王巩感慨道："若无令正做坚强后盾，操持家政，只怕坡公熬不过苦难岁月，咱兄弟俩也不可能欢聚黄州，享受这意味无穷的劫后余生。当然更重要的还是士人没法读到千古赤壁辞赋，纷纷扰扰的尘世更加黯然失色，了无生趣。"

东坡哈哈大笑，道："定国兄所言极是，若无闰之，老夫早已家破人亡，何以苟延残喘至今？瞧这人生一世，离不开父子、君臣、夫妻、兄弟和朋友五伦，五伦里最为根本者又是哪一伦呢？老夫觉得还是夫妻之伦。试想不是两位异姓男女走到一起，组成新家，养儿育女，生生不息，人生代代无穷已，又哪儿来父子、君臣、兄弟和朋友？"

王巩频频点头，道："坡公一语揭示人生真相。夫妻之伦确属家国根本，更是大丈夫的底气，若底气无存，又何以立于天地之间？敝人遭贬，众叛亲离，全赖柔奴不弃，亦妻亦妾，伴随左右，给予生活照料和精神抚慰，不然敝人早埋入岭南地下，尸骨已被蚂蚁啃光。"

"柔奴说此心安处便是吾乡，定国兄正因柔奴让你心安，他乡才成为吾乡。"东坡陷入沉思，"看这'安'字，屋内有女，假若男人家中无女主人，又谈何安身立命？老夫常胡思乱想，臣可远君，子可背父，兄弟无以常守，朋友聚少别多，唯夫妻难分难舍，没法片刻脱离。故孔圣人编诗三百，以《关雎》为首篇，借雎鸠喻男女情爱，以示夫妻乃人伦之根基，无此根基，一切皆虚，《关雎》之后三百篇也不可能产生。"

此说王巩还是头次听到，不得不佩服东坡见识非同凡响，又符合人情物理。两人谈得兴起，不免又作诗答对。其中《次韵和王巩六首》之五，东坡不无得意地道：

> 平生我亦轻余子，晚岁人谁念此翁。
> 巧语屡曾遭薏苡，瘦词聊复托芎䓖。
> 子还可责同元亮，妻却差贤胜敬通。
> 若问我贫天所赋，不因迁谪始囊空。

东坡一贯以嬉笑口吻著文作诗，初读似老不正经，细思又往往令人扼腕嗟叹。此诗以妻儿为话题，有戏谑，有暗讽，还不乏自鸣得意。首言此生潦倒，害得劫余之子跟着颠沛流离，然不值一提，反正人老没谁会在乎你这糟老头。继云自己落到此地步，怪不得他人，要怪只能自怪巧句赋诗，瘦辞作文，刺痛别人，遭受薏苡之谤和凶穷之命，纯属自作自受。

芎䓖本为药材，音同"凶穷"。薏苡典出汉代伏波将军马援南征取胜后北归，顺便带回自己喜欢的薏苡，以满足口腹之欲，竟被控贩运明珠牟利，蒙冤受屈。东坡借马援薏苡之谤，代指当初扶父柩归蜀遭诬舟藏私盐、苏木和瓷器贩卖旧事，由此受贬出京，凶险不断，直至乌台死里逃生，流落黄州，穷困潦倒。

以下东坡借元亮即陶渊明作《责子诗》，诫子不要懒惰，自嘲儿子没出息，唯学陶氏多加训诫。倒是老妻贤惠，胜过敬通家中悍妇，夫复何求？敬通乃东汉大鸿胪冯衍的字，学问人品好，讲究气节，所憾家有悍妻，终生牢骚不断。《世说新语》作者刘义庆也自嘲与敬通同，一者为人慷慨，高风亮节；二者刚直敢言，不为世俗所容；三者室有妻悍如虎，家道坎坷。为此东坡特于诗后加注：

>仆文章虽不逮冯衍，而慷慨大节乃不愧此翁。衍逢世祖英睿好士，而独不遇，流离摈逐，与仆相似。而衍妻悍妒甚，仆少此一事，故有"胜敬通"之句。

东坡笑谈古人悍妻，反衬自妻贤良，其扬扬得意之情，不觉溢于言表。家有贤妻，夫妇恩爱，老少和睦，已属人生之大福，穷点苦点又算得了什么呢？世间从来没有十全十美的好事，上天赏赐贤妻，已够幸运，还执着于荣华富贵，怨天尤人，迷暗无明，不正中了佛家所云"贪、嗔、痴"三毒吗？国难思良将，家贫思贤妻，若非远迁重谪，穷困囊空，又怎能深切感受家有贤妻的弥足珍贵？

远谪黄州，有耕地，有雪堂，有南堂，有众多好友，更有贤妻相依为命，足可寄身安心，一切艰难困苦，穷愁潦倒，皆不在话下。东坡从此心安理得，不再想着寄余生于江海，能够终老黄州，了此一生，也算莫大造化。

贬谪日子也因此过得越发散淡，每天该干吗干吗，不干吗就喝喝酒，睡睡懒觉。忙时下地入田，耕耘播种，闲时读点书，写点字，画点画，也颇惬意。听说朋友要去蕲州采摘团黄贡茶，东坡忍不住放下农活，跟着上了天柱峰茶园。

现采现炒，现烹现饮，东坡过足茶瘾，又顺道游历五祖禅寺。寺处黄梅县城东山主峰白莲峰，峰顶有池，相传五祖弘忍曾亲种白莲于此。白莲峰孤峰突出，危而险峻。登顶远望，庐山锦屏绣翠，悠然可见。俯首近览，万里长江滔滔，东奔大海不复回。

东坡现身，长老奉上斋饭，待以禅茶，而后陪游五祖寺，讲解其前世今生。早在公元前六世纪至前五世纪，释迦牟尼创佛教于古印度，与基督教、伊斯兰教并称"世界三大宗教"。约公历纪元前后即两汉交迭之际,佛教传入中国。至南北朝印度高僧菩提达摩进入东土,创立达摩禅宗,佛教实现中国化,得到广泛传播。达摩初祖于少林寺传法二祖慧可,慧可再传三祖僧璨,其门徒皆修头陀行,一衣一钵,随缘而往,随遇而安,并不聚徒定居。待四祖道信接过僧璨衣钵,入黄梅双峰山,一住三十年,聚徒五百之众。唐贞观年间,道信传法于五祖弘忍,弘忍移居东山,一晃二十余年,徒众多达七百人。为使更多俗众能参禅证道,弘忍依国人生性,改印度僧团不事劳动之修法为农禅并重,生产自给,寓禅于耕织采摘、挑水担柴和扫地做饭,主张一日不做,一日不食,所居之处即说法道场,言行举止皆禅修参悟。

弘忍门徒逐渐发展至以万计,然能弘法者并不多,用其自己的话说:"吾一生教人无数,好者并亡,后传吾道者,只可十耳。"十人中尤以神秀和慧能最为出色。慧能出生于岭南新州,父亲去世得早,家境贫寒,没读过书,靠打柴卖钱养活母亲。一日闻买柴人念诵"应无所住,而生其心",慧能若有所悟,问言自何来。买柴人告知,出自《金刚经》,从黄梅东山寺弘忍大师口中闻知。慧能安顿好母亲,启程北上求道。

慧能翻山越岭到达黄梅东山寺,弘忍得知慧能自岭外来,道:"你南蛮一个,也想成佛?"慧能从容地道:"人有南北之别,佛性无南北之差,成佛不分南北。"弘忍表示满意,却不露声色,安排慧能去碓房舂米。慧能身子瘦小,便在背上绑一块石头,增加身体重量,以压得下脚底碓木。弘忍七十四岁圆寂前,命十位得意弟子各作一偈,以呈见解,若能契符心法,即以衣钵相付。神秀先呈一偈:

> 身是菩提树,心如明镜台。
> 时时勤拂拭,勿使惹尘埃。

此偈以菩提和明镜喻身心,身心本来清净,为凡尘所染,执念难除,烦恼难断,需坚定意志,勤拂拭,长修行,才能渐渐觉悟,去尘了烦。众徒对神秀之偈赞赏不已,觉得衣钵传人非其莫属。慧能正在踏碓舂米,闻神秀偈,另作四言,写在碓房壁上:

> 菩提本无树,明镜亦非台。
> 佛性本清净,何处惹尘埃?

众见此偈,大觉惊奇。依缘起性空而言,身心如幻影,菩提树也好,明镜台也罢，皆为虚空，佛性清净，超凡脱俗，又去哪里惹尘埃，增烦恼？此偈将漫长的禅修过程，转化为当下一念顿悟，意即人之本心本性清净无染，只要开悟觉醒，便可立地成佛。弘忍暗暗叫好，嘴上没说啥，只在慧能头上轻轻拍了三下。慧能会意，深夜三更来到方丈室，弘忍脱下身上的袈裟，遮住烛光，授钵传法，而后叮嘱道："衣为争端，止汝勿传。"以改变达摩以来历代单传嗣法方式，大启法门，根机不择，广度有情，无令断绝。

又担心其他弟子不服，弘忍连夜送慧能下山至九江渡口，道："我来渡你过江。"慧能道："迷时师渡我，悟时我自渡。"弘忍不再多言，抬掌笑指南方。慧能拜别师父，过长江，入赣江，越南岭，奔曹溪开法，宗《般若》创禅法顿门，即顿悟法。神秀仍留北方，宗《楞伽》创禅法渐门，即渐悟法，世称南能北秀或南顿北渐。顿悟法门简便易修，逐渐北移，进而取代北禅，一统天下，后世又分衍出诸多宗派。五祖寺也因顿悟法门，得到发扬光大。

东坡流连五祖寺，感念历代禅师为创立中国禅所立下的不可磨灭的功勋，心下暗许日后有机会远渡广南，定赴曹溪瞻仰六祖功德。长老顾不得远在广南的曹溪，只知东坡近在身旁，总得留下些什么，不然白白款待了。为不让长老失望，东坡书"流响"二字，被刻于白莲峰绝壁下，又口占《游五祖寺》：

> 登岭势巍巍，莲峰太华齐。
> 凭栏红日早，回首白云低。
> 松柏月中老，猿猴物外啼。
> 禅师吟绝后，千古指人迷。

滞留数日，又遍游周边胜景，东坡下山回到黄州。又有友人出现在面前，这回是位叫张怀民的小吏。张怀民字偓佺，又字梦得，河北清河人，坐事贬黄州会计。

黄州民穷财薄，会计虽职掌财赋，实属闲职，怀民最不缺时间，几乎天天跟东坡泡在一起，以至一日不见，如隔三秋。住得又近，就在承天寺里，东坡往返于南堂与雪堂时，需从寺旁经过，常入寺看望怀民，有话说话，有屁放屁，亲如兄弟。

这天东坡又走出南堂，准备去故营地收割秋粮，还未到达承天寺，便瞥见怀民背着双手，在路上徘徊，时而俯首，瞧瞧近处浩瀚长江，时而扭头，望望远处蒙蒙山峦，也不知他要干什么。直到东坡来到跟前，怀民才停步站住，向他瞟过来。东坡问他等谁，怀民答曰："就等你坡公。"东坡问："有何贵干？"

怀民抬手在空中一画，指指远山近水，反问道："此处风光如何？"东坡顺口道："山远水长，风光无限。"怀民像自言自语，又像对东坡道："可惜少一道风景。"东坡问："怀民到底意欲何为？"怀民这才透露道："想在路边建一座亭子。"

东坡不知建亭有何必要，怀民道："坡公来来往往，走累了，可入亭歇歇脚，喘口气。"东坡质疑道："是怕老夫去承天寺里打扰，怀民特意拿亭子搪塞吧？"怀民道："寺里再幽雅，何如置身路边亭，可望莽山，观碧水，送夕阳，迎繁星？"

说得东坡咧嘴而笑，连说几声妙，旋即又锁眉道："筑亭少不了木料瓦石，还得支付人工费用，你我糊口都困难，哪儿来闲钱筑亭？"怀民道："无妨无妨，下官毕竟有份薪水，又寄居承天寺，粗茶淡饭花不了几个钱，且黄州物价人工便宜，造个亭子不在话下。"

听怀民如此说，东坡不再反对。怀民开始物色木料瓦石，做前期准备。黄州朋友听说张会计要在承天寺西筑亭，以便东坡往返耕地路上歇息，个个踊跃，献柱木的献柱木，送枋条的送枋条，给瓦片的给瓦片，没木没枋没瓦的，则主动前往帮工。

## 惟愿孩儿愚且鲁，无灾无难到公卿

不出一个月，亭子建成，怀民在亭里摆上美酒佳肴，把东坡和朋友们请过去，以示庆贺。他一边敬酒，一边问东坡满不满意。东坡哪还有不满意的？感激得频频点头。

怀民又请东坡给亭子取名。东坡想起密州和徐州都有快哉亭，建成没几天，未及好好享用，便遵旨调离，如今发配黄州四载，毫无朝廷消息，老死谪地已成必然，能天天到亭子里来，观赏山间明月，沐浴江上清风，何其快哉！干脆也叫"快哉亭"得了，形同密、徐两州快哉亭已搬至黄州一样。

"快哉亭"三字自东坡嘴里脱口而出，众人一听，大声叫好，又怂恿东坡，既然张会计牵头筑成快哉亭，看你如何酬谢。东坡道："老夫一介穷酸谪臣，何以为谢？写首词赠倨佺兄吧。"当即作成《水调歌头·黄州快哉亭赠张倨佺》：

> 落日绣帘卷，亭下水连空。知君为我新作，窗户湿青红。长记平山堂上，欹枕江南烟雨，杳杳没孤鸿。认得醉翁语，山色有无中。　一千顷，都镜净，倒碧峰。忽然浪起，掀舞一叶白头翁。堪笑兰台公子，未解庄生天籁，刚道有雌雄。一点浩然气，千里快哉风！

好个浩然气，快哉风！怀民拿过词作，连诵数遍，爱不释手。心里正琢磨着请人刻到石上，立于亭中，有人又提出来，光有亭词似觉不够，还得有亭记，才算美满。怀民颇以为然，又想打东坡主意。东坡建议："舍弟子由文笔绝妙，又赋闲筠州，何不让他代劳？"

怀民久闻子由大名，二话不说，派人带上东坡亭词及不菲润笔，东下筠州，去见子由。子由也不推让，作成《黄州快哉亭记》寄兴，传诵一时。

众人正在朗诵快哉亭词记，苏家仆人匆匆走来，附在东坡耳边道，生了生了。东坡心中一喜，忙给各位打拱手，说家中有事，先走一步，日后再聚。匆匆回到南堂，未曾进门，他便听婴儿啼哭声传出，原来王朝云生了个大胖儿子。

东坡给新生儿取名苏遁，小名干儿。膝下已有三个儿子，大儿苏迈是原配王弗留下来的，二儿苏迨和三儿苏过为继配王闰之所生，现侍妾朝云又产下苏遁，总共已有四个儿子。别看四儿名带"辶"，但前面三儿名蕴奋进之义，唯小儿名遁特殊，系"遁"字异体，意为逃与隐，可见东坡已绝还朝之念，唯想着逃离官场，独善其身。

然而他毕竟还属在册官员，又岂是给小儿取名遁，期望逃离官场便逃得了？此实乃东坡难去之心病，官不官，民不民，进不可，退不能，仿佛悬在半空，上不着天，下不着地。

想到此处，即使东坡再豁达，也难免沮丧。白天还好，在南堂抱抱遁儿，去快哉亭观观山水，会会朋友，时间容易打发。一旦到得夜里，遁儿停止哭闹，乖乖睡去，家人忙得差不多，也相继上床歇息，更远漏残，万籁俱静，东坡一人躲在书房，面对孤灯一豆，冷墙四面，想起自己的苦难人生，一时难免心潮起伏，久久难平。

这夜东坡枯坐灯前，怎么也没法止住脑海里烦乱的思绪，找本书读上片刻，渐渐有了睡意，才起身解衣，准备上床。衣未解开，竟灯灭光失，屋里变得一片漆黑。原来夜风自墙隙透进，灯苗轻轻晃两晃，无声熄掉。

东坡缓缓回过头来，但见窗外月色如水，顿时睡意全无，信步出得房门，来到堂前，欣赏起如银月色来。满腹惆怅也跑得无踪无影，他不禁心情大好。肚里寻思，如此良夜，无人共赏，也太对不起天上皎月。干脆出门，望东徐行，过快哉亭，入承天寺，看怀民醒耶睡耶。

怀民还没上床，正在灯下夜读，听得动静，望向窗外，见是东坡，赶紧放下书本，迎出门来。两人相视而笑，也不吱声，只挪动步子，穿竹绕柏，徘徊于中庭。仰首上望，月在中天，朗朗如镜。低头下视，满地似水，仿佛藻荇轻摇。

赏够月色，两人才走进屋里。东坡朝怀民要过纸笔，即兴写下《记承天寺夜游》：

> 元丰六年十月十二日夜，解衣欲睡，月色入户，欣然起行。念无与为乐者，遂至承天寺寻张怀民。怀民亦未寝，相与步于中庭。庭下如积水空明，水中藻、荇交横，盖竹柏影也。何夜无月？何处无竹柏？但少闲人如吾两人者耳。

东坡心头千愁万苦，就这样被无眠夜里无眠月，清洗得干干净净。又过去十五天，值小苏遯出生落地一个月，苏家依黄州习俗，举行满月洗儿会。

各路亲朋好友，及太守杨寀、会计张怀民诸同僚，来到南堂，表示庆贺。堂屋正中搁了只大木盆，里面盛满热水，泡着桂皮、大蒜、姜片和红枣，来宾拿出事先准备好的钱币，投入水里，祈愿新生儿大贵大富。

在女宾簇拥下，闰之从朝云房内抱出小苏遯，放入木盆里，小心浇洗起来。洗浴得差不多时，剃头匠取出剃刀，轻轻剃去小苏遯头上胎发，洗儿仪式完成。朝云走出房门，抱走儿子，闰之会同东坡，请来宾入花厅，共饮满月酒。

酒过三巡，众人开始起哄，说东坡乃当世大文豪，儿子满月，大喜临门，总得赋赋诗，作作词，以助雅兴。东坡也不推辞，略略沉吟，口占七言诗一首：

> 人皆养子望聪明，我被聪明误一生。
> 惟愿孩儿愚且鲁，无灾无难到公卿。

众人拍手叫好，只闰之悄悄在东坡大腿上揪一把，附在他耳边道："又作歪诗，莫非人家三公九卿一个个又愚又鲁？诗传京师，岂不又会得罪朝臣，在皇上面前嚼你舌头？"

"舌头长在人家嘴里，谁爱嚼任其嚼去，老夫哪管得了那么多？"东坡笑道，起身揖送先走的客人出门，回头再把杨寀、怀民和参寥等人请入书房，喝茶闲聊。几人取笑东坡："四十老夫，五十衰翁，坡公快近天命衰翁寿龄，还造出小儿，宝刀不老啊。"

东坡喜欢开人玩笑，别人开自己玩笑，自然也受用，几分得意道："当年苏武出使匈奴被扣，单于威逼利诱，迫使投降，苏武生死不从，拔刀自刺倒地。单于叫来医生，在地上挖坑点上柴火，把已断气的苏武架在火坑上，重敲其背，震出瘀血，苏武才有了微弱气息，逃出生天，流放至北海牧羊。一待就是十九年，渴啃冰雪，饥咬毛毡，人不人，鬼不鬼，可谓生不如死。命贱似草，苟且偷生，可见着胡妇，苏武依然色心不死，与其生下儿子。"

说到这里，东坡略略停顿，感慨道："苏武穷居海上，依然金枪不倒，况咱洞房绮疏之下乎！可见人生在世，其他都好说，难就难在去欲。"众人皆乐，起哄道："还是你们苏家男人厉害，老而弥坚，叫人不服都不行啊。"

又说笑多时，客人陆续散去。东坡心下暗忖，自己已老大不小，要想多活几天，恐怕还得节欲。毕竟酒乃穿肠毒药，色为刮骨钢刀，财系下山猛虎，气是惹祸根苗。转而又想，无酒不成礼仪，无色路大财稀，无财寸步难行，无气反被人欺，这让人趋之若鹜又避之若浼的"欲"字到底该去呢，还是不该去？

好在还可转身向佛，寻求心灵寄托。东坡拿出《圆觉经》，潜心研读起来。经书上说："作止任灭，是谓四病。"作者，生心造作之谓；任者，随缘任性之谓；止者，止妄即真之谓；灭者，寂灭空无之谓。而寂灭者，断绝诸烦恼，便无生心造作之病；造作者，于本心作种种行，便无止息诸念之病；止妄者，永息诸念，便无随缘任性之病；任性者，随诸法性，便无寂灭空无之病。

这便是东坡，对山水，对朋友，对诗文，对佛道，永远充满好奇心。不行走于山水之际，便游乐于友情之间。不在享受诗文妙趣，便在穷究佛道精髓。除非睡觉或醉酒，要他什么都不为，什么都不思，恐怕打死他都不干。

享受着山水友情，沉迷于诗文佛道，东坡几乎把黄州当成世外桃源，大有不知有汉，无论魏晋之况味。然当黄州为世外桃源，毕竟非世外桃源，东坡不可能不与外界联系，外界人事也会从四面八方汇集到黄州，送入东坡耳里。

这天东坡正要出门，去雪堂陪陪孤独的参寥，忽有人带来消息，说到任湖南不久的徐君猷身染绝症，已撒手人寰。东坡震惊不已，像木头一样怔怔地立在门口，不敢相信自己耳朵。

没谁会拿人生死开玩笑，徐君猷的死讯很快得到证实。黄州任上，徐君猷爱民如子，普行善政，市民难忘其大恩大德，惊闻噩耗，禁不住痛哭失声。苏家更不用说，迁黄以来，全靠徐太守安排住处，划拨故营耕地，不遗余力给予照应，才勉强渡过难关，存活下来。如今斯人突逝，东坡自然比谁都更悲痛，含泪写下挽词，以寄哀思。

载着徐君猷灵柩的官船顺湘江下行，过洞庭，入长江，很快来到黄州。东坡早早候在江边，船没停稳，便跟跄登船，拊棺悲哭，祭之以文。徐子尚未成年，东坡恨不得随船东下福建徐家故里，代办丧事。无奈身为罪臣，不能离开谪地，只好捎信给徐君猷弟弟徐得之，殷殷嘱咐一番。

送走丧船，又想起徐君猷为官清廉，家无余财，怕是连丧银都凑不齐，东坡特与闰之商量，是否卖掉仓里部分粮食，接济徐家。

故营耕地出产有限，仓中粮食不多，闰之颇感为难，不知如何是好。东坡晓之以理，说当年若非徐太守及时伸出援手，苏家二十口早已饿死，今故人仙逝，下葬都难，咱卖粮回报，完全应该。闰之不再犹豫，安排家仆挑粮上街售卖。

黄州吏民敬徐太守，也爱东坡，自愿筹集丧资，好让苏家少卖粮食，以免仓储空空，无以度岁。东坡代徐家谢过众人，让苏迈带着集资，快马加鞭，追赶徐家东行丧船而去。

幸吏民援助，徐君猷入土为安。转眼来到元丰七年（1084）正月，闰之忙前忙后，只顾操持年饭，为家人换洗新衣裳，给孩子们准备压岁钱，全然忘记初五是自己三十六岁生日。三十六为本命年，也称属相年，民间叫槛儿年，认为是年运程不好走。所喜朝云早有准备，拿出红腰带、红背心，还有红裤衩，交闰之祛邪、避灾和祈福。

东坡觉得还不够，点过香，敬过祖，送过穷神，把家事交给朝云，拉闰之出门，买了泥鳅和活鱼，去长江边放生。江南春早，春风习习。春雨尚未发，江瘦岸高。岸柳随风摇曳，如丝如缕。撩柳细瞧，已悄然发芽，微泛鹅黄。

闰之蹲在江边放生之际，东坡拿出《金光明经》，念念有词，为爱妻祝福祈寿。江水哗然，溯江而上可达西蜀岷江。三十六年前之今日，岷江边锦绣人家生下一名奇女子，这便是身旁的闰之。奇就奇在闰正月很罕见，数百年才出现一次。又恰逢初五日，俗称破五，得破五穷：智穷、学穷、文穷、命穷、交穷。故这日家家都得燃放鞭炮，清扫房屋，送穷神，纳新福，闰之出生于当天，可享千家万户祝愿，又象征一生运好福大。

偏偏闰之自二十一岁嫁到苏家，便随夫四处奔波，屡遭磨难，没过几天安生日子。尤其遭遇乌台诗案滔天大祸，差点家毁人亡，想想都令人后怕。夫君捡回老命，出狱贬来黄州，全家随迁，食无粮，居无屋，存活度日艰难。所幸闰之安于忧患，穿粗布，吃粗食，做粗活，贫富戚忻，观者尽惊，其色不改；不嗔不痴，无怨无悔，出门赤脚下地入田，归家默默维持家计；生性恬淡，贤淑乐观，仿佛温润美玉，滋养一家大小，为雄心万丈却郁郁不得志的丈夫解除无尽后顾之忧。

放过生，回到家中，朝云已备好丰盛饭食，一家人坐到一起，为女主人庆生。三个儿子苏迈、苏迨和苏过，一齐上前，举杯祝母亲大人生日快乐，长命百岁。闰之母仪甚敦，老大苏迈虽为堂姐王弗所生，亦倍加疼惜，三子如一，爱出于天，皆视为掌上明珠。眼见三儿一天天长大，所获母爱丝毫未减，宛若东晋王文度，已身为朝廷命官，仍像儿时一样，坐到父亲膝上撒娇。一天王文度退朝回家，父亲又把他抱在膝上，问上朝辛不辛苦。王文度答曰不辛苦，说大将桓温有意让儿子娶王家女儿为妻。王父把王文度从膝上一把推下去，气愤道："咱孙女生在书香门第，怎能嫁一介武夫之子！"

母慈子孝，家庭和睦，东坡倍感幸运。放生时活鱼和泥鳅入水的样子，浮现于脑海里，东坡不由得想起子产放生的故事。子产是大善人，曾有名言："勿以善小而不为，勿以恶小而为之。"朋友曾送鱼给子产，子产交给池吏，嘱放生入池。池吏拿鱼回家，烹熟入肚，再去给子产复命，解释鱼始入池时，圉圉焉半死不活；待喝过几口池水，略显生气，一副懒洋洋的样子；最后完全恢复活力，摇头摆尾，悠然而逝，没入池底。子产知池吏心虚，才故意编故事，自欺欺人，其实鱼已入其肚腹，却不点破，只道"得其所哉，得其所哉"，意即鱼去了该去的地方。池吏还以为子产好骗，暗暗得意，自觉比对方聪明。

与子产友人所送之鱼不同，闰之手上的鱼和泥鳅有幸入江，圉圉焉活过来。唯江水略浅，愿天公赶紧下一场曼陀雨，让鱼和泥鳅还生后活得更滋润，更自在。曼陀雨说法出自《法华经》，道是天雨犹如曼陀罗花，洒向人间皆是福。天雨遍布，江水活鱼，自然也会给闰之增福添寿。东坡于是作《蝶恋花》：

> 泛泛东风初破五，江柳微黄，万万千千缕。佳气郁葱来绣户，当年江上生奇女。　　一盏寿觞谁与举，三个明珠，膝上王文度。放尽穷鳞看圉圉，天公为下曼陀雨。

十年后王闰之病故于京师，朝廷赐"通义郡君"封号。东坡整理诗文，为避封讳，以同安君称之，命此词为《蝶恋花·同安生日放鱼取金光明经救鱼事》。

## 鼓角不辞远，泪别黄州

家中有贤妻，身边有孝儿，故营耕地所产勉强能果腹，不至于饿肚皮，颇能安贫乐道的苏东坡已感到很满足。要说人一辈子，除生活与死葬两件大事，其余功名也好，利禄也罢，都属芝麻小事，实在无足挂齿。东坡有感而发，作《满庭芳》一首：

蜗角虚名，蝇头微利，算来著甚干忙。事皆前定，谁弱又谁强？且趁闲身未老，尽放我，些子疏狂。百年里，浑教是醉，三万六千场。　思量，能几许，忧愁风雨，一半相妨。又何须，抵死说短论长。幸对清风皓月，苔茵展，云幕高张。江南好，千钟美酒，一曲满庭芳。

功名心一去，利禄心一淡，人就会变得纯净通透，无忧无虑。进不忧，退不忧。不忧己，不忧民，也不忧君。反正处江湖之远，下不能为民做主，上不能为君尽忠，已无忧之职分和能力，忧也白忧，无异于狗拿耗子，多管闲事。

东坡不愿忧君，或假装不忧君，君却没法忘记他。神宗早想起用东坡，派他去江州做知州。江州离黄州不远，苏家迁徙起来方便。主要还是东坡喜爱陶渊明、李白和白居易，此三人都在江州留有足迹，让东坡知江州，一定非常乐意。

此乃神宗觉得东坡久受委屈，想给他补偿一下。可王圭等人从中作梗，神宗的意愿又被搁置一边。不久后，神宗与近臣论古今人才，再次提到东坡，问与古人比较，东坡与谁最接近？近臣答曰："与李白好有一比。"还端出坊间传言，说东坡是小李白。

李白何许人也？大名鼎鼎的诗仙，天下何人不知？仙者，天神也，人间哪能得见？就连颇受宋人推崇的诗圣杜甫，也视李白为偶像，敬爱有加，给予至高赞誉。

李白诗名冠绝古今，朝臣在神宗面前比东坡为李白，乍听好像在褒扬东坡，其实弦外另有音。别看李白诗作得好，当官绝对不行，不然也不会被唐玄宗逐出京师，四处漂泊，做了流浪诗人。李白诗写得好，随他写去，没人阻挡，谁知他寄居江州庐山日久，耐不住寂寞，与永王打得火热，随其公然造起反来。永王兵败，李白流放，后因朝廷法外开恩，才又赦还。

听得出，朝臣拿李白说事，意在提醒神宗：东坡与李白一个德行，李白做得出来的事，东坡没准儿也做得出来，真把他放到江州做知州，哪天江南又冒出个永王之类的人物，东坡还不像李白一样，跟随反王，大造朝廷的反？

神宗自然明白朝臣话里用意，也不好说破他们，只摇着头道："不不不，李白不是东坡，东坡也不是李白。李白有东坡之才，并无东坡之识。"

朝臣欲驳无词。神宗进而道："李白心高志大，豪言'天生我材必有用'。然唐典规定，刑家和工商殊类不预，不可参加科考，李白出自商家，与科考无缘，唯游历江淮，积累诗名，再进京结交权贵，受贺知章和玉真公主青睐，推荐给玄宗。玄宗传诏，李白欣喜若狂，'仰天大笑出门去'，入朝成为待诏翰林。李白诗才了得，作应景诗张口即来，毕竟无经世治国之能，且天天泡在酒桶里，'天子呼来不上船'，玄宗岂敢委以重任？不到两年，赐金放还，打发出京。反观东坡，天性豪迈，却收放自如，有学问见识，在朝恪守人臣之道，外任励精图治，济世安民，绝不可能像李白一样，有才无识，肆意妄为，行犯上作乱之举。"

见神宗抑李扬苏，朝臣自然不服，正琢磨如何贬低东坡，神宗又道："朕近日有闲，重读东坡应试策论，其才识确非常人能比，怪不得当年爷爷说为子孙选得宰相人才，欧阳文忠也道三十年后世人只知有轼，不复知修。文如其人，试想爷爷和文忠眼界高阔，又哪会看错东坡才识？为此朕又拿出东坡《上神宗皇帝书》，结合其《留侯论》《贾谊论》《晁错论》《霍光论》等政论和策问，反复推敲，细心研判，始知东坡深得儒教精髓，其治国理政见解之高明，纵观古今士大夫，实不多见。更为可贵者，东坡不只笔下写得好，行动上更是敢作敢当，颇有作为。其在凤翔判官，杭州通判，密州、徐州、湖州太守任上，精于政务，明于民事，刑案、赈济、抗洪、救灾、课桑、促耕，无不可圈可点，便是明证。"

此乃众所周知事实，群臣没法否定。最后神宗定论道："东坡以诗赋及第，入掌书命，出典方州，皆堪称楷模。器识宏伟，议论卓荦，诗文雄隽，政事精明，古今亦不多见。"

天子金口玉言，有宋以来能获此崇隆评价者，能有几人？正因东坡品学才识高，施政能力强，神宗对其越推崇，朝臣才越恐惧，生怕此君入朝得宠，风光占尽，自己黯然失色，只能靠边站，自然不会坐视不管，于是使尽手脚，轻易不让这小子东山再起。神宗见屡欲起用东坡，朝臣时相阳奉阴违，作梗设阻，干脆拿起笔来，亲自拟诏曰："苏轼黜居思咎，阅岁滋深，人才实难，不忍终弃，量移汝州团练副使。"

圣意好理解，汝州挨近京师，先调东坡至近处，日后招之即到，好为己所用。东坡哪知神宗会亲笔拟旨，调自己转任汝州？圣旨送达黄州前，他依然一如既往，跟朋友们恣意欢谑，尽情享受江南美景和人情。

时值三月三上巳节，徐得之办完兄长丧葬事宜，专程来黄州答谢父老乡亲。见过该见的人，徐得之随东坡和参寥，去定惠院东山上欣赏海棠。

海棠甚繁茂，每岁花开，东坡必带朋友前往观花，置酒欢饮，算来前后已五醉于花下。周边还有不少瘦韧老枳木，筋脉呈露，如老人颈项。枳花白而圆，如串珠累累，暗香浮动。枳木别无用处，唯砍掉挑回家里烧火，火力格外足。烧成木炭，炭质优良，也能卖出好价钱。东山主人原想砍枳烧炭，或做烧火柴，皆因东坡每年要来赏花，一直保留不伐。

花赏得差不多，酒亦至微醺，三人下山，走进尚家府第。尚氏系普通市民，却喜欢干净，院子收拾得整整洁洁，屋角墙边种满竹木花卉，赏心悦目。在院里绕上半圈，东坡酒劲上来，趁徐得之和参寥流连于花卉间，偷偷爬到阁楼上，倒头便睡。

似醒未醒之际，东坡闻得琴声如缕，原来尚家来客，正在弹奏古乐《悲风晓月》，声音铮铮然，恍若出离人间，到了某处仙境。良久琴声停止，东坡睁眼看看日已西斜，下楼告别琴师和主人，带着徐、参两位，信步来到城东。遇商店售卖木盆，说可盛清水，煮瓜李，东坡顺便买下来，好带回家中，讨女主人欢心。

出得商店，一旁有小溪，水清如镜。三人沿溪而行，进入何姓人家竹园。主人认得东坡，摆酒招待。近邻闻得动静，送来油饼，名曰"甚酥"，味道极美。东坡塞酥入口，觉得对味，说在何家吃的酥，该叫"何甚酥"。何甚酥名气从此传开，因受东坡喜欢，又称"东坡酥"。

主客喝得正起劲，东坡瞥见身旁木盆，酒兴大减，留下参寥和徐得之，提盆走出院子，准备回家。经过院侧，有橘圃青青，东坡顺口对送行主人道："橘苗可售乎？"主人道："坡公需要，何言'售'字，送你几株。"踏进橘圃，扯过数株橘苗，递到东坡手上。东坡欢喜笑纳，道："明天就栽到雪堂西侧空地，日后结了橘子，再以橘为谢。"

回到南堂，家人已经入睡，东坡放下木盆，拿着橘苗绕到屋后，置于松软的菜土里，好吸收地气，免得干枯。翌日一大早，东坡起床抱着橘苗，赶往雪堂，栽到堂西地里，等着日后长大挂果，好好受用。

可这只是东坡一厢情愿，他已不可能等到那一天。因神宗亲笔所拟圣旨已送达黄州，命其离鄂北行，去汝州上任。

长达五年的谪居生涯，苏家已完全适应且喜爱上黄州田园生活，连说话都差不多变成当地口音，吴歌楚谣张口能来，要东坡离开住惯的热土，另赴他乡，实在不甘不愿。然名在官册，只恨此身非我有，无力把握自己命运，又不得不听从圣命。犹豫再三，东坡还是提起笔来，作《谢量移汝州表》寄走，感激皇上不弃之恩。

得知苏家即将迁走，黄州父老甚是不舍，前往南堂，劝说东坡，已近天命之人，与其四处奔波，不如终老黄州，多享几年清福。东坡忙打拱手，真诚道："谪黄五个年头，其中还经历过两个闰年，众乡亲多方关顾，恩同再造，彼此已亲密无间，情同手足，坡哪里舍得就此离去？然皇上下了圣旨，又岂敢抗旨不从？"

乡亲们也知君命难违，带着酒肉，走进雪堂，陪东坡一醉。酒是好酒，肉是好肉，然离愁别绪在心头，酒变得寡淡，肉变得寡味，席上气氛甚是伤感。

东坡本属乐观人，也深受感染，几欲泪下，却还是笑着安慰各位："此心安处是吾乡，初夏离黄，秋可抵汝，汝水将扬波欢迎老夫。况人虽离去，还有雪堂手栽小柳，柳者留也，日后众父老别轻易剪去柔枝，自可任其生长，以为留念，见柳如见人。另还请带信给武昌和樊口诸友，天晴时别忘晾晒渔具和蓑衣，他年老夫归隐黄州，无长江鱼，可不会上桌哟。"

各位破涕为笑，说坡公说话可得算话，日后一定回黄州来养老。东坡含泪点头，填《满庭芳》为证：

    归去来兮，吾归何处？万里家在岷峨。百年强半，来日苦
  无多。坐见黄州再闰，儿童尽楚语吴歌。山中友，鸡豚社酒，

相劝老东坡。　　云何，当此去，人生底事，来往如梭。待闲看，
　　秋风洛水清波。好在堂前细柳，应念我，莫剪柔柯。仍传语，
　　江南父老，时与晒渔蓑。

　　送走父老，东坡去向潘彦明、潘大临叔侄辞行，请他们居住雪堂，照管故营耕地。潘家叔侄心知人不可留，唯请东坡留些墨宝。东坡用小楷书成陶渊明《归去来辞》，意犹未尽，又将自著前、后《赤壁赋》誊抄一遍，交给潘家叔侄，还在酒桌上作成《蝶恋花》，比潘大临为才貌双优的潘安：

　　别酒劝君君一醉。清润潘郎，又是何郎婿。记取钗头新利市，
　　莫将分付东邻子。　　回首长安佳丽地。三十年前，我是风流帅。为
　　向青楼寻旧事，花枝缺处余名字。

　　词意诙谐：你小潘貌美英俊，咱坡公也曾是帅哥，风流一时，老帅哥与小帅哥结缘黄州，朝夕相处五年，也算不负此生。

　　雪堂和故营耕地有人照管，东坡放下一颗心，去安国寺向继连大和尚辞行。继连和尚久有请东坡为寺作记的想法，只是一直不好意思开口，眼看文豪即将离开黄州，机不可失，提出要求。东坡二话不说，写成《黄州安国寺记》，叙述宝寺沿革，以及与自己的善缘。

　　东坡又看望过其他朋友，离黄日期迫近，太守杨寀也在衙署设宴，叫上张怀民等官吏和朋友作陪，为东坡送行。照例安排官伎献艺，营造气氛。

　　东坡是府衙常客，官伎们大都熟悉，有些还趁机讨要过大诗人题诗。唯有一名叫李宜的女孩，知书达理，性格内向，不善奉迎，不敢主动乞求，未获东坡只言片语。眼看诗人就要北行，再不抓住机会，便悔之晚矣，李宜才大着胆子，奉觞上前，先敬过酒，再取下领巾，恳请东坡作书。

　　东坡也觉得交往多年，从没给李宜题过字，心里甚是过意不去，不好让她失望，颔首命她研墨。墨很快研好，东坡抬手拿过李宜奉上的笔，蘸上墨水，在其领巾上写下两句话："东坡五载黄州住，何事无言及李宜？"

　　仅此两句，东坡便搁下笔杆，端过杯子，掉头去跟太守他们敬酒，不再理会李宜。众人见字，心下暗忖，出语平凡，词义浅显，又不终篇，不知大文豪卖的什么关子，也不便催促，只得继续陪酒说笑。

　　眼看酒喝得差不多，宴席将散，李宜不敢怠慢，又蹭到东坡旁边，拜请续题未了诗。东坡才大笑起来，拍着脑门道："怪老夫人老记性差，都快忘记诗

留半首，多有不恭。"随即重新提笔，续上后面两句："却似西川杜工部，海棠虽好不吟诗。"

"杜工部"即诗圣杜甫，一辈子诗赞过花卉无数，唯独没吟咏过海棠花。据人考证，杜母名曰海棠，杜甫出于避讳，不敢入诗。莫非东坡无诗言及李宜，也与避讳有关？那他又在避谁的讳呢？

原来当年何正臣、李定、舒亶制造乌台诗案时，有个叫李宜之的地方小吏，与东坡面都没见过，更谈不上有何仇怨，竟也落井下石，以捞取上升资本，实在令人齿冷。偏偏李宜与李宜之姓同名近，只不过少一个"之"字，东坡免不了由此及彼，几年来虽没少与李宜接触，但一直不肯给她题诗，触及自己痛处。

也幸亏歌伎李宜沾犬官李宜之的光，得入名东坡的诗，以至千古流芳。

黄州再难舍，也有非舍不可的一天。东坡让长子苏迈留下，招呼家眷随后出发，自己先行一步，去高安见过弟弟子由，再折九江与全家会面东进，伺机转道运河北上。

安排妥当，东坡与准备去庐山修行的参寥走出南堂，下到江边，乘船过渡，往西山方向进发。渡口等着数十人，都是自发前来送行的黄州官民。一送送到樊口，潘彦明上前迎住，请东坡一行，入自家酒店，小聚欢饮。

东坡端杯于手，半天放不下，重新上路时，已是夜幕降临，月出东山。途经西山吴王岘，但闻身后黄州传来声声鼓角，东坡回首频顾，不觉潸然泪下，嘴里吟道：

清风弄水月衔山，幽人夜度吴王砚。
黄州鼓角亦多情，送我南来不辞远。

鼓角不辞远，黄州朋友更是依依不舍，送完一程又一程。其中有十九位朋友，一直送到慈湖，又陪着一起喝了三天酒，才好不容易被东坡劝住，一步一回头，挥泪西返黄州。只有陈慥仍不肯走，东坡没法劝返他，不得不任其跟在身后，外加参寥，一起三人，继续结伴东下，一同来到日思夜想的江州。

# 第九章 辗转江淮

## 同是天涯沦落人

三十七年前,也就是东坡十二岁那年,先君京师科考失利,辗转南下来到江州,寻访陶渊明和李白足迹,瞻仰原为白居易庐山草堂的大林寺。今东坡到了江州,自得登岸,沿着先君足迹,去追慕古圣先贤。

江州古为楚之东壤,吴之西境,号称"吴头楚尾"。长江流经江州水段叫浔阳江,江州又曰浔阳。州郡治所位于柴桑县,境内有柴桑山,因而得名。六百多年前,陶渊明出生于柴桑,当过江州祭酒、镇军将军参军等职,后在江州所辖彭泽县令任上待过八十余天,终不愿为五斗米折腰,弃职而去,归隐田园,再未出仕。

陶渊明又名潜,仿佛生来具有潜伏、隐潜天性,在读书人心目中享有崇高地位,被视为千年隐宗,即隐逸诗人鼻祖。他的《饮酒》《桃花源记》《归去来兮》等诗文,盛传千年,于今为盛。如《饮酒》其五:

> 结庐在人境,而无车马喧。
> 问君何能尔?心远地自偏。
> 采菊东篱下,悠然见南山。
> 山气日夕佳,飞鸟相与还。
> 此中有真意,欲辨已忘言。

诗中的世外桃源，僻静清新，空明悠远，令人神往。东坡视陶渊明为自己前世，白居易为自己今生，走到哪里都带着两人的诗集，有事没事和上几首，尤其和陶诗和得多，今有缘来到陶渊明生长、为官、耕读之地，自然得寻访其旧迹。

经人指点，东坡辗转来到号称陶氏旧居之所在，已庭芜院废，那"方宅十余亩，草屋八九间"，早不见踪影，满目杂树丛生，野蒿遍地。倒是远处庐山隐约可望，不难想象陶氏在此弓腰采菊抬头望山情形，虽说篱无存，菊难再，唯鼠兔出没，野鸟乱飞。

东坡徘徊复徘徊，久久不肯离去。参寥哂曰："坡公是否期盼陶令出现，与其举酒欢饮，一醉方休？"陈慥也笑道："坡公酒量小，与陶令共酌，绝非其敌手。"参寥道："慥兄言之有理，陶令每每'得欢当作乐，斗酒聚比邻'，坡公绝对喝不过他。"

"非也非也！陶令说'斗酒聚比邻'，那是众邻共饮一斗酒，摊到各位，并无多少。"东坡蛮有把握道，"依拙见，陶令酒量定然不大，若对坐欢饮，说不定会醉在轼先。"陈慥道："不见得吧，坡公如此自信？"东坡道："二位知道陶令说过的话吗：'贵贱造之者，有酒辄设，潜若先醉，便语客：我醉欲眠，卿可去。'"

参寥认可道："陶令确实说过此话，他太喜欢酒，每每来客，无论对方身份高低，只要家里有酒，定毫不吝啬，拿出来同享，且声明自己一旦喝醉，不发疯，不撒野，不胡言乱语，唯四肢一摊，呼呼大睡，做自己的美梦，没法送客，客人别怪，只管自己离去便是。"

东坡接过话头，道："客未喝好，主人先醉，岂不足证陶令酒量有限？"陈慥道："依此类推，李白跟陶令还有坡公，只怕也差不多，好酒而无量。"参寥道："李白《将进酒》里说'会须一饮三百杯''斗酒十千恣欢谑'，杜甫也说'李白一斗诗百篇'，绝非陶令'斗酒聚比邻'，肯定属海量无疑。"

陈慥表示反对，道："李白惯作惊人之语，什么'白发三千丈'，什么'飞流直下三千尺'，什么'桃花潭水深千尺'，皆夸大其词，当不得真。"参寥反驳道："杜甫可是地上诗圣，有一说一，有二说二，他说'李白一斗诗百篇'，该不会有假吧？"陈慥道："杜甫也善用夸张手法，描绘饮中八仙，没哪位不带夸张。说李白的诗'笔落惊风雨，诗成泣鬼神'，亦极尽夸张之能事。另如'家书抵万金''万里悲秋常作客'，不乏李白遗风。"

见两位辩得热闹，东坡甚觉有趣，也不打岔，只顾笑而不语。陈慥有些不满，道："话因坡公而起，咱俩争执不休，你竟事不关己，不哼不哈，太不像样。"参寥也道："可不是？坡公不能坐山观虎斗，李白酒量到底如何，你总得说句公道话。"

东坡狡黠地一笑，道："要说李白酒量，还得以其自话为证：'两人对酌山花开，一杯一杯复一杯。我醉欲眠卿且去，明朝有意抱琴来。'"

两人一琢磨，觉得颇有意趣。陈慥道："李白真是不打自招，几乎原话套用陶语，客未过瘾，自己先醉睡倒。"参寥也道："看来李白也属陶令隔代知音，陶令量小而爱酒，他嗜酒如命，却不过三杯之量。"陈慥问道："参兄怎知李白量仅三杯？"东坡代为答道："一杯一杯复一杯，加在一起，不就三杯？"

两位哈哈大笑。东坡又道："陶令喝酒离不开琴，李白喝酒估计也有琴声伴奏，喝醉躺倒前，还不忘嘱客明朝抱琴再来。"

说到以琴佐酒，参寥想起一桩公案，问东坡道："陶令有言：'但识琴中趣，何劳弦上声。'有人据此认为陶令并不解音，不擅长鼓琴，只因有酒无琴，有失风雅，才弄把无弦素琴，空弹一番，自欺欺人。"陈慥也道："另有说法，陶公喜琴而贫，琴弦弹断后买不起新弦，不得不空弹无弦琴，以过琴瘾。"

东坡爱陶渊明，对此自有钻研和独到见解："首先得肯定，陶令绝对善于抚琴，就像善于喝酒、吟诗、耕读一样。有其诗文为证，如'衡门之下，有琴有书。载弹载咏，爰得我娱'，又如'悦亲戚之情话，乐琴书以消忧'，再如'欣以素牍，和以七弦'。可见陶令不仅善抚琴，所抚还是七弦琴，岂能不解音？当是有琴而弦弊坏，不复更张，但抚以寄意，如此为得其真。"

两位以为然。东坡又就这个"真"字发挥道："陶令不伪，欲仕则仕，不以求之为嫌。欲隐则隐，不以去之为高。饥则叩门而乞食，饱则鸡黍以延客。古今贤之，贵其真也。"

参寥与陈慥非常认同东坡高见，说后人景仰陶渊明，就因他活得真实，不委屈自己，寓形宇内复几时，富贵非吾愿，帝乡不可期，曷不委心任去留？毕竟生命只有一次，在世间存活数十春秋，为官位、财富、名望所累，不能活出真实的自我，太不值得。

当然这些说起来易，做到太难。即使通透如东坡，看破红尘和名利，也无法效仿陶渊明，脱离官籍，归隐林泉。也许在意念里，东坡仍盼着有朝一日，朝廷能召回自己，实现报效君国夙愿。也就是说比之陶渊明，东坡实在做不到那般真率和洒脱，才对其越发敬仰。

陶渊明故居已破落，不知陶墓情形如何。三人一路寻去，在丛林深处觅得一处荒冢，不高的坟头长满杂草，看来已许久无人祭扫。拿石片刮去墓碑上厚厚的苔痕，辨过碑铭，才认定确属陶墓无疑。大诗人身后寂寞寒碜如此，慕名来凭吊者倍感意外，然于墓主而言，生前尚且"息交以绝游"，死后既"托体同山阿"，少来人打扰，不正好独享孤寂和清净？

祭拜过陶墓，三人离去，找客栈住下。陈慥本欲陪两位同游庐山，东坡担心其外出日久，归家后河东狮吼，规劝其早日西行，反正黄州距离江州不远，日后再访庐山也一样，又取出纸笔，连夜将五年来为陈慥所作诗稿书写一遍，交其存念。

翌日傍晚，苏东坡与参寥一起，送陈慥至江边码头，去乘西上夜行客船。离客船起锚还有个多时辰，东坡走进临水酒店，为陈慥饯行。

酒店名字就叫浔阳江头，取自《琵琶行》首句"浔阳江头夜送客"。据店主说，当年白居易正是送客到此，"忽闻水上琵琶声"，才千呼万唤，请出自京城漂泊至江州的琵琶女，感其琵琶曲及漂泊生涯，而生"同是天涯沦落人"之慨，写下千古绝唱《琵琶行》。

白居易偶遇琵琶女的旧事过去数百年，是否真如店主所言，事发脚下码头，已无从考据。不过这不重要，重要的是白居易在江州司马任上，送客浔阳江头时确曾与琵琶女相逢，《琵琶行》序与诗说得明白，至于相逢的具体地址在哪儿，实在无关宏旨。

店主生怕客人起疑，一边温酒上菜，一边又道："白居易在此送客遇琵琶女之前，还邂逅过一个人，那便是旧恋湘灵。本来白居易已心如死灰，对那段恋情不再耿耿于怀，因湘灵突然出现，又顿起微澜，再也没法平静。"

看来店主还真是白居易迷，三人兴致勃勃，倾耳细听其叙谈《琵琶行》出笼的前后经过。早在白居易在盩厔县尉任上访仙游寺时，便借李隆基和杨贵妃两人生死悲情，创作出千古《长恨歌》，宣泄过对湘灵的苦恋，似已将那段刻骨铭心的旧爱放下。旋受召回朝任左拾遗，白居易以三十七岁之大龄，迎娶杨姓女子为妻，算遂了母亲夙愿。三年后白母去世，白居易卸职归乡丁忧。期满返朝，授太子左赞善大夫。

白居易主张文章合为时而著，歌诗合为事而作，入朝上书言事，补察时政；退朝作讽喻诗，揭露丑恶，以报答宪宗擢拔之恩。建言和批评多获采纳，然皇上也是人，是人便有人之天性，耳喜谀而恶直，目喜柔而恶刚，心喜从而恶违，归结为一句话：喜小人而厌君子。正人君子白居易字字露锋芒，句句带尖刺，得罪权贵，也令宪宗不乐且抱怨道："白居易由朕拔擢致名位，无礼于朕，朕实难奈。"

适逢藩镇势力膨胀，竟派凶手埋伏长安街头，杀死宰相武元衡，刺伤御史中丞裴度，朝野大哗。白居易上表请求严缉凶手和背后元凶，竟涉"擅越职分"之嫌，被贬为江州司马。司马名为刺史助手，实乃安置罪臣所设虚衔，属变相发配。

谪居江州一年后，白居易邂逅自符离漂泊至江州的湘灵父女，倍觉意外，又百感交集。湘灵年过四十，朱颜辞镜，青春不再。白居易四十四岁，已成婚七年，杨氏也随同来到江州。湘灵一直孤身未嫁，不用说仍没从那段悲情阴影里走出来。白居易心酸不已，以诗为哭：

> 我梳白发添新恨，君扫青蛾减旧容。
> 应被傍人怪惆怅，少年离别老相逢。

然毕竟生生死死爱过一场，白居易悲喜之际，设宴款待湘灵父女，赠以钱帛。无奈旧缘难续，相见恨短，恍若春梦易碎，不过空欢喜一场。白居易有泪只能往肚里流：

> 久别偶相逢，俱疑是梦中。
> 即今欢乐事，放盏又成空。

宴后分别，自此两人天各一方，再没相见。白居易试图忘掉湘灵，却又频频于梦中相遇：

> 别来老大苦修道，炼得离心成死灰。
> 平生忆念消磨尽，昨夜因何入梦来。

偏偏这夜白居易送客浔阳江边，水上传来琵琶声，铮铮然有京都韵。于是移船邀相见，琵琶女终于现身，"犹抱琵琶半遮面"。诗人心存期待，琵琶女"转轴拨弦三两声"，竟觉"未成曲调先有情"。这哪是琵琶女指间有情？明明是诗人心中情深。进入正曲后，更是"弦弦掩抑声声思，似诉平生不得志。低眉信手续续弹，说尽心中无限事"。

接下来诗人以生花妙笔描绘琵琶女指间琴声，如急雨私语，如珠落玉盘，如莺语滑花底，如泉流冰下难。哪怕琴声暂停，亦"别有幽愁暗恨生，此时无声胜有声"。暂停过后琴声更激越，更悲壮，至曲终拢指划弦，有如裂帛，反托四周寂静，唯江心秋月白。

放拨插弦，论及身世，原来琵琶女本长安倡伎，曾学琵琶于名师，艺高受宠，风光一时。至年渐长，色渐衰，不得不委身贾人妇，漂沦憔悴，转徙于江湖间。白居易思及自己出官二年，恬然自安，闻斯人琴声，听斯人言语，不觉惺惺相惜，顿生"同是天涯沦落人"之慨。

据诗人不同诗中描述，湘灵与琵琶女年纪相仿，皆已年长色衰。毋庸置疑，白居易自会由琵琶女联想起见过不久的湘灵。湘灵漂泊江湖，琵琶女流落江州，诗人遭贬京外，三人出身有别，经历不同，社会地位殊异，然皆浮沉于世，情天恨海，无以释怀。

故琵琶女盛情难却，在诗人恳请下重弹一曲，竟"凄凄不似向前声，满座重闻皆掩泣"。那么"座中泣下谁最多"呢？诗人感于琵琶女飘零身世的同时，还要为自己的遭遇不平，为湘灵的悲惨人生牵肠挂肚，自然"江州司马青衫湿"，淌下的泪水远多于在座其他人。

文学乃人学，人有情有义，有爱有恨，若假以高妙的文辞，形诸笔端，自然最能打动人心。与诗人十年前创作的《长恨歌》一样，《琵琶行》一面世，随即不胫而走，天下盛传，成为伟大的长篇叙事诗，一时间"童子解吟长恨曲，胡儿能唱琵琶篇"。

也不知湘灵读到长恨曲与琵琶篇，会做何感想。湘灵聪明灵性，定能感应两诗里的别样意味。说不准正是长恨曲和琵琶篇促使湘灵毅然遁入空门，隔绝世外，与青灯孤影为伴。多年后白居易探知湘灵寄身寺庙，专程前往寻访。湘灵不愿再受伤害，避而不见。白居易很绝望：

> 绝弦与断丝，犹有却续时。
> 唯有衷肠断，应无续得期。

晚年白居易僻居洛阳香山，自号香山居士。好友元稹死后，家属遵其遗嘱，请白居易撰写墓志铭，以巨额润笔为酬，白居易全部捐出，重修香山寺，继步湘灵后尘，归诚佛僧，潜心佛经。直至其七十四岁逝世，葬于寺旁，期望佛祖开恩，让其与湘灵天堂相聚，永不分离。

故事说到这里，店主连连摇头，叹道："白居易满腹才情，官居高位，名利双收，也有不如意之处，终生难以释怀，况咱常人，岂能无憾？"

"无论贵贱贫富，是人皆有八苦：生苦、老苦、病苦、死苦、爱别离苦、怨憎会苦、求不得苦、五阴炽盛苦，苦苦难过，绝无圆满人生。"东坡微微而笑，感谢店主酒好肉好故事好。店主很开心，视东坡为知音，提出酒饭免费，算他请客。东坡不肯，起身时把酒钱放到桌上。店主拿过去，硬往东坡怀里塞。

　　见两人你推我让，难以罢休，参寥道："店家客气，坡公不妨领此情，另写幅字以谢。"

　　没待东坡答应，店主赶紧拿出纸笔，摊到邻桌上，弯腰恭请东坡。东坡不好推托，执笔写下两行字："同是天涯沦落人，相逢何必曾相识。"

　　见字如其人，气质不凡，店主甚是欢喜，两眼直放光，又闻刚才参寥以"坡公"称呼东坡，问道："莫非三位客官来自黄州？"陈慥道："店家何以知晓？"店主指着字幅道："此字高古，非同寻常，除谪居黄州的东坡先生，当今之世谁写得出来？"

　　三位不置可否，欢笑出门，向近岸客船迈去。眼见客船即将起锚，陈慥回身紧握东坡之手，久久不肯松手。参寥宽陈慥心道："来日方长，坡公定会时来运转，受皇上重用，届时季常先生再进京探望老友就是。"

　　陈慥赶紧点头，嘱东坡多保重，常联络。东坡含泪点头，眼望陈慥上船，随船融入沉沉暮色，才与参寥反身离岸，折回城内客栈。翌日二友履芒鞋，拄竹杖，望庐山方向缓行。边走东坡心里边想，脚下定是当年先君登山之旧路，路两旁亦当是先君见过的风景。

## 不识庐山真面目

　　山上众僧早闻东坡抵达江州，一个个欢天喜地，齐齐迎下山腰，倒看此君爱臣妒名动天下的大才子，是否与常人一样，嘴巴长在鼻子下，眉毛生在眼睛上。东坡也不把自己当外人，嘻嘻哈哈，与众僧执手言欢，即兴作诗曰：

　　　　芒鞋青竹杖，自挂百钱游。
　　　　可怪深山里，人人识故侯。

　　见东坡亲和好玩，全无大名人架子，众僧笑道："山寺再穷，坡公来到，粗茶淡饭还招待得起,用不着您自挂百钱。"又道:"坡公可非故侯,上了山便是山大王,咱们都是您的喽啰,听您使唤。"东坡笑道:"各位师父听错啦,拙诗所说非故侯,乃故猴也,东坡就像只老猴子,可以上蹿下跳,玩个开心。"

众僧只顾跟东坡套近乎,几乎忘记一旁参寥的存在,幸有年长和尚转向他,感谢他引东坡上山,给庐山增光添彩。东坡道:"东坡做梦都想游庐山,与参师父何干?"又吟道:

> 自昔怀清赏,神游杳霭间。
> 如今不是梦,真个在庐山。

游览数处景致,众僧问东坡观感如何。东坡道:"庐山太深远,又岂是泛泛之游,能识得透的?除非以后多来几趟,从容游赏,慢慢领会。"又有感而发:

> 青山若无素,偃蹇不相亲。
> 要识庐山面,他年是故人。

趁时间充裕,苏东坡正好从容漫游庐山。这天在众僧陪同下,登临过几道险峰,不觉已至落霞满天时分。来到一处开阔地,但见桃树成林,花满枝头,桃林深处有庙宇隐现。东坡想起白居易《大林寺桃花》诗,猜测道:"前头莫不是大林寺?"

话没落音,有方丈自桃花丛中款款而出,上前对着东坡和参寥念过佛号,邀两位夜住大林寺。二友自然求之不得,随方丈穿过桃林,绕经半坡菜地,走进寺里。寺院不大,却础实墙厚,墙上刻着白氏《大林寺桃花》:

> 人间四月芳菲尽,山寺桃花始盛开。
> 长恨春归无觅处,不知转入此中来。

东坡甚乐,问方丈道:"想必白乐天当年住过大林寺吧?"方丈答曰:"大林寺前身为庐山草堂,乃白乐天贬谪江州司马时所辟,主人常住草堂内,白天种菜采野果,夜晚读书作诗文,留下不少名篇,桃花诗外,著名的《琵琶行》,也在草堂作成。"

《琵琶行》到底是白居易当琵琶女面即兴所作,还是写于司马官衙,甚或山上大林寺,无从肯定,也没法否认。东坡只有边点头,边打哈哈。

议论着白居易,游赏过寺院,二友入住禅房,早早睡下。天亮醒来,吃毕早茶和斋饭，步出寺门，他处僧道已候在外面，主动为东坡导游。庐山岭外有岭，峰外见峰，游上数天，该游之处未及二成。只好选有名气者，先游为快。

庐山最负盛名之处，莫过于香炉峰，因李白来过，惊峰前瀑布为天河下落，留下著名诗篇：

　　　　日照香炉生紫烟，遥看瀑布挂前川。
　　　　飞流直下三千尺，疑是银河落九天。

李诗惯用夸张，真到得香炉峰，所见瀑布并非如此惊艳。然东坡此番前来，看的自然非普通瀑布，乃李诗中的瀑布，瀑布中的李诗。众人站在峰前，一边讨论李诗，一边观峰赏瀑，兴致盎然。东坡也是大诗人，素有小李白之谓，面对李诗中的瀑布，总该和上几首吧？众僧道满怀期望，看向东坡，等着从他嘴里吐出像李诗一样的妙作来。

东坡却别无表示。肚里寻思，李白登黄鹤楼，本欲赋诗遣兴，抬头一见壁上所刻崔颢《黄鹤楼》，不得不打消念头，叹服道："眼前有景道不得，崔颢题诗在上头。"东坡反思李白先到庐山三百年，所写瀑布诗已登峰造极，无人可及，自己又何必多此一举？

见东坡没有反应，有人又拿话激他："李白之后，另一位唐朝诗人徐凝，也曾来香炉峰观瀑，留下瀑布诗，据说深受白乐天赞赏，说徐诗赛不得，意即没人比得了。"记性佳者，当场背出徐诗：

　　　　虚空落泉千仞直，雷奔入江不暂息。
　　　　千古长如白练飞，一条界破青山色。

徐诗前两句说泉落奔江，三四句又说瀑白破山，泉与瀑，练与条，没啥区别，绕来绕去全属废话，且用词粗俗，意境浅陋，毫无新意，哪似李诗先远后近，层次分明，想象奇特，用语夸张，诗意饱满充沛，叫人不喜欢都难。

东坡觉得徐诗实在太差劲，将其与李诗相提并论，无异于对李白的莫大侮辱，忍不住道："徐凝不会写诗也就罢了，还假托白居易，说其诗赛不得，不仅可笑，且已近乎可恶。想想也该知道，李、杜、白并称唐代三大诗人，凭白居易不俗眼光，岂能看不出徐诗之低劣？"

说到此处，东坡觉得还不解恨，又以玩笑口吻，吟成一讽刺诗：

　　　　帝遣银河一派垂，古来惟有谪仙词。

> 飞流溅沫知多少，不与徐凝洗恶诗。

东坡没写庐山瀑布诗，却留下嘲讽徐凝瀑布诗的戏篇，一时成为佳话。众人觉得东坡有趣，嘻嘻哈哈附和几句，离开香炉峰，转向别处。就这样，在山里转上半个多月，东坡已很尽兴，送参寥入居西林寺，准备离山。

众僧遗憾东坡写诗太少，不想轻易放过他，极力怂恿他再写几首，以不虚此行。东坡也觉得庐山之游，众僧关照，吃得好，睡得香，玩得美，不作两首像样的诗，真对不起众位，却因李诗和白诗太绝，难以超越，迟迟不肯动笔。

也是庐山太有名，古往今来上过山的文人骚客太多，一山一水，一草一木，几乎都被吟咏过，像徐凝见过李白瀑布诗，还敢斗胆写瀑布，难出新意，要出也只能出丑。东坡想起陶渊明，生长于庐山脚下，竟很少写山上具体景物，仅偶尔兴之所至，抒写其概貌，诸如"悠然见南山"之类。那何不效法陶渊明，避开庐山单个景观，干脆从大处着笔，写整山观感，或许能见新意，亦未可知。

心生此念，东坡回思十多天的漫游，经历的奇山秀水多多，见过的峻岭险峰无数，赏过的林木花鸟万千，可庐山到底是个啥样子，还真说不出个所以然来。那么是自己看得不够用心，观得不够仔细，或者走的地方还不够多吗？显然不是，是庐山太深远、太壮丽，而游人那么渺小和卑微，身陷山中，视野局限，无从纵观全貌。

东坡突发灵感，走进西林寺，朝方丈要来纸笔，在壁上留下四句诗：

> 横看成岭侧成峰，远近高低各不同。
> 不识庐山真面目，只缘身在此山中。

众僧一瞧，眼睛大睁，不觉鼓掌称妙，说李白诗状庐山具象，雄奇绚烂，惊世骇俗；东坡诗写庐山概貌，大气开阔，意蕴深沉，二诗合为双璧，足可与庐山同辉。

事实也是李、苏两人的庐山诗，正好呈现出唐宋诗词各自风貌：唐诗感性，让人惊艳；宋诗（词）理性，令人深思。或者说唐朝宛如人生青年，激昂、热烈、开放、张扬，雄壮的体魄富于力量感；宋代进入人生中年，成熟、淡定、深刻、大气，秋水般的眼眸里蕴含着智慧和思考的光芒，两个朝代的诗词正好与其时代特质相匹配。

与李白瀑布诗一样，东坡庐山诗一出来，便广为流传，天下众口皆诵，且"不识庐山真面目"更成为成语和口头禅，人尽能言。

庐山诗成，庐山没白接纳东坡，东坡也不虚此行，辞别参寥和众僧，下山入赣登船，赶往筠州，看望身为酒监的子由。子由一家寄身酒监官舍里。说是官舍，其实又小又破败，还不如东坡黄州临皋亭和南堂。子由更是形容苍老，面带病态，一看就知日子过得不好。

原来子由初任筠州酒监时，身边还有两个小吏，帮着打理酒税事务，后二吏嫌待遇太差，养不活家小，弃职而去，留下子由一人，白天坐在街边，粗着嗓门，与市人争长论短，讨价还价，鬻盐沽酒，收缴鱼税。夜归筋疲力尽，昏然就睡，不知夜之既旦，再复出营职。

东坡以为自己身为谪臣，无职无权无薪，岁月难熬，谁知弟弟虽有实职，竟也好不到哪里去。所幸阔别五个春秋，还能活着重新走到一起，实属不易，兄弟俩还是心生欢喜，叙不完的旧，道不完的情。

见兄长脸上气色不错，毫无贬臣之落寞，子由忍不住道："黄州偏僻，衣食难保，且远离庙堂，无君父，无同僚，无挚友，亲朋皆躲得不知去向，能打交道者全是一班大字不识几个的村夫野老，也不知这几年兄长到底怎么熬过来的？"

东坡一脸云淡风轻，笑道："不用熬，吾上可陪玉皇大帝，下可陪卑田院乞儿，眼前见天下无一不是好人，村夫野老皆朋友，同样可一起乐山乐水，乐酒乐肉。"

"卑田院"乃悲田院语讹，为佛寺收容乞丐之所，亦省作卑院。东坡语意，在自己眼里，众生平等，别无尊卑贵贱优劣好坏之分。故面对天上神仙，不卑不亢；当着朝中君臣，不惊不喜；眼前站着贫民乞丐，亦不倨不傲。

东坡一生平视众生，平等待人，见着高贵者不会弯腰下跪，遇着低贱者也无须端着架势眼睛朝上，也就心态平和，整天乐乐呵呵，快意无忧。

## 记恩不记仇，与王安石和解

在筠州一待六七天，兄弟携手，游览过附近山水，苏东坡才告别子由，逆赣回到江州，与已赶至的家人会合，乘船东行，抵达江宁。江宁知府王益柔是忠厚长者，虽大东坡二十一岁，却爱其才，敬其德，知苏家过境，早早腾出后衙，供给食宿。

时值七月，天气炎热，不到一岁的苏遯路上不幸染疫，至江宁没两天便不治夭折。东坡悲痛欲绝，可眼见朝云哭得死去活来，只好擦干自己眼泪，好言相劝。

其实劝也没用，东坡干脆缄口不语，只静静守在精神恍惚的朝云旁，以免她自寻短见。过后东坡回忆当时情形，依然心如刀绞："我泪犹可拭。""母哭不可闻。"

待朝云情绪慢慢稳定下来，东坡才让王益柔陪同，坐船去钟山拜访王安石。

说白了，东坡弃黄州直奔汝州的陆上路径，改走水路，先东下，后北上，除沿途寻觅江州陶氏旧迹，造访庐山，寻找李白和白居易踪迹，最大目的就是绕经江宁，拜望故相王安石，回报其具函神宗营救自己之旧恩。东坡记性好，记恩不记仇，受过王安石打击，然人家又有恩于己，无以为报，前去抚慰其孤独而充满创伤的心，总还做得到。

当然更为重要者，还是两人身上都流着儒家血统，一心致君尧舜，经邦济世，兴国强军。国家积弱已久，唯变法才能图强，此系两人共识。区别在于东坡觉得多年积习，企图一夜改过来，往往欲速则不达，该以渐变为妥。王安石深知变法触犯既得利益者利益，阻力太大，得以激变手段，快刀斩乱麻，才可能见效，否则夜长梦多，将一事无成。

王安石的激变法毫不意外地遇挫，以失败告终，印证了东坡《上神宗皇帝书》里所预见的严重后果。王安石也因此两度罢相，狼狈离朝，致仕江宁。今风波已息，时过境迁，东坡觉得有必要拜见故相，了断恩怨。一旦摆脱朝臣职分，无关政见异同，重回儒生本色，再无任何隔阂可言，值此劫后余生，钟山会晤一握手，自然成为两人心中共同的渴盼。

早在熙宁八年（1075）二月二度拜相时，王安石就想好归宿，在江宁与钟山之间的白塘买下一块坡地，等着还乡养老。上任途中还留下名诗："春风又绿江南岸，明月何时照我还。"果然一年半后，他再度去职，骑着神宗所送良马，护卫老妻吴氏还有独子王雱灵柩，披星戴月，回到江宁，定居于白塘。白塘地处城郊，人烟稀少，远离喧嚣之声，耳根清净。满坡乱石，杂草丛生，时有野兔出没，足慰故相孤苦。

为让王安石老有所养，神宗让他以使相兼任江宁知府，拿份薪酬。然在白塘筑就陋室，勉强安顿下来后，王安石便辞去知府，不再涉及官场。白塘坡地距江宁和钟山各为七里，主人自称半山园。说是园，却不设围栏，不筑篱笆，只担土为丘，凿地为池，植楝三百棵，杂以桃李橘杏。又引水为渠，连通江宁河，进城可雇船泛水。

半山园成形，居有定所，王安石正好腾出大量时间，读书写作。有《菩萨蛮》为证：

数间茅屋闲临水，窄衫短帽垂杨里。花是去年红，吹开一夜风。　梢梢新月偃，午醉醒来晚。何物最关情，黄鹂三两声。

更多的时候，王安石会跨上神宗所赐御马，四处闲游。邻居觉得骑马危险，劝他改坐轿子，确保安全。王安石认为坐轿是拿人当牲口，坚决不答应。后御马老死，又买黑驴一头，再雇一名老兵，负责牵驴。走在路上，人问："老相哪里去？"王安石答曰："老兵牵驴在前，牵到哪儿是哪儿；若老兵赶驴在后，驴走到哪儿是哪儿。"

每次外出，王安石还随身带只口袋，里面装满书籍和老妻做的烧饼。驴走得慢，他便从口袋里拿出书来，一边骑行，一边阅读，说是骑驴看唱本，走着瞧。

这天读到友人所赠东坡前、后《赤壁赋》，王安石由衷喜爱，反复吟诵，几乎到了忘情地步。不觉行到山尽头，来到水穷处，驴累人饥，王安石才从驴背上翻下来，伸手到口袋里，掏出烧饼啃咬，同时递两块给老兵，让他也充充饥。黑驴似觉草料粗糙，难以下咽，瞪着驴眼看两人吃饼，王安石于心不忍，再掏两个出来，往驴嘴里喂。见驴大嚼大咽，主人莞尔，心里寻思，都说众味难调，看看老妻所做烧饼，主可饱肚，仆可充饥，驴也不嫌弃，吃得津津有味。

天黑回到家中，老妻拿出江宁知府王益柔派人送来的信函，王安石当即拆开，就灯阅读，原来东坡已至江宁，明日前来半山园拜访。喜得王安石胡须直颤，夜里觉都睡不安稳，天没亮便起床出屋，翘首以待。待得不耐烦，他干脆爬上驴背，一颠一颠，向水边行去。

东坡谪居黄州五年，干过什么事，写过什么诗文，王安石清清楚楚，同样王安石浮沉去留及所作诗词，东坡也心中有数。尤其读过《桂枝香·金陵怀古》，东坡拍案叫绝，认为该词是金陵第一怀古词，说只有王安石这种野狐精，才弄得出如此绝响。其词曰：

登临送目，正故国晚秋，天气初肃。千里澄江似练，翠峰如簇。征帆去棹残阳里，背西风，酒旗斜矗。彩舟云淡，星河鹭起，画图难足。　念往昔，繁华竞逐，叹门外楼头，悲恨相续。千古凭高，对此谩嗟荣辱。六朝旧事随流水，但寒烟，衰草凝绿。至今商女，时时犹唱，后庭遗曲。

东坡所乘小舟犁浪而至，出现在王安石视线里。半山园僻静，难有外船进出，不用猜也知来人是谁。王安石满心欢喜，借坡下驴，三步并作两步，奔向水边。坐在船舱里的东坡也看到了岸边苍老的身影，赶紧出舱，迎向船头。船没停稳，他便迫不及待往岸边跨去，害得随后而至的王太守忙呼："慢些慢些，别掉水里了。"

上岸作过揖，东坡才发现自己穿戴得太随便，自我检讨道："轼来得匆忙，未及换身礼服，只好以野服拜见老相，失礼失礼！"王安石笑道："礼岂为你我所设？老夫不也随心所欲，便服在身吗？"

东坡大笑，与王安石并肩前行，往半山园慢慢踱去。王益柔招呼随从，提着事先备好的酒肉，紧随其后。到得王家，王妻去后厨办菜，主客在堂屋叙话。身为文豪，自然三句不离诗文，王安石赞扬东坡赤壁辞赋绝妙，东坡也随口背诵主人近作，彼此相视而笑。

没多时，王妻端上酒肉，三人举杯同饮。酒至微醺，搁杯喝茶，直至夕阳西下，兴犹未了。主人留东坡与王益柔夜宿半山园，天明主客出屋，同游钟山。游到兴浓时，王安石请东坡作歌。东坡即兴吟道：

　　千古龙蟠并虎踞，从公一吊兴亡处。渺渺斜风吹细雨。芳草渡，江南父老留公住。　公驾飞车凌彩雾，红鸾骖乘青鸾驭。却讶此洲名白鹭。非吾侣，翩然欲下还飞去。

也是王安石隐居半山园后，门前冷落，孤苦自知，好不容易迎来东坡，前嫌尽弃，携手乐山乐水，诗酒唱和，也就轻易不肯放他走，一留便是月余。王益柔身为现任知府，不可能天天守着两个闲人，不时回衙，处理完政务，再带了酒肉，上山犒劳两位，陪同游乐。

半山园北面有个土骨堆，相传为东晋谢安故宅遗址，人称谢公墩，王安石不时去走走，流连忘返，东坡到访，自然会带他前往凭吊。谢安与王羲之是亲家，一为当朝宰相，一为书圣和名士，两人肯定在谢公墩留下不少佳话。正好王安石做过两任宰相，东坡文名书法不输王羲之，王、苏同至谢公墩，足踏阶苔，手抚墩石，自然别有一番滋味在心头。

这天来到蒋山，东坡借景赋五言诗，其中有联："峰多巧障日，江远欲浮天。"王安石连连叫好，说老夫平生作诗，无此二句。一时兴起，以诗和之。东坡由衷赞叹，说王诗有《楚辞》句法和遗风。王安石欣然认可，拿出纸墨，请东坡手书留念。东坡也不客气，挥毫题赠。

出离权争，诗心纯粹，惺惺相惜，共享雅趣和美好情谊，人生之大幸，实乃莫过如此。王安石忽记起东坡曾作雪诗，里面有句曰"冻合玉楼寒起粟，光摇银海眩生花"，问是否用了道藏中典故。东坡颔首以笑。王安石对陈寿《三国志》颇不以为然，意欲重修，无奈年迈，问东坡："可否替老夫完成夙愿？"东坡摇头道："不敢当此重任。"

诗文之余，触及乌台诗案，东坡感谢王安石和章惇等人出手相救，自己才得以苟延于世。王安石笑曰："吾不救下你，谁来写千古赤壁辞赋？"东坡乐道："老相的意思是，今我若再陷乌台大狱，君当落井下石？"王安石大笑道："老夫老矣，有石也搬不动，落不下了。"

由乌台诗案，东坡想起王安石任上所作所为，忍不住敛容道："东坡还有话要说。"王安石早厌倦政治，见东坡表情严肃，知他要说啥，摆手道："老夫已为草民，僻居乡野，莫谈国事。"东坡道："老相非草民，乃故相。汉唐亡于党祸与战争，本朝吸取教训，无为而治，还算安宁。今党祸起于朝廷，兵事兴于西北，贤臣发配各地，老相为何不发声制止？"

王安石板下脸色，道："国家乱局皆系吕惠卿一手造成，安石不在其位，不谋其政，不敢胡言乱语。"东坡道："老相确已不在其位，可君上以非常之恩待您，您当以非常之礼事君。"

没等东坡说完，王安石制止道："今日所言，出自安石口，入于子瞻耳，到此为止吧。"

东坡吱声不得，深知王安石为吕惠卿出卖，还搭上独子性命，难免心有余悸，也就不再揭对方伤疤，有意岔开话题。

笑意重新浮上王安石皮糙褶深的老脸，两人继续讨论山水诗文。又涉及养生、佛道和生死，王安石建议东坡，别应诏北返，干脆在金陵买屋置田，两人好做雅邻，共娱林泉。东坡谢过主人，道："金陵物贵，东坡囊中羞涩，心有余而力不足。"

世间没有不散的宴席，东坡再留恋半山园，也有下山之时。苏、王幸会至此结束，王安石恋恋不舍，痴痴地站在水边，挥动又干又瘦的枯臂，目送东坡乘船渐渐远去，久久不肯转身返山，嘴里喃喃道："不知更几百年，方有如此人物出现。"


## 朝中惊现大变

不只王安石想与苏东坡为邻，退居许下的范镇，落脚扬州寺庙的佛印，还有丹徒等处旧友，都发出约请，诚邀东坡前去置产定居。

仪征太守最实在，先清扫干净府学后院房屋，再请东坡率家人住过去，以慢慢物色屋宇田产不迟。仪征就在长江北岸，东坡下得半山园，举家离开江宁府，渡江来到仪征，住进太守腾出来的府学后院。

家眷安顿下来，东坡开始各处访田问舍。湖州太守滕元发得知东坡意欲终老苏南鱼米之乡，放下公务，约赴太湖左岸宜兴会面，说其亲戚有田出售，东坡正好购置养老。

东坡来到宜兴，滕元发也已赶到，两人一起下乡看田。田是好田，位于城外二十里的荆溪旁，可年产米八百石，足以养活苏家二十口。东坡很满意，凑足钱款，交给田主，过户到苏家名下，然后奏禀皇上，请求恩准罪臣定居宜兴，别再派任别处。

有了良田，还得有住处，东坡拿出手头仅剩的五百缗现钱，由好友邵民瞻陪同，沿荆溪上行，物色两岸房产。正好有处百年老宅，础深墙固，主人开价五百缗，东坡也没还价，拿钱换得房契，当即大模大样住进去，做起屋主来。东坡肚里盘算，过几天便回仪征，把全家接过来，安安心心过隐居日子，享受田园风光。

乡村夜晚宁静祥和，月白风清，东坡拉着邵民瞻，走出老宅，沿村中曲径，甩手漫步，熟悉熟悉邻居。远亲不如近邻，既然要长住此地，与邻居和睦相处，至关重要。不想村民习惯日出而作，日入而息，家家户户老早熄灯睡下，连看家狗都懒懒地躺在檐下，睁一只眼，闭一只眼，不肯出声，生怕惊醒主人初梦。

转完半个村子，两人准备反身回去，忽闻近处木屋传出苍老哭泣声。莫不是遇着难解困苦，不然谁会轻易放出悲鸣？东坡于心不忍，刹住步子，敲门进屋。原来是位老妇人，正一把眼泪，一把鼻涕，哭得颇伤心。

东坡走过去，温言询问缘故，老妇只顾摇头，泪流不止。劝上半天，老妇才止住泪水道："我家有栋老砖屋，数代相传百多年，祖祖孙孙都住在里面，到吾儿一代，不孝不顺，竟卖给外人，迫使老妪我不得不搬出来，寄住在这破落木屋里，能不伤心痛哭？"

听过老妇哭诉，东坡心生同情，问道："老砖屋在哪里？"

"也不远，就在村头。"老妇抬手往村东方向指了指。那不正是自己花五百缗购得的老宅吗？东坡吃惊不小，确认事实后，二话不说，从身上掏出房契，塞到老妇手上，道："屋归原主，老人家不必再忧烦。"

老妇见是自家房契，感激涕零，当即趴到地上，咚咚咚，朝东坡猛磕响头。东坡扶起老妇，要她转告儿子，明日前去回收祖屋。隔日老妇儿子来见东坡，东坡教育几句，嘱其赶紧迎老母归宅，然后交出门钥匙，拍了屁股走人。至于那五百缗房钱，估计老妇儿子早花个精光，东坡不提，他也不说，像没那么回事似的。

五百缗几乎是苏家所有积蓄，就这样被东坡扔在荆溪，啥动静也没有，还不如扔个石头到水里，总可冒几个泡泡。邵民瞻有些过意不去，陪东坡去常州散心。有个野史趣闻广为流传，据说东坡路遇闽籍行脚僧惠崇，拿出新作《春江晚景》两幅，请东坡题诗。东坡题鸭戏图：

竹外桃花三两枝，春江水暖鸭先知。
蒌蒿满地芦芽短，正是河豚欲上时。

又题过飞雁图，东坡挥别惠崇，来到常州城里。《春江晚景》题诗竟已先入城，传得老少皆知。城里有位老士子，考取秀才后，多次乡试未中，愤而弃文，经营餐饮，尤其河豚做得绝佳，见过东坡的诗后，恭请东坡前往享用河豚。邵民瞻阻止东坡："河豚有剧毒，除毒不净，吃下去会死人。"东坡问老秀才："贵店所营河豚，吃死过人没有？"老秀才笑道："若吃死过人，敝店哪还开得下去？"东坡对邵民瞻道："既然没吃死过人，那还怕啥呢？"

邵民瞻辩不过，只好随东坡去了老秀才饭馆。老秀才是做河豚的高手，亲自下厨操刀执勺，烹饪鲜豚。店小二知老秀才招待东坡河豚用意，悄悄放话出去，街坊和食客纷纷来店，欲睹大名流东坡风采，顿时店里店外挤满人头。

老秀才很快做好河豚，端到桌上，又亲自作陪，先倒上酒，再布河豚到两位客人菜碟里。邵民瞻还在犹豫，东坡已夹一块送入嘴里，大嚼大咽起来。老秀才很得意，扭动脑袋，瞧瞧门边、窗外和廊下无数骨碌碌的眼睛，意思是说众邻别急，等着慢慢瞧吧，大诗人吃得如此香甜，自会给予高度评价，为敝店增声添誉。

谁知东坡只顾低着脑袋，手嘴不歇，大快朵颐，根本不理会老秀才那企盼的眼神。老秀才又不好夺走东坡手中筷，逼他开口出声，不得不耐住性子，任其吃个痛快。怪只怪自己所烹河豚口味太好，牢牢缠住东坡舌头，让他腾不出工夫发话。要么是东坡贬谪黄州五年，没吃过像样的饭菜，今意外吃到河豚美味，正好犒劳辘辘饥肠，哪还管得了其余？

见东坡风卷残云，快把一海碗河豚吃光，邵民瞻也忍不住伸筷，夹一块搁到舌尖上。味道还真不错，怪不得东坡置生死于度外，非一饱口福不可。要说人总有一死，与其痛不痒寿终正寝，还不如跟大诗人共吃河豚，同赴黄泉，还能换取青史留名，又何乐而不为呢？

有邵民瞻帮忙，海碗很快见底，老秀才一边起身，一边道："敝人再入厨弄一碗上来。"东坡抬臂按住主人，笑道："只可一，不可二，再好的口味，到第二碗也会大为逊色，还不如留些余味于齿间，存个念想。"

这正是食家的心得体会，老秀才不再坚持，重新坐下，趁机问东坡道："坡公觉得，敝店河豚味道若何？"东坡不傻，心知主人以河豚款待，意图如和尚头上虱子，明摆在那里，岂有白吃之理？于是抹抹嘴角，笑道："笔墨伺候。"

老秀才大喜，把东坡请到窗下书桌旁坐定，先献上香茶，以便消食，再执徽墨于手，在歙砚里磨起来。墨磨好，东坡已喝过茶，消过食，老秀才摊开宣纸，拿起湖笔，毕恭毕敬呈于对方手里，屏声静气，盯住笔尖，倒看笔底会流出什么妙词佳句。

谁知东坡不假思索，大手一挥，留下四个苏体风格的楷体字于纸上："值得一死"。

此四字实在俗得不能再俗，老秀才一时没反应过来，怔在那里，吱声不得。邵民瞻也皱皱眉头，心想东坡聪明一世，糊涂一时，人家好心好意用美味河豚款待，说点啥不好，竟以死咒之，今天两人怕是没法从店里竖着出去了。门外、窗边和廊下众目也瞧个清楚，全痴在那里，不声不响，整个饭店静如止水，连地上掉个针尖都听得见。

还是老秀才肚里有些墨水，敏于字纸，看出些门道：东坡这不是转着弯子，夸赞咱河豚口味绝妙，值得冒死品尝吗？换言之，连命都可不管不顾，也要一饱口福的美味，世上除咱店里河豚，还到哪里去寻第二家呢？

老秀才一激灵，双手一抬，情不自禁鼓起掌来。在场众人也恍然大悟，觉得"值得一死"四字看上去平常，实则意味深长，绝对胜过千言万语。一时掌声雷动，经久不息。

当天老秀才便拿着东坡的四字，请人刻到横匾上，挂于门楣。"值得一死"河豚店从此远近闻名，生意大好。老秀才知恩图报，以大钱赠东坡，再护送其走运河，返回仪征。

皇上复旨还没下来，仪征府学后院又非久留之地，东坡不得不带着全家，勉强登船，往北行进。一路行行止止，来到泗州，已是元丰八年（1085）初春。老秀才的赠资已花光，一家人重又陷入窘境，一个个饿得东倒西歪。东坡别无他计，只好写诗哄肚皮开心，说自己仿佛饥鼠，见着什么都想啃上几口。

诗被泗州太守刘士彦读到，忙送食物至船上，以尽地主之谊。喜得苏家大小欢声雷动，一番大嚼猛咽，以慰饥肠。东坡感激地主雪中送炭，正苦于无以为报，刘太守约请游乐山水，索求诗文，给泗州增加些知名度。

东坡一无所有，能拿虚名和手中秃笔回报地主，又何乐而不为？于是兴高采烈，随刘太守来到淮河岸边，踏上长桥，去对岸南山寻春。泗州属军事要隘，不经允许，擅自过桥，追究下来，定叫吃不了兜着走。所幸守桥士兵认识太守，才破例让两人通过。

南山高峻巍峨，林深树密，加之春和景明，二友穿行山间，喜不自胜。走得累了，摆酒畅饮，以促游兴。直至夕阳西沉，才缓缓下山，举火过桥，悠然而归。回到船舱，东坡吟成《行香子》一词：

　　北望平川，野水荒湾。共寻春，飞步屧颜。和风弄袖，香雾萦鬟。正酒酣时，人语笑，白云间。　　飞鸿落照，相将归去。澹娟娟，玉宇清闲。何人无事，宴坐空山？望长桥上，灯火乱，使君还。

词上片写景，有平川，有淮水，有和风香雾，有美酒和云间笑语。下片写归途，鸿飞落照里，玉宇渐暗，宴罢下山，主客举着灯火，经来时长桥，欣然夜归。

词既成，东坡又笔录一份，隔日走进府衙，呈献刘太守，以谢赐食之恩。刘太守最爱东坡的诗文，自然如获至宝，边读边点头称善，连说好词，然读到最后两句，脸色骤变，像走夜路受到惊吓似的，结结巴巴道："学士名满天下，每有新词，京师便传。"

东坡不知太守何意，只道："嘴巴长在人家脸上，爱传不传，老夫怎奈其何？"刘太守道："学士有所不知，律法有令，夜过淮河长桥者，判刑两年，知州更会罪加一等。学士赶紧藏好词作，千万勿示人。"东坡叹曰："东坡一生罪过，大抵如此，开口便是两年徒刑。"

自作自受，罪有应得，怪不得他人，若给主人添乱，则大有不妥。东坡叮嘱家人，准备早些上路。刘太守过意不去，又留东坡待些时日，才打发银两，送走苏家。

路上东坡又给神宗上折，说离开黄州后，累重道远，风涛惊恐，举家病重，一子丧亡，及至泗州，赀用罄竭，衣食不继，二十余口不知所归。臣有薄田在常州宜兴，可粗给膳粥，恳请君父开恩，许于常州居住，以度此余生。

圣旨迟迟未复，一家只好继续北行，来到南都商丘。张方平闻知，忙派人把苏家大小接过去，安排住宿，招待饭食。此去京都已不远，然苏东坡再无力气前行，只想赖在张府，静候朝廷复旨，以便另做盘算。

张方平正愁无人陪自己喝酒，自然求之不得。为让东坡尽兴，每次设宴，都会叫来歌女舞姬侍酒。这日酒至半酣，张方平附在东坡耳边道："不久前收得侍妾一名，既年轻漂亮，又善解人意，尤其跳起舞来，简直如仙女下凡，飞燕再世。"

张方平已七十八岁高龄，还好这一口，真有他的。东坡开玩笑道："前辈宝刀不老啊，七老八十，仍纳嫩妾享用，叫人不服不行啊。"

张方平也不生气，笑嘻嘻道："正是七老八十，来日不多，才应及时行乐，不负平生。"又道："新妾实在太可爱，老夫轻易不肯示人，也是子侄非外人，老夫愿召其至厅前，舞上两曲，你意下如何？"

没等东坡开口，张方平已令人宣舞女出场。舞女款款而至，步点莲花，扭腰摆臀，扬腿甩袖，尽情舞蹈起来。舞姿极优美，乐得张方平颔首频频，胡须直颤，两个眼珠随舞女滴溜溜转个不停。东坡也以手击节，表示欣赏，又觉舞女身段有些熟悉，似在哪里见过。

直至曲终舞住，东坡方认出对方，竟是从前黄州太守徐君猷侍妾，名叫胜之，曾打过不止一两次交道，有一次还给她题过两首词，盛赞其舞姿之妙曼。定是徐君猷亡故，失去依靠的胜之抛弃旧情，离开湘鄂，北上商丘，做了张方平侍妾。犹记徐君猷在世时，对胜之百般呵护，宠爱有加，谁知旧主尸骨未寒，眨眼间爱妾便辗转投入八十老翁怀抱，徐君猷在天有灵，不知会做何感想。

心里念着老友，东坡不禁鼻子一酸，几乎掉下泪来。正好胜之停舞后入席敬酒，端杯来到东坡面前。东坡强忍悲痛，眼望胜之道："还认识老夫吗？"胜之嫣然笑道："学士名震朝野，天下何人不识君？"东坡道："感谢还认得老夫。老夫再问一句，认识徐君猷吗？"

胜之脸上一阵尴尬，赶紧以手掩嘴，咯咯一笑，掉头走开。东坡越发难过，酒兴大减，勉强挨到散席，回到住处，还一脸戚色。王闰之问为何不快，东坡道出胜之的故事，感叹道："男人千万不要纳年轻女子为妾，主在日日说恩情，主死恩断情绝，转头便成他人妾，依然欢欢笑笑，喜喜乐乐。"

闰之瞪东坡一眼，道："你只怜徐太守人死，爱妾另投他人，却不想想胜之正当青春年少，莫非舍弃年轻生命，为旧人殉情不成？难道女子的命不是命？像胜之这样的女孩，皆因别无生计，才卖身为伎，但凡有条活路，岂肯委身垂垂八十老翁？"

此理东坡也不是不懂，道："夫人说得对，胜之确也不易，不好怪她舍弃旧情，另投新主。"闰之仍不依不饶道："依本妇看，是见张前辈纳胜之，你肚里大发酸水，竟忘记自己也收纳朝云为妾。"东坡道："朝云该不会是胜之吧？"

闰之哼几声，道："男人都这样，以为人家妻妾水性杨花，自己不管再老丑，哪怕一命呜呼，钻入土眼里，女人还得守身如玉，海枯石烂不变心。"

也是闰之一语道破男人心思，东坡不得不认同，开玩笑道："夫人的意思是，与其等老夫死后，朝云绝情而去，还不如现在把她赶走，免得届时人家失身失节，给我丢脸？"闰之道："要想生生死死，朝云皆不离不弃，也不是没办法。"东坡道："什么办法？"闰之道："你俩立誓，不求同年同月同日生，但求同年同月同日死，哪天你死有余辜，她没法另投他人。"

东坡哈哈大笑，道："夫人主意甚高。老夫求之不得，但看朝云乐不乐意。"

没谁能活着离开这个世界，东坡无法在自己死后亲眼验看朝云是留是去，然胜之属现成例子，一时还是难以释怀。东坡不便当张方平面识破胜之，碰到其他朋友，总忍不住以此为例，奉告年轻女子不可能真心喜欢老男人，最好别自作多情，随意纳妾。

三月初复旨终于下达，恩准苏东坡定居常州。东坡大喜过望，正要东返，京中又现异数，神宗皇帝驾崩。张方平劝东坡暂缓上路，也许新皇登基，外臣另有安排亦难说。

东坡姑且留下，静待朝中消息。也是新旧更迭嬗变之际，君臣忙于权力交接，没谁顾得上贬官，东坡在南都踯躅近月，不得不率领家眷，登船东下。

早在神宗病重期间，朝臣便各怀心思，就继位大事展开明争暗斗。神宗前面数儿早夭，第六子赵煦在活着的王子中年龄最长，不过也仅九岁，一旦登基，没法亲政，当由后宫女主神宗母亲高滔滔高太后垂帘听政。高太后一向反对新政，她老人家若坐到帘子后，新党人物只怕没好果子吃。其中吕惠卿和蔡确尤为惊恐，惶惶不可终日。

此时一个特殊人物跳了出来，这便是河南阳武人邢恕。邢恕早年拜程颢为师，同时出入司马光、吕公著门下，反正谁势力大名望高，他就摆尾乞怜，往谁裤腿上蹭。这比埋头苦干容易见效，晋升速度快，邢恕进士及第便担任崇文院校书，摇头晃脑，出入宫禁。然主子太多，总不可能时时处处都兼顾得到，一旦各主子间闹别扭，往往又会殃及走狗，邢恕遭排挤，被踢出京外。在京外一待多年，他才被召回复职，屡迁著作佐郎，正在得意，蔡确党同伐异，大打出手，邢恕也在其清算之列。

蔡确乃福建泉州晋江人，小时兄弟姐妹多，家中贫困，任职地方小吏的蔡父年逾七十，已没法处理政事，还不肯辞职致仕。主官见其占着茅坑不拉屎，要上疏朝廷解其职，蔡父才不得不上表辞官。一家人自此流落街头，吃了上顿没下顿，实在可怜。也许穷困潦倒怕了，蔡确考中进士，甫入官场便受贿被参，差点丢掉官帽。官小待遇低，要想薪高不贪，唯往上爬，做大官发大财。怎么才能尽快做上大官呢？自然得先靠近重臣甚至皇上。有宋一朝，君臣皆善文辞，一个个都写得一手好诗，靠近重臣和皇上的最好办法就是把诗写好。

要说蔡确已写得一手不错的诗，但他有自知之明，凭目前诗作水平，还不足引起君臣青睐。有人便一旁提醒，可向高人讨教写诗秘诀。听说邢恕诗才了得，蔡确甘拜其为师。邢恕自谦水平有限，说福建邵武人吴处厚诗学功底厚，又系蔡确福建老乡，亲不亲，家乡人，肯定乐意玉成。蔡确便投入吴处厚门下，向他苦学作诗技巧，却发现吴处厚徒有虚名，诗作平淡无奇，比自己强不到哪里去，觉得做他学生脸上无光。官场中人也笑蔡确病急乱投医，随吴处厚学诗，可谓取法其下，只能得乎其下下。

可喜蔡确悟性好，离开吴门后，经刻苦自修，诗作大有长进。正逢王安石入朝推行新政，蔡确赶紧拿着诗作上门请教，深得其赏识，给予重点扶持，步步高升至监察御史里行。其时王韶上《平戎策》三章，得到王安石认可，任其为秦凤路经略司机宜文字，出掌军事，开拓西北河湟。有人弹劾王韶使用公费过多，朝廷派人追查，得出结论：公款出入不明，无法查勘。王安石另派蔡确复核，蔡确为王韶陈述冤情，确保河湟开拓不至于中断，王韶攻下河、宕、岷、叠、洮五州，拓地两千里。喜讯传入朝中，神宗龙颜大悦，接受群臣朝贺，当庭解下腰间玉带，赐给王安石。

自此蔡确与吕惠卿、章惇几人成为王安石手下干将，共推新政。新旧两党此消彼长，外贬多年的邢恕回朝，已官拜右相的蔡确想起随吴处厚学诗旧辱，思谋着如何修理邢恕，以消心头之恨。谁知邢恕早有准备，挖空心思写作《送文彦博诗》，由人转呈神宗，深受神宗喜爱，当蔡确面大加赞赏。蔡确为讨好神宗，没再清算邢恕，相反擢其为员外郎。

眼下神宗病入膏肓，新党前景堪忧，蔡确寝食难安，邢恕夜访蔡府，附在其耳边道出一计。蔡确大喜，命邢恕速速行动。邢恕依计找到高太后内侄高公绘和高公纪，说自家后花园有白桃树正当花期，桃花可治皇上贵恙，请两位赴寒舍一察。公绘、公纪驱车赶往邢府，但见桃枝已秃，桃花早凋谢入泥。两人正要质疑，邢恕神秘兮兮道："请二位大人前来，并非看花，是奉蔡相命，合计大举。"二人问："什么大举？"邢恕明确道："今皇上玉体难讳，皇子赵煦尚幼，雍、曹二王皆有贤名，二公以为何如？"

雍、曹二王系神宗同母弟，皆为高太后亲生。在邢恕眼里，赵煦系高太后孙子，毕竟没儿子亲，高太后会偏爱儿子。于公绘和公纪来说，亲缘也近一层，倾向雍、曹二王，自在情理之中。主要还是扒开赵煦，另立继承人，一旦事成，可凭拥立之功，大捞好处。此乃邢恕与蔡确肚里小九九，公绘与公纪并无此意，拂袖而去，抛下一句话："你爱怎样是你的事，我俩可不会上你贼船，遭遇灭族之灾！"

肚里的想法吐出嘴，犹如覆水难收，邢恕惊恐万状，情急之下，四处散布谣言，说高太后欲效法太祖太宗兄终弟及，正与副相王珪密谋废弃赵煦，另立雍王为帝。又让蔡确试探王珪，王珪若不配合，便以谋反罪名杀掉他。王珪老奸巨猾，没入蔡、邢两人圈套，邢恕无计可施，不得不换上另一副嘴脸，声言全靠他和蔡确极力谏阻，高太后才改变废立雍王图谋，决定让赵煦继承皇位，所谓"定策有功"。

父死子继与兄终弟及话题本就敏感，臣民又不知高太后到底是何想法，邢恕不信放出去的谣言传不到赵煦耳里。别看赵煦还小，毕竟生下来就待在宫里，也知兄终弟及与父死子继是怎么回事。可悲父皇病入膏肓，无力主宰身后事，奶奶若有不可告人之私心，自己别说继位登基，恐怕小命都难保。赵煦惊慌失措，邢恕那无中生有的谣言仿佛长长尖刺，自此深深扎进他心底，再也没法拔出来。

朝中废立风波闹得沸沸扬扬，雍、曹二王自然不可能无动于衷，难免心潮翻滚，找借口入宫赴福宁殿探视神宗病情，再赴慈寿殿旁敲侧击，套高太后口风。病榻上的神宗明白两弟意图，唯怒目视之，却又无可奈何。至神宗弥留，雍王竟请求侍疾，好见机行事。知子莫如母，高太后明白雍、曹二王居心不良，为防万一，命侍卫关闭宫门，禁止他俩接近神宗，又暗中叫人赶制十岁孩童所穿黄袍，以备不时之需。

眼见神宗来日不多，宰执王珪和门下侍郎章惇赶往慈寿殿，拜谒高太后。高太后夸赞赵煦性格稳重，聪明伶俐，已能背诵七卷《论语》，字也写得漂亮，天天埋首案头，手抄佛经，给父皇祈福，孝心可鉴。高太后说罢，拿出赵煦所抄经卷，请王、章过目。王、章齐声称贺，为大宋后继有人感到欣慰无比。高太后命宫女领出赵煦，宣读神宗诏书，立其为皇太子。

皇储风波平息。不日神宗驾崩，赵煦即位，是为哲宗，改元元祐，尊高太后为太皇太后，临朝听政。神宗当朝时，高太后并不看好新政及推行新政的大臣，此时垂帘听政，正好起用熙元期间罢黜的旧臣，邢恕竟投机取巧，在蔡确作用下，以"定策有功"迁起居舍人。

邢恕得意之余又未雨绸缪，作长久计，觉得朝政不可能永远把持在高太后手里，哲宗总有成年亲政那一天，还得事先在其身上使把劲。怎么才使得上劲呢？邢恕与蔡确一合谋，把目光投到哲宗生母朱太妃身上。朱太妃出身低微，屈尊于神宗皇后向太后之下，现亲生儿子登基，自该母以子贵，改变卑微地位。邢恕于是引经据典，替高公绘拟写奏折，乞尊朱太妃，以讨好哲宗，为日后荣华富贵埋下伏笔。

高公绘誊抄好奏折，至慈寿殿交到高太后手里。高太后阅毕，颇感惊讶，问道："你识字不多，没读什么书，如何写得出此等文章来？"公绘不敢隐瞒，据实以奏。高太后一气之下，将邢恕和蔡确贬往京外，吕惠卿、李清臣等新党人物也受冷落，被晾在一旁。

也是神宗当政时欲有所作为，朝中老臣又不肯合作，不得已起用急于闻达的新进人物，鱼龙混杂在所难免，否则吕、蔡、邢之流不可能平步青云，上升这么快。新党人物倒霉去职，朝中空出不少要位，高太后任命旧党领袖司马光为门下侍郎，即副相之首，入朝组局主政。原任门下侍郎章惇虽属新党人物，因支持哲宗继位，仍留朝中，只是转任枢密使。

司马光已六十六岁高龄，又潜心史学，不愿出山。见诏令不管用，高太后派出廷尉，直奔司马家，强行拽出司马光，左拥右卫，请入朝中。

司马光等旧党人士陆续回朝，废除新政，恢复旧法，史称"元祐更化"。高太后想起东坡，下达圣旨，任其为登州太守。

## 五日登州太守

圣旨自京师发出时，苏家已抵扬州，得到知州吕公著热情接待。新皇登基，大臣得上表庆贺，吕公著说人老眼花，请苏东坡代笔。东坡吃人嘴短，不便推卸，欣然作《上初即位论治道二首（代吕申公）》。

吕公著非常满意，为示感谢，陪游竹西寺。时值五月一日，天气晴和，鸟语花香。竹西寺与竹为邻，清风穿竹而至，令人心旷神怡。由道人引领，东坡与吕公著来到竹前，汲蜀冈井泉品茗。蜀冈地脉通蜀，井水味同蜀泉，勾起东坡思乡情。所惜故乡难归，倒是宜兴不远，可做田舍翁，享受诗酒田园之乐，也算不错的归宿。于是吟成一绝：

　　十年归梦寄西风，此去真为田舍翁。
　　剩觅蜀冈新井水，要携乡味过江东。

道人又待以斋饭，拿出鸡苏水和罂粟汤，佐饭化食。饭后倦意袭来，东坡倒在藤床上，以瓦为枕，享受从竹林里吹至的凉风。有诗为证：

　　道人劝饮鸡苏水，童子能煎罂粟汤。
　　暂借藤床与瓦枕，莫教辜负竹风凉。

醒后日已偏西，寺里游人三五成群，流连忘返。但见父老交头接耳，话说风调雨顺，秋后定有好收成。有人附和说，全赖少年天子登基，高太后垂帘听政，司马光主政，上天垂怜惠顾，才有此难得的新气象。东坡闻言而喜，又吟道：

　　此生已觉都无事，今岁仍逢大有年。

山寺归来闻好语，野花啼鸟亦欣然。

翌日别过吕公著，苏家继续登船，走运河南行，来到宜兴，入住购置不久的新居。谁知还没安定下来，登州知府任命书追至，仿佛催命符一般。

时值盛夏，东坡正光着臂膀，挥镐动锄，在屋前屋后植橘栽杏，种瓜浇菜，准备把晚年交给宁静的江南乡野，平平淡淡了此残生。偏偏朝旨来得不是时候，搅得东坡心绪大乱，仰天嗟叹命运弄人。

然家人尤其孩子们一个个欢呼雀跃，催促东坡早日启程，赴任登州。乌台诗案以来，长达六年时间，家人不仅担惊受怕，还要忍饥挨饿，好不容易熬到东坡复职，有高额薪金可领，至少不用饿肚皮，住漏屋，又岂可轻易放弃难逢的好机会？

东坡只好整理行装，着手启程准备。乡邻依依不舍，纷纷来家话别。东坡集扬州竹西寺所作三诗，命为《归宜兴留题竹西寺》，誊抄多份，交给邻友，作为存念。然后拖着疲惫之躯，领着家眷，离开新居，登船北上。

行经镇江，应友人邀请，东坡离船晚游金山寺。金山原是长江中间一岛屿，所谓万川东注，一岛中立。东晋时建寺，寺宇参差，金碧辉煌，一塔耸立峰巅，直指云天，无论远眺近观，总是见寺不见山。

东坡多次到过金山寺，每次都兴致勃勃上妙高台，游慈寿塔，入大雄宝殿，登芙蓉楼。唐代七绝圣手王昌龄任江宁丞时曾在此送友人，留下著名的《芙蓉楼送辛渐》：

寒雨连江夜入吴，平明送客楚山孤。
洛阳亲友如相问，一片冰心在玉壶。

面对熟悉的月色，耳闻熟悉的晚潮，吹着熟悉的江风，远眺江上熟悉的渔舟，还有天外熟悉的红霞和隐隐峰峦，东坡不知此次北上，到底该喜还是该悲，心情不免复杂，又一时难以言表，干脆做起文字游戏来，题了首回文诗：

潮随暗浪雪山倾，远浦渔舟钓月明。
桥对寺门松径小，槛当泉眼石波清。
迢迢绿树江天晓，霭霭红霞晚日晴。
遥望四边云接水，碧峰千点数鸥轻。

所谓回文诗，顾名思义，即能回还往复，无论正读倒读，顺读逆读，皆成章句。形式上有通体回文、就句回文、双句回文、环复回文等。东坡此诗，自属通体回文，正读合辙押韵，语意递进，倒读亦然。

夜宿山寺，晨起登程，迤逦北航。直至十月中旬，东坡抵达登州治所蓬莱。走进府衙，但见廊前墙角，随意搁置着一堆堆食盐，已蒙上厚厚灰尘，盐堆周边地上结满盐霜。

盐可是紧缺物，别处无不以盐为宝，想不到登州视盐为尘土，这么不当回事。东坡甚觉奇怪，莫非登州靠海，海盐不值钱，变得如此轻贱？

登州确属海盐产区无疑，民众多以海水煮盐，贩盐为业，最不缺者便是海盐。都说物以稀为贵，令人费解的是海盐产地登州，盐价竟贵得出奇，百姓买不起盐，只能吃淡食。东坡来不及升堂视事，走出衙门，来到百姓中间，察访真相。

原来朝廷实行榷盐专卖制度，煮盐户所煮之盐只能低价交与官方，官家加价批发给盐商，盐商再提价出售，百姓因价高吃不起盐。更为荒唐者，官价过高，盐商见利润空间小，不愿来进盐，官舍囤盐不散，至于露积于地。积存日久，损耗由主管囤盐官吏赔偿，以致盐官无辜，官家无利，百姓无盐。

东坡连夜草拟《乞罢登莱榷盐状》，请求朝廷取消官榷，允许登州煮盐户直售所制之盐给百姓，官府只管从中收取税赋，省事省力，还有利可图。疏折发走，前后不过短短五天，苏家还没喘过气来，又有圣旨追至，诏令东坡速速进京，另有任用。

东坡久闻距离州衙不远的海面上，每至春夏时节，便有"海市蜃楼"可观瞻，所惜序属孟冬，别登在即，已无法与此天下奇景相遇。可东坡不甘心，往祷海神广德王庙，隔日再至海边，试看海神给不给面子。

许是东坡体恤苍生，肯为登州百姓请愿，海神深受感动，竟破例推演海市蜃楼奇观。就在东坡迎着凛冽海风，刚在海岸站稳脚跟，苍茫浩渺间忽而云气升腾，俨然雄城拔地起，宫殿楼台，丹垩粉黛，墙堞人物，车马冠盖，纷然成形。或如旌旗猎猎，或如浮屠耸峙。或如人禽偶语，春树万家，参差远迩。或如桥梁洲渚，断续联络，时分时合，乍现乍隐。凡世间所有，百怪千奇，千姿万态，不一而足，蔚为洋洋大观。

东坡大喜，作长诗《海市》，记其观感，而后率全家继续上路，往西而行。《乞罢登莱榷盐状》已先送达开封，高太后批阅，开恩准奏。自此登莱海盐取消官售，改为民营，且历代承袭，两地官民受惠千年。百姓感念东坡恩德，于蓬莱阁东建祠纪念，上刻："五日登州府，千年苏公祠。"

# 第十章　京城风雨

## 高太后垂青

苏家抵达汴京，已近年关，刚在邻近皇宫的百家巷安顿妥当，朝廷任命下达，升东坡为四品中书舍人，参与官员选拔和任免事宜。

东坡接受的第一份差事，便是草拟褫夺李定官职的圣旨。六年前李定之流把东坡送入乌台大狱，非置其于死地不可，想不到六年后恰由东坡亲自执笔，拟旨给李定定罪，实在有些讽刺。李定罪名好定，其中为占官位，隐瞒母丧不报，罪不可恕。东坡照实写来，责李定立即卷铺盖走人，乖乖回乡，重新依礼居丧。

李定夹着尾巴离京后，朝廷贬吕惠卿建州安置，东坡遵旨草制其诏曰：

　　惠卿以斗筲之才，挟穿窬之智，谄事宰辅，同升庙堂。乐祸而贪功，好兵而喜杀。以聚敛为仁义，以法律为诗书。首建青苗，次行助役，均输之政，自同商贾。手实之祸，下及鸡豚。苟可蠹国以害民，率皆攘臂而称首。先皇帝求贤若不及，从善如转圜。始以帝尧之心，姑试伯鲧；终然孔子之圣，不信宰予……始与知己，共为欺君。喜则摩足以相欢，怒则反目以相噬……党与交攻，几半天下……尚宽两观之诛，薄示三危之窜。

诏书一出，天下传诵称快。吕惠卿垂头丧气，罢官而去。不久王安石病逝。

对于这位两任故相，朝廷准备追赠其太傅荣衔，以盖棺论定，草拟圣旨任务又落到东坡手上。

东坡敬重王安石的人品和诗文，也认同其致君尧舜、兴国强军的政治理想，然对其急功近利，盲目推行新政，害人害己，一直不敢苟同，拟起圣旨来实在不好下笔。可还是难不住东坡，他有办法正话反说，藏贬于褒，寓讥于颂，圣旨写得妙趣横生，意味深长，令人遐想。

身居庙堂好升官，拟上一阵子诏书，东坡荣升三品翰林学士知制诰。宋代几乎没颁过一品，宰相也只是二品，到得三品知制诰，相当于一只脚已迈入宰相府。有意思的是高太后让御使送任命书至苏家时，还赏赐官衣一套、金带一条、白马一匹，以示恩宠。东坡长子苏迈也蒙荫往江西为官，独立门户，自食其力。

荣华与富贵总相连，苏家再不用为生计发愁，有锦衣可穿，有玉食可餐，与大多数官宦人家区别不大。东坡见多生死，历经磨难，对荣华富贵看得淡，觉得高官显位值得普通人羡慕，然身处其中，却高处不胜寒，还不如平头百姓自在快乐，无忧无虑。富贵也一样，要么巧取豪夺所得，要么花费心力苦力谋求，皆来之不易。故民间有言："富人是条狗，朝朝早起走；穷人是根虫，天天睡到太阳红。"

东坡渴望精神快乐，要他刻意经营高官厚禄，绝无可能。他曾作文妙论苦乐，说乐事可慕，苦事可畏，皆系未至时心尔，及苦乐既至，以身履之，才知莫过如此，仿佛寻声捕影，系风迹梦，终归一场空。

话虽如此，毕竟有荣华富贵享受，不是坏事，至少可让人体面生活，广交天下。贬谪在外时，总是东坡蹭人酒食，以慰饥肠，而今薪酬丰厚，自己可大大方方摆设家宴，款待各路文朋诗友，把酒话友情。

不同于刘禹锡《陋室铭》所言"谈笑有鸿儒，往来无白丁"，东坡家有华堂，鸿儒可至，白丁也出入自由，来去听便。当然到苏府来得最多者，还是京都亲友。已翩然入都的宰相级人物如吕公著和范纯仁自属苏家常客，主客诗酒唱和，谈古论今，其乐融融。子由也领旨归朝，先任御史中丞，继升尚书右丞，住得又不远，兄弟相聚，自是常事。

其他因乌台诗案外谪的官员，诸如王诜、王巩、孙觉、范祖禹等都陆续回到汴京，东坡总觉得自己害惨他们，自然要设宴款待，恳求原谅。众人劫后余生，还能重新聚首，享受珍贵友情，高兴还来不及呢，谁还会责怪东坡？该喝大口喝，该笑大声笑，该诗该画放手题诗作画，尽兴得很。

除跟友人欢聚，诗酒往来，东坡多数时间得进宫当差。因高太后垂青，东坡兼任侍读，与子由同侍迩英殿讲读，亦即天下读书人梦寐以求的帝师。高太后的用意明显，苏家兄弟品正学高，正好引导少年皇帝读经识典，明辨是非，成年后好亲君子，远小人。

东坡欣喜地发现，少年天子不仅聪明，且非常喜欢读书，涉猎广泛，尤喜唐人律诗。唐律以杜作为至佳，其忧患意识深深影响着少年天子，让他从小立下富民兴国志向。少年天子也崇拜东坡兄弟，以两位老师的诗文为范本，用心诵读临摹，收获甚丰。

贬出朝廷的新党人物闻知朝内近况，尤其少年天子悟性好，上路快，照单全收老师灌输之学问理念，不免失望之至，越发痛恨苏家兄弟。本来寄希望于少年天子成年亲政后，改弦更张，抛弃高太后做法，重回熙丰时代，新党还可能卷土重来，苏家兄弟同侍迩英殿讲读，少年天子受其影响，一心倾向于旧党，以后哪还有新党的戏唱？

除为哲宗侍讲，东坡还得服务高太后和朝政，写作奏议，撰制公文，诸如朝廷典章，宫禁仪文，宰执恩例，馆阁掌故，寺观致祷，宗庙告虔，外藩部落与边臣使客间之朝聘燕飨、抚绥存问，以及修省哀慕和节序令辰之类应景文字，文繁体备，够东坡忙碌。

朝廷公文非性情诗赋，出手便天下风传，却属职分所在，非文章大家和皇帝近臣，还无此资格充当写手。也就是说东坡凭此如椽巨笔，给自己换来莫大政治声誉和崇高地位，而非诗赋闲文，不过浪得虚名，当不得暖身饱肚的衣食。

东坡声望由此达到顶点，朝野称颂，万人瞩目。其诗文包括应制文，一时成为学子枕边书，仿佛一日不读苏诗苏文，便睡不安寝，食不甘味。坊间有言："苏文熟，吃羊肉；苏文生，吃菜羹。"意即领会透彻东坡的诗文的奥妙，必下笔如有神，出口能成章，无论何时何地，皆行得通，吃得开，食有羊肉，否则定难成事，唯吃菜羹充饥。

有个叫章元弼的读书人，娶得美妻入室，却因崇拜东坡，常常整夜奉读苏诗苏文，将美妻晾在一旁，不理不睬。美妻忍无可忍，赌气道："你到底要我还是要苏氏的诗文？放不下苏诗苏文，干脆休掉我，娶苏氏诗文为妻得了。"章元弼没法抛弃东坡文字，觉得鱼与熊掌不可兼得，只好真把美妻休掉，过后又有些后悔，逢人便说为东坡所害，不然自己也不会成为光棍。

东坡所戴帽子与众不同，筒高顶窄，檐短前倾，人称子瞻帽。也是爱屋及乌，学子们崇拜东坡，觉得子瞻帽好看，纷纷仿制，戴在头上，招摇过市。连艺人也做了子瞻帽戴上，表演戏曲，竟大受观众青睐，票房大增。

这天东坡陪哲宗赴醴泉观看戏，但见滑稽伶人头戴高筒帽，摇摇摆摆走上台来，拍拍胸脯，又指指台下，大言炎炎道："吾之诗文，汝辈不及。"台下讥讽道："你的诗文到底如何，拿出来给人瞧瞧。空口无凭，哪知优劣好丑？"伶人竖指点着头顶道："汝知吾头上为何帽乎？乃子瞻帽矣，子瞻帽在顶，定然诗文一流，冠绝古今。"

众皆大乐，哲宗也满脸是笑，掉头去瞧老师。子瞻帽从此流行开来，一时之间，不仅莘莘学子，连普通市民，亦非子瞻帽不戴。

苏东坡名动天下，诗文字纸珍贵，人人竞相搜求收藏，等着增值发财。身为帝师和翰林知制诰，东坡得在宫中当值，人需问事，只能带信入宫，求具便条以回复。有人喜爱苏字，冒充苏家亲友，往宫内捎信，待宫吏索得回复字条，再以羊肉十斤，与之交换。

一日此人又手提羊肉守在宫外，静候宫吏换取苏字。宫吏一如既往，借口东坡亲友问事，讨要字纸。东坡识破宫吏伎俩，仅口头回复，并没具条。宫吏再三强调，苏家亲友非见字条不可，否则不肯认账。东坡眯眼一笑道："告诉吾那亲友，就说今天禁屠。"

常有素不相识的书生趁东坡在家，上门请教诗文。有名书生自觉高明，跑到东坡面前，大声朗诵新作诗词，声高气长，抑扬顿挫，铿锵有力，仿佛李白再世，杜甫重生，朗诵毕，颇为得意地道："苏大人尊见，拙作还算可以吧？"东坡道："呵呵，可以可以，十分可以。"

书生喜形于色，要行跪拜大礼，以感激东坡知遇之恩。东坡拦住他，悠悠地道："诵读之美七分，诗作之美三分，合起来十分。"

东坡声望日隆，生活富足，却老忍不住人前人后，夸耀贬谪黄州时如何惬意，如何快乐，一碗米饭、一盘萝卜、一份清汤，便心满意足，快活无忧。此乃儒家安贫乐道传统，孔子就非常欣赏颜回，一箪食，一瓢饮，居陋巷，人不堪其忧，回也不改其乐。

东坡没说假，心里怎么想的，嘴就怎么说。绝处逢生，远贬黄州，已属侥幸，还能战胜苦难，写下千古赤壁辞赋，便是明证。可旁人听来，总觉他故意夸大贬谪生涯之妙处，有些不以为然。一个叫钱勰的朋友，听东坡常道黄州米饭萝卜清汤如何可口，有意跟他开玩笑，煞有介事送上请帖，帖上说将以三白待客。

东坡不知"三白"为何物，兴致勃勃赶到钱家，见桌上摆着白米饭一碗、白萝卜一盘、无色清汤一份，一下子明白过来，此小子故意捉弄他。东坡不动声色，就着萝卜，吃完米饭，喝下清汤，抹抹嘴巴，起身走人。

过上一阵子，东坡也派人给钱勰送去请柬，柬上说请吃三毛餐。钱勰赴席，东坡客客气气，把他请到桌前，正襟危坐，只是桌上啥都没有。过了好久，钱勰抱怨肚子已饿，催请上菜。东坡道："不用催，菜在桌上，开吃吧。"钱勰道："桌上一无所有，吃什么？"东坡笑道："吃三毛餐呀，毛米饭、毛萝卜、毛清汤。"

南方口语，"没"字读音近于"毛"，三毛便是三没。受到报复，钱勰不怒反乐，大笑起来。也是东坡不仅诗文冠绝天下，且有情有义，有趣有味，还属朝中大员，太后宠臣，皇上老师，天下人皆想做他朋友，跟他交往。

东坡时间珍贵，求见的人太多，哪里应酬得过来？只能于公务之余，选择诸如王诜等挚友，适当往来唱和。王诜回京后，已将驸马府西园稍事修整，诚邀休假在家的东坡以及其他诸友雅集。东坡一大早起来，头戴黑色高筒子瞻帽，身穿黄色道袍，上马赶往西园。老远便见王诜身着紫裘，头戴仙桃巾，笑吟吟恭立园门口，迎接陆续来到的客人。

王诜也已发现东坡，把客人交给家臣，抬步走上前来，扶东坡下马，请入园内。园内已摆好盛宴，客人各就各位，举盅欢饮。宴毕游园散心，而后三三两两，自由组合，或书或画或琴，尽兴挥洒才情。

东坡以名望和地位，成为雅集主角，王诜迎其至园中石案前，退坐一旁观其作字。范纯仁学生李之仪侍立桌边，双手扶椅，迎候东坡。幅巾青衣者据案凝伫，静待丰容盛装侍姬取过案头笔，呈于东坡手上。案上纸幅已摊开，案对面的童子俯身持纸，恭候主角运笔。

不远处另一石桌前，李公麟野褐于身，手持尖毫，在横铺于案前的素纸上绘画陶渊明《归去来兮辞》，一童子负责磨墨。旁有黄庭坚团巾茧衣，持扇当胸，凝神熟视。石案一端站着张耒，捉石静观李公麟画画，另一端乃道帽紫衣的苏辙，右手扶石，左手执卷而观，身后亦有童子侍立。

远处林翳间，秦观身着青衣，趺坐于古桧的盘根上，袖手静聆琴师凝神摘阮。石痴米芾立于一高大石壁前，昂首持毫，正欲题字，逗引旁人袖手注目，另有蓬头童子捧砚而侍。身后清溪自桥下流过，逆溪而上，翠荫密茂处，佛门师父端坐蒲团上说经，听经人坐于怪石之上，侧首贴耳，显得格外专注。

这便是西园欢会盛况，被李公麟画到纸上，名曰《西园雅集图》，堪比东晋兰亭雅集。兰亭雅集因王羲之亲笔所写《兰亭集序》名传万世，《西园雅集图》出自大手笔李公麟，又由米芾作记，声名远播，也让后人见识到东坡真实样貌，弄清图中各色人物。

## 一肚子不合时宜

除富足和快乐之外，东坡京官生涯亦有不少苦恼和烦忧。苦忧源自朝臣置民众利害和国家兴衰于不顾，各怀私心与恩怨，党争不断，大打出手，弄得朝廷乌烟瘴气。东坡不党不派，完全可当旁观者，谁也不得罪。但他做不到装聋作哑，视而不见，听而不闻，闭紧自己嘴巴，不吭声，不出言。一出言，一吭声，便得罪人，自然难容于官场。

司马光执政后，认为新法舍是取非，兴害除利，名为爱民，其实病民，名为益国，其实伤国。责任自然得归咎于王安石，说他不达政体，专用私见，变乱旧章，误先帝任使。给新法新党定性后，司马光借高太后"以母改子"为依据，将新政一一废除，毫无保留，诸如保甲法、均税法、市易法等，连已成定规的免役法也被废弃，以恢复旧时差役法。且时间要求极紧迫，限有司和地方五日内必须完成。

当时章惇仍在朝中，不过其门下侍郎已被司马光取代，转任知枢密使。王安石推行新法那会儿，章惇出任三司条例官和三司使，亲自参与新法制定，后又经略江南，对新法贯彻和实施情况非常了解，知道有弊也有利，不能一概而论。

眼下司马光急于全盘否定新法，章惇忍无可忍，公然反对道："更张政事，所系生民利害，尤其免役、差役二法最大，必须详审，不可轻易之。且仅限五天内完成，诸县何由擘画利害冲突？殊不知如此变更草率，反而更加为害。"又另上疏，逐条分析免役与差役二法利弊，驳斥司马光对免役法之蛮横否定。

司马光全当章惇隔空放屁，依然我行我素，连王安石当朝时收复的唐代西夏所侵地盘，也主张归还西夏。章惇不服，指责司马光不谙实情，意气用事，误国误民。司马光反唇相讥，批评新党误国误民已久，亟须扭转过来，不可再犹豫。章惇气急败坏，点着司马光鼻子，大声吼道："国可卖，民可损，简直属毫无见识的不逞之徒、无能村夫，该斩该杀！"

司马光年长章惇十六岁，学问大，声望高，又是时任权相，哪受得了如此张狂的叫嚣和责难？气得两眼翻白，手指章惇，哆嗦半天，语不成句。

偏偏熙丰变法期间，东坡辗转各地，亲眼所见免役法施行实况，并非旧党以为的那么不堪，于是顺着章惇口风道："臣外任推行免役法多年，深知利弊参半，民众也习以为常，可革除其弊端，保留合理部分，不可良莠不分，一概铲除，扰乱民生。"

再怎样东坡也属旧党人物，竟胳膊肘往外拐，给新党帮腔助威，司马光恼羞成怒，恨不得冲上前，施以老拳，捣烂东坡嘴舌。皆因高太后和哲宗在堂，他不便失态，才忍住怒火，唯斥东坡不识好歹，不知轻重，一派胡言乱语。

岂知东坡仍没闭嘴，继续道："还有王荆公所收西夏所侵土地，绝不可轻易言弃，让西夏觉得大宋软弱可欺，而嚣张气焰，得寸进尺。"司马光大喝道："苏轼给我闭嘴！王荆公收取西夏土地，本属不义之举，为何不可还回去？况属不毛之地，不还给西夏，得养重兵把守，徒费财帑，朝廷哪负担得起？只要老夫有口气，非卖国损民不可。至于该斩该杀，老夫贱命在此，你与子厚随时可取走。"

此言既是批驳东坡，也回击了章惇刚才的话。章惇正要辩驳，御史中丞刘挚抢先一步，出列道："王荆公借新法搜刮民脂民膏，用以出兵西北，侥幸夺得西夏土地，费人力，耗物力，勉强维护至今，已心有余而力不足，各位还是遵从丞相意见，该放手还是放手吧。"

章惇怒目圆睁，大喝道："刘挚你亦是毫无见识的不逞之徒、无能村夫，该斩该杀！"

司马光大骂章惇大胆放肆，章惇气哼哼的，愤然退堂。众臣不欢而散，东坡仍不甘心，上前拦堵司马光，还想辩解几句。司马光往地上啐一口，拂袖而去。东坡气得鼻孔冒烟，又无奈其何，只好跺跺脚，悻然出宫。

回到家里，东坡气还没消，嘴里直呼："司马牛！司马牛！"司马牛本属孔子弟子，但此刻东坡并非用典，是气愤司马光脾气倔强，有如犟牛。

司马光与东坡系政治盟友，历尽劫难，重回朝堂，实在不容易。谁知政见不合，东坡又不愿说昧心话，难免闹不愉快。这天司马光与章惇斗过气，又跟东坡争执，争得面红耳赤。东坡心烦气躁，热汗淋漓，衣服几乎湿透，身处朝堂，又不好失礼，直到退朝回家，才宽衣解带，以衣襟为扇，用力自扇，散热息汗。

居京生活优渥，好吃好喝，东坡肚皮一天天鼓胀，像尊弥勒佛，家中主仆见状，忍不住掩嘴窃笑。东坡也不介意，扪腹而行，问家人腹中何所有。有说满腹经纶，东坡摇头否认。有说满腹才情，东坡仍晃着脑袋说不。也有说一肚子国计民生，东坡还是否认。

最后碰着朝云，东坡又啪啪啪拍着肚皮，问道："子霞知否，这里面装着什么？"朝云浅笑道："那是一肚子不合时宜。"

"知我者，子霞也！"东坡深以为是，喟然长叹，"老夫正因一肚子不合时宜，不仅难容于新党，又与旧党格格不入，这官才做得憋屈难受，了无生趣。"

既然尽废新法，旧党与新党无法通融，司马光着手对新党进行清算。其时王安石已故，吕惠卿去职，诸如章惇、蔡确、李清臣等少数新党人物碍手碍脚，务必赶尽驱绝。其他众臣也毫不含糊，不属旧党，便为新党，两党泾渭分明，黑白有别。

然在东坡眼里，世间人事好与坏，对与错，没有绝对标准，哪能非泾即渭，非黑即白？回思神宗熙丰变法，虽说太过急进和偏颇，毕竟旨在富国强军，动机没错，相反元祐更化，主要出自个人恩怨，因人废事，因事废人，至于新法利弊，新党人物正邪，皆闭口不言。

如此下去，受损者国家，遭殃者民众，甚至动摇国本，就如唐朝后期朋党之争那样。其时以牛僧孺、李宗闵为首的牛党，与李德裕为首的李党，自宪宗元和初年始，历经穆宗、敬宗、文宗、武宗，直至宣宗朝，前后争斗近四十年，争得牛党元气大伤，李党苟延残喘，争得君臣徒叹：去河北贼易，去朝廷朋党难。两党争斗不休，助长宦官和藩镇势力，政治危机日益加深，社会矛盾越发尖锐，终致唐朝走向灭亡。

前朝殷鉴不远，东坡忧心忡忡，又别无良法，便尝试调和司马光与章惇两人矛盾。两党在朝人物里，二人职位最高，影响最大，若彼此放下成见，各让半步，甚至握手言和，平心静气研讨新政，寻找最佳实施方案，于国于民，皆有利而无害。

为此东坡走进丞相府，求见司马光。毕竟两人名义上属旧党，且司马光职位高，年龄长，也就一副宽大为怀的样子，大人不计小人过，出迎东坡，并肩步入书房，对坐品茗。寒暄几句，东坡清清嗓，开始低声下气，向主人道歉，说不该在朝堂上当着君臣，公然与丞相对着干，还请丞相原谅晚辈。

司马光盯住东坡眼睛，半天没出声。东坡自恃才大，向来心高气傲，目空一切，乌台诗案期间，面对御史拷问和摧残，都不肯认输，相反昂着脑袋大谈特谈作诗奥妙、为文高招，此刻主动上门，放低身段，假惺惺道歉认错，谁知所居何心。

见司马光双唇紧闭，表情肃然，东坡知其内心的想法，换了口气，嘻嘻哈哈地道："轼虽不才，勉强也算读书人，丞相为何不问问，轼近日在读什么书？"

司马光可是大学问家，召集鸿儒数人，花近二十年时间编撰总成《资治通鉴》两百九十四卷，详述周威烈王二十三年（前403）至五代周显德六年（959）一千三百六十二年的政治、军事、民族、经济之史实，展示历代君臣治乱、成败、安危之迹，足与司马迁的《史记》比肩。

学问家对书最感兴趣，听东坡论及读书，司马光紧绷的面肌松弛下来，启开双唇道："古今诗文汗牛充栋，老夫哪知子瞻在读什么书？"东坡道："华夏诗山文海，确实读不过来，连欧阳文忠公遍读天下书，仍感叹'书有未曾经我读'。轼不敏不才，只能择书中的经典，认真阅览领会。"司马光道："子瞻所览何经何典？"

"《资治通鉴》。"东坡朗声道。著作家皓首穷经，下笔成文，视所著为己出儿女，有人看得起，尤其大文豪东坡先生肯青睐，自然再开心不过。笑意浮上司马光眉眼，他道："《资治通鉴》体量大，多达三百余万字，随便翻翻即可，子瞻别当回事。"东坡道："《资治通鉴》卷帙浩繁，内涵丰富，义理幽深，值得细品精读，慢慢咀嚼。"

司马光早已放下戒备心，道："子瞻过誉，老夫担当不起。还请指疵教正。"东坡道："晚辈岂敢造次，对《资治通鉴》指疵？"司马光问道："子瞻所读系《资治通鉴》哪朝哪代人事？"东坡道："晚辈正读唐宪宗至宣宗诸朝的故事。"司马光道："子瞻为何对晚唐故事感兴趣？"

东坡不假思考，侃侃而谈："安史之乱平定后，大唐君臣本应齐心协力，共图中兴，谁知牛、李两党视国家兴衰和生民死活于不顾，互相争斗，水火不容，遗患无穷。牛党得势，狠心打压李党；李党上台，无情驱逐牛党。几乎天天争，时时斗，以泄私愤，以报私仇，其居心之无良，手段之残酷，无以复加。前后近四十年时间，一阵阵覆雨翻云，一番番你沉我浮，直斗得朝堂乌烟瘴气，争得天下人心尽失。唯宦官左右逢源，一天天坐大；藩镇不断茁壮，尾大不掉。待两党争得筋疲力尽，斗得遍体鳞伤，老的老，病的病，倒的倒，死的死，再没法争斗下去，国家也在宦官和藩镇轮番蹂躏下，走向灭亡。"

司马光脸上情形漠然，波澜不惊，双唇紧抿，两眼微合，左右耳朵倒是张开着，也不知东坡话语灌没灌入耳内。东坡说得唇干舌燥，不得不收住话头，喝茶滋舌润喉。屋里顿时安静下来，仿佛水浪离滩，为深潭所释，变得声色不动。

司马光慢慢睁开眼皮，冷冷盯向东坡。原来这小子上门大谈读书，意在借晚唐朋党之祸，讽刺现今新旧两党之争。司马光心下不屑，嘴上淡然道："子瞻授课完毕没有？"东坡道："晚辈岂敢来丞相府授课？不过有感于唐时朋党争斗，祸及国家与民生，今丞相当朝，应引以为戒，放下个人恩怨，避免国家重蹈覆辙。"

司马光腹内火气直蹿，可还是强忍住，质问道："怎么放下个人恩怨？让老夫拱手交出权柄，离朝回家赋闲，由章惇卷土重来，继续做门下侍郎，施行伤天害理的新政？"东坡勉强笑道："丞相明鉴，晚辈可无此意。新政如何，可先搁置一旁，暂缓定论，晚辈主要忧患两党相争，何时是尽头？丞相若以朝廷大局为重，不去计较章惇前嫌，摒弃两党宿怨，甚至握手言和，共同辅佐皇上和太后，打理好朝政，则天下幸甚，生民幸甚！"

司马光几乎从椅上弹将起来，怒指东坡道："子瞻你说说，到底如何握手，怎么言和？章惇不口口声声，叫嚣老夫是不逞之徒、无能村夫，该斩该杀吗？难道要老夫把脑袋伸到其利斧快刀下面，任由斩杀！"

苏东坡意识到，章惇口吐恶语，舌喷毒言，虽未触及司马光身体发肤，却已将其心伤透，要想让司马光放下对章惇的愤恨，解除彼此之间芥蒂，几乎难于上青天。但东坡心有不甘，还是决定去趟枢密院，说服章惇以国家大局为重，放低身段，到司马光面前说几句软话，为自己不当言语认个错，或可感动司马光，局面能有转圜之机。

治大国如烹小鲜，国家经不起反复折腾，唯期望司马光与章惇和解，重新审视新法，让生民喘口气，使国家能重新振作。东坡心存侥幸，不得不硬着头皮，踏进枢密院。

章惇自然知道东坡来意，也不点破，只阴阳怪气道："子瞻深受太后抬爱，不入宫好好给皇上侍读，却脚打莲花落，到枢密院来闲逛，不怕太后怪罪下来，吃不了兜着走？"

东坡佯装生气，掉转头，甩着袖子要走开，嘴上咧咧道："子厚看轼不顺眼，不愿理睬轼，轼还是知趣点，赶紧走开。"

章惇忙上前拉住东坡，往后院直拽，道："谁说不愿理睬子瞻？眼见子瞻红得发紫，君臣景仰，万民爱戴，人人以结交大红人为荣，惇欲近前靠拢，叨点光，沾点贵气，皆求之不得，今好不容易盼来大红人上门，岂能轻易听任溜掉？"

来到后堂，入得客厅，属吏已摆上好酒，两人执盏对饮。东坡常憾着棋唱曲吃酒不如人，今使命在身，更不敢胡吃海喝，也就浅尝辄止，道："遥忆当年轼因言获罪，身陷囹圄，所赖子厚和王荆公搭救，不然早身首异处，哪还能挺着脖颈，举首张嘴，来吃子厚美酒？"

章惇哈哈大笑，道："子瞻不属旧党吗？若你是新党，咱与王荆公也没法救你。"东坡道："轼至今未想明白，子厚助王荆公推行新政，轼上万言书公然反对，受新党报复，逮入乌台，罗织滔天罪名，照理两位恨不得轼早死，为何反其道而行之？"

章惇笑道："这很简单，子瞻早死，咱哪还有眼福，读到赤壁辞赋？"东坡道："难道你等早有预谋，制造乌台诗案，就为找借口贬轼至黄州写赤壁辞赋？"章惇道："难道不是吗？不贬你至黄州，莫非你写得出赤壁辞赋不成？"

东坡大摇其头，道："子厚与王荆公又不是神仙，哪能事先预知轼贬黄州，一定写得出赤壁辞赋？既然黄州有赤壁辞赋可遇，为何你俩不自贬南渡，捷足先登，却把好事拱手让给轼？"章惇道："我与王荆公才拙，捷足先登也写不出赤壁辞赋。所幸子瞻属于旧党，其时旧党失势，新党当政，对旧党人物网开一面，比较便利。"东坡道："这又是从何说起？"

章惇敛住笑容，道："子瞻可以设想，若惇与王荆公属旧党，旧党营救旧党人物，岂不引起神宗警觉，认为咱居心叵测，以致事与愿违？相反咱以新党身份，对旧党人物施以援手，神宗觉得政敌都敢放过你这只去毛凤凰，更没理由对你下死手。"

此理似乎也讲得通。东坡谢过章惇，道："子厚倒说句公道话，轼属旧党呢，还是新党？"章惇道："刚才说过，你非旧党人物，咱也没法出手援救。"东坡道："轼怎么觉得自己是新党呢？"章惇道："你是新党，新党执政时会贬你出京，旧党掌权时你能重回朝廷？"

东坡直摇头，叹道："新党当朝，轼反对新法，任职地方时见民众受新法连累，痛心疾首，写诗讥讽，才被揪住把柄，打入乌台，九死一生。然旧党登台，欲全盘否认新法，轼知新法并非一无是处，尤其免役法渐成定规，为民众所接受，大可不必推翻重来，才与司马丞相闹翻，被其视为眼中钉、肉中刺。"

章惇直乐，道："子瞻不是人家眼中钉、肉中刺，是老鼠钻进风箱里，两头受气。"东坡道："可不是，轼里外不是人，两头不讨好，故特来讨教子厚，轼到底该归属旧党，还是倾向新党？"章惇举杯道："来来来，喝酒喝酒，别管他新党旧党，太扫酒兴。"

东坡喝了一口酒，向往道："还是初入官场时好，咱俩无党无派无隔阂，走到一起，开诚布公，有话就说，多么惬意！还记得轼外放凤翔，子厚专程前往看望，饮酒高歌，游山玩水旧事否？"章惇道："记得记得，子瞻让咱参观喜雨亭，畅读亭记，又陪同出游各处。还往鳌屋访仙游潭，咱冒险越深渊，题绝壁，子瞻说咱敢置生死于度外，日后定然杀人不眨眼。这么多年过去，咱似乎没杀过人，倒救过你子瞻小命。"

"子厚救轼属实，杀人还不到时候，因暂未掌握生杀予夺大权。"东坡也开玩笑道，"子厚该还记得游仙游寺，重温白居易《长恨歌》情景吧？"章惇道："忘不了，彼时彼景，至今历历在目。子瞻崇拜白居易，对白诗情有独钟，惇也爱屋及乌，喜欢白诗。"

东坡深抿一口酒，感慨道："白诗常诵常新，近品《长恨歌》，又有别样感悟。当年只道白居易苦恋湘灵成空，才著《长恨歌》，以帝妃生死恋情释心中块垒。今始觉如此理解，似乎太过浅显和孤陋。毋庸置疑，《长恨歌》之恨，既明指帝妃生离死别之恨，亦暗含白氏湘灵两情难续之恨，更潜隐君臣昏庸，国破家亡，盛世不再之恨。"

章惇不以为然，道："子瞻夸大其词了吧？不就是一首长诗吗？虽说以'恨'字入诗名，通篇不无恨语，不乏恨意，也不至于该恨不该恨都要恨到，恨得没完没了。"

东坡笑道："《长恨歌》篇末说'此恨绵绵无绝期'，便是没完没了的恨。依轼浅见，诗里有小恨，也有中恨和大恨。小恨即白居易个人情爱之恨，中恨乃李家王朝受创之恨，大恨则是天下汹汹，国破家亡，百姓离乱之恨，恰如诗圣杜甫诗：'国破山河在，城春草木深。感时花溅泪，恨别鸟惊心。'可说杜、白两人诗，正是对家国之恨的互吟互泣互哀。"

说得章惇面色凝重起来，陷入沉思。东坡继续道："玄宗重色思倾国，远贤臣，近奸佞，放任安禄山拥兵自重，终致'渔阳鼙鼓动地来，惊破霓裳羽衣曲'。肃宗平定叛乱，国家百孔千疮，百废待兴，朝臣本该齐心协力，共克时艰，开创新局面，实现国家中兴，岂料牛、李两党各怀私心，你争我斗，轮番登台瞎折腾，终于葬送唐朝，国亡民弊，天下大乱。"

停了停，东坡又道："轼亦清楚，子厚助王荆公推行新政，目的无非使后人无复哀后人，然为旧党所不容，旧党卷土重来，尽弃熙丰新党，尽矫熙丰新政，进一人则曰此熙丰之所退也，退一人则曰此熙丰之所进也；行一法则曰此熙丰之所革也，革一法则曰此熙丰之所兴也。由此堕入因循，国家兴衰搁置一旁，岂不危殆？"

听东坡肯为新党新政说话，章惇有几分感动，道："难得子瞻清醒，一眼看清问题症结之所在。无奈旧党当朝，惇已靠边站，有力无处使。"东坡道："子厚可放低身段，主动叩见丞相，握手言和，以释前嫌，携手共辅皇上和高太后，打理好朝政，为民造福。"

章惇一时转不过弯来，道："凭啥咱章惇放低身段叩见司马光，不可他司马光放下姿态来造访咱章惇？要知道惇比他司马光还先做门下侍郎呢。"

也不知章惇是故意这么说，还是真不谙世情。司马光乃当朝主政大臣，正受太后恩宠，你一个过气副相怎可与之同日而语？然此话还不便明言，东坡笑道："先入为尊，后至为卑。若从副相职位来说，司马确系子厚接班者，应该司马来向子厚求情。然司马毕竟年高，属子厚长辈，晚辈向长辈求和，有啥失面子的？"

此乃实情，章惇无以辩驳，道："怎么向司马求和？说章惇助王荆公推行新政，积聚财力，收复西夏失地，大错特错，贻害无穷，愿助纣为虐，协同司马废弃新政，把好不容易到手的土地拱手交给敌国，以便全力以赴清算新党？"

东坡沉吟片刻，道："朝堂上子厚亲眼所见，轼亦反对司马全盘否决新政和归还西夏土地。然过后思量，用政与用兵息息相关，用什么兵，须相应用什么政。用新政，聚民财，才能养边兵，守边土，司马意复旧政，散财于民，国库缺财，无以养边兵，唯还边土于西夏。"

章惇冷笑道："此理谁不懂？惇反对司马弃边土给西夏，正是要他保留新政，继续聚集财力，富国强兵。你子瞻倒好，首鼠两端，一会儿倒向新政，一会儿偏袒旧政，怪不得两边都恨你，唾弃你。"东坡笑道："轼遭恨遭唾弃，又有啥关系呢？世间人事，放在不同时间，处于不同角度，好坏会随之变化，是非会因之转换，并无绝对评判准则。故无论新党行新政，还是旧党施旧政，说有理则有理，说无理则无理，不能一概而论，唯愿子厚与司马丞相别意气用事，心平气和坐拢来，以天下为重，放下偏见，求同存异，事情定会有转机。"

章惇大摇其头，道："司马一向固执己见，惇也非轻易服软之辈，绝对不可能走到一起。"东坡道："依轼浅见，子厚与司马恩怨，并非全出自新政新党，似可绕开'新旧'二字，会合一处，相互沟通，取得共识，此后再说下文，一切均好办。"章惇道："惇与司马所争全在于政见不同，不出自新政新党，又出自什么？"东坡道："子厚莫非忘记该斩该杀之毒语？"

"司马和刘挚之流，老想着卖国，不该斩该杀吗？"章惇气愤道。东坡笑道："好好好，司马和刘挚该斩该杀，且该千刀斩，万刀杀，这样行不行，解不解恨？"章惇也笑起来，叹道："解恨有何用？党争不断，国家不幸，才是臣子之大恨。"东坡道："朝堂上发生争执，情绪难免失控，一时控制不住嘴巴，说出不该说的过头话，也没啥稀奇的。所惜者毒语胜毒箭，伤人更甚，换了谁都不易接受，子厚说是不是？"

章惇有所触动，点头表示认可。东坡又道："己所不欲，勿施于人。子厚既已施于人，若能当面向司马示弱认错，轼相信司马定会放下从前过节，原谅子厚不慎口误。人心都是肉长的，以心换心，哪怕铁石心肠，也会感化。"

章惇思忖良久，道："子瞻真是用心良苦啊。怕只怕惇这里一厢情愿，司马那老顽固心硬肠坚，油盐不进。"东坡道："见面三分义，子厚出于真诚，亲自上门，司马丞相能不受感动，尽弃前嫌？这无论于你俩，还是于国于民，皆有利而无害。"

经不住东坡软磨硬泡，好说歹说，章惇终于松口，愿意主动求见司马光。东坡信心满满，准备尽快再访司马光，转达章惇心愿，请他看在皇上与民众面子上，与章惇握手言和，共辅太后和皇上治理好国家。

## 调和新旧两党矛盾失败

苏东坡也清楚，凭司马光那倔脾气，又哪是他三寸不烂之舌能改变其对新党的厌恶，甘愿放下老脸，与章惇握手言和？巧就巧在高太后刚刚下旨，晋司马光为尚书左仆射，仍兼门下侍郎，亦即说司马光已成堂堂首相，可谓位极人臣，一人之下，万人之上。

东坡正好以此为借口，登门庆贺，说司马光已臻古今读书人望尘莫及的至高境界，难能可贵。司马光问何谓读书人至高境界，东坡道："自是《左传》所曰三不朽：大上有立德，其次有立功，再次有立言，虽久不废，此之谓不朽。丞相品高声隆，德如巍巍昆仑，万众景仰，此一不朽；主撰《资治通鉴》，震古烁今，天下传言，此二不朽；位居首相，大权在握，正好建功立业，此三不朽。如丞相既立德，又立言，再立功，古今读书人谁能做到？"

人生两耳，无非用来存储美言，一耳不够用，再造一耳，不怕美言多多容纳不下。老成练达如司马光，也有两耳，也需美言填充，不能闲在那里，空空如也，辜负造物者苦心。两耳充满美言，司马光笑逐颜开，指着东坡道："子瞻几时学会吹牛拍马，阿谀奉承？"东坡道："丞相以司马为姓，轼有马不拍，手心奇痒难耐啊。"

世间没有无缘无故的美言，献美言者必有企图。司马光道："子瞻有啥用得着老夫，直接开口便是，别拐弯抹角，浪费唾沫。"东坡道："轼别无所求，但求丞相高高在上，大人用不着再计小人过，放过小人，也同时放过自己。"司马道："小人是谁？子瞻自指吗？"

"在丞相面前，轼连小人都算不上，最多能算蝼蚁。"东坡自污道。司马光道："废话少言，子瞻到底要说什么？"东坡道："丞相已占据上风，众山皆小，该放下与新党的恩怨，甚至结束党争，彼此言和，共创大业。"

司马光脸色一板，正要训斥东坡几句，东坡把话头抢过去，道出游说章惇前后经过，然后不无感慨道："章惇心高气傲，谁都不放在眼里，唯敬丞相德高望重，意识到自身孤陋和浅薄，情愿放弃旧怨和党争，归于丞相麾下，全力维护大宋朝廷，丞相没理由不放低姿态，接纳章惇善意。章惇孤傲，毕竟才干了得，丞相若能化敌为友，为己所用，既多一得力助手，又减一强劲敌人，可谓两全其美，又何乐而不为呢？"

也是东坡句句在理，司马光无以辩驳，半晌无语。无奈两党隔阂太深，真放下成见和宿怨，与死对头和解，一时还真下不了决心。东坡不好强逼司马光急转弯，道："丞相不急于应承，先冷静想想，想清楚再表态不迟。"

司马光勉强答应，让东坡过几天来听信。过几天，东坡再入丞相府，司马光终于松口，愿意与章惇见面沟通。东坡大喜，跑去知会章惇，传达司马光的意思，协商两人会面时间。

谁知东坡在丞相府与枢密院两头来回跑动，快将司马光和章惇黏合到一处时，半路杀出个程咬金，被刘挚从中插了一手。原来世间没有不透风的墙，东坡频繁穿梭于新旧两党巨头之间，终于引起刘挚等旧党人物注意，觉得不对劲，开始秘密追踪，打探底细。

终于探明东坡意图，且意图即将实现，刘挚再也坐不住，果断出手。当年王安石变法，本来器重刘挚，拉他助力新政，刘挚不肯合作，被贬出京城，从此与新党势不两立。神宗驾崩，高太后听政，司马光卷土重来，刘挚也重回朝廷。眼见新党人物一个个外贬，唯章惇因拥立哲宗，仅辞去门下侍郎，转任枢密使。职位永远比屁股少，新党有屁股占位，旧党就有屁股赋闲。何况章惇所占属要位大位，刘挚早想把他赶走，腾位给旧党人物，自己也可顺位递进，早日卸去御史中丞，成为朝中重臣。谁知东坡狗拿耗子，多管闲事，竟干起撮合司马光和章惇的勾当，不是给新党留下生存空间，让新政有继续作恶的余地吗？

刘挚被彻底激怒，隔空大骂东坡混账，朝堂上公然给章惇帮腔，与司马光对着干也就罢了，下朝后又秘密串联两人，企图阻止元祐更化，简直可恶至极。也不想想咱旧党外贬各地，吃尽苦头，九死一生，好不容易熬出头，陆续回朝，卧榻之侧，岂容他人酣睡？刘挚一千个不甘愿，一万个难容忍，发动各御史，翻出章惇当政时种种过激行为，连同包庇章父及兄弟在福建老家侵占民田劣迹，一五一十写入奏折，呈到高太后那里，请求追究章惇，给予严惩。高太后意识到事情复杂，将劾章批转司马光，由他酌情处置。

司马光正要采纳东坡建议，与章惇和解，接到高太后批转的劾章，一时不知如何是好，只得连夜入宫，觐见高太后和哲宗，商量处理办法。哲宗虽说年少，也知自己继位，章惇出过力气，听闻御史弹劾章惇，便说章惇乃国之栋梁，不可误信御史胡言乱语，轻易弃之。

高太后本想让司马光先压下御史劾章，过一阵子再对付章惇，听哲宗插上这么一句，让她多了个心眼。说不定神宗弥留之际，章惇已窥破后宫心机，才力主拥立哲宗，为自己仕途埋伏笔，留后路。果然旧党归朝，新党失势，一个个贬出京外，唯章惇涉险过关，转任枢密使。这倒没大错，皆由高太后亲自表态，才留下章惇。岂知章惇倚拥立之功，目空一切，不可一世，公然与司马光对抗，闹得朝堂乌烟瘴气。一山不容二虎，二虎没完没了闹下去，成何体统？况司马光年高，哪天撒手西去，高太后也寿终正寝，哲宗不是章惇对手，岂不只能任其尽弃旧政，甚至凌驾于君臣之上，一手遮天，爱怎样就怎样？高太后命司马光赶紧拟折，驱章惇离朝。

章惇还被蒙在鼓里，依东坡与司马光的事先约定，上马离开枢密院，往丞相府赶。时间还早，至丞相府前，东坡还未及现身。章惇下得马来，驻停片刻，失去再等东坡的耐心，登上台阶，拿出名刺递给门房，求见丞相。门房见是大名鼎鼎的章惇，不敢怠慢，飞身入内通报。

不大一会儿，司马光出现在府门口，身边还跟着两位带刀侍卫。章惇颇为纳闷，咱依约来会，丞相怎么气势汹汹，如临大敌一般？未待章惇反应过来，司马光掷出一沓稿本，哗啦哗啦，落在章惇面前，嘴里喝道："章惇细瞧，这是些什么？"

章惇越发莫名其妙，弯腰拿过一本，翻开一瞧，原来是御史中丞刘挚所上劾章，行文间历数自己种种罪行，足以千刀万剐。其他稿本也为御史所奏，内容大体相同。

没等章惇翻够，司马光又喊声"章惇听旨"。章惇赶紧跪到地上，倾耳恭听。圣旨言辞凿凿，声讨过章惇罪状，再贬其官知汝州。章惇还能怎么样？呼过万岁，起身接住圣旨，掩面降阶而下。正好东坡赶至，将这一幕看在眼里，又气又愤，徒叹奈何。

章惇下完台阶，发现姗姗来迟的东坡，狠狠瞪他一眼，不出声道：好你个苏轼，竟然耍弄老子，骗老子自来丞相府，领取贬旨，出尽丑态。

眼望章惇趴到马背上，怅然离去，东坡浩叹一声，一阵悲凉袭上心头。这回算是弄巧成拙，彻底得罪了章惇，看来一辈子都没法修复两人旧谊，重归于好。最遗憾者还是自己费尽心机，企图调和司马光与章惇矛盾，让两党化干戈为玉帛，和衷共济，打理好朝政，到头来白忙一番，前功尽弃。

东坡既不容于新党，旧党也横竖看不惯，还不如早早离开京城，外放地方，为百姓做点实事。当夜写好辞呈，进呈高太后，高太后不允，东坡只能暂时作罢。

再说章惇出京后，朝政完全掌握在旧党手里，司马光等人毫无顾忌，放手清算新党新政。也仅仅是清算，无非意气用事，并不是出于实际需要，更谈不上开创和革新，政治经济毫无建树，反使社会问题治丝而棼。至于西陲领土，在司马光坚持下，将安疆、葭芦、浮图和米脂四寨割让给西夏，以图安一时。

新党新政清算得差不多时，已至黄叶满地的秋天，司马光病倒在床，不久去世，享年六十七岁。正碰上神宗灵位移送太庙，满朝文武遵礼先至太庙参加斋戒大典，才能去司马府吊唁。丞相丧礼由理学大师程颢的弟弟程颐主持。有其兄便有其弟，程颐跟程颢一样自视清高，执拗顽固，把丧礼弄得很古板，一举手一投足，都不可有违古制。

当天东坡从太庙参加完大典出来，率翰林院同人，转赴司马府，祭拜司马光。程颐硬挺挺立在府门口，拦住一行人，死活不让入内，说只能改日再来。东坡质问："丞相就在灵堂里，为何不让祭拜？"程颐反问道："祭拜丞相，总得哭丧吧？"东坡道："活人生离，垂泪话别，何况丞相魂归道山，阴阳永诀，能不洒泪哭上几声？"

程颐脸色更加阴沉，又问道："尔等从何而来？"东坡曰："从太庙来。"程颐再问："在太庙唱过赞歌，听过礼乐吧？"东坡道："先帝移灵大典，能不唱赞歌，听礼乐？"程颐讥道："刚唱过歌，听过乐，转背又来丞相灵前哭丧，岂不是对死者大不恭吗？"

东坡有些莫名其妙，苦笑道："哭拜宰相，竟成不恭，你这是哪来的歪理邪说？"程颐道："子瞻饱读经史，莫非忘记《论语》里说过'子于是日哭，则不歌'？"东坡颇觉滑稽，冷冷道："《论语》确实有言'子于是日哭，则不歌'，然并没说过'子于是日歌，则不哭'。"

程颐怔在那里，不知如何作对。东坡一把推开程颐，率众入府，拜倒在司马光灵前，以袖拭目，哭送死者。

哭祭毕，东坡立起身来，环顾左右，竟没见司马光儿子踪影。依照礼俗，亲友前来吊祭亡灵，孝子得跪在灵前还礼。东坡甚觉奇怪，问怎么回事。治丧人道："程颐不让孝子露面，说孝子若真孝，严亲故去，该悲痛欲绝，没法见人才行。"

东坡觉得又好气又好笑，叫着程颐的字号道："正叔真是糟糠鄙俚叔孙通。"

叔孙通乃汉代儒生，给朝廷制定过不少礼制，以束缚臣民言行。东坡尊礼不拘泥于礼，对叔孙通言必称礼，以礼压人，颇不以为然，视之为糟糠鄙俚。无奈程颐跟其兄程颢一样，常以理学大师自居，迂腐得过了头，司马光直挺挺躺在灵柩里，竟不让孝子出面礼客，太不近人情。东坡实在看不下去，忍不住嘲讽几句。

程颐就站在一旁，听东坡无情嘲讽，涨得满脸通红，却无言以对，只心里暗暗生恨。从此苏、程两家结下仇怨，以至水火难容地步。

要说苏、程皆系直臣良吏，既非政敌，又无私仇，只不过文人意气，口角生非，竟然弄得彼此不和。只因苏家籍在蜀地，人称蜀党。程家隶属河洛，被冠以洛党。又有刘挚等北方人出来兴风作浪，名曰朔党。

新旧两党你争我斗，没完没了，旧党里又派生出三党，可谓党内有党，大宋朝廷哪里还有安宁可言？可想见蜀、洛、朔三党同朝共事，朝堂上自是明争暗斗，比之王安石、吕惠卿当朝那会儿好不到哪里去。

毕竟东坡不是狼，需结群搭伙，才能找到安全感，他是头狮子，傲视群雄，独步天下，根本不需也无意抱团取暖，结党营私，被人指称蜀党，且是党目，自然是有人别有用心。

原来王、吕新党余孽，忌恨苏家兄弟双双受宠，位居高位，联合程氏洛党和刘挚朔党人士，重拾乌台诗案故技，拿着东坡的诗文，断章取义，进行大肆攻击。又抓住馆职考试时东坡所出策试题，参劾他居心恶毒，意图不良。还上书说其天资凶险，名足以惑众，智足以饰非，言辞虚假却巧于辩论，行为偏斜而性格执拗，所谓小人之雄而君子之贼也。

东坡觉得无聊至极，一边上表为自己辩诬，一边再次撰写辞呈，请皇上和高太后放自己外任。与其在朝与人钩心斗角，尔虞我诈，还不如去地方替百姓办些实事。

辞呈写毕，东坡意犹未尽，推开窗户，好让夜风吹去心头烦忧。却见一轮明月，停泊中天，清辉朗朗。忽想起黄州夜晚，常有好月临窗相伴，安抚自己受创的灵魂。那时身为谪臣，无权无势，生活清苦，然自由自在，身心俱安，哪似现在党争不断，令人烦不胜烦。东坡一时兴起，提笔写下《行香子·述怀》：

清夜无尘，月色如银。酒斟时，须满十分。浮名浮利，虚苦劳神。叹隙中驹，石中火，梦中身。　虽抱文章，开口谁亲。且陶陶，乐尽天真。几时归去，作个闲人，对一张琴，一壶酒，一溪云。

念及黄州，便有黄州来信送达，一看是陈慥所具，说准备入京看望老友，已在途中。苏东坡大喜，嘱夫人王闰之清扫上房，欢迎陈慥。

没几天陈慥到来，东坡奉若上宾，敬爱有加，就如当年在临皋亭嚼菜根喝薄酒一样，快活无比，毫无尊卑之别。问及蕲州吴德仁，陈慥道："此君一如既往，不信佛禅，不服丹药，困倦酣眠，饥饿饱食，杯中不少酒，碗里不缺肉，且耳不聋，眼不花，背不驼，脚不弯，可谓越活越潇洒，越活越年轻，再活二十年没事。"

东坡羡慕不已，道："日后再贬出京，定去与吴德仁做邻居，向他看齐，讨教长寿妙法。"陈慥道："坡公官至三品，正等着荣登二品相位，太后和皇上片刻难离，哪里还会外贬？"东坡笑道："正是居三品，向二品，人家虎视眈眈，做梦都想取而代之，岂容你老占据茅坑不挪位？茅坑又非你所挖，你可蹲，人家亦可蹲嘛。"

逗得陈慥直乐。东坡又把陈慥介绍给前来拜访的"苏门六君子"。"六君子"者，黄庭坚、秦观、张耒、晁补之、李廌、陈师道是也。"六君子"熟知东坡狮吼诗，一见陈慥便笑，乐道："龙丘居士不老老实实在家谈空说有，远道来京会旧友，不怕回去河东狮吼？"

也是结识东坡多年，受其影响，陈慥也变得不正经起来，笑道："此番入京，正是受吾家河东狮之托，来向坡公讨说法，若不赶紧收回狮吼诗，恢复其名誉，就告到太后那里，再贬坡公回黄州，乖乖打理那数十亩故营地。"

说得众人大笑，说太后定会主持公道。笑话传进宫中，高太后始而乐，继而叹道："子瞻谪居黄州五年，受尽苦难，还能全身回朝，原来是襟怀坦荡，性情开朗，心底无私天地宽，才有官民真心爱戴，助其渡过难关。"

高太后又找出东坡赤壁辞赋，反复吟诵，终于发现其中奥妙：东坡自云端跌落尘埃，依然那么快乐，原来比朝臣所拥有更多，朝臣以名利和俸禄为食，东坡不仅口以味为食，且目以色为食，耳以声为食，鼻以香为食，身以触为食，意以法为食，多么富足和豪奢！

陈慥京都行，让东坡越发怀念黄州岁月，也更坚定其离京外任决心。这日给少年哲宗授过课，东坡至慈寿殿觐见高太后，趁她高兴，又奉上辞呈。

高太后欣赏东坡才情，自然不肯放他外任。东坡不死心，一而再，再而三请辞。高太后觉得该跟东坡好好沟通沟通，以草拟诏令为由，宣其入宫。少年天子也在一旁，东坡向两位行过大礼，伏于案头，耳听笔记吩咐。

口授完诏令，高太后话锋一转道："进京前子瞻官居何职？"东坡立身曰："地方团练副使。"高太后又问："现居何职？"东坡道："翰林学士知制诰。"高太后道："知道为何升迁如此之快吗？"东坡道："仰仗太后恩典。"

高太后大摇其头，道："与老身无关。"东坡道："定是当今皇上看得起。"高太后道："也非皇上抬举。"东坡道："莫非有德高望重老臣举荐？"高太后道："子瞻名重朝野，令人生忌，谁肯举荐你？"

东坡愣怔片刻，才道："臣虽不肖，却从不会低声下气，求人谋取官位。"高太后盯着东坡，点头道："子瞻跟他人不同，不是你找官位，是官位找你，你躲都躲不开。"

东坡不知高太后要说什么，垂头不敢吱声。高太后道："其实都是先帝遗令。先帝在世之日，每逢用膳举箸不下，臣仆便知在读尔诗文。先帝常对你的才情赞不绝口，意欲重用，往往受阻于近臣。后正要召你入京，谁知诏令未颁，便不幸遽尔崩逝。"

说到此处，高太后淌下老泪来。年轻皇帝和东坡也热泪盈眶，陪着高太后伤心一回。高太后毕竟不是普通女人，很快平静下来，抹去泪水，赐东坡座，又赏茶叶一包，及莲花金烛台一尊。东坡五体投地，叩头谢恩。高太后要他平身，道："你别一天一个辞呈，老想着外任，要尽忠辅佐幼主，报答先帝知遇之恩。"

东坡哽咽着答应下来，抱着高太后所赐礼物，退出慈寿殿。从此任凭朝臣如何群起攻击，再不言半个"去"字，唯卖力拟诏办差，潜心教授少年天子。高太后很高兴，当东坡面叮嘱哲宗，好好跟师傅学习经史，成年亲政后好大有作为。

高太后用意明显，希望东坡给她教个好皇帝出来。东坡非常珍惜太后这份难得的信任，越发尽心尽力，加班加点，将西汉至唐代君臣政要大事编辑成册，专供哲宗阅读。

## 车盖亭诗案（上）

把哲宗交给东坡，已无后顾之忧，高太后正好专心打理朝政，元祐更化初显成效。谁知又有烦恼来袭，邢恕不识时务，又拿蔡确"定策有功"说事，惹出高太后雷霆之怒，再下重手，惩处再贬新党人物。

此事源于吴处厚与蔡确二十年的宿怨。其时蔡确已由陈州贬地，再贬安州。安州位于汉阳西北，两地相距不过两百来里，汉阳知军正好是吴处厚。早年赴吴门学诗无成，反遭人讥笑，蔡确视为奇耻大辱，一辈子难以释怀。

也是蔡确脑袋好使，当初撇下吴处厚后，闭门精研诗艺，水平大进，终以诗为敲门砖，敲开王安石相门，从此官运亨通，一路高歌，做到右相。相反吴处厚诗才平平，手里无像样的敲门砖，大半辈子还在低位徘徊复徘徊。迫不得已，只好厚着脸皮给高处的蔡确写信，请求提携。蔡确不予理睬，吴处厚恨得咬牙切齿，肚里说东方不亮西方亮，难道没你蔡确，咱姓吴的就找不到主子，永无出头之日不成？

王珪于是成为吴处厚巴结对象。与蔡确差不多，王珪也是以诗奉承王安石和神宗，才进入朝廷，由低往高，直至荣登左相大位。吴处厚拿来王珪的诗作，反复诵读，看出些门道，依据王珪胃口，开始写作献谀诗。写了改，改了写，写了重改，重改再写，夜以继日，不厌其烦，恰如柳永词所言："衣带渐宽终不悔，为伊消得人憔悴。"

功夫不负有心人，待吴处厚瘦掉几圈，终于作出稍稍像样的谀诗，兴高采烈跑到王珪门下，呈到主人手里。也许诗无定法，吴处厚的诗作被蔡确看成狗屎，然到王珪眼底则成五彩鲜花，竟意外受到赏识。吴处厚大喜，肚里说左相属首相，你蔡确再牛，也不过副相而已，总牛不过王大首相吧？

偏偏蔡确能耐大，还真比王珪牛。王珪名位虽在蔡确之上，但神宗更器重蔡确，重大人事皆由蔡确说了算，王珪只能一旁打和声。然首相毕竟是首相，欲提拔手下人物，总不难发现机会。正好乌台诗案得力打手舒亶偷拿公家灯烛，被人告发，王珪趁机任吴处厚为大理丞，承办舒案。舒亶与蔡确关系好，蔡确托人给吴处厚捎话，要他为舒亶开脱，事后定有回报。吴处厚鼻底哼哼，断然拒绝。过后王珪奏升吴处厚，蔡确从中设阻，事情泡汤。

后神宗驾崩，王珪为永裕山陵使，负责帝陵修造工程，调吴处厚掌管疏奏，工程完毕好依功晋升。也是吴处厚命途多舛，神宗陵寝未曾修好，王珪病逝，蔡确进位左相，接任山陵使，一脚踢开吴处厚，把他驱赶到南方，充任汉阳知军。大宋武职地位低，吴处厚既入军籍，无异于断掉仕途，再无上升通道。

有道是山不转水转，不可一世的蔡确竟也有倒霉之时，被一贬再贬，打发到汉阳附近的安州。吴处厚闻知，欢呼雀跃，一连作诗数首，以示喜庆。其中有联曰："云共去时天杳杳，雁连来处水茫茫。"似在讥讽蔡确：你不是牛吗？借手里的大权压制咱，逼咱去京南下，想不到而今你也夹着尾巴，随南飞雁来到茫茫涢水边的安州。

既然诗讽蔡确，吴处厚便有办法将诗传到他面前。说实话，这种诗实在差劲，足见吴处厚诗才平平，被蔡确鄙视，倒也不冤。蔡确读过吴诗，往地上一掷，冷笑道："写了一辈子诗，仍无一点长进，还到处传扬，真是自屎不臭。"

话传到汉阳，吴处厚气急败坏，大骂蔡确轻狂愚蠢，连诗里的意味都读不出。蔡确绝顶聪明，哪能看不出吴诗讥讽自己？只不过虎落平川遭犬欺，吱声不得而已。

时逢安州与汉阳两地换防，安州境内静江兵卒需调戍汉阳，蔡确想起吴诗，心里有气，拒不调兵。气得吴处厚嗷嗷大叫："好你个蔡确，从前你高高在上，以势压人，没谁奈何得了你，现贬知安州，与咱地位相等，还当自己是丞相，胡作非为，看我怎么收拾你！"

要说吴处厚也没太多手段收拾蔡确，无非隔空发吼，以解心头之恨。倒是蔡确见吴诗拙劣，琢磨着也写几首，好让吴处厚拿去学学，提升提升作诗水平。不过蔡确不急，写诗需有感而发，硬写没法写出像样诗句，唯耐心等待灵感光顾。

这日蔡确闲来无事，思及自己由堂堂一国首相，一贬再贬，来到这天高皇帝远，鸟都不拉屎的穷乡僻壤，心情难免郁闷无比，又别无消遣佳处，便趁雨后初霁，由侍妾琵琶作陪，带上心爱的鹦鹉，登车出城，漫无目的，走到哪儿算哪儿。

不觉行出三十里地，到得安州西北的涢溪旁。正值盛夏时节，又下过几场雨，水面宽阔如银，云影浮动。岸堤草木葳蕤，杨柳宛若岚烟。举目望去，前方一红砂巨石孤卧水岸，石座如丘，石腰凹陷，石顶平若车盖。

蔡确饱读诗书，早知魏文帝曹丕曾过境安州，于一石亭下躲荫乘凉，留下诗句："西北有浮云，亭亭如车盖。"后李白入赘安州许姓人家，与好友元丹丘至石亭歇脚下棋。看来今天无意间到了诗文里的车盖亭，蔡确惊喜不已，大声叫停，车夫应声勒住马首。没待车子完全停稳，蔡确手托鹦鹉，由琵琶扶下车，向石亭方向走去。

靠近石亭，登上石座，始知亭腰深凹如屋，可容数十人遮风避雨。且有石凳石桌，及宽大竹床。桌面刻有棋盘，摆着两只圆腹小罐，分别盛着黑白云子。琵琶甚是不解，不觉嘀咕道："此地荒无人烟，谁会到石屋来下棋呢？"

"李白在此下过棋！李白在此下过棋！"蔡确手上的鹦鹉忽然启喙叫道。鹦鹉不是神仙，也不像主人腹有诗书，怎知李白在此下过棋？琵琶诧异之际，发现石亭背面有人临水垂钓，闻琵琶质疑，随口说了句李白在此下过棋，被鹦鹉耳尖听去，学舌说了出来。

琵琶走向棋桌，邀蔡确对弈。蔡确坐到桌对面的竹床上，手执云子，落入棋盘。连弈数局，彼此各有胜负。蔡确心情大好，收好云子，起身来到石亭背面，观钓者垂钓。

钓者告知，石桌上棋子系其友人所置，常相约前来弈棋，饿了则钓几尾鲜鲤，烤熟充饥。蔡确这才发现钓者身侧数步处有小石灶，灶旁搁着枯枝干柴，正好用来烤鱼。钓者又道："今友人迟迟未现身，便先临水垂钓，待友人到后好烤鱼佐酒，乘酒下棋。"

与钓者闲聊着，蔡确纵目远山近水。远山苍松泼墨，翠竹抹黛。一水出自山前，白鸥振翅，红鹤盘旋，仿若仙境。水上舟棹似叶，渔笛声细如缕。高天忽飘过几朵铅云，捎来一阵山雨，洒向水边沙洲，打在洲树熟果上，连果落坠地之声仿佛都能听到。还有雨淋未曾成果的余花，但闻暗香浮动，正向石亭飘过来。

这不正是陶柴桑笔下景致吗？蔡确诗心蠢蠢，腹内语珠句玑翻腾，急欲喷出喉舌唇齿。殊不知琵琶已收拾好石桌，摆好随车带来的酒菜，唤蔡确过去欢饮。蔡确收住诗情，邀钓者同醉。钓者口里答应，收好鱼竿，反身往石灶里塞上柴枝，敲击火镰点燃，再给刚钓的鲜鲤抹上盐，用竹扦支到火上烧烤。烤得双面现黄，拿到石桌旁，几人手执竹扦，以鱼下酒。

美酒美食于唇，美辰美景于目，美人美禽于侧，蔡确耳热心跳，不觉诗兴大发，舌灿莲花，低吟浅咏起来。没吟上两句，酒劲发作，歪倒在竹床上。

这一觉睡得真沉，直至亭顶白雨轻拍，才把蔡确从午梦中唤醒。睁开两眼，已雨脚过溪，亭影向东。琵琶打开行囊，取出陶诗，递到梦醒人手上。蔡确读几首陶诗，渐觉诗兴盎然，顺口吟道：

公事无多客亦稀，朱衣小吏不须随。
溪潭直上虚亭里，卧展柴桑处士诗。

琵琶知蔡确作诗习惯，早备好纸笔在手，随声从容记录。蔡确继而吟道：

纸屏石枕竹方床，手倦抛书午梦长。
睡起莞然成独笑，数声渔笛在沧浪。

一口气连吟八韵，皆为七言绝句。其八为：

喧豗六月浩无津，行见沙洲束两滨。
如带溪流何足道，沉沉沧海会扬尘。

本欲至此打止，可诗人兴犹未了，依然刹不住，再吟两韵。其十为：

矫矫名臣郝甑山，忠言直节上元间。

> 钓台芜没知何处，叹息思公俯碧湾。

前后共十首，因作于车盖亭，取名为《车盖亭诗》。琵琶一一录毕，塞入行囊收好，回衙后再交蔡确过目。蔡确反复吟诵，感觉良好，忍不住问琵琶道："比起吴处厚那狗屁诗，卿觉得拙诗如何？"琵琶笑道："人比人，气死人；诗比诗，气死猪。在丞相《车盖亭诗》面前，吴诗那还算诗吗？连狗屁诗都不算，只能算狗屁。"

蔡确哈哈大笑，笑过，又意味深长道："怪不得当年子瞻外放，明知西湖虽好莫吟诗，还是忍耐不住，非吟不可，今老夫算真懂子瞻了。原来人活在世上，最难者是有屁不放，有话不说，忍隐过久，不放不说，有多难受！这也说明真正好诗，可遇不可求，必郁积已久，情动于衷，有感而发，才可能写出好诗来。"

这里蔡确一时得意，大谈作诗奥妙，琵琶一旁听去，不免心惊，道："苏学士作诗，弄出个乌台诗案，差点丢掉脑袋，丞相可千万小心，别惹出什么车盖亭诗案来。"蔡确笑道："子瞻嘴欠，无端指责新政，才被李定和舒亶等人揪住尾巴，制造出乌台诗案。老夫不过闲游车盖亭，诵诵眼前景，抒抒心内情，无关朝政，不涉人事，有啥可小心的？"

"但愿如此。"琵琶依然不无忧心，"小心驶得万年船，丞相还是多个心眼，收藏好《车盖亭诗》，别往外传，以免无事生非。"蔡确拍拍琵琶精致粉嫩的小脸，笑道："好好好，老夫听美人的，将诗稿压于箱底，永不见天日。"

人之天性，粗衣陋褐于人前，可以不在乎，倒是衣锦而夜行，光鲜无人识，实在难以忍受。蔡确自觉《车盖亭诗》属平生得意之作，压于箱底，不能拿出来显摆，情何以堪？

也就在蔡确以诗打发闲暇光阴之际，朝中的刘挚春风得意马蹄疾，已步步荣升尚书左丞，离相位仅差一步之遥。新党先后被清算出局，朝政把持在旧党手里，旧党领袖司马光已故，吕大防、范纯仁等老臣依次进阶，给旧党其他人物留下不少晋升空间，刘挚才乘虚而入。

旧党又分程洛、苏蜀、刘朔三党。程氏洛党多为书生，半心学问半官场，官欲不大，进退无所谓。苏氏蜀党厌恶党争，更不愿匍匐蛇行，委曲求全，宁肯处江湖之远，做闲云野鹤。唯刘氏朔党官迷心窍，为谋求高官厚禄，不择手段，甚至无所不用其极。

正因有如此执着的劲头，刘挚击溃洛、蜀两党，独领风骚。接下来的目标便是吕大防、范纯仁等重臣，只等早日拉他们下马，自己才可能尽快上位。吕、范树大根深，可不是谁想拉就拉得下的，还需借力打力。那又借谁的力呢？洛党、蜀党之力借不了，光借朔党之力又不够，只好与新党人物联手。自己本属旧党，新党又哪会买账？这倒不用担心，新党最妒最恨吕大防和范纯仁之流，让其帮忙攻击吕、范，绝对乐意。

刘挚挠着脑袋，很快想到两个人，那便是邢恕和杨畏。杨畏系遂宁人，进士及第后官任主簿，不守本分，竟刻志经术，趁王安石拜相，吕惠卿得势，以著作为砖，敲开两家门板，获升郓州教授，继晋西京国子监教授。王、吕出局，杨畏外贬提点夔州路刑狱。司马光拜相，杨畏三句不离司马：夔州虽深山群獠，闻用司马光，皆相贺，甚盛德如此。意即司马光德高，连群兽皆闻之拜贺。待司马光病故，则改口此君差劲，不懂官道，弄得朝政一塌糊涂。

至于邢恕，一会儿以程颢为师，一会儿拜倒在司马光、吕公著脚下，等到蔡确得势，又投奔蔡府，摇尾乞怜。不料蔡确倒霉，邢恕也跟着离京，到了随州。诸如杨畏、邢恕之流，朝三暮四，翻脸如翻书，变节似变天，怎会入刘挚法眼？事实正是此二人全无节操，只要扔块骨头，便可呼来唤去，另换高洁正直之士，为人处世自有准则，又哪支使得动？

主意已定，刘挚分头给杨畏和邢恕去信，以示友好。信里不论时政，不及人事，只问两人外放地方，饮食是否习惯，政务可否顺遂。两人属于新党，与刘挚并无交往，此君怎么会主动来信，嘘寒问暖？要知道刘挚走得正红，相位近在咫尺，唾手可得，等着上门巴结者不计其数，怎么忽然关注起他们这落魄新党人士来了？

也是两人脑袋好使，一下看出刘挚用心，无非党争激烈，其身单力孤，需要援手。朝廷太不平静，新党被排除出京外，还有旧党各派相互倾轧，能为刘挚所用之人还真不多。且朝臣进出朝堂，众目睽睽，不像朝外人士处于君臣视线之外，不易引起注意。况杨、邢属新党人物，没人会把他俩与刘挚牵扯到一起。

两人准备抓住刘挚这根救命稻草，好好一搏。新党失势，能否东山再起，谁也说不准，弄不好只能老死贬所，含恨九泉。刘挚则正当行时，入相是迟早的事，投靠此君，届时他一句话，就可让自己彻底翻身，升官上位。那怎么才能取得刘挚信任，攀上这棵大树呢？口表忠心远远不够，还得有实际行动，交出像样的投名状。

前主子蔡确就这样浮现于邢恕眼前。安州距随州才百来里，邢恕早闻蔡确曾游车盖亭，乘兴作诗，决定赴安州拜访蔡确，看有无线索可供使用。说走就走，隔日一早他便轻车简从，打马南奔。途经车盖亭，入亭歇脚，眼观亭外旖旎风光，不禁暗自感叹，不作几首诗，真辜负了这如画景色。然邢恕使命在身，无意于诗，起身离开车盖亭，往南而行，直抵安州。

面对突然出现的邢恕，蔡确几分诧异，又几分惊喜。毕竟久旱逢甘雨，他乡遇故知，实在太难得。况同是天涯沦落人，叫蔡确怎能不感动？忙让琵琶传菜上酒，盛情款待邢恕。

几盅下肚，蔡确才想起问邢恕："莫非另贬他处，途经安州，入衙一晤？"邢恕笑道："闻丞相游车盖亭，作《车盖亭诗》，人皆夸赞，恕心里痒痒，专程偷闲南游，倒看是何佳景，引得丞相诗兴大发。做过实地考察，欲折身原路返回，又觉丞相近在三十里处，不多走几步，登门拜访，也说不过去，于是到了安州府衙。"

蔡确恨不得立即出示平生得意之作《车盖亭诗》，换取邢恕赞美，正在佐酒的琵琶忙给他使眼色，抢先道："丞相游车盖亭不假，却并没作诗。"

蔡确不好让琵琶难堪，只得附和道："游车盖亭时，琵琶同车往返，可证实老夫确没作诗。"琵琶道："丞相贬谪在外，郁郁寡欢，又无以遣怀，才离衙闲逛解闷，哪有心情作诗？"蔡确道："怪只怪老夫时运不济，栽在小人手里，南移安州僻壤，一身疲惫，诗心早死，对啥都已提不起兴趣。所幸琵琶不离不弃，老夫才苟且于世，活一天算一天。"

邢恕不便逼蔡确出示《车盖亭诗》，只得暂且作罢。为尽地主之谊，翌日蔡确邀邢恕游赏附近山水，畅叙别情。琵琶偶感风寒，没法作陪，只鹦鹉站在主人肩上，一起出了府衙。到得城边，一水于前，石桥横卧，两人信步上桥，居高远眺。邢恕眼望四周，道："若非旧党卑鄙，大打出手，逼丞相离京南下安州，哪来石亭石桥娱眼养心？"

蔡确很认可，点头道："这也许便是人生，有得必有失，有失必有得。"邢恕道："悲愤出诗人，苏轼远贬黄州，游赤壁，作辞赋，天下盛传。丞相诗才不在苏轼之下，贬谪安州，游车盖亭，不作几首诗，绝对不可能。"

听到"车盖亭"三字，一直静静待在蔡确肩上的鹦鹉忽然开了口："公事无多客亦稀，朱衣小吏不须随。溪潭直上虚亭里，卧展柴桑处士诗。"邢恕甚觉有趣，走到鹦鹉跟前，满脸和气道："这是什么诗呀？"鹦鹉道："《车盖亭诗》,《车盖亭诗》。"

邢恕大笑,问蔡确道:"丞相还说没作《车盖亭诗》?鹦鹉嘴里诗从何而来?"

见已瞒不住邢恕,蔡确只好实话实说。回到府衙,拿出《车盖亭诗》,交邢恕斧正。邢恕连说好诗,又得寸进尺,请蔡确手书赏赐。蔡确写得一手好字,自然乐意。

邢恕离府后,琵琶自责不已:早不生病,晚不生病,不该生病时生病,致使《车盖亭诗》落入邢恕之手,不知后果会如何。蔡确笑道:"几首歪诗,就景状景,琵琶何须多心?况邢恕系老夫老部下,同贬离京,惺惺相惜,还会害老夫不成?"琵琶脑袋直摇道:"文人无行,邢恕尤甚,谁知他会弄出什么幺蛾子来?"

且说邢恕拿着蔡确亲笔所书《车盖亭诗》,出得城来,并没原路北返随州,而是率领扈从,继续打马南驰,直达汉阳知军营,去会吴处厚。甫见邢恕立于营前,吴处厚仿佛半夜见着太阳,惊讶道:"你不是邢大人魂魄吧,怎么会出现在汉阳?"

邢恕不乐道:"咱俩同为进士出身,又曾同朝为官,难道你眼瞎认不出老朋友?"吴处厚道:"邢大人远在随州,突然从天而降,处厚哪敢相认?还以为是谁易容假冒的呢!"邢恕笑道:"敝人本邢恕,邢恕本敝人,何须易容?"

入得营房,吴处厚为邢恕接风洗尘,问怎么到的汉阳。邢恕道:"吴大人可知,比邻随州的安州境内有车盖亭?"吴处厚道:"略有所闻。那是座石亭吧,因曹丕赋诗得名,李白也在亭内下过棋。"邢恕道:"吴大人所言不假。恕久慕车盖亭之名,趁近日公事稀少,专程前往观景玩赏。"吴处厚问道:"车盖亭景色如何?"邢恕道:"景色不错,不然恕也不会思如泉涌,一口气作诗十韵。"

吴处厚很是羡慕,道:"邢大人高才,一处车盖亭,竟得诗十首。还不快快拿出来,让处厚一饱眼福?"邢恕道:"吴大人别急嘛。恕正是在车盖亭意外收获十韵,才没急于返回随州,特意远道南来,请吴大人指疵。"吴处厚道:"感谢邢大人抬爱!处厚这就沐浴焚香,跪承邢大人大作。"邢恕道:"跪承免了,只需吴大人耳承便是。"吴处厚道:"何谓耳承?"

"耳承就是张开耳朵,恕口述予吴大人闻听。"邢恕笑道,开始背诵《车盖亭诗》。原来安州至汉阳两百里,马背颠簸,一路枯燥,邢恕干脆背蔡诗以解闷，未到汉阳，便已倒背如流，诗中内涵也烂熟于心。

也是《车盖亭诗》确实不错，听得吴处厚点头频频，连说好诗。邢恕背诵毕，吴处厚夸赞道："如此佳作，也只邢大人才高识大，妙手偶得，换处厚恐怕再怎么憋，也憋不出来。"邢恕道："吴大人没到过车盖亭，若能脚踏实地，有感而发，敷衍成行，定然更胜一筹。"吴处厚道："不敢言胜，若能随邢大人跑一趟车盖亭，或小有收获，亦未可知。"邢恕道："吴大人有此想法，不妨随恕跑一趟。"

吴处厚大摇其手，道："军务繁忙，哪脱得了身？再说前往车盖亭，途经安州城，万一遭遇蔡确那小子，岂不尴尬？"邢恕道："此一时也，彼一时也，吴大人从前与蔡确有些过节，时过境迁，没必要再搁心里去。"

吴处厚怒目圆睁，吼道："时可过，境可迁，蔡狗绝不可原谅。"邢恕道："好好好，咱别提蔡确，别提蔡确。"吴处厚瞪紧邢恕道："邢大人一向与蔡狗走得近，莫非南来汉阳，要给蔡狗说项不成？"邢恕笑道："从前行走朝堂，与蔡确抬头不见低头见，多少有些交情，今各贬地方，已形同陌路。"

哪有那么容易形同陌路？吴处厚道："朝野皆知蔡狗与邢大人同穿一条裤，今邢大人辛辛苦苦，远道来到汉阳，处厚计较不了那么多，才摆酒言欢，请别再提蔡狗。"邢恕道："行行行，不提蔡确，吴大人也不提他。"吴处厚道："谁提蔡确，谁趴桌底捡骨头。"

骂过蔡确，泄过愤恨，吴处厚心情好转，取来笔墨，摊开宣纸，要邢恕再背诵一遍《车盖亭诗》，他好笔录在案，日后慢慢欣赏。邢恕道："不用吴大人费力，恕已录于纸上。"吴处厚道："那邢大人还不快快出示墨宝，赏赐处厚？"

邢恕翻开行囊，拿出《车盖亭诗》，献于吴处厚桌前。吴处厚展开一瞧，道："邢大人不说是自己录的吗？怎么瞧着像蔡确笔迹？"

早年吴、蔡有过文字往来，后蔡确位极人臣，笔墨行于天下，吴处厚认识蔡字，一点也不奇怪。邢恕笑嘻嘻望着吴处厚，乐道："刚才不说好谁提蔡确，谁趴桌底捡骨头吗？吴大人愣着干吗，还不赶紧趴到桌下？"

"到底怎么回事？还请邢大人明言。"吴处厚眼里火星直冒，牙齿咬得咯咯响，似要吃掉邢恕似的。邢恕不由得有些紧张，道："吴大人别这么吓人，恕又不是蔡确，你有怒火，朝蔡确发去。"吴处厚道："邢大人废话少说，先说这诗怎么来的。"

邢恕清清嗓眼，说了《车盖亭诗》来历。吴处厚抓过诗稿，往地上一掷，再猛踏几脚，嘴里咒道："狗屎狗屎狗屎！"

没待吴处厚咒够，邢恕弯腰拾起地上的《车盖亭诗》，掸去上面的鞋灰，笑着对吴处厚道："吴大人不可因人废言，闻诗出自恕之手，就说是佳作；知乃蔡确所撰，则斥为狗屎。"吴处厚没好气道："狗嘴里吐不出象牙，蔡狗还能说出人话，写出人诗来吗？"

邢恕不说蔡确本人，只就诗论诗道："从前苏轼吟咏西湖和庐山，诗作一出，天下盛传，恕觉得属山水诗中上品。今得《车盖亭诗》，细细品味，实不亚于苏诗。"

吴处厚毕竟不痴，知道邢恕拿着蔡诗，大老远跑到汉阳来，绝非其诗如何高妙，不与人分享，心痒难耐，定是另有图谋，需要他吴某人配合。于是喝口酒，压住心头愤怒，静待邢恕揭开药葫芦，倒看里面装着什么药。

邢恕不急不躁，开始逐首剖析《车盖亭诗》，说遣词如何精当，造语如何得体，用韵如何巧妙。吴处厚对此不感兴趣，却还是耐住性子，没打断邢恕，任其一路絮叨下去。直到邢恕论到《车盖亭诗》之十里"矫矫名臣郝甑山"，才终于听出一些意思。

只听邢恕娓娓道来："吴大人学富五车，该知郝甑山原名郝处俊，籍贯正是安州，唐贞观进士，袭封甑山县公，人称郝甑山。"吴处厚道："郝甑山事迹载于《旧唐书》，处厚多少知道些。"邢恕继续道："上元初年（674）唐高宗有意让位于武则天，已拜中书令的郝甑山看不下去，冒着得罪武后的风险，出面极力谏阻，因而受到史家高度赞扬。"

听到此处，吴处厚身上的血脉似乎偾张，望定邢恕道："蔡确知安州，游车盖亭，浮想联翩，以安州前贤郝甑山入诗，明眼人一看便知，那是自况，自比郝甑山。"邢恕阴笑道："恕只道蔡诗用典贴切，可没说蔡确以郝甑山自况。"

吴处厚不再理会邢恕，俯身《车盖亭诗》，从头至尾钻研起来。不钻研不知道，一钻研才发觉《车盖亭诗》颇有玄机。如其二"睡起莞然成独笑"，方今朝廷清明，不知确独笑何事。又如其八"沉沉沧海会扬尘"，用沧海扬尘事，讥时运大变，尤非佳语，讥谤切害。更有甚者，其十以郝甑山自况，借郝甑山谏阻唐高宗传位给武则天，暗喻蔡确谏阻神宗逊位高太后，用意明显，好像没他蔡确，哲宗到不了皇位上，大宋已改姓高，不再姓赵。

事不宜迟，吴处厚将自己的重大发现，逐条批注于《车盖亭诗》旁，再草拟奏折，加封交邮，发往京师。高太后见奏，感觉被吴处厚点中痛处，不免火冒三丈，正要发作，闻苏东坡入觐，把吴折扔到一旁，传东坡入见。

东坡刚给哲宗授过课，入慈寿殿向高太后禀报授读进展。得知哲宗读书用功，学有小成，高太后很欣慰，鼓励东坡几句。东坡正要揖退，高太后说声且慢，拿出吴折，让其过目。

东坡阅过吴折，读毕《车盖亭诗》，道："蔡诗确实不错，他人包括吴处厚怕是望尘莫及。"高太后道："本后也觉得蔡诗尚可，那吴处厚的批注呢，写得如何？"东坡摇摇头道："当年微臣被逮入乌台，差点掉落脑袋，恰是吴处厚之类'高士'无中生有，罗织做成的局。"

正是东坡偶然出现，已被吴折惹恼的高太后联想起乌台诗案，才压住火气，叫东坡见识吴折及其给《车盖亭诗》作的注脚。亦即说东坡未曾开口，高太后便知他对吴处厚所为会有什么态度，随即又问道："怎么处理吴折和蔡确为妥？"

东坡避开吴折，只道："蔡确失势南贬，郁郁寡欢，寄情山水，顺口胡诌几句七言，无可厚非。何况痛打落水狗，也没多少意思。"

高太后点点头，束吴折于高阁，不再理会。

# 车盖亭诗案（下）

自检举《车盖亭诗》的奏折寄出后，吴处厚便盼望朝廷早下严旨，重惩蔡确。最好是像那年缉办苏东坡一样，将蔡确锁拿回京，下大狱，定死罪。当年东坡幸赖曹太后营救，逃出生天，高太后非曹太后，又遭蔡确诽谤，蔡确唯有死路一条。

谁知吴处厚左盼右盼，一直没盼来京师消息，心下疑虑，派军卒快马送信至随州，问邢恕知不知道内情。邢恕亲眼见吴处厚发走检举蔡确的奏折，才离开汉阳回到随州，朝廷久无反馈，比吴处厚更急，早嘱京师朋友，打探朝中动静。打探来打探去，始知高太后早阅过吴折，因听信东坡诡辩，才轻轻放过蔡确，没再下重手。

辛辛苦苦，赴安州，走汉阳，让吴处厚揪住蔡确尾巴，欲置其于死地，自己好以此为投名状，投入刘挚阵营，飞黄腾达，竟被东坡坏掉好事，邢恕又恼又气又恨，真想插翅飞往京城，手起刀落，取下东坡脑袋。无奈翅难插，邢恕只得一边回信给吴处厚，嘱其多多抄录《车盖亭诗》批注，发往京师，广为流传，一边动员朝中御史，借题发挥，弹劾蔡确心怀怨恨，讥讽太后，揭发东坡维护新党余孽，发泄对旧党的不满。

本来新党代表人物蔡确最让旧党所不齿，旧党内部朔党和洛党又看不惯蜀党头目东坡，这下经邢恕和吴处厚一番捣鼓，检举蔡、苏的劾章于是雪片般飞往宫中，一时间山雨欲来风满楼，黑云压城城欲摧，仿佛随时会爆发惊天大案。朝臣既兴奋，期望出点什么妖孽，给死气沉沉的官宦生涯添点刺激；又难免惶恐，生怕被党争所牵连，招来意想不到的无妄之灾。

好在高太后定力足够，面对汹汹舆情，无动于衷，该干吗还干吗。那阵阵妖风很快消停，令人压抑的凝重黑云渐渐四散，山雨未至，天光重现，一切复归平静。

眼见功亏一篑，邢恕垂头丧气，瘫倒在地。吴处厚也为自己劳心费力，鸡蛋里挑骨头，给《车盖亭诗》加批作注，到头来白忙半天，毫无反响，一种从未有过的失败感袭上心头。难道就这样放过蔡确，眼睁睁看着他在安州游山玩水，吟诗作赋，坐待旧党失势，新党崛起，再回朝复职，把自己踩到泥巴底下？

吴处厚不肯善罢甘休，无奈黔驴技穷，不知还有啥法可挑拨高太后，置蔡确于死地。就在无计可施之际，有个名字忽然在吴处厚脑袋里浮现出来，不禁让他眼前一亮。那便是名声在外的杨畏。朝野皆晓杨畏脑袋灵活，善于变通，绝非常见笨驴，只知低头绕圈拉磨，别指望其能变出新鲜花样来。

换个说法，比起邢恕来，杨畏脑瓜子更好使，更能来事，也更能成事。官场早有定论：杨畏颇为纵横学，有才辩而多捭阖，与邢恕缔交，其好功名富贵亦同，然恕疏而多失，畏谋必中，其究俱为缙绅祸云。由此可见，撇开杨畏，光靠邢恕那点机智，想一举拿下蔡确及其同党，从而如愿投靠刘挚，似乎不太可能。

吴处厚忙写信给邢恕，专门提到杨畏大名。邢恕见信，也觉得不拉杨畏进来，恐难成事。且京都密友透露，刘挚也在联络杨畏，欲拉其入伙。邢恕二话不说，具函杨畏，明白告知：现旧党执政，唯牺牲蔡确，彻底摧毁新党，才可能被旧党接纳，一荣俱荣。

函达夔州，杨畏展阅，嘴角露出一丝轻蔑。邢恕本属蔡确手下人物，却勾结吴处厚，反过来下狠手往死里整旧主，实在让人不屑。不过杨畏所不屑者，不只邢恕卖主求荣，毕竟他自己也没少干此类勾当，主要还是邢、吴闹腾半天，闹得朝野尽知，却没能把蔡确怎么样，实在算不上高明。

杨畏撸撸颏下胡须，无声而哂，提笔写下四个字，交邮发往随州。邢恕启函一瞧，抬臂狠拍几掌脑门，暗怪自己怎么就没往这四字上面想。要知道当初哲宗始立，自己就与蔡确玩过这把戏，时隔才两三年，怎么竟搁于脑后，再想不起来了？邢恕不得不佩服杨畏，比起自己来，那小子脑袋里就是多两根筋。

四字者，"策立功高"是也。神宗重病之际，邢恕担心九岁的皇长子赵煦继位，皇权落入不满新政的高太后手里，曾与蔡确合谋，撺掇高家两位内侄，企图照搬太祖太宗兄终弟及的故事，促成皇弟上位，继续推行新政，维护新党在朝势力。谁知如意算盘落空，最终父死子继，赵煦登基，高太后听政。邢、蔡不肯善罢甘休，又出尔反尔，到处散布谣言，说太后本来意在皇弟，幸他俩誓死捍卫皇子赵煦，才让其涉险继位，所谓"策立功高"。

三人成虎，谣言多说几遍，也会成真，不明真相者还真以为高太后要拿掉赵煦，立皇弟为继。理由似乎也充分，于高太后而言，皇弟是其儿，赵煦属其孙，亲疏略有区别，若非邢、蔡据理力争，兄终弟及已然成为事实。谣言自会传入宫中，高太后不可能充耳不闻，皆因神宗驾崩，赵煦登基，新旧两党更替，无暇他顾，追究谣言。待朝局渐趋稳定，谣言也随时间流逝渐渐淡化，此刻重提"策立功高"四字，高太后定然会拿蔡确开刀。

邢、蔡本属同伙，高太后要修理蔡确，恐怕不会放过邢恕。不过邢恕不用担心，蔡确乃王安石与吕惠卿之后新党党首，属高太后重点惩处对象，自己不过是蔡门走卒，虽难免受到牵连，但朝中有刘挚等人使劲，坏事自会变成好事。谁心里都有杆秤，他冒险为人效力，其风险越高，未来回报也将越厚。况高太后年高，不可能永远听政下去，日后哲宗成年亲政，定会最先想起他这策立大功臣。

琢磨明白后，邢恕开始围绕"策立功高"四字做文章，把蔡确说成哲宗保护神，若非其关键时刻站出来，力挽狂澜，哲宗别说登基，恐怕命都难以保全。

邢折传往京师，呈入慈寿殿，高太后一瞧，想起当初邢、蔡无事生非，先搬弄什么兄终弟及未成，又反过来自吹策立父死子继有功。神宗有现成儿子赵煦，登基继位，顺其自然，哪用得着外臣策立？也是事涉敏感，高太后才大事化小，小事化了，没追究邢、蔡，以免越描越黑，给哲宗心里留下阴影。谁知时过境迁，邢恕又来搅局，到底所安何心？

高太后越想越气，破口大骂邢恕和蔡确，企图挑拨我祖孙关系，败我大宋江山。连夜召见范纯仁、吕大防、刘挚等大臣，出示邢折，听取意见。见高太后脸色铁青，范纯仁和吕大防意识到蔡、邢在劫难逃，说吴处厚给《车盖亭诗》作注，公报私仇，小题大做，邢恕担心蔡确遭受冤枉，才拿策立功高说事，无非希望朝廷放过罪臣，应无其他用意。

高太后觉得似有道理，天颜稍霁。又见刘挚默不吱声，侧首瞧了他一眼。刘挚这才道："二位丞相所言甚是，邢恕受恩于蔡确，具折为其开脱，无可厚非。臣之所虑者，事情怕没如此简单，邢恕所为定受人指使无疑。"高太后问道："受谁指使？"刘挚道："蔡确之外，不可能另有他人。"高太后又追问道："蔡确为何要指使邢恕？"

刘挚欲言又止。高太后道："刘爱卿但说无妨。"刘挚遮遮掩掩道："蔡确又奸又诈，趁先帝病重，上蹿下跳，企图做成兄终弟及，以贪拥立之功。俟新帝登基，又节外生枝，以策立功高自诩，图谋留朝继续作威作福。幸太后英明，识破其险恶用心，外贬出京，以正视听。谁知蔡确不引以为戒，悔过自新，相反心怀怨怼，作《车盖亭诗》泄愤，为吴处厚检举揭发。也是太后宽宏大量，大人不计小人过，压下吴折，不予追究。蔡确本应感激太后大恩大德，自我检点，谁知又无中生有，指使邢恕具折，重提'策立功高'四字，上欲离间两宫，下欲破灭忠义，以达到其不可告人之目的。"

高太后脸色阴沉，问蔡确目的是什么。刘挚道："蔡确老谋深算，知道皇上目前虽然年少，但总归将成年亲政，且为时不会太远，只要'策立功高'四字印刻于皇上脑中，皇上亲政之日，便是他蔡确卷土重来再秉大政之时。不言而喻，蔡确苦心孤诣，指使邢恕拿'策立功高'说事，其目的正在这里。"

"好你个蔡确，人在安州，心里老惦记着皇上成年亲政，岂不是恨老身临朝听政吗？"高太后不觉怒火中烧。刘挚又火上浇油道："咱乡下老家有句俗语，叫'欺老莫欺少'。蔡确寄希望于年少皇上，暗盼以少替老，觉得未来可期，才从容自在，有闲心游山玩水，写作什么《车盖亭诗》，借以自娱。"高太后咬牙切齿道："好个欺老莫欺少，蔡确明明是欺咱年老，咒咱早死，他好早翻身，早回朝，早掌朝政。"

这话来得够重，震得吕大防与范纯仁心惊肉跳，不知如何是好。刘挚却暗暗得意，如饮甘露。高太后盛怒之下，谕令道："贬蔡确为英州别驾，新州安置。"

英、新二州远在南岭之外，瘴疠肆虐，大臣一旦贬谪过岭，定然有去无回，无异于判了死罪。范纯仁忙道："蔡确不知天高地厚，一错再错，因错遭贬，罪有应得。然有宋以来，已七八十年没贬大臣过岭，还请太后网开一面，改贬蔡确岭北偏地吧。"吕大防也道："蔡母年高，请太后看在其母分上，留蔡确于岭北安置，哪日蔡母辞世，也好尽孝为母送终。"

二相都为蔡确求情，刘挚不好不有所表示，也假惺惺道："自蔡确外贬之日起，据传其母天天在家烧香拜佛，为儿赎罪祈福，若贬蔡确过岭，恐怕蔡母伤心气绝，活不了几天。太后仁慈，还是给蔡确留一线生机吧。"

高太后不愿再啰唆，起身退堂，回了慈寿殿。几位大臣出得宫来，各怀心事，作声不得。唯范纯仁心生悲凉，拉吕大防至墙角，道："漫漫岭南之路，已长满荆棘，一旦重开，他日你我恐怕也难免步蔡确后尘，弃尸岭外。"

吕大防颇有同感，与范纯仁商定，发动朝臣，替蔡确说说好话，也为自己留条后路。三日后上朝，便有好几位朝臣出列，请求改贬蔡确内地安置。范、吕等重臣附和声援，高太后面露难色，不知要不要依请轻惩蔡确。

谁知没待高太后开口，好几位御史纷纷置言，痛斥蔡确勾结邢恕之流，颠倒黑白，诬陷太后，蛊惑少帝，故意在祖孙间制造矛盾，希图乱我朝政，毁我大宋江山，简直恶贯满盈，罪大恶极。戴罪外贬，不面壁思过，依然贼心不死，作诗讥讪，上及君亲，非所宜言，实大不恭，臣子所不忍闻者。今又重提"策立功高"，期盼东山再起，复辟新政，留其在内地，定会心存侥幸，继续搬弄是非，为非作歹，危害大宋。

显然此话唯刘挚想得出，不用猜测，便知是其面授机宜，御史们才句句直击高太后痛处。高太后不再犹豫，以冷峻口气坚决道："山可移，贬蔡过岭之议不可移也，众位无须多言。"

贬旨不日下达安州，蔡确不敢违抗，抓紧准备行装。妻儿都不肯去那蛮烟瘴雨地吃苦待毙，唯琵琶还有那只口舌伶俐的鹦鹉愿意前往，于是两人一鸟结伴动身，凄惶南行。过长江，走虔州，翻南岭，面迎南国热风，遥望新州方向徐进。

紧走慢走，来到江边，正值初夜时分，月浸江心。候渡之际，有货郎摇着小铜铃，上前兜售杂货。蔡确问琵琶喜欢什么，琵琶啥都没看中，指着货郎手里的小铜铃，问卖不卖。货郎觉得奇怪，走南闯北，卖了大辈子杂货，还是头次有人看中这百无一用的铜铃，又见两人操着外乡口音，带着满面倦容和尘灰，知是远道北来客，于是故意出个高价，他们买不买听便。

蔡确照价给付，琵琶接铜铃于手，轻摇数下。但闻铃声清脆，似泉滴石上，忍不住哼起小曲来，长途跋涉的疲惫不觉消解于婉转的铃声和小曲中。

船破月影，渡过大江，便是新州。在贬所安顿下来后，蔡确心情灰暗，所幸琵琶在侧，只要手执铜铃，轻轻一摇，琵琶就会飘然来到身边，和着铃声哼唱两曲新词旧调，一解千愁。屋角鹦鹉不甘寂寞，每每铃声一响，就会张嘴"琵琶、琵琶"地呼唤，催促琵琶快快来唱小曲。

一晃两年多过去，日子不咸不淡，毕竟琵琶小曲美，鹦鹉声音甜，给枯寂的生命保存着些许生机。偏偏上天不仁，新州突发瘟疫，琵琶染疫倒床，不久死在蔡确怀里。斯人已去，蔡确再无心情触碰铜铃，任其乖乖卧在窗前书桌边，默默思念琵琶小曲。鹦鹉不知琵琶去了哪里，目不转睛盯着铜铃，一副满腹心思的样子。

缺失琵琶的岁月越发死寂苦闷，蔡确常常夜不能寐，望着窗外夜色发呆。又一个不眠夜，蔡确辗转反侧，硌得全身骨头生疼，干脆起床下地，至窗前瞧那如水月色。窗外便是大江，月漾江波，舟影绰约，三年前过江时为琵琶购买铜铃的情景浮现于眼前，今江河依然，月色如旧，铜铃仍在，琵琶却早已化入南国泥土，不复存在。

蔡确悲从中来，不忍再睹窗外江月，伸臂去拉窗帘。一不小心，肘腕碰着铜铃，发出丁零零的脆响，惊动屋角鹦鹉，连唤数声"琵琶"。蔡确顿时老泪纵横，哽咽道：

> 鹦鹉言犹在，琵琶事已非。
> 伤心瘴江水，同渡不同归。


## 寂寞独行，专心做好帝师

把蔡确赶往岭南新州后，刘挚等人又顺藤摸瓜，对新党人物进行全面清算，如同当初新党制造乌台诗案，打击旧党。连已外贬的新党大臣如李清臣、邓润甫等，也再度追贬，不容姑息。章惇出京不久逢父病逝，含泪归籍守丧，丧期刚满便遭贬黜，直至贬往岭南。吕惠卿至谪籍后身体不适，不敢喝冷水，也成为旧党把柄，借故加以整治。

还不肯罢休，旧党又制造舆论，誉司马光、范纯仁和韩维为"三贤"，大吹大捧；斥蔡确、章惇和韩缜为"三奸"，极力诋毁丑化。甚至别出心裁，将王安石、吕惠卿、蔡确、章惇及其同党刻到榜单上，公然张贴，广而告之。

新党受到全面打压，旧党正好壮大自己，占据新党留下的要职，风光一时。尤其制造和参与车盖亭诗案的打手，该升职的升职，该重用的重用，没谁白忙一场。刘挚不用说，已由尚书左丞拜尚书右仆射，成为堂堂副相。其爪牙也水涨船高，吴处厚自汉阳知军转任文职，擢知卫州。知州属关键台阶，刘挚原本要调其入京任要职，因车盖亭诗案害人不少，朝野一片反对声，连旧党内部都纷纷摇头，刘挚迫于压力，不得不作罢。吴处厚自知臭名昭著，前途无望，郁郁寡欢，未几卒。

邢恕本属新党人物，反咬蔡确，旧党另眼相看，先徙汝襄知府，再改知河阳，又经刘挚运作，召为刑部侍郎。杨畏仅凭"策立功高"四字，受刘挚青睐，由提点夔州路刑狱，直接进京除监察御史，继擢殿中侍御史。

党争并无是非可言，不过是权力之争和意气之争，害人害己，误国误民。苏东坡身处朝堂，见党争权斗没完没了，难免忧心忡忡，曾奉劝司马光和刘挚等旧党人物，放弃成见，共辅两宫，多设身处地为太后和少年天子考虑，否则异日有人心怀叵测，教以"父子义"，唆使反攻倒算"以母改子"，后果不堪设想。旧党不以为意，说天若祚宗社，必无此事。

东坡虽被归入旧党行列，却因吃够乌台诗案苦头，心有余悸，痛恨旧党借车盖亭诗案大做文章，对新党穷追猛打。要说新党李定等人制造乌台诗案，仅打击东坡一人，相关人员仅罚铜了事，新党党首王安石、章惇还反过来为其说情。旧党反攻新党，则自上至下全盘清算，免官去职和追贬近两百人。就这样，两党从政见不合产生的积怨，逐步上升至不共戴天你死我活的深仇大恨，朝廷再无宁日，国家岂不危矣哉！

东坡特立独行，也导致旧党尤其朔党的不满，旧党一边打击新党人物，一边翻出乌台诗案旧账，欲把他驱逐出京。东坡早厌倦没完没了的党争和尔虞我诈，再次乞求外放。

高太后依然不许，嘱东坡好好教导哲宗，为国家未来负责。东坡没法，唯摒弃干扰，专心做好帝师。教书先得选书，东坡精选《诗经》《道德经》《论语》《庄子》《史记》《汉书》里相关篇章，还有本朝文人所编《三朝宝训》《观文览古》，授以哲宗，该记诵者记诵，该精读者精读，由浅入深，循循善诱，引其上路。

所喜哲宗天性好学，又肯用功，在东坡教导下，长进很快。然读书毕竟属苦差事，颇费心劲和脑力，东坡怕哲宗知难而退，心生厌学情绪，想尽办法寓教于乐，还开导道："陛下乃堂堂皇上，不同于臣下和平头百姓，读书方法也当有别。"哲宗道："愿师傅赐教。"

东坡操着略带川音的官话，不紧不慢道："吾等读书人，要讨功名，求出身，非死记硬背不可，再疲再累，也得硬着头皮，发狠苦读。陛下不同，不需求名，不必谋利，更不用参加科考，读书只为博古通今，增加识见和认知，日后好治理国家，故没必要读死书，死读书，苦读蛮读，读得见书就吐。"哲宗问道："不苦读蛮读，又怎么读？"东坡道："乐读。"哲宗惊讶道："书还可乐读？"

见哲宗起了好奇心，东坡继续启发道："陛下熟读《论语》，里面只言乐，不道苦，通篇没一个'苦'字。学而时习之，有朋自远方来，人不知而不愠，饭疏食饮水，曲肱而枕之，皆乐在其中。具体到学业，圣人说得更明白，知之者不如好之者，好之者不如乐之者。意即读书本属美事，快乐最重要，唯有读得快乐，才会乐此不疲，有大收获。故此陛下读书时，心情要轻松愉悦，多读好读易读之书，培养读书兴趣和爱好要紧。"

哲宗似有所悟，稍稍沉吟，又问道："碰上难读难懂的书呢，莫非畏难而止？"东坡笑道："碰到难读难懂之书，先搁到一旁，待读多易读易懂之书，知识越来越丰，学问越高，再读难读难懂之书，就易读易懂了。"哲宗点头道："师傅说得对，朕就由易而难，循序渐进，跟着师傅乐读吧。"

乐读方式多，也许听故事属最好的方式。这天趁着哲宗兴致高，东坡讲了春秋故事。秦穆公欲攻郑国，郑国远离秦地，蹇叔反对说："劳师袭远，非所闻也。师劳力竭，远主备之，勤而无取，必有悖心，兵败势所必然。"秦穆公不听，照样派大军出征。蹇叔流着泪道："吾见师之出，见不到师之入也。"其子也在军中，蹇叔又哭送儿子："晋军必布兵于崤山，崤有二陵，南陵系夏后皋之墓，北陵乃文王所避风雨处，秦军必葬送于两陵间，为父得去那里为儿收尸。"秦穆公嫌蹇叔出语晦气，派人递话道："你已老糊涂了，只知胡言乱语，也不想想若非活得够久，你坟墓边的树木已粗得合抱矣。"

故事至此，东坡收住话头，试看哲宗反应。哲宗已被吊起胃口，忙问道：

"后来呢，秦国胜败如何？"东坡这才告知："后果如蹇叔所言，秦军行至崤山时，为晋军伏击，全军覆没，无一生还。"哲宗惋惜道："秦穆公若听蹇叔劝阻，也不至于惨败如此。"东坡道："秦穆公也深悔不听蹇叔言，去向蹇叔道歉，追悼死于战场的蹇叔之子。"

讨论过秦穆公与蹇叔的故事，东坡并没打住，又说起汉武帝与王恢：王恢主张攻打匈奴，韩安国坚决反对，后见汉武帝倾向于出兵，转而迎合道，出主意主战者，也许自有巧计取胜，只不过敝人笨拙，不知计将何出而已。韩安国改口，增加了汉武帝信心，派出三十万大军，交王恢率领，浩浩荡荡北进匈奴。两军几经纠缠，王恢设下埋伏，以诱敌深入。谁知计泄，匈奴撤退。王恢琢磨着要不要挥师追击，又虑为敌所败，不得不作罢回朝，先保住三十万大军再说。兴师动众，花掉巨额军费，却无功而返，汉武帝怒不可遏，将王恢打入大牢，待秋后问斩。王恢悔恨交加，自杀谢罪。

听到这里，哲宗长叹一声，颇替王恢惋惜。东坡道："王恢遵君命出征，虽没取胜，毕竟带回三十万大军，竟被汉武帝下狱逼死。反观秦军远征，全军覆没于崤山，穆公自责不已，还向反对出兵的蹇叔道歉，足见汉武帝有穆公违蹇叔之罪，而无穆公兵败认错之德也。"

哲宗似懂非懂，道："都说汉武帝一世英明，依师傅之说，似乎并非如此啊。"东坡道："金无足赤，人无完人，君王也是人，是人便有人之缺点，也会犯错。犯错知错，知错认错，以后会少犯错。犯错不认错，迁怒他人，可是错上加错。既然君王也会犯错，说明并非天生英贤，还需不断学习，提升自己。至于汉武帝，虽说好大喜功，有失德之处，毕竟开疆拓土，创立万世功业，不辱英主之名。"哲宗问道："那汉武帝是功大于过，还是过大于功呢？"

东坡不假思索道："汉武帝穷兵黩武，以致大汉江山岌岌可危，所幸有识人慧眼，临终托孤选对人，挽大汉于既倒，可谓功大于过。"哲宗道："师傅所言乃汉武帝托孤于霍光吧？"东坡道："正是。汉武帝建功立业，全赖知人善任，所用文臣武官、郡侯边将、随从侍卫、阴阳律历博学之士，及管理钱谷、治理刑狱、出使外国之重吏，无不适得其所，竭尽才能。其中擢拔霍光于微末，甚至托付八岁昭帝与大汉未来，足见汉武帝识人之明。"

哲宗与昭帝继位年龄相仿，对此话题颇感兴趣，催促师傅快往下说。东坡继续道："汉武帝将霍光自众人中擢拔出来，托付天下和后世事，并非其功劳有多大，才干与智谋在众臣之上，而是随侍汉武帝二十多年，时时谨慎，处处留心，忠诚担当，具有超凡的气度和器识。难能可贵的是霍光舍身忘己，一心一意辅佐幼主昭帝，幼主成年驾崩，又废昌邑王，立宣帝，举措从容，确保大汉江山后继有人，别无闪失。"

"霍光没辜负汉武帝胜任，实在了不起。"哲宗附和道。东坡道："陛下可知，汉武帝为何看中才智平平的霍光，不选志大才高智深之臣？"哲宗道："愿听师傅教诲。"东坡道："开创大业，搏击进取，求不世功勋，非超凡脱俗之才智不可。至于保卫社稷，辅佐幼主，不在于有惊人之才智，而在于有节操；不在于有节操，而在于有气度和器识。"哲宗道："既有才能，又有节操，兼具气度和器识，不更完善吗？"

东坡不禁莞尔，道："可惜天下完人又在哪里呢？世间从不缺聪明人和能干人，人太聪明能干，且地位显贵，往往油然而起贪心，生出侥幸博取大功大名之念，眼里唯有一时之功劳，却看轻危害万世之祸患。司马父子乘人之危，以晋代魏，贻害无穷，便是明证。故而卫社稷，辅幼主，不在于有才智，而在于有节操。至于忠义之士，洁身自好，清正廉洁，托付其后事，紧要关头，宁肯杀身成仁，也不苟且，不惜辜负旧主。如此以死报国，扬忠义名声于后世，君国不能保全，又有何益呢？故不在于有节操，而在于有气度和器识。就如荀息赤胆忠心，受晋献公托付，先后辅佐其身后两少子为君，二君皆因国乱被杀，荀息以死尽忠，然终无补于国，晋国自此再无宁日。汉武帝心明如镜，看准霍光才不足而节操与气度、器识有余，托以身后事，霍光匡救危局，成就'昭宣中兴'。"

哲宗好像听出，师傅明言汉武帝，其实在暗喻神宗，大宋需要霍光之类才智不足而节操、气度、器识有余之大臣，以正本纠偏。然哲宗不过十二三岁，问题太过深沉，一时难以理解，没法穷究，唯听师傅往下继续："《尚书》有言：忠臣实在诚恳，本事不大，心地宽厚，能容人容物，视人本领为己之本领，见人品德高尚，发自内心喜欢，欣赏之，包容之。国有忠臣若此，才是生民和皇家子孙之福啊。假使霍光本事大，自以为是，又怎会以宽阔胸怀，容纳天下才智之士，欣赏品德高尚之人，而不妒忌之，凌犯之？"

哲宗望定师傅，似在捕捉从他嘴里吐出的字义句义，只听东坡又道："才智乃竞争的苗头，唯圣贤在上，驱使天下才智之士，发挥各自长处，为各自职事奔走，才可成就大功。幼主弱小，辅臣无容人气度和器识，试图凭个人才干，与天下人竞争，奸臣小人便会趁机争权夺利，君亡国破，为期不远矣。"

最后东坡把话题又圆回去:"霍光以卑微身份,得到汉武帝信任,执掌朝廷生杀大权,威望盖过君主,尊贵震动天下,前后历事三帝,无人与其争权,正是其无非凡才智,却具常人所不及之气度和器识,有容乃大,共创奇业。"

自己苦口婆心,哲宗到底能领会几分,东坡毫无把握,不过尽臣子侍读之责而已。见师傅终于收住口,哲宗忽然冒出一句:"师傅说辅佐幼主之臣,需气度和器识,不需要惊人才智和非凡节操,若幼主成年,辅臣有气度、器识而无才智和节操,能否助君开创伟业?"

少年天子发出此问,透露出一个明确信号:非常渴望早日长大,从高太后和朝臣阴影里走出来,像汉武帝和父亲神宗一样,昂首挺胸站到前台,调用干臣能吏,立一番像样功业。东坡怔了怔,勉强笑道:"幼主饱读经史,勤学好问,成年后必才智超群,节操高尚,气度非凡,器识宏大,届时驾驭臣民,治理天下,自是游刃有余矣。"

哲宗之问从此在东坡脑海里萦绕不去,让他意识到帝师不好做,日后难免重蹈申公覆辙。《史记》有载,申公游学长安,楚王令傅其太子戊。戊嫌申公人老话多,烦不胜烦。待楚王驾崩,戊继位,即罚年高的申公服役,差点累死。

东坡不愿做申公,再度赴慈寿殿向高太后请辞,求放京外。高太后依然不允,问道:"子瞻可知,老身为何一再挽留你教导少年天子吗?"东坡道:"太后不忘先帝遗嘱。"高太后道:"此其一也。"东坡道:"太后不嫌轼才疏学浅。"高太后道:"子瞻才高,朝中有才者亦不在少数。"东坡道:"轼想不出另有其他原因。"

高太后深深一叹,道:"子瞻心明眼亮,清楚朝中一直党争不断,今天你翻手为云,明日我覆手为雨,也不知几时是个头。老身老矣,少年天子则一天天长大,真不希望他执掌朝政时,重又陷入党争,不能自拔。"

东坡所忧也是党争痼疾,没完没了,愈演愈烈。此话又不好明言,只得静候高太后垂训:"据老身冷眼旁观,子瞻虽被归为旧党和蜀党,其实既非旧党,亦非新党,也不是蜀党,而是寂寞独行人,肯站在公正立场,凭良知说话办事。旧党有过,出声批评;新党有错,坚决反对;朔党、洛党不对,无情指责。故老身看来看去,也就子瞻不党不派,不偏不倚,别无私情,心怀君国和大宋。让子瞻侍读,就是期望天子在你教导和影响下,长见识,增才智,能居中持正,以慧眼看待事物,辨别忠奸,成为一代明君,延续国祚,永葆大宋不倒。"

东坡感激太后知遇之恩,不觉泪下,再不好轻言"去"字。

# 第十一章　二任杭州

## 人生如逆旅，重返杭州

虽说少年哲宗随年龄增长，渐渐有了对古今人事的独立思考和判断，毕竟师傅才高学富，哲宗仍能虚心听讲，收获多多。苏东坡打心眼里高兴，尝试着借书中的道理，涉及时事，说今赏罚不明，善恶无所劝阻，若黄河势方西流，而强之使东。诸如夏寇镇戎，杀掠数万，帅臣掩蔽不以闻，朝廷亦不问。事每如此，恐浸成衰乱之渐。

读书目的无非明理，东坡因书言事，不过履行侍读之职而已。也是感于先帝和高太后知遇厚恩，唯尽己所能，引导少年天子学会直面现实，懂是知非，日后做个明君。然这话太真太直太实在，一旦传出宫外，定会招来众怒。

果然别有用心之徒添油加醋，把话送到文武大臣耳里后，个个义愤填膺，恨不得打入苏府，摁住东坡，撕个粉碎，吞入腹中。

高太后抬爱，苏家兄弟得势，东坡又借帝师身份，获取哲宗信任，本就遭忌，今又口无遮拦，指责朝政，当政大臣自然不肯放过他。洛党、朔党及新党失势人士，平时你争我斗，不可开交，此刻在刘挚斡旋调停下，也暂时放弃恩怨，合到一处，大打出手，攻击东坡。手段一如既往，无非逮住东坡口里所言、笔底所写，牵强附会，大做文章。

也是东坡入朝以来，拟过无数诏令诰书，说过不少言语议论，这些人总能从中找出蛛丝马迹，捕风捉影，耸人听闻，说他如何心怀奸诈，如何诅咒先帝，如何愚弄哲宗，千刀万剐都不足以抵罪。东坡终于明白过来，无论当年乌台受打击，还是眼下各种无中生有的攻击，并非自己胡说乱写，言多必失，只要仍居显位，即使目盲口喑，依然蜚言满路，谤书盈箧，总有小人贴紧你肚皮，听出里面的腹诽。

所幸高太后心明如镜，不相信刘挚和御史的栽害，反过来安慰东坡，只管心无旁骛教导小皇帝，别的全当于无。东坡觉得党争和权斗太无聊，再次请求外任。高太后仍不肯松口，劝东坡不用理睬朝臣捕风捉影，无事生非，该干吗还干吗。

亲朋好友也游说东坡，别动不动使气言退，既然高太后看得起，哲宗也好学上进，就安心等着晋二品，任宰相，届时众臣自然会放聪明，闭上臭嘴。东坡大摇其头，说刘挚之流使尽手段，就是要挡住他上位，他真做上宰相，手握大权，他们还不更加疯狂，非置他于死地不可？罢了罢了，富贵如浮云，又何必委屈自己，与小人同朝为官，争风吃醋？还是早些离朝外任，换得耳根清净。

东坡一而再，再而三具疏求去，至元祐四年（1089）春末，高太后不得不允其所请，命以龙图阁学士出知杭州，领军浙西。口水淹死人，再留东坡在朝，各方凶神恶煞非整死他不可，唯让其远离朝堂是非，算是对其最好的保护。

毕竟不同于以往贬谪，东坡临行前，哲宗赐予茶叶、银盒、犀带，以及白马和镀金鞍辔。这已属于宰相待遇，又让朝臣眼红一回。东坡谢恩笑纳，回家碰着门人李廌，见他贫穷，转赠白马，让他去卖钱度日。

启程之日，门生故吏都来送行，连八十三岁的老臣文彦博也露了面，提醒东坡道："当年文同曾叮嘱你'西湖虽好莫吟诗'，可否还记得？"东坡笑道："当然记得。只是好多人都等着给我注疏，我能不写诗作文，让人家失业吗？"文彦博叹道："尔还有亏吃。"

离京过南都商丘，东坡晋谒寂寞多病的前辈张方平。半年前另一耆年前辈范镇已溘然长逝，东坡大恸，为其构思墓志铭，以践宿诺。无奈京中乌烟瘴气，未能静心执笔，今趁暂留南都，正好了却夙愿。

范镇公墓志铭成，时已入夏，东坡带领家眷和弟子秦观等人，兴致勃勃，往南而行。船经扬州，米芾迎住，请东坡和秦观下船，赴南郊家中做客。

几年前米芾往黄州拜访过东坡，辗转北上，逗留京师，曾参加西园雅集，为李公麟《西园雅集图》作记。后出京做过杭州从事，继迁居扬州南郊。东坡于米芾，可谓亦师亦友，今东坡和秦观到家，米芾自然倾其所有，热情款待。

又出示宝砚，请东坡命笔作砚铭。

米芾又请两位游历附近几处风景。先至招隐寺，南朝昭明太子萧统曾在此修行诵经，编撰出著名的《昭明文选》，成为后世书生必读书。继观玉蕊亭，据说是刘勰《文心雕龙》灵感来源处。李德裕也曾于亭下饮酒赋诗。中晚唐党争剧烈，不亚于大宋，李德裕两度为相，升降浮沉纯属家常便饭，其命运与东坡好有一比。

有意思的还是鹤林寺，旧名竹林寺，南朝宋武帝刘裕潜龙之际，游息寺内，逢黄鹤飞舞其上，称帝后改其名为鹤林寺。唐诗人李涉曾到此一游，留诗于竹旁寺壁上：

终日昏昏醉梦间，忽闻春尽强登山。
因过竹院逢僧话，偷得浮生半日闲。

李涉担任过太学博士，世称李博士。与李德裕屡贬屡升相反，李涉老受贬谪，官却没升上去，一直在八九品徘徊。诗名倒也响亮，有回行船于长江上，水匪执刀劫船，问船上何人，船夫答曰李博士。水匪说既是李博士，留诗不留财。李涉当即赋绝句一首：

暮雨潇潇江上村，绿林豪客夜知闻。
他时不用逃名姓，世上如今半是君。

不过在诗人灿若星辰的唐代，李涉诗名很快被湮没，少被后人提及。唯《题鹤林寺壁》末句"偷得浮生半日闲"，成为古今士人口头禅，尽管没几人想起出自李涉。身为资深逐客，东坡与李涉同病相怜，亦喜欢其句，倚竹面对壁诗，久久不愿离去。直至浓云拂过，抖落半山夏雨，东坡才躲入寺内。待雨住霁红，离寺下山，东坡得诗一首：

郊原雨初霁，春物有余妍。
古寺满修竹，深林闻杜鹃。

寺僧仰慕东坡，将寺竹归功其栽种，命名为苏公竹院。由于职务在身，东坡不敢久留扬州，别过米芾，登船南航，抵达杭州。

熙宁年间东坡做过三年杭州通判，距今已十五年，前度刘郎今又来，自然心情复杂，感慨良多。遥想十五年前，东坡正当盛年，意气风发，眨眼间已五十又三，垂垂老矣。不过当年只是副官一个，职权所限，难有作为，现今身为一言九鼎之太守，又有高太后和皇上信任，自当放开手脚，为杭州百姓办些实事，造些福祉，以不辜负这方佳山丽水。

太守府衙位于杭州城中，东坡自然不陌生。府衙还是五代吴越王钱镠所建，因年久失修，部分房舍已经倒塌，还压死砸伤过多人。东坡从原任太守手里接过印信和文件后，便上折请求朝廷，恩赐度牒两百道，用以修葺官舍。度牒乃僧尼出家凭书，可免赋税，每道值百三十千钱，两百道度牒是笔大收入，修葺官舍绰绰有余。

谁知来年春上，台风肆虐，雷电交加，"天外黑风吹海立，浙东飞雨过江来"，杭州几成泽国。大雨从春下到夏，穿城而过的盐桥和茅山两河又淤塞严重，宣泄不及，漫淹两岸，百姓民房粮食浸没水中，苦不堪言。东坡顾不上修葺官舍，拿出度牒所换银钱，买米赈济灾民。

水灾导致早稻栽种误期，只好等待大水退去，修复水毁田，补插晚稻。不料旱灾又至，连月无雨，千里赤烟。灾情导致粮价飞涨，继而引发疫病，灾民饥疫交加，饿死的饿死，病殁的病殁，惨不忍睹。东坡一边奏请朝廷，求免杭州百姓三成赋税，合计五十多万石，一边指挥衙役，开设粥厂，救灾民于既倒。同时打开官仓，降价出卖储粮数十万石。官仓积谷有限，俟秋粮上出，又赶紧调拨官银，高价购进百姓余粮，充实常平仓，以备不时之需。

面对病疫，东坡发动上千僧人及民间药师，义务为灾民治病。还沿用当年主官密州时的老办法，四处张贴药方，让病家照方抓药自救。疫情得到有效控制后，东坡冷静思之，觉得杭州系水陆之会，舟来车往，人口密集，容易传染疫病，忙从官库里拨出两千贯，自己再捐铜五十两，设立杭州病坊，取名安乐坊，由善医懂药的道士主持，专门收治穷苦病人，施舍药剂。蕲州名医庞安时得知东坡外放杭州，千里迢迢赶来会友，正碰着疫病流行，二话不说，走进安乐坊，亲自坐堂问诊，医治疫民。疫民太多，一个安乐坊应付不过来，东坡依庞安时建议，另设病坊多个，使广大疫民病有所治。

在救灾济民过程中，东坡意识到杭州居民得益于水，又常受水威胁，水没治理好，隐患便没法消除。在主簿苏坚和门生秦观陪同下，城里城外，频繁跑动，察看水情，调查民意。不觉来到葛岭山前，走进熟悉得不能再熟悉的寿星院，见里面新辟雨奇堂，东坡欣喜不已，决定作为自己第二办公地，以方便出行。

不用说，雨奇堂得名于东坡诗"山色空蒙雨亦奇"句，修竹环绕，碧草映阶，门迎朝晖，窗含暮云，公办之余，可步出院子，行走于山前水畔。东坡几乎每天都带着苏、秦二人从这里出发，或巡游西湖，或审察运河和钱塘湾。

寿星院住持还记得，当年东坡游遍杭州山水，每每有感而发，出口成章，留下不少佳诗妙词，现今却极少吟诗作赋，以为他年事已高，脑袋迟钝，难得再有灵感。殊不知此时已非彼时，彼时东坡身为副官，不能过多干预太守政务，唯以诗文解闷。今成一地主官，要对杭州百姓负责，满脑袋皆系民生大业，哪里还有闲情逸趣吟风弄月？

东坡自然比谁都清楚杭州的前世今生。杭州位于京杭大运河南端，城区江河交织，水路纵横，航运便利。航者杭也，杭州因而得名。杭城航运主要依靠始凿于唐朝的盐桥河（中河）和茅山河（东河）。盐桥河系运河沟通钱塘江的重要河段，钱塘江潮常挟带大量泥沙涌入盐桥河，导致舟行困难，运输阻隔。唐代刺史崔彦曾主政杭州时，做过首次疏浚。至五代吴越时期，钱镠在茅山河口筑成龙山、浙江两闸，以阻遏江潮泥沙进入盐桥河，再于半道建筑清河闸，控制西湖水，借以调节河水。宋真宗年间，时任杭州知府王钦若图一时船只往来方便，毁坏江闸，加之西湖未加疏浚，日益湮浅，盐桥、茅山两河水源长期取于江潮，泥沙日积，淤塞严重，每隔三到五年，必兴师动众，掏挖一次，不然没法行船。人力有限，河里挖出的淤泥没法运走，不得不堆在岸边居民家门口和园圃空地，一经雨水冲刷，旋又回到河中，河道再次淤塞，复归原貌。

东坡与苏坚反复磋商，认为引江湖水灌注城中诸河，岁月日久，不可轻弃。只是采用钱镠筑堰建闸阻止江潮办法，工程太大，况西湖葑塞，积水不多，对城区河道起不了调节作用。两人参酌古今经验，决计先治河，后治湖，根治盐桥和茅山两河水患。

说做就做，东坡通过两浙兵马都监刘景文，调动厢军千余人，日夜掏挖，历时半年，将两河河床开深八尺，蓄水达十尺以上，公私船只顺利通航。杭城商肆栉比，多为木屋，易发火灾，东坡又在河道蜿蜒曲折处开池筑堰，贮蓄河水，既便利汲取洗濯，又可用于防火。

为防河床再度淤塞，东坡拨款在茅山、盐桥两河南部交汇处设置闸门一道，涨潮时关闭，让潮水流经茅山河十余里后，再入盐桥河。这样既确保水源不竭，又使潮水不得进城，避免淤塞和开掏之患。东坡已有疏浚西湖设想，届时盐桥河下纳江潮之清流，上引西湖之碧水，全城居民都能用上洁净河水，方便通船往来，福莫大焉。

## 治西湖，修苏堤

　　河需行船，需饮畜浇灌，河水总不如井水清洁，苏东坡开始思谋清理城区六井。

　　杭州城区最初位于钱塘江近岸，一直未能向西湖方向延伸。西湖原系一处浅海湾，后江海长期沉积，海湾东部形成大片沙洲平陆，才隔出一片湖泊。正因如此，湖东地下水咸苦难饮，不宜人居。唐德宗年间，宰相李泌遭人排挤，贬为杭州刺史，见湖东大片土地困于饮水不良，居民零落，深感可惜。经实地勘察，发现西湖水清淡可饮，且有数十道暗泉潜行地下，遂发动居民在湖东开凿六个水池，人称相国井、西井、方井、金牛井、白龟井和小方井，杭州重心渐渐移向西湖一带，城市格局发生根本改变。

　　与普通水井不同，李泌六井源自西湖。开凿方法也与打井有别。先沿西湖分置水闸，再挖地为沟，在沟里埋入竹管，引湖水入六池，供人汲取。蓄水池出口与井无异，故被称为井。然引水竹管时日一久，易破裂或阻塞，导致水流枯竭，需经常修复。白居易任杭州刺史时，曾浚修过一次。宋仁宗时期沈遘知杭州，再开一口大井，人称沈公井。神宗年间东坡任杭州通判，取得太守支持，在仲文、子珪等僧人帮助下，开沟易管，整治六井，疏通涌金池，居民重又喝上干净井水。依然用竹管引水，故今东坡再次来杭，六井失修破损，沈公井亦干涸多时，居民饮水困难，需八九钱才能买到一斛水。

　　打听到子珪还活着，东坡赶紧入寺拜访，讨教治水方法。子珪认为竹管引水不牢靠，建议代以瓦筒，再在瓦筒外盛以石槽，底坚盖厚，锢捍周密，水既足用，永无坏理。东坡依计而行，动手整治六井和沈公井，效果很不错。又引水至仁和门外的威果、雄节等军营，再开二井，西湖甘水因此殆遍一城，军民相庆。东坡没贪治井之功为己有，专门拟就《乞子珪师号状》，上奏朝廷，请求赐子珪"惠迁"名号，意为受惠井居其所而迁之。

　　要想让八井永葆清洁，不再变臭变脏，关键在于西湖水源鲜活。当年白居易守杭，曾整治西湖，留下白堤。此后几乎年年疏浚，引水灌田千顷。宋开国以来，掏浚不常，西湖逐渐干涸，葑草丛生。东坡初次任职杭州，西湖淤塞达三分之一，有心治湖，无奈人微言轻，未能遂愿。此番重来，西湖湮塞更加严重，水浅葑横，如云翳空，倏忽便满，只怕再过二十年，便看不到西湖。西湖没法正常蓄泄，灌溉良田，运河航道也受阻，受害者自是杭州百姓，东坡哀叹道："葑合平湖久芜漫，人经丰岁尚凋疏。"

想着西湖的不幸遭遇，东坡寝食难安，一遍遍绕行西湖，眼望葑草覆盖得差不多的湖面，回思当年晴方好雨亦奇之旧景，仿佛花容月貌的爱女嫁给穷婿，活命困难，再顾不上打扮，整天蓬头垢面，叫人好不心酸。东坡咬咬牙，下定决心，非整治西湖不可。于是给朝廷上呈《乞开杭州西湖状》，先陈述西湖现状，再从养鱼、蓄水、灌溉、助航、酿酒五个方面指出其重要性，言明再不及时整治，杭民生存都将受到威胁。

不想竟遭致朝臣诽谤，说东坡吁治西湖，志事游观，公私无利。东坡力排非议，争取高太后支持，下旨恩准。旨发杭城，东坡大喜过望，带人直奔西湖，丈量湖上葑田，计二十五万丈，需二十万工日才能浚毕。浚湖工从何而来？东坡先跟刘景文商量，请他派兵帮忙，然后筹足资金和饭米，以工代赈，雇人开撩。其时水涝旱灾刚过，百姓饥不果腹，又无正业，闻东坡浚湖，供给雇工钱米，争先拥至，掘的掘，挖的挖，挑的挑，场面十分壮观。

没想到才开工，难题就出现在面前，湖中葑田面积太大，起出的葑草和淤泥根本没地方搁置。运往远处野地，费工费时，就近堆放岸边吧，影响观瞻不说，还妨碍湖岸居民进出。

其时东坡正在湖岸督工。应该是一个雨后初晴的好日子，东坡望着兵民不辞辛苦，在湖里卖力劳作，心里先自美起来，想象除葑清淤完毕，湖水蓄满，自己再带着秦观和朝云，泛舟湖上，一边啜饮湖水煮出的清茶，一边吟咏湖光山色，尽享人间清欢。

没等东坡美够，主持掏浚的苏坚跑过来，提出葑草和淤泥堆放难题。东坡这才意识到高兴得太早，葑草和淤泥没处可去，怎么疏浚湖床，还西湖晴方好雨亦奇之芳颜？

一时间，东坡不得要领，在湖边踱起步子来。时而低首沉吟，时而抬眼望向南北两岸人家，肚里道，西湖虽好，却也南北阻碍，两岸百姓出行实在有些不便。有船人家还好，可乘船过渡；没船人家只得苦费脚力，绕行二三十里，一出一进，便耗去一整天。要解决出行不便，唯有架桥，然从南至北，直线不下五六里，如此规模的长桥，又哪是想架就架得起来的？可不架桥，又能有别的什么法子呢？

这么无声自问着，两眼一直盯着湖面的东坡眉头一皱，忽然计上心来。世上恐怕也只有天才建筑大师才灵光显现，想得出如此绝妙主意。东坡为自己灵感突至暗暗欣喜，招过苏坚，命他寻来长绳，再登船入湖，丈量南北两岸距离。苏坚不知东坡要干啥，问意欲何为，莫非计算西湖面积，疏浚后出租给有钱人养鱼放畜？东坡笑道："先别多问，到时便知。"

两岸距离丈量毕，东坡拿着数据，回到寿星院雨奇堂，找出尺片、宽纸和笔墨，连夜绘起图纸来。绘得差不多时，天色已明，东坡又传苏坚、刘景文等人，一起来到湖边，摊开图纸，对着湖面比画起来。二位低头一瞧，见纸上画着一道堤坝，堤下开孔数处，舟楫穿行其间。堤上路面宽阔，人来车往。路旁草木繁盛，百花争艳，花木间角亭悄立，游人进出。

两人不知东坡绘图用意，只道画得不错，若配上诗文，定锦上添花，可卖好价。东坡道："不是画，是图。"刘景文问："图画图画，图不就是画，画不就是图吗？"苏坚也道："我怎么看皆觉是画，不是图。"东坡手指图纸道："瞧上面数据，便知是图还是画。"

两人睁眼细看，才发现图上标着堤坝长宽尺寸，连堤下孔洞大小和堤上凉亭高宽都标注得清清楚楚。苏坚似有所悟道："莫非太守要在湖上筑道堤坝？"东坡反问道："不可以吗？"刘景文接话道："如此长的堤坝，又筑在湖上，得费多少人工？光填湖的土方石料恐怕就得挖掉湖南、湖北两山，才能足数。"东坡道："湖里葑草和淤泥还挖不过来呢，老夫吃饱撑的，仿学愚公，去挖南、北两山？"刘景文道："不挖山，又拿什么填湖筑坝？"

还是苏坚年轻，脑袋好使，很快反应过来，盯住东坡道："太守的意思是，湖里起出的淤泥和葑草不用运走，直接堆到湖心，筑道纵贯南北的泥坝出来？"东坡点头道："湖底淤泥和葑草层出不穷，没地方可运，堆成泥坝，整出路面，再在路两旁栽上树木和花草，既方便湖岸百姓出行，还可给杭城居民提供观湖和休憩场所，岂不三全其美？"

说得两人大声叫好，赶紧召来具体负责清淤的官员，出示图纸，照此实施。从此东坡哪里都不去，天天守在湖边，监督工程进度，现场处理浚湖问题。刘景文年长东坡几岁，已近花甲，也不肯回营休息，陪同巡湖不止。这天跑上大半天，时间过午，两人肚皮贴背，饿得两眼发花，还没见太守府送饭来。刘景文提出派快马去都监营取食，东坡见筑堤民工还在吃饭，说远水不解近渴，干吗有饭不吃？上前取过民工饭器，盛上满满两碗饭，一碗递给刘景文，一碗自己端在手上，跟正吃饭的民工蹲在一起，猛扒猛吃起来。

见太守肯与自己同甘共苦，军民浚湖筑坝劲头更足。加之淤泥和葑草就地处置，不用外运，省力省时，半年下来，动用二十万工，便将茫茫葑草清除干净，厚厚淤泥掏挖一空。

自此西湖周围三十里，际山为岸，烟水渺渺，恢复唐时旧观。且巧借无用葑草和淤泥，从南山到北坡，堆筑出一道六里长堤，纵贯湖面。待堤上淤泥渐干，清淤起葑的兵民又会集堤上，修整出不宽不窄的堤道，道旁遍种芙蓉杨柳，桃李梅竹，以及有名和无名的各种花卉。同时照东坡图纸，造出六桥，沟通水利，方便游舫往来。六桥各具一名，分别为映波桥、锁澜桥、望山桥、压堤桥、东浦桥和跨虹桥。再筑九亭，供行人和游客遮阳避雨。

为避免西湖再度淤塞，东坡在水深处造石塔三座，相望为界，塔内为内湖，塔外为外湖。内湖水域不可种植茭菱，不许占湖为田。若谁违规，准人告发，给予奖赏，赏钱由违规者支给。还奏设专门浚湖机构，雇人定期打捞疏浚。雇人经费来源，东坡也已想好，一是规定官府所收西湖茭菱草荡租利，取之于湖，用之于湖；二是招人在湖荡种菱，以菱抵葑，致使葑草不长，收入租金可供每岁浚湖之用。种菱各户可插竹木为界，不能以葑泥堆界，违者准人铲除接赁，免租费三年。东坡将西湖管理奖惩种种办法写成文字，刻于石上，立于州府和钱塘尉厅，时常检查督促，确保西湖永不退化。

西湖疏浚，杭城百姓久雨不涝，长晴不旱，一年四季，无论饮用灌溉还是航运，都不用发愁。且湖上多出一道长堤，花繁木盛，仿佛人间天堂，游客络绎不绝。百姓感念东坡万世功德，抬着猪肉，挑着米酒，敲锣打鼓，前往杭州府衙，慰劳太守。

东坡觉得浚湖筑堤，功在大众，本不肯收受，转而又想，民众美意，生硬坚拒，岂不太伤感情？召出闰之和朝云，嘱她们照数收下。闰之道："你浚湖修堤，朝臣颇有微词，今又接收百姓所赠酒肉，事传入京，肯定又会告到皇上那里，岂不够你受的？"东坡笑道："没那么严重，只管笑纳就是。"闰之还要说啥，朝云已领会东坡的意思，扯扯女主人衣角道："先生自有办法，咱先依嘱照做就是，别拂了百姓好心好意。"

闰之只好收下猪肉和米酒，命家仆搬入后厨。东坡送走献礼百姓，反身入厨，吩咐家厨，将猪肉切成块，按自己发明于黄州的东坡肉方法烹制。忙上半天，东坡肉烹好，又将米酒温热，一起送往湖堤亭子里，再派人通知献礼百姓上堤聚餐。

待众人赶到，湖亭里已支好桌子，摆着热气腾腾的酒肉。东坡招呼众人及堤上游客入席，大口吃肉，大口喝酒，仿佛一家人似的。米酒由西湖好水酿制，自然养舌润喉。肉系特制东坡肉，杭城人还是第一次吃到，觉得格外香酥爽口，不禁啧啧称奇。

东坡哈哈大笑，当即授以烹制方法，东坡肉很快流行开来，成为杭州十大名菜之一。

## 人生就要哈哈哈

敬送酒肉，苏东坡拿来招待众人，送金送银，更不会接受，百姓没法表达感激爱戴之情，思来想去，干脆请人画好东坡像，挂在家里，饮食必祝。又建生祠，立功德碑，记颂东坡伟绩。后东坡离任，继任知州在堤上立碑以纪，名曰苏堤碑。苏堤自此扬名，"苏堤春晓"成为西湖十景之一。湖上三座石塔，亦属十景中另一景——三潭印月，供千年游人不断观瞻。

给苏堤立碑的知州名叫林希，系仁宗嘉祐二年（1057）苏家兄弟同榜进士。林希乃福建福清人，因同年之缘，与苏家兄弟来往密切，诗酒唱和，可说情同手足。他写得一手好文章，历任馆阁校勘、集贤校理及州县主官。推崇苏家父子，曾为苏辙撰联曰："父子以文章冠世，迈渊、云、司马之才；兄弟以方正决科，冠晁、董、公孙之对。"元祐初（1086）东坡起复为中书舍人，曾在高太后面前夸林希文笔了得，举荐由其取代自己，虽未获恩准，但林希已在君臣心目中留下深刻的好名。林希心存感恩，趁继知杭州，立苏堤碑为报，苏堤因而垂名古今。

东坡去世后，有人在西湖边设立两处祭祀场所。一处在孤山竹阁，与白居易、林和靖同祠，称为三贤堂，后移至苏堤锁澜桥西北，亦称三山，即香山、孤山、眉山。另一处在西湖龙井处，以僧人辩才和赵抃为配，叫三贤阁。后世又陆续建成东坡专祠，比如孤公祠东的东坡祠，里面还有东坡亲书"读书堂"三字碑，东坡祠匾得东坡自书，一时传为美谈。

此系后话。且说治水大功告成，百姓饮食无忧，灌溉不愁，交通便利，商贸旺盛，可谓官民欢洽，政通人和，东坡无事一身轻，有足够时间饮酒品茶，游乐山水，快活如神仙。

名山圣水出佳酿，西湖最宜酿酒。白居易主政杭州，爱喝西湖酒，在临湖茅家埠留下醉题白楼佳话，又作诗曰："日日醉湖边。"北宋年间，杭州酿酒业更加发达，西湖周边有三十多所酒库，均取西湖水酿酒。西湖淤塞后，水质变差，酿不出好酒，酒库大量减少。至东坡治湖成功，酿酒业复兴盛起来，酿制出的名酒西湖春，广为行销，朝廷酒税大幅增长。

东坡酒量不大，却丝毫不影响其对酒的爱好，不仅喜酒，且善于酿酒，著有《东坡酒经》，教人酿酒技术。他曾在黄州酿过蜜酒，今取西湖水，照方酿制，酒味甜醇，颇受欢迎。自酿蜜酒有人爱喝，东坡比喝酒人还高兴，干脆将配方公之于众，蜜酒于是大行杭州。杭州官民酿成蜜酒，自会请东坡同饮，东坡应接不暇，故作烦恼，笑骂杭州是酒肉地狱。

西湖周边群山产茶，陆羽《茶经》记载，钱塘天竺、灵隐二寺种茶制茶。宋《图经》说，杭州之茶，唯宝云、香林、白云所产入贡。宝云系山名，香林乃洞名，白云为峰名，皆在西湖葛岭上。东坡专程登岭，访问种制宝云茶的寺僧，再带香林茶和月桂峰新鲜桂花，去孤山寺煎饮桂花茶。东晋大诗人谢灵运曾在香林洞翻译佛经，东坡认为香林茶种正是由他从天台带来，为西湖最早的茶树。白云茶亦是东坡至爱，品饮过后，情不自禁诗赞道：

白云山下两旗新，腻绿长鲜谷雨春。
静试却如湖上雪，对尝兼忆剡中人。

"剡"指剡山，位于嵊州，嵊州乃谢灵运出生地。"两旗"即西湖旗枪名茶雏形，与后来的龙井一旗一枪、芽芽直立，已很接近。"湖上雪"意指西湖名茶青白茶，宋人觉得茶色贵白，白如湖上雪，自是茶中上品。

西湖酒美，西湖茶好，西湖周边天竺、灵隐、龙井、南屏、孤山、吴山，古木参天，景色绝佳，东坡不可能不涉足。自古名山僧占多，山多自然寺庙多。东坡爱山，也喜结交僧道，三百六十寺，杖屦无不之，也因此僧道朋友格外多。尤其名僧佛印，东坡首次任职杭州时，两人便往来频繁，留下不少故事。十五年后旧友再度来杭，云游在外的佛印立即返杭，入主圣山寺，两人常来常往，吟诗作对，唱和为乐。

西湖涌金门外有家丰乐酒楼，东坡常与佛印去那里喝酒。酒楼窗临湖面，两人边饮酒边赏湖，既享眼福，又享口福，实属大快事。正在开心，佛印啃过的肉骨头掉落地上，被黄狗叼走，东坡见状，得意地摇摇手里题着自己诗作的折扇，嘻嘻笑道："狗咬佛印骨。"佛印望望东坡，也不生气，伸手夺过他手里的扇子，往窗外一丢。扇子浮于水面，随波逐流，佛印嘻嘻吟道："水氽东坡尸（诗）。"下联对得工整，且刺得更毒，佛印占了便宜，得意非凡。

东坡喜欢吃鱼，常亲自下厨，剖开西湖活鱼，裂上五刀，用火腿、葱、姜、花椒蒸制。因刀痕如柳，自称五柳鱼。杭州人尝过，大加赞赏，亲切地称为东坡鱼。这日东坡刚做好五柳鱼，端到桌上，正要举箸开吃，窗外忽然人影一闪，佛印不失时机赶到。好个好吃和尚，早不来，晚不至，我做好鱼端上桌，你就现了身。想起十多年前佛印铜磬藏鱼旧事，东坡顺手将鱼搁到书架上面，不让佛印轻易占便宜。其实佛印从窗口经过时，已看到桌上热腾腾的鱼，进屋后鱼不翼而飞，知道东坡耍自己，也不点破，只管往桌旁一坐，讨要茶水。

东坡传茶进来，递到佛印手上，笑道："大和尚不在寺院好好念佛，跑到府衙后堂来，有何见教？"佛印道："见教不敢，只是愚僧书读得不好，每次作文写到'苏'字，老记不全笔画，'苏'字乃学士尊姓，就跑过来向您请教。"佛印所说自是繁体"苏"字。佛印与俺老苏是老友，能不会写"苏"字？东坡觉得此中有名堂，却还是假装正经道："'苏'字属上下结构，上面一个'草'，下面左边为'鱼'，右边为'禾'。"佛印道："假如'草'头下左边为'禾'，右边为'鱼'呢？"东坡道："此属异体字，仍是'苏'。"佛印道："若把'鱼'搁到草字上面去呢？"东坡道："把'鱼'搁到上面去，好像无此字，恐怕行不通。"佛印道："既然搁到上面行不通，还不赶快把'鱼'拿下来？"

东坡哈哈一笑，伸长手臂，从书架上面端下五柳鱼，放到桌上，再添副筷子，请佛印解馋。佛印与东坡的故事好像总离不开吃喝。这天东坡备足酒菜，携秦观夜游西湖。船离岸入湖，东坡才道："佛印贪吃，每次宴饮，有请他来，不请也自来，今咱换至波心畅饮，量他腿脚再长，也没法涉水上船来凑热闹。"秦观道："要是他知咱在湖上喝酒，雇船追过来，又该怎么办？"东坡道："那赶紧动筷，待酒喝光，肉吃完，就是佛印赶至，也占不了份。"

秦观端杯要往嘴里送，东坡又道："明月在顶，波光在侧，如此良辰美景，总得先行酒令，以助酒兴吧？"秦观道："行啊，老师说酒令怎么行吧。"东坡道："就行四句令，前两句即景，后两句以'哉'结尾抒情。"秦观道："要得，老师先示范，学生随后跟进。"东坡抬头望望天，道："浮云拨开，明月出来，天何言哉，天何言哉！"秦观叫声好，低头望湖，见荷花摇曳，似有鱼在水下钻行，接道："莲萍拨开，游鱼出来，得其所哉，得其所哉！"

吟罢，师徒大乐。正要碰杯开饮，忽听得船舱下一阵响动，舱板掀开，冒出一个光溜溜的脑袋，吓师徒一大跳。没待两人反应过来，舱中人道："舱板拨开，佛印出来，人焉瘦哉，人焉瘦哉！"原来是佛印和尚，怪不得酒令行得如此风趣好玩。秦观忙扶他坐好，笑道："咱仨你最肥硕，还说人焉瘦哉，何瘦之有？"佛印道："好酒好肉都被你师徒偷偷吃掉，愚僧腹内空空，忍饥挨饿，还得缩成一团，在舱里憋着，焉能不瘦？"东坡大乐道："委屈圣僧了，咱先敬你。"佛印端杯，与两位开怀豪饮，大醉而归。

东坡乐山乐水，山寺僧友多，水边伎友也不少。西湖边上有个叫琴操的歌伎，性情聪慧，好诗善文，喜看佛书。十几年前东坡初任杭州，琴操才十二三岁，就能读禅吟诗。而今已二十八九，仍操旧业。东坡让秦观约琴操游湖饮酒，嘱其献曲，所选恰是秦观《满庭芳》：

  山抹微云，天连衰草，画角声断谯门。暂停征棹，聊共引离尊。多少蓬莱旧事，空回首，烟霭纷纷。斜阳外，寒鸦万点，流水绕孤村。 销魂，当此际，香囊暗解，罗带轻分。谩赢得青楼，薄幸名存。此去何时见也，襟袖上，空惹啼痕。伤情处，高城望断，灯火已黄昏。

也许词作者本人在场，琴操心里激动，竟把"画角声断谯门"，误唱为"画角声断斜阳"。秦观纠正道："只有'声断谯门'，无'声断斜阳'。"琴操脸一红，鼓着勇气道："小女唱的阳韵《满庭芳》，非门韵《满庭芳》也。"师徒诧异道："你还会阳韵《满庭芳》？"琴操点点头，轻启芳唇唱道：

  山抹微云，天连衰草，画角声断斜阳。暂停征辔，聊共饮离觞。多少蓬莱旧侣，频回首，烟霭茫茫。孤村里，寒鸦万点，流水绕红墙。 魂伤。当此际，轻分罗带，暗解香囊。谩赢得青楼，薄幸名狂。此去何时见也，襟袖上，空有余香。伤心处，高城望断，灯火已昏黄。

仅颠倒改动数词，一首全新《满庭芳》便呈现于前，又不伤秦词原意，实不简单。东坡十分赞赏，怜其悟性超凡有慧根，意欲点化她："你非平常歌伎，又明佛理，今老夫做回和尚，你来参禅，意下如何？"琴操道："如此甚好。"

东坡问："湖中有何景？"琴操道："落霞与孤鹜齐飞，秋水共长天一色。"
东坡又问："景中有何人？"琴操道："裙拖六幅湘江水，鬓耸巫山一段云。"
东坡再问："人中景若何？"琴操答："随他杨学士，鳖杀鲍参军。"

琴操心高气傲，自比大才子杨日严和鲍照，怪不得年纪不小，还敢继续在江湖上混。东坡一拍船舷，大喝道："门前冷落鞍马稀，老大嫁作商人妇。"

琴操大悟，削去头发，前往圣山寺，拜佛印为师。佛印知道琴操是临安人，安排她回乡，在玲珑山下庵堂里为尼修行。几年后东坡南贬，途经临安，专门去玲珑庵访琴操。谁知琴操已故，埋在庵后。东坡前往探坟，面对一抔黄土和一块粗碑，不禁悲从中来，拿出酒壶，坐在坟前自饮，一浇心头凄楚，不觉醉卧石上。玲珑山醉卧石正是由此而来。

主政杭州的日子，苏东坡忙公务，忙乐山乐水，忙交朋会友，诗文明显作得少了。秦观略感惋惜，道："老师贬谪黄州时，落魄潦倒，饥寒交迫，竟写出不少惊世之作，今知杭州，衣食无忧，山清水秀人情好，怎么反而难得动回诗笔？"东坡笑呵呵道："细读《论语》，便知孔圣人以乐为人生至境，只教人乐天知命，不逼人扬名立万。老夫谪黄，万念俱灰，只好苦中作乐，借纸笔遣愁，支撑自己勉强活下来。今快活如神仙，干吗还要自作多情，浪费纸张笔墨？"秦观深以为然，点头道："看来老师才是孔圣人千年知音，真正传人。"

虽说东坡知杭时诗文作得少，但偶有心得，依然出手不凡，叫人不服不行。诸如《赠刘景文》，一经面世，便不胫而走，朝野争传，赞为诗中上品。刘景文是开封人，出身将门，天性豪放侠义，不容于官场，官越做越偏远，年近六十依然没法北归。他最敬东坡人品和才情，东坡治理西湖，要人给人，要物给物，没少出力气。两人关系越发密切，常一起泛舟西湖，一边欣赏治理后变得宽阔清幽的湖水，一边品茶饮酒，谈天说地。

论及杭州近年变化，刘景文道："杭城有幸，坡公一到，组织救灾除疫减税，掏河浚井治湖，百姓才死里逃生，过上温饱日子。苏吴一带则是另外一重天，灾害泛滥之时，州官县吏不作为，灾后还要隐瞒灾情，赋税一钱不减，逼得灾民活命不成，不得不背井离乡，外出乞讨。"东坡讶然道："还有这种事？州官县吏干吗要如此狠心，苛刻百姓？"刘景文道："无非怕追责，帽子难保。"东坡愤愤道："到底他们头上帽子要紧，还是百姓身家性命要紧？"

毕竟东坡只是杭州太守，管不了他州事，唯发发感慨，叹息几声。刘景文又道："百姓没啥奢求，能有安稳日子过，便很知足，也就盼望太守长留西湖边，以保杭州平安。"东坡道："铁打的衙门流水的官，任期一满，鄙人就得拔腿走人，哪能长留杭城？"刘景文点头道："可不是，咱年纪已不轻，还能为皇上效力多久？没记错的话，坡公今年五十五，景文痴长三岁，年过五十八，皆进入人生冬季，仿佛湖里残荷，再经不起风折浪打。"

说这话时，刘景文一直盯着船外。东坡顺着他目光望过去，只见水上荷花凋零，荷叶枯萎，这才想起秋天早过，时令已悄然进入冬季。可东坡没刘景文悲观，指着不远处的苏堤问道："都监看到没有？"刘景文问："看到什么？"东坡道："湖里荷已枯，可堤上黄花犹存，枝叶正坚。残菊后还有黄橙和绿橘，冷霜一催，越发成熟，届时登堤品尝，定然大饱口福。"逗得刘景文乐起来，说："坡公所言甚是。"东坡兴起，信口吟道：

荷尽已无擎雨盖，菊残犹有傲霜枝。
一年好景君须记，最是橙黄橘绿时。

刘景文听得出，东坡在借冬景暗喻两人暮年境况。冬季萧瑟，甚至令人绝望，然到得东坡眼里，却属无限好景，菊枝傲霜，橙黄橘绿，收获在望。农谚说："十月有个小阳春。"小阳春总有小收成，人生入冬并非只有落寞、悲凉和无望。

然刘景文的担心还是很快成为现实。转过年来，皇上就下旨，命东坡回京，担任翰林学士和吏部尚书。

# 第十二章 庙堂之高，江湖之远

## 北归入朝遭妒

元祐六年（1091）春夏之际，做了近两年杭州太守的东坡，完成该完成的使命，带着家眷，出衙离杭。杭民察知，连夜守在府门口，摆香案，燃爆竹，挥泪送别敬爱的太守。一送送到城外，苏家已登上官船，众人还痴痴伫立在岸边，久久不肯离去，似在等待东坡掉转船头，复身回来，继续做杭州太守。

无奈船影一去不复返，消失在水天尽头。因刘景文说过苏吴百姓受灾的事，东坡于心不忍，绕道去苏州等处看个究竟。毕竟已有吏部尚书身份，考究地方也系分内之事。不幸又逢雨季，本是水乡的苏州一带汪洋一片，田土全部被淹没在水里。百姓居无室，食无米，炊无柴，随处可见饿殍。

东坡心情非常沉重，上折禀报苏吴灾情，请求皇上减免灾民赋税，又勒令地方官放粮救济，防治疫病，帮子民渡过难关，尽量少死人。

令东坡万万没想到的是，奏报灾情也会开罪于人。回到京都，迎接东坡的便是朝臣的围攻。杭州治水成功，足以抵御水患旱灾，杭民受损轻微，其他地方遭灾严重，本来就让人心里不爽，偏偏东坡还要拿苏吴灾情说事，朝臣更是义愤填膺，弹劾他夸大灾情，故作惊人之语。连疏浚西湖也成罪过，说是劳民伤财，于公于民毫无裨益。

原来东坡北归途中，刘挚便使尽手段，企图阻止其还朝。如前所叙，司马光逝世后，刘挚铆足暗劲，步步向中枢靠近，成为朔党领袖，借机招徕羽翼，排除异己，占据要津，把持言路，肆意妄为。其中邢恕被召为刑部侍郎，杨畏直接进京除监察御史，继擢殿中侍御史。邢、杨之流为回报刘挚，展开对范纯仁的围剿，逼其自求罢相，出知颍昌，给刘挚留下空当，由尚书左丞拜尚书右仆射，成为堂堂副相。

新党被赶出朝廷，旧党里蜀党和洛党受到压抑，朝中仅留吕大防和苏辙两人，一人待在首相位置上，一人担任御史中丞。御史中丞并非宰执，吕大防则老实厚道，不善耍心眼，刘挚正好一手遮天，无所顾忌，胡作非为。然阴术使得太多，打击面太大，自己越来越孤立，刘挚心里隐隐不安，便想着与新党结好，抛出所谓的"调停论"，公然提倡对被排斥在外的新法用事诸臣，不妨"稍加引用，以平宿怨"。

大造舆论之际，刘挚阴使邢恕和杨畏等亲信，一边攻击吕大防和苏辙，一边勾结蔡确、章惇等人子弟，以示友好。司马光入朝之初，在高太后支持下，推行元祐更化，罢废新法，分别邪正，试图建立贤人政治，现刘挚为壮大势力，不顾后果，奸贤不分，拉拢新党人士，用心何其险恶！苏辙看不下去，两上《分别邪正札子》，指斥刘挚"调停论"纯属一派胡言："独未闻以小人在外，忧其不悦，而引之于内，以自遗患者也。"

朝会时，高太后公开苏札，得到正义朝臣附和，乃降口谕曰："苏辙疑吾君臣兼用邪正，其言极中理。"刘挚精心策划的"调停论"，这才不攻自破。

刘挚因此恨死苏辙，思谋着如何下套，把他绊倒，免得老在眼前晃悠，碍手碍脚。还没来得及对苏辙动手，其兄又应高太后召唤，回京入朝，刘挚又惊又恐，担心自己副相位置被东坡占去。这可非刘挚杞人忧天，高太后记性好，一直没忘当年苏家兄弟双双高中进士时，仁宗皇帝所说"为子孙选得两个宰相之才"的话，况高太后不仅记性好，还喜欢东坡兄弟的德才，他不把这俩小子赶走，夜里哪睡得安稳？

事不宜迟，刘挚召集杨畏、邢恕，还有贾易等人，嘱命重拾东坡知杭州事迹，弹劾其劳民伤财，修筑西湖，既沽名钓誉图政绩，又方便乘船喝酒游乐。此乃疏浚西湖时，就曾有人拿来大做文章，大势攻击东坡，东坡早做过辩驳，不以为意。高太后也觉得刘挚之流此举太下作，把劾章扔到一旁，不予理会。

刘挚又让杨畏等人搜罗东坡的诗文，挑出敏感词句，加以注解，检举东坡仇恨先帝，不满元祐更化举措。这是乌台旧案和车盖亭诗案老把戏，被一再沿用过，高太后早已厌倦，连劾章都懒得瞟一眼，骂杨畏之流无事生非。

刘挚还不甘心，另指使御史赵君锡，摭东坡《宜兴留题竹西寺》诗，大做文章。《宜兴留题竹西寺》之三有言："山寺归来闻好语，野花啼鸟亦欣然。"赵君锡抓住此两句，诬东坡喜闻先帝之丧，连野花啼鸟都欣欣然，乐不可去，简直大逆不道。

当初游竹西寺和写作三诗，吕公著在场，本可以做证，无奈两年前吕氏已殁，死无对证，东坡只好具折，详述当时情景。所谓好语，无非父老话丰年，归功于少年天子登基，高太后垂帘听政，司马光主政，赵君锡故意联系上先帝驾崩，其用心实在歹毒。

刘挚又有话说，斥东坡信口编故事，欺君臣不在现场，更欺吕公著不可能复活来检举揭发。连高太后都有些半信半疑，不知到底要不要惩处东坡。东坡只有继续解释："三月初接到恩准宜兴居住的旨令时，臣借居于南都商丘张方平府上，正要动身赴任，惊闻先帝驾崩，担心另有旨令，又滞留一个月，未有圣旨下达，才开始东行。真如赵君锡所诬闻好语，也是闻于南都，怎么会于先帝大行两个月后，老远跑到扬州去闻呢？"

亏这两个月的时间差帮了东坡，刘挚和赵君锡之流无以辩解，才让东坡涉险过关，不然再入乌台都难说。东坡当然清楚，仅凭几首诗词，用早玩过的旧把戏，再次把他打入乌台，已不太可能。刘挚的真正用意，无非赶他出都，以免对其相位构成威胁。也不想想他东坡如果真看重宰相高位，两年前就不会出京走人，否则早到了那份上，哪还有刘挚的份？

东坡实在不愿与小人为伍，惹不起，总躲得起吧，于是连续上书，乞放外任。不想东坡想躲，刘挚依然不肯放过他，又指使贾易放言，说东坡呈递请辞表章，无非向朝廷施压，以尽快弄到相位。东坡哭笑不得，干脆又上一折，冷嘲热讽，说乞外补不为他，不过回避贾易札子，给其省些笔墨钱。

想不到召东坡还朝，刘挚等人如此恐慌，高太后担心东坡树敌太多，于己于人都不是好事，经再三权衡，恩准其出任颍州知州。东坡在京仅留三个月，转身离都南奔。

刘挚所作所为，高太后看在眼里，颇感寒心，渐渐警觉起来。一个人为位置和权力，竟如此丧心病狂，连她好不容易把东坡召回朝廷，他都不择手段，非把人家逼走不可，实在太可恶。倒是东坡不愿为权位与人争斗，反复自请外放，此二人之品行，高下立判。

也是高太后仁厚，没立即对刘挚采取措施，仍让他继续在副相位置上待着，希望他能有所醒悟，稍稍收敛，也给自己留条后路。只是有意无意之间，她对刘挚的态度变得冷淡，不再像从前那般信任和器重。

刘挚手下人物一个个鼻子灵敏，很快嗅出高太后对其主子态度的微妙变化，开始考虑重新选边站队，以免跟错人，难有好下场。邢恕首先跳出来，恩将仇报，反诋有恩于己的刘挚阴图不轨，排除异己，丑事恶事干绝。也怪刘挚当初只看到邢恕牙齿锋利，可诱使其狠咬政敌，不想恶狗天性，可咬别人，也会掉过头咬主子，刘挚实属自作自受。

恶狗乱咬，人人避犹不及，唯有举棍打狗，邢恕终被乱棍赶出朝廷。较之邢恕，杨畏更狡诈，变起脸来根本不用换装，一变一个样。他做上殿中侍御史后，觉得高太后不会让范纯仁久任外官，将回京取苏颂而代之，于是大力攻苏扬范。还真被杨畏押对，范纯仁果受召入朝执政。范纯仁虽仁，但毕竟能力有限，杨畏看好苏辙，又转攻范纯仁。谁知朔党最忌蜀党，联手洛党，大肆毁谤苏家兄弟，苏辙不相，杨畏复诋辙不可用。

杨畏惯于疯狂攻击他人，毫不稀奇，让人稀奇且不得不折服者，是此君料定刘挚迟早会被高太后抛弃，全然不顾自己怎么上的位，得的宠，开始瞄准刘挚命门，欲一招致其命。正值刘挚盯紧吕大防的首相位置，命杨畏出击吕大防，杨畏不再听旧主使唤，转投吕大防，把所获刘挚纠结朋党、与蔡确新党人物预谋策立功高之类书信，以及跟章惇子弟暗通款曲的有力证据，一一附于劾章之后，呈到高太后手上。

高太后本已对刘挚失去好感，见过杨畏所呈劾章和材料，怒斥刘挚反复无常，不仅背叛元祐更化之政，还企图为蔡确所谓策立功高翻案，当即罢去其相职，逐出朝廷，以苏辙代之，升苏辙为门下侍郎，亦即副相。

党争权斗，机关算尽，其实并无赢家，到头来既害人，又害己。比如杨畏，变来变去，终变成遭人唾弃之徒，君臣皆避之不及。至于蔡确，贬谪新州数年，北归无望，随着琵琶染疫身亡，鹦鹉离家失踪，于万念俱灰之际，怀抱寂寂无声的铜铃，悄然而逝。

巧的是夹尾出京的刘挚辗转各地，也被重贬过岭，凄凄惨惨来到新州，入驻还留有蔡确气息的贬所。老病缠身，悲愤交加，前后不过数月，便咽下最后一口气，追随蔡确而去。

## 在颍州：不负此刻，才是至理

元祐六年（1091）八月，除长子苏迈授河间令北行，苏家二子苏迨、三子苏过皆随父母南渡，于下旬抵达今为安徽阜阳的颍州。

苏东坡与颍州早有渊源。四十多年前欧阳修知颍州，喜欢这方山水人情，念念不忘，二十年前六月以太子少师致仕时，举家迁居于此。两个月后东坡赴任杭州通判途中，由弟苏辙陪同，绕道前来看望恩师，在欧阳家一待半个多月，师徒三人天天形影不离，诗酒山水，其乐融融。那是师徒最后一次晤面，一年后欧阳修病逝，谥以文忠。时处杭州的东坡得耗，悲痛欲绝，犹如此前痛失亲生父亲一般。

二十年倏忽过去，恩师归宿地颍州再度迎来其弟子东坡，而东坡早已不复当年的青丝朱颜，抚今追昔，百般况味不由得袭上心头。

恩师遗孀薛夫人也于两年前病逝，欧阳家兄弟正在为母守制。东坡到任伊始，即往欧阳家祠，拜祭恩师及师母，眼含热泪，跪诵祭文：

白发苍颜，复见颍人。颍人思公，曰此门生。虽无以报，不辱其门。

东坡景仰恩师，一生追随其后，千古文章自不必言，比恩师有过之而无不及。且乎道德端方，品行无污，爱国忠君恤民，仰不愧于天，俯不怍于人，完全可拍着胸脯说不辱师门。此乃东坡自豪自傲之处，心底无私天地宽，不管何时，无论何处，都敢面对天地君亲，他日九泉之下，亦有脸皮会晤恩师。

颍州既有恩师灵魂护佑，又有故旧为僚，勤于理政治学，可让东坡抽出身来，寄情江山风月。州学教授陈师道属"苏门六君子"之一，学问诗文极佳，受东坡举荐，以布衣出任徐州教授，继升太学博士。后被言官诋毁，贬颍州教授，不期老师离京出知颍州，师生正好欢聚一堂，共振一方儒风，提携颍州学子。

还有副官通判赵德麟，系东坡主政杭州时旧识，现名还为东坡所改。东坡以给文朋诗友改名为乐，参寥和李鹰大名皆出自其妙笔。也不是见谁逮谁改谁的名，彼此关系不到一定份上，拿着厚酬求改，东坡还懒得费神呢。

颍州地平，颍水穿城而过，西去入淮。民谚云："世乱颍水浊，世治颍水清。"东坡到任颍州后，颍水清亮澄碧，官民便传言说："苏知颍，颍水明。"东坡很高兴，忙完手头政务，常由赵德麟、陈师道及欧阳修俩儿作陪，泛舟颍水，作《泛颍》诗：

> 我性喜临水，得颍意甚奇。
> 到官十日来，九日河之湄。
> 吏民笑相语，使君老而痴。
> 使君实不痴，流水有令姿。

是年东坡五十六，须眉皆白，还老泛舟嬉戏，岸上吏民见状，笑称其为痴愚老顽童。其实不能怪东坡痴愚，要怪只能怪颍水姿媚色美，让人陶醉。

颍水绕城而过，长有十多里。水流不急不缓，用不着使棹，任水推舟，徐徐而行，舟中人正好边观两岸风光，边有一搭没一搭闲聊，何等自在。但见水清如镜，东坡倚舷低首，去瞧水中倒影，笑问老顽童是谁，来自何处，将去向何方。水中老顽童满脸皆笑，嘴唇翕动，似在答话。正倾耳谛听对方说啥，一阵风过，吹皱水面，水里老顽童须眉皆乱，散成百十个老顽童，风过又恢复原形，原来颍水故意玩薄相（白相）游戏，以娱他这老顽童：

> 绕郡十余里，不驶亦不迟。
> 上流直而清，下流曲而漪。
> 画船俯明镜，笑问汝为谁。
> 忽然生鳞甲，乱我须与眉。
> 散为百东坡，顷刻复在兹。
> 此岂水薄相，与我相娱嬉。

世人为富贵荣华、声色货利所眩惑，常常弄得七颠八倒，神不守舍，其实不过水中儿戏而已。然水虽儿戏物，毕竟不用一钱买，取不伤廉，可谓磨而不磷，涅而不缁，不会使人丧失廉隅，同流合污。所喜赵、陈和两欧阳，与东坡志趣相投，一起参悟天人之道，由客观景物，颖悟人生哲思，各有所得，其妙无穷：

> 声色与臭味，颠倒眩小儿。
> 等是儿戏物，水中少磷缁。
> 赵陈两欧阳，同参天人师。
> 观妙各有得，共赋泛颍诗。

坡公之诗，篇中各有不测之境，常乘人不备，忽从天外插一段进来，为寻常胸臆中所无有。以至终篇，物我之外，恒有远景，匪人所预。

东坡诗传扬开去，吊足外地朋友胃口，没机会创造机会，也要来颍州见识诗里的情境。助东坡疏浚西湖的刘景文，赖东坡力荐，得换文官资质，除知隰州，借离杭北上赴任，来颍州会老友。风雨兼程，夜半至颍南，先派家仆持简，打马奔府衙通禀东坡。天明赶到府门口，苏过接住刘简，告知卧病在床的父亲。

一见刘景文手迹，东坡大喜过望，病体不治而愈，不用搀扶便翻身下床，出屋倚门，翘首以待。俟刘景文现身，立即上前，握住对方的手，一番细细打量，须眉皆是笑。迎入衙内，把酒话当年，问遍旧日吏民友朋，又猜刘景文近期定写过不少新诗，藏在袖内，只要手腕一抬，袖口一敞，水光潋滟的西湖即抖搂出来：

新堤旧井各无恙，参寥六一岂念吾？
别后新诗巧摹写，袖中知有钱塘湖。

无奈刘景文公职在身，得赶在冬雪降临前抵达隰州，逗留颍州旬日，挥别北去。隰州远在天边，彼此一别，今生不知还能相见否？东坡难免伤感，却没法沉湎于别离情绪，得面对治下土地和吏民。这年寒流来得早，入冬不久便北风狂舞，开始纷纷扬扬下起雪来。

雪越下越大，连月不歇，以至天寒地冻，呵气成冰。东坡率赵德麟出衙，吱嘎吱嘎，踏着厚厚积雪，登临女郎台，察看银装素裹的远景近物。女郎台系春秋时期胡子国君为两女儿所筑，两公主在此掘水井一眼，建僧舍多间，植环寺乌柏数十株。往事越千年，水井已无水，僧舍未见僧，乌柏不栖乌。东坡质疑道："女郎台由胡子国君夯筑，两公主植乌柏，掘水井，勉强说得过去，然僧舍恐怕为后来所建。"

赵德麟问原因，东坡道："东汉年间佛僧才自域外传入东土，春秋哪儿来僧舍？"赵德麟点头称是："坡公言之在理。世间以讹传讹，充盈于耳，真相却往往为假相掩盖，无以追究。"东坡笑道："真相难究，不究也罢，不然还要得罪以假为真者。"

不觉来到台高处，极目四望，无论旷野荒原，还是阡陌河流，皆覆盖在白雪下，失却原来样貌，唯余皑皑白光，晃得人眼都睁不开。赵德麟道："德麟生长于涿郡，没少经下雪日子，似乎未见过颍州这么大的雪。颍州地处河南，河北今年不知雪有多大。"东坡问道："德麟该见过唐时仕女画，为何彼时女流着装单薄袒露，今时妇女厚装严束？"

正言雪道冰，东坡怎么扯起妇女装束来了？赵德麟不假思索道："莫不是李唐崛起于西北，胡人习气重，妇女无拘无束，不似赵宋礼教烦琐，对女子约束多？"东坡摇头道："非也，赵宋君臣开明，对百姓衣食住行一向管束少。"赵德麟道："那便是今世蚕桑丰厚，编织充盈，官民穿衣着裳，不用节省布帛。"

东坡笑道："李唐盛世，平民或有饥寒之忧，富贵人家丰衣足食毕竟不难。"赵德麟道："德麟迟钝，还请坡公点拨。"东坡道："也许往唐比今宋炎热。"赵德麟道："坡公是说往唐天炎，妇女单衫袒服散热，今宋地凉，需厚衣严裳保暖？"东坡道："不是吗？老夫走南闯北，所经多为寒凉日子，相比炎热天气并不多见。"

赵德麟想想，还真是这么回事，不得不佩服东坡善于眼观体察，见识非凡。东坡又道："自古气候炎凉，关乎生产稼穑，西北天寒久，地冻长，故以游牧狩猎为主；相较之下，江南气温高，雨水足，利于耕织，处处鱼米富贵乡。"

此乃常识，司空见惯，没啥好稀奇的。稀奇的是东坡以下论调："去史册典籍里探微索隐，始知自古至今，寒热并非一成不变，有些时期寒凉，有些年代炎热，且循环往复，交替升降。"赵德麟道："还有此等事？"东坡开玩笑道："那是德麟读书少，或读书不细。"

虽说赵家宗亲后裔无须苦读科考，读书少或读得粗略无伤大雅，然赵德麟不同于其他宗亲纨绔，一向好读书，学问还算不错，否则东坡也不会拿读书挖苦他。赵德麟也不生气，笑道："德麟愚昧，读书少而粗，未见识过经史里炎凉方面记载，还请坡公不吝赐教。"

东坡悠悠道："《诗经》《史记》及其他古今诗文杂记里有载，商周后期，汉唐末世，皆遭遇过寒冷天气，故而秦朝取代商周，魏五代替换汉唐。"赵德麟道："天气炎凉竟导致朝代更迭，德麟确乎闻所未闻。"东坡道："寒凉期天冷地冻，草凋木枯，禽兽存活繁衍难，民众生存堪忧，国运何以永继？"

赵德麟似有所悟，道："坡公的意思是，商周汉唐末期天气遇冷，物产短缺，供给不足，老冻幼馁，为争夺活命资源，战争频发，导致国运衰竭，朝代灭亡？"东坡道："难道不是吗？"赵德麟道："可史家皆言，朝代末期，每每君昏臣聩，因而百业凋敝，民不聊生，饥民才揭竿而起，改朝换代，一切从头再来。"

东坡挑明道："史家所说并非完全没道理，但史家不会说朝代前期、中叶也有昏君和聩臣，更不会说昏君聩臣无所作为或胡乱作为，朝廷尚能存续下去，无非商民食能果腹，衣可蔽体，北狄西戎南蛮东夷也相安无事，不会因天寒食短，地冷腹空，入侵中原抢掠。换句话说，贫贱夫妻百事哀，丰衣足食乃立国根本，一旦民生凋敝，衣食不保，活命艰难，国本产生动摇，必将天下大乱，改朝换代也就势所必然。"

赵德麟陷入沉思。东坡又叹息道："战争残酷，一旦战火蔓延，生灵涂炭，国亡家败，无人能幸免。偏偏朝代延续时间越长，权贵阶层越牢固，土地垄断越厉害，民众越不堪重负，越有破旧立新冲动。朝廷养兵千日，无非安内攘外，零星火势易扑灭，然一旦天降灾异，外敌入侵，战火势成燎原，也就谁也不可能阻止改朝换代。战争死人无数，新朝人少地多，加之气温缓慢回暖，物产逐渐丰富，足以养活官民，只要君臣不瞎折腾，国家将进入较长承平期，直到下一个轮回再度来临。此乃天道，非人力可抗拒。"

赵德麟眼望天地茫茫，道："坡公一席话，让德麟忧上心头，莫非大宋建国百多年，开始遭遇寒凉气候，会有什么变数？"东坡笑道："气候由暖而寒，或由凉而热，属缓慢漫长的过程，不会骤改突变，大可不必杞人忧天。且万物此消彼长，定夺于天，非取决于人，人唯听天由命，顺其自然，完成生老病死宿命。已往者已往，未来者未来，一切皆为虚幻，人所拥有无非眼前短暂时光，不负此刻，才是至理。"

赵德麟豁然开朗，道："诗仙李白说：'弃我去者，昨日之日不可留；乱我心者，今日之日多烦忧。'依坡公所示，昨日之日已往，无须留恋；今日之日短暂，稍纵即逝，亦无必要烦忧。"东坡道："既食人间烟火，毫无烦忧，又谈何容易？比如咱俩执掌颍州，颍州秋冷冬寒，田土出产亏欠，又遇久雪不霁，小民生活困顿，你我不忧谁忧？"

赵德麟早已胸有成竹，道："坡公尽管放心，德麟签判陈州时，没少办赈济，小民冬困，所缺不过粮米和柴草两样。颍州义仓积谷数千石，散布出去，足济境内贫民。各处作坊工场木炭和酒务所储柴草，共计数十万秤，亦可照原价外卖救急。"

东坡大喜，道："粮米柴草充足，吏民能安全度过严冬，你我无忧矣。"赵德麟道："回衙后德麟便有序办理，确保颍州不饿死冻毙一人。"

走下女郎台，回到州衙，东坡忽又想起什么，道："德麟说可确保颍州不饿死冻毙一人，然据老夫所知，比邻颍州的庐、濠、寿数州，秋欠成荒，小民以树皮、草根为食，入冬树皮剥光，草根拔尽，纷纷外出逃难，络绎于途。老夫心忧数州流民拥入颍州，又该如何应对？"

身为颍州通判，赵德麟没操过外州难民的心，一时不知如何是好。东坡道："流民若至州，官无以济，则横尸布路，盗贼群起，府衙需提前预备才行。咱俩分工，德麟全力赈济本州难民，外州流民由老夫负责打发。"

苏东坡说干就干，上折请求朝廷恩准，以度牒换银，购储小麦、粟米、绿豆、豌豆四色，封桩斛斗，候流民至州，旋去救济。

防患早，准备足，赈济循序施行，有效助灾民安全过冬。冬去春来，转眼进入元祐七年（1092），大雪仍没完没了，下个不停。

直至二月中旬，天气转晴，万物复苏，大雪才慢慢止住。十五晴夜，月色鲜霁，东坡坐于堂前，面对阶下洒满月辉的半落梅花，想起当年乌台蒙难，逃出生天，南贬经麻城关山，遇草丛间寒梅未凋，随风摇曳，似在哀怜行色匆匆的逐客，不觉含悲口占《梅花二首》，其二有句曰："何人把酒慰深幽，开自无聊落更愁。"

岁月匆匆，十二年倏忽过去，人已非当时人，梅花则依旧自开自落。正巧王闰之从堂外经过，见东坡注目阶下梅花发痴，便止步笑道："先生莫非又在对月伤情，临花怀旧？"

许是沉浸在自己心思里，东坡似没听到闰之声音，依然目不斜视，无动于衷。闰之又道："春月春花胜似秋月秋花，秋月秋花令人凄惨哀伤，春月春花则叫人和悦喜乐。难得春夜良辰，梅月辉映，先生又何必自作多情，独自伤感？"

逗得东坡直乐，笑嘻嘻道："真看不出，夫人还会作诗，此言正是诗家之语。"闰之笑道："鄙妇哪会作诗？无非见先生呆坐堂中，愁眉苦脸，知又在胡思乱想，与自己过不去。还不如邀好友来衙，以花佐酒，聊聊天，作作诗，一解愁闷。"

东坡大声叫好，忙派家仆去唤赵德麟和陈师道。待两人应约而至，闰之已在花下摆好桌椅，又让朝云端出温好的美酒，还有盛满果品点心的方盘圆碟，置于桌上。东坡招呼客人入座，品酒赏梅，谈天说地，开心无比。

陈师道与赵德麟年龄相仿，小东坡十六七岁，东坡于二人亦尊亦师亦友，三人关系融洽，值良辰美景，同享佳酿好果，自是人生至乐。可以想见，春日庭院，九曲回廊，头上皓月当空，穿行于淡云薄雾间；眼前梅花半开半落，梅香渗入酒香，扑鼻入喉，能不令人飘然欲醉？赵、陈二人年轻，禁不起良宵美酒之激荡，搁杯离桌，起舞弄影，东坡深受感染，立身击节，大声叫好。还是夫人说得对，春花春月胜似秋花秋月，秋花秋月令离人断肠，春花春月让聚友开怀。东坡借闰之语意，吟《减字木兰花》，以伴二客舞步：

> 春庭月午，摇荡香醪光欲舞。步转回廊，半落梅花婉娩香。　　轻云薄雾，总是少年行乐处。不似秋光，只与离人照断肠。

闰之一个小主意，让东坡与友人共度良宵，一解愁闷，还收获不可多得的妙词，实属一大幸事。无奈人世之间，往往忧随欢，喜连悲，没过几天，南都有讣告传至，张方平已于年前病逝，享寿八十五。东坡举哀奠祭，追思老人赏识擢拔之恩，也不用张家后人嘱托，主动揽下撰写老人墓志铭之使命。

不同于韩愈喜为作古之人盖棺论定，换取大额润笔，东坡不愿随便为人撰谀墓文字。早先朝廷敕作《赵清献公神道碑》，东坡以平生不拟行状、埋铭、墓碑为由，予以婉拒，无奈朝廷强逼，不得已而为之。司马光德高望重，又为苏氏亡母程氏撰过埋铭，东坡为其撰写行状，作为交换。范镇与张方平皆系苏洵同辈挚友，对苏家兄弟关照有加，给两位恩公撰述墓志铭，理所当然。至此东坡平生共铭富弼、司马光、赵瞻、范镇和张方平，其尝自言："轼于天下未尝铭墓，独铭五人，皆盛德。"

## 移守扬州

不日圣旨下达颍州，命东坡以龙图阁学士充淮南东路兵马钤辖知扬州军州事。东坡早厌倦官场争斗，一心求退，本欲呈辞还乡，深知高太后不会允许，不得不再次强打精神，做东移准备。又想起弟弟独在朝中，孤身与一帮官迷周旋缠斗，不觉五味杂陈，撰《满江红·怀子由作》以寄，盼兄弟俩离宦海，聚林下，对床夜雨，永不分离：

> 清颍东流，愁目断、孤帆明灭。宦游处，青山白浪，万重千叠。孤负当年林下意，对床夜雨听萧瑟。恨此生，长向别离中，添华发。　　一尊酒，黄河侧。无限事，从头说。相看恍如昨，许多年月。衣上旧痕余苦泪，眉间喜气添黄色。便与君，池上

觅残春，花如雪。

苏辙见词，唏嘘良久。自仁宗嘉祐元年（1056）春兄弟俩随父出蜀入京科考入仕，至今行走官场三十六年，经多权力角逐，见多人性丑陋，早心生厌倦，唯想在来日不多的有生之年同回蜀乡，相濡以沫，互慰疲惫受创之身心。可苏辙太清楚不过，一入宦门深似海，岂容你欲入便入，欲退便退？尤其君恩深厚，身为副相，多方势力纷争于朝，高太后亟须正直无私大臣撑腰，又哪是你说撒手就撒得了的？

刘挚出局，朔党受创，表面看去党争偃旗息鼓，朝堂似乎消停了许多，然哪里有名利，哪里就有你争我夺，就难留方寸净土和真正的平静。尤其高太后渐渐老去，哲宗慢慢长大，一切都有可能发生，也许要不了多久，朝局又将出现新的变数。

高太后临朝听政期间，曾先后安排吕公著、范纯仁、范祖禹和东坡兄弟担任侍读大臣，依照从前仁宗范式，试图把哲宗培养成通晓经义、恪守祖制的好天子，而非神宗那样异想天开试图变法革新的悖逆皇帝。应该说几位侍读大臣尤其东坡言传身教，颇见成效，好学的哲宗正朝高太后所预想的方向进步。问题出在高太后和大臣对少年皇帝有意无意的无视，让其心里暗生反感，抵消了东坡诸臣苦口婆心的教育。

自哲宗登基，司马光入相秉政伊始，军国大事皆由高太后与朝臣商议处理，没谁想起征询稚气的少帝。也许在高太后眼里，少帝少不谙事，端坐帝位纯属象征，没必要太在意他。也许众臣各怀心思，目光皆放在高太后身上，只想着向她负责，没意识到名正言顺的少帝高高在上，君臣之义不可忽略，客气几句似有必要。

也怪朝堂上高太后座位处于哲宗御座侧面，大臣面向高太后奏事，自然只能留侧影给哲宗。殊不知没谁乐意被漠视，哲宗受够冷落，渐生不满，经常发牢骚道："做了多年皇帝，唯见过大臣臀部和背影，没看清其真面目。"

朝堂上不被大臣待见，怄了一肚子气，退朝回到后宫还要受奶奶高太后约束，哲宗觉得这皇帝做得实在太憋屈，难免满腹怨恨。高太后对哲宗读书要求严，生活方面规矩也近乎苛刻。孔子有戒言："少之时，血气未定，戒之在色。"为免使少年皇帝耽于女色，高太后安排二十个年长宫嫔照顾其起居，哲宗夜晚须在自己榻前阁楼就寝，不可接近年轻妃子。

大臣也狗拿耗子，多管后宫闲事。曾有传言：后宫婴儿啼哭，宫人四处寻找乳母。哲宗时年十四，竟有了孩子，众臣大惊失色，纷纷奏诫少年皇帝自重，不要沉湎声色，其言辞之激烈，无以复加。高太后为照顾哲宗面子，解释为神宗所遗小公主年幼，需乳母哺育，过后则传唤可疑宫女，严加训斥，吓得她们一个个脸色苍白，哭肿双眼。哲宗也担惊受怕，打听得知为大臣告状所致，恨得咬牙切齿。

哲宗生母朱氏出身寒微，初为神宗女侍，后生下哲宗外加一儿一女，才获封朱妃。神宗驾崩，朱妃护灵往永裕陵，途经永安，接受时任河南知府韩绛跪迎。朱妃就在灵柩旁，未及回避，传到高太后耳里，她不禁大怒，责骂道："韩某乃先朝大臣，你怎能受其大礼？"吓得朱妃惊哭谢罪。哲宗登基，向皇后被尊为皇太后，朱妃本应母以子贵尊晋太妃，大臣极力谏阻，以抬高向太后，讨好高太后。另有人主张尊崇朱妃，提升其待遇，以彰显天子孝道，肚里所想则是哲宗终会亲政，提前为自己日后仕进埋设伏笔。事一拖三年，高太后才晋朱妃为太妃，迁居圣瑞宫，舆盖、仪卫、服冠与向太后等同。为不亏待向太后，让她迁出隆佑宫，入居庆寿殿，向太后不答应，仍居原处不动。

军政由高太后说了算，哲宗再不满，也无奈其何，唯有暂时隐忍。大臣上朝奏事，哲宗事不关己，冷脸无声，瞧都懒得瞧大臣一眼。随着哲宗一天天长大，高太后听政时会偶尔征求其意见，哲宗面无表情道："太后娘娘已处分，还要臣孙说什么？"

御前桌子已旧，高太后令人撤掉，换上新桌。哲宗上朝一见，叫近侍挪走新桌，把旧桌再搬回来。高太后不解，问为何喜旧厌新。哲宗道："旧桌系爹爹用过的。"高太后无语，陷入沉思。看来这个孙皇并不简单，哪天自己一死，朝廷定然有变。

帝、后关系微妙，君臣各怀心思，苏辙看在眼里，不觉隐隐不安。生老病死，人之常态，没谁敢保高太后一直临朝下去，一旦哲宗亲政，接管皇权，在朝众臣又将何去何从？苏辙入仕以来，已数历皇权交替，几经升降沉浮，以少年皇帝登基以来的言行举止，日后朝局将会咋样，自家兄弟命运如何，似已不言而喻。

然话还不怎么好出口，落于笔端，苏辙只能将近忧远虑埋在肚里，函约兄长，趁此交旧接新之际，返京一趟，当面向高太后领命。宋制大臣移守，例可过阙上殿，朝圣述职，君上将视情另做安置。苏辙的用意是，见着高太后，兄弟俩正好陈情告老，归蜀守护祖茔，毕竟皇帝青春鼎盛，日后亲政需用年轻新锐，无须老臣在殿前碍眼。

东坡接函，明白弟弟苦衷。然设想虽好，却不可能生效。权力尤其皇权，实乃世上最美妙之物，谁能抵抗其巨大诱惑？高太后已习惯临朝听政驾驭群臣的快乐，且又在其亲手主理和调度下，朝局稳固，国家承平，元祐中兴在望。试想高太后听政听得兴致盎然，渐入佳境，你跑到人家面前说啥皇帝终将亲政，听话好用的老臣应及早隐退，不遭忌讨骂吗？

东坡对弟弟的美好愿望不抱幻想，将归隐心念暂且搁置一旁，于三月初取道下淮，径赴扬州。出行趁早，颍州吏民还在睡梦中，苏家便踏着黎明前的幽暗，悄然来到淮河岸边，登上官船。天边云影依依，绕过静如处子的清月。月色越来越淡，以至于无，晨曦撕开夜幕，惊醒远处报晓的号角，似在催促早行船赶快升帆。凉风习习，吹皱船外碧绿的水面，有如千万鱼鳞缓缓荡开。

淮河为中国版图南北分界线，只要外放江南，无论南下或北上，皆需行舟淮上，遭遇这道熟悉得不能再熟悉的风景。淮河不弃宦游人，东坡心存感恩，同时又为自己年近花甲，欲归蜀终老而不得，仍需继续漂泊他乡，倍觉无奈和悲哀。到底是人生无常，别无选择，只能随波逐流，还是命该老死江湖，遗骨异域？莫名忧伤袭上心头，东坡口占《淮上早发》：

  澹月倾云晓角哀，小风吹水碧鳞开。
  此生定向江湖老，默数淮中十往来。

舟经怀远，涂、荆二山夹淮相迎，小儿苏过提议登山缅怀古圣，东坡欣然颔首，由迨、过二子陪同，舍舟登岸。涂、荆二山原系一体，后经地质断裂，淮水冲刷，遂分为隔水对峙两山，涂在淮东，荆处淮西。父子仨先登涂山，去访禹王庙。涂山古为涂山氏所在地，双峰峻耸，瞰淮矗立。当尧之时，天下犹未平，洪水横流，泛滥于野，五谷不登，禽兽逼人。禹受命于危难，与涂山氏国联姻，大会诸侯，新婚三日而别，改堵为疏，劈山导淮，左准绳，右规矩，沐甚雨，栉疾风，斩防风，斗支祁，七年闻乐不听，三过家门而不入。

水利万物，然水大成灾，伤民害商，自古导流治水属国之大政，大禹功德堪比涂山高隆。生民心存感念，于涂山建禹王庙，世代参拜祭祀。东坡小时便读过大禹的故事，入仕后无论走到哪里，格外重视水利，尤其徐州抗洪，杭州治湖，成为千古美谈。今入禹王庙，跪伏于高大的禹王塑像前，自然别有一番感受在心头。

离庙下坡，过淮登荆山，观抱璞岩，游卞和洞。洞深且广，有坑幽然，曰采玉坑，道是卞和曾采玉于此。坑内玉石层叠，晶莹闪亮，恍若白云攒集，俗称白云堆。洞左有溪，碧流淙淙，名曰濯玉涧，自属卞和濯璞处。洞右有庙，内立卞和献璞像。

与大禹治水的传说一样，卞和献璞的故事也尽人皆知。说卞和得璞于荆山，献之楚厉王。厉王使玉匠相之，匠曰石也，王以和为诳，刖其左足。厉王薨，武王即位，和奉璞再献。武王亦使匠相之，仍曰石也，王以诳为由刖和右足。武王薨，文王即位，和抱璞哭于荆山下，三日三夜不歇，泣尽而继之以血。文王使人问其故：天下刖足者多矣，子奚哭之悲也？和曰吾非悲刖也，悲夫宝玉而视之石也，忠贞之士而名之以诳，此吾所以悲也。文王乃使玉匠理其璞，果得宝焉，遂名和氏璧。

父子仨感慨着和氏献璞之执着，平时话不多的苏迨开口道："和氏璧故事确实感人，却令人费解。一是和氏既知璞含宝玉，为何一定献给楚王，难道不可擅开，卖钱或传家？二是厉、武二王为何只闻玉匠言，不直接开理，非得把好事留给文王？"

东坡在欣赏庙壁题诗，闻苏迨语，去瞧苏过。苏过也站在诗壁前，正品读李白诗：

抱玉入楚国，见疑古所闻。
良宝终见弃，徒劳三献君。

另有父亲恩师梅尧臣的诗亦在壁：

和楚人，兹楚地。泣玉山，无所记。但见楚人夸产玉，古庙幽幽无鬼哭。倘有鬼，定无足。

东坡挨近苏过，问道："听到二哥质疑没？"苏过道："和氏自言，所献者非玉矣，乃忠贞也。厉、武二王不识玉，更不辨忠，八成是故意为之，以衬托文王英明，识玉辨忠。"苏迨道："为讨好君王表忠心，不惜失去两足，是否太过愚痴固执？"苏过道："比之厉、武二王失去不辨好歹忠奸名声，和氏被刖去两足，不过小失而已。"苏迨道："看来和氏献璧有无其事，还真说不准，弄不好不过史官故意编造忠君故事，用以诱导后人。"

就和氏璧真伪议论半天，兄弟俩得不出结论，问父亲有何高见。东坡笑道："和氏献璧也许不伪。毕竟怀玉如怀才，世间怀才之士，不管才大才小，皆有显摆张扬之欲，一旦怀才不遇，生不如死。为父早年自觉有才，生怕人不知，总忍不住显露一番，才招致牢狱之灾，脑袋差点不保，较之和氏刖两足更为惨痛。"

此乃东坡亲历过之生死大劫，虽说时过境迁，但兄弟俩听来，依然不寒而栗。倒是东坡早已释怀，才云淡风轻，似乎事不关己。只听东坡又道："怀璧也好，怀才也罢，其实皆非妙事，所谓匹夫无罪，怀璧其罪。和氏怀璧本有罪，献璧更是罪上加罪，故引起史家兴趣，又为后世连缀出诸多传奇。"

有关和氏璧的传奇，苏氏兄弟早已耳熟能详。楚廷未能永据和氏璧，后传入赵宫，秦王得闻，递话愿以十五城换璧。赵王明知秦王诡诈，又得罪不起，不得不遣蔺相如入秦献宝。秦王爱不释手，却只字不提"换城"二字。蔺相如上前道："此璧虽好，却有瑕疵，让相如指给大王看。"王返璧于蔺相如，蔺相如执璧退至宫柱旁，怒目道："大王无意交十五城，相如宁肯让头和璧共碎于柱。"说罢举璧于额，欲朝柱撞去。秦王心疼璧碎，命人取图，指点十五城，诺划于赵。蔺相如说璧珍贵，离赵前赵王曾斋戒五天，大王亦须照办，以示虔诚。秦王只得表示同意。蔺相如至住处，让随从怀璧抄小道返赵。秦王知璧已离境，欲杀蔺相如，又觉于事无补，只得下令放人。

这便是著名的完璧归赵的故事。然完璧一时归赵，终为秦国所霸，至秦始皇一统天下，命丞相李斯制成方圆四寸上纽交五龙之传国玉玺，镌上"受命于天，既寿永昌"八个篆字，以示皇权天授，正统合法。传国玉玺由秦传汉，由汉传魏，再由魏传晋，往下一路传到隋唐，唐末天下大乱，先后落归后梁与后唐，至后唐末帝李从珂自焚，终失踪，不知所终。谁知本朝哲宗登基不久，有个叫段义的农夫，耕田时发现传国玉玺，主动献给朝廷，轰动一时。

兄弟俩你一言，我一语，说着和氏璧的前世今生，越说越起劲。苏迨道："也不知段义所获传国玉玺真伪如何。依迨浅见，方圆四寸的玉玺，又非泰山巨石，于后唐消失一百五十年，忽然从天而降，落到段义手里，哪有那么凑巧？"苏过认同道："也许有人见大宋拥有天下，却无传国玉玺，多少有些遗憾，故意假造谁也没见过的传国玉玺，献给朝廷，卖乖讨赏。"苏迨道："别说段义所进玉玺真伪难说，即便李斯所造传国玉玺，亦真假难断。至少传国玉玺由和氏璧制造，当不得真。"

此论倒也新鲜，苏过问二哥理由。苏迨道："和氏璧为玉璧，璧者，扁平圆形玉器也。史载传国玉玺方圆四寸，上纽五龙，至少出自四寸见方的厚重玉石，岂是扁平玉璧造得出来？"苏过道："二哥言之有理。也许李斯所造传国玉玺，取材不过普通玉料，故意说成传奇神秘的和氏璧，无非彰显天授秦一统天下之合法性，以讨始皇欢心。"苏迨道："李斯惯善投机钻营，为迎合始皇，挖空心思给传国玉玺涂脂抹粉，完全有可能。"

兄弟俩言之凿凿，见父亲不声不响，仍在面壁阅诗，上前征求其看法。苏东坡读史不拘泥于史，观今不轻信眼前所见，常发异思妙想，对二儿奇谈怪论颇为欣赏，道："史为人所撰，人非圣贤，局限于眼界和觉悟，固囿于偏见和成见，笔下人事失真失常，不足为怪。况给帝王树碑立传，得讨尊者喜，为尊者讳，真正秉笔直书，有啥记啥，又谈何容易？"

下得荆山，返舟东行，穿州过府，来到泗境。一路走走停停，不时上岸入村，访民疾苦，竟然十室九空，鲜见人影。原来上年大寒，今岁春迟，新麦晚熟甚至无收，官府催收积欠，穷户无力偿还，流走道途，避不及者则被拘押，关入监狱；富户为穷邻担保，拖累致穷，甚而家败人亡。气候变化不定，新政旧政反复无常，人祸天灾加于小民之身，怎堪承受？

自泗州转行运河南下，途中所见所闻，与前相同，没多少区别。苏东坡痛心疾首，暗恨自己无力救民于水火，愧对一身华丽官服。

扬州越来越近，时任通判晁补之率吏出城远迎。晁补之乃"苏门四学士"之一，自得知老师移守扬州之始，便早也盼，晚也盼，终盼来老师到任时日，一大早出衙，赶往运河码头，手搭凉棚，翘望老师官船由远及近，渐至身前。没等官船停稳，晁补之急切登船，请出老师一家，护送入衙，安置于早已清扫干净的后堂，设宴接风。

隔日登堂议事，晁补之禀报："万花会日期将至，还请老师发话，早准备，早动作，以便采集芍药，陈列大街闹市，官民同欢。"

牡丹花之王，芍药花之相。就如洛阳牡丹华贵无比，扬州芍药堪称天下奇绝，蔡京出知扬州时，效仿洛阳牡丹节，征集芍药十万枝，举办万花会。此后每年春季，扬州官吏便四面出动，逼花农培植芍药，献给官府，以备万花会之用。东坡一向喜欢芍药，曾诗赞曰："红玉半开菩萨面，丹砂浓点柳枝唇。"且偏爱扬州芍药："扬州近日红千叶，自是风流时世妆。"

老师喜爱扬州芍药，趁新守扬州，主办以芍药为主的万花会，自是一大乐事。谁知东坡皱皱眉头，叹道："万花会还是免了吧。"晁补之不解道："众所周知，老师一向喜好扬州芍药，出面主办万花会，装点州城，官民同庆，皆大欢喜，何乐而不为呢？"

东坡阴沉着老脸，道："老夫自颍至扬，一路察访，子民遇天灾，遭人祸，活命艰难，咱父母官却罔顾民情，办什么万花会，心里过意得去吗？"晁补之道："老师言之不假，然扬州万花会颇受欢迎，忽被老师叫停，只怕会招致子民怨声。"

东坡声色俱厉道："子民早有怨声。入扬运河上，老夫上岸会民，论及万花会，道是每次所用芍药十万多朵，皆摊派给花农，半售半赠给官府，胥吏从中使奸，敲诈勒索，以致民怨沸腾。万花会已成扬州大害，老夫非停办不可，虽大煞风景，免造孽也。"

晁补之亲自经办过万花会，知道老师所说句句属实，无以反驳，只得搬出蔡京，半开玩笑道："蔡大人倾心芍药花相，别出心裁，创设万花会，以冀有朝一日入阁拜相。老师难道别无蔡大人心机，把万花会办得红红火火，以便早日回朝登堂入相？"东坡笑道："老夫有心谋相，只需遵从太后，留在朝堂和皇上身边，多点头哈腰，少得罪权贵，便早已心想事成，哪用得着舟车劳顿，满世界流动，吃尽苦头？"

晁补之拿老师没法，嘀咕道："得罪人毕竟不是好事，能不得罪，还是不得罪好。万花会已连办好些年，至老师这里打止，岂不得罪蔡大人？蔡大人左右逢源，新党当政，与新党打得火热；旧党入朝，与旧党勾肩搭背。瞧其来势，日后必有大用，做个人间宰相，自然不在话下，还请老师三思。"

东坡乐起来，道："老夫这辈子得罪的人太多，连王安石、吕惠卿和司马光等在位时，该得罪不该得罪都已得罪，还在乎多得罪一个蔡大人？"停停又道："世无两全美事，举办万花会，以一笑乐，为穷民之害，必得罪扬州父老；停办万花会，腾出民力物力，接济穷民，无益于官老爷，必得罪蔡大人他们。既然左右都有得罪，干脆得罪官老爷蔡大人吧，好让穷民松口气，度过眼前饥荒，也给太后和皇上积点德。"

说得晁补之心服口服，赶紧张榜，告示全州，取消万花会。商民见榜，奔走相告，无不感恩东坡大慈大悲，体恤民情。消息很快传遍天下，蔡京闻知，心里自然不乐，却无奈东坡何，唯有听之任之。

东坡又上表控诉新政害人，丰凶皆病：凶年忍饥挨饿，丰年锒铛入狱，请朝廷宽免扬州等地百姓官债。同时上私表给高太后，乞求惠施圣恩，使久困饥民，稍知半饱之乐。在高太后作用下，朝廷行文宽免江南数地官债，让百姓能喘口气，看到生之希望。

扬州水网发达，属漕粮转运枢纽。京师开封及北地人口众多，皇族、吏民和军队要吃饭穿衣，粮米丝帛需自江南征集，经运河成批纲运北上。漕运属官办，漕船归官有，运费一向偏低，且行运时间长，运卒和艄工收入微薄，得利用漕船回纲空载机会，或自贩私货，或替商家承运货物，以自行弥缺补漏。此法得到朝廷认可，明文禁止沿河税吏拦检漕船。故自宋初以来，漕船富厚，运工视官船为家，货皆速达而欠折（短缺）绝少。

东坡为官江南多地，没少走运河，对漕运内情了如指掌。所惜自熙宁以来，漕船日益稀缺，货运越来越少。此番入扬，一路南行，但见漕运愈加惨淡，东坡不断向沿河吏民打听漕情，到任后又找晁补之询问，得知嘉祐前扬州每年漕运总额达六百万石，欠折不过百分之一，延及上年，运量降至四百五十万石，欠折高达三十余万石，达百分之八。

东坡再审粮纲欠折人犯，以证实沿途所获漕情。原来熙宁实行新政，一改禁止拦检漕船旧制，沿河税吏严查过往漕船，征收私货过税，年终以征税多寡予以奖励。另设专船承运客商货物，断绝漕工揽运途径。如此运工收入大减，日子过不下去，不得不盗窃漕粮，以维持生计。漕运自此败落，欠折年年增加，纲本漕法两皆败坏。

东坡立即上折，抨击盘查漕船之弊，乞求恢复旧制。朝廷视情恩准，明确漕船带私货数量，运工私载货物以贴补漕运费用不足因而合法化。漕工感激太守大德，拥入府衙，献上河鱼水产。东坡笑纳，留漕工同饮共醉。

趁着高兴，东坡让晁补之诸吏友作陪，出衙乘舟，走护城河，去访蜀冈大明寺，登平山堂。护城河直通蜀冈，水面开阔，远山云树如画，楼阁隐现，近岸亭台对峙，轩榭相衔，景比杭州西湖，扬州人称为"瘦西湖"。水上横桥卧波，放眼望去，陡者如驼峰，坦者若皎月。十丈一孔，百步一洞，说湖上共有二十四桥。晚唐杜牧为官扬州时作诗曰：

青山隐隐水迢迢，秋尽江南草未凋。
二十四桥明月夜，玉人何处教吹箫？

舟穿一拱又一拱，不觉来到蜀冈下，泊舟登岸。上蜀冈，入大明寺，访平山堂，追思恩师欧阳修。晁补之建议道："文忠公守扬州，建平山堂，成为远近闻名的亮丽风景。老师乃文忠公得意门生，道德文章不输恩师，又有幸守扬州，也该仿建一堂，以资纪念。"

东坡大摇其头，叫着晁补之的字号道："无咎快别胡言，轼德薄才拙，岂敢与恩师文忠公比肩？"晁补之道："老师过谦，若文忠公地下有知，定举双手赞成补之陋见，乐意看到老师在附近建堂，与平山堂相守相望。"

东坡还是不肯答应。晁补之又道："老师心心念念致仕归蜀，无奈太后离不开忠臣治理地方，操持朝政，哪肯轻易放过老师？所幸蜀冈地脉连接西蜀，老师至蜀冈如归蜀乡，再效仿文忠公，于冈上建堂一座，不时临冈入堂，一边守望平山堂，缅怀文忠公；一边读书吟诗，寄托乡心，岂非人生快事？"

东坡心有所动，默认了学生建议。晁补之相中一处峰尖，距平山堂不远不近，上有林木扶疏，下有幽谷鸟鸣，于是物色工匠，建筑一堂。堂成之日，请东坡前往观赏。东坡立于堂前，蜀冈在脚，四境在望，与平山堂所见景观又有不同。扭动老身，瞧瞧新堂，又看看不远处的平山堂，见两堂彼此相望，互为呼应，为蜀冈增色不少，心下喜欢，吟诗一首。

晁补之捧读诗篇，问道："老师还没给诗取名呢。"东坡道："无咎给取一个如何？"晁补之反复吟诵起联二句"深谷下窈窕，高林合扶疏"，道："干脆取此联中'谷''林'二字，叫《谷林诗》。"东坡认可道："诗叫《谷林诗》，堂便名'谷林堂'吧。"

晁补之连声叫好，让老师书写"谷林堂"三字，请人刻上匾额，挂于堂前。此后政务之余稍有空闲，东坡便登蜀冈，入谷林堂，观远览近，读书写字。

## 以陶渊明为隔代知音

谷林堂超乎尘嚣外，就如陶渊明置身柴桑栗里东轩，"心远地自偏"，正好读陶诗陶文，一涤浑身俗气。

东晋黑暗，官场龌龊，江湖险恶，想要活得光鲜，又要保持独立品格和名节，绝无可能。陶渊明一身傲骨和清气，不容于官场，也与士大夫不相往来，干脆弃官隐居柴桑栗里，躬耕南亩，自给自足，决不同流合污。劳作之余，濯缨洗帽，醉卧东轩，醒后啸傲数声，执笔记下乡居点滴和发自内心的苦乐悲欣。文笔平淡恬静，不事铺陈，无意雕琢，其众多诗作，生前无人赏识，身后没谁当回事，钟荣《诗品》提及陶诗，仅列为中品。直至数百年后的唐代，李、杜横空出世，追索古时诗人，格外青睐陶诗，大加赞赏。白居易仰慕陶渊明高洁人品，爱屋及乌，品味出陶诗独到妙处，以至手不释卷。

苏东坡景仰李、杜、白，亦把陶渊明当作隔代知音，走到哪里皆以陶诗伴身，以读陶诗为必修课。尤其贬谪黄州后，越发痴迷陶渊明人品诗格，认定自己前世便是陶渊明。东坡对陶渊明的痴迷体现在五个方面：好陶诗、会陶意、敬陶真、服陶勇、和陶诗。

东坡坦言：吾于诗人，无所甚好，独好渊明之诗。陶诗如未理之璞，初看平淡粗浅，一旦凿开语言外壳，由表及里，始现诗心如玉，意境高洁，可谓古今难得一遇之诗中和氏璧。东坡好陶诗，恨不得白天以陶诗为板笏，夜晚以陶诗为高枕。所幸宋代印刷术发达，欧阳修、梅尧臣等文坛巨子又崇尚平实恬淡文风，陶渊明的诗文颇受欢迎，得到大量印制，方便东坡集全各种版本的陶著，反复品读，仔细玩味，以免遗珠之憾。

读得多，读得细，用心琢之磨之，才能领会诗中本意。东坡认为：陶渊明意不在诗，诗以寄意耳。陶诗《饮酒》之五里，"采菊东篱下，悠然望南山"这两句很出名，东坡觉得其中"望"字平庸俗陋，神气索然，不符合陶诗语境。句里"南山"实为庐山，位于柴桑栗里之南，无时无刻不在眼中，陶渊明日出而作，日入而息，采菊忘情，从容悠然，用得着经意"望"它吗？悠然者，有意无意也，有意无意之间，南山自见，属无心之举，就如陶氏《归去来兮辞》所言："云无心以出岫。"陶氏笔下之桃花源，也属无意中发现，留下惊人之美，若有意去寻，不见得有结果。正是无心无意无目的，才悠然、怡然、淡然、超然，符合诗人本心。而"望"者，有心也，属有心寻觅，着意为之。人之于事，无心插柳柳更妙，一旦有心，便不自由、不自然、不自在、不自如，美感尽失。人之于物，可寓意而不可留意，留意于物，则意为物役，必做作难堪。

东坡认定陶诗意蕴深微，断不会有心"望"南山，改"望"为"见（现）"，成为"悠然见南山"，意谓陶渊明采菊东篱，悠然无心，南山自见，妙不可言。东坡一改定乾坤，自此陶诗版本不复存"悠然望南山"矣。

东坡好陶诗，会陶意，更倾慕陶渊明不伪装，不粉饰，不故作高深，敢于敞开心扉，以田家语写真性情。腹内空空，饥饿难耐，只能乞讨于人：

饥来驱我去，不知竟何之。

> 行行至斯里，叩门拙言辞。
> 主人解余意，遗赠岂虚来。

民以食为天，一饭之恩比天高：

> 感子漂母惠，愧我非韩才。
> 衔戢知何谢，冥报以相贻。

知恩图报，乃人之常情，当年韩信受漂母恩惠，功成名就之日予以酬谢，惜陶氏没法像韩信一样飞黄腾达，大恩难报，唯寄情于下世。

这是穷愁卑微心态，耻于人言，陶渊明却不怕被嗤笑，毫不掩饰，率真道出。士大夫喜欢标榜达则兼济天下，穷则独善其身，陶渊明觉得受穷挨饿，活命困难，已乏善可陈，还谈何独善？外出做彭泽令，唯救穷糊口，苟活于世，无须以兼济天下自欺欺人。如《饮酒》之十九所言："畴昔苦长饥，投耒去学仕。"东坡最敬陶渊明率真，景仰道：

> 渊明独清真，谈笑得此生。
> 身如受风竹，掩冉众叶惊。
> 俯仰各有态，得酒诗自成。

逐利追名，人之天性。官场属名利场，要想追名得名，逐利得利，必做龌龊事。然人在世上走，不过身和口，为改善褴褛饥馁：

> 渊明求县令，本缘食不足。
> 束带向督邮，小屈未为辱。
> 翻然赋归去，岂不念穷独。
> 重以五斗米，折腰营口腹。

为"衣食"二字，委屈自己，伤害尊严和志意：

> 将养不得节，冻馁固缠已。
> 是时向立年，志意多所耻。
> 遂尽介然分，拂衣归田里。

陶渊明不肯屈身官场，毅然挂冠而去，不用再看人脸色，受人窝囊气，何等刚勇超脱？反观东坡，一直滞留官场，为世俗缠绕羁绊，挣脱不得，徒遭小人凌辱和伤害，于国于己，一无是处，唯余叹服：

> 我不如陶生，世事缠绵之。
> 云何得一适，亦有如生时。

东坡颇有渊明风致，彼此品格相近，兼侠客豪迈与隐士飘逸于一身，刚强勇毅，仗义任侠，独立不惧。陶渊明弃官早，患贫而不受辱，得以保真全性。东坡羁身官场，为世情所牵扯，劳形劳力劳心，还要受尽迫害，却怎么也无法解脱。生命宝贵，殉于功名和物欲，太不值得，又别无良法，唯有以陶为师，读陶诗，和陶诗，寻求精神寄托。

东坡写作和陶诗，正是始于扬州任上，自此一发不可收。与步韵和模拟之作不同，和作不在乎文字韵律上的生硬效仿，在乎以自有之意，与古人做心灵同调唱和。东坡自言："古之诗人有拟古之作矣，未有追和古人者也。追和古人，则始于东坡。"换句话说，东坡无非借和陶诗，以释心中块垒。如《和陶饮酒》之四：

> 蠢蠕食叶虫，仰空慕高飞。
> 一朝傅两翅，乃得黏网悲。
> 啁啾同巢雀，沮泽疑可依。
> 赴水生两壳，遭闭何时归。
> 二虫竟谁是，一笑百念衰。
> 幸此未化间，有酒君莫违。

年少苦读，学成入仕，本以为可青云直上，掌握重权，铲除人间邪恶，救民于水火，谁知政治丑恶，不容于官场，恰如菜虫化蝶，添加两翼，竟被蛛网胶黏，脱身不得；又似雀入大水，化为蛤蜊，为名利两壳夹闭，欲重回老巢，皆无可能。东坡以蠢蠕愚蛤二虫自喻，干脆断掉高飞还巢念头，今朝有酒今朝醉，到哪座山唱哪支歌。再如《和陶饮酒》之五：

> 小舟真一叶，下有暗浪喧。
> 夜棹醉中发，不如枕几偏。
> 天明问前路，已度千重山。
> 嗟我亦何为，此道常往还。
> 未来宁早计，既往复何言。

人生如舟，醉中夜发，行驶于暗浪浊流里，充满危机与险巇，然一觉天明，千山已然过去。于东坡来说，风里来，浪里去，属于常态，已无所畏惧，未来依然会重复旧有人生轨迹，不如心里早做预计，听凭命运安排。这便是东坡的达观，没法改变命定，不如乐天知命，勇往直前，反正此心安处是吾乡。

东坡共和陶诗百十首，其中《和陶饮酒》二十首便作于扬州府衙和谷林堂。有陶诗伴身，常读常品常和，赋予东坡强大的精神力量，支撑他直面种种危机和苦难，难中自救，苦中作乐，创造出别样的辉煌人生。

正是对未来早有预计，当命运再度出现变动时，东坡也就不喜不悲，能够坦然面对。元祐七年（1092）九月，东坡守扬州半年多后，又被朝廷召回，任兵部尚书兼侍读学士。明知推卸不掉，东坡还是上折请辞，乞求留扬或放他州。

高太后自然不允。哲宗已十八岁，且于年内举行大婚，冬季将依祖制行郊祀之礼，需德望高隆老臣操持和扈从随侍，东坡不得不在高太后屡诏催促下，率领全家，告别扬州吏民，北上西进。

## 诗谏太后还政

所喜自高太后垂帘听政以来，召回一批正直老臣，实行"元祐更化"，经君臣七八年励精图治，朝堂政治清明，边疆平靖无事，官吏不再以变法为借口滋扰民间，小民得以休养生息，逐渐恢复元气。尤其上年大寒过后，至本岁春夏气温回升，风调雨顺，江淮百姓勤于耕种，稻麦大稔，桑麻丰收。此乃东坡半辈子南下北上，东出西归，从未遇到的好景象。

大宋定都汴梁，粮仓帛库却在江淮，江淮丰熟，才国家富足，官民衣食有保障。北航西返路上，东坡眼见大有年成，心情格外舒畅，快近京师时寄信给子由，忍不住赋诗曰："远来无物可相赠，一味丰年说淮颍。"

至京伊始，纤尘未洗，朝廷诏令下达，迁东坡以端明殿学士兼翰林侍读学士守礼部尚书。一身兼两学士职，实属大宠，东坡深感意外，惶恐力辞。高太后降诏不允。东坡无奈，只好硬着头皮，谢恩上任。

上任不久，时入仲冬中旬，来到哲宗皇帝郊庙亲祀吉日，东坡作为礼部尚书和卤簿使，导驾前行。王公大臣全部出动，高太后以下，向太后、孟皇后及贵妃公主亦华丽离宫，王闰之新晋诰命夫人，特许同鸾陪侍高太后，倍享殊荣。

翠华摇摇，东发景灵宫。路上闰之有些眩晕，感觉一切像在梦中，不知是真是假。自己本系眉山农家女，堂姐王弗早逝，依其遗愿嫁入苏家做了填房，随夫君东南西北踏遍，入京受封诰命，竟与至尊至贵一言九鼎的高太后同舆，天下女子几人如此荣幸？

　　到达景灵宫，出辇依序入内。宫中供奉着太祖以次历代帝、后御容，王闰之紧挨高太后，徐步前移，目不转睛，一路观瞻下去，算是大开眼界。此系大宋历代女主，高贵典雅，母仪天下，平时仅闻其名，今栩栩于前，鲜活如雍容华贵的高太后。

　　观着瞻着，闰之不觉心潮翻涌，竟至泪下。高太后看在眼里，因人多眼杂，不便多问。至宿斋太庙，夜静声稀，高太后入得斋寝，单独召见闰之，赐座赏茶，倾心叙话。论及白天观感，高太后问道："瞻仰历代帝、后御容时，闰之何故泪目？"

　　闰之率真，不会言虚道伪，诚恳道："回禀太后，闰之生长于西南乡间，无才无德，侥幸许配子瞻，嫁鸡随鸡，嫁狗随狗，二十五年来东奔西颠，挨饿受冻，过着与鸡狗差不多的日子。承蒙太后不弃，召子瞻归京，委以大任，闰之亦夫荣妻贵，享受殊荣，陪侍太后至皇家灵宫瞻仰历代帝、后。试想世间几多官妻民女，谁有闰之如此幸运？闰之感于二十多年的罪过没白受，苦楚没白吃，故忍不住泪湿双眼。"

　　高太后有几分感动，拉过闰之的手，道："老身知道，子瞻受尽苦难，尤其贬谪黄州，家中米缸空空，闰之身为一家女主人，巧妇难为无米之炊，竟毫无怨言，拿出变卖娘家陪嫁所蓄私房钱，勉力支撑起二十口穷家。每遇子瞻心灰意冷，总好言温语劝慰，让其鼓足勇气，开荒耕地，生产自救，带领全家走出饥馑，获取新生希望。"

　　闰之有几分诧异，道："咱家私事，太后从何得知？"高太后笑道："你那不是私事，是我大宋公事。"闰之不解道："咱家衣食度用，也算公事？"高太后道："闰之贤惠，维持苏家吃穿，子瞻才活到今天，让朝廷多一位良臣，还不算公事？"

　　说得闰之满面笑颜，感激道："子瞻生逢其时，得遇太后抬举，始有今日荣光。太后面前不打诳语，跟随丈夫遭罪吃苦，闰之嘴上隐忍，心里也不是没有怨愤，偶尔也脸色难看话难听。但苦尽甘来，能有今日，遭再大的罪，吃再大的苦，也很值得。"

高太后不无感慨道："吃得苦中苦，方为人上人。不是闰之陪同夫君遭罪吃苦，子瞻经受住命运考验，也不可能行走万里，造福四方，还写出千古诗文，传诸百代。"闰之道："说到千古诗文，令人想起湖州旧事，眼见朝廷捕快即将入衙，子瞻搜出所存文章诗作，迟迟舍不得投到火里，还是闰之上前，从他手中夺过去，付之一炬。后每每思及此情此景，闰之便后悔莫及，心头隐隐作痛。夫妻二十多年，此乃闰之最对不起子瞻的地方。"

　　"没啥可后悔的。"高太后笑道，"幸亏闰之及时烧掉字纸，不然落入捕快手里，送往御史台，给子瞻罪加一等，他能否逃出生天都难料。"未及说完，忽又脸色一愀，眼圈一红，低首哀叹起来。闰之吓一大跳，怯怯道："莫非闰之说错啥话，惹恼太后？"高太后自袖内取出帛巾，揩揩眼圈，道："不是闰之说错话，是老身不中用，见你夫妻恩爱，家道和睦，忍不住暗生嫉妒，自怜自悲起来。"

　　帝室嫉妒臣家，此话谁敢相信？闰之心生惶恐，一时不知如何对答。高太后又道："比起老身，闰之可幸运千万倍啊。"闰之不安道："太后乃女中尧舜，闰之仅平常家庭主妇，岂敢与太后相比？"高太后道："女中尧舜有什么好？老身也是女子，别无所求，只想如闰之一样做个平常主妇，哪怕遭点罪，吃点苦，但苦也好，罪也罢，终会成为过往，留给你的，是有米可炊，有布可织，有夫可相，有子可教，此生岂不足矣！"

　　闰之扑哧一笑，道："太后真会说笑话，天下女子一旦出嫁，哪个不炊煮缝补，相夫教子？可谁能如太后，执掌大宋朝廷，坐拥万里江山，王侯服从，将相听命，商民高山仰止？"高太后道："老身不稀罕江山万里，不在乎臣民景仰，只想安分守己，享受女人该享受的平凡生活。但老身没闰之命好，无法消受女人该有的福气。"

　　闰之不傻，意识到高太后有话要说，赶紧收敛笑容，洗耳恭听。高太后继续道："老身十五岁嫁给英宗，十六岁生下皇子，三十一岁立为皇后，三十五岁守寡，虽被尊为皇太后，毕竟母寡儿少，没少担惊受怕。所幸儿皇神宗已成年，不用老身操心军政。但好景不长，才过八年，神宗患病驾崩，留下孤苦娘亲，哭天天不应，叫地地不灵，以年过天命的衰朽之躯，受封太皇太后，代年幼孙皇听政。朝政一听七八年，临朝诏对朝臣，不敢稍有懈怠；退朝打理后宫，看管几任嫔妃宫娥。尤其孙皇年幼，天冷怕他冻着，天炎怕他热着，遇有伤风头痛，老身心急如焚，日夜守在御榻前，候诊监医，试药尝汤。为让孙皇学有所获，精挑细选子瞻等德高才大老臣，课之以经典，授之以文史，为大宋朝廷教育出合格皇帝。"

高太后娓娓道来，闰之频频颔首，想起丈夫东坡词句"高处不胜寒"，也就越发体谅一国女主，身居高位，众人皆小，有些话并非对谁都可言说。孙皇哲宗面前不可说，一说难免有倚老卖老加卖惨之嫌。大臣面前不可说，君臣诏对于朝堂，有军政大事要讨论，哪好婆婆妈妈，论是议非，说长道短？当着后宫女眷更不可说，女人嘴碎，张添油，李加醋，不知会惹出多少烂话和误会。唯忠臣家属如闰之，同是老成持重女人，善解人意，知冷知热，又远离皇宫，与皇家无任何瓜葛，话出口不会随风传播。当然主要还是东坡为臣三十多年，几经沉浮，数度升降，出生入死，自始至终忠于大宋王朝，而有其夫必有其妇，闰之妇德高尚，人品可靠，完全值得信任，高太后有话随便说便是，不必瞻前顾后，吞吞吐吐，话到唇边留半句，返塞喉头，堵得心慌。

闰之没猜错，高太后地位尊崇，一言九鼎，平时有什么话，不便轻易吐露，才传其同舆出宫郊祀，趁宿斋人静，传入斋寝叙话，毫无顾忌，有啥说啥。然高太后终非普通妇人，道毕家常，诉完苦衷，又一脸戚容道："闰之可知，老身日见衰颓，来日无多。孙皇虽已大婚，毕竟年少无知，见识局限，才疏学浅，俟老身一命呜呼，能否有足够心智辨别忠奸，重用贤臣，维持来之不易的元祐更化局面，泽惠生民，庇佑皇族，巩固大宋江山，老身心里实在没底啊。"

祖孙朝夕相处十多年，高太后对哲宗心性品行太了解，似乎预感自己身后大事不妙，才如此忧心忡忡。闰之平时不关心朝政，没法理解高太后话中深义，泛泛安慰道："太后福大寿绵，再活二十年没事，不必忧虑。"高太后摇头道："寿且辱，久活非福。老身不过替赵家王朝担忧，勉力而为，尽量物色品高侍读大臣，提升孙皇德才，确保老身离世后，能治理好大宋江山。数位侍读大臣里，老身最器重子瞻，故召回京师，把孙皇交给他。"

也许该说的话已然说够，高太后捂嘴打了个哈欠。夜已深沉，闰之知道到了该走人的时候，起身辞主，回到自己寝处。翌日君臣早起，行往祀礼，启驾赶往南郊祭坛，参拜天地。礼毕摆驾返城，恭送哲宗和高太后还宫，东坡等一应大臣各自归府。

忙碌数日，东坡身心疲惫，然入夜将寝时，却了无睡意。想起郊庙祀典已过，入朝使命完成，还是赶紧远离京师为上，当即伏案，挥毫奏乞外放。

奏折书成，东坡正要宽衣上床，闰之推门进来，递上消夜。见是粟羹，东坡端于手中，喝上几口，连说好味道，旋即又道："调羹递茶之事，本有朝云几个可使唤，何劳夫人亲自动手？"闰之道："朝云她们哪有本妇调的羹合先生口味？"

"确实也是，喝来喝去，还是夫人亲手调出来的羹味道足。"东坡又低首啜一口，抬颏瞧瞧闰之，"夫人此番随侍太后郊祀，有何感想？"闰之道："拙妻眉山愚妇，叨夫君的光，能与太后同舆出行，同室叙话，此生足矣。"东坡笑道："不是叨轼之光，实乃夫人妇德崇高，感动太后，赏你陪侍于侧。你与太后同室叙话，都叙了些什么？"闰之道："无话不说，说了大半宿，若把话接住，可装几箩筐。"东坡笑道："下次觐见太后，先找箩筐带上。"

闰之也笑了，转述太庙夜话经过。听到高太后一脸戚容，担心身后有变，寄希望于侍读大臣给哲宗施加影响，东坡顿时明白过来，老人家让闰之陪侍郊祀，原来有话要借其口传达给自己。高太后确属明眼人，早看出日后哲宗亲政，大概率会违背祖母施行多年的善政，唯经东坡等侍读大臣，教育孙皇做个明君，亲君子，远小人，萧规曹随，重用元祐老臣，继续推行元祐更化，而别信奸臣谗言，胡乱折腾，害国害民，贻误大宋江山。

高太后的良苦用心，东坡颇能理解，然哲宗腹内心机，又哪是侍读大臣能够左右？回顾元祐七八年来，朝臣眼里唯有高太后，自觉不自觉冷落少年哲宗，高太后也只问政于大臣，不太顾及哲宗感受，退朝回到后宫又对其严加看管，哲宗身心受够束缚，等到他日亲政，必将抛弃祖母和元祐老臣旧法，反其道而行之，以泄积压多年的心头愤恨。

东坡自知力薄，无以敦促哲宗日后驾驭大宋朝廷这驾大车，继续朝元祐轨道往下行进，又不便像乌鸦嘴一样胡言乱语，把话道明。然士为知己者死，高太后知遇之恩重如山，东坡无以为报，唯有顺其旨意，铁了心肠，知其不可而为之。

粟羹喝完，闰之接碗出门，东坡望望桌上辞请，再无勇气进呈高太后，只好拿到手上，一下一下撕掉，扔进纸篓。数日后便迈着老腿，躬赴端明殿学士兼翰林侍读学士守礼部尚书任上，以全部心力继续辅弼圣学，教育哲宗皇帝。

与苏东坡外知颍州前不同，哲宗已对虚幻的经史和诗文不再那么热衷，而更在意自己何时亲政，成为说一不二的真正君主。毕竟自己已成年结婚，又行过郊祀，也到了该亲自行使皇权之日。况大宋姓赵不姓高，不能老由高家人说了算。

偏偏高太后执政七八年，享受惯了至高无上的皇权带来的莫大乐趣，仍高高端坐于朝堂之上，无意撤帘还政于该独立执政的哲宗。哲宗这里早欲摆脱祖母约束，急于扬眉吐气，指点江山，高太后那边恋栈难舍，不主动言退，谁还能赶她下位不成？大权在她手里，想赶也赶不动，弄不好还会引火上身，危及哲宗帝位。

祖母不言退，大臣自有责任依祖制，奉劝其及时还政，让孙皇实至名归。哪知大臣也已习惯高太后行政处事风格，彼此配合默契，相得益彰，竟对皇位上默然无言的哲宗熟视无睹，意识不到那才是真正的皇帝，千不该万不该，不该忽略其存在。尤其哲宗在宝座上枯坐八年，今已成年大婚，行完郊祀，仍做傀儡皇帝，实在说不过去。

紧闭双唇的哲宗冷眼旁观，觉得殿下大臣嘴脸越发丑恶，简直不堪入目，却只能把厌恶埋在肚里，不可流露于言表。临朝八年，嘴舌不管用，毕竟眼耳不闲，见得多，听得多，哲宗也算增长不少见识，城府越来越深，明白祖母在堂一日，自己还得缄嘴一日，沉默属唯一选择。退朝后也好不到哪里去，宫闱深深，大臣都在宫墙外，照样有话无人说。其实即便大臣在侧，全是祖母擢拔起用之人，知人知面不知心，依然不敢吐露真心。

还有更不能容忍的。出于治理国家需要，大臣听命于祖母，勉强说得过去。祖母严加管束孙皇，不时敲打一番，大臣装聋作哑，也不好怪罪。然生母朱氏受祖母苛待，甚至刻薄到不近人情地步，大臣不仅不出面主持公道，反而狗拿耗子，多管闲事，为祖母帮腔，共同对母子施压，简直大逆不道。

哲宗满腹怨愤，从未透露给任何人，但瞒不过东坡，他将一切看在眼里，也曾动念劝说高太后及时归政，以便尽快释怨消愤。可此乃皇族家事，皇权该握在祖母手里，还是孙皇手上，得由皇家自己决定，外臣还真不便插嘴。即使插嘴，前面立着左右丞相与枢密使等重臣，一时还轮不到东坡。东坡不过侍读大臣而已，职责是引导皇帝读书明理，越职胡说八道，会引起太后误会，以为哲宗急于亲政，托近臣传话，这于哲宗反而不利。

东坡只得静待时机成熟，再替哲宗暗示高太后，该还政时得还政。时机近在眼前，进入元祐八年（1093）正月，因上年江南丰收，国家承平，高太后旨令元宵好好热闹热闹。

汉唐以来，京城上元观灯渐成习俗，正月十四至十六开禁三天，上自天子，下至庶人，共庆升平。至宋开禁增至五天，家家张灯结彩，有钱人家设立高大灯轮、灯楼、灯树。至十五皓月当空夜，点亮彩灯万盏，在月辉灯影里吃元宵，放烟花，猜灯谜，其乐融融。

皇家自不甘落后，早在正对宣德楼的大内御街前扎缚山棚，悉以彩结，山沓上画群仙的故事，文殊骑狮子于左，普贤跨白象于右，水出十指，名曰水灯。其水用辘轳绞上灯棚高处，以木柜盛贮，逐时下注，远观恍如瀑布，绚烂无比。又缚草龙草凤，用青幕遮草上，密置灯烛万盏，望之蜿蜒，所谓龙飞凤舞。

黄昏过后，满城华灯宝炬，月色花光，霏雾迷离，动烛远近。市民呼朋引伴，挽袖勾腰，踏着薄雪拥向御街。王公大臣提前进入皇宫，齐聚建章宫前，静候皇帝驾临。不大一会儿，各处楼阁亭台所饰花灯点亮，华光四射，仿佛仙宫通明殿。高太后与哲宗华丽出场，众臣簇拥上前，环伺左右，缓缓向宣德楼迈去。东坡已吟成一诗：

澹月疏星绕建章，仙风吹下御炉香。

侍臣鹄立通明殿，一朵红云捧玉皇。

宣德楼上黄帘垂悬，彩灯闪烁，富丽堂皇。左、右两垛楼各挂灯球一枚，方圆丈余，内燃椽烛。高太后与哲宗端坐廊台正中御座，宰辅重臣依次分侍两侧。座前摆设茶酒果品，君臣一边欢饮，一边观灯，共享太平盛世。

东坡虽非宰辅，亦承恩陪侍于御座旁，以便随时献诗。早有侍吏书就苏诗，恭呈哲宗。见诗以玉皇喻君王，哲宗高兴，转奉高太后。高太后表示赞赏，交左右侍臣，相互传阅。其实不过普通颂诗而已，在东坡平生所作三千多首诗里实属下品，并不多见。侍臣皆为诗文老手，诗优诗劣，一瞧便知，心里不以为然，无非太后和皇上说好，顺口附和两句。

品鉴苏诗之际，君臣俯首下望，见御街两廊，那民间百戏，四夷歌舞，蕃客杂技，鳞鳞相切，乐声嘈杂十余里。吉时已到，正对宣德楼的山棚忽然万灯齐亮，刹那间群仙绰约，水瀑缤纷，龙凤呈祥。惊得满街熙攘人流欢呼雀跃，大声叫绝。

君臣亦深受感染，情不自禁鼓掌称妙。哲宗扭头去瞧御座旁的东坡，意思是奇景于前，老师又该有好诗脱口而出，还不快快呈来？可东坡那神态似乎有些漠然，心思并没在对面山棚奇景上。不过他还是察觉到哲宗期待的目光，淡然一笑，吐出四句：

薄雪初消野未耕，卖薪买酒看升平。

>吾君勤俭倡优拙，自是丰年有笑声。

旁边侍吏听得真切，赶紧写到纸上，交于哲宗。哲宗一瞧，暗怪老师扫兴。君民同欢，共度灯节，你老人家竟别出心裁，说民众放下田地未耕，卖柴沽酒来看热闹，期望君臣勤政节俭，宁可倡优拙劣无事，也得施行善政，再迎丰年，自有笑声盈耳。

殊不知，这才是东坡最要说的话。真正的繁荣在民心，不在装饰出来的眼前浮华。然此刻还没到耕种季节，闲着也是闲着，观灯同庆，欢喜娱乐，又有何不可？偏要君臣勤政节俭，太不合时宜。况祖母未归政，朕徒有虚名，想勤政，欲节俭，亦无从节俭，无处勤政呀。

如是思之，哲宗不禁心头一动，暗忖道：老师莫不是以诗为谏，切望朕早亲政，早具备勤政资格？又将诗从头至尾默念两遍，再双手呈于高太后面前，请其御览。高太后何等聪明，一阅便知东坡用意，无非借题发挥，劝谏她赶紧撤帘，让哲宗及时亲政。

高太后不动声色，不说好，也不言孬，悄悄把诗塞入广袖，没再传给众臣。东坡望了一眼面无表情的高太后，颇感失望，无心观灯，直至君臣意兴阑珊，动步下楼，再没作过诗。

送高太后和哲宗回宫后，众臣各自散去。东坡踽踽独行于街头，眼望流连忘返的市民，心情越发复杂。天上圆月静如玉盘，仿佛一直悬在那里，纹丝未动。老师欧阳修的《生查子·元夕》忽然回响于耳边：

>去年元夜时，花市灯如昼。月上柳梢头，人约黄昏后。　　今年元夜时，月与灯依旧。不见去年人，泪湿春衫袖。

这首词非常著名，系欧阳老师写于仁宗景祐三年（1036）。人说那是欧阳修怀念亡妻之作，此刻东坡吟来，却别有一番感慨。今年乃明年的去年，至明年元夜，咱东坡仍会像今年一样陪侍于君主左右吗？东坡心头升起一股不祥预感，泪水莫名地盈满眼眶，一时间天上月亮、街头灯影，皆变得一片模糊。

街上人群渐渐稀疏起来，唯月亮悬垂西天，迟迟舍不得归去。夜风习习，地上薄雪已凝结成冷冰，东坡小心挪动着老腿，往家中赶去。家人早已睡下，只闻之在给檐下残灯添油，以映照东坡归家步履。正好宫人送来柑子，奖掖老臣陪侍君主观灯度宵。东坡浅吟道：

>老病行穿万马群，九衢人散月纷纷。

> 归来一盏残灯在，犹有传柑遗细君。

接下来数日，东坡应酬过同僚和亲友，抽空将元夜所吟三诗誊抄数份，命名为《上元侍饮楼上三首呈同列》，趁节后复朝首日，带入宫中，散发同僚雅赏。首尾两诗无关紧要，紧要者乃中间含有"吾君勤俭"那首，收纳在高太后手上，不予外传，侍臣未曾得见，东坡心有不甘，非公之于众不可。

众臣尤其辅臣见诗，自然明白作者苦心，若能借此谏动太后归政哲宗，岂不功德无量？三诗很快传开，臣民翘盼高太后见诗归政，好让哲宗新年亲政，开创新局面，喜迎新气象。哲宗也充满期待，一副跃跃欲试的样子。无奈高太后毫无表示，辅臣也不吭不哈，没谁奏请其见好就收，让权于哲宗。

诗谏微澜浅浅一漾，很快消失无痕。东坡明白辅臣的心思，元夜高太后读过你的诗，真有归政意图，何须臣下再谏？既然不愿归政，再谏亦无用，不过徒遭忌恨而已。唯哲宗不会这么想，大臣不出面劝谏太后归政，便是盼其永远听政下去，叫他成年天子欲勤俭而不能。

高太后无意撤帘，哲宗急于亲政，祖孙隔阂越来越深，更难弥合。东坡无能为力，不便再管闲事，唯尽职尽责，专心做好帝师。毕竟高太后年高，不可能永居朝堂，哲宗总有一天会亲政，有必要让他读到有用之书，为将来亲政储备足够才识和智慧。

这日君臣对坐迩英殿内，以汉武帝与唐太宗为例，探讨为君之道。东坡曰："依据史论，此二君皆系英主，其实彼此有别。其别在于武帝厌闻汲黯之忠言，太宗思念虞世南之耿直。结果贞观大治，路不拾遗；武帝朝由盛而衰，巫蛊害后宫，盗贼半天下。所幸汉武帝托孤霍光，挽汉于既倒，才有亡秦之失，而无亡秦之祸。"

东坡唾沫四溅，说得头头是道，哲宗则眼神飘忽，心不在焉，也不知听没听进去。皇帝可非普通学生，给其授课叫侍讲或进读，无法拿出师道尊严，强迫对方专心听讲。东坡转换话题道："讲读之官，谈王而不谈霸，言义而不言利。其要不出六事：一曰慈，二曰俭，三曰勤，四曰慎，五曰诚，六曰明。此六者皆先王之陈述，老生之常谈，言无新奇，人所忽易。譬之饮膳，则为谷米羊豕，虽非异味而有益于人；譬之药石，则为蓍术参苓，虽无近效而有益于命。若陛下信受此言，如御饮膳，如服药石，则天人自应，福禄难量……"

没待东坡说完，哲宗打了一个哈欠，懒懒地道："老师所言甚是，朕本既愿俭，亦思勤，然欲勤欲俭而不得，奈若何？"

东坡吱声不得，暂时结束侍讲，另选哲宗易于接受的内容，待择机再行进读。唐德宗朝丞相陆贽旧事渐渐浮现在东坡脑海里，若为己所用，说不定哲宗能够接受。

## 夫人遗嘱：见人少说话，遇事别作诗

陆贽乃唐朝名臣。十八岁中进士，充任翰林学士，特承德宗异顾，歌诗戏狎，朝夕陪游。建中年间兵变迭起，长安失守，德宗避乱在外，陆贽不离不弃，君臣患难与共。一次君臣走散，德宗急得大哭，直至陆贽回到身边，才破涕为笑。复朝后，陆贽任中书舍人，参赞机要，起草文诏。无论大事小情，德宗不问宰相，都找陆贽拿主意，时人称其为内相。

苏东坡以陆贽的故事启发哲宗，哲宗听后，几分感慨道："本朝抑或有陆贽之类大臣吧，可惜朕身不由己，没法让大臣朝夕陪游。"

此话敏感，东坡不便插嘴，继续讲述陆贽的故事：在德宗提携下，陆贽步步升任宰相，位极人臣。也是陆贽秉性忠荩，既居近密，感人主重知，思有以效报。安史之乱留下无穷后患，各种矛盾交织，陆贽指陈时弊，筹划大计，所出善策不少，得德宗采纳，化为实际政策，惠及国家和生民。尤其藩镇叛乱，国本动摇，陆贽劝德宗下罪己诏，前线将士为之感动，痛哭失声，力战叛军。君臣同舟共济，措施得宜，力挽危局，摇摇欲坠之唐朝得以转危为安。

说得年轻皇帝热血沸腾，说话声音不觉高昂起来："朕若有像陆贽一样的能臣良吏辅政，也要干一番伟业，垂名青史。"东坡鼓励道："陛下英明，慧眼识珠，若假以时日，定不难发掘贞刚贤德之大臣，君臣相得益彰，复兴大宋。"

哲宗面露喜色，仿佛自己已成为宋朝之德宗。东坡循循善诱道："贤臣得遇明主不易，人主失去贤臣则不难矣。"哲宗问道："何谓不易，何谓不难？"东坡道："陆贽自许上不负天子，下不负所学，以天下为己任，极言尽谏，巨细不遗，敢于矫正人君过失，揭露奸佞罪恶，因遭奸佞忌恨，亦为人君厌恶，弃之不用，致使国政颓废，贞观之治不可复见。"

人主也是人，是人皆自以为高明，难免喜谀颂而恶直谏。忠贞贤能如陆贽，最终遭弃，原因便是上面八个字："极言尽谏，巨细不遗。"试想天天有人在面前指指点点，絮絮叨叨，事无巨细皆遭指责诘难，谁受得了？德宗烦不胜烦，奸臣趁机怂恿，便把做过两年宰相的陆贽打发出京，贬为忠州别驾。陆贽在忠州一待十年，直至含恨而逝，朝廷谥之以宣。

也是历史自有公论，陆贽备受后人尊崇，其著作《陆宣公奏议》被历代士人视作必读书，广为流传。东坡拿出陆著，呈哲宗御览，又会同范祖禹等侍读大臣，上《乞校正陆贽奏议上进札子》，唯愿哲宗能从德宗与陆贽君臣关系中受到启发：德宗以苛刻为能，贽谏之以忠厚；德宗以猜疑为术，贽劝之以推诚；德宗好用兵，贽以消兵为先；德宗好聚财，贽以散财为急。至于用人听言之法，治边驭将之方，罪己以收人心，改过以应天道，去小人以除民患，惜名器以待有功，如此之流，未易悉数，可谓进苦口之药石，针害身之膏肓。使德宗尽用其言，则贞观可得而复。

东坡的设想不可谓不美好，哲宗若能借鉴德宗，取其之长，弃其之短，用贤臣，弃奸佞，定将成为一代明君，谱写盛世华章。然设想再美好，还得面对残酷现实。别有用心的朝臣抓住德宗与陆贽话题，抨击东坡，令其哭笑不得，再次提笔奏请外放，以远离京都名利地。

朝臣的用心不难懂。高太后听政，东坡才自落难谪地，一跃而为朝中重臣，风光无两，且其非普通重臣，竟是两学士兼侍读大臣，君臣朝夕相处，一旦哲宗亲政，还不言听计从，任凭这家伙左右朝政，其他朝臣唯有袖手旁观做闲人？

也是乌台诗案残酷，让东坡略长记性，自此口言笔记皆小心翼翼，朝臣拿不到什么把柄，甚是郁闷。忽闻东坡搬弄德宗与陆贽旧事以诱哲宗，几经细究，终发现其中破绽，正好大做文章。文章也不高明，无非东坡以陆贽自喻，以德宗比哲宗，抬高自己，贬低皇上。

证据便是东坡亲笔所撰《乞校正陆贽奏议上进札子》，口口声声劝哲宗效仿德宗，其中提到德宗，便是苛刻、猜疑、好用兵、好聚财，非罪己改过不可；反观陆贽，则忠厚、推诚、消兵、散财，要多高明有多高明，要多贤达有多贤达。既然哲宗跟德宗一样混账，东坡如陆贽一般贤明，哲宗自然得处处听东坡摆布，先视之为内相，歌诗戏狎，形影不离；待亲政后再擢其为首相，军国大政由其一张嘴说了算，其他大臣皆躲一旁歇息去。

劾章纷纷递入宫中，高太后不以为然，哲宗则三人成虎，觉得真是那么回事。陆贽与德宗相辅相成，东坡要他做德宗，其本人自是陆贽。唐朝每况愈下，贞观不得而复，责任全在德宗厌恶陆贽，弃之不用，君臣孰贤孰愚，孰是孰非，可谓一目了然。由此可见东坡用心，不过等着他做德宗，以成全其陆贽之贤名。

哲宗动着心思，嘴上并没说啥。事实上祖母听政，自己说话不作数，干脆沉默是金。大臣得不到祖孙俩反馈，仍不肯罢休，又拿东坡的其他诗文说事。如此伎俩，已反复使用过多轮，效果越来越不明显，朝臣只好另生一计，翻出东坡引荐王巩、张耒、晁补之、秦观等入仕为官，诬其结党营私。还说洛党稍衰，蜀党复盛，苏家兄弟比此前刘挚危害更大。

诸如此类，不一而足。其心机不言而喻，一旦东坡成为陆贽，由内相晋升宰辅，与苏辙联手，把持朝政，其他大臣还有啥出路？东坡从无挡人官路之兴趣，再度提笔拟折，请求哲宗和高太后给个州郡，聊以安置。

谁知天有不测风云，折请未及呈上去，一向健壮的王闰之忽而病倒，多方延医用药，未见好转。高太后闻知，派御医至苏家，仔细诊断，开出药单，效用亦不明显。东坡别无良策，找出走南闯北所集单子，从中遴选数则，对症拣出新方，交苏迨抓药回来，自己亲自煎熬尝喂。依然无回天之力，至七月末，闰之已病入膏肓。

东坡早看淡生死，然闰之才四十六岁，仅及中年，眼看要先自己而去，实在难以接受。回思发妻王弗早殁，留下苏迈幼小，放心不下，遗嘱堂妹闰之心地善良，端庄贤惠，唯娶其入继，方能勤俭持家，善待幼子，照顾夫君。东坡敬重王弗，知其独具慧眼，看人最准，依嘱迎娶闰之。果不其然，成为家中女主人后，闰之不辞辛劳，尽力打理家政，悉心照料东坡，视堂姐幼子苏迈如同己出。又生下迨、过二子，仨子一视同仁，别无偏心，亲生二子有吃，不让大儿子饿着，亲生二子有穿，不让大儿子冻着。拖着仨儿和全家老小二十口，随夫南北颠簸，东西奔命，哪怕再穷再困，再苦再累，总是毫无怨言，把家里收拾得有条不紊，为夫解除后顾之忧，渡过一重重窘迫、一道道难关，才没被无情命运击倒。眼见仨儿长大成人，成家生子，蒙荫得官，家运一天天发达，闰之亦夫荣妻贵，受封诰命，正好安享晚年，却病倒在床，生命垂危，叫东坡情何以堪？

虽有父亲看护，迨、过二子也衣不解带，日夜守在母亲旁边，奉汤喂药，熬粥递水。苏迈在外为官，得闻继母病重，放下公务，急急打马回京，跪伏于榻前，泣请上苍，愿为母代病，以报再造之恩，哪怕献出生命，亦在所不惜。

最为悲痛者还是王朝云。朝云早失怙恃，不得不学艺鬻技为食，十三岁幸遇东坡夫妇，闰之为其赎籍，收入苏家。至十八岁，闰之不忍其外嫁，纳为东坡侍妾。一晃已历二十年，闰之看重朝云善良贤淑，友好之，诚待之，毫不见外，比亲姐妹还亲，从没让她遭过一丝歧视，受过点点委屈。朝云知恩图报，辅女主人操持家政，负责男主人起居，不知疲倦，不敢懈怠。苏家多苦难，南北东西奔波，没过几天安定日子，朝云无离心，不思去，无论风雨霜雪，还是饥寒饱暖，无论酸甜苦辣，还是悲戚欢欣，皆心甘情愿，无怨无悔，要恨只恨报答不够男女主人比天还高的恩、比海还深的情。

今女主人卧床，几个儿子贴身服侍不太方便，朝云责无旁贷，昼夜守候闰之身边，为其喂水喂药，端屎端尿，擦拭清洗，不是亲妹胜亲妹，不是女儿胜女儿。家中其他女仆要来换手，朝云坚决不让，片刻不离。困得睁不开眼睛，便趁女主人熟睡，趴床边打会儿盹，床上稍有动静，立即惊醒过来，生怕稍有不慎，耽误女主人病情。

也是天不假年，命里该绝，闰之气息越来越微弱，仿佛油尽枯灯，即将熄灭。至八月初一傍晚，忽而睁开双眼，连说口渴。朝云以为女主人活转过来，不免一阵惊喜，服侍闰之喝过水，又喂过几口粥，忙叫女仆去唤东坡。

恰巧高太后惦记闰之，遣使来问病情，东坡正在接待宫使，三个儿子就在外间，赶紧入内，围到床边。闰之让朝云扶自己起来，倚靠床头，招呼苏迈道："迈儿过来，娘有话说。"苏迈跪道："娘有何吩咐，儿听着呢。"

闰之拍拍苏迈肩膀，断断续续道："没迈儿，便没娘之今日，娘在此说声谢谢你。"苏迈泣道："娘说反了，儿六岁失恃，幸娘进入苏家，重新给予儿疼爱，吃饱穿暖，健健康康长到而今三十出头。娘要好好活下去，给儿以报恩机会。"

"娘知迈儿懂恩达理。正是堂姐逝前你才六岁，担心你得不到母爱，嘱乃父娶娘代尽母责，娘才嫁入苏家，苦尽甘来，夫荣妻贵，受封诰命，与太后同舆郊祀，倍享天下女人不可能享受的荣光，故要感谢迈儿成全了娘。"闰之脸带欣慰，"娘在此托付迈儿，哪天回眉山祭拜你生母我堂姐，记得捎个话，我没辜负她期望，对得起她临终嘱托。"苏迈点头不止："儿定奉告生母，娘待儿胜于亲生，毫不逊于迨、过二弟，实属三生有幸。"

苏迈退后，苏迨、苏过上前。闰之摸着苏迨的头道："迨儿从小有疾，长成不易。好在已到二十四岁，有了自己孩子，记得做好父亲和丈夫的同时，要懂重知轻，扛不动的别扛，提不起的别提。口大不吃亏，有困难多向迈兄和过弟求助，他俩自会帮你助你。"

苏迨哽咽着点点头。闰之又抚着苏过的脸道："过儿已经二十二，最似乃父，书读得多，诗文作得好，人称小东坡。大哥在外为官，二哥身体欠佳，日后你要多多关照乃父。乃父此生不易，受尽波折和苦难，娘在世一日，衣食住行有娘服侍，娘走后你要多关照他。乃父受太后抬举，太后在世听政，乃父日子好过；一旦太后还政，甚或下世，乃父只怕还有倒霉日子等着他。届时过儿可得替娘及兄弟照顾好乃父，多为他解困排忧，让他多活几年。只要他活着，你们兄弟还有父亲可唤，一旦他也随娘而去，你们就做不成儿子了。"

说得苏过双泪长流，捂住脸上娘那微温的手，道："娘放心，儿一定照顾好父亲，不管面对什么不测，都会为父遮风挡雨，不管走到天涯海角，都会陪同在父身边。"

苏过话没说完，东坡送走宫使，推门而入。见朝云和仨子全在，心里明白闰之最后时刻已到。闰之示意仨子出去，留下东坡与朝云，有话要说。东坡坐到床头，拥闰之入怀，忍住悲痛道："夫人有何叮嘱，为夫听你的。"

闰之面呈悦色，沉重的头往丈夫怀里偎偎，道："愚妇随夫二十五年，确实没少受苦遭罪，幸有夫君疼爱，孩儿孝敬，一家人和和睦睦，受再多苦，遭再多难，倒也值得。所憾愚妇命里该绝，没能陪夫偕老，一同离开这个世界。愚妇走后，夫君要懂自我珍重，记得肚饿加食，天凉添衣。管住舌头和笔头，见人少说话，遇事别作诗。浮云无根，风吹四散，名利如浮云，最靠不住。夫君受恩于太后，但太后不可能永护夫君，夫君宜早做打算。"

此理并不深奥，然出自夫人之口，自是深意存焉。东坡含泪道："夫人只管放心，人家一朝被蛇咬，十年怕井绳，为夫被蛇咬了一辈子，往后八辈子见着井绳都会躲得远远的。"

这是东坡说话风格，闰之艰难地笑了笑，抬手向朝云招了招。朝云上前，趴到床边，听候吩咐。闰之指指枕边，朝云会意，伸手至枕下，摸出一枚钥匙。闰之又指指床头小柜，朝云蹲下身，用钥匙打开柜上挂锁，里面有个小包裹。闰之道："此系姐多年省下的私蓄，子霞交给过儿，要他请画师绘制佛像，供奉丛林，受十方礼拜。"

朝云"嗯嗯"应承。闰之又捞过朝云的手，覆到东坡手背上，边喘息边一字一顿道："姐要走了，夫君和这个家就交给子霞了，你要照顾好这个家，看管好夫君。只要有你在，这个家就不会散，夫君就可以活下去。子霞千万记住姐……姐……姐……"

闰之咽下"姐"后面的字，手一撒，头一撇，微笑着永远合上智慧善良的双眼。朝云扑到闰之身上，号啕悲哭起来。东坡僵在那里，不声不响，任凭老泪纵横，溢出眼眶，慢慢淌下面颊，濡湿前襟。

闰之虽为继室，却比王弗随夫时间多十多年，又得朝廷"通义郡君"封号，自然得以正妻名义举办丧事。东坡门生故吏、同僚亲友，皆来奔丧祭奠，哲宗和高太后也派使上门吊唁，恩赐奠礼。丧事毕，暂厝灵柩于京西惠济院，等待他日与夫同穴合葬。

朝云取出闰之所遗私蓄，让苏过拿去找大画师李公麟，绘画释迦文佛及十大弟子像，供奉于惠济院。东坡亲撰《释迦文佛颂》，敬奉佛法。

闰之后事暂告一段落，东坡再度上折，乞放外郡，唯愿尽快离开京师伤心地。高太后偶感风寒，在崇庆殿后阁养病。许是人病多情，见到东坡奏请，一声长叹，准其出帅定州。


## 哲宗亲政

高太后身患小恙，卧床调养数日，眼见逐渐好转，忽有谣言纷起，说祖孙不协，宫中恐有变，不然老人家大病难测，为何不言归政？无非欲废孙皇，改立儿子。高太后耳闻，大受刺激，喷出一口浓黑恶血，病情一下子转重，再也无力从病榻上爬起来。

高太后自听政以来，新党分子或贬或降，旧党各派争斗失利者或退或靠边站，两路失意人士共盼哲宗早日亲政，以获取卷土重来时机。无奈高太后执政上瘾，直至哲宗成年大婚，仍无撤帘归政意愿，两路失意人士寂寞难耐，暗中联络杨畏，怂恿他出手。

且说杨畏助吕大防击败刘挚，受到擢拔，升任礼部侍郎。礼部侍郎没能让杨畏满足，没日没夜往吕府跑，吕大防被缠得无处可躲，勉强答应为其安排要位。却遭范纯仁和苏辙等宰执反对，说杨畏非端士，不宜重用。高太后也觉此人人品太差，将其按在原位不动。杨畏恨之入骨，唯望高太后早死，吕大防一伙天打五雷轰。

新、旧两党失意人士深谙杨畏心思，不约而同找上门去，挑唆他弄点动静出来。杨畏眼睛一眨，心生一计。后宫有个太监名曰刘瑗，深得哲宗信任，若能拴上此人，直达天听便不再是难事。刘瑗原是英宗内侍，懂事又能干。英宗驾崩，被高太后收留，后又被神宗要到身边。神宗崩逝，高太后又赏给哲宗，既让刘瑗服侍主子，又做好监督，以便随时掌握哲宗动态。也是刘瑗会做人，两边讨好，哲宗和高太后都很满意。

杨畏设法把刘瑗约出宫门，请入最豪华的樊楼，好酒好肉一番款待。酒肉穿肠过，知心话出口，两人越说越投机，刘瑗有意无意透露出高太后卧病消息。

杨畏端杯敬过刘瑗，道："内侍大人出头之日至也。"刘瑗回敬杨畏道："本人不过小小内侍，承蒙皇上抬爱，赏给饭食，能不饿死冻毙，已心满意足，从无出头奢望。"杨畏放低声音道："元祐以来，长达九年，朝臣唯高太后马首是瞻，皇上连个说话的人都没有。今高太后卧病，归政皇上，势所必然，皇上无朝臣可信任，自会重用近侍。"

刘瑗摇摇头，道："高太后不过偶患小恙，还未到归政之时。"杨畏开导道："若换内侍大人为皇上，到底希望高太后患小恙呢，还是大恙？"

只怪刘瑗脑筋转不过弯来，痴望着杨畏，半日无语。杨畏笑道："皇上既已成年，又完成大婚，本该亲政，无奈高太后恋栈，一直不肯归政。朝野心向皇上，得知高太后患病，会做何感想，不是和尚头上的虱子，明摆着吗？"

刘瑗点着脑袋，一副似有所悟的样子。杨畏拿出包大钱，推到刘瑗面前，道："内侍大人回宫后，只管散布说外朝正在盛传，高太后自知病重难起，仍不言归政，恐怕正在谋划废立，以维持元祐更化不至于被腰斩。皇上听闻此言，难免心里生疑，自是不可能无动于衷，唯苦于无人能用，定当倚重身边亲信，内侍大人正好大显身手。"

杨畏用心不言而喻，无非挑拨祖孙关系，先在哲宗心里埋下仇恨种子，待其亲政掌权之日，再把仇恨发泄到祖母及所倚重之吕大防、范纯仁和苏辙等大臣身上。刘瑗受杨畏指使，回宫依其所言，灌输给要好宫吏。宫吏相互传播，传到哲宗耳里。哲宗想起祖母卧病期间，各路人马鬼鬼祟祟，纷纷前往探视，似有不可告人的图谋，一时心惊，吓出一身冷汗。

谣言自然亦传到高太后病榻前，高太后又愤又悲，血气上涌，喷红一地，几乎气绝。哲宗登基，至今已历九年，九年来让其安安稳稳坐在皇位上，不废不立，至成年亲政在即，再行所谓废立，不头脑发昏吗？九年三千日，高太后为大宋江山，每日朝乾夕惕，恪尽厥职，到头来被误会冤枉，此滋味谁受得了？

他人误会冤枉不必在意，怕就怕哲宗本人也以假为真。高太后于是带疾召见右相范纯仁，让他做见证人。范纯仁系范仲淹儿子，人品德望有口皆碑。高太后道："卿父仲淹，可谓忠臣。明肃太后垂帘时，卿父劝其尽母道；明肃驾崩，又劝仁宗尽子道。卿当似之。"

明肃太后系真宗皇后，受诏为继位时仅十一岁的仁宗辅政，成为大宋首位临朝听政女主。因理政有方，功绩显赫，史家赞其有吕武之才，而无吕武之恶。高太后仁德与政绩不亚于明肃太后，范纯仁若仿乃父规劝仁宗，开导哲宗继承祖母德政，别听信小人谗言，反其道而行之，元祐更化或许不至于前功尽弃。范纯仁有感于高太后信任，泣道："微臣定当尽忠，决不辜负太皇太后大恩。"

高太后又叮嘱几句，范纯仁辞出，转而求见哲宗。因刘瑗挡驾，近不了哲宗的身，范纯仁出宫去会左相吕大防。言及高太后嘱托和哲宗之乖张，两人唉声叹气，一筹莫展。

转眼到了秋社日，眼看高太后病情越来越严重，吕大防、范纯仁等宰执大臣前往崇庆殿后阁问安。正遇哲宗在阁。哲宗担心祖母与大臣接触密谋，连日来以尽孝为名，片刻不离祖母榻前。听到动静，高太后让女侍扶自己起来，瞧瞧几位大臣，偏向侍立于旁的哲宗，喘着粗气道："尔等君臣在此，皆知老身受神宗顾托，同孙皇御殿听断，前后长达九年之久，可曾施私恩于娘家高氏否？"

就如身处朝堂那般，哲宗照样板着面孔，默然无语。吕大防道："太皇太后天下为公，心里唯有赵宋江山，无有高氏私情。"范纯仁补充道："朝野有目共睹，太皇太后以至公卿以下，皆未尝以私恩惠及外戚高家。"

"可怜一儿一女先后病重，直至离世，老身只为至公，忙于朝政，皆未能出宫，去与他俩见上最后一面。"高太后说着，悲戚难耐，禁不住痛哭失声。在场大臣无不动容，忙安慰道："生死有命，太皇太后稍宽圣虑。御医技术高明，唯依其单方用药，不日太皇太后便可痊愈，重回朝堂，料理国事。"

哲宗闻言，心内不免暗忖：你们从没在乎过朕，唯担心祖母不能重回朝堂。高太后哪知哲宗心思？勉力抬袖，揩揩眼泪，道："众位大臣可旁证，老身有话正要对孙皇说破，但愿尔等君臣听得进去。"哲宗不得不开口应诺道："请祖母明训。"高太后道："老身殁后，别有用心之徒必缠扰孙皇，挑拨是非，宜勿听之。"

哲宗僵在那里，不置可否。高太后顾视几位宰执，凄然道："天命难违，老身来日无多，将别公等远行。公等亦宜及早求退，留出位置，让孙皇别用一番新人。"

宰执们闻谕悚然。高太后指示女侍，端上社饭，赏给君臣。汉代以来，每年春二秋八两月，官民家家过社节，吃社饭，祭祀土地。皇家社饭丰富，以猪羊好肉、腰子、奶房、肚肺切片，调和滋味，铺于饭上，口感绝佳，自非普通商民人家简单社饭可比。

然社饭再美，君臣也味同嚼蜡，盖因高太后所赐，不得不勉强吃几口。高太后见众人吃相艰难，叹道："明年吃社饭时，得思量老身，记得也给祫一碗。"

几位宰执泪洒社饭，颓然告退。哲宗又陪侍一会儿，见祖母昏昏睡去，悄声叮嘱女侍几句，蹑足出门，回了福宁殿。刘瑗贴身跟入，禀说杨畏已到。此前刘瑗已给哲宗提过杨畏，说朝臣离心离德，唯杨畏受高太后压制，郁郁不得志，正好可派用场。

祖母听政九年，哲宗冷眼旁观，见吕大防、范纯仁、苏辙等朝臣心向祖母，一直闷闷不乐，发誓一旦亲政，必另择大臣，为己所用，恰如刚才祖母所言。祖母虽未落气，估计已熬不了几时，正好采取行动，以免夜长梦多。然除贬谪在外的吕惠卿、章惇等人，朝中多为太后倚重大臣，可委以重任者寥寥。故刘瑗一提杨畏，哲宗便毫不犹豫，诏传入觐。

杨畏趋入，行过君臣大礼，脸上故作悲戚，询问高太后病情。哲宗道："祖母病情确实不轻，幸御医高明，当有回天之力。"杨畏假惺惺道："唯愿上苍保佑太皇太后，不过皇上总需早筹备，早用能臣，以图大举。"

哲宗倒也不含糊，问道："爱卿直言，有何能臣可用？"杨畏道："蔡确已死，所喜吕惠卿、章惇、蔡京等神宗旧臣仍存活于世。"哲宗道："吕、章违逆祖母，反对元祐更化，故被贬外放，现祖母病倒在榻，岂可躁遽起用之？"

哲宗的意思不言而喻，高太后还未驾崩，不宜速召吕、章回京，要召也得日后再说。杨畏道："朝堂内外全系旧党人士，皇上无人可用，仓促间不宜遽召吕、章，可择近身内侍，委以重任，随时听候调遣。"哲宗道："祖制禁用内侍，不宜犯禁。"杨畏道："祖制虽有禁，然非常时期，酌情更制，似有必要。神宗便曾委任内侍在先，子承父例，不叫犯禁。"

"欲用内侍，还需委以实职，依职行政，否则名不正，则言不顺；言不顺，则事不成。"哲宗豁然开朗，连夜找来中书舍人吕希纯，命其起草诏书，任刘瑗等十名内侍为给事中、太常、秘书监、谏议大夫之类要职。

吕希纯系吕公著儿子，登第为太常博士，近晋中书舍人。委任给事中等要职，需君臣依例会商于朝堂，择饱学士子担当，岂可轻许内侍？吕希纯觉得事关大局，又不敢违抗哲宗，借口吃错不洁社饭，腹泻难止，急于归家用药，恳请隔日草诏不迟。

人有三急：屎尿急、生产急、结巴急。皇帝老子都无法救急，哲宗无奈，不得不放过吕希纯，嘱其翌日尽早入宫草诏。

吕希纯出得宫来，也不归家，径直朝相府奔去，夜访吕大防。吕大防已上床多时，睡得正沉，忽被家臣叫醒，以为到了上朝时间，起身揉揉老眼，去瞧更漏，才刚过子夜。正要倒下重睡，听说中书舍人吕希纯求见，睡意全消，赶紧披衣下地，让家臣传客。

中书舍人品秩不高，却位处朝廷中枢，深夜到访，定有急情。果然来到客厅，见着吕希纯，听说哲宗需用内侍，迫不及待下诏任命，吕大防觉得大事不妙，速遣家臣夜召范纯仁和苏辙来府，商议应对之策。

再说吕希纯出宫不久，刘瑗服侍哲宗就寝，以不经意口吻，论及诏任内侍之事，哲宗打个哈欠，说吕希纯内急，需待翌日入宫再拟诏颁布。刘瑗觉得有些不对，待哲宗睡下，便离开福宁宫，走旁门出宫墙，叩开杨畏家门，告知吕希纯异举。

杨畏何等机灵，一听便知吕希纯耍滑头，要刘瑗稍候，出门上马，往相府赶去。果不其然，府前停着两辆马车，车前有人在打瞌睡，那是范、苏两家车夫。杨畏不敢片刻停留，回马速归家中，嘱咐刘瑗道："内侍大人这就返宫，禀报皇上，明早吕大防、范纯仁、苏辙还有吕希纯，定会联袂入宫探望高太后，皇上自知怎么应对。"

吕大防哪知杨畏悄悄来过相府？一直待在客厅，与范纯仁、苏辙和吕希纯三位商议，怎么才能阻止哲宗违制任命内侍。哲宗动机明显，无非趁高太后病重，安插内侍，把守要害位置，以图异举。从来史不乏例，内侍干政，易坏朝纲，岂可听之任之，贻害无穷？

可如何打消哲宗的荒唐想法呢？朝堂相处多年，尽管哲宗话不多，然其固执性情，几人多少有所领教。看来别无良法，唯寄望高太后还能开口，阻止孙皇胡来。眼见漏断更残，四人顾不得疲惫，张口打着哈欠，走出相府，登车没入黎明前的黑暗，匆匆往宫中赶去。

到得宫前，天色始明。宫门还未开，好在门吏与吕希纯熟悉，也认识其身后的宰执大人，打开便门，放四人入宫。四人直奔崇庆殿，远远望见殿门在晨曦里晃着幽光，显得清冷寂静。落叶铺满殿前台阶，清道夫正挥帚清扫落叶，左一下，右一下，仿佛在划船。

四人登上台阶，绕过清道夫，大步朝殿门迈去。正好殿门吱呀呀打开，走出一名女侍，取下殿侧夜灯，揭开灯罩，轻轻吹熄。吕希纯上前打招呼，询问高太后病情。女侍显然认识四人，也不多话，迎入殿内，请至偏室歇息，自去禀知高太后。

没人留意殿外清道夫，见吕大防几人背影隐入殿门，赶紧扔掉扫帚，奔下台阶，去了福宁殿。那可非平常清道夫，乃刘瑗安排于崇庆殿的眼线。昨夜刘瑗回宫后，哲宗早已熟睡，不好惊动其美梦，才派亲信蹲守崇庆殿，观察动静。直到天亮，别无异样，亲信假装清道夫，手上挥帚清扫地上落叶，眼珠骨碌碌转动着，不停瞄向四周，终发现吕大防四人进宫入殿，这才忙不迭去给刘瑗报信。

刘瑗得报，蹑足走近哲宗榻前，见其已醒，开口禀告夜见杨畏经过及早上崇庆殿动静。哲宗二话不说，下地简单梳洗，随便用过早膳，奔崇庆殿而来。

或许服过御医新开药汁，或许夜里睡得好，高太后一觉醒来，精神略佳，还喝下好几口肉羹。闻女侍说吕大防几人进殿，也不迟疑，宣召入内。

见高太后病情似有转机，几人颇为高兴，并不急于拿哲宗欲任内侍说事。然高太后心知肚明，三位宰执一大早觐见，还有中书舍人作陪，绝非仅仅来问病，定有要事急禀，寒暄几句，便问道："各位爱卿有话直言，老身活到此份上，没少经事，不易被吓着。"

四人你望望我，我看看你，正要开口道出来意，女侍入报皇上到。吕大防几个颇感意外，张大嘴巴，仿佛苍蝇入喉，不甘下咽，又吐不出来。高太后更觉稀奇。哲宗年轻，平时若无早朝，此刻还在梦中，哪怕已梦醒，亦会赖在龙榻上，待困境过去才下地。

心下奇怪，高太后让女侍宣哲宗入见。哲宗三步并作两步，急匆匆闯入，果见吕大防四人都在，肚里火气腾腾腾直往上蹿。最后目光落在吕希纯身上，这家伙竟借吃错社饭腹泻，拒拟诏令，辞陛出宫，联络几位宰执，悍然与他对抗，实在可恶至极。无奈祖母就在榻上，哲宗不便发作，不得不暂时克制隐忍，过后再找他算账。

高太后觉出气氛不对，责问吕大防道："大防说说，到底出了什么事？"

吕大防嗫嚅半天，吱不得声，去瞧吕希纯。吕希纯想不明白，哲宗怎会突然冒出来，然事已至此，没法含糊，唯有硬着头皮，先向哲宗道歉，继解释道："任用内侍，与祖制不符，希纯不敢贸然拟旨，故离宫禀知宰执，望君臣共议，以免陛下独负违祖制骂名。"

朕违祖制，违的也是咱赵家祖制，要你吕希纯操哪门子闲心？哲宗恨得咬牙切齿，又不好直言，力辩道："纵然祖制严明，然先帝便有任命内侍近例可循，眼下宫中缺人差使，仅内侍可遣，岂可动不动小题大做，滥言祖制？"

没等哲宗说完，范纯仁反驳道："先帝确曾破例任用内侍，然前后不过三两人，不似陛下一次提出十人名单，实在说不过去。"吕大防附和道："尽管先帝任用内侍有限，仍受到大臣批评，不得不有所收敛。陛下饱读经史，深知宦官生事，危害极大。汉唐后叶皆因宦官横行，干预皇家废立，导致国家败亡。"

毕竟哲宗年轻，哪辩得过能言善辩的老臣？连平时话不多的苏辙也按捺不住，开口道："陛下亲政在即，一言一行，朝野拭目，以观圣德。且背着太皇太后，违制诏任大批内侍，难免众心惊疑，谓陛下私于近习，置江山于不顾。"

又是江山，又是祖制，又是圣德，这苏辙连放吓得死人的大词，谁受得了？且动不动拿太皇太后压人，压得人喘不过气来。哲宗恚恨不已，怀疑眼前状情，全系苏辙暗中指使，又没法自圆其说，才软下语气道："朕用内侍，不过传诏递旨方便，哪有众位所言严重？"

几位宰执还要争论，忽听女侍大叫道："不好啦，不好啦，太皇太后昏厥过去啦！"

也是君臣只顾争吵，全然忘记高太后就在榻上，哪受得了如此刺激？高太后还留着口气未咽，孙皇与大臣便当其面对抗起来，一旦自己气绝眼闭，大宋江山岂不危殆？满腹悲愤化作一团郁气，积闷于高太后胸口，阻住呼吸，憋得脸黑脖粗，顿时昏死过去。

哲宗不知该悲该喜，顿在那里，一动不动。悲者宰执放肆，把自己当小孩训斥，太伤自尊；喜者祖母死期在即，欲行废立已无可能，自己皇位可保无虞。至于几位宰执，哪还顾得上揣摩哲宗心思？怕只怕高太后一时挺不住，撒手西去，各位老臣唯有树倒猢狲散。唯吕希纯稍稍镇静，催女侍赶紧传医。

御医很快赶到，给高太后嘴里塞颗药丸，略化腹内郁积，救回一丝气息。气息由弱至强，高太后忽然睁开两眼，问孙皇在哪儿。哲宗知道祖母最后时刻已到，跪于榻前，应声道："孙儿在此。"几位宰执也齐刷刷跪到哲宗身后，恭请高太后圣安。

高太后积攒全身力气,怆然道:"老身待死也。累年保佑圣躬,粗穷心力,区区之志,只欲不坠先烈,措世平泰,不知孙皇知之否?宰执及天下臣民知之否?"

说着说着,高太后气息越来越轻,声音越来越小,几近于无。吕大防凑近榻沿,启唇欲答,哲宗大声叱道:"大防几位,给朕出去!"

三人趋出,到得殿外,相互瞧瞧,不约而同道:"吾等不知将死于何方矣。"

不到两个时辰,即九月初三寅时,高太后驾崩,群臣上尊号曰:宣仁圣烈太皇太后。首相吕大防循例为山陵使,督建永厚陵,作为高太后归宿地。

一个时代由此结束,臣民预感大变在即,谣诼纷纷,人心浮动。哲宗则重重地舒口气,心底说朕终于可亲政了。亲政还需大臣行政,又实在不愿与那帮宰执为谋,仓促间不知如何为好。刘瑗看出哲宗心思,说可传杨畏问事。哲宗让刘瑗出宫,密召杨畏。

见着杨畏,刘瑗不急于传诏,先拱手表示祝贺。杨畏明白刘瑗来干啥,笑道:"给事中大人有诏传诏,别拐弯抹角。"

自己怎么就成了给事中?刘瑗稍一愣怔,立马反应过来,亦笑道:"谏议大夫听诏!"

也是两人脑袋好使,你片言,我只语,便彼此许了宏愿。刘瑗一出现,杨畏便揣测其来意,意识到自己美好前程就在眼前,故许奏任给事中以报。刘瑗早该出任给事中,因几位老臣作梗泡汤,今高太后驾崩,只需杨畏在哲宗面前旧议重提,好事自不在话下。既得你杨畏许诺,我刘瑗岂可无动于衷?遂以谏议大夫为馈。

比之现任礼部侍郎,谏议大夫品秩不相上下,却系皇帝近臣,既有参劾权,又有奏任大臣便利,杨畏正好借此扩大自己势力。一朝天子一朝臣,哲宗亲政伊始,要排除旧臣,任用新贵,需值得信任的近臣出力使劲,只要有人提名你杨畏为谏议大夫,自然一提一个准。

你言我语毕,两人不觉相视大笑。刘瑗宣过诏令,杨畏随其入宫,来到哲宗面前。行过君臣大礼,杨畏道:"独力难支,陛下如愿亲政,欲令行禁止,必用亲信。"哲宗道:"爱卿明言,可用何人?"杨畏道:"内廷可擢刘瑗为给事中,上传下达。"

哲宗表示认可,又问道:"外朝呢,何人可任?"杨畏道:"李清臣、邓润甫较合适。现太皇太后旧臣充斥朝廷,短期内不便树敌太多,全部赶走,陛下可一面稳住旧臣，暂留朝中维持局面，一面召李清臣等外臣入朝，添加羽翼，徐图大举。"哲宗道："旧臣继续留朝，若反对朕召李清臣，又如何应对？"

杨畏道出一番理由来："李清臣身份特殊，说为元祐旧党，却与熙丰新党藕断丝连；说为熙丰新党，又与元祐老臣若即若离。也因根基浅薄，两边无靠，才左右不是人，被赶出京外。今召其入京，旧党能够接受，不会强烈反对，届时陛下再借用其力，废旧立新，驱逐老臣，迎新党入朝，恢复熙丰新政，振我朝纲。"

哲宗甚喜，愿依计行事。杨畏辞陛而出，迎面碰着门外的刘瑗，轻声道："恭喜给事中大人！"刘瑗会意，入见哲宗，道："欲召李清臣、邓润甫入京，需大臣提议，陛下恩准，一锤定音。否则由陛下亲自提名，一旦宰执公然反对，便再无回旋余地。"哲宗道："又由何人来提议好呢？"刘瑗道："杨畏便是现成人选。"哲宗道："杨畏职在礼部侍郎，无人事提议权限。"刘瑗笑道："陛下可委杨畏为谏议大夫，自是弹劾与动议两便。"

依刘瑗所请，哲宗亲拟圣旨，任命杨畏为谏议大夫，刘瑗为给事中。此乃哲宗亲政后自拟两道旨命，宰执们已无高太后可倚恃，无法驳回，驳也没用，唯有默认。杨畏欣然就任谏议大夫，底气十足，昂然履行职责，奏调李清臣、邓润甫入京。

吕大防、范纯仁和苏辙出面表示反对，杨畏据理力争，交由哲宗圣断，升李清臣为吏部尚书，邓润甫为兵部尚书。几位宰执无奈其何，唯忍气吞声而已。朝中有杨畏作祟，已够几位旧臣承受，再添李、邓为虎作伥，定然乾坤颠倒，谁都不可能幸免于祸乱。

哲宗宣布退朝，几位宰执悻然散去。

## 守边关，外放定州

苏辙刚回东府自己家中，兄长来访。说起朝中变数，苏辙连连摇头，唉声叹气，悲观得很。苏东坡也知大势已去，再也回不到从前，却还是心有不甘，想着借多年帝师情义，奉劝哲宗辨别邪正，严君子小人之防，以免自坏长城，毁高太后听政九年所积累之德政于一旦。

东坡有意建言，盱衡全局，连夜拟定奏章，天明离家，准备入宫当面呈于哲宗，到得宫门外，才意识到高太后驾崩前自己已受命定州边帅，去掉帝师身份，作为离京在即的外臣，不见诏令，岂可随便觐见皇帝？东坡颇觉沮丧，望望巍峨凛然的宫门，折身原路返回。

走到一半，想起范祖禹仍属侍读大臣，何不由其代呈奏章？赶到范家，范祖禹还在梦中。平时苏、范两家走动频繁，范家仆从认识东坡，实告主人通宵拟折，黎明前才熄灯睡下。东坡不便惊醒范祖禹，先入书房喝茶翻书。但见书桌上字纸墨迹未干，正是范祖禹刚拟成还未及呈入宫中的奏章。

东坡好奇，坐到桌旁，先睹为快。范折笔锋劲健，议论纵横，可谓字字珠玑：

陛下方揽庶政，臣民倾耳而听，拭目而视，正值君子小人消长进退之际，天命人心去就离合之时，需谨言慎行，不可孟浪，祸及江山。太皇太后行仁宗之政事，前后历九年，始终如一，亦难免群小怨恨，必将以事离间，不可不察，惟辨析是非，深拒邪说。有以奸言惑听者，付之刑典，以警群愚，则帖然无事矣。云云。

"范公此文，真经世之作也！"东坡一边品读，一边赞赏，忍不住伸手取过桌边笔管，蘸蘸墨汁，在作者名后署上"苏轼"二字，同时吟道："上书挂名岂待我，独立自可当雷霆。"

其时范祖禹已醒，入书房会客，听闻东坡之吟，笑道："坡公挂啥名？"东坡指着桌上奏章道："轼不揣冒昧，未经许可，便忝列拙名于纯夫（范祖禹）之后，纯夫不会怪罪吧？"范祖禹道："坡公名冠古今，屈居祖禹之后，不让天下人骂祖禹不懂事吗？"

彼此谦虚几句，范祖禹道："莫非坡公有先见之明，知祖禹拟成奏折，专来寒舍挂名？"东坡实话道："轼亦作成一折，无奈已无入宫面奏资格，欲借纯夫之手代呈皇上，偶见纯夫奏章尽言轼之所言，故挂名联奏，也让皇上省些目力。"

范祖禹伸出手掌，道："坡公奏章呢？且拿出来，让祖禹开开眼界。"东坡不给，只道："纯夫奏章太妙，轼不敢复为疏也，已点火烧掉。"

范祖禹再三求观，东坡不肯拿出，道："无以易公者。"

范折言辞恳切，字字为君上忧，句句替大宋谋，然进呈宫中后，却如泥牛入海无消息，什么作用都没有。殊不知哲宗跃跃欲试，正要用苦等九年才好不容易到手的绝对皇权，拿祖母留下的旧制和旧臣开刀，以泄心头积压已久的怨愤，哪会理睬侍读大臣的奏请？

东坡深知无能为力，唯早做准备，早赴外任，早离开京都是非之地。闰之已故，家业颓废，况外任居家简便，不用太多家丁女仆，该辞则辞，该退则退。其中一名小吏名曰高俅，聪明伶俐，颇工笔札，东坡知驸马都尉王诜用得着，将其送往都尉府，王诜深为喜爱。

王诜是端王赵佶姑夫，两人皆擅长诗书音画，彼此交好。端王羡慕王诜所造上等篦刀，王诜命高俅带篦刀上王府奉献。恰值端王在花园蹴鞠，通俗地说就是踢皮球。高俅站在旁边观看，见皮球朝自己砸过来，轻轻起脚，正正当当弹回端王面前。见高俅身手不凡，端王让其上场对蹴，甚合王意，便将篦刀及送刀人一并留下，日见亲信。

虽已对朝局失去信心，但苏东坡仍有不甘，又呈折恳求出京前入朝辞陛，以便当面进谏，奉劝自己学生识大体，明大义，做个称职皇帝。

与以往不同，东坡此番外放，身任军、政两职，所谓以两学士充河北西路安抚使兼马步军都总管出知定州军州事，遵例该入朝面辞听训。况多年师徒情义在，哲宗确有诏对恩师之意。谁知到任没几天的李清臣作梗，使东坡愿望落空。

李清臣此番进京，可是冲着宰执高位来的，自然不可能满足于吏部尚书职。欲心想事成，需扫除晋级路上障碍，尤其在位宰执及东坡等德高名重大臣。见面三分义，与哲宗情分尚浅的李清臣担心师生会晤，年轻皇帝一时头脑发热，留下东坡在朝，对自己可是不大不小的威胁，于是借口边事当紧，力阻师徒会晤。哲宗只好搁置东坡奏请，促其速行。师徒因而失之交臂，此生再未谋面。

东坡见诏，不觉自哂，想起自著《贾谊传》所引孟子的故事。孟子去齐，三宿于昼，奢望齐王能召见自己，足见孟子不忍弃其君。却一直未见齐王来召，始知天下果无足与有为之君，无憾离昼。东坡以孟子为例，无非感叹贾谊王者之佐，竟不能自用其才。今东坡不忍去都，仿佛孟子旧事重现，亦没等来哲宗召见。然已尽人臣之义，不留遗憾，无须像贾谊一样哀叹怀才不遇，自己与自己过不去。

但东坡还是作《朝辞赴定州论事状》，托人呈入宫中，忠告年轻皇帝：

> 陛下为政九年，除执政台谏外，未尝与群臣接。今听政之初，

> 当以通下情、除壅蔽为急务。臣日侍帷幄，方当戍边，不得一见而行，况疏远小臣，欲求自通，难矣！陛下圣智绝人，春秋鼎盛，臣愿虚心循理，一切未有所为，默观庶事之利害与群臣之邪正。以三年为期，俟得其实，然后应物而作。使既作之后，天下无恨，陛下无悔。由此观之，陛下之有为，惟忧太早，不患稍迟，亦已明矣。臣恐急进好利之臣，辄劝陛下轻有改变，故进此说。

东坡的意思是，无非好事不在忙中取，亲政之始，切忌是非不明，好歹不分，任急功近利大臣摆布，轻举妄动，败坏高太后所建功德。岂知哲宗在冷板凳上一坐九年，受够怠慢和歧视，好不容易盼到祖母撒手西去，正跃跃欲试，施展拳脚，大干一场，哪里还听得进不同声音？老师的奏折没看几行，便扔到一旁，置之不理。

要说东坡亦不过知其不可而为之，并非奢望哲宗能有所觉悟和改观，当即告别子由及好友同僚，率儿孙、朝云及少量家仆，出城越过黄河，逶迤北行。人北望，心依然留在开封，留在京西惠济院，不知闰之一人待在院里寂不寂寞。不过也好，自己宦海浮沉，穷达多变，闰之跟着东奔西颠二十五年，终于可安歇下来，不用再挨累遭罪，担惊受怕。

十月中旬抵达定州，正值北风呼啸，黄叶辞枝，东坡记起当年密州出猎所作词调，结尾有言："持节云中，何日遣冯唐？会挽雕弓如满月，西北望，射天狼。"哪料到人至老迈，竟以衰朽之躯踏入西北苍凉地，左手执掌军事，右手兼理民政，也算一了夙愿。

定州位处燕云边沿。五代石敬瑭臣服辽朝，割走燕云十六州，自此定州成为边防重镇，向由能臣戍守，韩（琦）忠献公便曾据州守边，担负军事重责。东坡到任伊始，就在幕僚陪同下，躬往阅古堂，祭告韩忠献公。

面对韩忠献公塑像，东坡心情沉重而又复杂。占据燕云后，辽国越发嚣张，屡屡南侵。至萧太后秉政，亲统大军深入宋境。宋廷君臣欲避敌南逃，宰相寇凖力阻，说服真宗亲临澶州督战，射杀辽将萧挞凛，双方坐下来议和，暂弭边患。自此战垒不修，战兵不练，人不知战，国不虑危。延及元祐朝，边疆军政渐至败坏，令人担忧。

宋为佣兵制，以天子禁兵轮戍四方。河北西路系边防重地，所辖禁兵两万五千九百多人，分屯于八军州。所惜自澶渊和议以来，放弃训练，疲堕不可复用,唯仰仗本土弓箭社乡兵。弓箭社武装由乡民组成,自力保卫身家骨肉和祖宗坟墓,日夜巡逻不息,地方官府巡检倚为耳目和臂肘,以保境安民,遇寇为战,对辽形成不小威慑。

正因如此,仁宗朝因俗立法,入弓箭社为军籍,朝廷专款补给,强盛一时。至熙丰变法,编弓箭社入保甲,弓箭手化为农民,秋收事毕,保甲人户远出受训,盗贼乘虚作乱,报复弓箭手家属,仇杀事件频发。弓箭手不得不私自恢复弓箭社,可谓官废民存。然弓箭手身为保甲籍,兼顾公事私警,疲于奔波,以致怨声载道。

东坡出入兵营,察访武备,深知一旦边地有警,凭疲老禁兵和保甲土民,绝无胜算可言。办法也可行,恢复弓箭社建制,集中三万弓箭手,强化操练,足保边境无虞。当即上《乞增修弓箭社条约状》,陈明重振边军措施,请朝廷恩准,以尽快落到实处。

未等朝旨批复下来,东坡已开始行动。多年懈怠,各军营房破烂,军纪废弛,官兵天天喝酒赌博,不事操演,岂能上阵拒敌?一旦边警出现,定一触即溃,不战而败。东坡凭借手中权限和财力,整饬纪律,惩处腐败官军,同时修缮营房,提高士兵待遇,尽量让他们吃好穿好,以便专心致志操练。

见东坡敢作敢为,官兵颇为拥护,一时令行禁止。然东坡名为马步军都总管,实际军务由专职副总管王光祖负责。王光祖行伍出身,统制驻军多年,不免骄悍跋扈,见东坡一介书生,没太放在眼里。偏偏东坡理直气壮行使都总管职权,深入诸营点检,抓捕贪腐军官,维护士兵权益,大受将吏欢迎和敬爱,致使王光祖威信大跌,脸上无光。

经大刀阔斧整治,军容蔚为改观。趁雪霁放晴,东坡依例端坐大帐,凛然检阅军队。将吏威服,戎装于身,奔走执事,帐前军纪森肃,军风焕然。此前历任知军州长官偶尔过问军务,也不过走走过场,不会像东坡一样当回事,大模大样阅起军来。王光祖极为不满,称病不出,拒不到场参与,倒看东坡能弄出什么花样。

东坡正要给王光祖颜色瞧瞧,叫过书吏,命其执笔,草拟弹劾副总管专案。王光祖这才心生畏惧,惊悚而至,乖乖侍立总管之侧,叨陪校阅。阅兵仪式井井有条,圆满完成,边军威仪得以重现。定州兵民欢欣鼓舞,奔走相告:自韩忠献公去任后,不见此礼久矣,时至今日,始得大观!

阅军过后,渐近年关。此系闰之逝后首个春节,东坡思及老妻种种好处,倏尔阴阳两隔，不免黯然神伤。好在朝云不离不弃，尽力打理家政，依然有饱暖日子可过，且迨、过二房子孙环绕左右，足慰衰年晚境。河间辖属河北西路，苏迈依规回避，辞去县令职务，亦率家小前来陪伴老人，一大家子欢聚一堂，倒也其乐融融。

春节一过，进入元祐九年（1094）。整军治兵之际，东坡又甘冒风雪，走村串户，察访民瘼。定州山山相连，春夏雨水过多，为害庄稼，往往收成不足半数，以致百姓缺粮，活命艰难。宋律地方官有权"倚阁散贷"，发放贷款救急。然有借终有还，百姓往往秋后无法及时还纳，官府鞭挞追呼，土民躲债逃命，有家无归。

东坡不愿伤民，上《乞减价粜常平米赈济状》，以低价出粜常平米，压平粮价，给土民以生路。无奈穷苦佃农，连廉价官米都买不起，官仓则堆满久储陈米，腐烂变质在即，实在可惜。东坡上奏朝廷，请以出仓陈米两万余石，由上户保借，转贷佃农度荒，待丰熟年成，另收新米补仓，既让官仓以新更陈，又救民于既倒，实属两全其美。

奏折发出，久久未见回复。百姓无米下锅，人命关天，东坡苦等不及，不得不自作主张，开仓出米，以先保民命，哪怕丢官去职，亦不足惜。事实是东坡此生，卸官如卸帽，早不在乎宦海浮沉，唯怜生民存活太难，心中不忍。

## 终为弃臣，奉旨远游

也是朝局嬗变，君臣各怀心机，忙于名利得失，哪有闲情顾及边境军民死活，理睬东坡奏请？尤其变色龙杨畏，经由刘瑗，靠近哲宗，巧施手段拉李清臣、邓润甫入朝，欲与其联手，尽快上位，控制朝局。岂料李清臣、邓润甫害怕杨畏心眼太多，难于驾驭，暗里留着一手，既彼此利用，勾搭使奸，又谨防其捣乱，坏自己好事。

三人勾搭所使奸谋，便是史上臭名昭著的创议"绍述"闹剧。先是杨畏揣摩圣意，知年轻皇帝急于弃旧翻新，特具万言书曰："神宗更定法制，以垂万世，乞赐讲求，以成继述之道。"意即哲宗乃神宗儿子，唯子续父胄，尽弃祖母旧制，方可开创万世伟业。

接着邓润甫跳将出来，大声附和："武王能广文王之声，成王能嗣文武之道，皆系子承父志，以成帝业。"哲宗胃口一下子被吊起来，仿佛只要与祖母旧制反着来，继续神宗彼时新政，便可成为当今武王和成王。

至三月集英殿进士策试，邓润甫鼓动哲宗，由李清臣出策题，杨畏任复试官，得到恩准。为迎合哲宗，李清臣以元祐国策入题，比对熙丰新法，让应试学子笔论。

应试学子平时两耳不闻窗外事，哪能领会发策者的用心？进入集英殿，摊开策题，便埋头提笔，大颂特颂起元祐国策来。考官亦为书生，觉察不到变局在即，所录九百多名考生皆系元祐旧制拥趸。策论送到复试官杨畏手上，被他全盘否定，另置主熙丰新法者于前列。

御试策题不胫而走，绍述闹剧锣鼓喧天，震动朝堂，响彻朝外，天下皆知今非昔比，已进入绍述时代，一切皆将从头再来。

杨、李、邓三人上蹿下跳，卖力表演，该造的影响皆已如愿造出来，哲宗非常满意，加李清臣中书侍郎，邓润甫尚书右丞。中书侍郎和尚书右丞虽非大位，却系皇帝近臣和通向宰执之必由跳板。亦即说绍述闹剧，李清臣与邓润甫成为最大赢家，离相位仅半步之遥，只要再耍几套猴子把戏，挠到皇帝痒处，便可纵身一跃，位极人臣。

唯杨畏仍定在礼部侍郎兼谏议大夫位置上没动。绍述闹剧本由杨畏挑起，且出力最多，贡献最大，竟眼睁睁看着李、邓得风得雨，自己啥好处也没捞着，换谁也想不通。其实哲宗早准备赏杨畏重位，竟然被李清臣和邓润甫联手搅黄，让他白忙一场。

也是杨畏太过狡黠奸诈，常常出尔反尔，过河拆桥，李、邓觉得此君可偶尔利用，不可长久联盟，否则总有一天会栽其手中。两人于是联名密奏，列举杨畏种种劣迹，提醒哲宗谨防小人，别坏大事。哲宗也知杨畏名声太臭，几经犹豫，还是暂弃杨畏，以观后效。

杨畏被蒙在鼓里，还以为哲宗故意考验自己，又会同李、邓两人，大打出手，攻罢已出任山陵使的左相吕大防。左相大位因此空出，依惯例该右相范纯仁补缺。李清臣不觉怦然心动，瞪大两眼，盯住右相位置，志在必得。然从中书侍郎跃升右相，中间碍着门下侍郎苏辙，还得先把他搬开，好事才可能轮到自己。

这天朝议绍述，众臣上殿，李清臣正好位于苏辙之后。苏辙身材高大，令短小矮矬的李清臣相形见绌，心里很不自在。不由得忆起当年京东提刑任上，请苏氏兄弟至徐州城南衙署喝酒，东坡所作"城南短李"诗，让李清臣至今仍衔恨于心，无以释怀。自古未见以身材长短论英雄，功成名就还得靠身上的本事和脑中的谋略，别看咱"短李"身段不如你苏家兄弟，照样有办法对付你俩。上年已把东坡赶出京城，这下到了拿苏辙开刀之时。

也是急于扳倒苏辙，李清臣未加细忖，绕过高大的苏辙，趋前几步，举笏对御座上的哲宗道："启禀皇上，元祐之初，正因苏轼、苏辙兄弟作祟，蛊惑太皇太后废除先帝新政，复辟从前旧制，才导致臣民无所适从，新政功亏一篑。"

对这突如其来的攻击，苏辙有些猝不及防。好在其头脑清醒，当即压低眉眼，瞥向李清臣那尖小脑袋和短手短腿，反诘道："人言清臣先生乃人中短龙小凤，智识超群，记忆惊人，莫非仅过去八九年，彼时人事便被遗忘干净？"李清臣自信道："清臣别无所长，唯记性还算勉强，别说八九年前，即便八九十年甚至八九百年前旧事，依然记忆犹新。"

苏辙哼哼两声，凛然道："九年前陛下即位伊始，兄轼与臣皆远在贬地，后承蒙陛下和太皇太后抬举，才先后戴罪回朝，这应该没错吧？"

为显示记忆力好，李清臣应声道："确实没错，当初尔在贬籍歙州做县令，苏轼在黄州开荒耕地，若非陛下垂怜，召回京师，恐怕尔兄弟已饿死冻毙于贬所，今墓之木拱矣。然尔兄弟丝毫不念圣恩，竟与陛下对着干，弄什么旧制，实在令人齿冷。"

"没人怀疑你'短李'最大心愿，便是看着吾兄弟早死。"苏辙不慌不忙道，"当年陛下登基，垂怜起复吾兄弟，吾兄弟接到诏令，自遥远贬所动身，跋山涉水，艰难归京，前后耗去大半年时光。相反你'短李'近水楼台先得月，早以左丞身份陪侍陛下和太皇太后多时，要说惑废先帝新政，唯你'短李'做得到，吾兄弟欲惑欲废，亦鞭长莫及，爱莫能助也。"

一席话撑得李清臣嘴巴张着，半天出声不得。朝臣忍俊不禁，暗笑李清臣自作聪明，只顾胡编乱造，没把故事编圆造全，还自以为记忆惊人，智识超群。

倒是年轻哲宗端坐御座，态度肃然，冷脸睥睨朝士，没觉得有啥可笑。

首番公开交锋，惨然败下阵来，李清臣气愤不已，暗暗图谋报复，也不再贸然出招，先经深思熟虑，再以退为进，放低身段赶往东府，造访苏辙。

苏辙本不愿理睬小人，然为人留一线，日后好相见，人家厚颜上门，总得讲点情面，不便撕破脸皮，他时相遇不尴不尬，彼此难受。

迎入李清臣，来到客堂，苏辙让家仆献上茶果。李清臣喝口茶水，开始回顾从前与苏家兄弟的旧谊。要说李清臣可非凡俗，七岁知书，日诵数千言，二十一岁高中进士，得到韩琦青睐，嫁侄女与其为妻。欧阳修壮其诗文，以比苏东坡。同受欧阳老师抬爱，李、苏两家从此走得很近。尤其苏辙远道送兄赴知徐州，已驻徐州多时的京东提刑李清臣热情洋溢，诚邀二苏赴城南衙署欢会，诗酒唱和，何等融洽开心！

要怪只怪东坡诗技难耐，逢人不写几句，便手心发痒，"城南短李"四字流出笔端，开罪李清臣而不觉。"短李"原指身短才高的李绅，出自白居易戏李诗句，后成为李姓有才之士代指。苏家兄弟身高臂长，本来就让短小精悍的李清臣自惭形秽，东坡还要以"短李"入诗为赞，其自尊心越发受伤。李清臣耿耿于怀，在哲宗面前诋毁东坡，阻其留朝，又盯住宰执位置，公然向苏辙发难，要把他也赶走，自己好替补上位。谁知苏辙记忆力也不差，端出元祐初实情，点破李清臣，让其丑态毕露。

李清臣"深情款款"，回首往事前情之际，苏辙一直盯着他那阴晴不定的嘴脸，不怎么插话。但闻李清臣又道："皇上不嫌清臣才疏，命作策题，清臣不过触及熙丰与元祐政情，并无厚彼薄此之意，考生对答各抒己见，难分伯仲。坏就坏在复试官杨畏，竟自作聪明，以绍述为由评判试卷，弄得舆论哗然，臣民无所适从。今清臣来府拜访，便是请子由出马，揭穿杨畏企图。子由德高威重，及时发声，定能折服君臣，以正天下视听。"

哲宗已有绍述意，还要你去拂逆龙鳞，不是陷你于火坑，自绝于年轻天子吗？李清臣用心险恶，却并不高明，一眼便能看穿。然苏辙仰体太皇太后苦心孤诣，会同前辈老臣缔造元祐之治，自己亦以小小秘书省校书郎浐升至副相地位，焉能只顾个人得失宠辱，而无视朝局危殆，说违心话，做违心事？若此岂不愧对自己良知，又有负高太后在天之灵？

打发走李清臣后，苏辙提笔拟折声言：陛下绝无重述熙丰故事之心，无非小人妄意陛下牵于父子恩情，不复深究是非，远虑安危，骤否元祐更化。此小人之爱君，取快于一时，不似忠臣之爱君，以安社稷为悦者也。

别有用心之徒借皇权更迭，故技重演，作妖使奸，被苏辙劈头盖脸道破揭穿，自是恼羞成怒，咬牙切齿，非与其拼命不可。苏辙继而阐述神宗在位二十年之睿算惠政，元祐不过萧规曹随，审时度势，略有纠偏。譬如汉武帝讨伐四夷，大兴宫室，使财政破产，赋税加重，民不堪命，幸托孤昭帝于霍光，调整策略，纠偏更正，汉室乃定。大宋历朝更迭，皆以社稷为重，虽时有矫枉，实乃势所必然。

最后苏辙干脆把话挑明，恳请哲宗慎勿轻事改易，随便变更元祐九年（1094）已行之事，擢任累岁弃用小人，不然小人心怀私愤，以先帝为词，无事生非，则大为不妙矣。

苏折递入宫中，呈于哲宗手上，顿时天颜震怒，吼骂苏辙大胆放肆。也是东坡侍读之时，批评汉武帝穷兵黩武，差点断送汉朝，给哲宗留下深刻印象，见苏辙拿汉武帝说事，哲宗不禁怒火中烧，愤然道："苏辙自以为才大，竟敢以汉武帝比先帝！"

正值李清臣与邓润甫两人陪侍在侧，闻言大乐。尤其李清臣，觉得没白跑东府，竟轻易骗过苏辙，误以为哲宗无绍述意，才大胆进言劝谏，以汉武帝喻神宗，以昭帝改制喻元祐更化，诱导哲宗效法昭帝，否定神宗。

也是李清臣权令智昏，以小人之心度君子之腹，以为苏辙与自己一样，只要能谋取大位，执掌重权，便可放弃良知，迎合圣上，哪怕陷国家于万劫不复，亦在所不惜。李清臣自以为得计，暗暗得意，公然拱火道："苏辙诬蔑先帝，该当何罪？先帝英明，创熙丰新政，民为之富，国为之强，难道还要背汉武帝之骂名，下罪己诏以谢天下不成？"

邓润甫也阴一句阳一句，刺激年轻哲宗，恨不得逼其即下诏令，赐死苏辙。哲宗肚里火气越发旺盛，嚷嚷道："明日上朝，命苏辙当堂辩论，倒看他还有什么话要说。"

翌日朝会，哲宗面色威严，睥睨朝堂，说话语气生硬激烈，朝臣不敢仰视，无不凛惧。哲宗上来就出示苏辙奏折，大声责问为何将汉武帝与先帝混为一谈。苏辙毕竟做过侍读大臣，也算哲宗老师，未被学生震住，坦然答曰："汉武者，明主也。"

哲宗声色俱厉，严词斥责道："卿所奏汉武帝外事四夷，内兴宫室，立盐铁、榷酤、均输之法，非为民也，实因好大喜功，穷兵黩武，终致民穷国困，危机四伏，末年不得不下哀痛罪己之诏，岂是明主？"

苏辙昂着脑袋，还要据理力争，身旁的范纯仁扯扯其衣角，暗示他忍气收声，留点面子给年轻皇帝。毕竟高太后不再在堂上，哲宗乃唯一人主，还像过去一样视其为小孩，会惹下大祸。苏辙压住冲动，迫使自己冷静下来，退到殿下，立地待罪。

朝堂一片死寂，无人敢为苏辙帮腔。杨畏、李清臣和邓润甫皆在殿上，脸上神情严肃，心内好不欢欣，正要借哲宗话尾，声讨苏辙，范纯仁率先出言道："武帝雄才大略，功在千秋，史无贬词。辙以比先帝，非谤也，实颂也。"

哲宗觉得似乎也是，一时默然无对。范纯仁进而道："陛下亲政之初，进退大臣当以礼相待，不可恶声呵斥，如同对待奴仆一般。"

毕竟范纯仁系四朝老臣，吕大防被杨畏之流拱开后，他又以右相当国，且所言句句在理，哲宗还得照顾其老脸，不好随便指责，唯抿住嘴唇，不出厉词。邓润甫觉得为哲宗壮威机会难得，抛开汉武帝功过，另挑是非曰："先帝法度，为司马光和苏辙败坏殆尽。"

范纯仁侧侧老脸，盯向身后急于出人头地的邓润甫，直盯得此小子一阵心虚，低下眉眼，缩缩脖子，往后退了小半步。范纯仁仍不肯放过他，大声道："邓润甫倒说清楚，司马光和苏辙怎么败坏先帝法度，到底败坏了哪条哪款？"

邓润甫嘟嘟嘴皮，吱声不得。李清臣挠挠脑门，正琢磨怎么为邓润甫解围，范纯仁又道："先帝法度并无弊端，要司马光和苏辙从何败起？若法度有弊，当改需改，又何败之有？"

李清臣哑口，邓润甫无言。只杨畏不服气，跳将出来，再拿汉武帝说事："既然先朝法度无弊，说明先帝英明，为何苏辙将先帝与汉武帝相提并论，指桑骂槐？"范纯仁慨然道："辙之所论，事与时也，非人君也，桑在哪儿，槐在何处？"

也是在东坡等侍读大臣辅导下，哲宗饱读诗书，对汉朝和汉武帝的故事了然于心，于先父神宗所作所为也略有所知，深明范纯仁言之成理，心头火气悄然化解，天颜稍霁。

交锋至此停息，朝堂气氛缓和下来。要说苏辙与范纯仁政见略有不同，平时难免会为朝政发生争执，闹不愉快。然两人皆为正人君子，君子只为道义计，正人不为利害谋，今日范纯仁才甘犯天威，挺身给同僚辩护，替真理执言，颇令苏辙感佩。

退朝出得大殿，苏辙趋步追上范纯仁，举笏长揖道："公乃佛地位中人也！"范纯仁叹道："纯仁非为子由辩，亦非欲做佛地位中人，不过为你我等旧臣将退位辞朝，多少保留些脸面，以免被新进人物蔑视。"

苏辙深深折服，再揖诚谢。辞范回府，亟亟具奏，毅然乞赐屏退，以便腾出舞台，让新进分子尽情表演。哲宗稍感不舍，似有挽留之意。李清臣等朝臣担心夜长梦多，赶忙阻拦，又极尽诽谤之能事，中伤苏辙。哲宗不再犹豫，诏苏辙为端明学士知汝州。朝臣们仍觉不解气，又一番鼓捣，哄哲宗拿掉苏辙头上端明学士，仅以知汝州出都。

赶走苏辙，李清臣和邓润甫又使枪舞棒，杀向范纯仁，迫使其弃职出京，累贬至永州安置。该搬的障碍已搬开，正好联合新进诸臣，怂恿哲宗改元。哲宗采纳，诏改元祐九年（1094）为绍圣元年，明确告知天下，绍述神宗时代新政已卷土重来。

改元成功，苏辙和范纯仁等元祐老臣又已相继出局，李清臣长舒一口气，厚颜仰合圣意，企图先把苏辙空出的门下侍郎弄到手，再步步为营，进位右相，直至左相。

邓润甫自然也有此念，生怕李清臣捷足先登，故有意要给他添烦，分散其注意力。当夜登临李府，提醒李清臣，还有苏轼虽为外臣，却位居边镇重地，治军驭民两不误，军威凛肃，政声卓著，军民同颂，连皇上亦有所闻，忍不住大加赞赏。

李清臣自然亦知此情，寻思东坡帝师做得最久，前后长达八年，虽是高太后的人，毕竟君臣师生情深，万一哲宗闻东坡军威政声，一时心血来潮，召其回京，委以大任，哪里还有戏让咱来唱？于是频繁出入御史台，串通各御史，搜罗东坡罪证，录入弹章，递进宫中，铁心要赶其出定州边防重镇，远贬南方小州，免得他卷土重来，再占要位。

趁李清臣忙于笼络御史打击东坡之际，邓润甫悄悄溜进杨府，笼络杨畏，为自己谋求门下侍郎。哲宗亲政仅半年，新旧交替，定局未成，现有朝臣有资格做门下侍郎者仅李、邓二人，能借杨畏嘴舌，鼓动刘瑷游说哲宗，压制李清臣，最易见效。

然杨畏首倡绍述，深得哲宗欢心，好处却被李、邓拿走，一个捞得中书侍郎，一个摘取尚书右丞，唯自己竹篮打水一场空，能不满腔愤恨？岂料邓润甫不识好歹，还要求上门来，不知他脸皮到底有多厚。不过邓润甫早有准备，先献上重金，再拿出一函交杨畏过目。

杨畏早从刘瑷那里获知，创制绍述，甚合圣意，李、邓各取所需，却担心玩不过杨畏，一左一右附于哲宗两耳，编派其坏话，致使杨畏未能上位。杨畏不甘败落，预谋反击，但见李、邓正受恩宠，不便惹恼哲宗，暂且隐忍，静待良机再出手。偏偏为争门下侍郎高位，邓润甫单独来晤，拉其共同对付李清臣，自己不正好借力，一雪心头之恨吗？

不过杨畏没点破邓润甫，故意装痴，收下重礼，再打开函套。函套里有两页字纸，皆出自李清臣手笔。一页说防人之心不可无，要防多防聪明人；另一页大赞杨畏聪明，脑瓜好使，主意多多，不然不可能创制绍述，大获圣心。

两页字纸单独看没事，合并一起揣摩，自是意味深长。趁杨畏低首读信，邓润甫在一旁又编故事，说本来经自己多次举荐，哲宗有意重用杨畏，谁知李清臣连上密奏，对同道大肆诽谤，诱使哲宗放弃初衷，杨畏才至今还在原位上徘徊复徘徊。

杨畏假意被激怒，表示绝不放过李清臣，非让他付出代价不可。邓润甫窃喜，别过杨畏，悠然归家，一心等着看李清臣好戏。好戏肯定少不了，当夜杨畏便进宫，出现在刘瑗面前，先出示邓润甫所给信函，再讲述李清臣与苏家兄弟旧情新怨。刘瑗感慨不已，夜里侍候哲宗时，呈上信函，说出其来历，又有声有色转述杨畏提供的苏、李两家的故事。

哲宗触动非常大。元祐旧臣虽与自己过不去，毕竟个个人品高尚，哪像李、邓之流为权位，刚联手攻罢政敌，回头又相互撕咬，不可开交。看来靠朝中这些佞臣，欲成就大事，似乎不太可能，还得召回贬谪在外的能臣良吏才行。

哲宗才起意，杨畏便经刘瑗牵线，争取面奏哲宗机会，力举章惇、曾布、蔡京、吕惠卿等熙丰大臣入朝，主持新政。于杨畏而言，所谓新政不过借口而已，主因还在于自己一人力量单薄，斗不过李清臣和邓润甫一伙，唯引朝外谪臣入京，取代李、邓。如章惇之辈心肠狠，手段硬，一旦入京执政，绝不容旁人指手画脚，正好借其扳倒李、邓，给俺杨畏谋个重位。

也是哲宗意识到李清臣和邓润甫等人靠不住，援引能干谪臣入朝也就成为必然，于是听信杨畏，诏令章惇、蔡卞、蔡京、曾布、吕惠卿诸臣进京，委以大任。

哲宗知道章惇办事颇有手段，王安石变法时便是其得力干将，吕惠卿与王安石内讧互掐之际，也是章惇维持局面，现要推翻元祐更化，恢复新政，非委章惇大权不可。

章惇对新政见解独特，入京后单独接受诏对，几番花言巧语，甚合圣意，被直接任命为左相，全权接管朝政，放开手脚，大刀阔斧干起来。

新党内斗不息，但从没忘记打击旧党人物，包括不倚仗旧党亦不投靠新党的苏东坡。改元不久的闰四月初，东坡收到贬谪旨令，以其在朝执掌制命和平时所作诗文语涉讥讪，罢去端明殿学士，降左朝奉郎责知英州。

东坡知道子由已被赶出朝堂，此刻轮到自己重贬，一点不觉得意外。当即嘱朝云和仨儿整理行装，自己则抓紧作《英州谢上表》：

> 臣草芥贱儒，幼岁勤劳，实学圣人之大道；终身穷薄，常为天下之罪人。恩深报蔑，每忧天地之难欺；福眇祸多，是亦古今之罕有。

穷也好，罪也好；福也罢，祸也罢，皆系自讨苦吃，怪不得天，也恨不得地，更不必抱怨朝廷和圣上。不仅不抱怨，还要感谢圣上大度宽容，咎重而罚轻：

> 臣罪骇于听闻，怒终归于宽宥。累岁宠荣，固已太过；此时窜责，诚所宜然。

噩运降临之际，怨天尤人，失常失范甚至失态，人同此情，丝毫不足为奇。然东坡面对冤屈和贬谪，则自认为所受荣宠太过，物极必反，接受惩处和责罚，势所必然，合情合理。也就坦然接受，把罪孽过错全揽到自己头上，既无屈原谪沅湘之悲，又无贾谊逐长沙之屈，亦无刘禹锡黜多地之愤。更不会如韩愈发配潮州，痛彻心扉，恨意难平，在谢表里诅天咒地："怀痛穷天，死不闭目，瞻望宸极，魂神飞去，伏惟皇帝陛下，天地父母，哀而怜之！"

也正因如此，接到贬诏，东坡才波澜不惊，心平气和。别人上谢表，谢在其次，主要申诉委屈，博取同情，幻想君王能念旧缘，给自己留一线希望。东坡则发自内心，谢圣上放过自己，外徙宦游多地。忽念当初柳永参加科考，仁宗见其名，想起其"忍把浮名，换了浅斟低唱"词句，不乐道："这个柳三变，何用浮名，还是去填词吧，弃之不录。"柳永因自嘲奉旨填词，潦倒一生。东坡终为弃臣，与柳永区别并不大。柳永奉旨填词，自己亦属奉旨远游。只不过东坡不好把此四字公然写入谢表，只能曰："瘴海炎陬，去若清凉之地。"

心静如止水，心静自然凉，再炎再热，又岂能把你怎么样？细品谢表字里行间，确也难掩奉旨远游之意。李清臣之徒以为重贬东坡，会让他悲痛欲绝，想不到此君像没事人一样，把重贬当成奉旨畅游，实在令人气愤，又唆使哲宗，说东坡罪重责轻，再降为左承议郎。

朝奉郎为正七品，承议郎为从七品，朝臣借此再压东坡，以泄私愤，东坡却觉得都是贬谪，从七品与正七品有啥区别？再说此生六十年，该失去的皆已失去，先失父母，继失发妻，后失继配，以及恩同再造的欧阳老师和倚为依靠的高太后亦皆失去，至于官位职权，得而失，失而得，再失再得，再得再失，得失成为常态，还在乎失去这小小七品吗？

东坡领受降旨，告别定州军民，沿上年来路，依太行山麓南行。气温偏低，阴雨绵绵，进入赵州，天气忽然转晴，东坡心情大好。继至相州地界，见道旁摊肆有豌豆大麦粥出售，全家止步，就摊喝粥，一慰饥肠。东坡一边喝，一边告诫子孙：人生在世，好运不常，谁也不可能天天美酒佳肴，好日子过去就让它过去，吃过的玉食该忘还得忘掉，饥肠辘辘能有豌豆大麦粥填腹，远胜富贵筵席之大鱼大肉，应该满足知恩。

搁碗抹抹嘴角，付款上路，东坡忍不住吟诗曰：

> 人事千头及万头，得时何喜失时忧。
> 只知紫绶三公贵，不觉黄粱一梦游。

来到滑州，天气渐渐热起来。东坡自忖此去炎荒四千里，旱路崎岖，三伏毒暑，车马老弱难耐，还得另想出路。乃状奏哲宗，乞求顾念八年经筵侍读之旧，准赐乘船南渡。

奏稿发走，来到陈留，暂安家眷于馆舍，东坡由长子苏迈作陪，专赴汝州与苏辙道别。苏辙知兄长一家南北奔走，不多的俸禄消耗在途中，不似自家，自元祐以来长居京师，多少有些积蓄，于是分俸七千，让苏迈拿去宜兴安家，以免除兄长后顾之忧。

相聚三四天，兄弟话别，东坡父子返回陈留。所幸得旨准许舟行，全家登船，顺流进发。汴京离船艄越来越远，先后入朝的章惇、曾布等新党人物正沆瀣一气，酝酿大动作。什么大动作？早在入京途中章惇便已成竹在胸：掌控哲宗，恢复新政，清算元祐旧臣。

## 朝廷如戏台，你方唱罢我登场

哲宗年轻，才十八九岁，掌控起来简直易如反掌。哲宗性好女色，章惇投其所好，访得数十绝色美女，送入宫中。哲宗自然受用，回思祖母听政之日，设置重重障碍，不让自己与女色接近，元祐老臣也动不动上表劝谏，为君之道在于研求治守，好学深思，不可沉溺于女色，损耗龙体，耽误朝廷大政。大政为祖母和朝臣所执掌，咱临朝只能做哑巴天子，退朝又无人身自由，能不气愤难当？反观章惇当国，你才想到，他已做到，朝堂上对你毕恭毕敬，退朝有绝色美女候于后宫，让你终于尝到做皇帝的滋味。

与此同时，章惇又借口母以子贵，奏请厚待哲宗生母朱妃。此乃哲宗最大心病，一直耿耿于怀，怎么也放不下。高太后听政九年以来，极力压抑朱妃，可怜儿子名为天子，登基临朝，母亲却在后宫担惊受怕，行不敢阔步，话不敢高声，只能夹着尾巴做人，叫哲宗情何以堪？简直无地自容，常恨自己太窝囊，太没出息。也是章惇老奸巨猾，最懂年轻皇帝久积于胸之怨恨，刚入朝当国，便郑重其事把朱妃待遇摆上议事日程，哲宗自是感激不尽，禁不住热泪盈眶，准封朱妃为太妃，居圣瑞宫，各项待遇等同于向太后。

讨得哲宗欢心，取得其高度信任，章惇自然想干啥便可干啥。事在人为，干事需有得力好使干将，言听计从，令行禁止。现有在朝大臣，择其可用者，为我卖力；不可用者，该压则压，该驱赶则驱赶，可谓顺吾者昌，逆吾者亡。诸如李清臣之流，见章惇一人独在相位，右相和门下侍郎等副相位置空在那里，也就很乐意为其效命，以尽快换取眼前大位。毕竟自己已属吏部尚书，离副相仅一步之遥，只要章惇肯在哲宗面前吱声，自不在话下。

李清臣那点心思，章惇再清楚不过，正好利用他替自己跑腿。至于空着的副相位置，还是先抓在手里，别忙着给人。就如骨头在握，饿狗紧盯不放，向左晃它往左，向右晃它往右，一旦扔出去，饿狗抢夺于怀，跑到一旁自顾自啃咬，哪还会听你使唤？再说章惇一向自视甚高，自觉独相当国，应付朝政，能力绰绰有余，没必要再任命副相，给自己添乱堵心。老话说艄工多了打烂船，一舵由一人掌控，船更平稳，更不易倾覆。

李清臣忙上大半天，见章惇只要马儿跑，不给马儿吃草，似无扶自己上位的意思，不免寒心，渐生不满。又觉章惇专横毒辣，睚眦必报，处事强硬生猛，无所不用其极，很容易树敌招灾，量其不可能永居高位，若跟得太紧，一旦朝局发生变故，定会受到牵连，难有好下场。李清臣也就多个心眼，一边应付章惇，一边暗里巴结其他权贵，以留后手。

驭人之道无非两手，一手捧，一手压，捧压并用，才可能让人折服，任由玩弄。发现李清臣包藏异心，别有动机，章惇翻脸不认人，随便寻个借口，把他赶出京城，以杀鸡儆猴，树立自己淫威。还可拿李清臣空出的吏部尚书赏给杨畏，回馈其促成自己返朝之恩。

杨畏心满意足，紧跟章惇，成为其死党。还有一个邓润甫，章惇正想腾个位置，吊吊其胃口，忽闻此君暴病身亡，倒也省事。原来章惇卷土重来，大权独揽，小权也管，邓润甫才猛然意识到，本是借杨畏之手打压李清臣，谁料引狼入室，招来章惇等狠人，上来便拿李清臣开刀，让人顿觉唇亡齿寒。惊吓之际，邓润甫病倒在床，不多日撒手人寰。

邓润甫病亡，李清臣外贬，空出位置，章惇正好起复邢恕、蔡卞等不端之士，充当走狗，狂吠乱叫，给自己壮胆。邢、蔡等元祐失意人正憋着一肚子怨气，章惇要借其力报复元祐君臣，颠覆元祐更化朝政，自然最有动力，手段也极其残忍。不用章惇怎么启发，邢、蔡便给元祐更化所行仁宗旧制泼污水，安恶名，迅速恢复免役法、保甲法、青苗法等，且总为一书，定名为《常平、免役敕令》，颁行全国，熙丰新法全面恢复。

新法已被高太后废弃多年，急于恢复回去，落到实处，重中之重是清除元祐君（高太后）臣影响，以正视听。何况若非高太后元祐听政，章惇也不会被赶出京城，在外一待八九年，现正好趁独相当国难得机会，以雪前耻。于是擢邢恕为御史中丞，控制言论，罗织元祐权臣罪证，搬弄高太后以子代孙旧闻，追废其宣仁圣烈谥号。

以子代孙本系元祐初邢恕和蔡确凭空捏造的谣言，今重演旧戏文，自然最拿手。邢恕兴致勃勃，当即上折再诬高太后，煞有介事说其听政期间，阴图以子代孙，元祐老臣也居心不良，一旁不停怂恿，呼吁当断即断，别留遗憾。所幸天佑大宋，高太后早死两个月，否则惊天阴谋早已得逞，国将不国。

哲宗早对祖母心怀不满，祖母在世之日，无奈其何，现人死入土，正好一泄心头之恨，也就听任章、邢胡来。章、邢越发起劲，指使新进朝臣和众御史开足火力，攻击高太后，一时间诉状犹如雪片，纷纷飞入宫中。诉状历斥高太后种种罪恶，非废其宣仁圣烈尊号及各项哀荣，不足以告祖宗，昭天下，安民心。

哲宗从小生长在宫里，少经世事，没见世面，哪懂得人心险恶？自然落入章惇所设圈套，打算依诉而行。范祖禹等少数在朝老臣实在看不下去，不得不冒险出面制止，奉劝哲宗别忘祖母扶持旧恩，做出伤天害理之事，为天下耻笑。哲宗犹豫不决，又有向太后坚决抵制，才暂弃章、邢诬告，不予理睬。

章惇恼羞成怒，仇恨满腔，调动邢恕等打手，把范祖禹等朝中所剩不多老臣赶出京城，以绝后患，免得碍手碍脚。过后反复忖度，哲宗登基九年，在祖母高压下大气都不敢喘，受尽凌辱和委屈，否决这老妖婆本来把握十足，竟被范祖禹等人搅局，功亏一篑，虽说个中原因比较复杂，但与邢恕等人劾章笔力不够，未能真正击中哲宗痛处，恐怕不无关系。

由此想起元祐初，高太后起用东坡为中书舍人，拟旨给新党分子定罪，一定一个准，从未失手过。能有如此奇效，自然得力于东坡那尖厉刻薄之文笔，正可谓笔笔见血，字字入骨，句句锁喉，新党分子无所遁形，一个个应声倒地。可惜东坡属高太后死党，不能为己所用，邢恕刀笔又欠火候，看来还得另外物色高手才行。

又由东坡想起另外一个人，那便是辗转各地的林希。当年东坡受命为中书舍人，曾向高太后力荐林希，欲以其取代自己，事虽未成，林希文名自此响彻朝野。东坡眼光毒辣，识人颇准，尤其谁文笔好，绝不会看走眼。且林希也系章惇同年和福建老乡，彼此偶有书信往来，章惇对其文才颇为欣赏，若召入朝中，正好可当重任，引为自助。

那么林希现在何处呢？找吏部尚书杨畏一问，才知此君刚结束前任，入京领命，即将赴知成都。章惇大喜，微服出衙，去沅月楼会林希。沅月楼临汴河而居，环境幽雅，地方官入京受命，多择此处暂住。章惇几起几落，进出京师，没少住沅月楼，自然不用仆从作陪向导，独自一人，边欣赏市容，边双手甩背，穿街过巷，朝沅月楼方向行去。

虽说章惇无车无马无随从，身上的服饰也不鲜亮，但来到沅月楼前，店老板一见，便觉此君气度不凡，且有几分眼熟，忙上前笑问是否住店。章惇道："老翁来会乡友。"店老板道："何方乡友，姓甚名谁？"章惇道："姓林，与本翁年龄相仿，口音近似，该尚在店里。"

店老板一听便知是谁，恭迎章惇登楼，敲开上房红漆门，门里正是林希。

林希进京之始，便循例呈入上殿述职请求，此刻正要出门去吏部问信，猛然一见章惇，不觉满脸诧异，"章相"二字正要出口，见店老板在场，忙改称道："章兄怎么到了沅月楼？"

章惇谢过店老板，眼望其背影消失于楼梯口，才扭头抬步，踏进房门，嘴里道："咱俩既是同乡，又是同年，还是同僚，欣闻'三同'到了京师，前来拜会，难道不应该吗？"

章惇所言"三同"，倒也不假。然林希太了解章惇，其一向心高气傲，唯我独尊，觉得世间谁都没有其品高才大，平时彼此偶有书信往来，也不冷不热，不似苏家兄弟，虽无同乡之谊，却很是投缘，友善亲密。况今章惇高居首相大位，一人之下，万人之上，自然更无人能入其法眼。也因此入京后，林希起意登相府露露脸，为日后仕途埋根伏线，旋又打消此念，没敢拿热脸去贴人家冷屁股，自讨无趣。却万万想不到人家竟放下身段，主动上门，实在让林希受宠若惊，一时手足无措，不知如何是好。

章惇瞧了一眼窗外碧波荡漾的汴河，以及河上来来往往的客舟商船，然后侧过脸，笑对怔在那里的林希道："不欢迎是吧，那老同年缩身而退便是。"

闻言林希才回过神来，上前把章惇扶到窗前茶几旁的椅子上，连连道："欢迎欢迎。老同年高居大位，日理万机，还肯屈尊降格，亲自来沉月楼看望故人，希实在担当不起啊。"章惇叫着林希的字号道："难得子中到了汴京，惇不知则已，既然得知，不前来照个面，心下又怎么过意得去呢？"

两人客气着，店老板复身回来，送进热茶，倒上两杯，分置于茶几两端，然后哈腰退出，掩上房门。林希意识到章惇亲自造访，绝非前来叙旧言欢，定有要事相商，且事关朝政，忙过去插上门闩，再返回来坐到章惇对面，举茶入唇，润润有些干涩的喉咙，道："章相入主相府时日不长，丢下朝政国务来沉月楼，自有话说，还请不吝赐教。"

章惇拿开唇边茶杯，搁到茶几上，悠悠道："子中别章相章相的，惇不过蒙皇上不弃，召入京师，处理朝中杂务，并非贪图什么相位。也是太祖创大宋基业不易，数代下来，屡有变数，令人忧心。惇受恩深重，既入主朝政，能不负圣上厚望，略有成效，便问心无愧，别无奢求矣。"林希道："章相出自民间，诗赋入仕，往返多地和朝堂，于大宋天下知根知底，今以身当国，定能大有作为。"

章惇摇摇头，道："凡事旁观轻松，当局不易。从前王荆公在朝，惇配合其推行新政，总以为君相齐心，无所不能，今独掌朝政，千头万绪，百废待兴，才感到国步艰难，重任压肩，不敢稍有懈怠。单木不成林，惇独立朝堂，孤掌难鸣，要想有所作为，还需得力人手相助才行。毕竟一个好汉三个帮，只有靠得住的人支撑，才可能成事。"

林希便知章惇此来，意在留自己居京给他做帮衬，共同开创局面。又思入仕三十多载以来，虽两番在京做过笔吏，更多时候则辗转各地，高不成，低不就，名不彰，位不显，个中原因，无非贵人难觅，朝中没人给说话。现好不容易为章惇看中，前路一片光明，自然不能轻易言弃，否则此生也就别无出路，只能州官府吏到底。

不过林希不急于抛出内心的想法，显得自己多么迫切上位，于是玩世不恭道："朝廷官帽再多，永远多不过企盼官帽加顶的脑袋，章相执掌朝政，手握官帽，拿着官帽随便一抛，好多脑袋便会竞相伸过来，期待能被砸中，好供您驱使，难道还愁无人襄助支撑？"

章惇哈哈大笑，道："子中所言甚是，脑袋永远多于官帽，官帽在手，何用愁无脑袋来竞？然脑袋需要官帽，官帽也得选择脑袋，可不是随便什么脑袋伸过来，就赏给官帽戴。别看世间脑袋多于牛毛，毕竟灵光好使者稀少，给重要帽子物色合适脑袋，确非易事。"

林希没插话，任章惇继续往下道："子中不是不知，圣上登基时才九岁，因没法主理朝政，只能任由那班元祐老朽折腾。好不容易熬到成年亲政，改元绍圣，一心想着推陈出新，才召惇入京当国，以重振河山。惇依圣意，一番拳打脚踢，虽稍有改观，毕竟元祐积弊深重，身边又缺少能手，总觉力不从心。不当家不知柴米贵，不当国不知能臣稀国事难啊。"

林希表示理解，道："局势如此，确实难为章相了。不过希知章相才大，又有圣上信任，只要君臣同心戮力，要不了多久，定将政通军强，天下大治。"章惇道："这也是惇之愿望，才到处物色人手，尽快打开朝局。"林希试探道："朝中不有杨畏和邢恕等能臣环侍章相左右吗？众所周知，杨、邢脑袋最好使，一定配得上章相赏给的帽子。"

"杨、邢脑袋确实灵光，转起来比陀螺还快。"章惇哂笑道，"不过比起子中，此二君似乎尚欠火候。"林希不无惶恐道："章相别拐着弯骂人，希若有杨、邢之才，哪会长年流宦于京外，年纪老大，还功不成，名不就？"章惇道："依惇看来，杨、邢不过徒有虚名，仅善变而已。至少在东坡眼里，啥都不是。"

不知章惇为何突然提及东坡，林希道："东坡才大，章相为何不引其入朝，助自己一臂之力？"章惇道："子中不明知故问吗？东坡与新党格格不入，引为自助，定坏我大事。"林希道："依希看来，东坡似乎既非新党，亦非旧党，不然王安石当政时被打压，司马光当国之际又受排挤，两头不着调。"

章惇摆摆手，道："先别论王相和司马，倒是提及东坡，让惇想起其在朝担任中书舍人要职时，好像煞有介事推荐过子中，以期瓜代，有这回事吧？"林希道："东坡向来喜欢开玩笑，不过戏言尔尔，莫非也当得真？"章惇道："不管东坡当真还是当假，若论这中书舍人位置，满朝也就子中与东坡最合适。理由也简单，没有好使的脑瓜子和过硬的笔杆子，无法胜任中书舍人，而你俩最不缺此'二子'。"

看来这便是章惇此行目的，欲引其出任中书舍人。此乃君王近臣，首相助手，能据此要职，天天围绕在君主和首相旁边，讨得他俩欢心，任尚书，升宰执，也就不再是奢望。东坡因做过中书舍人，得到高太后器重，跃升为翰林学士和尚书，眼看往前再迈半步便是堂堂相位，因厌倦党争，才吵着闹着离开朝廷，去了地方。

林希不免耳热心跳起来。转而再思，觊觎中书舍人要职者定大有人在，为何章惇偏偏看中你，求你上位呢？不用明说，也知是让你效仿东坡，挥舞手中刀笔，砍击另类，排除异己，尤其打压元祐老臣，为新政正名张本。此乃杀人不见血的勾当，一旦落字于纸，存于史馆，永远也擦不去，抹不掉。哲宗在位，章惇当国，倒也没事，再怎么贬低恶心人家，没谁能把你怎么样，然哪天朝局更变，章惇泥菩萨过河，自身难保，你肯定也会跟着倒霉，吃不了兜着走。东坡不就因刀笔伤人太多，被群起而攻之，没法容身于朝，才自请出局的吗？

章惇自然明白林希肚里所想，却没点破他，只是一边起身，一边轻描淡写道："刚才子中只顾称赞杨畏与邢恕，却忘了你可是我名副其实的'三同'，满朝再不可能找到第二人，更非杨、邢之徒可随便替而代之者也。"

这应该是章惇心里话。毕竟杨、邢与章惇既非同乡，亦非同年，仅仅同朝为官而已，渊源太浅，貌合神离，不太可能同心同德。仅凭自己与章惇的瓜葛，好好跟着他干，绝对不会有亏吃。林希动着心思，也随即起身，嘴上留章惇再喝会儿茶。

章惇哪会贪恋客店茶水？迈步向门口走去。林希加大步伐，要越过章惇去开门，章惇忽收步转过身，止住林希，要过他耳，凑上双唇，轻声道："朝野皆言惇不愿分权，才独相当国，独断专行，这些人哪里晓得，惇实在无人可用，才宁缺毋滥，不得不空着身边副相位置，兀自在朝堂上演独角戏，一个人击拳踢腿，左冲右突，其辛苦谁能知？好手不比两双，独角戏难演啊，往往人费了劲，戏没唱好，还要遭千夫所指。"

这已明白告诉你，只要跟他章惇干，空着的副相椅子总有一把归你所有。林希耳热心跳，肚内已暗暗答应留京，先给章惇做一阵子打手，再谋个副相干干，也算没白寒窗苦读考功名，混迹官场几十年。人生在世，不就图个生封死谥，青史垂名吗？要垂名，总得把官做到高处，否则在州府间穿梭一辈子，史官哪照顾得过来，为你垂名留姓？

章惇吃透林希心思，背着手离开沉月楼，回到相府，当即拟折举荐林希以礼部尚书兼任中书舍人，负责代拟诏令，同时参与修撰《神宗实录》。

林希到任，所草首道诏令便是宣废高太后宣仁圣烈尊号及各项哀荣。此乃不久前邢恕和御史们奏请过的旧事，因没击中高太后要害，点到哲宗痛处，未能得逞，白忙了一场。林希毕竟技高一等，章惇接过草诏一瞧，连连点头，大加称赞，说其用词之毒辣，出语之锋利，不仅不在东坡之下，甚至有过之而无不及。尤其盖棺定论高太后的八个字，简直再绝妙不过，足以刺中哲宗心头隐痛，促使其下定决心，颁旨宣废高太后。

这八个字便是"老奸擅国，非子抑孙"。对此八个字，章惇并不只嘴上说好，确属真心佩服林希非凡笔力，甚至佩服得有些忌妒，自恨还算聪明的脑袋为何想不出此八个字来，否则也不用亲自跑沉月楼，恳求林希留京自助。当即进宫，呈草诏给哲宗过目。

草诏于手，哲宗一路读下去，读到这八个字时，目光再也移不开，死死盯着，发起痴来。若非这该死的老妖婆擅秉国政，何至先父神宗功德尽弃，自己身为皇帝备受压抑？且非一日两日，一个月两个月，一年两年，一压一抑便是整整九年。九年可是三千日啊，人生有几个九年，几个三千日？可怜朕在朝堂冷板凳上一坐便是三千日，受尽朝臣蔑视，挨够老妖婆压制，忍气吞声，欲哭无泪，也不知怎么熬过来的。如果再回元祐，每天仍在殿上看老妖婆冷脸，瞧大臣冷背冷屁股，朕恐怕再没法活下去，早倒在殿前，气绝身亡。

想到此处，哲宗已是脸色愀然，泪盈双眼，不是章惇在面前，恐怕早控制不住号啕大哭起来，好不容易才控制住起伏难平的心情，还草诏于章惇，嘱隔日朝会，当众宣示给王公大臣，再颁布天下，广而告之。

章惇颇为得意，心里暗谢林希为自己办成一件大事。翌日上朝，特意叫过林希，交草诏给他，由他念给君臣聆听。林希知道章惇有意让自己露脸表现，心存感激，手持草诏，看都不看一眼，运足丹田之气，高昂脑袋，鼓起腮帮，准备大声开念。也是自己字斟句酌拟成的草诏，早已烂熟于心，脱口可出，自不必依稿照念。

未及出声，林希意识到此乃朝堂之上，草诏虽出于自己手，毕竟是为哲宗执笔代言，不似平时吟诗作赋，我手写我心，纯属私人行为，无论怎么胡来，亦无伤大雅。此刻居朝堂，念诏令，一副心高气傲做派，君臣计较起来，那可属大不敬，日后还怎么立足于朝中？

林希赶紧缩缩脖子，高捧草诏，盯向上面自撰的文字，启动双唇，抑扬顿挫念诵起来，态度虔诚恭敬，声音有高有低。只是念到得意之处，忍不住摇头晃脑，那般声情并茂，爱憎分明，极富感染力。尤其渐近高潮，至"老奸擅国，非子抑孙"八个字，更是口口含血，声声带泪，足以惊天地，泣鬼神。在朝君臣深受震撼，无不动容，有的竟掩袖而啼，也不知真心感动，还是故意表演给哲宗和章惇瞧。

唯邢恕有些尴尬，脸色不阴不阳，还不时撇一下嘴角，似在无声嘀咕：比咱所拟奏废高太后劾章，好像也高明不到哪里去，犯得着如此煞有介事吗？也是皇上太年轻，容易被章惇和林希糊弄，一份再平常不过的草诏，还要拿到朝堂上当众宣示。不知章惇居心何在，莫不是故意反讽自己亲自出手不说，还发动众御史一齐上阵，鼓捣大半天，也没能说服哲宗，下狠心宣废高太后，还需林希来补刀？

邢恕正动着心思，林希已念毕草诏。哲宗问在场朝臣有何看法，众皆附和，别无异议。邢恕心里不服，却不敢明言，不自觉地点了点头。最后哲宗明确表态，依此诏颁布天下。

退朝出殿，邢恕心里仍不是滋味，觉得老脸被林希打得够狠，正火辣辣地疼。莫非就这样让林希轻易得逞？瞧这小子架势，恐怕要不了多久就会压自己一头，窃取空在那里的副相。怪不得章惇独相当国，放着大位不委他人，原来要留给林希之类亲信。

邢恕暗下决心，一定出手反击，为自己争口气。又觉一人力量单薄，还得寻找同盟，联手对付林希，才有胜算。很快想起一个人来，那便是杨畏。

林希在殿上出尽风头那会儿，杨畏同样也在场，比邢恕更看不得林希得志。须知章惇可是杨畏力荐入朝，才一步到位做上首相，仅拿吏部尚书打发自己，也不太够意思了点。本等着章惇再赏给自己空在那里的副相，讵料迟迟未见动静，却忽然隆重推出林希，不明摆着要让他越过自己，蹿到前面去吗？

杨、邢两人就这样走到了一起。邢恕痛心疾首道："杨大人哪，人家章惇与林希可有'三同'之谊，不比你我两个，不沾亲，不带故，咱俩再怎么为他卖力气，也难得到其青睐。"杨畏道："可不是？林希一入朝，章惇眼里便只有那小子，咱俩只能一旁干歇着去。"邢恕咬牙切齿道："绝不能让林希赢得哲宗欢心，独领风骚，进而占去副相位置。"杨畏道："邢大人发句话，要畏干吗，畏赴汤蹈火，在所不辞。"

邢恕忍俊不禁,道:"杨大人主意多,点子妙,恕约您出来,就是向您讨教,该拿出啥手段,才能坏掉章惇和林希好事,您老反要恕发话,恕笨嘴笨舌,又从何发起呢?"

杨畏向来以自己聪明机智为傲,被邢恕这么一恭维,颇为受用,伸出一根指头,带着几分神秘地道:"要想坏掉章、林好事,非请动一个人不可。"邢恕急切道:"此人是谁?"

杨畏不紧不慢说出一个名字:刘瑗。

两天后的晚上,刘瑗被杨畏约出皇宫,像头次一样来到宫门附近的樊楼。走进靠里包间,邢恕已等在那里。三人寒暄入座,美酒佳肴上来。

齐喝过,互敬毕,杨畏给刘瑗面前茶杯续上茶,道:"畏与刘大人交情已非一日两日,知您未至不惑,正值盛年,且为人稳当,自英宗朝入宫起始,历经神宗,再至哲宗,深受宠信,几代太后也眷顾有加,可谓端坐紫金莲,八风吹不动。"刘瑗道:"过奖过奖,瑗小小内侍,哪有紫金莲可坐?无非天天行走于内宫,日不晒,雨不淋,风亦吹不着。"

邢恕紧接着追捧道:"也是刘大人为人机敏,处事圆融,伴侍几代君王,细致周全,别无闪失,成为宫中不倒翁,这可非常人所能做到,不似恕与杨大人,东风起,被刮往西边;西风骤,被拂向东边,朝内与朝外,京师与各地,来来回回,缥缈不定,萍迹无踪,以致年过天命,还上不上,下不下,功不成,名不就,好不悲伤。"

刘瑗哈哈一乐,道:"瑗无德无能,不过凭着耿耿忠心和腿脚勤快,有幸服侍几代仁君,谋碗饭食,才不至于流落街头,忍饥挨饿。两位可是国家栋梁,肩负治国平天下之大任,瑗岂敢不识好歹,随便攀比?"

相互吹捧一番,刘瑗问两位相约见面,有无要事相嘱,直说即可。杨畏笑道:"哪有那么多要事?人来世上一遭,无非饿要吃,冻要穿,吃饱穿暖,才活得下去。请刘大人出来,主要一起喝喝酒,吃吃菜,品品茶,图个开心。"邢恕道:"可不是?刘大人仁义亲和,能与您同室相处,同桌对饮,真是莫大享受。"

刘瑗知道两人相约,定非闲极无聊,无事找事,自有话要说,不过有些话不便直言,需先铺垫,再旁敲侧击,换个口气道出。事实也是改元绍圣,一切从头再来,杨、邢正要趁机上蹿,自有用得着他刘瑗的地方。不过刘瑗不急,静待两人先开口。

两人还是不紧不慢说些闲话。杨畏又敬过刘瑗酒，漫不经心道："畏平时喜欢翻阅古籍，发现自古宫廷有个现象非常有趣。"刘瑗问道："什么现象？"杨畏道："常人总能活三四十岁吧，然自商周而历秦汉，继至魏晋，再及隋唐，历代帝王加一起总有数十上百位，除非开国君主或二三代帝王寿命略高外，其余岁数皆活不过常人。"

邢恕心知杨畏要说啥，忙接话道："这倒也不假，国君高寿者确实少见，大多仅活十几二十几岁，甚或三十出头，便舍下帝业，撒手而去。"杨畏又道："奇怪的是历代帝后帝妃往往寿命长，常能活到五六十岁，甚至古稀也不在少数。如汉高祖皇后吕雉寿达六十一岁，汉元帝皇后王政君八十四岁，唐高宗皇后武则天八十一岁。"

刘瑗明白，两人不好议论本朝君王和皇后，故舍近求远，拿汉唐说事。就像唐代大诗人白居易作《长恨歌》，明明所言当朝唐明皇与杨贵妃的故事，偏偏借汉说唐，开篇说啥"汉皇重色思倾国"。不过杨、邢所言也属事实，本朝与汉唐区别不大，君主和皇后寿命差距也颇为悬殊。太祖太宗真宗寿数还算正常，仁宗也活过天命，及英宗和神宗皆不足不惑，至于当朝皇帝哲宗弱不禁风，似难长寿。哲宗从小病不脱体，又长年受祖母高太后压抑，身心俱累，几乎没离开过药罐子。加之章惇当国，选数十绝色美女入宫，年轻哲宗无法抵挡，沉湎其中，难以自拔，龙体每况愈下。比之君主，本朝几代皇后皆能活够岁数，比如真宗皇后刘娥活到六十六岁，仁宗皇后曹氏寿达六十四岁，驾崩不久的英宗皇后高太后也有六十二岁。

人间热闹，世事纷繁，话题千千万，万万千，信手拈来，足供言说，杨、邢干吗要拿帝王帝后寿命嚼舌头呢？刘瑗心里嘀咕，也不多问。但闻邢恕又道："还有历朝后宫内侍，大都也属高寿，六七十并不鲜见。诸如汉蔡伦活到六十，唐高力士年过八十。"杨畏道："本朝好些名侍秦翰、刘承规和李神福等，皆超过六十岁，比常人多活二三十年。"

话风终于往自己身上刮了过来。刘瑗不出声，倒看两人往下还会说啥。果然邢恕望向刘瑗道："看刘大人肤红面润，气色上佳，再活四五十年绝对没事。"杨畏道："刘大人心慈如佛，从善如流，为人只栽花，不种刺，命自然好，肯定会超过高力士寿数。"

真能再活四五十年，活到八九十，不知已换过多少代皇帝，谁还会看得上你这老不中用的内侍，留你继续待在宫中，苟延残喘？刘瑗不觉自哂，心下暗忖：杨、邢你一言，我一语，津津乐道帝王、帝后年寿，还把我这内侍扯进来，定然别有用心。也许在暗示我，不要把宝全押到哲宗身上，哲宗活一岁是一岁，你却还有三四十年光景，得长远计议，留条后路。

那后路又在哪里呢？刘瑗动着心思，杨畏见时机已到，点拨道："刘大人该已闻知，章惇指使林希草拟诏令，宣废高太后。假使刘大人是向太后，得悉此事，会做何感想？"

祖母扶持哲宗登基，又宵衣旰食，临朝听政，创元祐基业，哲宗不仅不心存感恩，祖母驾崩，尸骨未寒，他便受章惇等小人怂恿，追废其尊号和哀荣，此恶例一开，他日向太后面临同样情形，岂不会遭受同等待遇？试看哲宗身体羸弱，来日不可能长久，向太后体健寿长，日后效法高太后临朝主政，自己身为内侍，似有必要在向太后那里埋下伏笔，确保此生后三四十年口里有食，身上有衣，不至于饿杀冻毙。

不用杨畏和邢恕明言，刘瑗返宫后，便往隆佑宫朝觐向太后，密禀章惇居心不良，伙同林希，策动哲宗宣废高太后。其实向太后早知此事，也觉哲宗荒唐，竟听信章惇撺掇，与已入地府的祖母过不去，只是不知该不该露面干预，这下事出刘瑗之口，正好听听他的想法。刘瑗本系英宗和高太后亲信，又随侍神宗和哲宗多年，看人阅事颇有眼光，定能提供良策。

果然刘瑗一番话，让向太后意识到事情严重，非制止不可。只听刘瑗道："太皇太后听政九年，施行元祐更化，皇上年幼插不上话，确实不无委屈。然无论怎么样，皇上登基为君，全靠祖母一手扶持，如此大恩谁都无法抹杀，皇上心里定然有数。且祖母已驾崩入土，还死死揪住不放，非行追废不可，若仅视之为祖孙恩怨，似乎解释不通。"

向太后疑窦顿生，道："莫非皇帝别有意图？其意图又是什么？"刘瑗道："天意高难问，人情老易悲。皇上圣意臣仆又胆敢妄测？仆是觉得，皇上再怎么也系太皇太后亲生孙子，毕竟祖孙血脉相连，打断骨头连着筋，照理下不了狠心，如此对待祖母。"

闻言向太后猛然一惊，继而陷入沉思。神宗乃哲宗生父，高太后既为神宗嫡母，又是其生母，哲宗身上自然流淌着高太后血液。反观向太后自身，虽有哲宗嫡母身份，却并非其生母，其生母是朱太妃。换言之，哲宗与向太后并无血缘联系。现哲宗追废亲生祖母，其意不正要警醒她这徒有虚名的嫡母吗？甚或说先做样子废祖母，日后再找借口把她这嫡母废掉，以便于扶生母朱太妃上位？

这绝非危言耸听。高太后亲政时曾以维护后宫秩序为由，对朱太妃有所压抑，哲宗因此耿耿于怀，总觉自己堂堂皇上，连生母都庇护不了，肚里一直憋着口气。老奸巨猾的章惇看准哲宗心思，指使林希拟诏宣废高太后，恐怕只是个开头，接下来便是将你向太后拿掉，给朱太妃讨回公道，让其进位为朱太后。

向太后越想越气愤，直奔哲宗福宁殿，要他给个说法。又不好指责哲宗本人，只得大骂章惇居心不良，身为外臣，不好好打理朝政，治理国家，为君分忧，竟狗拿耗子，多管闲事，伙同林希之流，伸长手脚，干预皇家私事，真该千刀万剐。

任凭向太后数落，哲宗只是抿紧双唇，不置可否。别看哲宗体虚弱，话不多，其实性格倔强，认定之事没人能改变其想法。况已成年亲政，君临天下，皇权在握，向太后还不能太过偏激，强行撬开他嘴巴，逼其答应放弃宣废高太后。

将章惇大骂一通，却拿哲宗没法，向太后自觉无趣，只好拂袖而出，愤然回了隆佑宫，传刘瑗来见，看他有无其他办法，阻止哲宗和章惇胡来。刘瑗胸有成竹道："太后先别急，还有朱太妃呢，只要她肯出面，定能摆平此事。"

向太后几分不解，道："朱太妃巴不得哲宗先废太皇太后，再拿本后开刀，以便腾位给她，哪还会倒过来向着本后？"刘瑗道："朱太妃通情达理，只要跟她言明大义，自然会从大局出发，劝解哲宗维护大宋规矩，放弃章惇和林希的预谋。"

向太后半信半疑，一时别无他法，唯有让刘瑗一试。刘瑗来到圣瑞宫，礼毕，而后道："常有人当仆面为太妃抱不平，说皇上登基十年，太妃身为皇上生母，仍屈居向太后之后，实在不公。"朱太妃忙道："快别这么说，本妃出身寒微，入宫为先帝生下皇子，继位为君，才蒙太皇太后抬举，受封太妃，助向太后料理后宫，已感恩不尽，哪儿来不公？"

说得刘瑗心悦诚服，道："太妃高德，古今鲜见，实在令仆钦佩之至。现前朝大臣见不得太后太妃和睦，欲从中作梗，不知太妃知否？"朱太妃道："还有此事？"

刘瑗道出君臣宣废高太后风波。朱太后道："此事本妃略有所闻，然不知详情，正想去福宁殿问问皇帝，到底咋回事？"刘瑗道："章惇欲争取皇上信任，又别无他法，于是拐着弯子，先废太皇太后，日后再借机废黜向太后，以便让太妃进太后大位，独掌后宫。"

朱太妃惊讶道："莫非真有其事，章惇欲行此大逆不道？"刘瑷道："依仆理解，章惇这么做也没错，太妃生养育成当今皇上，可谓赵宋最大功臣，进位太后理所应当。"朱太妃道："卿快别乱说，本妃可从没这么想过。"

口说没这么想过，那心里动没动过此念呢？刘瑷肚内疑问着，嘴上道："仆也知道太妃一心为公，从不会计较个人得失。然这并不能表明，太妃不该进位太后。让仆不无忧心者，若真依章惇意图做去，恐怕于太妃大不利，还会害了皇上。"

朱太妃如闻惊雷，脱口道："此话怎讲？"刘瑷道："太皇太后贵为太后，皆因本是英宗皇后。章惇可策废太皇太后尊号和哀荣，难道还能废除英宗皇后之史实吗？同理向太后贵为太后，亦因本是神宗皇后，若日后宣废向太后，还能废掉其神宗皇后不成？"

说得朱太妃张张嘴，半天出不得声。刘瑷话里的意思很明白，高太后也好，向太后也罢，都是皇后出身，反观自己仅为神宗侧妃，因生下哲宗才自皇妃晋为太妃，岂敢不懂天高地厚，觊觎太后大位？至于哲宗以庶出继位，不感激高太后和向太后扶持大恩，反过来宣废祖母，算计嫡母，丢弃本源和孝道，于情于理于宗法皆说不过去，何以立身于世，君临天下？

但闻刘瑷继续往下道："仆意任何针对太皇太后和向太后的不义行为，都无法避免会上延至英宗和神宗，最后再反弹至身为儿孙的当今皇上身上，对其登基继位合法性构成损害。况且高家和向家皆有大功于宋，其祖上跟随太祖和太宗冲锋陷阵，出生入死，才创建大宋江山，否则哪轮得到当今皇上坐享其成？"

此乃铁打事实，朱太妃又何尝不知？也清楚刘瑷之所以拿高家和向家祖上说事，不过暗示朱家卑微，无功于赵宋，不过沾高、向两家的光，始有今日之荣耀。也正是高、向系功勋之家，朝内朝外势力强大，相比之下，出身寒微的朱太妃毫无背景，得罪高、向两家，不仅对自己不利，于庶出的哲宗也只有危害，绝无好处。

毕竟朱太妃属明白人，一点即通，无须什么都说透。事实也是，朱太妃若无过人之处，也不可能在高太后和向太后双重挤压下，巧为周旋，一步步走到今天。刘瑷进而道："众所周知，太皇太后曾对太妃有所压抑，人皆为太妃抱不平，其实太皇太后是在保护太妃啊。"

这个说法倒还是头次听到，朱太妃既感新鲜，又觉诧异。刘瑷解释道："太妃母以子贵，得晋太妃，而向太后无子，难免暗生嫉妒。所幸太皇太后深明大义，对太妃有所限制，才让向太后心里稍稍宽解，与太妃相安无事，太妃得以保全自己，迎来皇上亲政，荣光无限。趁章惇、林希作祟，太妃正好争取主动，促使皇上打消宣废太皇太后的念头。如此一来，向太后自会感激太妃，从此两宫亲如姐妹，共同维护皇上，岂不两全其美？"

朱太妃深以为然。刘瑗最后道："章惇只想着讨皇上欢心，独揽大权，仆却在为皇家未来和太妃日后安危着想，才斗胆冒险进言，但愿太妃三思。"还有半句，话到嘴边，刘瑗又咽了回去：哲宗身体羸弱，章惇又选不少绝色美女养在后宫，哲宗经不起诱惑，哪天掏空身子，撒手西去，留下朱太妃，不提前与向太后结善缘，积厚德，如何度过未来漫长岁月？

朱太妃应该也会想到此处，连夜赶往福宁殿，去见哲宗。

# 第十三章　流放岭南

## 追贬苏家兄弟

不同于向太后，哲宗可是朱太妃身上掉下来的肉，母子心相连，话投机，亲切融洽。叙过亲情，朱太妃提到宣废风波，哲宗搬出高太后压制自己和母妃旧事，依然气愤难平。

"儿皇所言皆属事实，为母无意否定。"朱太妃安抚哲宗几句，把刘瑗所言原原本本转述给他。要说都是大白话，所涉无非君臣伦常，人情世故，一点不深奥，从前高太后和元祐大臣也这么开导过哲宗，哲宗横竖听不进去，今夜出自生母之口，忽觉得不再那么刺耳，似乎多少有些道理，入耳又入心。

朱太妃又苦口婆心道："水有源，树有根，儿皇一定谨记，若非尔祖母全力扶持，严加管束，儿皇能有今天吗？至于为母，幸老人家不时警示，才知轻重，懂好歹，得与向太后和平共处，后宫始有今日之安宁。至于章惇和林希，不过外臣而已，哪会设身处地替儿皇处境着想？无非在朝一日，用权一日，神气威风一日，一旦时局有变，大不了拍屁股走人，丢下儿皇和为母枯守皇宫，单独面对大宋江山，艰难维持国体。"

自熙宁王安石变法以来，至元祐更化，再至绍圣复制，正如朱太妃所言，朝廷犹如戏台，闹闹哄哄，各路大臣走马灯似的，你方唱罢我登场，唯皇家责无旁贷，想逃也逃避不掉。哲宗有所触动，又听朱太妃道："别看为母深居圣瑞宫，章惇两度进出朝廷，对他多少有些了解。此臣理政确实有些手段，然性情刚烈，心狠手辣，遇人睚眦必报，凡事无所不用其极，难免树敌太多。且谁都不放在眼里，以为天下唯自己一人最英明，独相专权，连副相都不任用。为母预言，纵使儿皇再怎么袒护，此臣恐怕也难永居左相大位，儿皇心里得有数。"

　　哲宗陷入沉思，良久无语。朱太妃最后以坚定口气道："嫉财莫嫉食，怨生莫怨死。尔祖母已入土为安，儿皇怨气再大，也要隐忍，不可任由章惇摆布，逆行宣废。朝廷属于咱赵宋，不属于他章家，儿皇身为一国之君，大臣面前得有主见，既要为我所用，又要有所防备。否则受制于章惇之流，贸然宣废祖母，要为母死后怎么面对先帝和英宗？"

　　哲宗醒悟，命内侍取来林希所拟宣废高太后的草诏，当朱太后之面，一把火烧掉。朱太后长舒一口气，起身离开福宁殿，去隆佑宫给向太后传信。向太后闻知，一颗心放下来。自此两宫犹如亲生姐妹，和睦相处，后宫一团和气。

　　翌日朝会，章惇问哲宗，是否已在宣废草诏上御批加玺，臣正等着颁行天下。哲宗道："朕已一把火烧掉。"章惇气急道："不行宣废，何以施神宗新政？"哲宗道："卿心里唯有新政，从没想过朕之处境，把朕往绝路上逼，朕日后驾崩，岂不连英宗庙都进不去？"

　　哲宗把话说到如此份上，章惇还能怎么样？只好咬住舌头，不敢再发作。退朝后一打听，原来是杨畏和邢恕暗里使的鬼，章惇不禁暴跳如雷，真想持刀上门手刃之，以消心头之恨。然宣废最终否决于哲宗，急着拿杨、邢开刀，怎么给哲宗交代？章惇不得不暂时压住火气，待事情过后，宣废余波渐渐平息，才慢慢修理两个家伙。

　　也是杨畏那点聪明全用于投机取巧，整人使坏颇有套路，经办实务往往成事不足，败事有余，于所行新政用场不大，留在朝中，早晚会坏大事，章惇寻个理由，将他赶出京城，发配僻地。自此杨畏转徙各处，虽费尽心机，不停谋求出路，终未能东山再起，郁郁而终。臣民依照杨畏平生表演，给其画像：进于元丰，显于元祐，迁于绍圣。其"杨三变"名声很快传遍朝野，人人尽知。

　　邢恕处境也差不多，被章惇罢官去职，一贬再贬后，逢西夏南侵，出为西北边帅。无奈邢恕罗织他人罪名手段毒辣，领兵却一窍不通，一会儿建萧阁，一会儿用车战法，一会儿改熙河造船，计谋迂诞，连吃败绩。到头来被夺位去职，白忙一辈子，所谓竹篮打水一场空，成为天大笑柄，抱恨而亡，遗臭后世。

　　倒是早已外贬的李清臣苦熬多年，俟徽宗登基，受召回朝，升为门下侍郎，算遂了平生大愿。然副相大位上没待一年，他又自毁长城，被赶下台去，气绝而亡。

此是多余话，无须赘述。且说朱太妃力劝，哲宗不得不放弃宣废高太后，然心里一直耿着，无以释怀。章惇窥破其心思，又动起歪脑筋来，暗忖啃不动皇家，莫非还对付不了元祐老臣？于是联手曾布和蔡卞，发动亲信及御史，大造声势，再借林希手里的笔头，极尽丑诋之能事，将元祐老臣一个个贬损得体无完肤。

这给了哲宗发泄怨气的出口，凡林希所拟贬谪元祐老臣之草诏统统认可，加玺颁发下去。不出两月，便有三十多人倒在林希笔下，降官的降官，追贬的追贬，无一能够幸免。且打压还在继续，根本停不下来。连死去的司马光也不放过，以最恶毒的诋词夺其爵位，拆毁朝廷赐建的墓碑和牌坊，取消司马光子孙的官衔及俸禄，没收全部家产。还要烧掉司马光主撰之《资治通鉴》，幸有神宗所作序言，哲宗下不了手。章惇又奏挖司马光坟墓，撬棺鞭尸。事被向太后和朱太妃知晓，觉得太不像话，出面干预，哲宗才收回成命，放过司马光的尸骨。

纵观数十位倒在林希笔下的大臣，首当其冲者自然是苏家兄弟。苏辙已由副相之尊贬知汝州，章惇觉得汝州富庶，又离京师近，太便宜苏辙，指令林希草诏，追贬其为左朝议大夫远知袁州。此乃林希入为中书舍人后所拟第二道草诏。第一道宣废高太后的草诏出语机巧，用词刻薄，正戳到哲宗痛处，正待颁行下去，被向太后和朱太妃搅黄，实在可惜。现笔刀直指苏辙，林希用尽狠劲，谅苏辙插翅难逃，唯有乖乖受戮的份。

读过林希追贬苏辙的草诏，章惇大加赞赏，说文笔之老辣，诅咒之狠毒，丝毫不亚于元祐初东坡对新党分子的贬损。果然草诏呈入宫中，哲宗览毕，觉得又过瘾又解恨，准颁汝州。苏辙接诏捧读，顿觉心惊肉跳，汗如雨下。尤其读到"父子兄弟挟机权变，警愚惑众"等语，禁不住大放悲声："某兄弟固无足言，先人何罪耶？"

这自是林希需要的效果。从前苏家兄弟官声文名卓著，林希有意无意巴结讨好，没少写赞美三苏的谀辞，以便沾光揩油，谋求虚名实利。现反其道而行之，且能从章惇手里换取官位权力，贬损苏家自然不遗余力，正好抵消掉当初违心送出去的赞美和吹捧。

刀把在章惇和林希手里，苏辙无还手之力，只能率领全家，告别汝州父老，启程南行袁州。尚未到任，又降为试少府监，分司南京，筠州居住。

林希所拟第三道草诏便是追贬苏东坡。作为侍读大臣，东坡与哲宗相处时间最长，章惇害怕哲宗心软，关键时刻妇人之仁，坏自己大事，唯贬东坡至岭南，死在蛮瘴之地。不死也得让其脱层皮，哪怕日后哲宗有心召回，东坡年老体弱，必将倒毙于山高水险之归途。也要怪东坡德高才巨，影响力太大，他若卷土重来，登高一呼，谁还肯跟随君相，推行新政？

　　要彻底击垮东坡，叫他永无咸鱼翻生的机会，必须把前戏做足。章惇于是仿照当年乌台诗案，发动京内外臣民，搜求东坡的诗文，寻章摘句，索引攻击皇上和企图颠覆朝廷的险恶用心。结果忙碌半天，依然仅有乌台诗案所获旧论，别无新发现。

　　原来当年在大牢里待过一百余天，有幸逃出生天，东坡稍长记性，再执笔作文写诗，也就变得谨慎，已不易让人踩住尾巴。章惇不肯罢休，想起东坡任中书舍人时没少代拟贬谪新党分子的草诏，命林希带人翻出皇家档案，逐字逐句，钻研相关文告。代拟草诏无非以皇帝口气贬低大臣，然文字出于东坡手笔，难免嬉笑怒骂，讥诮讽刺，不愁发现不了出格语句，引申出对先帝和朝廷之大不敬。

　　功夫不负有心人，终于拿到东坡的把柄，再号召众御史，借题发挥，上折弹劾东坡，一时追杀之声响彻云霄。机不可失，林希出手挞伐东坡的草诏，呈送哲宗案头。哲宗见材料翔实，论证充分，没怎么犹豫便照准颁发下去，追贬东坡为建昌军司马，惠州安置。

　　东坡被无情打压下去，与其相关人物，也一个个受到清算，应声倒地。诸如"苏门四学士"，便无一能够幸免。黄庭坚由起居舍人贬涪州别驾，又贬戎州，黔州安置。秦观自太学博士谪知杭州，贬途中再谪雷州。晁补之由著作佐郎连迁应天府、亳州、信州等多地。张耒时在知润州任上，也一移宣州，再移黄州。

　　秦观身为柳永之后婉约派头牌词人，对丢官去职倒不太在乎，唯一不舍还是汴京繁华香艳地。不同于东坡豪放词，亦词亦诗，既可谱曲，又可脱离曲牌成篇，以柳、秦为代表的婉约词，本为特定曲牌所填，需歌伎二度创作，婉转于齿间唇畔，才算完美。秦观每作词调，都有京城最美喉舌传唱，流行一时。一旦离京外徙，名伎无觅，词作再好，又有何用？

　　最擅唱秦观词者，乃樊楼名伎李师师。李师师造化独钟，天生丽质，柔媚无双，眉间一颗美人痣，更添风情万种，又极具悟性，琴棋书画无一不精，燕嗓莺声最是勾人魂魄。秦观为其艳姿和风韵所倾倒，情不自禁赋《生查子》

一曲：

> 远山眉黛长，细柳腰肢袅。妆罢立春风，一笑千金少。　归去凤城时，说与青楼道。遍看颍川花，不似师师好。

有些版本将此词归于另一词人，即柳永同期词相晏殊儿子晏几道名下，究竟出自谁手，已无可考。说为秦观所创，也许不无道理。几年前东坡出知颍州，秦观三请外放，欲随老师去看颍川花，赠词师师以为留念，似有可能。后因范纯仁等朝臣挽留，秦观没走成，得以继续居京填词，由师师绣口吟唱，广为流传。

眼下章惇主政，老师一贬再贬，秦观出京，势所必然。临行前夜，专程来到樊楼，向师师辞行。师师甚为不舍，求秦观再填新词，以为念想。秦观即填《一丛花》：

> 年时今夜见师师，双颊酒红滋。疏帘半卷微灯外，露华上烟袅凉飔。簪髻乱抛，偎人不起，弹泪唱新词。　佳期谁料久参差，愁绪暗萦丝。想应妙舞清歌罢，又还对秋色嗟咨。惟有画楼，当时明月，两处照相思。

师师见词，运嗓歌唱，唱得泪眼婆娑。秦观不忍熟视久驻，告辞下楼。正碰上高俅，身后跟着位美男子，要往楼里走。高俅原系东坡手下小吏，东坡出知定州前转赠王诜，又被端王看上，要去做了近侍。秦观与东坡过从甚密，自然与高俅熟悉，曾同来听师师唱过词。高俅长于刀剑字画，却未见填词作曲，今至樊楼，有何事干？

细瞧高俅身后男子，才明两人来意。男子名叫周邦彦，钱塘人，诗词文赋无所不擅。早年仿汉《两都赋》《二京赋》，撰七千字《汴都赋》，献给神宗。神宗于迩英阁召见群臣，命李清臣持《汴都赋》一诵，其中不少古文奇字，清臣不认识，只好麻着头皮，大字念一边，长字念一截，惹得满堂哄笑。赋赞王安石新政，甚合君相心意，周邦彦受任太学诸生，继直升太学正。神宗驾崩，哲宗登基，周邦彦两度进出京师，官至秘书监，进徽猷阁待制。

周邦彦博涉百家，且妙解音律，工于文辞，讲究格律，将婉约词推向艺术高峰，是继柳永和秦观之后婉约词之集大成者。因同是婉约词家，周、秦时有往来，尽管两人分属新旧二党。师师名满汴京，词人皆以填词交其传唱为幸，无奈师师专唱秦观词，周邦彦不便与其争锋，暂避一时。今秦观外贬，周邦彦正好乘虚而入，于是约高俅同赴樊楼，请他介绍自己认识师师，不巧碰上秦观，躲闪不及，只好上前相见。

倒是秦观没有周邦彦小心眼，觉得自己离京，师师难有好词可唱，周邦彦能给师师填词，倒也不是坏事。秦观叮嘱高俅，见着师师，就说周邦彦是自己好友，词作得更好，请她多唱周词。周邦彦感激不尽，注视秦观融入夜幕，这才转身，与高俅登楼去会师师。

周邦彦自此成为师师专职词家，有其为师师所填《玉兰儿》为证：

铅华淡伫新妆束，好风韵，天然异俗。彼此知名，虽然初见，情分先熟。　炉烟淡淡云屏曲，睡半醒，生香透玉。赖得相逢，若还虚度，生世不足。

## 一路贬逐一路歌，由江南下岭南

章惇和林希苦心孤诣，大造舆论，追贬东坡时，苏家正晓行夜宿，往东南紧赶慢赶。一路晤米芾，见马梦得，会晁补之。在晁补之所设饯行便宴上，迷蒙江月扑入醉眼，东坡忆及十八年前中秋，与子由彭城观月，作《阳关》一阕，恰似眼前情景，遂引吭自歌曰：

暮云收尽溢清寒，银汉无声转玉盘。
此生此夜不长好，明月明年何处看。

这便是宦游人的宿命，殊未觉今夜之悲，悬知有他日之喜也？放杯登船，前行到得扬州，先是大东坡三十二岁的潮州道士吴复古来会，两人谈笑风生，无话不叙。其时张耒尚在润州知州任上，前来拜望，挑选两名精壮士兵王告与顾成，护送恩师南下。

六月上旬阻风于金陵，仨子至清凉寺，为亡母做水陆道场，祈求先灵冥福。佛事毕，苏迈一房子孙分赴宜兴田庄定居，迨、过两家陪父继续往南徐行。

当涂在望，重贬建昌军司马惠州安置的诏令追至。东坡知道出自林希之手，不得不佩服其笔力了得，比当年自己所拟贬谪新党分子草诏有过之而无不及。诸如此言：朕初即位，政出权臣。引轼兄弟，以为己助。自谓得计，罔有悛心。忘国大恩，敢肆怨谤。若讥朕过失，何所不容？乃代予言，诬诋圣考。乖父子之恩,害君臣之义。在于行路,犹不戴天。顾视士民,复何面目?以致交通阉寺,矜诧幸恩。市井不为,缙绅共耻。尚出彝典,止从降黜。

此系追贬理由,将东坡说得坏透了顶,不贬何以对得起先帝和臣民?还不够,又补上几句,仿佛猎人已将猎物击倒,再跑上前,点着脑袋补一铳:今言者谓其指斥宗庙,罪大罚轻。国有常刑,朕非可赦。宥尔万死,窜之远方。虽弑辩足以饰非,言足以惑众,自绝君亲,又将奚憖?保尔余息,毋重后悷。

小儿苏过看过诏令,忍不住道:"林希向与父亲及叔父通好,书信往来,赞美吹捧之谀文虽有些肉麻,毕竟文笔老辣,出语机智,令人叹为观止。想不到此君作起骂文来,又技高一筹,字如箭,词如刃,狠劲十足,几可穿胸剖腹。"

说得东坡笑将起来,道:"仓颉造字,本为记事表意。意有善恶之分,善言表善意,恶词表恶意。善意于心,自是和颜悦色,落墨于纸页,仿佛惠风和畅,暖人心扉;恶意在胸,难免面目狰狞,形诸文字,无异于獠牙利爪,杀气腾腾,以至鬼见鬼怕,佛见佛愁。然人往往少怀善念,常起恶意,作骂文之冲动自远远大过出美言。"

苏过半懂不懂,道:"既然恶意常起,善念少怀,为何自古美言谀文流行?比如林希不吝笔墨,卖劲吹捧父亲和叔父,到底又为哪般?"东坡感慨道:"林希与咱兄弟同年,然官位偏低,德望稍逊,心里自然不怎么服气。不服气归不服气,若凭借廉价谀辞,讨得咱兄弟欢心,引起君臣注目,换取虚名实位,又何乐而不为呢?"

苏过忆起一事,道:"父亲在任中书舍人时,曾举荐林希自代,林希文名因之彰显于朝野。连此次章惇弃杨畏和邢恕不用,留任即知成都的林希,据说主因便是其文笔得到过父亲认可,否则宣废高太后和追贬元祐老臣之草诏,也不至于杀伤力这么大。"

东坡哈哈大笑,道:"人皆有喜谀厌诋的本性,为父亦不例外,受多林希谄谀,实在过意不去,只得为其扬名以报。这下可好,章惇当国,林希如愿以偿,借手中笔头丑诋咱兄弟,连先君都不放过。咱这是木匠戴枷,自作自受,不能完全怪林希。"

苏过慨道:"看来作谀辞也好,撰骂文也罢,皆为利害所驱动。元祐老臣遭殃,林希再无法从父亲和叔父这里捞到好处,唯余嫉妒难去,转投章惇,将作谀辞之才艺转为作恶毒骂文,既可谋求官位权势,又可发泄心头妒意,自是格外卖力出彩。"

也许苏过从小随父亲东奔西突，见多宠辱和浮沉，观人阅事，眼光才如此独特。东坡道："大抵汉语更适合诋毁和诅咒，同样出于林希笔下，骂文水准更比谀辞高出多多。"苏过道："儿倒觉得，言出于口，发乎于心，无论林希还是他人，作谀辞多虚情假意，出骂语则绝对源于真实内心，真语自比假话更有劲道。反之亦然，话有多毒，便知心有多狠。"

东坡深以为然，道："不用说，谀辞都是假话，当不得真；骂文皆系真语，最见人心。由是观之，那句俗话'刀子嘴，豆腐心'不可信。既是刀子嘴，定出自刀子心；既是豆腐心，不可能有刀子嘴。豆腐嘴与刀子心，刀子嘴与豆腐心，根本扯不到一起去。"

由林希刀子嘴和刀子心，东坡忽想起早年与章惇同游仙游潭的情形。当时面对悬崖下万丈深渊，东坡心中胆怯，直往后缩，章惇却毫无惧色，迈上崖边独木桥，探身过到崖对面，扯根常青藤，一头系在树上，一头扎于腰间，往空中一荡，悬降至峭壁间，挥毫写下"章惇与苏轼到此"数字。看得苏轼心惊肉跳，冷汗直冒，待章惇脸不红，气不喘，安全返回，便抚其背道："日后你杀起人来，肯定眼睛都不会眨一下。"

世间人事，都不是孤立的。数十年后章惇拜相当国，对包括东坡在内的元祐老臣大打出手，必欲置于死地而后快，原来早有前兆。

在当涂短暂逗留，东坡想起贬路凶险，广南蛮荒，没必要让儿孙陪同前往受罪，忽改变主意，命苏迨和苏过两家尾随苏迈，去宜兴落户，那里有些田产可供勉强度日。

迨、过兄弟不答应，又拗不过老父，只得商量：老父已近耳顺，身体一天不如一天，实不忍心其独往天高皇帝远的蛮荒之地，总需有人侍奉左右，才放得心。商量来商量去，苏过主动承担义务，说自己年满二十三，比二哥身体强壮，已有侍父远行能力，定当代表两位兄长照顾好父亲。苏迨知过弟最肖父亲，饱读经史，善作诗文，父子俩谈得来，遂准其陪父上路，其妻小随自家眷属，同去宜兴投奔大哥。

东坡也乐意过儿陪同。还有几名家仆和婢女，东坡散发路费，放任各自寻找生路和归属。当涂离杭州已不遥远，有水路可达，东坡拿出银两，放到朝云面前，嘱其返籍安家，落叶归根。朝云对银两视而不见，道："本妇才三十二岁，未到落叶归根之时吧？"

东坡笑道："此刻返杭，日后归根，顺理成章，否则跑到广南化外之地，北回无望，想归根也归不成。且杭州是老夫两度为官之故园，多少有些旧僚老友，子霞归籍，自会受到关照，谋个饭碗，把日子过下去。"

"自二十年前蒙夫人赎籍，随苏家别离北行起始，本妇就没想过离开苏家，独自讨吃过活。"朝云泪珠在眼眶里直打转，"本妇年幼失恃丧怙，入乐籍学艺谋生，所幸十三岁遇夫人和先生垂怜接纳，成为苏家一员。二十年来跟从苏家东奔西走，确实没少受颠簸，然夫人视同姊妹，有苦同吃，有福同享，有家政同劳，本妇真正尝到了人间温暖，过上穷人无法企及的幸福生活。至十八岁，夫人担心本妇嫁穷汉受苦，入富家受欺，做主纳为先生侍妾，先生不弃，授以诗文和为人处世之道，让本妇终身受益。夫人临终前，又特意把先生托付给本妇，本妇亲口承诺夫人，定代为照顾好先生，今先生遭贬远徙，本妇爽诺抛下先生不管，独自离去，哪对得起夫人在天之灵，对得起自己良心啊！"

朝云左一个本妇，右一个本妇，意即夫人逝后，自己俨然一家主妇。此乃夫人遗愿，亦是自己心迹，岂可轻易放弃？事实上朝云也早已承担起一家主妇职责，里里外外一把手，把家中料理得熨熨帖帖，使东坡别无后顾之忧，如夫人在世一样。东坡老泪纵横，叹道："子霞美意，老夫心领。无奈岭南蛮烟瘴雨，地广人稀，从来谪臣越岭，有去无回。子霞陪同前往，老夫一息尚存，自可相依为命，一旦老夫死在贬所，你人生地不熟，又怎么过活？"

东坡心慈，不可能不为朝云的未来着想，朝云却认定两人已结为一体，失去东坡，自己哪还有未来？东坡不能没有朝云，朝云也早对东坡产生依恋，犹如鱼离不开水，花离不开阳光雨露。东坡光明磊落，于君于民，于亲于友，有爱无恨，与家人共处，亦亲爱有加，平等相待，毫无家长作风。朝云出身低微，仅有侍妾名分，但在东坡眼里，不是正妻，胜似正妻，二十年不离不弃，已是情深恩重。东坡仁者无忧，坦荡达观，哪怕再苦再穷，穷苦到锅里无米，脸上仍有笑。朝云近朱者赤，为东坡的大德大智所感染，亦能苦中作乐，穷里寻欢，只要两情长久，总觉人生美好，生命无憾。仿佛大写的"人"字，东坡是那一撇，朝云便是那一捺，撇捺分开，定然散架，唯牢牢支撑和紧紧依靠，才能相互成就，彼此成全。

朝云没法想象离开东坡，自己还有无活下去的勇气，于是破涕为笑，仿东坡举重若轻的口气道："本妇只知嫁鸡随鸡，嫁狗随狗，哪考虑得那么多？先生死在岭南，本妇为您守最后一口气，负责葬入地里，再给您守墓扫庐，免得您一人孤寂难耐。一直守到本妇将死，顺便在墓旁挖个坑，跳进去躺倒，陪先生至地老天荒。"

好个地老天荒！逗得东坡也乐了，道："当年王弗临终，老夫守气送葬，在其坟头栽松三千以纪念。上年闰之寿终，又为其守气停灵，奉佛念经。今老夫南贬，有去日，无归时，正愁遗命蛮荒寂寞，有子霞慈悲，愿代王弗和闰之守最后一口气，送葬扫墓，夫复何求！"

姬妾原系荣华富贵附属品，荣华富贵皮之不存，毛将焉附？然朝云与苏家休戚与共二十年，早已融为一体，鱼水难分。尤其王闰之故去，朝云成为苏家真正女主人，操持老幼衣食饱暖，苏家离不开她，她也没法脱离苏家。况三个儿子陆续长大，各自成家，真正知冷知热须臾不离者，也仅朝云一人而已，东坡心里早视其为唯一依靠，像拐杖一样片刻难舍，之所以劝其归杭，无非不忍其跟从千里投荒，代为受过吃苦。既然朝云生生死死，奉陪到底，东坡还能说啥呢？只得默默感谢上苍，赐给自己这人间少见的恩爱和亲情。

朝云誓死不肯弃主，另外两名老婢也受感染，甘愿同往。于是主仆五人，由张耒所派王告与顾成两位青壮士兵护卫，别当涂，入长江，往九江方向西上。东坡囊中羞涩，一无金银，二无财宝，只酒器数件，想必总能用得上，外加陶渊明和柳宗元的诗文，东坡笑称"南迁二友"。

船至庐山脚下分风岭，已是子夜时分。东坡心下寻思，登庐山时间不允许，然九江毕竟属陶渊明故乡，还是李白和白居易写出名篇之胜地，自己亦曾于西林寺壁题过诗，再怎么也得上岸走走，感受先贤气息，多望几眼庐山面目。

谁知时至三更，恍惚间闻岸边人声鼎沸，数百官差明火执仗，大声嚷嚷，要登苏家所坐官船盘查。王告与顾成挺身而出，上前一问，才知江州地方官接朝廷新颁诰命，罪臣无权享受正常官员待遇，派官差收回官船。

定是章惇害怕自己逗留九江，为庐山所启迪，又会写出令他生气的佳作，才故意使鬼，东坡别无他法，只好低声下气，向官差求情讲好话，准连夜赶往星江，一靠码头，便另行雇船赶路。官差见东坡人老体弱，不好意思驱其离船露宿江边，遭受风寒，觉得只要事不过夜，苏家不在九江停留，朝廷不便追责，犯不着逼人太甚，点头答应下来。

星江离分风岭不近，也不知天亮前能否赶到，东坡唯跪祷龙神保佑。奇就奇在还未祷毕，江风骤起，船工赶紧升帆，借风力加速前驰，黎明左右如愿抵达吴城驿。东坡心存感激，上岸后入龙王庙拜谢，留诗于水边望湖亭：

> 八月渡长湖，萧条万象疏。
> 秋风片帆急，暮霭一山孤。
> 许国心犹在，康时术已虚。
> 岷峨家万里，投老得归无？

吴城驿位于鄱阳湖西汊。东坡自雇商船，离湖入赣，继续贬途。贬途凶险，生死难料，但想起唐代慧能作别弘忍大师南下传道，当年先君离开庐山前往虔州寻觅白居易诗巾，走的正是赣江，东坡心里又多了份温暖和向往。

行船百多里，渐近南昌。苏过对父亲道："没能停留九江，来到南昌城外，再怎么也得下船，登临滕王阁，亲身感受一下'初唐四杰'之首王勃《滕王阁序》的境界。"

苏过自识字起，便喜爱文史，沉湎于楚辞汉赋和魏晋唐宋诗文。在父亲影响下，于陶渊明、李白、杜甫、白居易、范仲淹、欧阳修、梅尧臣、王安石诸大家的诗词格外喜爱，张口即来。又被父亲所书王勃《滕王阁序》字幅深深吸引，反复诵读，以至倒背如流。今自滕王阁旁经过，自不愿错过难得的登阁良机。

不用说东坡对滕王阁也早心向往之，不然也不会书《滕王阁序》，赏玩品味。为满足儿子和自己的共同心愿，待赣江东岸的滕王阁进入视野时，便命船工移舟泊岸。谁知早有南昌府所派衙役拦在码头，宣称朝廷有令，苏家贬船即到即走，不可停留下人。其背后原因不言自明，定与不让在九江靠岸如出一辙。迫于无奈，东坡只得叫船工起锚，重回江心，忍看滕王阁徐徐侧移，直至消失于身后。

滕王阁已触手可及，却不能登阁领会王勃文中的江山胜迹和悲壮情怀，苏过深以为憾，站立船头，迎着扑面而至的激荡江波和两岸秋色，高诵《滕王阁序》以解馋：

"豫章故郡，洪都新府。星分翼轸，地接衡庐。襟三江而带五湖，控蛮荆而引瓯越。物华天宝，龙光射牛斗之墟；人杰地灵，徐孺下陈蕃之榻……"

声音引出王告和顾成，托腮听得入了迷。张耒是大文人，王告和顾成近朱者赤，略懂诗文，也读过王氏《滕王阁序》，只不如苏过张口能诵。两位船工读书不多，毕竟是本地人，对《滕王阁序》自不陌生，也倾耳谛听苏过高诵，一时忘掌手中棹桨。好在此段水域宽阔，水流平缓，又有微风鼓帆，并不耽误行船。

东坡与朝云也出舱到了甲板上。正好苏过诵毕《滕王阁序》，众人热烈鼓掌，尤以王告和顾成掌声最为响亮。掌声甫落，王告怂恿道："听张大人说，王勃仅活到二十六七岁，却是个有故事的人物，否则也写不出千古第一骈文《滕王阁序》，叔党（苏过）兄弟定知王勃的故事，何不说给咱们听听，一饱耳福？"

这自然难不倒苏过，不假思索，侃侃而谈起来。王勃乃绛州龙门人，六岁能作文，九岁读颜师古注《汉书》，作《指瑕》十卷以纠其错。十六岁应科试及第，授职朝散郎，任沛王府修撰。沛王李贤与英王李哲斗鸡，王勃作《檄英王鸡》文，为沛王助兴。所谓檄文，不过借二王斗鸡游戏玩笑打趣而已，讵料传入高宗手中，引得圣颜不悦，道是二王斗鸡，王勃不加劝阻，反作文挑拨离间，钦命逐出长安。

诗文高手以诗文名世，诗文易授人以柄，一不小心便祸从口出，因言获罪也就成为文人宿命，王勃也难幸免。然不幸往往又属大幸，王勃丢职出京，遍游三秦巴蜀，创作出大量诗文，文名更甚。尤以《送杜少府之任蜀州》最为人所称道，其中佳句"海内存知己，天涯若比邻"，几乎妇孺皆知。三年后王勃离蜀返京，谋得虢州参军职务。其间州衙有个官奴犯罪，王勃一时头脑发热，藏之于家中。过后又担心走漏风声，受到牵连，后悔不已，竟将官奴杀死以避祸。人命关天，纸终包不住火，王勃被判死罪下狱，等着秋后问斩。连带其父受罚，由雍州司功参军远谪南荒之外的交趾县令。

若说戏作斗鸡文，无意间得罪皇上，有些冤枉，始匿终杀官奴则太过乖张，让人不可思议，一命抵一命，责不在他人。也是王勃命不该绝，幸遇朝廷大赦，得以出狱回家。但他高兴不起来，觉得父亲为儿受过，远宰边邑，简直大不孝。满怀羞愧和自责居家一年，朝廷恢复王勃旧职。王勃已视宦海为畏途，没再赴任，于上元二年（675）秋自洛阳出发，踏上南行探父之远途，以尽孝道。沿运河南下，至淮阴，抵楚州，再入长江西行，来到江西与安徽交界地马当山。正值风急浪高，客船停航避险，王勃上岸随便走走，活动活动筋骨。

绕上半圈，天晚浪静。王勃折身返船，见一老者端坐近岸巨石上，遥指道："来者可是子安（王勃）否？"王勃惊讶道："敢问长者，何以知是晚辈？"老者道："明日重九，滕王阁有盛宴，卿能前往，即兴作文，可名垂千古。"王勃笑道："滕王阁位于洪都南昌，远隔六七百里，一夕岂能赶至？"老者道："快快登船吧，或有神助耶。"

王勃登船回望，石上老者已不知去向。所奇顺风骤起，船帆吃满风，由缓而速，穿过茫茫夜幕，天明竟意外抵达南昌城外，让王勃不早不晚，赶上滕王阁盛宴。

这便是时来风送滕王阁的故事，大抵因《滕王阁序》名声响亮，后人牵强附会，当不得真。却类似神风推送苏家夜船，苏过深信不疑，继续道：滕王阁与黄鹤楼、岳阳楼、蓬莱阁合称中国四大名楼。唐贞观年间，太宗李世民弟李元婴受封山东滕州，名曰滕王，筑阁楼名滕王阁。后李元婴徙任洪州都督，再筑豪阁于赣江边，仍冠以滕王阁之名。经二十余年风雨，滕王阁开始破落，时任洪州都督阎公重修此阁竣工，为示庆贺，于重九日在阁上欢宴群僚和江南名士。王勃正好赶上，因才名卓著，朝野尽知，受邀登楼赴宴。

且说阎都督有个女婿叫吴子章，也擅长诗文，只是名声不够响亮。阎都督便让吴子章提前写好阁记，经翁婿反复推敲，修改定稿，以便趁此群贤雅集，当众露一手，彰才扬名。宴饮渐至高潮，阎都督敬过酒，致过辞，倡议各位即兴赋诗，又命人取出纸笔，遍请在座嘉宾作序，就像当年王羲之作《兰亭集序》。众知阎都督用意，均予推辞，不敢献丑。

眼见时机成熟，吴子章跃跃欲试，准备上前默写烂熟于心的现成序文时，王勃为避免冷场，也为对得起阎都督盛情和下肚的好酒好肉，起身上前，一屁股坐到桌旁，执笔于手，不假思索，哗啦啦在纸上龙飞凤舞起来。吴子章稍晚半步，又不好把王勃怎么样，懊恼地立在桌旁，倒看这小子能写出什么宏文来。

阎都督哪知半路会杀出程咬金？心下不乐，然众目睽睽之下，不可能夺走王勃手中笔，只是脸色愀然，拂袖而起，去了偏阁。又忍不住好奇，嘱随从盯住王勃手笔底，看他所作文字如何，以及时传报。王勃自豫章和洪都地名开篇，阎都督得闻，冷笑道："起笔平淡，语出无奇。"继报"雄州雾列，俊采星驰"，他又哼道："不过老生常谈而已。"俟"十旬休假，胜友如云"，他仍撇嘴道："无非一些旧腔调。"待听到"潦水尽而寒潭清，烟光凝而暮山紫"，他才不再品评，沉吟不语，不由得点了点脑袋。

直至随从报出"落霞与孤鹜齐飞，秋水共长天一色"，阎都督再也按捺不住，一跃而起，大声赞道："真天才，当垂不朽矣！"复身回来，扒开围观的宾客，亲自为王勃移墨押纸。

王勃旁若无人，哪会在意阎都督之出入？唯有多年来积聚于胸的失意、愤懑和苦恨，借着舒目所见远近高低的盛景和随心所感古往今来的人事，高山瀑布般倾泻而出，哗然泼于纸上，泼满壮美而又苍凉的悲情，以及那不甘沉沦的凌云壮志。

这便是《滕王阁序》，引得全场惊艳，啧啧赞叹不绝于耳。王勃又留七言诗于纸末，而后搁笔起身，顾视宾主。阎都督携王勃之手，道："帝子之阁，有子之文，风流千古，使吾等今日雅集，亦得闻于后世。从此洪都风月，江山无价，皆子之力也。吾当厚赏千金。"

赏金呈上，王勃也不客气，照收不辞，趁宾主专注于序文之际，携金离席，下楼直奔赣江，登船往南而去。盛宴渐近尾声，众人动身辞主，正在品味《滕王阁序》的阎都督忽然道："诸位别走，王诗末句只六个字'槛外长江自流'，怎么缺一字呢？"

众客上前一瞧，果不其然，不知王勃是疏忽大意漏写，还是仓促间没想出合适字眼，宁缺毋滥。阎都督沉吟道："莫非吾等轻慢了王郎，他心怀不满，故意少写一字作难本都督和众位？诸位才高，不妨补补缺看。"

在场宾客于是七嘴八舌，或曰所缺该为"独"字，嵌入便是"槛外长江独自流"。或言所缺乃"船"字，甚或说所缺是"水"字。阎都督脑袋直晃，道："'独'字肤浅，与王郎诗境不合；'船'字俗陋，不足为论；'水'字多余，江无水怎么流？"

众人抓耳挠腮，反复琢磨，也没琢磨出名堂，颇为沮丧。阎都督怅然若失，夜难成眠，通宵都在揣测到底所缺何字。直至天明，依然不得要领，看来还得求助王勃本人。询问衙役王勃所乘之船此刻已驶出多远，答曰应该还在丰城。阎都督命衙役带上重金，快马加鞭，一路追赶，果然在快出丰城的赣江船上截住王勃。

听衙役说明来意，王勃笑纳重金，再拿过衙役的手，道："闭上眼睛，摊开掌心，容我把字写在里面，你再握紧拳头，直至归见阎都督时方可松拳，否则字不翼而飞，那便怪不得勃不给阎都督面子。"

说罢，王勃书字于衙役掌心，合拢其五指。衙役紧攥拳头，单手驭马，飞速北回。阎都督早候在州衙门前，翘首以待。闻马蹄声嗒嗒脆响，由远而近，阎都督抬步降阶，迎向衙役。未等马蹄刹住，衙役一只手高举拳头，另一只手勒马，翻身下地，嘴里道："王郎字在此也！"阎都督不解道："王郎字在哪里？"

"就在小人掌心。"衙役单腿跪地，伸拳给阎都督，说出来由。阎都督甚喜，捧过衙役拳头，小心翼翼地掰动其指，生怕把字惊醒，腾空飞走。谁知衙役五指全掰开后，阎都督定睛细瞧，竟掌心空空，并无字迹，忙问道："字呢，字在哪儿？"衙役也觉诧异，道："小人照王郎吩咐，一路紧握拳头，未有丝毫松懈，谅那字再刁蛮，亦难飞出吾掌心。"

见两人对着空拳不停比画，路人觉得奇怪，纷纷上前看热闹。衙门公人也围过来，问长问短。得知衙役丢失千金所换之字，甚觉遗憾。也有说王勃故弄玄虚，或许仍未想出恰当的字眼，又贪衙役所持重金，故意搞恶作剧，糊弄阎都督。也有说王勃千里迢迢南下探亲，盘缠早已用光，才找阎都督骗吃骗喝，又耍小聪明，作什么《滕王阁序》并诗，诈金诳银。

阎都督不在意众人议论，只顾托着衙役五指，死死盯住其掌心，眼皮都没眨一下，嘴里自言自语道："怪哉怪哉，掌内怎么空空如也，莫非那字真会不翼而飞不成？"

空空如也，空空如也。阎都督念叨着此四言，猛一激灵，恍然大悟，在衙役掌心啪地一拍，大声道："有啦有啦。"衙役疑惑道："大人有什么啦？"阎都督道："王郎确实在掌心写了字，只不过此字肉眼不可识，需心眼才看得见。"

衙役越发糊涂。众人也莫名其妙，不知阎都督在说什么。阎都督笑道："王郎写的正是一个'空'字！然非笔录，乃以意书之，唯可以心会意，没法以眼认识。"

众人幡然而悟，口含"空"字，嵌入末句，一念整诗，至尾联便是："阁中帝子今何在？槛外长江空自流。"念毕，甚觉"空"字奇妙，简直妙不可言。

四大皆空，一切兴衰、荣辱、贵贱、贫富、盈虚、穷通、悲欢、得失、生死，不都似江水空自流，随着时间消逝，而一去不复返，什么都没留下吗？

也是故事太精彩，船上人听入了迷，苏过讲完好一会儿，众人还沉浸其中，没有反应。唯江风习习，鼓吹风帆，荡漾碧绿秋水，以消解贬途的困乏。

还是年长船工扳正船舵，打破沉默道："咱天天绕经滕王阁，对王勃的故事时有耳闻，但支离破碎，没这位公子讲得详细生动，今天老夫算大饱了耳福。"另一年轻船工道："故事确实美妙，然只有王勃作《滕王阁序》并诗的创作经过，并没论及到底好在哪里。"

王告接过话头，道："后人给《滕王阁序》并诗附丽的故事如此神奇，自是源自其写得精彩，让人倾倒，否则谁有兴致编故事？咱家张大人曾品评过，说王作好就好在词雄奇，境阔远，意深沉，情悲壮。"顾成附和道："王作行文缜密，又不拘一格。先写洪府地势，南昌方位，继由近及远，由楼阁及山川，呈现浓丽的三秋图，上仰高远极目之景，下临江舟市井繁华之盛，声色互衬，虚实相映，时空交替，令人遐思。记宾主宴饮，良辰美景与共，赏心乐事齐全。状天地人寰，联想盈虚有数，兴尽悲来，人生失路，命运难测。然不止于此，竟化于旷达与乐观，宁移白首之心，不坠青云之志。"

　　苏过颇认可两人所言，道："《滕王阁序》通篇骈俪藻饰，辞采华美，既属六朝骈文之新变，又系唐骈向通俗和格律过渡之先声。巧用对偶和排比，音韵相谐，平仄衔合，抑扬顿挫，富于乐感和诗意。历史典故和前人文句信手拈来，自然恰当，既有明示，又有暗喻，既有正用，又有反诘，典雅而工巧。序文七百七十三字，竟多达三十七条典故，创造成语四十个，不是鬼才和天才，谁做得到？仅凭这一点，《滕王阁序》就当得千古第一骈文美誉。"

　　苏过的品评，让王告想起什么，笑道："公子说《滕王阁序》为千古第一骈文，那令尊大著《赤壁赋》又往哪里摆？"

　　这倒是在场各位没想到过的，一时不知怎么回答。还是苏过道："《滕王阁序》乃骈文，家父《赤壁赋》为赋文，属不同文体，没法比对。"王告道："在下孤陋，却也听闻过，早在战国时期，就有荀卿所作《赋篇》。至汉形成大观，后渐渐分化，一往骈文方向发展，如骈赋和律赋；一往散文方向演化，如文赋之类。在下粗浅认为，《滕王阁序》该为骈赋，《赤壁赋》该为文赋，既然都是赋，就可以比较。"

　　顾成也证实，他家张大人即张耒就是这么给《滕王阁序》和《赤壁赋》定位的。几人不约而同瞧向王朝云旁边的苏东坡，等他来下结论。东坡笑而不语，掉头去赏江景，把话题留给年轻人，任凭他们各抒己见。

　　要说几个年轻人中，自然还是苏过对两文最有心得。苏过道："骈赋也好，文赋也罢，只不过文体不同而已，其异同实在无关紧要，紧要的还是作品内涵。王勃二十五岁登临滕王阁，时值青春鼎盛，激情澎湃，正好借助无与伦比的才情推动，致其在命运重击下积蓄起来的满腔愤懑和悲痛喷涌而出，一发不可收，自非浓墨重彩的辞藻和力敌千军的笔力无以表达，才成就前无古人也后无来者的千古第一骈文。反观家父作《赤壁赋》时已四十七岁，既遭受过生死考验，又历经更多的人生磨砺和命运的捉弄，仿佛人生之秋，已无春夏之热烈，而惯看风雨雷电、荣枯兴衰、人情世故，而后形诸笔底，也就显得水波不兴，淡雅恬静，无惊无诧，无喜无悲，一切顺其自然。"

王告大受启发，道："比较《滕王阁序》与《赤壁赋》，论景致，前者为白天肉眼所见，后者为夜里心眼所感。论理趣，前者空间局促，时光易逝；后者瞬间即永恒，有限而无尽。论才情，前者向外求，怀才不遇，希望能为权贵所用；后者向内化，怀才自适，不愿受人驱使，却与天地灵犀相通，万物皆备于我，味为口之食，色为目之食，声为耳之食，香为鼻之食，触为身之食，法为意之食，人与天地融为一体，无始无终，无生无死，无存无灭。"

在场各位颇为惊异，想不到王告一介武夫，对《赤壁赋》有如此独到见解，纷纷竖指夸赞。顾成笑道："与其说告兄见解独到，还不如说咱家张大人对《赤壁赋》钻研深透。"王告笑道："确实是咱家张大人常论《赤壁赋》，咱鹦鹉学舌而已。"

见东坡不置可否，只顾观赏两岸风光，几人又请他发表高见，毕竟《赤壁赋》出自其手笔，他又钟爱《滕王阁序》，以笔墨书帖，学而时习之。东坡掉头对旁边的朝云道："子霞有何高见？可否跟年轻人透露透露？"

朝云笑道："客观而言，《赤壁赋》也好，《滕王阁序》也罢，都是难得的传世佳作。要说区别，先在于两位作者阅历和学养有别。先生比王勃多活了三十多年，早已跟这个世界包括他自己和解，无怨无悔，无得无失，不忮不求，不悲不喜。怪只怪天妒英才，王勃完成《滕王阁序》并诗，南下交趾探望过父亲，隔年乘船渡海时船翻葬身鱼腹，没来得及与命运和解，否则凭其非凡天赋和悟性，活上足够年龄，阅尽人间，认知和境界超越先生，亦未可知，又何须各位费尽唇舌，来品评两人作品？"

"还是子霞懂老夫。"东坡大笑，"人生一世，正是一个由竞命、争命、抗命、认命，直至与命和解的过程，一旦与世界、他人还有自己和解，便会消除王勃之执念与悲愁，不必再悲关山失路，脚步所至无畏途；无须再愁他乡为客，此心安处即吾乡。"言毕，命船工驶正航线，加速前行，别只知闲聊，耽误贬途，朝廷追究下来，担当不起。

王告意犹未尽，道："王勃之后，唐代天才诗人当数李白。李白出生于王勃死后二十五年，若非王勃早殁，再活几十年，树大成荫，将李白罩在树荫下，沾不着雨露，抢不到阳光，恐怕也就没有后来的李白。"

此说颇有意思，顾成笑道："看来王勃早殁，是在主动给李白腾地，好让其有足够的阳光雨露，长成参天大树。"苏过道："如此说来，竟是天妒王勃才大，才早早把他收走，让李白后来居上，撑出一片高阔的诗歌天空。"东坡也忍不住插言道："王勃不死，李白不出。冥冥中上天早有安排，由不得人为。"

一路纵谈诗文古今，不觉进入万安县境，来到汹涌的惶恐滩下。惶恐滩为著名的赣江十八滩最后一滩。赣江有东、西两个源头，东源为贡水，出自武夷山；西源为章水，出自大庾岭。章、贡二水逶迤南下，至赣州城北汇聚后继续北流，在陡峭山势夹击下狂奔三百里，怒泻十八滩，轰然扑入万安，才喘息着缓和下来。三百里江流不仅曲折而湍急，水下还有怪石嶙峋，人称"赣石"，船触船毁，排撞排散，凶险无比。

惶恐滩原名湾弓滩，传说管理此滩的水神姓黄，又叫黄公滩。也有说一次船过滩触礁而翻，黄姓船家舍身救人而献身，人们感于其事，改湾弓滩为黄公滩。黄公滩系十八滩中最凶险之滩，一路危石林立，礁崖森耸，滩涛轰隆如千面战鼓擂响，隐约有喊杀声，令人毛骨悚然，黄公滩又被人叫成惶恐滩，闻名遐迩。

东坡脚底船开始上滩。迎着劈面打来的浪头，船工小心翼翼，操纵着船舵和长篙，左迂右绕，贴石上行。东坡感受着惊涛骇浪，以八行诗记过滩心情。前面四句为：

> 七千里外二毛人，十八滩头一叶身。
> 山忆喜欢劳远梦，地名惶恐泣孤臣。

"二毛人"指头发斑白，二色杂陈，即老年人之意。在生年普遍不过三四十岁的时代，东坡年近耳顺，已是真正的高龄人。高龄被朝廷所弃，冒死过惶恐滩，能不怆然而泣下？不过东坡并非自泣宦途凶险，而是有感于当朝士人寒窗苦读，中举入仕为官，本可借手里的权力，为国谋利益，为民造福祉，却无视国计民生，反以权杖为凶器，公报私怨，无情打压异己，长此折腾下去，大宋总有一天会葬送在他们手中，怎不令人悲哀和惶恐！

逆滩而上，涉过一滩又一滩，好不容易将十八滩全甩在身后，一船人才舒出一直憋在腹腔的长气，露出轻松笑容。江平两岸阔，船至章、贡二水合流处，便知到了虔州。赣州简称虔，故又名虔州。又有说"虔"字上身为虎，杀气太重，才左借"章"，右挪"贡"，再去"虔"上"虎"，留其下"文"置于"贡"头，三合一而成"赣"字。

在虔州停留半月，东坡父子登郁孤台，苏过步父诗韵作《题郁孤台》。继游光孝寺，品尝寺前廉泉。又由虔州学子顾发端向导，去访天竺寺。

四十七年前，苏洵曾游此寺，亲眼见过白居易所书《寄韬光禅师》诗巾，回蜀后便把白氏诗巾的故事讲给俩儿听。当时才十二岁的东坡默记于心，俟中举入仕，出任杭州地方官，多次上天竺寺观赏白诗所记风景，期盼有朝一日能追寻先君足迹，至虔州见识白居易真迹。如今竟心想事成，以五十九岁高龄南贬过虔州，自得上天竺寺，一遂平生愿。

天竺寺位于城外东面山坡清幽之间，山环水绕，森林茂密，气势澎湃。可惜入寺察访，白氏亲笔诗巾已不见踪影，唯余冷冷的石刻立于墙边。东坡伫于石刻前，石上诗句与先君所授倒也无谬，正是官杭时所见实景：

> 一山门作两山门，两寺原从一寺分。
> 东涧水流西涧水，南山云起北山云。
> 前台花发后台见，上界钟清下界闻。
> 遥想吾师行道处，天香桂子落纷纷。

时间太无情，四十七年像梦一样倏忽而过，多少人事更替生灭，先君早已谢世，出示白氏诗巾给先君开眼的住持不存，白氏真迹也不知所终。东坡陡生凄凉，悲从心起，赋诗曰：

> 香山居士留遗迹，天竺禅师有故家。
> 空咏连珠吟叠壁，已亡飞鸟失惊蛇。
> 林深野桂寒无子，雨浥山姜病有花。
> 四十七年真一梦，天涯流落泪横斜。

"香山居士"乃白居易别号，颔联仿白诗句法：咏连珠，吟叠壁。亡飞鸟，失惊蛇，原形容怀素草书如飞鸟出林，惊蛇入草。东坡此诗一出，白诗句法被称为连珠格，为人纷纷效仿。

顾发端学富才高，然一生僻居虔州，名不见经传。只因东坡南贬过虔，得以陪游各处禅寺道观，贴身领略千年文豪风采，问学承教，实乃人生难得良缘。有感于东坡非凡气质和道德文章，顾发端情不自禁，挥毫写下赞诗：

> 一路贬逐一路歌，不识世间有坎坷。
> 文星下凡本该曲，滔滔积善聚东坡。

诗句浅显，却道破东坡人生姿态，不以贬愁，反以逐乐，心中没有坎坷，世间何处无歌？也成全顾发端诗名，以一诗传世，何其幸也。

## 谪居惠州，苦中作乐

告别虔州友人，苏东坡一行乘船，入赣江西源章水，直抵大余县。大余者，大庾也，以背靠大庾岭而得名。许是"庾"字不好认，几度更改，大庾县终成大余县。

至大余县南，巍峨山影突兀于前，章水变得湍急浅瘦，已无法行船，唯有上岸走大庾驿道。大庾岭处于南岭东段，往西依次还有骑田岭、都庞岭、萌渚岭、越城岭，共计五岭，故南岭又有五岭之谓。五岭如屏，挡住中原滚滚红尘，山外有山，天外有天，不知何处是尽头。哲宗亲政后清除元祐党人，无其他罪臣发配岭南，东坡为元祐谪臣过岭第一人。

大庾岭驿道系广南韶州人张九龄所开。张九龄官至丞相，又是著名诗人，其"海上生明月，天涯共此时"，有口能诵。唐开元初年，张九龄封章直言，与时相不协，去官归养。出入岭南，深感人苦峻极，奏请朝廷批准，趁农闲征集民夫，自任开路主管，指挥施工，修成长三十里、宽五丈的古驿道，南北交通大为改善。又在岭上遍植梅树，冬日梅花盛开，香盈雪径，故有"梅岭"之称。及宋以砖砌路面，立关于岭上，署"梅关"二字。关楼北门额书"南粤雄关"，南门额题"岭南第一关"。

张九龄开凿梅关古道前数年，另一名臣宋之问曾遭贬过岭。宋之问进士及第，才丰学富，且伟形貌，竟动起卖身于女皇武则天的心思，献诗曰：

明河可望不可亲，愿得乘槎一问津。
更将织女支机石，还访成都卖卜人。

所惜宋之问患有齿疾，口臭难闻，遭武则天厌恶。宋之问羞愧难当，转求武则天媚臣张易之、张宗昌兄弟，去给易之奉溺器，即端夜壶伺候张易之撒尿，终至出入侍从，礼遇尤宠。

宋之问下贱，常以奉过张氏溺器的手，捧读佳篇名诗。其外甥刘希夷诗才也非常了得，曾作《代悲白头翁》，中有名联"年年岁岁花相似，岁岁年年人不同"，人人耳熟能详。宋之问爱不释手，求外甥让诗给自己。刘希夷碍于亲舅情面，勉强答应，过后实在难以割爱，又反悔索回。宋之问恼羞成怒，为据此诗为己有，竟命家奴用土袋把外甥活活压死。

此乃谋名害命，为夺诗连亲外甥的命都不放过，宋之问心肠狠毒，可见一斑。惑于名利之徒，行为失范，终会招来报应。武则天退位，张氏兄弟受戮，宋之问被牵连，远贬岭南，令人拍手称快。文人再有才华，大凡投机取巧，以才媚上，绝无可能写出像样作品，须待自食其果，坠入凡尘，失魂落魄，方有上品妙手偶得之。宋之问亦不例外，直至流落京外，人见人唾，狗见狗嫌，才有感而发"近乡情更怯，不敢问来人"，朝野传诵。其《度大庾岭》也属上乘之作：

度岭方辞国，停轺一望家。
魂随南翥鸟，泪尽北枝花。
山雨初含霁，江云欲变霞。
但令归有日，不敢恨长沙。

末句借贾谊出贬长沙旧典，以抒怀恨又不敢恨之苦闷，此情可感。过岭后，宋之问先至贬地钦州，继赦改桂州，终被玄宗赐死于徙所。许多年后，韩愈步其后尘上岭，赶往潮州，一路痛心疾首，大呼死不瞑目。幸上天长眼，朝廷有变，召回中原，全尸故里。旋即两度为相的李德裕南下过岭，前后五贬，渡海成为小小崖州司户，弃命于斯。延及大宋，贬往岭南名臣，首当澶渊退辽名相寇準。寇準两度拜相，德高刚直，不容于奸佞和后宫，一再贬逐，直至雷州司户参军，病死贬所。元祐朝又有权相蔡确越岭至新州，郁郁而亡。

宋之问度岭，企盼归有日，韩愈、李德裕、寇準及蔡确无不充满幻想，心心念念朝廷开恩召回岭北。唯东坡不同，权当奉旨远游，哪怕有去无回，弃尸南国，亦无畏无惧。

不觉来到关前，东坡驻足仰首，望望石壁上"梅关"二字，遂生出几分亲切，脸上露出微笑，仿佛见到久等于此的友人。还没到梅花开放时节，东坡无须效宋之问泪尽北枝花。

关前有客店，东坡几人入店稍歇，喝几口热汤，吃两碗饭食。又向店主借锄，去山前挖棵小松，栽到道旁，以为纪念，而后动身过关。热风南来，东坡豁然开朗，心头惆怅已然消失，脚下坎坷不再坎坷，眼前崎岖不再崎岖。

也就一念之间，阴沉的心空顿时云开雾散，月白风清。过往的耻辱和污秽也抛弃于岭北，存留清净身心，轻松往南，去岭外惠州安身立命，从头过活。又记起李白流放夜郎时赠友人诗里有"仙人抚我顶，结发受长生"句，信手拈来，吟成《过大庾岭》一诗：

>一念失垢污，身心洞清净。
>浩然天地间，惟我独也正。
>今日岭上行，身世永相忘。
>仙人抚我顶，结发受长生。

诗题于梅关龙泉钟上，东坡起身下岭。完全不同于岭北，一路林木蔽日，山涧潺潺，鸟语花香，别有一番天地。忽然一阵迷雾袭来，雾里有两个身影隐现，不知是仙是魔。那两人见着东坡一行，掉头就走，转入路旁不远处的茅屋，掩上柴扉，避而不出。

东坡甚觉好奇，挥臂撩开眼前雾，大步追过去。王告和顾成跟上前，抬手去推柴门。柴门虚掩，吱嘎一声推开。东坡低首入门，屋内灶前两位长者，细瞧颇有几分仙风道骨。其中白眉长者问："来者何人？"

未待东坡开口，王告先答道："苏学者也。"黑眉长者道："何故来此？"顾成道："学士始以文章得，终以文章失。"白眉长者笑道："文章岂解能荣辱，富贵从来有盛衰。世人不解青天意，花落风住云半开。"

东坡闻言甚喜，揖别转身，重新上路。走出岭麓，置身南国，已是九月上旬。至韶州，过曹溪，往拜南华寺。此系六祖慧能道场，原名宝林寺，几经兴废，宋初重建，更为现名。

由苏过陪同，东坡经曹溪门，观放生池，过宝林门，入大雄宝殿，一路给儿子讲解慧能的故事。当年慧能接受五祖弘忍衣钵，离开黄梅东山寺，过长江，走赣江，翻南岭，回到广东，先后隐遁四会与怀集独修。一修十年，才至广州法性寺，见寺院前两僧指点着旗幡，一个说是风在动，一个说是幡在动。慧能笑曰："不是风动，亦非幡动，实乃仁者心动。"

两僧闻言，不禁大惊，觉得来者绝非凡俗，入寺禀知印宗法师。印宗出迎，请慧能入内，道："贫僧早闻弘忍大师顿悟禅法已传到南方，莫非来者便是其传人？"慧能也不多言，从包袱里取出弘忍大师所授袈裟和斋钵，众僧一见，伏地礼拜，请慧能说禅。慧能自此出山，旋即至曹溪宝林寺，说法三十余年，七十六岁圆寂于新州故宅国恩寺，肉身不坏，弟子迎入宝林寺即今南华寺，裹纻涂漆于其上，瞻之栩栩如生，神采盎然。

慧能门下直系弟子四十多名，其中以南岳怀让和青原行思格外繁盛，继又各自分支，正好应验始祖达摩传法偈中所言：一花开五叶，结果自然成。众弟子收集慧能生平事迹和言教，编成《六祖坛经》，阐述顿悟法门、自性与佛性、愚人与智人、空与有等禅理。

苏过听得津津有味，偶尔也请父亲释疑："释迦牟尼创建佛教，唯其言教成册，才能名之以经，慧能继承五祖衣钵，其《六祖坛经》被尊为经书，好像属世界宗教史上绝无仅有之特例。"东坡道："作为汉传佛教里唯一的汉人著作，《六祖坛经》凝结中华传统，集儒、道、释三教为一体，水乳交融，了无痕迹，标志着外来宗教与汉文化完美结合，正式成为中华佛教，传播最广泛，受教人数最多，尊为经书，当之无愧。"

"《六祖坛经》确实非同凡响。"苏过认可道，"既然尊为经书，《六祖坛经》可与《金刚经》和《心经》相提并论吗？"东坡笑道："三经一脉相承，相得益彰。若说《金刚经》属长诗，富于震撼人心之力量，《心经》是短诗，优美感人，那么《六祖坛经》便是《金刚经》和《心经》之白话版，更加贴近众生，利于开启众生佛。"

苏过似有所思道："汉人众多，若都离家出行，苦修渐悟，只怕连斋饭都无处化缘。《六祖坛经》阐述顿悟法门，更适合常人修习。原因简单，一切众生悉有佛性，即菩提自性，本来清净，但用此心，不由在寺，在家亦可明心见性，直了成佛。就如父亲当年黄州诗戏陈季常'在家修得忘家禅'，虽属打趣语，却道出顿悟法门之真谛。"

东坡哈哈大笑，道："过儿所言倒也不虚。六祖认为自性本清净，般若三昧，涅槃妙心，实相无相。说白了，便是佛法在世间，不离世间觉，离世觅菩提，恰如求兔角。若欲修行，在家能修，如东方人心善；在寺不修，如西方人心恶，关键在于无念为宗，无相为体，无住为本，即可明心见性，顿悟成佛。"

父子言笑引起寺僧注意，觉得来者不凡，入禀住持。住持出迎，问明原是大名鼎鼎的苏学士，心生欢喜，前引参观藏经阁、灵照塔，礼拜大鉴塔藏六祖真身，又以斋饭招待，乞求墨宝。东坡执笔，题"宝林"二字，住持欣欣然，尊为寺额。

东坡有感而发，又作《南华寺》，其中有句曰：

> 我本修行人，三世积精炼。
> 中间一念失，受此百年谴。

诗意不难理解，东坡自觉是修行人，因误入凡尘，才受此百年远谴，然无此谴，又怎能到得曹溪，眼见六祖真身，顿悟自证？看来百年谴实乃难得的修行，真该感谢那些将自己往死里整的小人，正是他们成全了自己。

离开南华寺，一行人还未到达惠州，此诗已口口相传，北传至朝，进入章惇、林希等大臣耳里，气得这些人胡子直翘，不禁骂道："将你姓苏的远贬岭南，本是逼你去遭罪受过，你却当成修行，兴高采烈，自得其乐，实在太不像话！"

中旬至广州，东坡做短暂逗留，乘船溯东江而上。行行止止，游清远峡，登罗浮山，十月初到达谪地惠州。

得知大名鼎鼎的东坡到来，惠州市民纷纷赶往码头，倒要看这个坐过大牢、做过大官、当过皇上老师的大才子嘴巴是不是嘴巴，鼻子是不是鼻子。惠州太守詹范准备亲自出迎，又担心小人诬告，说他一地长官，对贬臣如此客气，定是彼此有啥瓜葛，只好派张书办代劳，将东坡一行请到府衙，摆上当地最好的万家春酒，热情款待，再安排到三司（转运司、提举司、提刑司）行衙合江楼住下。

合江楼位于东城，东江和西江至城下合流，环抱如带，故名。楼高视远，东坡站在楼前，俯瞰两江白浪翻涌，渔帆点点，遥望江对岸峰如白鹤，云天辽阔，心情格外舒畅，忍不住赋诗感怀，赞美南国妙景。苏过趁父亲高兴，陪他渡过东江，游白水山，探九龙潭，浴于汤池，兴尽而归。詹太守也携酒来访，开怀畅饮，纵论古今。

无奈三司行衙属官舍，仅下来视察的三司大员才有资格旅居，东坡一家借住才半个月，就被人告发上去，詹太守受到谴责，不得已让苏家挪往对岸白鹤峰下的松风亭。

白鹤峰已属归善县境，与州城一江之隔。松风亭系嘉祐寺附属馆舍，位于寺旁山间，山上有二十多棵松树，清风悠悠，松涛阵阵，叫松风亭倒也贴切。从前嘉祐寺香火旺盛，远处香客供完佛后，路遥赶不回去，可就近食宿于亭内。近年寺庙破败，香火依稀，和尚星散，松风亭荒凉冷落，柴门紧闭，正好供苏家避风躲雨。所惜柱损墙破，窗坏瓦烂，周边环境潮湿，蚊虫成堆，夜里猫头鹰叫声凄厉，根本没法与合江楼相比。

然远贬在外，有容身之所已不错，哪好穷讲究？屋子再破再烂，总比露宿野外略好。苏家唯克服困难，寓居亭内，勉强打发日子。幸惠州官民没忘记苏东坡，经常上山送酒送菜，嘘寒问暖，助苏家渡过难关。还请东坡外出游山玩水，消磨时光。

当然更多时候，东坡还得独自面对穷愁日子。其实穷点不怕，怕的还是闲愁。朝云最知东坡，特意腾出一间小室，给他做书房，好让他在里面读书写字。东坡受用，给书房取名"思无邪斋"，作斋铭记之。

东坡做事专注，读书写字也一样，只要端起书本，或拿起笔头，就会忘记时间，半天不会出屋。朝云怕他受累，端了茶点进来，陪他说会儿话。东坡非常喜爱白居易，自言出处依稀似乐天。喜爱白乐天，自然白著不离手。这日正默写《琵琶行》，朝云来送茶，东坡停笔拉她坐到身旁，问道："你觉得我比白居易若何？"朝云道："半斤八两，彼此彼此。"

其时秤一斤为十六两，半斤与八两一样重。东坡道："此话怎讲？"朝云道："白居易出身进士，做过翰林；你做过翰林，出身进士。白居易诗文了得，你诗文也不差。白居易当过杭州太守，留下白堤；你与杭州也有缘，知杭时留下苏堤。"

说得东坡频频点头，道："子霞所言甚是。"谁知朝云又道："唯有一样，先生怕是比不上白居易。"东坡疑问道："哪样比不上白居易？"朝云道："白居易致仕定居洛阳，富足闲适，高寿而终。先生到老还南贬化外，要住的没住的，要吃的没吃的，两人晚景相去何止天壤？"

东坡吱声不得，一时无语。两天后朝云跟两个婢女在山前种菜，东坡想去搭把手，正好有客来访，便转身迎客入书房叙话。送走客人，已不见朝云在菜地里，唯闻檀香阵阵，夹杂着丹药味，自堂屋飘出。东坡走进堂屋，只见朝云早换上干净布衣，盘腿坐于佛龛前，低首合掌，轻声念佛。旁边丹炉正旺，炉上丹罐吐着热气。

东坡一阵感动，想起白居易晚年蓄养樊素和小蛮二妾，诗赞曰："樱桃樊素口，杨柳小蛮腰。"然二妾并非真心爱戴主人，先后离白居易而去。反观朝云，随自己东奔西颠二十年，始终不离不弃，此次南贬途经江南，要她自回杭州，也坚决不肯，非跟随南来吃苦受罪不可，其情之深，其义之重，哪是樊素和小蛮所能比？即便出自汉宫投入文人伶玄怀抱的樊通德，在朝云面前也相形见绌。可恨老天不公，朝云所生儿子干儿早夭，仿佛晋代阿奴早死，没法为母亲络秀养老。倒也没关系，还有老夫我哩。若朝云是散花天女，老夫便是维摩诘，咱俩可一起修禅悟道，明心见性，超脱生死。犹记宋玉作《高唐赋》，说巫山之阳台，有位仙女也叫朝云，为逗楚王开心，朝作云，暮弄雨。吾非楚王，不用朝云翻云覆雨，只要陪吾炼成丹药服下，即可双双登上仙山，长相厮守。这么想着，东坡吟成《朝云》诗：

> 不似杨枝别乐天，恰如通德伴伶玄。
> 阿奴络秀不同老，天女维摩总解禅。
> 经卷药炉新活计，舞衫歌扇旧因缘。
> 丹成逐我三山去，不作巫阳云雨仙。

东坡将诗书于纸上，夜里交给朝云。朝云一看便懂，道："先生还在跟白居易比高低？"东坡道："可不是？我不如白居易老来富贵安逸，可我老来有子霞，比起白翁终被樊素、小蛮所弃，不强千百倍吗？"

朝云知道东坡嘴里所言，正是心里所想，爱他爱得更加深沉。远贬岭南，却有朝云陪伴，夫复何求？东坡的千愁万绪，也像风一样飘走，不复存在。

这日看书看累了，东坡又步出书房，随处走走。毕竟不再年轻，周边全是山，走上一阵，感觉腿脚无力，举步维艰，思量着回屋就床歇息，可仰望屋檐，尚远在树梢，一时间如何走得到？东坡不免心生沮丧，转而又想，哪里歇不得，干吗非回屋不可？路边有枯草，有落叶，不正好当作铺盖，美美躺上一阵子，甚至做个白日梦乐乐。东坡不觉一笑，一歪身子，倒到路边，不大一会儿便打起鼾来。

醒转时日色已昏，东坡精力恢复，抬步回屋，作《记游松风亭》，阐明只要心灵自由，肉身必得自在，否则身为心所系，难免活得劳苦和窘迫。自此只要有闲，东坡就会在松风亭四周转悠，登高临风，闻林涛作歌，观飞鸟衔日。

又一天，东坡转着转着，忽发现荆棘丛中有两株梅花已然开放，不觉眼睛一亮，想起贬徙黄州途中，于麻城关山遭遇残梅摇春风，及知颍州时府衙后堂阶前半落春梅，仿佛旧友重逢，惊喜不已。当即赋《松风亭下梅花盛开》诗曰：

> 春风岭上淮南村，昔日梅花曾断魂。
> 岂知流落复相见，蛮风蛋雨愁黄昏。
> 长条半落荔枝浦，卧树独秀桄榔园。
> 岂惟幽光留夜色，直恐冷艳排冬温。
> 松风亭下荆棘里，两株玉蕊明朝暾。
> 海南仙云娇堕砌，月下缟衣来扣门。
> 酒醒梦觉起绕树，妙意有在终无言。
> 先生独饮勿叹息，幸有落月窥清樽。

同是远贬流落天涯，意外与梅邂逅，赴黄州途中见细雨梅花，顿生穷途末路之悲。至颍州后衙遇月梅半落，闻香而愁闷尽去。今处岭外蛮荒，远离功名利禄，亦不再为君国所忧乐，身心俱泰，醉卧荆棘梅下，酒醒梦觉意懒，绕树不去，其感受又迥然有异，犹入天地之境，领悟机趣禅旨，其妙只可意会，不可言传也。

松风亭虽然偏僻，却并非杳无人烟。山前就有一家酒店，店主名叫林行婆。林行婆丈夫早死，儿子长大生子后也病殁，只好与孙子相依为命，卖酒谋生。有名的万户春就为其所酿制，清冽香醇，驰名远近。东坡常去买酒，有时忘记带钱，林行婆爽快地道："不带钱没关系，尽管赊去，日后拿字纸抵酒债就是。"东坡乐道："你又不开字画行，字纸于你何用？下次我还是记得带钱在身，免得做欠债人，心里不安。"

一日东坡在书房写字写得发困，搁笔去揭酒坛，欲借酒解乏，谁知坛内已空，只得向朝云讨钱，去找林行婆沽酒。离家没走几步，见林行婆出现在不远处的路口，怀里抱只酒坛子，正朝松风亭走来。

莫非林行婆知我酒已喝光，特意上门卖酒？东坡笑嘻嘻迎过去，把对方请进屋里。林行婆放下酒坛，抬袖抹了把额角的汗水，说道："刚酿出来的万户春，应该合学士胃口。"东坡道："行婆酿的酒肯定对老夫味。这坛酒价值多少？好让朝云掏钱。"林行婆道："贫婆是来送酒的，不是来卖酒的，说什么钱不钱。"

东坡听出林行婆有事相求，笑道："行婆不仅仅来送酒吧？有啥事开口便是，只要老夫办得到，绝不推辞。"林行婆见东坡好说话，壮着胆道："贫婆卖了一辈子酒，店里连酒旗都没有一面，今日前来，敢乞学士赏几个字。"东坡乐呵呵道："行婆卖了一辈子酒，东坡我写了一辈子字，你要我写字，就似你卖酒给我，都是手到擒来之事。说说，写什么字好？"

林行婆有备而来，从怀里掏出一面酒旗，摆到东坡面前："就写'岭南万户春'五字。"

东坡点点头，取过笔墨，手臂几挥，"岭南万户春"五字便留在了酒旗上。林行婆大喜，对东坡千恩万谢，然后拿过酒旗，出门而去。东坡这才想起没付酒钱，追出门外，大声喊道："行婆等等，拿了酒钱再走。"

林行婆早不见踪影，东坡摇摇头，自言自语道："哪天下山，再去送钱。"朝云闻言笑道："行婆哪会收你钱？你要酒，她送酒；她要字，你给字，你俩彼此求仁得仁，两不亏欠，别往心里去。"东坡道："话虽如此，毕竟写几个字，属举手之劳，行婆酿一坛酒，要粮食，要柴火，要心力，并不容易。"

朝云笑道："酿酒不容易，能写出先生这笔字就容易吗？酿酒人随处都有，能写苏字者天底下仅你一人。故真论价的话，你五个字可抵行婆五十坛酒还不止。何况有你所写酒旗，行婆那万户春定然卖得更好，也算你行善积德。"

朝云说得没错，林行婆自挂上东坡所书酒旗后，酒店声名大噪，买酒人每天络绎不绝，生意越来越红火。林行婆记着东坡的好，不时送酒上松风亭，以解其酒荒。东坡乐不可支，笑对朝云道："给林行婆写'岭南万户春'五字，换来美酒润身润心；给朝廷写奏议，代皇帝拟圣旨，换来丢官去职，远谪千里。同样是写字，为何结果会相去云泥？"

朝云也觉有趣，哂道："谁叫你们读书人不识好歹，唯知学成文武艺，货与帝王家，好像写得一笔好字，作得一手好文，只要贡献给帝王，便可等价交换，获取高官厚禄，享不尽荣华富贵。却往往事与愿违，所换轻则降官削职，重则身陷囹圄，甚至远贬蛮荒，死无葬身之地。还不如货与林行婆，可直接换回美酒，一醉解千愁。或学白居易，给元稹撰墓志铭，从元家换得七十万钱，布施给香山寺，以积千年功德。"

东坡深以为然，玩笑道："子霞说得好啊，学成文武艺，货与帝王家是货，货与林行婆也是货，当初老夫若非远赴京师，货与帝王家，老老实实留在蜀地，货与家乡林行婆换醉，何至于因言获罪，下狱远贬，九死一生，落得人不人鬼不鬼之可耻下场？"

说毕东坡忍不住大笑起来。

苏东坡酒量小，浅抿半盏，便云里雾里，坠入梦境，不知今夕何夕。醒时闻诵读声入窗，原来苏过正在朗读陶渊明《归园田居六首》。其一前四句为：

    少无适俗韵，性本爱丘山。
    误落尘网中，一去三十年。

东坡听来，不觉哑然失笑，不出声道：这不就说的你东坡吗？你出生于眉州乡间，酷爱那方山水，偏偏离蜀赶考，误入龌龊官场，弹指三十多年，被尘网牢牢套住，怎么也挣脱不出来。

苏过不知诵声惊醒梦中父亲，继续往下朗读，直至诗末：

    户庭无尘杂，虚室有余闲。
    久在樊笼里，复得返自然。

东坡闻之大乐，陶渊明竟道出自己此刻处境、情境和心境。自然也得感谢朝中小人，给樊笼裂开一道口子，任他远走高飞，归于世外桃花源。

桃花源乃陶渊明构想的自由乐土，男耕女织，各尽其力，各取所需，不用课税，无官吏管束欺压，更无争权夺利，尔虞我诈，人人平等友爱，自由率性。东坡南贬化外，远离权力中心，融入纯朴边民之间，已接近陶氏桃花源，自可尽情呼吸有限的自由空气，不必与朝臣争斗。然南国再远，仍在朝廷掌控之中，不可能完全隔绝于世，成为真正的桃花源。

那么真正的桃花源又在哪里呢？只能在陶氏的诗文里，在醉后的梦境里，一旦进入陶氏的诗文和酒梦奇境，便如进入真正的桃花源。知扬州时，东坡已开始和陶诗，今处南国，离朝廷更远，人更自由，心更自在，正好续和陶氏的诗文，与陶渊明共建心中桃花源。

身处陶氏桃花源，自由自在，但同时也有穷愁苦寂，若不能安贫乐道，自然得不到属于自己的桃花源。此乃东坡和陶所获心得，在和陶诗里嘲笑不懂陶穷之人："俗子不自悼，顾忧斯人饥。"继自况道："遥怜退朝人，糕酒出大官。岂知江海上，落英亦可餐。"

心有桃花源，落英可餐，何贫之有？原来安贫可乐道，反之乐道才可安贫。人能安，又能乐，必属智者、仁者和勇者。智者无惑，仁者无忧，勇者无惧。东坡寒窗苦读，科考入仕，做官掌权，无非致君尧舜，救世济民。致君尧舜而不能，救世济民而不得，与其居官位，执权柄，党争不休，何如弃官去权，乘桴浮于海，远离是非？正是东坡智慧过人，于权位有清醒认识，才不惑不迷，甘愿身处桃花源，成为无官一身轻的仁者。仁者爱人，唯爱于心，慈悲为怀，自是无私无欲，无恶无敌，无恨无憾，无忧无虑。既具不惑之智，不忧之仁，便有足够勇气，直面命运不公，不以贬谪蛮荒为辱，不以浪迹天涯为苦，相反万物皆备于我矣，江山有清风，山间有明月，耳得之而为声，目遇之而成色，其乐无穷，心满意足。

东坡与陶渊明正是这样的智者、仁者和勇者。陶氏琴弦坏掉，无钱续弦，也不以为意，说："但得琴中趣，何劳弦上声？"东坡大赞："谁谓渊明贫，尚有一素琴。心闲手自适，寄此无穷音。"琴无弦有何关系？只要佛性清净，心处俗世外，无弦也能弹出无穷妙音。

正是东坡和陶诗文，以穷愁为富乐，以苦寂为欢喜，以琴棋注心，以书画抒情，以行婆万户春酒营醉造梦，才收获真正属于自己的桃花源。

身边有朝云可伴，笔下有陶诗可和，嘴里有万户春酒可醉，东坡日子过得越发惬意，所谓不知有宋，无论汉唐，唯有心中桃花源。东坡以字换醉梦入桃花源的故事不胫而走，越传越远，也越传越走样，到后来变成东坡囊中羞涩，只好靠写字卖钱，沽酒解馋。认识不认识的朋友担心惠州吏穷民苦，东坡字不值钱，卖不起价，难免闹酒荒，常送酒至松风亭。

罗浮山冲虚观有个叫邓守安的道士，去年东坡来惠途中上山，值其云游在外，未能见面，深感遗憾。绍圣二年（1095）春归观后，听说东坡爱酒却缺酒钱，特意托人送桂酒秘方至惠，且具信曰：此方系深山隐士所赐，酿出的酒不比东坡黄州所酿蜜酒差，不仅可以御瘴，久服还能轻身不老。东坡大喜，赶紧购买惠州随处可见的肉桂，亦称玉桂、菌桂和牡桂，照方酿制。桂酒酿成，芳香醇厚，益气补神，东坡觉得是酒中上品，题诗曰：

　　捣香筛辣入瓶盆，盎盎春溪带雨浑。
　　收拾小山藏社瓮，招呼明月到芳樽。

能酿出桂酒，全靠邓守安献方，东坡写信感谢，同时附上桂酒诗，一时成为佳话。佳话一传十，十传百，传到还在岭北云游的吴复古耳里，吴复古想起道友海上道人善酿真一酒，拉他来惠州送酒和酒方。三人喝过真一酒，再探讨酿制方法。

"真一"属道语，意指元气为人之真气，好酒可助元气，延年益寿。真一酒配料很平常，只需米、麦、水三料即可酿成，关键在酿酒方法，非口传心授不可。得到海上道人真传，东坡如法炮制，酿出的真一酒味道不错，自觉入口有黄州蜜酒风味，细品不乏青州从事酒之神韵，忍不住又赋诗道：

　　拨雪披云得乳泓，蜜蜂又欲醉先生。
　　稻垂麦仰阴阳足，器洁泉新表里清。
　　晓日著颜红有晕，春风入髓散无声。
　　人间真一东坡老，与作青州从事名。

自此东坡善酿美酒的名声越来越大，尽人皆知。东坡也自以为荣，与友人见面或写信，常常三句不离酒。眉山有个道士陆子厚，跟东坡书信往来频繁，东坡论起自酿酒，语气里充满自豪，开玩笑道："为桂酒和真一酒美味，便值得陆道士来趟惠州。"言者无意，听者有心，陆子厚真脚蹬芒鞋，手拄竹棍，步行三千里赶往惠州，来喝东坡的酿酒。

当然陆道士不只爱酒，更爱酿酒之人，东坡比自酿酒可爱得多。然朋友喝过东坡的酒，觉得平常，远没他所夸那么好，又不便说破扫兴，也就每次上门，会自带酒水，能不喝东坡的酒就不喝。詹太守体谅东坡酿酒辛苦，且费力不讨好，常常送酒至松风亭，言外之意，你别老折腾粮食，还是留些哄肚皮开心，真饿死于惠州，本太守没法向朝廷交差。附近南雄、广州、循州、梅州四地太守听说东坡无钱购好酒，不得不喝自酿寡酒，也学詹太守，每月定期派人送酒过来。苏家于是酒瓮常满，酿不酿酒，皆不缺酒喝。

有酒还得有菜。松风亭四周空地多，朝云和两个婢女手脚勤快，瓜菜自然够吃。所惜瓜菜下酒，总不如鱼肉爽口。无奈苏家清贫，贬官薪金本来几近于无，还常常未能及时发放，东坡哪购得起鱼肉？好不容易凑几个小钱，下山入市，但见买卖寥落，没几个商贩。

街口倒有个羊肉摊，无奈每天屠羊仅一只，且早被官家和富人预订了去，东坡不敢争买，毕竟民不与官斗，贫不与富夺，唯趁摊前无人时，陪屠夫聊天："万贯家财，不如薄技在身。屠羊技远胜文武艺，一辈子受用，谁也窃不去，夺不走。而学成文武艺，货与帝王家，那艺便归了帝王，再不属于自己，无法做主自用。"

屠夫认识东坡，道："学士别挖苦人。古往今来，谁不想学成文武艺，货与帝王家，朝为田舍男，暮登天子堂，去做人上人？拙夫若像学士一肚子学问，早考学做大官，发大财，也不至于每天起早贪黑，辛苦屠羊，赚小钱糊口。"

东坡道："也有人甘愿屠羊，不肯做人上人。"

屠夫不信，东坡讲起春秋屠羊说的故事来。事出《庄子·让王》篇，说楚国有以屠羊谋生的屠夫，生意兴旺，成天和颜悦色，人称屠羊说（说者悦也）。吴国大夫伍子胥兴兵伐楚，以报父兄为楚王所杀大仇，楚王仓皇败逃，屠羊说弃摊尾随，路上烹羊肉犒慰楚王饥肠。多亏楚大夫申包胥奔秦，泣血秦庭，秦王深受感动，发兵救楚，击退吴军。楚王归国，封赏护驾功臣，不见屠羊说，派员寻找，原来他已回到羊肉摊上。问愿做什么官？屠羊说答曰："楚王失国，吾失羊肉摊；楚王复国，吾复肉羊摊，足以养家，何须为官？"

楚王不允，非逼屠羊说受官不可。屠羊说又道："楚败非吾过，吾未请罪乞罚；复国非吾功，吾亦不可领赏。"楚王闻此言，觉得屠羊说非同常人，传诏来见。屠羊说又推辞道："楚律立大功受重封之臣，才有资格觐见楚王，吾文无经世治国本领，武无拼死安邦勇气，吴军攻楚，吾随王外逃，并非效忠国家，不过畏死保命而已，今王派人传诏，吾不愿让天下人讥笑王无视楚律，故不敢应诏病王。"

此番见解，三公九卿都不一定具备，楚王心里越发痒痒，非晤屠羊说不可，改派大司马出面，没收羊肉摊，开中门迎其入宫，授封卿爵。屠羊说仍不为所动，慨然道："比之肉摊屠夫，卿爵尊如万丈高山；比之售卖羊肉所获，卿爵俸禄不止百倍千倍。然吾怎可因贪图巨官厚禄，使君王遭滥行奖赏恶名？还是还羊肉摊予吾吧。"

故事说完，屠夫不敢置信，笑道："若换我，谁愿赏钱给官，羊肉摊收走便收走，绝不索回，继续日晒雨淋，屠羊卖肉，受尽苦头。"东坡道："拿人手软，吃人嘴短。受人赏，得人官，就得归人管，让你活则活，让你死则死。敝人当初若学成屠羊技，手执屠刀，在西蜀屠一辈子羊，羊肉愿卖给谁卖给谁，不愿卖给谁不卖给谁，一手交钱，一手交货，何等快意！也不至于售艺入仕，失去自由，甚而千里投荒，居无定所，食无饱饭，连口羊肉都吃不上。"

屠夫乐甚，笑道："学士多久没沾腥膻啦？无奈敝摊上羊肉早被人预购完，拙夫卖些脊骨给学士吧，价钱随便给，不给也无所谓，只要学士常来摊前讲故事就行。"

东坡自然乐意。屠夫砍羊脊骨时，尽量多留些肉，过秤时秤杆上指，叫打鸟秤。东坡适当付些钱，提着羊脊骨回松风亭，亲自下厨，先煮熟，再浇上酒，抹些盐，用文火慢慢炙烤。烤至微焦，才削了竹签，小心剔出骨间细肉，塞到嘴里，细咀缓嚼，就热酒下咽，味美堪比蟹螯黄。羊脊骨的肉藏得深，藏得隐秘，剔取费时，一剔便好几个时辰，足消闲愁。唯得罪啹啹待哺众狗，众狗在桌下守候大半天，最后所获羊脊骨，没有半丝肉屑，自然老大不乐。

东坡很得意，逢人便说烤食羊脊骨的心得，还煞有介事写信告诉子由。东坡以此为乐，友人却同情其处境，日后上门，不仅送酒，还会带上鱼肉。肉可饱肚，酒可醉人，实乃神仙日子。东坡吟诗道："醉饱高眠真事业，此生有味在三余。"

何谓三余？即冬天乃一年之余，夜晚乃白天之余，阴雨乃晴朗之余。人家谈贬色变，东坡却能品出三余之味，确非凡俗。

## 与表哥重修旧好

神仙令人羡慕，松风亭变得越发热闹，苏东坡几乎天天有酒有肉还有友。他酒量小，饮酒终日，不过五合，可谓天下最不能饮者。然东坡喜欢看人饮酒，见客举杯徐饮，自觉胸中为之浩浩焉，落落焉，客饮未醉，自己不饮先醉。爱酒又好客，家里未尝一日无客，客至未尝不置酒，天下好饮者，又有谁超过他坡老？

酒罢客走，东坡兴犹未减，自思零落岭南，设若无酒无肉亦无友，还真不知能否快快乐乐活到今天。他觉得是酒让自己再生，对酒充满感激之情，作酒赋曰：

座中客满，惟忧百榼之空；身后名轻，但觉一杯之重。今夫明月之珠，不可以襦。夜光之璧，不可以铺。刍豢饱我而不我觉，布帛燠我而不我娱，惟此君独游万物之表，盖天下不可一日而无。在醉常醒，孰是狂人之药。得意忘味，始知至道之腴。

酒让东坡忘记今夕何夕，可还有些东西怎么也没法忘记，那便是亲情。除苏过外，其他儿孙都远在宜兴，要东坡不思念，绝对不可能。其实儿孙们更担心其置身南国，不知身体吃不吃得消。苏州定惠院有名年轻僧人卓契顺，出游宜兴，巧遇苏迈，两人性情相合，话语投缘，有啥说啥。言语间见苏迈面带戚色，契顺问有何忧心事，苏迈也不隐瞒，说道："父亲远谪惠州，音问稀少，孩儿想前往看望，又要维持一家十多口生计，还得等候朝廷任命，不知何时颁至，实在走不开。"契顺想都没想便道："贫僧久仰令尊大名，正愁无缘得识，公子写封家书，给我做敲门砖，去惠州敲其高门，以遂夙愿，再讨其手书回来，向公子复命。"

苏迈大喜，当即写好家书，交到契顺手上。契顺拔腿上路，风一程，雨一程，翻山越岭，渡江过河，走了两个多月，行程两千余里，风尘仆仆来到惠州，出现在东坡面前，双手呈上苏迈所托家书。

见字如晤，东坡读完儿子书信，知道儿孙们一切安好，自是大喜，又感于契顺与苏家无亲无故，竟吃尽苦头，千里传信，心里过意不去，拿出珍藏多年的端砚，以示答谢。契顺慷慨地道："能面见学士，已是三生有幸，何言'谢'字？且贫僧不善作文，砚台也用不上，学士还是留着自用吧。"

东坡还要说啥，契顺又道："令郎急盼学士音信，学士还是赶紧写信，由贫僧带回宜兴，以解其思父之苦。"东坡道："不行不行，哪有长途跋涉，刚到就走的理？师父先在茅舍歇几天脚，吾让小儿作陪，看看惠州好山好水，届时再走不迟。"

见东坡说得诚挚，契顺不好拂其意，答应逗留几天。东坡让朝云拿出新酿美酒，盛情款待客人。接下来数天，苏过陪同契顺，游历各处山水和寺庙，收获颇丰。到得灵惠院，墙壁上有幅画，画里醉僧仰面向天，旁边还有题诗：

直视无前气吐虹，五湖三岛在胸中。
相逢莫怪不相揖，只见山僧不见公。

契顺觉得题诗出语不凡，字迹亦潇洒豪迈，甚为喜爱。细看竟为东坡所题，心想若能讨得其手迹，也不枉惠州千里行。

客不走，主不安。十天后契顺不愿再留，执意要走。东坡赠送盘缠，契顺坚决不收，道："贫僧行千里路，化百家斋，钱不仅无用，还会引起路人歹意，带来杀身之祸。"东坡道："高僧千辛万苦，来回传信，却什么都不收，叫老夫如何是好？"契顺道："贫僧来惠，与学士把酒临风，聆听教诲，已是大收获。还有幸在灵惠院见识过学士笔迹，算大开眼界。"

东坡明白契顺的意思，说道："高僧若看得起拙字，老夫就仿颜鲁公为蔡明远题字，也给您写一幅如何？"契顺喜道："贫僧正求之不得。"

当年颜真卿滞留江淮，粮断援绝，进退维谷。鄱阳校尉蔡明远闻知，驾船载米，前往接济。颜真卿无以为报，唯提笔书字，以表谢意。今契顺千里传信，恩同蔡明远送米，写幅字给他，完全应该。东坡赶紧磨墨铺纸，挥毫书成陶渊明《归去来兮辞》及灵惠院题诗，连同写给苏迈、苏迨兄弟的信件，一并交给契顺。

契顺双手接住，小心收好，称谢起身。东坡送到山下，望着契顺两脚生风，甩袖远去，仍挥着手臂，久久不肯放下。

正值春和景明时节，东坡没直接回松风亭，沿山前小道，慢慢转悠起来。但见水田汪汪，农人正弯腰插种秧苗，煞是辛劳。东坡想起贬谪黄州时，曾见当地人骑在叫作秧马的农具上插田，何不教惠州人也效仿效仿？秧马为木料打制，两头上翘，上面如马，下面似船，人骑在马背上，可两腿当桨，随意滑移，双手则展臂插秧，不必弯腰太深，可减轻劳苦。

东坡回松风亭后，凭记忆画出秧马样式，拿到府衙，出示给詹太守，请他找人仿制，定受农人欢迎。詹太守觉得可行，先叫匠人照做几架，交给农人一试，无不称妙。从此惠州农田里秧马盛行，农人众口称颂东坡恩德。东坡也很高兴，天天跑到田边看人骑马插田。

对东坡教制秧马，农人们心存感激，却苦于无以为谢，趁插秧间歇，挖了田里泥鳅，送给他补身养脑。东坡笑纳，想起秧马造福百姓，得力于詹太守支持，便提着泥鳅去太守府，与他共品美味。席间詹太守道："学士没上门，本太守也会往松风亭看您去。"

东坡喝口酒，吃条泥鳅，说道："太守找老夫有事？"詹太守道："学士可能还没听说吧，新任广南东路提刑程正辅已离开驻地韶州，抵达广州，不日将来惠巡视。"东坡惊讶道："程正辅程提刑要来惠州？"

程正辅乃东坡舅家表哥，曾娶苏家姐姐八娘为妻，又成东坡姐夫，可谓亲上加亲。可怜八娘过门后，不受公婆待见，过得很憋屈。次年程正辅离家赴京赶考，八娘产后染病，公婆不闻不问，坐视不救。不出一个月，八娘含恨离世，年龄不到二十。苏父苏老泉悲恨交加，与程家断绝关系，亲家成为冤家，从此再无往来。

东坡给詹太守道出苏、程两家恩怨，叹道："掐指算算，吾与表哥已四十二年没见过面，未通过信，不知他来惠州，能否重续旧缘。"詹太守道："据说程正辅出任本路提刑，还是章惇举荐，莫非他知苏、程两家过节，欲借程之手修理您？"东坡想想道："章惇歪主意多，还真不能排除此种可能。也不知表哥会不会对吾下手，讨好章宰相。"詹太守宽东坡心道："坡公别担心，您至惠后安分守己，与吏民和睦相处，程正辅就是要找您岔子，也没得找。"

酒后东坡回到松风亭，朝云见他一脸愁容，问怎么回事。东坡说明原委，朝云道："冤家宜解不宜结，且是上代人恩怨，已过去四十多年，你做表弟的姿态放低些，也许能得到表哥谅解，重修旧好。"

东坡觉得有理，赶紧修书一封，托人捎往广州。意思也恳切：欣闻表兄提刑本路，愚弟心下欢喜，然转思四十二年，两家不相往来，又难受不已，不知此次表兄临惠，能否与弟一晤，一解思念之苦。

苏、程属于亲表兄弟，自然血脉相连，亲情难舍。且当年恩怨，错在程家，程正辅一直心中有愧，正愁找不到修复时机，今见东坡信，顿时老泪纵横，赶紧回复，表示到惠后兄弟得好好一聚。东坡接信，欣喜之余，忙遣苏过去路上迎接表伯，以示敬重。

程正辅到惠后，与詹太守简单接触，交办过公务，便在苏过引领下，直奔松风亭。程、苏兄弟俩执手相看泪眼，不禁感慨万千。遥想当年，都是十几岁的青春少年，转瞬间已成六十花甲老人，满脸皱纹，白发苍苍，桑榆已晚。可喜上天眷顾，绝交四十余载，还能在有生之年，会晤于异域他乡，冰释前嫌，实乃不幸中之万幸。

东坡拿出好酒好肉，款待表兄，抚今追昔，夜深方止，又以茶助兴，促膝交谈。直至天明，程正辅才揖别东坡，回到行衙，接见众官，巡视刑案农桑。夜里东坡回拜，兄弟俩又交谈数时，约好处理完公务，再欢聚叙旧。几天后程正辅忙得差不多，东坡陪他游丰湖，访大云寺，浴白水山汤泉。至程正辅返韶时，东坡又送至博罗，在积香寺设宴赋诗，其中有句曰：

  博罗小县僧舍古，我不忍去君忘还。
  何时旷荡洗瑕垢，与君归驾相追攀。

程正辅也以诗为和，同时嘱为曾祖父亦即东坡外曾祖父作传，东坡爽快答应。归惠后，东坡回思兄弟俩见面与分手情形，又作诗曰：

  赠行无物惟一语，莫遣瘴雾侵云鬓。
  罗浮道人一倾盖，欲系白日留君颜。

此后两人书信往来，诗作赠答，再未间断。这日东坡正拆阅表兄信件，詹太守派人上山通知，说已收拾好合江楼，请东坡一家五口重新住回去。还说是程提刑到过松风亭，觉得苏家居住条件太差，离惠前特意叮嘱，安排合江楼给苏家。东坡求之不得，唯觉松风亭虽简陋，然近半年住下来，已慢慢喜欢上此处，突然说要搬走，还真舍不得。有意无意间，他又将周边山山岭岭、沟沟渠渠，都走了个遍，生怕去了合江楼，再回来游览，不那么方便。

搬离松风亭的前一天，东坡又出门，在周边山间转悠起来，似要与此地木石花草道别似的。走着走着，不觉走远了，来到一处陌生的开阔地，眼前古木亭亭，绿水环绕，煞是幽静。树旁水畔有个庭院，墙高瓦碧，自属大户人家无疑。墙边立着一棵杏树，红花残，青杏小。杏树多生于岭北，何时迁到岭南来了？莫非如俺东坡，受到排挤，南贬至此？

东坡正在胡思乱想，忽有风至，拂过杏树，摇动墙角柳枝，枝头柳絮纷纷飘落。燕子凭风而至，振翅起舞，直逐落絮，最后没于溪边芳草丛中。东坡举步欲去追寻芳燕，又闻墙里有人说话，仰首之际，但见秋千荡漾，忽高忽低，上坐佳人，笑声如银铃。东坡双腿再也迈不动了，指望佳人使劲，将秋千荡得更高，让墙外人看个真切，一饱眼福。佳人哪知墙外有眼？秋千越荡越低，笑声也越来越小，以至消失于无。东坡怅然若失，觉得佳人无情，辜负自己一片痴心。转而又想，你仅是路人而已，墙内人自顾欢笑，哪知你之存在？

东坡悻然离去，却没法抹去脑里秋千和秋千上的笑声，随口吟成《蝶恋花》一词：

　　花褪残红青杏小。燕子飞时，绿水人家绕。枝上柳绵吹又少，天涯何处无芳草。　　墙里秋千墙外道。墙外行人，墙里佳人笑。笑渐不闻声渐悄，多情总被无情恼。

回到松风亭，东坡拿出笔墨，将《蝶恋花》写到纸上，出示给朝云。朝云依谱唱上一遍，连说好词，停停又说，朝廷绝情，贬你过岭南，就是要断掉你北归念想，你还是别自作多情，等着召唤回朝，更用不着自寻烦恼，与自己过不去。

几句话说到东坡心里，他连连点头道："还是子霞懂我啊。好好好，只要有子霞陪伴，老夫还回什么朝，烦恼啥呢？岭南有山有水，有朋有友，有吃有喝，但比北国强，不比北国差。"朝云道："对对对，咱们就待在岭南，活在岭南，死在岭南。"东坡道："老夫土埋半截，死在岭南毋庸置疑，子霞还年轻，吾死后你还是回杭州，见着西湖，见着湖上长堤，就仿佛见着老夫一样。"

说得朝云哽咽起来，道："你死我还活得下去吗？要死咱俩一起死。不说这些，还是赶紧收拾东西，搬回合江楼吧，别辜负程提刑一片好心。"

## 日啖荔枝三百颗，不妨长作岭南人

合江楼毕竟属行衙，各方面条件好，一家五口住得舒服，心情也畅快。客人自然更多，家里成天热热闹闹，日子过得很充实。

然苏东坡毕竟已属知非（六十方知五九非）年龄，身体状况日见衰弱，大不如前，对炼食丹药也产生怀疑，兴趣渐减。也许节欲固本，才属上佳办法。

东坡决定与朝云分居，各住一室，反正合江楼房子多，空着也是空着。但朝云才三十三岁，正值如狼似虎的年纪，他还真不好轻易开这个口。

好在朝云除打理家务，帮东坡炼丹外，还经常烧香念佛，算是带发女居士。东坡于是作词《殢人娇》赞美朝云。词曰：

> 白发苍颜，正是维摩境界。空方丈，散花何碍。朱唇箸点，更髻鬟生彩。这些个，千生万生只在。　　好事心肠，著人情态。闲窗下，敛云凝黛。明朝端午，待学纫兰为佩。寻一首好诗，要书裙带。

东坡已在《朝云诗》里比朝云为散花天女，比自己为维摩诘，这回作词重提维摩境界，散花何碍，用意已非常明显。朝云冰雪聪明，知道维摩虽没出家，有妻有子，却奉行佛门清律，断绝五欲，超然无染，哪怕天女散花于身，也无大碍。

其实朝云心里再清楚不过，岁月不饶人，东坡年事已高，又每天不离酒，早已不再强壮，又不好勉强他，才转移注意力，把心思用在佛事上，以让东坡多活几年。既然东坡有意独居，当然得成全他。于是主动提出，礼佛在于心诚，心诚不易，得摆脱外界干扰，以后两人各居一室，以便虔心向佛。

东坡感激朝云理解，自此专注养生，再没近过女色。将合江楼书房也命为"思无邪斋"，还作《思无邪丹赞》，每天炼思无邪丹。名义为丹，其实是气功，用东坡的话说是内丹。每晚早睡，后半夜起身披衣，面南盘腿而坐，叩齿三十六下，再闭住气息，合目静虑。待闭气至极点，慢慢呼出。呼吸平静后，用舌头搅动唇齿内外，漱炼津液。如是三番，待津液满口，才低头咽下，缓缓送入丹田。总计闭息九次，咽津三口。继而以手摩擦脚心、脐下、腰脊间及眼睛、耳朵、颈项、面部，直至发热，然后拇指和食指并用，捉鼻梁左右各按五七下，以十指梳头百次。全套功夫做完，重又躺下，熟睡至天明。

对这套自创气功，东坡颇感得意，说其效初不甚觉，但积累百日，功用不可量，比之服药，其力百倍。听说东坡练自创气功，效果奇佳，詹太守来了兴趣，要请他喝酒吃肉，面授机宜。东坡回说："练气功须少食酒肉，若胡吃海喝，难见功效。"

詹太守又生一计，说太守府有株老荔枝树，花期长，挂果晚，比早熟品种肉香味美，准备在后衙办个果宴，请东坡赏脸前往。

东坡喜食惠州荔枝，早熟荔枝下树后，常让苏过上街购买，尽情享用。今太守邀赴荔枝宴，正中下怀，赶紧换上好久没穿的官服，步出合江楼，直奔州府。来到后衙，但见大坪里有棵荔枝树，干如水缸，冠约两丈，树龄不下百年。枝繁叶茂，枝叶间挂满一簇簇红果，乍看仿佛一树火焰。张书办正指挥众衙役，树上树下联动，采摘荔枝，好不热闹。不远处有两张八仙桌拼连一起，詹太守及随僚坐在桌旁，面带微笑，观赏衙役采果。

见东坡赶到，詹太守起身上前，把他迎到自己旁边椅上坐定，笑道："坡公没见过这么大的荔枝树吧？"东坡道："确是头回见识，真开眼界了。"詹太守道："这棵荔枝树叫将军树，为百年前惠州太守亲手所植。"东坡问："当年太守将军出身？"詹太守道："不是太守出身将军，是此树将军般高大威猛，别处荔枝树都是其麾下小兵走卒。"

说话间，荔枝摘得差不多了，张书办选最大最红的熟果，装了数篮，呈到桌上，又叫人摆上万户春酒，果宴正式开始。跟席上众人一样，东坡响应詹太守号召，先举杯喝口酒，然后拿过一颗荔枝，剥开红红果壳。但见果肉晶莹如玉，未曾品尝，果香已扑鼻而至。低首轻轻一咬，只觉肉爽、汁甜、味美，格外可口，确实非普通荔枝可比。东坡连吃十数颗，酒也没少喝，早忘记正在练气功，得节欲少酒。

果宴正酣，詹太守提出："坡公才冠天下，总得作几句诗，以免辜负美味荔枝。"东坡当仁不让，略作思索，以《食荔枝》为题，吟五言诗一首。众人鼓掌叫绝。东坡意犹未尽，稍后又另吟七绝一首：

> 罗浮山下四时春，卢橘杨梅次第新。
> 日啖荔枝三百颗，不妨长作岭南人。

果宴结束，詹太守把东坡请到书房，道："坡公荔枝也吃过，酒也没少喝，还写了荔枝诗，总该传授气功了吧？"东坡笑道："吃人嘴短，应该应该。"将自创气功详述一遍。詹太守道："怪不得近期坡公气色不错，看来这套气功还真管用。然本太守繁务在身，杂念难去，没法练，唯等日后致仕归田再说。"

临行，詹太守又送荔枝一篮，东坡喜滋滋提回家中，交给朝云，喊苏过和两个女仆一起品尝。几人饱食一顿，各自忙去，只朝云留下，磨墨铺纸，又递笔到东坡手上。东坡道："老夫没说要写字呀。"朝云笑道："太守请赴果宴，先生不吟诗，他会放过你？赶紧写到纸上，以免过后忘记。"

东坡呵呵一乐，飞笔录下刚吟过的两首诗作。朝云接住瞧了瞧，点头道：

"还是七言绝句好，过目难忘。怕只怕此诗传到朝中，肯定惹人不乐，又够先生受的。"东坡不以为意道："北归无望，老夫想做个岭南人，难道朝廷还不肯放过，要把我赶到海外去？"

果然朝云没说错，东坡七绝一出，很快传开。一传传到京都，章惇耳闻，不禁皱眉道："这个苏轼，口福还真不小，一天吃三百颗荔枝，就不怕上火，烧烂口舌和肚肠？也不知程正辅的提刑职责尽得如何。程、苏两家不是有宿怨吗？为什么他到任岭南后，苏轼过得越发快活，竟乐不思蜀，准备长做岭南人，实在可气！"

不说章惇闻诗气愤，只说东坡跟朝云聊得开心，一时刹不住话头，又七七八八说了些其他人事。说着说着东坡意识到两人各自独居以来，自己心思放在气功上，好久没跟朝云这么亲亲热热说话，一丝愧疚袭上心头，就想弥补她一下。怎么弥补？朝云对佛教越来越虔诚，佛家以慈悲为怀，珍惜生命，东坡专门陪她来到城西，选择临江僻静处，修建小水池一座，名曰放生池，每月定期上街，买来活鱼、鲜鳖和泥鳅，倒入池中，让它们顺池水游回江边。

事传到惠州市民耳里，他们也效仿东坡夫妇，逢年过节或生儿养女，都会来此放生。自此放生成为惠州风俗，千年流行不衰。

东坡喜欢野游，不时发现草丛或乱石间堆着白骨，估计为饥民和伤亡士兵遗骸。还有野坟浅显，被犬兽拱开，尸骨长年暴露在外。东坡告诉朝云，朝云亲往现场察看，心下不忍，发动佛家子弟，捐资重建大冢，捡拾骨骸，入土为安。东坡则撰写祭文，向死者道歉，因骸骨残缺不全，不得不合葬一处，望阴魂们像家人一样，和睦相处，早日超生。

善举让朝云得到心灵慰藉，东坡也跟着高兴，又想起朝云本系杭州人，随自己四处漂泊，流落岭南炎荒之地，不知何时才能回到西湖边。幸而惠州有丰湖，不妨带她去游赏，就当丰湖为西湖。这日天气正佳，东坡对朝云道："我带子霞去一个地方，你一定喜欢。"朝云道："什么地方？就这么肯定我会喜欢？"东坡道："到后便知。"

两人出门，往城西而去。一面清湖很快出现在眼前。朝云笑道："还以为先生要带我去哪里，原来是丰湖，侍妾又不是没来过。"

东坡也不多语，招过一艘不大的画舫，伸手来扶朝云。平时都是朝云服侍东坡，今天倒了过来，朝云不便扫他兴，任他扶着，举步迈入舫内。顾名思义，丰湖丰足充沛，又值雨夏刚过，湖面开阔，碧波荡漾，特别适合秋游。两人凭窗而坐，一边赏湖，一边品尝香茗，剥食瓜子，很是惬意。

舫至湖心，东坡喝口茶水，问道："子霞知道此湖何名吗？"朝云道："刚才侍妾说过，此乃丰湖也。"东坡道："叫丰湖也不错，可还有一个更好听的名字。"朝云道："还有何名？"东坡道："丰湖位于城西，其实就是西湖。"

朝云瞪大眼睛道："丰湖也叫西湖？"东坡笑道："你以为唯你们杭州才有西湖？"朝云乐道："侍妾真有福气，在杭州西湖边长大，随先生翻越南岭，又有惠州西湖可亲近。"东坡感叹道："老夫德薄福浅，却与杭州西湖结缘，认识西子，不离不弃二十多年，晚年又双双来到岭南，与惠州西湖为邻，养人又养心，不然老夫哪活得到今天？"

东坡嘴里的"西子"，自然源自西湖诗"欲把西湖比西子"。诗里的"西子"，其实就是朝云。朝云心下明白，笑道："先生言重了，是没爹没娘的朝云有幸，在西湖认识你，从此有了依靠，活出人样。西湖也要感谢你，没有你就没有苏堤，没有如诗如画的西湖景。"

说一会儿杭州西湖，又回到眼前西湖。朝云道："可惜此西湖没彼西湖幸运，彼西湖因太守东坡，旧貌换新颜，泽被杭城百姓。此西湖迎来的只是贬官东坡，无力筑堤架桥，造福生民。"稍停指指湖左西村，再点点湖右狮山，继续道："与彼西湖一样，此西湖水阔岸远，百姓往来多有不便，先生若是太守，亦可发动商民出资，造道长堤，连接两岸，方便交通。"

说得东坡激动起来，提着嗓门道："老夫从前来游丰湖，就曾动过此念，今经朝云一说，我倒要用些力气，促成此事，便利惠州百姓。"朝云道："你无职无权，怎么促成此事？"东坡道："詹太守是好官，老夫再争取表哥支持，此事说不定能成。"朝云道："如此自然再好不过。"

论过筑堤造桥，又说些闲话，东坡道："游湖不能没有曲，朝云来一曲吧。"朝云道："先生喜欢什么曲子？"东坡道："凡出自你绣口的曲子，吾都爱听。"

朝云不负东坡，连唱两曲，皆为其所填天下名词，一为《念奴娇·赤壁怀古》，一为《水调歌头·明月几时有》。

朝云唱得投入，东坡听得专注，不时含笑点头，表示赞许。可听着听着，东坡眉宇间掠过一丝凄然，原来他看到湖岸草叶飘零，悲秋之情油然而生。正好朝云收住曲子，瞟了东坡一眼，问道："先生为何蹙眉？"东坡掩饰道："没什么，正沉迷于你的妙音呢。"

却没能瞒过朝云慧眼。她心里很清楚,东坡空怀济世之才,却为朝臣不容,一生颠沛流离,恨不得志。幸天性旷达,没被命运压垮,还自我安慰"天涯何处无芳草"。然心里总有几分不甘,几分怨愤,才感叹"多情总被无情恼"。想到这里,朝云道:"侍妾给先生唱曲《蝶恋花》如何?"东坡求之不得,道:"唱吧,你唱得最好的莫过此曲。"

朝云于是亮了金嗓,启唇悠悠唱道:

花褪残红青杏小。燕子飞时,绿水人家绕。枝上柳绵吹又少……

唱到此处,朝云忽然哽咽起来,眼泪簌簌而下,再没法往下唱。东坡一惊,问道:"子霞怎么啦?"朝云掏出手巾,揩去脸上泪水,叹道:"侍妾每每唱到柳绵吹又少,便觉青春太脆弱,稍纵即逝,仿佛枝头柳絮,最经不起时光吹打,转瞬间零落无迹。"

"老夫正在悲秋呢,想不到子霞却伤起春来。"东坡哈哈一笑。可笑声未落,心里却往下一沉,一种不祥预感,莫名其妙袭上心头。

## 倡建惠州一堤两桥

回合江楼后,苏东坡便给程正辅去信,道出为丰湖筑堤造桥设想。程正辅久闻杭州西湖苏堤大名,若由东坡倡议,给丰湖筑堤造桥,惠州官民定会踊跃响应。于是以巡视地方刑案为由,再度来到惠州,让詹太守召东坡会商。

张书办遵太守命来合江楼请东坡时,东坡正在笔录刚吟成的《和陶归园田居六首》。知扬州时,东坡开始和陶诗,准备将所能见到的陶诗全部和一遍。后进出京师,南北徙动,陶诗和得不多,直到南谪惠州,才又提笔,和成不少。眼下张书办说程正辅到了惠州,东坡赶紧放下笔头,随行至太守府,去与表哥会面。

兄弟再度相见,格外亲热。叙几句别后情形,程正辅正要言明惠州之行意图,东坡先道:"表兄难得来趟惠州,又值秋高气爽时节,可否一起到丰湖去,边观湖景,边说话论事?"

程正辅明白东坡已知自己来意,表示赞同。詹太守亦没话说,陪两位来到西村，登上画舫，让舫娘摆上万户春和瓜果，以远山近水促兴，谈笑风生，好不投缘。

话题自然离不开丰湖。东坡道："城市有江有河，有湖有泊，宛若人长眼睛，才具灵气。轼初至惠州，便喜欢上丰湖。尤其心情苦闷，只要来与丰湖相会，便千愁尽释。与杭州西湖一样，丰湖亦位于城西，东坡总视之以西湖，称之以西湖。"

说得詹太守直乐，笑道："坡公当丰湖为西湖，咱们不妨以西湖称谓丰湖，仿佛人有名又有字一样。"程正辅附和道："杭州有西湖，惠州亦有西湖，惠州便可沾西湖光，与杭州齐名，又何乐而不为？"詹太守道："提刑表了态，咱便可理直气壮叫丰湖为西湖。"

惠州西湖从此名声在外，久而久之，都只知惠州有西湖，不知"丰湖"二字矣。话说画舫穿过湖心，到得对岸孤山，三人出舫离岸，向栖禅寺登去。住持希固得报，赶紧步出山门，将三人迎入寺内。碰着罗浮山冲虚观道长邓守安也在，五人一起喝会儿禅茶，再游赏寺内各处宝殿。抬头见寺后有山，山有凉亭，东坡提议到亭里去吹吹凉风，观观远景。

四人响应着，拾级而上。不大一会儿，到得亭内。凭栏远眺，丰湖就在眼底，不远处东、西两江也历历在目。程正辅手指丰湖道："子瞻和詹太守发现没，刚才咱们经过的西村与狮山，恰好属丰湖最狭处。"希固接话道："提刑说得不错，那确系丰湖最窄处，不过也不下两里。"东坡道："湖上两里不比陆路两里，西村和城里人要来狮山打柴割草，狮山人要去西村或进城办事，多不方便。"

希固感叹道："不方便也得往来，有钱人坐船好办，没钱人泅水，常常溺毙。"邓守安道："若湖上有桥，就好办多了。"希固道："从前湖上还真有座木板桥，因年久失修腐烂，桥板被水冲走，木板桥从此不复存在。"

程正辅瞧了一眼詹太守，道："若太守大人任期内，在湖上修座桥，岂不功德无量？"詹太守道："下官确曾动过此念，复建木板桥。然距离不近，用工用料不会少，担心百姓负担不起，一直未能付诸实施。"东坡接话道："修桥确实不易。可考虑就近借西村和狮山土石，在湖上筑堤。"詹太守道："据说坡公修筑杭州西湖苏堤，连施工图纸都系自己亲自绘制，咱们要为丰湖筑堤，还得请您老绘图。"

东坡咧嘴而笑，道："绘图出在笔头上，没啥可为难，关键得有人组织募捐和施工。"程正辅掉头问希固道："把堤筑到栖禅寺山门下,禅师恐怕得多出点力气。"希固道："这没事,湖上筑堤正合贫僧心愿,自然当仁不让。"

筑堤事就这么确定下来。邓守安望向两江方向,开言道："东、西两江连接州城和归善县城,能在江上建桥,州县百姓往来就毫无阻碍了。"詹太守道："两江水深浪急,还不知如何筑牢桥墩呢。"程正辅也道："要筑桥墩,还得截流,工程难度可不小。"东坡道："在两江之间筑石墩,难度太大,可考虑修建浮桥,简单易行。"

邓守安表示赞成,道："修浮桥不用筑桥墩,费工费时少,不难做到。"希固笑对邓守安道："道长暂时别回罗浮山,就住在栖禅寺,咱僧道联手,共同把一堤两桥建好如何?"邓守安不假思索道："贫道乐意留下筑堤造桥。"

见希固和邓守安如此踊跃,东坡非常高兴,对程正辅道："惠州隶属广南东路管辖,表哥身为本路提刑,惠州筑堤造桥,您恐怕得在经费方面给予适当支持。"程正辅点头道："行行行,詹太守赶紧做出一堤两桥工程规划和费用预算,上报三司,本司尽快与提举司和转运司合计合计,拨笔款项下来。然三司不宽裕,款项有限,大头还得地方筹措。"詹太守道："程大人如此热心惠州事业,本守定当勉力而为。无奈州府贫乏,一时拿不出太多经费。"

众人正说着,东坡撩开外袍,在腰上摸索起来。詹太守半开玩笑道："亭内岂可大便小解,坡公还是文雅点,出到亭外,给草木施肥去吧。"

几人睁眼去瞧东坡。东坡也不多话,从腰上取下一根腰带,递到詹太守手上,再顺手扯根缠在亭柱上的青藤,捆住裤头。詹太守手上掂量着留有东坡体温的漂亮腰带,几分讶然道："坡公欲将腰带送敝人?这是哪儿来的宝物,如此华丽,出处定然不凡吧?"

程正辅拿过腰带,品鉴良久,嘴上道："该是犀皮所制,珍稀异常,估计出自宫里吧?"顺手转递给希固和邓守安欣赏。东坡笑道："表兄没说错,此系东坡出知杭州时皇上所赐犀带,多年来片刻不曾离身。"希固问道："今天怎么又舍得离身了呢?"东坡道："修筑一堤两桥,需用大钱。轼贬谪在外,微薄薪金都没到手,身无分文,只好捐献犀带,以尽绵薄之力。毕竟犀带系皇上御赐,总值几个钱。"

四人感动不已,都说东坡身为贬官,有职无权,穷困潦倒,对地方事业如此热心,连身上唯一值钱的犀带都捐献出来,实为吾辈楷模。

东坡为筑堤造桥捐献犀带一事很快传开,州县百姓人人称颂,个个叫好,豪绅富商慷慨解囊，贫民穷户也纷纷表示愿出工出力。东坡兴奋不已，写信给子由说，他日丰湖有堤，两江有桥，民众出行不再困难，也算朝廷没白贬自己来惠一趟。子由见信，也替兄长高兴。正好夫人史氏就在一旁，见夫君面呈悦色，问信上有啥好消息。子由如实相告，史氏也拿出以前宫中所赐数千金，让子由交人捎往惠州，支持湖堤和江桥建筑。

各项捐款到位后，三司和州县很快拨下经费，希固与邓守安拿着东坡所绘湖堤和江桥图纸，分工合作，正式启动筑堤造桥工程。东坡更是天天往丰湖和两江跑，配合希固和邓守安监督工程，解决施工具体问题。

一年后堤筑成，桥造好。一堤两桥由东坡倡议监督建成，百姓亲切地称丰湖长堤为苏堤，两桥分别为东新桥和西新桥，或叫东苏桥和西苏桥。

东坡倡建惠州一堤两桥事传入京城，有人赞许，有人质疑。尤其章惇很不高兴，说诰命说得明白，贬东坡宁远节度副使惠州安置，不得签署公事，他竟狗拿耗子，多管闲事，弄起政绩工程来，简直岂有此理。追查下来，原来东坡能成事，还得益于程正辅力助。章惇更加恼怒。命姓程的提刑广南东路，原意让他以公报私，修理东坡，谁知他俩竟打成一片，插手地方事务，这还了得。章惇盛怒之下，调走程正辅，倒看东坡在惠州还能逞什么强。

绍圣三年（1096）初，程正辅免官离开岭南。东坡得知表兄罢职原因，心里又急又难受，害得痔疮发作，卧床不起。惠州缺医少药，痔疮得不到医治，东坡痛苦不堪，一家人跟着干着急。朝云心疼不已，道："人皆凡胎，上进下出，要想减轻痔疮病症，还得从改善饮食入手。"东坡忍痛道："饮食怎么改善？"朝云道："先生属川人，不仅爱酒爱肉，还喜欢辛辣。只要少酒少肉，避免辛辣食物，于祛病减痛定有好处。"

得到东坡认可，朝云嘱家中女仆，适当改变饮食旧习，以清淡为主，酒肉能不上桌就不上桌。其实苏家拮据，不用酒，不购肉，还能减轻开支，倒也不是坏事。经过一段时间的饮食调理，东坡痔疮慢慢好转，可以起坐后，又勤练气功，终于痊愈。

此时接替程正辅的新任提刑到位，遵照章惇授意，责令詹太守把苏家赶出合江楼行箭。詹太守做不出来，又不敢得罪上司，不得不婉转透露提刑指示给东坡。东坡不便为难詹太守，赶紧搬回松风亭。

刚安顿下来，朝廷下达诏告，元祐臣僚，一律不赦。东坡已绝北归之望，总是居无定所，也不像话，准备买地建屋，长作岭南人。

## 朝云病逝

  几经勘察，苏东坡相中白鹤峰前一块空地。地有数亩大，下临东江，环境幽雅，出入方便。原系白鹤观旧址，属于公产，东坡要购建房屋，地方乡贤和百姓感其恩德，愿意奉送。东坡岂肯占地方便宜，还是出钱正式买下。钱不多，太多卖主不会要，东坡也出不起。

  屋场定好，东坡依地就势，绘制图纸，伐木买瓦，计划建屋两进，共计二十间。苏迈获授韶州仁化县令，即将举家南来，以后三代同堂，多几间屋才住得下。惠州父老得知东坡买地筑屋，纷纷伸出援手，出料的出料，出力的出力，工地热闹非凡，建屋进展飞快。东坡心存感激，带着苏过和朝云，给父老们送水送饭。父老们说："咱们不是来混饭吃的，做完事回家吃去。"东坡道："帮工不帮饭，众位不肯吃饭，明天就别来啦。"

  父老们这才端碗吃饭，饭后继续做工。想着不久就有自建新屋可住，不用寄人篱下，东坡心情大好，仿佛一下子年轻了几岁。朝云替东坡高兴，想起他写给自己的《殢人娇》，笑道："先生去年端午前曾作词曰：'寻一首好诗，要书裙带。'今年端午又快到了，好诗寻到没有？"东坡乐道："好诗还不容易寻？递裙带来，老夫把刚寻到的诗写上去。"

  朝云解下腰间裙带，呈到东坡面前。东坡提起笔来，在上面题了首《浣溪沙·端午》，戏说朝云美貌和老夫少妻的深情厚谊。词曰：

    轻汗微微透碧纨，明朝端午浴芳兰，流香涨腻满晴川。  彩线轻缠红玉臂，小符斜挂绿云鬟，佳人相见一千年。

  有情人真能相见千年，何乐而不为？然世上哪有千年缘分？端午过后不久，炎夏到来，惠州开始流行虐疾，朝云和一名女仆不幸感染，卧病在床。东坡将造屋事宜交给苏过料理，自己守在床前侍候朝云。朝云病情日见严重，东坡心急如焚，作《三部乐·情景》道：

    美人如月。乍见掩暮云，更增妍绝。算应无恨，安用阴晴圆缺。娇甚空只成愁，待下床又懒，未语先咽。数日不来，落尽一庭红叶。  今朝置酒强起，问为谁减动，一分香雪。何事散花却病，维摩无疾。却低眉，惨然不答。唱金缕，一声怨切。

*堪折便折，且惜取，少年花发。*

　　词里东坡再次自喻维摩，而比朝云为散花女。恨只恨自己已老，却无疾无痛，朝云年纪轻轻，竟沉疴染身。东坡真想用自己老命，换取朝云美貌青春。可上天不长眼，瘟神不留情，朝云日见衰弱，危在旦夕。

　　就在染病女仆死后不久的七月初五，朝云已至弥留之际，轻诵《金刚经》偈语："一切有为法，如梦幻泡影，如露亦如电，应作如是观。"

　　还没念毕，朝云轻轻合上双眼，咽下最后一口气。东坡痛不欲生，抱紧朝云，大放悲声："子霞你不能走，不能撇下老夫，一甩手便走掉。要走也得等着老夫，咱俩一起携手上路，共赴天堂。你当闰之面承诺过，会代她照顾好老夫，用你的善良和温情，以娱老夫晚景，怎能背约食言，忍心扔下老夫，独自一人走掉？你还亲口答应过老夫，不管老夫富贵穷通，无论老夫流落天涯还是海角，你都不离不弃，奉陪到底，为老夫守最后一口气。谁知你说话不算话，老夫贬谪生涯还没结束，还没到咽气那一天，你竟独自先离去，反过来要老夫为你守气，你实在太不守信，太没良心了。"

　　朝云身子慢慢变凉，东坡还不肯松开她，依然兀自嘀咕道："要怪只怪老夫嘴笨，南下途中没把你劝回杭州，否则你也不会跟来惠州，感染热疫，丢掉正值盛年的美好生命。老夫知你有意把瘟疫引到自己身上，以自己的命为老夫挡凶，让老夫再苟活几年。没有你做伴，没有你陪同，老夫活着还有啥意思呢？可怜老夫，从此再没福气吃你烹饪的饭菜，喝你煮泡的茶水，穿你浆洗的衣裳，睡你摊得平平整整的床铺。也再没可能听到你清脆甜美的笑声、你轻吟浅唱的小曲、你珠玉般玲珑的纶音……"

　　然生死有命，东坡没法让朝云复生，唯顺其生前的意思，把她葬到丰湖旁边的栖禅寺附近。丰湖乃惠州西湖，朝云卧眠湖边，不啻与杭州西湖长相厮守。栖禅寺住持希固在朝云墓地盖起一座小亭，名曰"六如亭"，又开法会，请慈力广大佛菩萨接引亡灵，早生净土。

　　朝云入土三天后，朗朗晴日忽雷电交加，刮起狂风，下起大雨来。正值惠州秋高气爽之日，照理不会有大雨狂风。有人于是说，定是大仙下凡，光临朝云墓。东坡半信半疑，跑到墓地一看，竟发现五个巨大足迹，看上去仿佛大仙所留。东坡便在栖禅寺设供念疏，超度朝云，又含悲竖立墓碑，写墓志铭，撰写碑联。其联曰：

> 不合时宜，惟有朝云能识我；
> 
> 独弹古调，每逢暮雨倍思卿。

朝云逝去数月，东坡依然没法从悲痛里走出来。唯一办法就是作词写诗，以寄哀思。连写数首悼词，其中《西江月·梅花》曰：

> 玉骨那愁瘴雾，冰姿自有仙风。海仙时遣探芳丛，倒挂绿毛么凤。　素面常嫌粉涴，洗妆不褪唇红。高情已逐晓云空，不与梨花同梦。

梅花般高洁的朝云已谢，唯有梅叶如唇，令人不敢久视，生怕入梦幻成梨花，以泪为雨，沾满枝头。另作《悼朝云》诗，更为凄切：

> 苗而不秀岂其天，不使童乌与我玄。
> 
> 驻景恨无千岁药，赠行惟有小乘禅。
> 
> 伤心一念偿前债，弹指三生断后缘。
> 
> 归卧竹根无远近，夜灯勤礼塔中仙。

不觉重阳节到，东坡登上松风亭后面山头，见山下茅草枯黄，随风起伏，不禁悲从中来，又作长诗为悼。其中曰：

> 今年吁恶岁，僵仆如乱麻。
> 
> 此会我虽健，狂风卷朝霞。
> 
> 使我如霜月，孤光挂天涯。
> 
> 西湖不欲往，暮树号寒鸦。

世间最苦是悲情。自此连丰湖即夫妻两人眼里的惠州西湖，东坡也都不愿去了，觉得少了朝云陪伴，实在毫无意思。又想起朝云唱得最好的曲子《蝶恋花·花褪残红青杏小》，如今斯人已去，还指望谁唱给自己听？此后东坡再不听此曲。

可日子还得过下去。绍圣四年（1097）初，新屋筑成，东坡父子还有老女仆离开松风亭，迁入新居。正好苏迈留苏迨看守宜兴田庄，以备大考，自率全家及苏过妻小，逶迤南来。东坡派苏过赶往循州迎接，自己于屋前屋后栽花种草，植树培果，忙得不可开交。

屋西有两户近邻，一为卖酒的林行婆，一为教书为业的老秀才翟逢亨，两人有空便来帮东坡打理果木，很是投缘。东坡也常到邻家去串门，品酒喝茶，拉拉家常，倒也开心。

只有到了晚上，老女仆睡后，东坡守着偌大屋子，凉风拂窗，夜虫唧唧，寂寞有如沉沉黑纱笼罩心头，唯悲苦自咽，无人可以分担。若朝云在多好，可陪你说话，可铺纸递笔要你写字，可给你唱曲《蝶恋花》，还可把水烧开，为你泡壶热茶。

想到此处，东坡记起朋友所送密云茶，何不趁闲极无聊，煎上一壶，品尝品尝？于是点上蜡烛，找出银质茶瓶，放好茶叶，再抓过水瓢，伸到水缸里去舀水。

谁知缸里空空，滴水全无。没水如何煮茶？欲叫醒老女仆，支往江里取水，口张开又闭上，自提缸旁小水桶，步出屋门。屋外春月正朗，夜色如纱。东坡无心观月赏夜，低头踩着自己影子，沿屋前陡峭小径，一脚高，一脚低，往山下而去。

来到江边平时钓鱼的大石旁，东坡弯下腰，用瓢往水桶里舀水。水舀满，提到手上，转身往回走。没走几步，觉得水桶太沉，才意识到自己已是六十二岁老人，臂力衰退，只好倒掉小半桶，换到另一只手上，晃晃悠悠，朝山上攀去。

走一段，停下歇会儿，再提水前行。走走停停，直到月上中天，东坡终于气喘吁吁回到屋前。低头一瞧，水桶里也有个月亮，一荡一漾，挺有意趣。原来自己不仅提走半桶江水，还带回一盘银月，实在合算。

进屋放下水桶，坐上一会儿，才往茶壶里注上江水，坐到火上慢慢烧煮。松风入户，火势更旺，茶很快烧沸，壶盖开始咕噜咕噜吐热气。东坡拿出建阳所产建盏，斟满茶水，对着窗外朗月，从容品尝。饮上数盏，远处传来清脆的更鼓，长一声，短一声，敲击得寂夜越发凄凉。东坡有感而发，赋诗道：

> 活水还须活火烹，自临钓石取深清。
> 大瓢贮月归春瓮，小杓分江入夜瓶。
> 雪乳已翻煎处脚，松风忽作泻时声。
> 枯肠未易禁三碗，坐听荒城长短更。

诗中"瓮"自然指的水缸。下江汲水不易，东坡动念，准备在屋前凿口井。跟邻居林行婆商量，她自然乐意，说熬酒要用水，早想打井，无奈无能为力，不得不每天去江里挑水，来来回回，非常辛苦。翟老秀才也很支持，愿找亲友借用打井钢钎和铁锤。东坡于是选择新居左侧空地，请有经验的汉子，前来选址打井。

　　费尽艰辛，井终于凿成，喜得邻居们个个笑逐颜开，屁颠屁颠来取水。东坡免不了又作诗以记，难掩喜悦之情。

　　有井水煮饭烹茶，日子越发惬意。苏过也接来妻小及大哥一家，祖孙三代一下子将二十间屋子填满，成天欢声笑语，东坡得享天伦之乐，心情格外舒畅。虽说聚少离多，但孙辈们个个跟爷爷亲，老缠着他讲故事，教诗文，学楷书。

　　东坡自然乐于施教，却不强孩子们所难，赶鸭子上架。有时见他们略有倦色，便驱赶出屋，去菜地果园捉虫追鸟，就像自己儿时一样。夜里苏迈和苏过督促儿女读书，东坡也不让孩子们太累，早早送回各自屋里睡下。

　　喧闹的屋子渐渐静下来。东坡也打个哈欠，回到阁楼里，躺到藤床上，合住眼睛。孩子们可爱的笑脸一齐浮到眼前，他心里美滋滋，很快进入梦乡。一觉醒来，月已西沉，唯更声在远处响起，听听已是五更天。东坡心头一乐，作《纵笔》诗曰：

　　　　白头萧散满霜风，小阁藤床寄病容。
　　　　报道先生春睡美，道人轻打五更钟。

　　诗借南风，北传入朝，一人之下、万人之上的章惇阅毕，大受刺激。

# 第十四章　天涯海角

## 贬无可贬，流放海南

不久前章惇接到派往岭南的耳目密报，才知苏东坡在惠州筑成新居，祖孙三代团聚，其乐融融。更有甚者，苏迈授仁化县令，正要离开惠州，前往就职。贬东坡过岭，意在迫其骨肉分离，于孤苦中早日老死，岂料此君命大，远处贬所，还能享天伦之乐，且儿子就近授官，可拿俸禄养家，丰衣足食。

是可忍，孰不可忍？章惇二话不说，以朝廷名义颁下诰令，取消苏迈仁化县令资格，理由是贬官亲属不得在谪地邻邑做官，仁化辖属韶州，邻近惠州。章惇一念之生，苏迈尚未到任，便无端罢官褫职，连申诉对象都没法找。

章惇很得意，心里说：好个苏子瞻，你先别乐，倒看你办法多，还是我老章手段硬。谁知褫掉苏迈县令职务没多久，东坡《纵笔》诗摆到桌前，章惇又气不打一处来，大发雷霆道："我章惇整天忙得晕头转向，连打嗝放屁都没时间，你苏轼竟懒懒地躺在藤床上春睡美，听更钟，比神仙还自在。"好像自己忙碌都是东坡作祟给招惹的。

别说东坡，其实朝廷上上下下，从没人给章惇派工，是他不忙难受。章惇权欲极重，独相秉政，独掌大权，独断专行，谁也别想插手。权乃世间最具吸引力的东西，有权不用白不用，不以权谋些事出来，叫章惇如何坐得住？且其心比天高，眼睛长在额头上，放眼朝堂内外，人人皆草包，个个乃废物，全都不值得信任，唯自己智高才大，有劲无处使。如此一手遮天，一手捶地，大权独揽，小权也管，也就足够他忙的。

那章惇到底在忙啥呢？一忙选美入宫，让哲宗沉迷石榴裙下，好放任自己君权相权一把抓，想干啥便干啥。二忙废高太后所立孟皇后，包括其听政九年所行元祐更化，全面恢复熙丰变法，一切从头再来。三忙改官制，弃诗赋，代以二经取士，不入自己法眼者通通踢开。四忙整治旧党，专门设置诉理局，搜索旧档，罗织罪名，重新定罪八百三十家，甚至密派打手，追杀京外谪臣。五忙拓西南，建州立县，规化蛮夷。六忙起边衅，派族兄章楶率师征讨西夏，命王愍进攻吐蕃，招降各部。

权者拳也，用权乃掌权者最大乐趣，大权在手，如拳头在握，不挥击出去，该有多难受。然用权得耗时间，花精力，才可能发挥权威，营造权势，心想事成。若以权为棒，打压政敌，排除异己，则更费心神，更伤脑筋，否则一不小心，稍有闪失，往往不是你死，便是我活，没法收拾。故享受以权压人之莫大快乐时，又总觉危机四伏，背心发凉，害怕冤冤相报，自食其果。此乃无解死结，权力犹如双刃剑，没谁能拒绝其诱惑，又忧惧出击对手时反弹回来，自取灭亡。尝到权力的莫大快乐，章惇欲罢不能，又担惊受怕，内心充满恐惧，见游离权力之外的东坡逍遥自在，难免羡慕嫉妒，恨意顿生。

章惇自然不只羡慕东坡贬官生涯自在逍遥，更嫉妒其道德文章和在君臣中的崇高声望。东坡离蜀入京，一考成名后，所作政论、史评、书义、策问、奏议、表状，便以视野开阔，识见深宏，议论纵横，鞭辟入里，又切合朝野实际和民情世态，深受君臣认同嘉许，被几代皇帝视为宰相大才，韩琦、张方平、欧阳修、司马光等重臣皆心悦诚服，觉得道出了自己欲说还休或嘴上所无而心中所存之至论高见。连王安石也发自内心认可东坡见解，为欲纳入新党阵营引为自助而不能，深深感到遗憾。司马光亦格外器重东坡，主政伊始，便召其还朝，委以大任，却因部分政见不同，反遭其反对，大失所望。

东坡不只政见高滔，实用文论无人可比，为官也非常出色。身处朝堂，心底无私，尽力侍君，深得君王和后宫女主信任。出掌地方，舍身替民办事，政绩显著，政声远播，朝野称颂。连乌台死里逃生，发配黄州，手无寸权，仍以其崇高威望，感动官民，造福百姓。还假借赤壁战场，作出千古赤壁辞赋，及其他众多诗文，外加古今第三行书《寒食帖》，誉满神州。害得神宗思贤心切，久不见东坡文字，便食不甘味，眠不成寐，老嚷嚷要召其回朝重用。

东坡德高才大，朝野早有定论：登上第，擢词科，入掌书命，出典方州，堪称楷模。器识之宏伟，议论之卓荦，文章之雄隽，政事之精明，四者皆能以特立之志为之主，而以迈往之气辅之。故意之所向，言足以达其猷，行足以遂其有为。至于祸患之来，节义足以固其有守，皆志与气所为也。

比之东坡，章惇学问不差，执政手腕更在其上，无论在朝还是外放地方，都做出过不可磨灭的政绩，然道德文章和声望美誉无可比拟，尤其在臣民中间的号召力，更是不可同日而语。也因此章惇最忌惮东坡，不惜抛弃彼此几十年友情，反目成仇。

东坡之影响无处不在，无时不在，章惇既要独相专权，自然不得不防。神宗驾崩，哲宗以幼龄登基，高太后垂帘听政，召东坡入京，成为一言九鼎之近臣，且兼任帝师，前后八年经筵，差点将哲宗教育成仁宗一样的皇帝。也是高太后秉政，哲宗长坐冷板凳，积累起对祖母和元祐大臣的刻骨仇恨，需人反其道而行之，以泄九年所积仇怨，给了章惇回朝大显身手之时机。章惇看准哲宗年轻好色，选送美女入宫，令其无心朝政，任由自己一人独大，长袖善舞。哲宗痛恨元祐大臣，章惇大力清算，深合圣意。唯忧哲宗感东坡八年经筵之恩，哪天心血来潮，召师傅回朝，受其蛊惑，一改初衷，让自己多年经营付诸东流。为此章惇派人南渡过岭，追杀外贬老臣，欲置东坡于死地而后快。不慎事泄，传到哲宗耳里，哲宗不愿违背不杀文臣的祖训，出面干预，章惇才不得不作罢，让东坡躲过一劫，幸免于难。

早知东坡人贱命硬，岭南瘴疠肆虐，他也活得下去，且活得滋润开心，当初乌台诗案就不该替他说话，留住他小命，给自己添堵。然事已至此，后悔无用，唯另想办法弥补。办法不难找，把东坡贬到更远处，叫他死在贬途或谪地，哪天哲宗起心动念，欲召回朝中，只有尸骨可召。东坡不是字子瞻吗，"瞻"字含"詹"，儋州也有"詹"，就贬为琼州别驾，儋州安置。赴儋需经琼州海峡，说不定过海时一个浪头打来，掀翻船只，东坡葬身鱼腹，自此咱章惇便耳根清净，高枕无忧，心里头再不用搁着这小子，总也放不下。

主意已定，章惇召来林希，草拟追贬东坡出海诰命。诰命发出不久，章惇又想起苏辙，贬其为化州别驾，雷州安置。苏辙字子由，"雷"字下半截近似于"由"，让苏辙去雷州待着，也算名正言顺。弟子由谪雷州，哥子瞻贬儋州，兄弟俩适得其所，可谓皇恩浩荡。

儋州位于海南中北部，比唐相李德裕贬地崖州还要南去两百多里，古今从无朝官贬那么遥远，其惩罚力度几近于满门抄斩。东坡见诰，默然无语，欲哭无泪。章惇逼人何其之甚！怕吾死在惠州，占大便宜，非要赶往海岛上，死于域外，做个孤魂野鬼，他才甘心。儿孙们更是惊慌失措，哭作一堆。东坡反过来劝他们："老夫命大，一时半会儿死不了，说不定哪天朝中有变，还会把自己召回海内呢。"

话是这么说，心里却一点没底，不知海南天有多高，海有多深，自己老迈弱躯，能否抗击那边的腥风恶雨。然君命不可违，再怎样还得打起精神上路。苏过提出随父渡海，苏迈不同意，说道："小弟抛妻弃子，跟在父亲身边多年，现该轮到大哥尽责尽孝，反正自己没官可做，闲着也是闲着。"苏过道："我可带妻小随父亲走，人多热闹。"

兄弟俩争执不下，唯请父亲定夺。东坡道："谁跟我渡海都一样，但带妻小绝对不行，我不能连累儿子，又贻害孙辈。"

商量来商量去，仍由苏过陪伴父亲出海，其妻小与苏迈一家留住惠州新居。出行前夜，东坡一遍遍叮嘱自己：千万千万镇定，别让儿孙难受。可心里还是很乱，有些坐立不安。毕竟年事已高，投荒海外，有去能不能有回，谁也说不准。只好拿起笔来，给朋友写信，烦请日后多留意自己贬地，死后坟墓孤单，希望得到关照。

写完信，心里还是没法平静。东坡背着双手，在屋里踱两个来回，驻足对正在整理行李的苏过道："给加支蜡烛吧，我得抄一遍《松醪赋》。"

《松醪赋》乃东坡得意旧作，依然能脱口成诵。苏过道："明天要上路，父亲还是早些歇息吧。"东坡道："让我抄一抄吧，如果写错一个字，我就死在海外，不然还能生还。"

苏过更加不愿父亲抄赋，生怕哪里出错，弄成凶兆。可东坡执意要抄，苏过无奈其何，不得不添蜡铺纸，递过毛笔。东坡接笔于手，落墨如飞。吓得苏过心惊肉跳，生怕父亲哪里抄错，连看一眼都不敢，干脆别开脑袋，继续去整理行李。

东坡抄完，让苏过检视。苏过诚惶诚恐，伸手去接字纸。手指刚挨纸边，顿时缩回来，仿佛触着烧红的热铁似的。惹得东坡不禁莞尔，嘻道："烫伤没？人总有一死，死在哪里都一样。为父这把年纪，无论得失，抑或生死，早已看淡，过儿不必惊慌。"

苏过深吸一口气，再度伸出手去，抓过字纸，大胆往下看去。心里直打鼓，害怕有错，父亲会死于非命。匆匆看完，幸而毫无差爽，无一字脱落。苏过放下悬着的心，东坡也暗暗吁口气，父子相视而笑，如遇大赦。

翌日出行，苏迈一家和苏过妻儿走下白鹤峰，送父子俩来到江边。苏迈不愿就此别过，也迈上船，要送父弟至广州。帆船离岸，逐浪而行，岸上一片号啕大哭声，船上东坡老泪纵横，不知这是生离，还是死别。也不敢直视岸上孙辈们，掉头催促船工加快船速。

船过广州，稍做逗留，东坡留手疏给苏迈：今至海南，首当做棺，次便造墓，免得死后尸骨无以依托。又补充道：依照家风，生不契棺，死不扶柩。这已是遗嘱性质文字，苏迈手执父疏，泣不成声。直至分手，才含泪吩咐弟弟，照顾好老父。苏过答应着，扶父亲登船，继续西行，以便转道梧州，再南行雷州半岛渡海。

此时子由一家就在前头，得知兄长自后面追来，有意逗留滕州等候。数日后东坡父子赶到，静待路旁的子由又喜又悲，紧握兄长双手，久久不肯松开。稍叙别情，子由把兄侄请入路边饭馆，解渴充饥。

滕州地僻民穷，饭馆里没像样饭食，仅有粗糙麦饼。苏过拿上两块，找借口走开，好让父亲和叔叔尽情叙话。子由味同嚼蜡，不知是伤心兄弟俩沦落天涯，还是吃不惯粗食，麦饼塞在嘴里，怎么也咽不下去。东坡口齿粗，几下把自己那份吃掉，笑对子由道："都说饥饿是最好的胃口，莫非子由腹内充实，如此美食，也难以下咽？"

子由咧咧嘴角，想笑实在笑不出来。东坡又道："好酒佳肴，滋齿养舌，放嘴里慢品细嚼，可尽情享受其至味。麦饼粗糙，难嚼难咀，何不囫囵吞咽，可让齿舌少受折磨。"缓缓又道："人活几十年，酸甜苦辣，宠辱荣枯，生老病死，样样都得面对，没谁回避得了，唯看开点，才能释然坦然。遇见坏事，挺身面对，赶紧处置打发走，别往心里去。一旦好事来了，也不拒绝，只管接纳，尽量享用，能留则留，留不住则听之任之。"

子由深以为然，张大嘴巴，几下把麦饼吞入腹中，像完成了重大使命，顿时一身轻松。走出饭馆，两家一起来到雷州。雷州是当年寇準贬地，东坡欲以其安慰子由几句，想起寇準最后死在雷州，又闭上嘴，把话头咽回肚里。

雷州太守敬重苏家兄弟德才，颇为关照。兄弟俩住得不差，吃得不赖，心情大好。可不能久留，苏东坡拜祭过伏波将军，求佑渡海平安，于六月中旬来到海边。

海面一望无际，子由送兄侄上船。却因海浪太高，暂时不能起锚离岸。子由便在船上陪兄过夜，一直聊到天明。东坡痔疮又发，子由劝他戒酒。因酒落下痔疮，可又需酒解愁，东坡点点头，又摇摇头。

好在海浪稍平，开船在即。子由含泪别兄。东坡笑道："子由别担忧，没啥大不了。子曰'道不行，则乘桴浮于海'，况足下帆船总比桴筏强些。"

子由苦笑，掉头离船，伫立风中，凝望帆船晃悠着往碧海深处荡去，直至于无。

也许伏波将军管事，帆船顺利穿过琼州海峡，至朱崖靠岸。登陆来到琼崖，即李德裕流放地崖州，在城东短暂停留，东坡继续启程往两百多里外的儋州赶去。山高谷深，东坡只能坐上肩舆，颠簸前行。一颠一颠，颠得昏昏欲睡，竟悠然入梦。忽有黑云自空中飘过，淋下一阵急雨，东坡乍然惊醒，犹记梦中得句："千山动鳞甲，万谷酣笙钟。"

也是东坡名声太响，即使穷荒如海南，还是广为人知，父子所到之处，颇受欢迎。经临高地界，村民殷勤接待，仿佛多年未见的老友。东坡离去，村民竟改村名为苏来村存念。

旅途辛苦，却丝毫不影响东坡好奇心，一路行进，一路东张西望，见到好山好水，非向人询问明白不可。临近儋州，见山势如坛，一峰突兀而起，奇特而又壮丽，下舆问行人，才知叫作儋耳山，儋州由此得名。

再瞧山峰，确实形如耳轮。原来儋者甔也，意为坛与瓶之类陶器，儋耳即瓶壶坛罐提耳。东坡会心而笑，登舆上路，命舆夫放慢行速，尽情观赏儋耳山。心想没来儋州，哪遇得到如此奇山妙景？渐渐行至山脚，又见道旁散落无数大大小小的石块，像已在此静卧千万年，只为等来东坡一顾。东坡灵感突发，吟成《儋耳山》：

  突兀隘空虚，他山总不如。
  君看道旁石，尽是补天余。

一路走，一路观光，七月初到达儋州城。儋州又叫昌化军，东坡作《昌化军谢表》，向皇上禀报已至贬地。此生发落过的地方多，雍州、杭州、登州、密州、徐州、湖州、黄州、颖州、扬州、定州、惠州以及眼下的儋州，每至一地，必呈谢表。以往谢表写得低调隐忍，现已至山穷水尽之炎荒，且年岁已高，今晚躺下去，明早还起不起得来，都不知道，谢表也就写得毫无顾忌，有话就说，有屁就放，什么"生无还期，死有余责"，什么"孤老无托，瘴疠交攻"，什么"子孙恸哭，已为死别"，像竹筒倒豆子一样全倒了出来。

## 移风易俗，造福儋州

谢表发出不久，新任昌化军军使，亦即儋州长官张中到任。张中乃开封人，进士出身，不善奉承上司，一直在地方做小官。只因海南僻远，没人愿来，才获太守级别的昌化军使。

张中与东坡素昧平生，却喜读苏诗苏文，早已心向往之。上任后见东坡居无定所，特安排人将伦江（北门江）驿翻修一新，以租房名义，请父子俩入住。军使事情不多，张中不时到驿站来，陪东坡聊天，说同是天涯沦落人，相逢何必曾相识。又知苏过擅长围棋，常相约执子对弈。东坡于棋略懂，也守在旁边观棋，一观就是一整天，倒也容易消磨日子。

有时棋局复杂，东坡观得头疼，步出驿馆，随处行走。到得城东学舍，但见学子寥寥，学风颓废，东坡就想着如何为儋州教育尽些绵薄之力。碰着家住附近的黎子云，也是读书人，仰慕东坡品学，希望他提振儋州学风。

东坡闲极生愁，自然乐意。黎子云大喜，回头找到张中，道："别人才高八斗，坡公起码十六斗；别人学富五车，坡公起码十车，不然也做不了帝师。帝师既至儋州，竟让他赋闲在馆，无所事事，是不是儋州人太没脑子？"

张中一听明白了黎子云的意思，笑道："你想打坡公主意？"黎子云道："是啊是啊，如此天纵大才，皇上甘以为师，儋州学子能就学其门下，不是天大幸运吗？"张中故意道："儋州并不富裕，有大钱请得起帝师？"黎子云道："坡公急公好义，视钱财如粪土，哪用大钱请？"张中点头道："好好好，本使先约他，咱几个一起会商会商。"

这天张中又来驿馆与苏过下棋。东坡心里搁着黎子云兴学之语，无意观棋，在屋里走来走去。几次欲跟张中道出想法，又怕扫他棋兴，只能忍住。张中看在眼里，下完一局，将棋盘一推，对苏过道："今天下到这里，改日再弈。"转身对东坡道："咱带坡公去个好地方。"

这正中东坡下怀，好趁机倾吐肚里话。两人很快来到城东，直奔黎家。黎家环境清幽，林木成荫，水竹蓊郁。居临大池，游鱼在水中缓缓游动，一副悠闲自得的样子。东坡首次来黎家，看到眼前美景，心中喜欢，暗忖若能在此读史学经，岂不妙哉！

见张中率东坡到来，黎子云赶紧迎出来，身后跟着早到的近邻学子王霄和符林。见过面，黎子云让家人搬出桌凳，主客临池而坐，品茶谈诗，气氛欢洽。东坡提起不久前游城东学舍见闻，黎子云接话道："儋州孤陋落后，皆因读书风气不浓。在座都是读书人，若能振兴儋州学风，岂不功德无量？"王霄接过话头道："咱们可办学堂，以文会友。"符林也道："过去咱们就有过办学的想法，因无好老师，一直未能如愿。今儋州有幸，迎来古今大才坡公，正好给学子们讲授中原文化，振兴教化。"

几人说着，纷纷去瞧张中。他是地方长官，只有他支持才能成事。张中笑道："你们看我干啥？先看坡公开什么价，价太高，咱们请不起，一切免谈。"

几人掉头望向东坡。东坡知道张中开玩笑，乐道："太皇太后请老夫做当今皇上老师，老夫都没开过价，估计儋州百姓不比皇上富有吧？价不价无所谓。"停停又道："儋州官民看得起老夫，老夫就以肚里薄才回报大家。"

张中点头道："坡公乐做学子老师，就办个正经学堂。"黎子云非常高兴，大声道："吾家僻陋，但有地有池，有树有木，学堂就办在吾家得了。"

众位赞同。接着讨论学堂名。东坡道："西汉大才子扬雄，家贫嗜酒，人向他求学，总会带着美酒佳肴上门。扬雄便书'载酒堂'，挂在门楣上，有意者都可来家喝酒赋诗，聊天辩论。"张中表态道："咱们学堂也叫载酒堂，坡公开讲，不用交学费，带着酒肉就行。"黎子云几人附和道："能听坡公讲学，带酒带肉，完全应该。"

有老师，有场地，还得有开办经费。张中表示支付部分公款，其余以筹资方法解决。东坡爽快，立即解衣，带头醵钱。其他几人也拿出身上的钱币，交到黎子云手上。

筹建载酒堂之事，很快传遍儋州城乡。商民闻讯，有钱捐钱，有木送木，有力出力，非常积极。载酒堂在黎子云旧居落成，东坡准备设帐授徒。儋州向来学风稀薄，不可能有现成教材，却也难不倒做过帝师的东坡，以正在著述的《书传》《论语说》《易传》为基础，编撰深入浅出适合儋州学子进学的讲义。

转眼进入元符元年（1098），张中派人来伦江驿，请东坡父子去使衙品酒观灯。东坡这才意识到时光如梭，不觉元宵已至。考虑儋州学子正切盼早入载酒堂听课，东坡让过儿代为应邀，自己关上驿门，继续编撰教材。

直至天色暗下来，鼻底字迹变得模糊，东坡揉揉双眼，抬首侧目，发现月照入户，蜥蜴静静盘在窗台上，似在谛听风动帏幔，拂落半睡半醒的夜虫。多么静谧的初夜，使衙里的节灯定然正在绽放，过儿玩得很开心吧？

这么想着，东坡面露浅笑，张嘴打了个哈欠，一阵困意袭来，合上沉沉双眼，进入梦乡。梦里闪烁着汴京元宵华灯，东坡陪同哲宗和高太后观毕宫灯，献过灯诗，踏雪回到家中，爱妻闰之正给壁上残灯添油，以照夫君归路。继而宫人传柑至家，奖掖老臣侍君观灯度宵。

此乃东坡人生巅峰，可谓风光无限。不久高太后驾崩，爱妻闰之病故，东坡一路滑坡，一贬再贬，直至天涯海隅，恍若无人续油的枯灯，即将灯熄人灭。

人生如梦，梦如人生，总那么短暂，东坡兀地醒过来。回思梦中情景，不觉凄然。赶紧起身，敲击火镰，点燃夜灯。又执灯出户，将驿外壁灯也点亮，待过儿观过花灯，回到驿馆时能看清脚下坎坷路。

过儿迟早将归驿，那闰之会不会过南岭，渡琼海，远至儋州，就像当年你在其加油添亮的壁灯照耀下归屋一样，寻着你点亮的壁灯款款而至，来到你的身旁？东坡胡思乱想着，已是老泪纵横，取笔记下当夜情景：

> 使君置酒莫相违，守舍何妨独掩扉。
> 静看月窗盘蜥蜴，卧闻风幔落伊威。
> 灯花结尽吾犹梦，香篆消时汝欲归。
> 搔首凄凉十年事，传柑归遗满朝衣。

诗毕，东坡抹一把泪眼，继续埋首编撰教材。

数日后大功告成，东坡走进黎家载酒堂，教授学子，化育风俗，纯净人心。儋州学风为之一振，东坡北归后，儋州人符确成为海南第一位进士。

苏东坡贬儋，没饿死热死，也没被腥风熏死，相反颇受地方官民喜爱，开设载酒堂，有滋有味做起先生来。

事被传入京师，气得章惇火冒三丈，命湖南路提举常平官董必视察广南西路，调查东坡赴儋后有无不法行为。董必很积极，一番调查，觉得讲学算不得罪过，准备亲自渡海，展开实地调查，不愁抓不住东坡辫子。恰有人密报东坡父子住在驿馆里，有违贬官无权占用官舍令，董必大喜，立即遣人赴儋，指责张中包庇罪臣，迫令其将东坡父子逐出伦江驿。

东坡父子又变得无家可归。无力对抗董必，东坡只能自叹食无肉，病无药，居无室，出无友，冬无炭，夏无寒泉。然活着总得有寄身之处，东坡卖掉酒器，在城南桄榔林下买块窄地，准备盖间草屋，以避风雨。黎子云兄弟及王霄、符林还有数十名学生,外加刚从湖州来求学的王介石,自觉到场,伐木的伐木,砍竹的砍竹,搭架的搭架,割茅的割茅,铺草的铺草,卖力地干起来。连军使张中觉得没能保护东坡,心里抱愧,也脱下官服,上前助力。

数天工夫,屋子盖成。东坡大乐,摘下桄榔叶,写上"桄榔庵"三字,挂到门上,又作《新居》诗,颇具陶诗风格:

> 朝阳入北林,竹树散疏影。
> 短篱寻丈间,寄我无穷境。
> 旧居无一席,逐客犹遭屏。
> 结茅得兹地,翳翳村巷永。
> 数朝风雨凉,畦菊发新颖。
> 俯仰可卒岁,何必谋二顷。

说是庵,难免带有夸大口气,其实不过草屋五间,聊胜于无而已。在《桄榔庵铭》里,东坡说屋中四面透光,往外望去,笔直的桄榔树干,仿佛根根石柱,桄榔树叶下垂,则如片片屋瓦。日月环绕,风雨如洗。大海气息和林间瘴雾穿梭于屋间,蝮蛇鬼怪入室与人嬉戏,把桄榔庵当成自家厅堂,就像门童和仆人,与主人亲密无间。

尽管如此,毕竟有了栖身之处,可偃卧遐思。然买地修屋,兜里钱已用光,家中再也揭不开锅,苏过出门觅食,留东坡独自在家,想起贬儋之事,忽发起笑来,忙提笔记下当时心情:

> 吾始至南海,环视天水无际,凄然伤之,曰:"何时得出此岛耶?"已而思之,天地在积水中,九州在大瀛海中,中国在少海中,有生孰不在岛者?覆盆水于地,芥浮于水,蚁附于芥,茫然不知所济。少焉水涸,蚁即径去,见其类,出涕曰:"几不复与子相见,岂知俯仰之间,有方轨八达之路乎?"念此可为一笑。

东坡的意思是,别看老夫困于海岛,其实天地也好,九州也罢,中国也一样,都为大水环绕,谁没在岛上?譬如蚂蚁为水所困,眨眼水退,道路又呈现于前,实在不足为奇。贬儋之初,以为陷入绝境,然一年过去,还没被海水淹死,四面八方都是出路,不值得一乐吗?

正在自乐,苏过两手空空回来,满脸苦笑,一言不发。东坡知道儋州大旱,借粮比借命还难,一时不知如何安慰儿子,就给他讲起故事来。说洛阳有深洞,人不小心掉进洞里,无法出洞,饥饿难耐。后见无数龟蛇,伸脖向东,吞咽初升阳光,那人也跟着学样,朝东吸纳阳气晨光,渐渐不再饥饿。坚持数天,竟身强力壮,终爬出洞来。

讲完故事,东坡接着道:"这便是龟息法,亦即道家辟谷法,咱们一起来练辟谷吧,只要保持内心虚静,就不难做到。"

苏过别无他计,不得不跟父亲学练。可怎么也没法入静,越练肚皮越饿,只好又起身出门,去外面碰碰运气,看能否找到救命之物。

来到一处荒坡,发现数株野糁,苏过赶紧摘下,塞入怀里。下得荒坡,有块洼地,地里长着野生山芋,又刨几个,一起带回家中,洗洗干净,与野糁合一起煮羹。羹煮好,再送到父亲面前。闻得羹香,东坡没再辟谷餐食阳光,转身捧羹于手,送入嘴里,顿觉滑软可口,味道奇绝,忍不住作诗道:

   香似龙涎仍酽白,味如牛乳更全清。
   莫将南海金齑脍,轻比东坡玉糁羹。

喝完羹,东坡精神陡增,展读《陶渊明集》。读一阵,掩卷沉思,心中升起一缕怅惘。贬儋以来,海南连岁不收,米贵如珠。偏偏海上风猛浪高,水路被阻,船舶不至,大陆谷米无法过海,断饮成为常事。这天苏过早早外出觅食,东坡在家坐不住,戴上方巾,穿身蓝色直裰,怀揣酒壶,看能否上街换钱,买点薯芋回家充饥。

街上倒也热闹,人来人往,熙熙攘攘。东坡蹒跚前行,但见一中年汉子头缠猩红布巾,肩挑柴担,迎面走过来。到得近前,汉子忽停下脚步,盯住东坡,一副十分好奇的样子。东坡有几分诧异,正要张口打招呼,汉子闪到路边,放下柴担,转身回来,颤抖地道:"您就是从海那边过来的苏翰林苏先生吧?"

汉子说的黎语,东坡哪听得懂?怔在那里,不知如何是好。汉子从怀里取出一块色彩鲜艳的吉贝布,塞到东坡手里。东坡越发不解,把布塞回汉子怀中。汉子一边打手势,一边用半黎半汉的话说道:"这是我妻子织的,眼见天气转凉,您留着做件衣服吧。"

两人正推来搡去,黎子云出现在眼前,手里还拎着一袋米。汉子拉过黎子云,用黎语道:"阿叔劝劝苏先生,收下我这点心意吧。"黎子云笑对东坡道:"汉子弟弟也在载酒堂听课,无以为报,才献上吉贝布。"

东坡大笑起来，拿出身上的酒壶，递给汉子。汉子不收，黎子云对他道："坡公讲礼尚往来，你不收酒壶，他哪肯要你的吉贝布？"

汉子这才拿过酒壶，高兴地挑着柴担走了。东坡看看手里的吉贝布，心想儋州家家能纺此布，恐怕换不来钱，酒壶又已不在手上，看来今天又只有饿肚皮了。见东坡面带愁容，黎子云道："咱们走吧。"东坡道："去哪儿？"黎子云道："上坡公家去呀。"

家里无米无酒无茶，拿什么招待你，东坡找借口道："老夫还得在街上办点事，暂时不能回家。"黎子云知东坡欲拿酒器换食，笑道："坡公酒壶都送了人，还有啥事可办？"

"不办事，难道不可在街上闲逛看风景吗？"东坡口里说着，肚里道，"不是你怂恿，汉子也不会要我酒壶，也不至于食无着落。"黎子云明白东坡肚里所想，把米袋往他手里一塞，道："不欢迎子云，坡公自己拎回家吧。"

东坡一阵感动，泪水都溢出了眼眶。除黎子云等好友和学子不时送食物外，儋州官民也经常接济苏家，东坡心里便想着回报回报人家。可怎么回报呢？这夜东坡在桄榔庵久坐无事，上床又无睡意，干脆出门，踏着月色，闲逛起来。

一逛逛到一处黎寨，老远听到锣鼓声，近前一瞧，坪里围着一圈人，圈内搭着祭坛，奇装异服的巫师脚踏鼓点，手舞铁剑，口中念念有词，正在装神弄鬼。祭坛旁还拴着一头高大的瑟瑟发抖的耕牛，也不知要做何用场。

东坡拉过会说汉话的年轻人一打听，原来有黎人身患重症，卧床不起，请巫师设坛作法，祭神治病。作法祭神，也能治病？东坡心里质疑，但见巫师作法毕，脚在地上一踩，剑往空中划拉几下，嘴里高声道："神灵显现，牛在哪里？！"

有人应声牵牛上前，白刀进，红刀出，耕牛轰然倒地，鲜血喷向巫师。巫师用牛血洇过铁剑，又一番表演，祭神结束。

黎人不善畜牧，需要耕牛，唯拿出儋州特产沉水香，跟牛贩子交换。牛贩子则用沉水香去海北高州和化州等地引进耕牛。运牛渡海时，一般每船百牛，遇上逆风不顺，不少或挤压而毙，或饥渴而亡，能登陆者不多。耕牛来之不易，然黎人生病，不求医吃药，竟以巫为医，以牛为药，杀牛作祷驱病。有钱人生病，一次杀十几头牛，没钱人借钱购牛杀掉，也不敢得罪神灵。原来黎人的耕牛真正耕田者不足一半，多半被杀掉祭了神。

没有耕牛，如何耕田翻地，发展生产？东坡痛心疾首，天明去找黎子云，说出亲眼所见。黎子云告知，昨晚献牛作祷的病人已死掉。东坡道："神鬼莫测，哪能治病？有病还得对症下药。"黎子云道："也怪儋州缺医少药，百姓长期受疾病威胁，尤其黎族同胞，患病无药，别无他法，唯有听信巫师，杀牛祭神驱病。结果到头来，家里牛杀光，连田都没法耕种，病却不见好转，最后一死了之。"

东坡决定力劝百姓，改变恶俗，以药治病。有人得病，送方上门，解除其病痛。百姓见识到医药实际效用，有病不再求巫，转而来找东坡，桄榔庵成为治病诊所，热闹非凡。这天东坡正在诊病，一个叫黎先觉的男子匆匆赶来，上气不接下气道："苏先生，不好了，我家亲戚被人打伤，已昏迷过去。"

东坡连忙提过药箱，随黎先觉出了桄榔庵。赶到黎家，伤者躺在床上，口不能言，水米不进，只鼻中残存一丝气息。

"我有祖传秘方药丸，可以一试。"东坡观察完伤情，从药箱里取出接骨丹，给伤者服下，片刻后伤者竟慢慢活过来。数天后施以南岳活血丹，待伤者拉出黑血，再取地黄及其叶片，一起捣烂，给伤者服用，激出血块升余，始能行走。

自此大至病危，小至齿痛，百姓都会来找东坡。东坡有求必应，从不推托。后干脆以家传药方示人，鼓励儋人多种植地黄，以救人命。

百姓贫穷，看病出不起钱，只好家里有啥带啥，鸡鸭鱼、瓜菜果，一般不会空手。苏家也因此度过荒岁。诊病救人，既是善举，也属精神慰藉。不为良相，即为良医，本就是读书人理想，东坡不为朝廷所容，越贬越远，仍能发挥一技之长，也算不枉来海外一场。

人易得病，与饮水不洁有关。东坡入住桄榔庵后，发现城南百井皆咸，没法入口，常常下江里汲水饮用。江水比井水好，然路途远，取水不易。东坡便到处寻找水源。找了一圈无果，后发现桄榔庵附近天庆观内有石如龟，石上潮湿，伸指一抹，放嘴边舔舔，微甜而不咸。东坡确认石下定有好水，经得道长同意，叫来诸生，开石掘井。

井掘成，出水色白如乳，甘甜味美。因龟石得水，人称龟井，后改叫东坡井。东坡喜不自胜，作《天庆观乳泉赋》，且让道长敞开观门，任凭百姓入观取水。百姓喝上好水，身体自然康健得多，病也生得少了。

人要活命，饥餐渴饮，必不可少，此外官大官小，钱多钱少，都差不多，区别在精神愉不愉快。东坡最懂此理，只要肚不饿，口不渴，该乐得乐，绝不自寻苦恼。乐子多多，读书、作诗、写字、画画、饮酒、喝茶、会友、出游，都能从中享受莫大乐趣。

## 无官一身轻，有子万事足

至儋后，苏东坡读得最多的是陶诗、柳文和史书。《陶渊明集》和柳子厚的诗文是从惠州带过来的，其他书带不了，幸有书友租借，足解书荒。苏过多次找读书人关佳惠，为父亲借得《唐书》《汉书》等史籍。借书得定期归还，没法反复研读，父子俩便挑灯抄书。读书读出心得，抄书抄出体会，便形之于文，周武王、鲁隐公、宋襄公、秦始皇、管仲、范蠡、伍子胥、商鞅、范增、李斯等历史人物常出现在东坡笔下。

东坡字好，人见人爱，他却自称墨戏，意思是以墨为戏，写着好玩。字为技，思想和心灵为道，技服务于道，故孔子不嫌字丑，字丑照样可记录深刻思想与高贵心灵。反之写不出道德文章和精彩诗赋，仅能以笔书字，会被小瞧。也因此，"书法家"三字是用来骂人的，没谁乐意戴此高帽。

然东坡不同，以我字写我心，字也借其诗文而显得珍贵。黎子云来讨字，碰上东坡酒瘾发作，而缸里已空，笑道："墨戏酒后得，现家中断酒，没法书写。"

黎子云早有准备，转身朝外击掌三声，黎家侄儿应声提着酒桶进来，乐得东坡哈哈大笑，挥笔书道："苦雾收残文豹别，怒涛惊起老蟠。"把黎子云说成南山玄豹，深藏远害，只要社会清明，出山入仕，定会一鸣惊人。

东坡好酒，无奈身患痔疮，不敢多喝，唯以椰汁代酒。椰子树随处可见，走在路上，不小心都会被椰子砸着脑袋，想喝椰子汁，放开喉咙喝就是。东坡还把喝过的椰子壳做成帽子，戴在头上，招摇过市。

海南阳光骄人，儋人喜戴长檐斗笠，见东坡戴着短檐甚至无檐椰子帽，觉得好玩，常围着他看热闹。东坡心里直乐，作《椰子冠》曰："更著短檐高屋帽，东坡何事不违时？"

说得也是，东坡一肚子不合时宜，违时违成习惯，戴顶奇怪椰子帽算个啥？苏过不愧东坡之子，也觉得父亲的椰子帽可爱，步韵和上一首《椰子冠》。苏过诗画俱佳，人称小坡，颇有乃父遗风。为解父亲寂寞，常和其诗。东坡有《五色雀》，苏过作《五色雀和大人韵》。此处"大人"就是父亲大人。东坡携苏过出游，作《和陶游斜川》，其中有句曰：

> 春江渌未波，人卧船自流。
> 我本无所适，泛泛随鸣鸥。

为取悦老父，苏过和以《次陶渊明正月五日游斜川韵》：

> 春云黳薄日，磻石俯清流。
> 心目两自闲，醉饮不惊鸥。

东坡非常满意，欣欣然以诗赞道：

> 过子诗似翁，我唱而辄酬。
> 未知陶彭泽，颇有此乐不？

从苏过诗中看得出，其深受父亲影响，无意功名利禄，甘于淡泊，乐于逍遥。人生可以逍遥，还有甚事值得孜孜以求？父子才情相近，志趣相投，生活在一起，自是莫大快乐。苏过还喜欢作画，曾画《枯木竹石图》，深获父亲喜爱，专门题七绝三首以赞，称苏过画石传神，让人顿长菩提。菩提即智慧，观画能增智慧，可见苏过画作多么高明。

最为难得者，还是苏过的大孝。苏过已成婚生子，却扔下幼子娇妻，陪老父南徙，一越南岭，二渡琼海，为老父排忧解难。尤其朝云逝世后，老父衣食住行，吃喝拉撒，全由苏过料理，他总是尽心尽力，无微不至，且从不高声大气，显出半点不耐烦。无须假设，不是苏过侍奉于前，东坡也活不到今天，怕早已呜呼哀哉，埋骨荒岛地底，成了蝼蚁口食。

人皆望子成龙成虎。苏过不是虎，不是龙，皆因家运坎坷，随父浪迹天涯，心甘情愿报答老父养育之恩，可比成龙成虎更令人慰藉。然慰藉之余，东坡想起自己误入宦门，遭受政敌打击，罪有应得，竟连累过儿别妻离子，耽误美好青春，又难免问心有愧，觉得太对不起过儿。这份愧疚又无法溢于言表，透露给人，唯悄悄藏在肚里，自我咀嚼。

这天午间，东坡小睡醒来，望见苏过忙进忙出，一股暖流袭上心头。正要叫住苏过，道几句家常，忽闻屋外邮差呼唤，说有海北信件寄达。苏过放下手头活计，奔出门去，从邮差手里接过信套一瞧，原来是叔父子由来函。

家书抵万金，苏过赶紧持函入内，呈到父亲手上。雷州别后，苏轼兄弟常书信往来，互相唱和。子由日子不比东坡强，生活窘迫，精神压抑，一天天消瘦下去。夜里洗浴，子由自视清瘦身子，百感交集，作《浴罢》诗，说自己"形骸但癯瘁，气血尚丰足"。

东坡读毕弟弟诗，感慨良多，作《次韵子由浴罢》：

老鸡卧粪土，振羽双瞑目。
倦马骤风沙，奋鬣一喷玉。

意即老鸡以趴卧粪土上为欢，倦马以在风沙中打滚为乐，投荒方外，无拘无束，比当官受人制约可畅快得多。苏过也来凑趣，写《次韵叔父浴罢》："今已与世疏，雅志追沂浴。"

"沂浴"典出《论语》，子路、冉有、公西华和曾皙陪老师孔子聊天，孔子问他们各有什么志向。子路愿治理拥有千辆兵车之国，冉有欲建设方圆六七十里之国，公西华有志于祭祀宗庙之司仪。唯曾皙不同，说只想在暮春时节，随同五六个成人、六七个小孩，先在沂水洗浴，再上舞雩台吹风，然后唱着歌回家。孔子感慨道，吾志与曾皙正好相同。

苏过以"沂浴"入诗，就是宽慰叔父，被贬是坏事，却能实现曾皙和孔子心中理想，也是大幸。东坡欣赏儿子此诗，有次酒后有闲，出访子云等黎姓朋友，与黎家小孩戏耍，回家时想起苏过的诗及孔子师徒典故，不觉吟道：

总角黎家三四童，口吹葱叶送迎翁。
莫作天涯万里意，溪边自有舞雩风。

这天又接子由来信，东坡迫不及待，拆函细读。原来苏辙第四个孙子降生，特传诗报喜。东坡已生五孙，现苏辙有了四孙，兄弟俩共九孙男矣。苏家后继有人，东坡喜不自胜，心里不出声道：有子有孙，此生足矣。远者不说，但说自己远贬海外，全靠过儿随侍左右，才让自己活得像个人样，否则后果如何，真不堪设想。

又由苏过联想到世人，活在世上，才再大，名再响，官再高，权再重，终究也只是靠一口气活着，只要这口气没断，就渴需饮、饥必餐、寒添棉、热减衣，不可能自拔头发，离地升天，不识六亲，不食人间烟火。尤其人至老年，体弱多病，这重要，那重要，皆不如活着重要，哪怕权倾朝野，官威冲天，也已别无意义，还得有子女亲属待在身边，洗衣浆被，煮饭炒菜，温粥泡茶，勉强存活下去才行。

想着苏过种种好处，东坡感到一阵温暖，当即借苏辙前韵，赋诗共贺。其中有联曰："无官一身轻，有子万事足。"

东坡惯以平常口语，不经意间便道出人生至情至理。此十字一落地，便成为千年俗谚，挂在国人嘴边，常说不衰。除苏过不离左右，各方朋友也不会忘记东坡，常给他惊喜。这夜东坡正用天庆观井水煮茶，九十五岁的吴复古忽从天而降，出现在桄榔庵里。

东坡不敢相信自己眼睛，举灯对着吴复古照上半天，确定属真人无疑，才把他按到凳子上，倒好茶水，给他解渴。不一会儿，苏过去给关佳惠还书回来，东坡命他拿出家里仅存酒肉，与吴复古举杯言欢。叙旧至深夜，仍不忍作罢，作诗曰：

    往岁追欢地，寒窗梦不成。
    笑谈惊半夜，风雨暗长檠。
    鸡唱山椒晓，钟鸣霜外声。
    只今那复见，仿佛似三生。

"三生"有典，出自唐代袁郊《甘泽谣》，说圆观死前对李源说：十二年后你我杭州天竺寺外见。届时李源赴杭，在天竺寺外碰见一放牛小孩，嘴里唱道：

    三生石上旧精魂，赏月吟风不要论。
    惭愧情人远相访，此身虽异性长存。

原来放牛娃前世正是圆观。东坡以"三生"入诗，赠给吴复古，用意明显：自己贬渡海南，与海北旧友无异于阴阳两隔，已绝重逢之念，想不到吴复古偏偏出现于眼前，顿生隔世之感。

吴复古是专程来看望东坡的。见东坡身心俱健，甚感安慰，觉得没枉渡海一番。数天后对东坡道："你要好好活着，过两年我再来看你。"话没落音，便飘然而去。

吴复古属方外之人，来去自由，无所顾忌，其他官场中朋友想念东坡，唯有遥寄信函问候。黄庭坚、陈师道、秦观、贺铸等友人，不时有信过海，飞到东坡面前。可东坡怕连累他们，尽量少回信，以免授人以柄。可朋友们不在乎东坡回不回信，该写照写，该寄照寄。

秦观已从贬地湖南郴州寄过三四封信，没见老师只言片语，难以释怀，新近又发来一帖，且附《千秋岁》词：

> 水边沙外，城郭春寒退。花影乱，莺声碎。飘零疏酒盏，离别宽衣带。人不见，碧云暮合空相对。　忆昔西池会，鹓鹭同飞盖。携手处，今谁在？日边清梦断，镜里朱颜改。春去也，飞红万点愁如海。

读过秦观词，东坡才意识到已至元符二年（1099）春夏之际。春逝让人悲伤，东坡为秦词所感，忍不住和道：

> 岛边天外，未老身先退。珠泪溅，丹衷碎。声摇苍玉佩，色重黄金带。一万里，斜阳正与长安对。　道远谁云会，罪大天能盖。君命重，臣节在。新恩犹可觊，旧学终难改。吾已矣，乘桴且恁浮于海。

为臣忠心可鉴，然戴罪在身，无法还朝，就做个海外隐士，没什么值得伤感。无论别离还是生死，该经历的都经历过，心里已归于平静，不太容易起风浪。事实是东坡已完全融入儋州生活，融入这方山水和人情，为此填《减字木兰花》曰：

> 春牛春杖，无限春风来海上。便与春工，染得桃花似肉红。　春幡春胜，一阵春风吹酒醒。不似天涯，卷起杨花似雪花。

## 所谓贵人高人，不在他处，只在心里

这日苏东坡访黎子云归来，看到黎人正忙春耕，便蹲在田边，看他们耙田插秧，看得正专注，一阵歌声传至，清脆悠扬。东坡抬头张望，有个老妇人手提饭篮，边唱边朝田垅走过来，一看就知给忙耕的丈夫和儿子送饭。

黎子云曾跟东坡说起，儋州城内有个黎妇性情开朗，善言能歌，远近闻名。莫非此人就是那个黎妇不成？既碰到一起，得跟她搭讪几句，试试其深浅。东坡略整衣冠，上前几步，先作个揖，照黎人称呼老年妇女惯例，彬彬有礼道："阿婆，向您请教，世事若何？"

黎妇早知有位朝廷翰林学士和皇帝老师，学富才高，所惜一肚子不合时宜，老跟君相唱反调，才被远贬儋州，做了逸民。今听东坡口音，再观其形貌，便知定是此人无疑，当下笑答道："世事只如梦耳。"

世事如梦，倒也不假。东坡故意追问道："何梦耶？"黎妇心直口快道："内翰昔日富贵，一场春梦耳。"一语击中东坡软肋，他连连点头道："阿婆说得很对，正是此情。"

正在田里劳作的黎人听两人对话，觉得有意思，忍不住笑起来。东坡又问黎妇："阿婆姓甚名谁？该怎么称呼为妥？"黎妇道："想怎么称呼，就怎么称呼。"东坡道："要么叫您春梦婆可否？"黎妇乐道："好啊，春梦婆好，就这么叫得了。"

春梦婆说罢，转身要走，东坡忙道："都说春梦婆唱歌唱得好，唱几句听听如何？"春梦婆道："您是翰林学士和帝师，又为客官，当然得您先唱。"

东坡也不客气，瞧瞧春梦婆身上的打扮，用儋州黎歌调子哼唱道："云鬟蓬松两腕粗，手携饭榼去寻夫。"春梦婆倒也大度，朝东坡笑了笑，不假思索咏道："是非只为多开口，记得朝廷贬尔无！"

真是一语道破天机啊。东坡哈哈大笑，笑过，又频频点头，陷入沉思。

东坡越活得开心，传到朝中，章惇等人便越郁闷。怎么才制服得了东坡呢？继续往远处贬吧，儋州已属古今谪臣从没到过的天尽头，已没处可贬。干脆把这老不死灭掉，无奈太祖有训在先，本朝不杀文臣，杀戒难开。要怪还得怪张中，上任伊始，便修葺驿馆，供东坡居住，东坡被赶出驿馆后，两人依然打得火热。章惇一怒之下，罢掉张中昌化军使职，调离海南，看他还怎么跟姓苏的来往。

见张中受自己牵连，官帽不保，东坡心里实在过意不去，好言安慰道："能离开海南蛮荒之地，并非坏事。"儋州条件恶劣，生活艰苦，张中放心不下东坡，难分难舍。东坡以诗相赠："汝去莫相怜，我生本无依。"意即不管寄身何处，都没太大区别。张中与东坡告别，两人夜坐达旦，不忍分手。东坡诗曰：

> 悬知冬夜长，不恨晨光迟。
> 梦中与汝别，作诗记忘遗。

送走张中，东坡难受了好久。为驱赶心头阴云，唯铺纸作文写诗。可所带好纸好墨已用得差不多，便找本地劣等纸墨替代。纸墨尤其墨太差，不上纸，难获写字快乐，东坡干脆自己动手，起灶燃松，提取烟煤，尝试制墨。

这天夜里正往墨灶里添松柴，不想突起明火，越烧越大，直往屋顶蹿去。吓得东坡大声惊呼，惊醒已入睡的苏过，苏过跃身而起，提了水桶，去屋外池塘取来水，把火给浇灭。

东坡愣怔半天，捅开墨灶，竟发现灶里留有大量松烟，不禁惊喜不已。就凭松烟满灶，加工制成好墨五百丸，足够此生之用。

东坡制墨的故事传至海北，浙江金华墨匠潘衡专程赶到儋州，讨教制墨方法。东坡笑道："不能教你，万一你引火自焚，老夫该当何罪？"

潘衡也不勉强，照以往方法，起灶制墨，但烧出的松烟太浓，墨质不精。于是购得好酒，入桄榔庵与东坡会饮。东坡这才透露道："必起宽灶，筑长烟囱，才能达到理想效果。"

潘衡照办，所获松烟没原来多，墨质则大为提升。喜得他满脸是笑，在制好的墨上加印海南松煤东坡法墨字样，说此墨与唐末制墨名家李廷珪所造之墨不相上下，一时行销海内外。

潘衡在儋州制墨之日，琼州人姜唐佐专门来儋，向东坡求学。姜唐佐走进桄榔庵时，东坡刚用自制墨抄完杜诗《负薪行》，正躺在床上生闷气。

《负薪行》系杜甫旅居夔州时所作。夔州风俗，男人赋闲在家，妇人外出作田采薪，甚至长途贩盐，维持生计。杜甫实在看不惯，作《负薪行》，对夔州女人表示同情。偏偏儋州也有坐男立女恶俗，即男人坐在家里喝茶饮酒，女人立在田间地头干苦力。东坡于心不忍，上门劝说男人多替自家女人担当，别只顾自己享清福。却没人理睬东坡，气得他拂袖回家，抄录杜诗，发泄恨意。却仍不能解恨，躺倒在床，怪自己没用。

姜唐佐从苏过嘴里得知东坡生气原委，不便惊动他，放下所携琼州好茶，悄然退出，说日后再来。东坡听到动静，问苏过谁来过。苏过说出"姜唐佐"三字。东坡对其人并不陌生，两人早有书信往来，他立即翻身下床，追出门去，客人已经不见。苏过告诉父亲："姜唐佐一时半会儿不会离开儋州，还会再来桄榔庵。"

东坡悻然返屋，看到姜唐佐留下的茶叶，心里高兴，给他写去短简，说如此好茶，该咱俩一起享用才行。第二天没见姜唐佐来会，再写便条一份："雨后放晴，天公作美，饭后用天庆观乳泉泡茶，多有意思！此茶除君外，还有谁可与共呢?"

便条交给苏过送出。没多久,苏过返回,告知父亲,姜唐佐正在与儋州巡检会晤。东坡又书一简:"会若早散,可来啜茗否?"

姜唐佐去会巡检,不为别的,所为正是东坡。张中离开儋州后,东坡无依无靠,姜唐佐考虑老师困境,特意从琼州赶来,一者拜师学文,二者托付巡检,对东坡多加关照。巡检是姜唐佐好友,自然满口答应。姜唐佐这才赶往桄榔庵,来见老师。东坡大喜,亲自为姜唐佐煮茶,鼓励他好好读书,为海南学子做个好榜样。

姜唐佐在儋州一待半年,事师如父,受教匪浅。直至元符三年(1100)三月才返回琼州。临行前东坡抄柳宗元《饮酒》和《读书》两诗相赠,道:"子归,吾无以遣,独此二事,日相以往还耳。"

半年以来,姜唐佐对东坡体贴细微,照顾周到,东坡也悉心教导,让姜唐佐学问识见大有长进。可天下没有不散的筵席,师生别离,东坡能不倍感失落?以后的日子还长,只好借酒和书,一解思念和愁绪。

姜唐佐刚走,葛延之从江阴远道而来,拜倒在东坡门下。东坡在载酒堂办学两年多,声名远扬,各地学子纷至沓来,儋州一时文教鼎盛。崇尚苏文更成为海南海北风尚,说是苏文熟,吃羊肉;苏文生,吃菜羹。葛延之来向东坡请教读书作文,就为日后升官吃羊肉。

为启发葛延之,东坡打了个比喻:"儋州虽数百家之聚,州人之所领,取之市而足,然不可徒得也,必有一物以摄之,然后为己用。所谓一物者,钱是也。作文亦然。天下之事,散在经史子集之中,不可徒使,必得一物以摄之,然后为己用。所谓一物者,意是也。不得钱不可以取物,不得意不可以明事,此作文之要也。"

葛延之听罢,茅塞顿开,作文大有长进。为感谢老师谆谆教诲,临别以亲手制作的龟冠相赠。各地学子来来去去,唯东坡以罪臣之身,待在儋州,无以他适。可他并不寂寞,巡检暗里关照,儋州朋友常来常往。百姓不时赠吃赠用,为苏家解困。海上渔民打得鱼鳖,也常送些上门,让东坡开开荤。

这天渔民朋友送来不少海蚝,东坡父子一齐动手,选择大蚝,放火上烤着吃,将其余小蚝剖开,搁酒蒸煮,味道格外鲜美。东坡吃得开心,说从来没尝过如此美妙味道,并跟苏过开玩笑道:"你切切不要对外人讲蚝肉好吃,不然传到北方君子耳里,纷纷要求贬居海南,分享我的美食,我岂不亏大了?"

吃过蚝肉，东坡心情大好，又开始和陶诗。居儋以来，已和陶诗十五首，加之徙扬、惠两州所作，共计一百二十四首，一起编成集子，寄给子由，子由应邀作《东坡先生和陶渊明诗引》。远贬黔南的黄庭坚闻知，作偈曰：

子瞻谪岭南，时宰欲杀之。
饱吃惠州饭，细和渊明诗。
彭泽千载人，东坡百世士。
出处虽不同，风味乃相似。

作诗写字，久坐受累，东坡想活动筋骨，搁笔出门，来到屋侧地头，给白菜施肥浇水。白菜种下有些时日，肥没少施，水没少浇，却不怎么见长。东坡心里纳闷，牵过正在牛栏旁吃草的水牛，爬上牛背，像行船一样望城东缓驰，去请教黎子云。

苏家屋旁不仅有菜地，还有两亩无主薄田，东坡向邻居便宜买来一头水牛，既可耕田，还可学黎人骑牛代步。牛走得慢，不如马快，却稳当舒坦，适合老人骑行。且容易饲养，不用专门备草料，只要放出牛栏，到处都有疯长的青草供吃。

骑在水牛背上，摇摇晃晃，一个多时辰到得黎家门外，东坡从牛背上翻下来，将牛绳往牛角一缠，拍拍牛臀，任其自吃路边青草，扭头朝着黎家高喊："子云在否？"

黎子云闻声，赶紧奔出门，把东坡请进屋里，又让座，又上茶，问道："坡公此来，有何贵干，谈诗还是论文？"东坡道："此来不为诗，亦不为文，只为请教先生农事。"说了说白菜不见长的情形。

黎子云告知，白菜刚种下，不宜施肥过多，浇水也要适量，否则适得其反。东坡问明原因，慢慢把话题转移到海南稻米上来。黎子云道："海南秋稻，率三五岁一变，顷岁儋人最重铁脚糯，今岁乃变马眼糯。"

东坡很是惊讶，万万想不到，儋人已掌握作物轮作经验，过后据此写成《马眼糯说》。正谈论秋稻，子云家人端上酒肉，两人举杯对饮。东坡有痔疮，不敢多喝，半醉即罢，起身告辞。黎子云见天色转阴，雨意沉沉，担心乡路难行，劝东坡在家过夜，隔日再回。东坡执意要走，黎子云只好送给他竹笠和木屐，让他上路。

东坡戴好竹笠，穿上木屐，抬脚迈几步，闻屐敲石板的声音响亮清脆，觉得挺有意味。加之酒劲上来，竟把骑来的水牛忘到脑后，只顾悠悠荡荡，信步而行。儋州气候温润，处处乔壮椰挺，草繁叶茂，东坡醉眼迷离间，哪还看得清路？左一甩，右一颠，一会儿竹刺钩住后领，一会儿藤梢缠住前襟，头上竹笠被树枝撩走，脚下木屐也已不知去向。

东坡一阵忙乱，待扯开竹刺，解下藤梢，又找回木屐和竹笠，人早已晕头转向，分不清东南西北。正好有人声渐近，听口音，看穿戴，便知是黎人，忙上前作揖打招呼："敢问诸黎友人，知道我家在哪里吗？"

黎人认得东坡，也知道他家住方向，抬手一番指示，叮嘱左拐右弯，上坡下坎，过疏林，渡花地，再行百十步，便可顺利到家。东坡醉意昏沉，越听越糊涂，大摇其头道："难道有如此复杂吗？莫非老夫入了迷宫不成？"

黎人再也不知该怎么给东坡指示，只好反问道："有回必有来，知来必知回，归路被你丢掉，那你到底是怎么来的呢？"东坡恍然道："老夫是骑着水牛来的。"黎人道："那你的牛呢，怎么没跟在身边？"

东坡前后左右瞧瞧，挠着脑袋道："牛呢，我的牛呢？"黎人道："你骑牛到后，把牛拴在了哪里？"东坡想想道："老夫没拴，松开牛绳，任它自己吃草去。"

"你的牛八成自己归栏了。"黎人经验丰富，开导东坡，"你既知道养牛骑牛，该认得牛粪吧？"东坡道："老夫眼再拙，牛粪总还认得。"黎人往数步外指指："你看看，那是什么？"东坡道："那是牛粪。"黎人道："这就对啦。牛不像人，花花肠子多，牛是直肠子，一根肠子通屁眼，吃得多，拉得多，一路吃一路拉，你只需盯着牛粪，一条道寻去，便可找到牛栏。牛栏不会远离养牛主人家，这样你就看得到家门啦。"

东坡大喜，谢过黎人，扶扶头上竹笠，又下蹲紧紧足底木屐，摆臂上前，盯着地上一堆堆忽疏忽密的牛粪，高一脚，浅一脚，趔趄前行。牛比人强，不喝酒，只吃草，吃得进，拉得出，边吃边拉，边拉边吃，吃饱拉完，便到了自居牛栏前，不用向人打听归路。人畜相依，牛栏毗邻人居，有牛粪引路，何愁找不到家？

东坡这么思忖着，照黎人所示，寻着牛粪，一路行去，果然到得家西的牛栏前，牛已入栏，正鼓眼暴睛，躺在里面发呆。东坡觉得有趣，随口吟道：

半醒半醉问诸黎，竹刺藤梢步步迷。

> 但寻牛矢觅归路，家在牛栏西复西。

人道东坡才大，无论雅与俗，不管美与丑，皆可入诗，污秽如牛粪也随手拈来，戏谑调侃一番，好玩可乐。其实细思，此诗不仅可乐和好玩，且隐含禅机，令人遐想。

人生皆苦，要想离苦得乐，唯有修行。修行不易，需个人用功，亦需贵人引领，高人指点。可惜贵人和高人额上没刻有高贵字样，又去哪里寻求呢？也许在东坡看来，世间本来无所谓贵人高人，若说贵人高人，也不在他处，就住在自己心里。

或说只要修行到家，一时开悟，连牛矢（粪）也会成为贵人高人，给你指点迷津。

## 一朝天子一朝臣

耕读之余，苏东坡喜欢随处走动。自有了黎子云所送竹笠和木屐，更闲不住，哪怕雨天，也常竹笠于顶，木屐在足，出门享受雨趣。

这天外面下着雨，东坡两杯下肚，又戴笠履屐，走进雨中，蹒跚而行，听脚下木屐和着淅淅沥沥的雨水，拍打地面，啪嗒啪嗒，响脆有声。黎人见东坡打扮土气，觉得有味道，笑道："坡公啊，你还真像咱儋州人。"东坡乐道："老夫不是儋州人，又是哪里人？"

几个黎妇侧身而过，闻其言，嘻嘻哈哈道："你既是儋州人，还不赶快讨个儋州妹做婆娘？"东坡摸摸白须，笑道："老夫老也，没法养活婆娘，不好意思害儋州妹。"黎妇笑道："儋州妹能干，你养不活她，她养得活你。"

乐得东坡哈哈大笑，笑过后，又咕哝道："老啦老啦，养不活自己，只能去见阎王爷啦。"黎妇们又一阵哄笑。正在打野仗的孩子们听到笑声，也围过来看热闹，这个说："这个怪老头，有点像咱爷爷。"那个道："咱爷爷喝醉后，也戴个竹笠，踏双木屐，到处乱转。"还有的说："这老头没你爷爷老吧，他腮上红红润润的。"逗得东坡乐不可支，回道：

> 寂寂东坡一病翁，白须萧散满霜风。

> 小儿误喜朱颜在，一笑那知是酒红。

连路边村犬也来凑热闹，在孩子中间穿梭，不时对着东坡汪汪叫几声。东坡弯腰拾石，佯装击狗，狗也不当回事，还对他摇起尾巴来，像老朋友似的。篱笆上公鸡打一声鸣，自东坡头上掠过，差点把他竹笠抓走。东坡觉得好玩，自言自语道："笑也怪，吠也怪，东坡有何怪耶？"孩子们听不明白，只在后面跟着，不肯散去。东坡又吟唱道：

> 野径行行遇小童，黎音笑语说坡翁。
> 东行策杖寻黎老，打狗惊鸡似病疯。

东坡笠屐韵事传开后，有人据此作《坡仙笠屐图》，成为趣谈。正在东坡铁心做儋州人，与儋民打成一片时，吴复古重又出现在桄榔庵，要他准备北归。东坡还没回过神来，吴复古转身离去，说琼州再见。

东坡不知朝中又有大变，没把吴复古的话当回事。原来仅二十五岁的哲宗年初驾崩，其弟端王赵佶登基即位。赵佶时年十八，由神宗皇后向太后临朝听政。赵佶聪慧颖悟，擅长诗文音画，尤其一笔瘦金体书法，令人叫绝。他心思全在文艺上，加之哲宗仅年长七岁，赵佶从没想过皇帝宝座会轮到自己，偏偏天上突然掉下馅饼到手上，不知是好事还是坏事。群臣也没看好赵佶，章惇公然表示：端王轻佻，不可君天下。无奈向太后喜欢赵佶，说神宗爱端王，言其有福寿，且仁孝，当立。于是在曾布和蔡卞支持下，扶赵佶登基，是为徽宗。

满朝文武谁都想不到赵佶会称帝，平时也就不屑于往端王府跑动，去讨好这两耳不闻窗外事的文艺青年，以至赵佶成为徽宗，端坐朝堂之上，放眼往下望去，全是陌生面孔，心里难免发虚。直至退朝回到后宫，仍没缓过神来，脸色黯淡如木灰。见着皇后皇妃，也不理不睬，像瞎了眼似的。皇后很纳闷，又不敢惹徽宗，便交代其近侍高俅，照顾好皇上。

高俅心知徽宗孤立无助，皇帝做得无油无盐，劝他退朝后别老待在皇宫，不妨回端王府走走。还把周邦彦等辞赋书法高手叫过去，一起品画赏字，闻乐听曲。徽宗暂抛临朝执政的烦恼，又活回端王原样，眉飞色舞，扬扬自得。无拘无束，心情舒展，自然妙笔生辉，字好画好，所填曲子词格外优雅。

曲子词不能仅仅写到纸上，还需经由妙嗓，变成美音，才够意思。徽宗把新词带回宫中，交皇妃宫女传唱，总觉韵味不足，颇为遗憾。高俅又支招道："周邦彦每作新词，轻易不出手，得交顶级歌伎，一唱而红。"徽宗问道："哪儿来顶级歌伎，说给朕听听。"

高俅说出"李师师"三字。徽宗早从秦观《生查子》一词，得知师师貌比天仙，皆因他出身于帝王之家，不便外出瞎逛，未曾谋面，当即道："快命周邦彦，把师师给朕叫到宫中来。"高俅笑道："叫到宫中来，恐怕太后不许，皇后也不乐意。"

徽宗有些泄气。高俅又道："臣倒有办法，皇上可命周邦彦引荐，亲自去樊楼会师师。"徽宗迫不及待道："何须叫上周邦彦，爱卿陪朕跑趟樊楼，岂不简便？"高俅道："皇上尊贵，不宜公然去登樊楼，唯有微服出行。师师不识皇上，故需周邦彦出面。"

徽宗嘱高俅，传旨周邦彦，预约师师。当年周邦彦不惜劳心费力，写作洋洋七千字《汴都赋》，献神宗换官位，今只需引徽宗见师师，让师师唱唱其新词，便可获取徽宗欢心，以便日后飞黄腾达，又何乐而不为？

周邦彦赶紧预约师师，然后与高俅一道，左卫右护，陪微服于身的徽宗登临樊楼，来到师师面前。徽宗抬眼望去，果如秦观词中所道，师师修眉传情，明眸达意，只微微一笑，足可倾城倾国。尤其红唇轻启，声如莺，语似燕，令人耳酥身软，不能自持。

徽宗掏出用瘦金体写好的新词，交给师师：

  浅酒人前共，软玉灯边拥。回眸入抱总含情，痛痛痛。轻把郎推，渐闻声颤，微惊红涌。  试与更番纵，全没些儿缝。这回风味忒颠狂，动动动。臂儿相兜，唇儿相凑，舌儿相弄。

怪不得章惇说徽宗轻佻，不轻佻哪写得出如此肉麻艳词？偏偏艳词最适合艳伎咏唱，师师当即调弦启嗓，让那巧词随曲韵丝音，于有意无意之间，悄然送出皓齿，吐出芳唇。词曲浑然天成，柔绵婉丽，犹如那春风拂兰，烟波流散，钻入人耳，沉入客心。听得徽宗如痴如醉，仿佛坠入梦中，难以自拔。

师师歌罢，徽宗仍微合双眼，在享受那萦绕不去的余音，好一会儿才回过神，扭头朝身后的高俅点点头。高俅忙拿出紫茸、霞鈒、瑟珠，还有二十镒白银，赏给师师。自此徽宗有空没空，常微服来登樊楼，请师师传唱新词，也不再让周邦彦出面，仅带高俅护驾。周邦彦不敢与徽宗争锋，每次新词初成，只能趁徽宗不出宫，悄悄来会师师。

这天听高俅说皇后生日，徽宗需在宫中陪皇后宴饮，周邦彦赶紧带上新填慢词，夜登樊楼。谁知师师调好弦，刚要开嗓弹唱，高俅忽然闯入，说徽宗即到。周邦彦躲闪不及，情急之下，钻入床底回避。原来岭外大臣探知皇后生日时间，派快马进贡潮州柑，徽宗觉得口味实在太好，寻借口暂避皇后，出宫送师师品尝。

师师拿过剪子，剥去柑皮，再以纤纤尖指，破开柑瓣，放到碟上，端到徽宗面前。徽宗吃两瓣，舍不得再伸手，要师师多吃。师师边吃边说笑，满心欢喜。吃过柑子，又调筝为徽宗唱上两曲，以谢赐柑隆恩。曲罢窗外三更鼓响，徽宗起身欲去。师师客气地道："夜已深沉，路上霜浓马滑，行人稀少，不如别回。"

徽宗不好得罪皇后，告辞而出。师师下楼，送走客人，复身回房，来安慰周邦彦。周邦彦早从绣床底下钻出来，正倚几书字。师师拿过去一瞧，原来是首《少年游》：

并刀如水，吴盐胜雪，纤手破新橙。锦幄初温，兽烟不断，相对坐调笙。　低声问，向谁行宿？城上已三更。马滑霜浓，不如休去，直是少人行。

这不是刚发生的事吗？竟被周邦彦听去，徽宗一走，他便钻出床底，作成新词，才思真够敏捷。师师嫣然一笑，即抚琴轻唱，简直妙不可言。皇后生日后不久，徽宗再临樊楼，问师师有何新曲，师师顺口唱了《少年游》。

徽宗自然记得那夜来送潮州柑的情形，看来当时有人躲在绣房里，不然哪写得如此真切？问怎么回事，师师见瞒不住，不得不实话实说。徽宗大怒，叫进在外值哨的高俅，命其传旨，贬周邦彦出京，别在汴都碍眼。

师师从没见一向温和的徽宗发过怒，吓得可不轻。倒是徽宗大度，收住怒气，没怪师师私藏周邦彦。过几天有闲，又由高俅护驾，来樊楼会师师。恰好师师不在，徽宗也不急，耐心坐等。好一会儿，师师细步轻摇，自外面回来，面带戚容，眼睛红肿，一看刚哭过。究问其因，师师实说为周邦彦饯行，唱罢其新作慢词《兰陵王》，竟把自己给唱哭了。

《兰陵王》词牌系兰陵王出阵曲遗声，非辞赋高手填不来，徽宗只闻其曲名，未听过其曲音，颇觉好奇，请师师唱来听听。师师坐到琴旁，调理好情绪，咏唱道：

柳阴直，烟里丝丝弄碧。隋堤上，曾见几番，拂水飘绵送行色。

> 登临望故国，谁识京华倦客？长亭路，年去岁来，应折柔条过千尺。　闲寻旧踪迹，又酒趁哀弦，灯照离席。梨花榆火催寒食。愁一箭风快，半篙波暖，回头迢递便数驿，望人在天北。　凄恻，恨堆积！渐别浦萦回，津堠岑寂，斜阳冉冉春无极。念月榭携手，露桥闻笛。沉思前事，似梦里，泪暗滴。

词好调佳，师师又唱得声情并茂，感动得徽宗频频颔首。暗想赶走周邦彦，京都再无高手能填《兰陵王》，岂不惜哉！忙命高俅派快马追回周邦彦，留京多填好词。周邦彦因词遭贬，又因词撤贬，实在有趣。几年后徽宗任周邦彦为大晟府提举，主管乐舞，填词成为其正当职业。当年柳永参加科考，仁宗弃之不用，以不屑语气调侃他：只管填词去。柳永得闻，自嘲奉旨填词。想不到数十年后，周邦彦主管大晟府，真正实现奉旨填词美愿，不知柳永泉下有闻，会做何感想。周邦彦专职填词，词调越作越有水平，被后人称为词中老杜。

周邦彦所作《兰陵王》也成为师师保留曲，徽宗几乎每赴樊楼，都会让她唱一遍。这天师师唱罢，趁着徽宗陶醉不已，莺声燕语道："周氏此调，其实属《兰陵王》变体。"徽宗道："莫非还有本体不成？"

师师点头承认。徽宗道："何不快快唱来，让朕一饱耳福？"师师便开始弹唱：

> 雨初歇，帘卷一钩淡月。望河汉，几点疏星，冉冉纤云度林樾。此景清更绝，谁念温柔蕴结。孤灯暗，独步华堂，蟋蟀莎阶弄时节。　沉思恨难说，忆花底相逢，亲赠罗缬。春鸿秋雁轻离别。拟寻个锦鳞，寄将尺素，又恐烟波路隔越，歌残唾壶缺。　凄咽，意空切。但醉损琼卮，望断蕲瑶阙，御沟曾解流红叶。待何日重见，霓裳听彻。彩楼天远，夜夜襟袖染啼血。

徽宗听罢，大声鼓掌，连连叫绝，又问系何人所填。师师说出秦观名字。徽宗道："如此高难度慢词，朕也觉得除非柳、秦、周三子，他人肯定作不来，果不其然。"师师道："可惜秦观不在汴京，妾已多年未唱过其新词。"

说罢，师师眼圈一红，泪洇双颊。徽宗问道："秦观今在何处？"师师道："只知远贬岭南，具体何处，妾不知情。"徽宗问高俅，高俅道："秦观已辗转贬至雷州。"徽宗道："赶紧传旨，即刻召秦观北归。"

高俅答应着，仍站着不动。徽宗道："怎么还不去传诏？"高俅道："仅召秦观回朝,他恐怕不会听命。"徽宗道:"那又是何因?"高俅道:"秦观老师东坡就在雷州对岸的海南,老师没渡海,秦观哪好意思独自走掉?"

"东坡系你旧主,你想回报他老人家吧?"徽宗点头笑道,"东坡声望太高,无论新党旧党,都不愿他出现于朝堂,盖过他人光芒,纵使朕欲召他回朝,也不一定做得到。"高俅道:"召还东坡,确实阻力重重。不过微臣有话一直憋在肚里,不知该不该说出来。"徽宗道:"但说无妨。"高俅道:"每次皇上退朝回宫,脸色阴沉,郁郁不乐,不知是何原因?"

徽宗瞪了一眼高俅,道:"明知故问!"旋又叹道:"师师在此,朕无须隐瞒。身为皇帝,朕高居朝堂之上,堂下没一张面孔看着顺眼,那些人也没把朕当回事,每每议政言事,朕说话无异于放屁,要朕怎么乐得起来?"高俅道:"皇上说到了点子上,朝堂全是前朝旧臣,没一个是皇上心腹,怎会服从新君呢?诸如章惇之辈,曾公然蔑视皇上,说啥端王轻佻,不可君天下,自然不会敬服皇上。"

徽宗无语。高俅又道:"一朝天子一朝臣,皇上君临天下,不另择大臣,为我所用,又怎树立威势?"徽宗问道:"如何另择大臣?"高俅道:"一者召还德高望重的谪臣,替代现有朝臣;二者起用新人,占据各要津。"徽宗点头道:"谪臣回京,新人得到重用,自然感激朕恩,唯朕命是从。然满朝旧臣,只怕说易办难。"

高俅笑道:"其实说难也难,说易也易。易就易在太后德高威重,只要争取其支持,一切迎刃而解。譬如章惇独相七年,以相权凌驾于皇权之上,连皇家择君,都多嘴多舌,太后早看不惯他,皇上可与太后共谋,先搬开章惇。章惇一去,无论罢免旧臣,还是召还谪臣和起用新人,皆不在话下。"

徽宗早有此意,经高俅说穿,也就不再犹豫,单独觐见向太后,言明心中所想。

# 第十五章　获赦北还

## 离岛北归，恩仇一笑间

　　向太后与徽宗不谋而合，召曾布和韩琦长子韩忠彦入宫，先拿章惇开刀，议罢其相。章惇失势，谏臣落井下石，大肆弹劾。章惇获罪，贬为雷州司户参军，贬词便出自林希之手。

　　当初章惇许林希大愿，以其为文棍打击元祐老臣，林希非常卖力，诅咒东坡等人时，用词之刻薄，出语之毒辣，古今难出其右。现章惇倒霉，林希因其未完全兑现承诺，心怀仇怨，便借代拟贬诏机会，狠咬旧主几口。其中有联咒章惇："勃勃无大臣之节，怏怏非少主之臣。"

　　此语仿佛粪水，泼得章惇臭气熏天。章惇气急败坏，又拿林希没法，只得传话道："此语无乃太甚。"林希回曰："长官发怒，杂职棒毒，无足怪也。"意即此乃章惇当初指使属员痛贬元祐老臣的旧伎俩，现吾以其人之道，还治其人之身，有啥可奇怪的呢？

　　不过林希没得意几天，朝廷便以其词命丑正之罪，夺职知扬州，徙舒城，刚至贬所，就在官民唾弃声中郁郁而亡。以词为舌刀杀人者，倒在舌刀下，倒也符合天道。

　　章惇落荒而逃，韩忠彦替任左相，曾布晋副相。然新旧党争仍不停不歇，韩忠彦与曾布不和，蔡京渔翁得利，入朝执政。朝中新旧交替，向太后撤帘，徽宗真正尝到做皇帝的滋味。

高俅善佞，徽宗片刻难离，因其没有功名，无法走文臣升迁路线，故外放边帅刘仲武军前，凭边功而屡晋太尉，掌管禁军二十余年。这已是苏东坡下世多年后之事，无须赘述。有意思的是东坡苦读多年，满腹才情，一生宦途坎坷，终不过三品知制诰，副相都未谋到手，家臣高俅不学无术，仅凭足下蹴艺，谋得武职，跃为三公之一，无不令人慨叹。

所惜高俅不擅治军，强大金兵南攻开封，几十万禁军守城不力，土崩瓦解。然高俅不坏不恶，懂得知恩图报。刘仲武失势，受到他大力照顾。蔡京当政，迫害苏家，高俅不畏其淫威，公然接济旧主后人，朝野无不称颂。高俅有三个亲生儿子，并非《水浒传》所言，家有螟蛉之子（养子）高衙内，也就无所谓霸占文学虚构人物林冲之妻，把他逼上梁山。高俅总体大节无亏，尚属好人。

此是后话。再说徽宗亲政伊始，诏命东坡、秦观离开贬地北还。其他哲宗所斥元祐大臣，只要还活在世上，亦陆续接到诏命，踏上还朝路途。

诏命传至儋州，已属炎炎五月天。东坡仍为琼州别驾，移廉州安置。意思是先离开海南，渡海上岸，再循序渐进，一步步往上晋升，就如当年初离黄州一样。东坡拟完谢表寄走，开始做离儋准备。黎子云兄弟、各位学子及父老依依不舍，争先致馈，送东坡父子于舟次。东坡心情复杂，既留恋儋州人情，又渴望早回海北，于是作《别海南黎民表》：

　　我本海南民，寄生西蜀州。
　　忽然跨海去，譬如事远游。
　　平生生死梦，三者无劣优。
　　知君不再见，欲去且少留。

诗毕，不忘作跋调侃两句：临行写此，以折菜钱。可见谪儋三年，没少吃黎族百姓菜肴。

东坡离儋为六月初，中旬到达琼州，候舟渡海。姜唐佐系琼州人，来送老师，向他讨要赠诗。东坡只题了两句："沧海何曾断地脉，白袍端合破天荒。"意即海南被大海阻隔，然与大陆地脉相连，姜唐佐一定会破天荒中举扬名。还约定，待其高中后，再给续诗。

姜唐佐收下老师的两句诗，后苦读中举，成为海南第一位举人。可惜其时东坡已逝，姜唐佐找到子由，弟代兄续诗曰："锦衣他日千人看，始信东坡眼力长。"意思是东坡没看错姜唐佐。

六月二十日凌晨，东坡父子与久候琼州的吴复古登上海船，往北而渡。距离当年登岛，已整整三年，东坡置身海浪之上，眼望星月，喜悦之情溢于言表，作《六月二十日夜渡海》：

> 参横斗转欲三更，苦雨终风也解晴。
> 云散月明谁点缀，天容海色本澄清。
> 空余鲁叟乘桴意，粗识轩辕奏乐声。
> 九死南荒吾不恨，兹游奇绝冠平生。

船过海峡，徐徐靠岸，东坡走出船舱，踏上久违的陆地。子由已被朝廷召走，迎接东坡的是弟子秦观。东坡南贬时，"苏门四学士"黄庭坚、秦观、张耒、晁补之无一幸免，尤以秦观贬得最远，先出为杭州通判，途中再贬郴州，终发配至雷州。谪居郴州时，曾作《踏莎行·郴州旅舍》，中有佳句"郴江幸自绕郴山，为谁流向潇湘去"，广为传诵。

师生雷州相见，自得置酒欢会。秦观感慨不已，作《江城子》：

> 南来飞燕北归鸿，偶相逢，惨愁容。绿鬓朱颜，重见两衰翁。
> 别后悠悠君莫问，无限事，不言中。　　小槽春酒滴珠红，莫匆匆，
> 满金钟。饮散落花流水各西东。后会不知何处是，烟浪远，暮云重。

秦观小东坡十二岁，时年五十三，说两衰翁，倒也属实。秦观没老师达观，不肯说从前，也不愿谈未来，消沉得很。人一消沉，加之上了年岁，最容易想到死，秦观作《自挽词》道：

> 藤束木皮棺，藁葬路傍陂。
> 家乡在万里，妻子天一涯。
> 孤魂不敢归，惴惴犹在兹。

东坡见词，心生不祥之感，却还是故作轻松道："某亦尝自为志墓文。"

师徒分手，东坡父子踏上北归路。七月初来到安置地廉州，刚刚歇脚，又接到新诰命，授舒州团练副使，量移永州。父子重新启程，往北而行。九月初到达广西郁林，得到秦观死讯。东坡大放悲声，连续两日食不下咽，为寄哀思，将秦观《踏莎行·郴州旅舍》书于扇面，旁题悼词曰："少游已矣，虽万人何赎？"高山流水之悲，千载而下，令人腹痛。

随后父子俩自郁林至梧州，再东赴广州。苏迈、苏迨兄弟早从苏过信里得

知消息，已率家人来广州等候。惠州一别三年多，祖孙三代重又欢聚一堂，且多了二儿一家，让东坡甚感欣慰。广州朋友也热情欢迎大难不死的老友，或饮酒喝茶，或游寺庙，访道观，东坡大喜之下，作诗曰：

> 秉烛真如梦，倾杯不敢余。
> 天涯老兄弟，怀抱几时摅。

十一月上旬，一家人离开广州，继续北上。到得清远，九十七岁高龄的吴复古自番禺赶来，陪东坡游毕广庆寺，又揖别远去。其间东坡写信给朋友，论及诗文之道：

> 吾文如万斛泉源，不择地皆可出。在平地滔滔汩汩，虽一日千里无难。及其与山石曲折，随物赋形而不可知也。所可知者，大略如行云流水，初无定质，但常行于所当行，常止于所不可不止，如是而已矣。孔子曰："言之不文，行而不远。"又曰："辞达而已矣。"夫言止于达意，即疑若不文，是大不然。求物之妙，如系风捕影，能使是物了然于心者，盖千万人而不一遇也，而况能使了然于口与手者乎？是之谓辞达。辞至于能达，则文不可胜用矣。

此系东坡自道行文之妙，也是其重要文论，影响深远。信寄出，苏家上路，来到英州。朝命又至，起复东坡朝奉郎，提督成都府玉局观，且可在外州任便居住。这意味着东坡正式去掉罪臣身份，可自由选择京城以外任何地方终老。

东坡正在高兴，传来吴复古逝世消息。想不到刚在清远见过面，音容宛在，转背斯人便魂归道山。东坡几分伤感，作《祭吴子野文》。"子野"乃吴复古字号。祭文里说吴复古"急人缓己，忘其渴饥；道路为家，惟义是归"。

令东坡惊喜的是，竟在英州见着郑侠。当年郑侠给神宗上《流民图》，请求废除敛掠不道之政，得罪王安石和吕惠卿，贬谪英州十年。哲宗即位之初，因东坡兄弟进言，郑侠改任泉州教授，元符初再贬英州，仿佛专门在此等候东坡到来似的。两人惺惺相惜，彼此赠诗，感叹人入老境，成为孤云倦鸟，自得闲飞。

辞别郑侠，来到韶州，大庾岭隐约在望。上路登岭时，已是靖国元年（1101）初。来到岭上，七年前过岭时的情景历历在目。一切仿佛做梦一样，感觉一点都不真实。东坡不禁叹道："梦里似曾迁海外，醉中不觉到江南。"

当年南下过岭，未到梅花开放时节，只逢梅树，未见梅花。梅花因与东坡错过，心有不甘，几度开了谢，谢了开，企盼东坡上岭。盼到今春，花期即过，东坡才姗姗来迟。好在百花接着绽放，喜迎东坡。东坡作《赠岭上梅》曰：

梅花开尽百花开，过尽行人君不来。
不趁青梅尝煮酒，要看细雨熟黄梅。

岭上有店，仿佛还是七年前模样。唯店前东坡手栽小松已干粗枝繁，亭亭而立，静待老友归来。东坡上前，抬手拍拍松树，这才入店少憩，解渴弃饥。一老翁走出来，望望东坡，问苏过兄弟："此官为谁？"答曰："苏尚书。"老翁问："莫非乃苏子瞻欤？"答曰："是也。"老翁前揖东坡曰："我闻人害公者百端，今日北归，乃天佑善人也。"

与其说天佑善人，毋宁说东坡内心强大，以贬徙为修行，苦中作乐，功德圆满，获得新生。试看古今多少南贬过岭人，诸如宋之问弃尸桂州，李德裕命殒崖州，寇準病殁雷州，蔡确瘟毙新州，皆有去无回，未能复身登岭北归，唯东坡不缺胳膊不少腿，全身渡海越岭，原路返还，算是难得之特例，实属天大赢家。东坡笑谢老翁，题诗于壁间云：

鹤骨霜髯心已灰，青松合抱手亲栽。
问翁大庾岭头住，曾见南迁几个回。

下得岭来，到达虔州，因赣江干枯，唯候发春水，再择机登船启程。偏偏遭遇瘟疫流行，家人多染病，竟有六个仆从一病不起，死于旅馆。

一停又是两个月，直到刘安世等贬官过岭来到虔州。刘安世曾受司马光重用，也被章惇贬往岭南，近日才遇赦北归。当年苏东坡不惜得罪司马光，反对尽废新法，与司马光红人刘安世也多有龃龉，曾当面嘲讽他是乡巴佬。被蔑视的滋味不好受，刘安世一直记恨在心。时过境迁，东坡早忘记宿怨，主动向刘安世示好，约其出游。刘安世依然难以释怀，有些爱搭不理。东坡厚着脸皮道："虔州城外有个南塔寺，寺里有玉版和尚，颇有意味，不容错过。"

刘安世好奇心起，才答应一同前往。出城到得寺中，住持迎住，依东坡意愿，烧笋招待两位。笋是刚出土的白嫩春笋，刘安世觉得鲜美可口，问何名。东坡答曰："玉版是也。"刘安世道："就是你说的玉版和尚？"东坡道："正是。此和尚善说法，令人得禅悦之味。"

刘安世不免失笑，想东坡虽老，仍不失机趣。从此两人冰释前嫌，一路结伴而行，直至金陵，刘安世继续向北，东坡走进崇因禅院，作《观世音菩萨颂》

以还愿。南迁过境时，东坡曾来此许愿：吾如北归，必将再过此地，当为大士作颂。

东坡又约友人重游金山寺，登妙高台，抚今追昔，竟在寺院墙上见到自己画像，白描画技之高超，自非大画家李公麟不可为。友人告知，几年前李公麟游金山寺，寺僧说东坡南贬途中曾到过寺里，勾起其心念，画东坡像于壁上，但愿老友能够北还，入寺与自己画像重逢。

元祐期间，李公麟与苏家来往密切，为苏家遍画家庙神像。王诜邀苏家等名流至西园雅集，李公麟欣然前往，还作画《西园雅集图》。至东坡兄弟遭贬，李公麟不相闻问，途遇苏氏兄弟家侄，以扇障面，装作不曾看见。东坡好友画家晁以道听说，非常气愤，将所藏李画掷于地上，让家人随便送人，不愿再见到。

李公麟所为，东坡还是从晁以道等人书信中闻知，今见李公麟给自己画的像，难免五味杂陈。也许李公麟自觉愧对苏家，到了金山寺，画东坡像以自慰。其实东坡从不记人过，不会怨恨李公麟，当即向寺僧讨得笔墨，在画像旁自题一诗：

> 心似已灰之木，身如不系之舟。
> 问汝平生功业，黄州惠州儋州。

首句借用《庄子·齐物论》："形固可使如槁木，而心固可使如死灰乎？"意即形体诚然可似干枯树木无感无觉，无知无欲，精神与思想亦可像死灰一样别无点点火星，无灵无明，无声无息。东坡自认为已摒弃狭隘自我，不再为物欲所动，而实现道家"吾丧我"，寂寂然超乎物外，独与天地精神往来，物我两忘，物我同一。

次句引《庄子·列御寇》："巧者劳而智者忧，无能者无所求，饱食而遨游，泛若不系之舟，虚而遨游者也。"东坡通晓世事天理，顺应环境和自然，不为心索和外绳所羁绊，其人生如脱系舟楫，无拘无束，随水浮泛，逍遥自在，身心俱获自由。

东坡从致君尧舜的儒家入世理想，至物我两忘的道家自由意志，渐臻四大皆空的佛家色空永恒境界，人生越来越圆满。在东坡眼里，这份圆满才是至伟至大功业，幸贬黄、惠、儋三州，砺行致远，苦心志，劳筋骨，饿体肤，空乏身，忍心性，终使人生圆满成功，死而无憾矣。

功德圆满，也就到了寻找最后归宿之时。子由因复职太中大夫，定居许昌，来信劝兄长也住过去。毕竟兄弟俩年事已高，能待在一起，可彼此照应。东坡也想来日无多，不宜骨肉分离，决定六月动身，去往许昌。却闻年初向太后驾崩，蔡京当政，党争又起，东坡不愿靠近京都，再陷是非，坐累亲友，加之子由家口庞大，不好给他平添负担，遂放弃赴许计划。

写信回绝子由后，东坡委托老友钱世雄在常州购房，作久居之计。然后登船前行，往常州进发。正值酷暑时节，船至仪真，东坡身染疟疾，倒卧在船。值米芾经仪真北还，得知东坡至此，大喜过望，暂时取消行程，登船探视，见东坡虚乏不振，稍做问候，留下近作《宝月观赋》，悄然离去。

夜里东坡略觉轻松，让苏过念米作给自己听。听到精彩处，竟一跃而起，说此赋不仅当世无人可比，即使古人也难以企及，又强打精神，写便笺给米芾：

> 岭海八年，亲友旷绝，亦未尝关念，独念吾元章（米芾）迈往凌云之气，清雄绝世之文，超妙入神之字，何时见之，以洗我积年瘴毒耶！今真见之矣，余无足言者。

米芾深受感动，常来看望，侍奉汤药，以尽弟子之礼。六月中旬，东坡病体稍愈，米芾稍感心安，揖别北行。东坡抱病扶杖，送走米芾，率家人离开仪真，赶到镇江，往祭堂妹。

章惇之子章援南赴雷州探视父亲，恰巧来到镇江，传书于东坡。章援本系东坡门生，因父辈恩仇，久废师礼。此时呈书，无非朝野皆在传言，东坡将回京出任宰执，章援希望恩师勿念旧怨，给皇上进言，宽恕年老家父，让他早日回归乡里，颐养残年。

换作他人，接到仇家子弟求情信，只怕怒火中烧，一把撕个粉碎。东坡宽容，不记人仇，只记人恩，难忘乌台诗案章惇为自己辩护之旧情，不记其不择手段整治自己的丑恶行径，带病回复章援曰：

> 某自仪真得暑毒，困卧如昏醉中。到京口，自太守以下，皆不能见，茫然不知致平在此。得书，乃渐醒悟。伏读来教，感叹不已。某与丞相定交四十余年，虽中间出处稍异，交情固无增损也。闻其高年，寄迹海隅，此怀可知。但以往者，更说何益，惟论其未然者而已。某在海外，曾作《续养生论》一首，甚欲写寄，病困未能。到毗陵，定叠检获，当录呈也。

"致平"乃章援字号。此系东坡平生最后一封书信，对象竟是曾疯狂迫害自己的政敌之子，且他以丞相恭称章惇，字里行间满是真诚和悲悯，不见幸灾乐祸之揶揄，更无任何仇恨和怨气，足证东坡心地纯明，仿佛水洗过的纯净天空，未有丝丝污垢。

　　写完信，东坡又强打精神，在纸背录一白术方，供章惇服用，以抗岭南瘴疠，养生延年。章惇独相秉政之际，屡欲置东坡于死地，今东坡北还，反而良言安慰，献方促其绝地续命，尽量多活些时日。同处圆颅方趾之内，彼此用心，竟大异其趣。有人读过东坡此纸单方和书信，禁不住赞叹曰：此纸乃一挥，笔势翩翩。

　　其实哪是笔势翩翩，是东坡风度翩翩，无大悲悯和大爱心，又如何翩翩得起来？苏过见父亲仇将恩报，既不满，又疑惑。这天熬好药，侍奉父亲喝下，见其精神尚佳，试探着道："《论语·宪问》有载，或曰：'以德报怨，何如？'子曰：'何以报德？以直报怨，以德报德。'圣人用意明显，德需留给德者，若以德报怨，以善报恶，又拿什么报德报善？遇怨逢恶，就得让其受惩罚，遭报应，父亲以德报怨，怜悯和善待章惇，似有不妥。"

　　苏过愿动脑筋，以圣人言联系实际，东坡颇感安慰，给予充分肯定，继道："要说为父与章惇之间，并不全是个人恩怨，无非为父在士大夫里有些威望，又前后做过先帝八年老师，章惇害怕君臣心存于父，召唤回朝，影响其所行新政，才耿耿于怀，痛下狠手，将为父一贬再贬，以期为父死于贬所和赴贬途中。故为父善待章惇，与以德报怨，似乎不是一回事。况章惇已得到报应，被朝廷贬往岭南，亦无须为父多此一举，以直报怨。"

　　此理好像也说得通，苏过不便多语，闭上嘴。东坡来了兴致，又接着道："章惇权欲熏天，独相执政七年，无所不用其极，弄得天怒人怨，然依为父看来，毕竟功大于过。论过大致有三：一者不守臣德，欺皇帝年轻，为所欲为，置相权于君权之上，以臣压君；二者宣废高太后，怂恿哲宗废孟后，立刘妃；三者睚眦必报，倒在其权杖之下的元祐重臣及其相关官员超过千人，以权打击异己之手段令人发指。"

　　章惇所为，朝野尽知，自然瞒不过苏过。东坡话锋一转道："然章惇又属有宋以来少见的铁血宰相，杀伐果断，敢作敢当，颇多建树。为父科举入仕，原为致君尧舜，救国济民，皆因遭贬在外，无能为力，幸有章惇在朝，实现为父未能实现的宏愿。这也是为父不恨章惇，不愿以直报怨的重要原因吧。"

　　如此看待政敌，恐怕唯东坡做得到。苏过问父亲："章惇功在何处？"东坡道："一是长期主管地方，了解民情，当国主持新政，能修正王安石变法，去掉不合理部分，适应地方经济，增加财赋，充实国库，商民能负担得起。二是主持治理黄河，沟通水系，有效减轻水灾，造福于民。三是派遣得力干将，三战西夏，杀夏将，擒夏王，迫使西夏向宋称臣；进击吐蕃，招降各部，靖绥西部高原；甚至亲自主持兵器改造，提升边军战斗力。"

苏过几分不解，问道："章惇有功于大宋，为何还受排挤，落得身败名裂远贬岭外下场？"东坡叹道："这便是章惇可悲之处。"苏过忽而笑道："父亲只道章惇可悲，忘记自己刚从海外岭南归来，受尽非人苦难，不也可怜吗？"东坡笑道："为父奉旨致远修行，毕竟不同于章惇罪有应得。为父无端受人嫉妒，遭贬在外，然走到哪里，官民抬爱，受惠多多。章惇则自食其果，流落雷州，连租民居寄身，民视其为狗屎，不肯出租，可悲可怜可叹。"

这倒是事实，章惇在朝千人恨，离朝万众唾。苏过道："章惇得势那会儿，不可一世，耍尽权威，大打出手，以致臭名昭著，成过街老鼠，人人喊打。早知今日，又何必当初？聪明绝顶如章惇，难道用权时不会想到失权日？"

东坡沉吟片刻，道："章惇有三功三过，还有三失。"苏过问道："哪三失？"东坡道："失智，失仁，失勇。"苏过道："章惇聪明绝顶，怎会失智？"东坡道："聪明非智慧，有时正因太聪明，反致失智。当然还是权令智昏，章惇相权在握，上敢欺君，下敢压臣，仿佛锤子于手，满眼皆钉子，总忍不住举锤敲击几下。也就忘记任何权力甚至君权，其功效时效和使用范围皆有限，不可能处处管用，威势永存。况相权君授，予取予夺在于君，一旦为君收回，你便什么都不是，唯有挨敲之份。章惇惑于相权，不知天高地厚，终为权力所反噬。"

苏过受父启发，道："章惇失智，惑于相权，一日不可无权，导致抓权越紧，用权越狠，便越恐惧，越害怕大权旁落，才以权打击异己，置元祐老臣于死地，以图永居相位，故而缺德失仁。善有善报，恶有恶报，做多缺德事，行多失仁谋，也就忧心忡忡，惶惶不可终日。"东坡道："过儿说得很对，正是这么回事。继续往下说。"

受到父亲鼓励，苏过发挥道："章惇不傻，也知自己所作所为，会带来什么后果，说不定偶尔会心生放下屠刀，立地成佛之念。然出手容易，收手难，沉迷权力过久，享受过太多用权玩权之乐，身心俱陷其中，纵有抽身之愿，亦欲罢不能，无动力，更无勇气，唯有一条道走到黑，听天由命，坐以待毙。"

儿之所道，正是父之欲言，东坡道："过儿说得真好！靡不有初，鲜克有终。吾与章惇本属同人，胸怀报效君国初衷，出道入仕。然几十年下来，吾奉旨宦游，别无建树；章惇独相专权，有三功，有三过，还有三失，失智失仁失勇，亦惑亦忧亦惧，令人惋叹。"

苏过道："由章惇三失，反观父亲在权力面前，一直保持清醒甚至警觉，从没沉迷其中，虽屡遭王安石和章惇等人打压，依然不惑不忧不惧，无怨无悔无束，活得心宽意远，坦然自在。怪不得圣人言：智者不惑，仁者不忧，勇者不惧。"

东坡点头频频，又缓缓道："人非圣贤，不是谁都可成为智者仁者勇者。然无论如何，人生于世，需脚踏实地，也需仰望高处，哪怕不能抵达，亦心向往之。道理不深奥，唯有眼界够高，格局够大，才认得清人世真相，懂得厚德成仁壮勇，以至无惑无忧无惧。"

## 圆满入寂：坦然面对死亡

父子畅所欲言，至夜深方止。翌日命船夫扬帆启程，直指常州。船行运河，两岸百姓听说东坡在船上，将北往汴京，出任宰相，执掌朝政，纷纷赶到河岸，一睹其风采。东坡躺在船舱里，闻得两岸欢呼声起，慢慢穿上短褂，戴顶小冠，由儿子扶到甲板上，让岸上百姓看个够，又乐呵呵地对同行朋友道："瞧这阵势，好像来看杀东坡似的！"

到达常州，入住钱世雄代为购置的房子。病情变得越发严重，东坡自感大劫难逃，作《乞致仕表》，请求皇上罢去自己所有职务，包括朝奉郎和提督成都府玉局观，以便病体痊愈，多活几日。时人觉得为官不耕不织，却玉食锦衣，皆取之于民，跟抢劫百姓并无区别，辞官无异于放弃恶行，可得到上天谅解，多获些阳寿。

朝廷恩准下来，东坡病情却依然毫无起色。连夜写信托付子由，自己死后愿葬于郏城县钓台里，命撰墓志铭。该地形貌颇似眉山，又距许昌不远，可方便子由照料。

信寄走，东坡心静如水，笑对守在床边的钱世雄道："吾好不容易万里迢迢，自海外生还中土，无奈一病不起，倒不如身处蛮荒之地，活得健康自得。然细思之，此乃天意，吾在岭外海南修行圆满，自该北归，还尸中土。"

正说着，门外来了位七旬老者，手端砂钵，说是煮好的河豚肉，赠给东坡补身子。东坡听得真切，知是常州城里开设河豚馆的老秀才，让苏过请入室内。老秀才进来，苏过从他手上接过砂钵，揭开钵盖。河豚肉香顿时弥漫屋子，东坡翕翕鼻翼，说声好香。

在苏过侍奉下，东坡吃两块河豚肉，又喝口汤，问老秀才道："还在开河豚馆？"老秀才道："托先生洪福，仍在开。"东坡又问："我写的招牌呢，还留着没？"老秀才道："一直挂在门楣上。"东坡道："食客不怕死，敢去吃河豚？"老秀才道："敢敢敢，正是先生所书招牌，让敝馆生意兴隆，至今不衰。"

钱世雄证实老秀才所言不假，说自己也常去河豚馆吃河豚肉，每次都会站在门口，抬头瞄瞄"值得一死"招牌。东坡闻言，不觉失笑，心下思忖：当年信手作"值得一死"四字，本为河豚馆所书，谁知竟是提前喻示自己死地。看来生死有定，蹈履汹涌海涛之上，未落水葬身鱼腹；行迹瘴雨腥风之间，未染毒弃尸蛮荒，原是要苟延老命，辞海越岭，北归中土，把最后一口气留给常州。东坡哂道："既然常州值得一死，老夫死于此，又有何憾？"

死而无憾，然死前没能与子由重逢，见上最后一面，还是让东坡略觉惋惜。老秀才走后，东坡把完成于儋州的《易传》《书传》和《论语说》三书，交给钱世雄，嘱其妥为保管，不要示人，三十年后定有人能懂。

钱世雄含泪应承，收下三书。东坡又命苏过把大哥、二哥叫到床前，交代道："吾生与人为善，问心无愧，无恶无恨，死必不坠，慎勿哭泣以怛化。"意思是自己此生奉旨远游，随遇而安，处处积德修行，死得其所，不会坠入地狱，大可不必悲哭。事实也是东坡不惑不忧，亦不惧死亡，觉得死亡属圆满人生最后一环，值得庆幸，大可不必悲伤。

眼看死期将至，杭州径山寺长老维琳冒着酷暑，来常州看望老友。东坡头脑还清醒，竟笑对维琳道：

> 大患缘有身，无身则无疾。
> 平生笑罗什，神咒真浪出。

原来东坡不仅看透生死，也看透佛祖，觉得人生忧患难去，皆因生命之存在，一旦生命无存，忧患自然也会消失，即使鸠摩罗什圆寂，也不用为其念经祈福。

鸠摩罗什为印度高僧，汉末来华，独力翻译佛经三百卷。东坡读过鸠摩罗什传记，知道高僧病逝前，同至大汉的天竺僧友为其念梵文咒语，依然没能挽救他生命，还是很快死去。东坡说神咒浪出，正是指鸠摩罗什之死。还对维琳道："吾岭海万里不死，而归宿田里，遂有不起之忧，岂非命也夫？然死生亦细故尔，无足道者，惟为佛为法为众生自重。"

东坡把生死归结于命，视为小事，才如此淡然。在他心里，不论是佛是法还是众生，最重要的是自重。唯其自重，才能自度，别人没法度你。

东坡渐渐衰弱下去，闻根先离，即失去听觉。维琳附在东坡耳边大声道："端明宜勿忘。"意即不要忘了西方极乐世界。东坡弱弱答道："西方不无，但个里著力不得。"钱世雄就在一旁，也凑近道："至此更须著力。"东坡答曰："著力即差。"

解脱之法在于自然，在不知善而善，一勉强便错。东坡乐天知命，顺其自然，不愿勉强别人，也不会勉强自己，面对死亡也一样。维琳和钱世雄退到一旁，让东坡三个儿子上前，请求遗教。东坡别无表示，咽下最后一口气。

此系建中靖国元年（1101）七月二十八日，东坡完成六十六岁的生命，安详地走了，走得从容，走得自重，走得自在，走得圆满，就如他设想的一样。

东坡归宿于郏城县西二十七里钓台里，子由遵兄遗愿，撰写碑铭。十一年后子由在许昌去世，亦葬于兄长墓旁。元代郏城县尹杨允在苏氏兄弟的墓间置苏洵衣冠冢，始称三苏坟。钓台里形如眉山，又有三苏墓，人称小峨眉。

东坡走了，带走有形身体和大起大落的圆满人生。东坡没走，灵魂不灭，精神永存。其灵魂和精神就潜藏于其三千多首华美诗词、四千多篇知性文章以及无数高雅书帖和绘画里，只要打开这些作品，东坡就会灿然显现，与你会心而笑。那是千年老友式的笑，笑得你忘记苦恼，忘记忧愁，忘记人生种种不幸，满心都是快乐。

东坡是快乐的，无论得失，无论荣辱，无论浮沉，无论饥饱，无论冷暖，无论苦甘，无论酸辣，无论梦觉，无论醉醒，甚至无论生死，可谓无所而不乐。

为何人人皆觉人生苦，唯有东坡得其乐？皆因东坡德高识深，胸怀宽阔，心里所装全是爱。东坡爱父母，爱兄弟，爱妻儿，爱亲友，爱百姓，爱君国，爱古圣，爱今贤，爱儒教，爱道释，爱山川，爱河流，爱花木，爱虫鸟，爱诗文，爱笔墨，爱酒肉，爱美食，世上没有任何东西不爱，甚至包括欲置其于死地的政敌。

痛苦无不来自嫉妒、怨愤、仇恨、贪婪和无节制的趋利，战胜痛苦的唯一良法，就是敞开胸怀去爱。心被爱填满，自然没法容纳种种执念，才会变得无惧无畏、无忧无虑，变得强大无比，面对再猛的打击、再大的劫难、再不公的命运，皆当作修行，修来福报，离苦得乐。

爱让人快乐，使人幸福。东坡苦难一生，却过得比谁都快乐和幸福，就是他懂爱会爱，以爱修德。东坡的故事告诉我们，人生最高智慧在爱，最大成功是乐。

二是对陶、李、杜、白四大诗人的延伸引用。古代文学史有六大核心诗人：陶渊明、李白、杜甫、白居易、苏东坡、辛弃疾。辛弃疾属东坡之后的南宋人，没法收入。陶渊明和白居易系东坡偶像，东坡常说渊明是其前生，乐天（白居易）是其今生。东坡有李白豪侠之气，时人曾以小李白喻东坡，神宗与大臣比较李、苏二人，说李白有东坡之才，无东坡之识。杜甫的名句"致君尧舜上，再使风俗淳"，被东坡奉为政治理想。《上神宗皇帝书》实属此十字之散文版，且以行动践行之。东坡走到哪里，无论在朝在野，皆会为民解难，为君积德。正是陶、李、杜、白四大诗人诗品和人品的影响，塑造出东坡政治人格，成就其文学作品的深度、高度和广度。

三是增加东坡亲情方面的内容。东坡与朝云的生死爱情及与苏辙的兄弟情，原版中表现较充分，但父子情、母子情、夫妻情，尤其与第二任妻子王闰之的爱情和亲情，着墨不够，新版进行了较大丰富。东坡生命中的三位女性——王弗、闰之、朝云，闰之与东坡相处时间最长，若非闰之做坚强后盾，东坡绝无可能走出人生低谷，成就辉煌人生。因此，修订时加重了对闰之的记叙，再现了两人荣辱与共、生死相依的崇高伟大的夫妻情。

# 增订版后记

小孩眼睛不识字前，耳朵特别好使。大孙女三岁左右，趁她还未识字，我带她背古诗词。四言七言短诗，随我念几遍，便滚瓜烂熟。后尝试《长恨歌》《琵琶行》《赤壁赋》等长篇诗赋，不怎么费劲，亦能轻松背诵。

耳以声为食，目以色为食。让孙女耳食过有韵有辙的古诗赋，我又开始准备美色，待其上学识字后，以便供其目食。世间永恒的美色，绝非妙曼蛾眉，亦非风花雪月，而是真诚而奇妙的文字。我着手为孙女写书，就写《赤壁赋》作者苏东坡。读过不少《苏东坡传》，多为资料罗列，质胜于文，可读性不强，得另辟蹊径。先梳理东坡生平，再借鉴小说笔法，讲述东坡好玩的人生和诗词故事。用语尽量典雅风趣，以与东坡其人其文相符。句式简洁明快，富有节奏，朗朗上口，适合孩子欣赏。

拙著《苏东坡传》出版后，有幸被饱学之士罗翔先生遇见。他觉得是众多苏传里最好读的版本，列入 2022 年度书单予以推荐，拙著因而进入广大读者视线，成为畅销和长销双料作品，也引起了出版界同人关注，希望出部增订版，奉献给更多东坡迷。我于是埋首书斋，用整整一年时间，增订出新版《苏东坡传》。

新版拙著主要在三个方面做了强化。一是朝廷党争。作为政治家的文学大师，东坡的政治命运和文学生涯总纠缠在一起，互为因果。对党争内容适当选用，既可让读者认清东坡坎坷人生的必然性，也突出了作品的戏剧性和人物冲突，可读性更强。